CONTRATAÇÕES PÚBLICAS PARA INOVAÇÃO

OPORTUNIDADES E DESAFIOS NO CENÁRIO BRASILEIRO

COLEÇÃO FÓRUM
**DIREITO
E POLÍTICAS
PÚBLICAS**

COLEÇÃO FÓRUM
DIREITO E POLÍTICAS PÚBLICAS

RAFAEL CARVALHO DE FASSIO

Prefácio
Fernando Menezes de Almeida

CONTRATAÇÕES PÚBLICAS PARA INOVAÇÃO

OPORTUNIDADES E DESAFIOS NO CENÁRIO BRASILEIRO

1ª reimpressão

18

Belo Horizonte

FÓRUM
CONHECIMENTO JURÍDICO

2025

COLEÇÃO FÓRUM
DIREITO E POLÍTICAS PÚBLICAS

FÓRUM
CONHECIMENTO JURÍDICO

Luís Cláudio Rodrigues Ferreira
Presidente e Editor

Coordenação editorial: Leonardo Eustáquio Siqueira Araújo
Revisão: Fabiana Guimarães Coelho
Capa, projeto gráfico e diagramação: Walter Santos

Rua Paulo Ribeiro Bastos, 211 – Jardim Atlântico – CEP 31710-430
Belo Horizonte – Minas Gerais – Tel.: (31) 99412.0131
www.editoraforum.com.br – editoraforum@editoraforum.com.br

Técnica. Empenho. Zelo. Esses foram alguns dos cuidados aplicados na edição desta obra. No entanto, podem ocorrer erros de impressão, digitação ou mesmo restar alguma dúvida conceitual. Caso se constate algo assim, solicitamos a gentileza de nos comunicar através do *e-mail* editorial@editoraforum.com.br para que possamos esclarecer, no que couber. A sua contribuição é muito importante para mantermos a excelência editorial. A Editora Fórum agradece a sua contribuição.

Dados Internacionais de Catalogação na Publicação (CIP) de acordo com ISBD

F249c   Fassio, Rafael Carvalho de

       Contratações públicas para inovação: oportunidades e desafios no cenário brasileiro / Rafael Carvalho de Fassio. 1. reimpressão. Belo Horizonte: Fórum, 2025.

       471 p. 14,5x21,5cm
       (Coleção Fórum Direito e Políticas Públicas, v. 18)
       ISBN Impresso 978-65-5518-920-9
       ISBN Digital 978-65-5518-925-4
       ISBN da Coleção 978-65-5518-447-1

       1. Inovação. 2. Contratação pública. 3. Poder de compra estatal. 4. Objetivos horizontais. 5. Controle da Administração Pública. I. Título.

                                           CDD: 350
                                           CDU: 35

Ficha catalográfica elaborada por Lissandra Ruas Lima – CRB/6 – 2851

Informação bibliográfica deste livro, conforme a NBR 6023:2018 da Associação Brasileira de Normas Técnicas (ABNT):

FASSIO, Rafael Carvalho de. *Contratações públicas para inovação*: oportunidades e desafios no cenário brasileiro. 1. reimp. Belo Horizonte: Fórum, 2025. 471 p. ISBN 978-65-5518-920-9. (Coleção Fórum Direito e Políticas Públicas, v. 18).

À Maria Luiza (em memória), que, sem saber escrever além do próprio nome, sonhou em ter um neto doutor.

"Quando o Direito ignora a realidade, a realidade se vinga ignorando o Direito."

Georges Ripert

LISTA DE GRÁFICOS

LISTA DE FIGURAS

LISTA DE TABELAS

SUMÁRIO

APRESENTAÇÃO DA COLEÇÃO

A *Coleção Fórum Direito e Políticas Públicas* tem o objetivo de apresentar ao leitor trabalhos acadêmicos inovadores, que aprofundem a compreensão das políticas públicas sob a perspectiva jurídica, com triplo propósito.

Em primeiro lugar, visa satisfazer o crescente interesse pelo tema, para entender os avanços produzidos sob a democracia no Brasil depois da Constituição de 1988. É inegável que as políticas públicas de educação, saúde, assistência social, habitação, mobilidade urbana, entre outras estudadas nos trabalhos que compõem a coleção, construídas ao longo de várias gestões governamentais, mudaram o patamar da cidadania no país. Certamente, elas carecem de muitos aperfeiçoamentos, como alcançar a população excluída, melhorar a qualidade dos serviços e a eficiência do gasto público, assegurar a estabilidade do financiamento e, no que diz respeito à área do Direito, produzir arranjos jurídico-institucionais mais consistentes e menos suscetíveis à judicialização desenfreada. O desmantelamento produzido pela escalada autoritária iniciada em meados dos anos 2010, no entanto, explica-se não pelas deficiências dessas políticas, e sim pelos seus méritos – não tolerados pelo movimento reacionário. Compreender a estrutura e a dinâmica jurídica das políticas públicas, bem como a legitimação social que vem da participação na sua construção e dos resultados, constitui trabalho importante para a credibilidade da reconstrução democrática.

O segundo objetivo da coleção é contribuir para o desenvolvimento teórico sobre as relações entre Direito e Políticas Públicas. Publicando trabalhos oriundos de teses e dissertações de pós-graduação, constitui-se um acervo de análises objetivas de programas de ação governamental, suas características recorrentes e seus processos e institucionalidade jurídicos. Neles estão documentados os impasses inerentes aos problemas públicos de escala ampla e estudadas algumas soluções ao mesmo tempo jurídicas e políticas, presentes em práticas de coordenação e articulação, seja na alternância de governo, nas relações federativas ou na atuação intersetorial. Assim, sem perder a multidisciplinaridade característica dessa abordagem, valendo-se da bibliografia jurídica em cotejo com a literatura especializada, publica-se material de pesquisa empírica (não quantitativa) da qual se extraem os conceitos e relações que numa organização sistemática dão base para a teorização jurídica da abordagem Direito e Políticas Públicas. Com essa preocupação, a coleção também publicará trabalhos de alguns dos raros autores estrangeiros com obras específicas na área.

Finalmente, o terceiro objetivo da coleção é contribuir para a renovação teórica do direito público brasileiro, fomentando o desenvolvimento de uma tecnologia da ação governamental democrática, engenharia jurídico-institucional para o avanço da cidadania do Brasil. Isso permitirá ampliar a escala de experiências bem-sucedidas, inspirar melhores desenhos institucionais pela comparação com experiências similares, além de avançar na cultura da avaliação, agora positivada na Constituição Federal.

São Paulo, 22 de agosto de 2022.

Maria Paula Dallari Bucci
Professora da Faculdade de Direito da
Universidade de São Paulo. Coordenadora da
Coleção Fórum Direito e Políticas Públicas.

Tive a grande satisfação de acompanhar o desenvolvimento do presente trabalho, originalmente tese de doutorado, produzido por Rafael Carvalho de Fassio junto ao programa de pós-graduação da Faculdade de Direito da Universidade de São Paulo.

Como trabalho acadêmico, trata-se de tese de excepcional qualidade, sustentada com brilhantismo perante banca de notórios especialistas no tema, os professores Guilherme Ary Plonski, Carlos Américo Pacheco, Vera Monteiro, André Tortato Rauen e Marina Fontão Zago, com a minha presença como orientador. A tese mereceu extensos elogios e recebeu excelente avaliação.

Ao mesmo tempo, para além dos méritos acadêmicos, a tese – agora o livro dela decorrente – possui evidente relevância como trabalho que permite uma direta aplicação na vida prática, servindo perfeitamente aos agentes públicos e privados atuantes no amplo espectro das atividades econômicas que implicam inovação tecnológica, tema, aliás, de fundamental importância para o desenvolvimento econômico e social de nosso País.

No desenvolvimento de sua pesquisa, Rafael aliou, com maestria, sua capacidade pessoal de análise e raciocínio à sua vivência de Procurador do Estado de São Paulo, função na qual tem despontado como especialista no tema da inovação, tendo sido destacado pela Procuradoria para honrosas atividades de âmbito internacional. Merecem destaque, a respeito, a sua atuação como consultor externo do Banco Interamericano de Desenvolvimento e sua *fellowship* em inteligência artificial, realizada em São Francisco junto ao Fórum Econômico Mundial.

II

Desde o início do presente século, o Brasil passou a adotar no plano legislativo, bem como na decorrente atuação administrativa normativa e material, ações voltadas a estimular a inovação tecnológica, com especial atenção para o papel que o próprio Estado, em todos os âmbitos federativos, poderia exercer, não apenas para trazer a inovação para as ações públicas, mas sobretudo para fomentar que a inovação se dê no mundo privado.

No plano federal, adotou-se a chamada Lei de Inovação Tecnológica, no ano de 2004, o que impulsionou diversas outras iniciativas legislativas descentralizadas, como, no caso de São Paulo, a correspondente Lei Estadual de Inovação Tecnológica de 2008.

Mais recentemente, com a Emenda à Constituição nº 85, de 2015, desencadeou-se nova leva de iniciativas legislativas, em especial em 2016, com ampla reforma da citada Lei de 2004.

O intuito dessas leis, em grande medida, tem sido o de criar um ambiente mais favorável para a interação público-privada em matéria de inovação tecnológica, assim como para, de um lado, criar uma consciência da relevância da inovação para o desenvolvimento nacional e, de outro, mudar a mentalidade e os paradigmas da prática da administração pública, notadamente no tocante às contratações públicas, de modo favorável à inovação.

III

Em sua obra *"Contratações públicas para inovação: oportunidades e desafios no cenário brasileiro"*, Rafael desenvolve o tema ao longo de seis capítulos muito bem estruturados e encadeados.

No primeiro capítulo, é apresentado abrangente, mas adequadamente conciso, panorama do sistema brasileiro de inovação, tanto em seus aspectos jurídicos como em seus aspectos institucionais, numa perspectiva histórica. O capítulo culmina com a constatação de que houve, no Brasil, "a construção gradual de uma arquitetura bastante complexa e estratificada, formada por diversos órgãos e entidades que se dedicam à inovação nos setores público e privado". Desse modo, o "cenário brasileiro é caracterizado por uma constelação de atores pouco integrados e com interesses próprios, o que dificulta a sua articulação coordenada. Essa tem sido a causa de diversas ineficiências, tais como sobreposições de competências, burocracia e descontinuidade de políticas de CT&I, que dificultam o emprego do poder de compra do Estado para estimular a demanda por produtos, serviços e processos inovadores no mercado".

Na sequência, Rafael analisa, em paralelo ao tema da inovação, a evolução do tratamento legislativo brasileiro dos contratos administrativos, mais especificamente sob a perspectiva do que se convencionou dizer "compras públicas". As ideias ali defendidas evidenciam certos dilemas e dificuldades a serem superados: tensão entre uma realidade estatística de muitos casos de contratação direta (que supostamente deveriam configurar exceção) e a regra da imposição geral da licitação, especialmente predominando a modalidade "pregão"; neste último caso, a ênfase excessiva na ideia de menor preço; permeando todo o sistema, uma rigidez formal excessiva, acompanhada de uma notável restrição à discricionariedade dos agentes administrativos; e uma postura extremamente defensiva e conservadora, adotada por agentes públicos, sobretudo como reação às práticas dos órgãos de controle.

O terceiro capítulo, articulando-se com o quanto apresentado pelo segundo, traz uma visão crítica da compreensão tradicional sobre contratos administrativos no Brasil, propondo, em seu lugar e com especial adaptação para contratos envolvendo o fenômeno da inovação tecnológica, uma nova perspectiva, por certo harmônica com o direito positivo e indubitavelmente condizente com a contemporânea realidade de uma administração pública aberta ao espírito do consenso, em lugar da preeminência de mecanismos de império. Assim introduz o autor, de modo instigante, sua percepção crítica: "Ícones, dogmas, verdades absolutas. Nada disso, em princípio, parece ter relação com direito administrativo. Todavia, especialmente no campo das contratações públicas, há ideias e conceitos que são repetidos e transmitidos implicitamente, de geração para geração, com persistência surpreendente. Algumas dessas visões de mundo resistem ao teste do tempo e mantêm-se mesmo diante da crítica teórica e das diversas alterações impostas ao direito positivo, dando a impressão, no direito administrativo, que é a realidade que deve se ajustar à doutrina, e não o contrário".

Já o capítulo quatro desenvolve o outro eixo argumentativo prenunciado no segundo capítulo: o modelo brasileiro de controles sobre a administração pública, assim como sua atual tendência expansiva e as respectivas consequências sobre a ação administrativa. Nas palavras de Rafael, apresentando o contexto histórico do ponto que será estudado e criticado: "De certa forma, o processo de expansão do controle no Brasil após a Constituição de 1988 faz parte da mesma tendência maximalista (...) de enrijecimento da legislação como estratégia para impedir a prática de corrupção. O emprego de parâmetros vagos e abstratos pela legislação (...) contribuiu para esse movimento expansionista do controle no Brasil. Não é por acaso que esses três diplomas [Lei de Improbidade Administrativa, Lei nº 8666/93, e Lei Orgânica do TCU] se alinham a uma visão de mundo semelhante, segundo a qual o controle precisa ser amplo para que a discricionariedade, vista com desconfiança, seja o mais restrita possível".

Fazendo convergir as análises críticas desenvolvidas nos capítulos precedentes para o cerne da tese, o quinto capítulo reconfigura a compreensão dos contratos administrativos, bem como do papel do estado como promotor da inovação por meio de seu poder de compra, no tocante às atividades de pesquisa, desenvolvimento e inovação tecnológicos, marcadas pelo elemento-chave – "incerteza" – que Rafael explicita no instigante título do capítulo: "O regime jurídico da incerteza". No seu texto, sem perder o foco nas "contratações públicas para inovação", o autor cuida ainda, sistematizadamente, de "acordos de parceria e convênios para pesquisa, desenvolvimento e inovação", de "alianças estratégicas" e da "permissão e compartilhamento de instalações de instituições de ciência e tecnologia".

Por fim, o capítulo seis – "Instrumentos jurídicos de inovação aberta e *problem-based acquisitions* no direito brasileiro" – encerra a tese com a análise dos elementos jurídicos mais modernos, já presentes no Brasil, para incentivo à inovação por parte do Estado. Eis como Rafael apresenta a organização de sua exposição: "Inicialmente, no item 6.1, reúno três tipos de procedimentos na categoria que denominei como 'instrumentos jurídicos de inovação aberta', com o objetivo de destacar a sua principal finalidade e, ao mesmo tempo, deixar claro que não se trata de modalidades de contratação pública. Nesse grupo, abordo os chamamentos públicos genéricos usados para a realização de *pitches*, *hackathons* e *demo days* (item 6.1.1), o procedimento de manifestação de interesse, previsto como procedimento auxiliar na Lei nº 14.133/2021 (item 6.1.2) e as consultas públicas preliminares ao mercado (item 6.1.3), conhecidas na prática internacional como '*request for information*'. No segundo grupo, recupero a literatura estrangeira sobre '*functional procurement*', '*problem-based acquisitions*' e '*challenge-based acquisitions*' para identificar algumas semelhanças no tratamento que o direito positivo brasileiro destina a três modalidades de licitação: o diálogo competitivo (item 6.2), o concurso (item 6.3), e a modalidade especial de licitação prevista no Marco Legal das *Startups*, em especial nos casos em que o objeto não apresenta risco tecnológico (item 6.4)".

Em sua conclusão, Rafael afirma – e eu o cito, para subscrever e enfatizar a relevância de sua contribuição: "Estou convicto, na medida em que encerro esse percurso, de que a contribuição deixada nessas linhas será útil para organizar o debate sobre o tema no Brasil, dando mais clareza aos desafios jurídicos e institucionais que precisam ser enfrentados para construir uma agenda em que o poder de compra do Estado seja usado como instrumento para estimular o desenvolvimento, a adoção e a difusão de produtos, serviços e processos inovadores no país. Nas discussões sobre esse tema, fala-se sempre em insegurança jurídica. Espero que esta tese traga clareza sobre as suas causas e seus motivos, permitindo que os atores interessados no tema no Brasil possam fazer uso das contratações públicas para inovação e aproveitar o seu potencial".

Eu ainda insisto: nesse seu declarado intuito, Rafael foi plenamente bem-sucedido.

Fernando Menezes de Almeida
Professor Titular de Direito Administrativo da
Faculdade de Direito da USP

NOTA DO AUTOR

Toda obra marca, ao mesmo tempo, um ponto de chegada e o início de um novo ponto de partida. Este estudo corresponde à tese que apresentei à Faculdade de Direito da Universidade de São Paulo, em junho de 2024, como requisito para obter o título de doutor em Direito. O texto foi mantido, com pequenas mudanças decorrentes das reflexões e dos comentários realizados na arguição de defesa, incluindo também algumas adaptações próprias a uma edição voltada ao público em geral.

Como não poderia deixar de ser, este livro conclui uma etapa em minha vida e consolida a minha contribuição profissional e acadêmica sobre os debates e discussões envolvendo contratações públicas e inovação no Brasil. Durante o doutorado, morei em duas cidades, São Paulo e São Francisco. Ao longo dessa trajetória, conheci muitas pessoas, de diversas nacionalidades, que generosamente partilharam comigo as suas ideias e reflexões sobre esse tema. Nomeá-las individualmente não só seria injusto, como também seria impossível. Por isso, é com profunda gratidão que expresso os meus sinceros agradecimentos a meus pais, familiares e amigos, bem como a todas e todos que contribuíram para que esta pesquisa fosse realizada.

Registro um agradecimento especial a duas organizações que foram fundamentais para que esta obra viesse a lume. Em 2020, fui selecionado para ser consultor externo do Banco Interamericano de Desenvolvimento para compras públicas de inovação e inovação aberta no Brasil. Os estudos que realizei para o BID foram essenciais para que eu pudesse aprofundar o conhecimento de casos e experiências internacionais, o que produziu reflexos indeléveis para esta investigação. No ano seguinte, tive a oportunidade de ser *fellow* no Fórum Econômico Mundial, em São Francisco, onde pesquisei especificamente os desafios voltados à contratação de soluções de inteligência artificial pelo Poder Público. As reuniões diárias com Genebra, além das conversas semanais que mantinha com as equipes que implementavam o projeto em nove países me permitiram reconhecer que os problemas brasileiros são, de alguma maneira, bastante semelhantes aos desafios enfrentados em outras jurisdições. As parcerias que permanecem desde então, tanto com o BID quanto com o Fórum Econômico Mundial, são motivo de muita alegria para mim.

No plano acadêmico, não poderia deixar de agradecer ao meu orientador, Prof. Fernando Menezes de Almeida, a quem devo o retorno à Faculdade de Direito da Universidade de São Paulo, após a graduação e o mestrado. Aos Professores Guilherme Ary Plonski, Carlos Américo Pacheco, Maria Paula Dallari Bucci, Vera Monteiro, André Rauen e Marina Zago, que integraram as minhas bancas de qualificação e de defesa, deixo também o meu agradecimento pelas sugestões valiosas e, sobretudo, pela honra de receber a recomendação para que a tese fosse publicada como livro. Registro, ainda, a minha gratidão ao Núcleo Jurídico do Observatório da Inovação e Competividade do Instituto de Estudos Avançados da USP (OIC-IEA/USP), que propiciou um ambiente importante para discussão de casos concretos e de soluções jurídicas para a inovação no Brasil.

Devo muito à Procuradoria Geral do Estado de São Paulo pela rica experiência na área consultiva e pelas oportunidades que tive desde o meu ingresso, em 2013. Agradeço a todos os meus colegas, Procuradores do Estado e servidores, pelo convívio, e à instituição, por ter prontamente acolhido a minha proposta para a criação de um Núcleo de Estudos e Pesquisas em Propriedade Intelectual e Inovação, em 2019. Esse núcleo deu origem, três anos depois, a um Curso de Especialização em Direito Digital e Inovação, oferecido na Escola Superior da Procuradoria Geral do Estado de São Paulo, onde pude refletir sobre muitas das questões abordadas ao longo do livro. Aprendi muito com os pesquisadores das instituições públicas de pesquisa e, com eles, pude participar ativamente da construção, da modelagem e das negociações referentes a muitos dos instrumentos jurídicos abordados neste estudo.

Por fim, renovo os meus agradecimentos a todas e todos que, de alguma forma, colaboraram para a realização desta obra. Os erros são de minha inteira responsabilidade. Os acertos, quando presentes, foram inspirados por todos aqueles que me acompanharam, em maior ou menor medida, ao longo desta jornada.

INTRODUÇÃO

Em meados de 2017, um pedido especial chegava à Procuradoria Geral do Estado de São Paulo: um grupo de trabalho formado por pesquisadores, especialistas e professores universitários solicitava a participação da Procuradoria na elaboração de um decreto que regulamentaria os avanços recentes na legislação brasileira de ciência, tecnologia e inovação (CT&I) na esfera estadual. O Estado de São Paulo já possuía uma lei sobre o tema desde 2008,[1] mas as mudanças operadas pela Emenda Constitucional nº 85/2015 e pela Lei nº 13.243/2016 exigiriam um novo esforço legislativo. Isso porque a edição de normas sobre *"ciência, tecnologia, pesquisa, desenvolvimento e inovação"* havia se transformado em hipótese de competência legislativa concorrente e, por isso, a Lei de Inovação (Lei nº 10.973/2004), que até então era aplicável exclusivamente à União, foi praticamente reescrita para se converter em uma verdadeira lei nacional sobre a matéria.

O diagnóstico desses atores convergia para a profunda inefetividade dessa legislação. Alguns anos antes, em 2010, os debates travados na 4ª Conferência Nacional de Ciência, Tecnologia e Inovação já tinham deixado claro que grande parte dos instrumentos jurídicos previstos na lei de 2004 sequer haviam saído do papel, e a burocracia e o controle eram apontados como os principais fatores que desestimulavam a celebração de parcerias entre os atores do ecossistema. Mas o "novo" Marco Legal de CT&I, reformulado em 2016, buscou trazer respostas

---

[1] A Lei Complementar nº 1.049/2008 dispõe sobre "(...) medidas de incentivo à inovação tecnológica, à pesquisa científica e tecnológica, ao desenvolvimento tecnológico, à engenharia não-rotineira e à extensão tecnológica em ambiente produtivo, no Estado de São Paulo, e dá outras providências correlatas". Disponível em: https://www.al.sp.gov.br/norma/?id=98136. Acesso em: 29 maio 2024.

pragmáticas para muitos dos problemas enfrentados pela comunidade científica. As expectativas com o decreto paulista eram altas, e o convite feito à Procuradoria não foi à toa – afinal, a Advocacia Pública, o Ministério Público, as Controladorias e os Tribunais de Contas tinham importância chave para que a nova legislação pudesse, de fato, promover essa tão desejada virada de página.

Eu já era Procurador do Estado de São Paulo havia alguns anos quando passei a atuar nessa pauta.[2] À época, eu integrava a equipe de assessores do Gabinete do Procurador-Geral, onde coordenava o assessoramento jurídico na área de licitações e contratos. Eu sabia que a intersecção entre contratações públicas e inovação não era óbvia, tampouco trivial. Os temas parecem orbitar em polos opostos. Afinal, associar o papel transformador da inovação ao potencial do poder de compra do Estado exige saber como conciliar, na prática, os vetores aparentemente contraditórios da contratação pública, cuja regulação remete a um procedimento objetivo, custo-efetivo e impessoal, e da inovação tecnológica, a qual exige uma interação sistêmica entre atores públicos e privados e se associa, justamente, à incerteza como sua nota fundamental (EDQUIST; ZABALA-ITURRIAGAGOITIA, 2012, p. 1769).

A Lei de Inovação ocupa posição central em uma legislação de caráter multidisciplinar e transversal que, até pouco tempo, era praticamente inexplorada pela doutrina e pela prática administrativa. A escassez de estudos sobre o tema no campo do direito contribuía para que várias interpretações possíveis, fruto da vagueza e da amplitude do texto legal, provocassem diversas incertezas na sua aplicação. Esse cenário causava grande indefinição sobre o controle, que era exercido à moda de outros instrumentos de direito administrativo e sob a influência de outras leis, especialmente a Lei nº 8.666/1993. Isso contribuiu para que o emprego dos instrumentos previstos na legislação de CT&I permanecesse abaixo do esperado, pois os gestores não sabiam como os processos seriam analisados pelos órgãos de controle interno e externo no futuro.

Por isso, mesmo com o decreto já pronto e em vigor no Estado de São Paulo,[3] percebi que ainda havia muito trabalho a ser feito para

---

[2] Inicialmente acompanhando e depois sucedendo, na Procuradoria Geral do Estado, o colega Fábio Augusto Daher Montes.

[3] O Decreto estadual nº 62.817, de 04 de setembro de 2017, regulamentou a Lei nº 10.973/2004 e a Lei Complementar estadual nº 1.049/2008. Disponível em: https://www.saopaulo. sp.gov.br/spnoticias/ultimas-noticias/estado-tem-novo-decreto-voltado-a-promocao-da-ciencia-e-tecnologia/. Acesso em: 31 maio 2024.

que o novo texto pudesse ter aplicação efetiva: afinal, eram muitos os casos em que as contratações a serem firmadas com base no Marco Legal de CT&I pareciam não se amoldar às tradicionais categorias do direito administrativo. Encomendas tecnológicas, acordos de parceria para pesquisa, desenvolvimento e inovação, contratos de transferência de tecnologia e boa parte dos instrumentos jurídicos previstos nessa legislação criaram novos tipos de parceria que adentram em aspectos pouco explorados no setor público, como o compartilhamento dos riscos ligados à incerteza científica e a divisão de direitos de propriedade intelectual.

Entendi que a Procuradoria precisava mudar a sua atuação diante das possibilidades incorporadas ao direito positivo com as reformas de 2016. A legislação havia mudado consideravelmente e, por isso, os nossos pareceres ainda não ofereciam respostas adequadas a esse novo cenário. Construímos teses, harmonizamos interpretações, publicamos modelos de documentos e até estruturamos uma área específica para lidar com temas relacionados à propriedade intelectual e inovação, criando um canal de assessoramento jurídico direto com os pesquisadores das Instituições Científicas, Tecnológicas e de Inovação (ICTs) do Estado de São Paulo. Contudo, e não obstante todo o trabalho realizado, é preciso reconhecer que aquele meu ceticismo inicial sobre o decreto paulista era justificado: a insegurança jurídica continua muito presente, até hoje, na aplicação do Marco Legal de CT&I. Mas quais são as causas dessa insegurança jurídica? E por que é tão difícil tirar essas leis do papel? A persistência das dificuldades de aplicação em concreto dessas normas começava, para mim, a despontar como um *problema* que merecia ser investigado mais a fundo.

Mas a legislação seguiu crescendo, e, com ela, a complexidade também aumentou. Em 2018, foi a vez de a União editar o seu regulamento para a Lei de Inovação, com normas aplicáveis a órgãos e entidades na esfera federal. O Decreto nº 9.283/2018 viabilizou, por exemplo, a celebração do contrato de encomenda tecnológica entre a Fundação Oswaldo Cruz e a AstraZeneca para a produção da vacina contra a Covid-19, assinado em 08 de setembro de 2020,[4] demonstrando a importância do poder de compra do Estado como instrumento para catalisar investimentos voltados à resolução de problemas concretos da sociedade. Em 2021, foram sancionadas a Nova Lei de Licitações

---

4 Disponível em: https://portal.fiocruz.br/noticia/fiocruz-divulga-contrato-de-encomenda-tecnologica-com-astrazeneca Acesso em: 31 maio 2024.

e Contratos (Lei nº 14.133/2021), que substituiu a Lei nº 8.666/1993, e o Marco Legal das Startups e do Empreendedorismo Inovador (Lei Complementar nº 182/2021). Essas leis alteraram procedimentos, criaram novas modalidades de licitação e trouxeram mudanças relevantes para que as contratações públicas pudessem ser usadas não só para o desenvolvimento de produtos, serviços ou processos inovadores, mas também para estimular a sua adoção e difusão no mercado.

Em meio a esse contexto, duas experiências profissionais me fizeram perceber que o problema que eu havia identificado em 2017 não era uma exclusividade brasileira, mas um desafio de relevo que estava sendo enfrentado, de formas diferentes, por diversos países do mundo. Inicialmente, fui consultor externo *ad hoc* do Banco Interamericano de Desenvolvimento para compras públicas de inovação e inovação aberta no Brasil (2020-2021), o que me permitiu conhecer e estudar mais profundamente casos internacionais e iniciativas em andamento nos Estados Unidos, na Índia, América Latina e União Europeia relacionados ao tema (FASSIO *et al.*, 2021; ZUNIGA, RUBALCABA, FASSIO, 2022; e FASSIO *et al.*, 2022). No ano seguinte, o ingresso no programa de doutorado da Universidade de São Paulo me permitiu realizar uma *fellowship* no Fórum Econômico Mundial (2021-2022), em São Francisco, onde passei a coordenar o projeto *AI Procurement in a Box*,[5] voltado à contratação de soluções de inteligência artificial e *machine learning* pelo Poder Público (FASSIO; LANGEVIN, 2022a; FASSIO; LANGEVIN, 2022b). De fato, o dilema que opõe contratações públicas e inovação é um desafio mundial, mas existem particularidades jurídicas e institucionais que justificavam a realização de um estudo específico sobre o tema no país.[6]

Por exemplo, existe um enorme descompasso entre o poder de compra do Estado e os investimentos em pesquisa, desenvolvimento e inovação no Brasil. Em 2019, as contratações públicas corresponderam a 9,4% do PIB (THORSTENSEN; GIESTEIRA, 2021, p. 38), ao passo que a soma dos dispêndios públicos e privados em pesquisa e desenvolvimento foi de apenas 1,21% do PIB no mesmo ano.[7] O poder

---

[5] Disponível em: https://www.weforum.org/publications/ai-procurement-in-a-box/. Acesso em: 31 maio 2024.

[6] Alguns dos itens e seções desta obra correspondem a versões atualizadas e bastante expandidas de alguns dos estudos que realizei sobre o tema para o BID e o Fórum Econômico Mundial, bem como de artigos e outros trabalhos, conforme indicado.

[7] Disponível em: https://www.gov.br/mcti/pt-br/acompanhe-o-mcti/indicadores. Acesso em: 31 maio 2024.

de compra do Estado, frequentemente subutilizado, é destacado no cenário internacional como uma ferramenta potente para o incentivo à inovação. Ao priorizar produtos, serviços e processos inovadores em suas contratações, o Poder Público pode estimular o desenvolvimento de novas tecnologias e a criação de mercados, fortalecendo setores estratégicos. Essa abordagem tem sido adotada por diversos países, especialmente nos Estados Unidos e na União Europeia, mas ainda enfrenta diversos obstáculos de relevo no contexto brasileiro.

Fala-se sempre em insegurança jurídica como a causa maior da inefetividade dessa legislação, o motivo pelo qual haveria um "apagão de canetas" ou uma "paralisia decisória" no que se refere ao emprego de contratações públicas para inovação no país.[8] O diagnóstico é correto, mas esse argumento transformou-se em um lugar-comum. Por que a aplicação dos instrumentos jurídicos que permitem o uso do poder de compra do Estado para estimular o desenvolvimento, a adoção e a difusão de produtos, serviços e processos inovadores ainda é tão escassa no Brasil? Quais os motivos que explicam o porquê dessa insegurança jurídica, afinal? Investigar as causas desse problema me parece fundamental para conceber medidas que possam endereçar, de forma pragmática, o pouco uso das contratações públicas para estimular o desenvolvimento, a adoção e a difusão de produtos, serviços ou processos inovadores no cenário brasileiro.

A pesquisa proposta nestas linhas tem por objetivo discutir as características que distinguem os diversos tipos de contratações públicas para inovação e justificam a existência de um regime jurídico próprio, distinto daquele aplicável a aquisições, serviços e obras em geral, para discipliná-las. A obra busca investigar as causas da inefetividade dessa legislação e explicar por que, na prática, a sua aplicação não ocorre como esperado. Esse é o *problema* central deste estudo, ao qual se apresenta a seguinte *hipótese* de pesquisa: a rigidez e o formalismo da legislação de licitações e contratos públicos no Brasil, somados a uma leitura doutrinária da teoria do contrato administrativo que uniformiza seu regime jurídico e prescreve uma homogeneidade inexistente no direito positivo, criam um contexto amplamente desfavorável ao emprego do poder de compra do Estado como instrumento de política de inovação no cenário brasileiro.

---

[8] Abordo esses temas em profundidade no item 4.1 deste estudo, correlacionando o "apagão das canetas" e a "paralisia decisória" com a atuação dos órgãos de controle na área de ciência, tecnologia e inovação.

A escolha de proceder ao enfrentamento desse problema é justificada por três motivos principais: (i) a escassez de estudos jurídicos sobre o tema, que, apesar do interesse crescente, ainda é incipiente no direito administrativo; (ii) a necessidade de oferecer tratamento doutrinário mais adequado à realidade do direito positivo, que tem aumentado a sua complexidade nos últimos anos pela expansão do número de instrumentos jurídicos voltados à cooperação público-privada para a área de CT&I; e, por fim, (iii) a preocupação com o correto emprego desses procedimentos de contratação pública para inovação pelos gestores públicos, evitando que se agrave ainda mais a já sensível insegurança jurídica que explica o raro uso desses instrumentos no dia a dia da Administração.

Primeiramente, e muito embora o interesse na matéria venha crescendo rapidamente, os estudos que se dedicam à complexa intersecção entre institutos jurídicos e políticas de CT&I são escassos no Brasil. A tabela abaixo, elaborada com base no repositório de publicações disponíveis no banco de teses e dissertações da Universidade de São Paulo, ilustra como são recentes as pesquisas sobre o tema no campo do direito: dos 31 trabalhos relacionados, mais da metade foi produzida após 2016, na esteira das reformas constitucionais e legais operadas pela Emenda Constitucional nº 85/2015 e pela Lei nº 13.243/2016. O levantamento também mostra, em particular, como são raros os estudos que ligam a inovação diretamente a institutos e normas de direito administrativo.

Tabela 1 – Dissertações de mestrado e teses de doutorado produzidas na Universidade de São Paulo sobre as relações entre direito e inovação entre 2008 e 2024

(continua)

Autor(a)	Título	Departamento	Tipo	Unidade	Ano
Luis, Alessandro Serafim Octaviani	Recursos genéticos e desenvolvimento: os desafios furtadiano e gramsciano	Direito Econômico e Financeiro	Tese de Doutorado	Faculdade de Direito	2008
Colombo, Daniel Gama e.	A política pública de incentivo ao setor de informática no Brasil a partir da década de 90: uma análise jurídica.	Direito Econômico e Financeiro	Dissertação de Mestrado	Faculdade de Direito	2009
Franco, Karin Klempp	A regulação da contratação internacional de transferência de tecnologia: perspectiva do direito de propriedade industrial, das normas cambiais e tributárias do direito concorrencial	Direito Comercial	Tese de Doutorado	Faculdade de Direito	2010
Tedeschi, Patrícia Pereira	Inovação tecnológica e direito administrativo	Direito do Estado	Dissertação de Mestrado	Faculdade de Direito	2011
Rosina, Monica Steffen Guise	A regulamentação internacional das patentes e sua contribuição para o processo de desenvolvimento do Brasil: análise da produção nacional de novos conhecimentos no setor farmacêutico	Direito Internacional	Tese de Doutorado	Faculdade de Direito	2011
César, Priscilla Maria Dias Guimarães	Análise crítica da proteção das patentes de invenção farmacêuticas e biotecnológicas: perspectiva dos países em desenvolvimento	Direito Internacional	Dissertação de Mestrado	Faculdade de Direito	2011
Foss, Maria Carolina	Análise jurídica da promoção da inovação tecnológica no setor brasileiro de tecnologias da informação e comunicação	Direito Comercial	Dissertação de Mestrado	Faculdade de Direito	2013

(continua)

Autor(a)	Título	Departamento	Tipo	Unidade	Ano
Zanatta, Rafael Augusto Ferreira	Direito, desenvolvimento e experimentalismo democrático: um estudo sobre os papéis do direito nas políticas públicas de capital semente no Brasil	Filosofia e Teoria Geral do Direito	Dissertação de Mestrado	Faculdade de Direito	2014
Ferreira, Caio Rioei Yamaguchi	Dependência tecnológica e financiamento à inovação: entre a teoria do subdesenvolvimento em Celso Furtado e o regime de acumulação predominantemente financeiro	Direito Econômico e Financeiro	Dissertação de Mestrado	Faculdade de Direito	2014
Brito Junior, Jorge Luiz de	Interface entre a proteção à propriedade intelectual e o direito de concorrência no Brasil	Direito Econômico e Financeiro	Dissertação de Mestrado	Faculdade de Direito	2015
Ramos, Giovane Saionara	Universidade pública e fundações privadas: a hegemonia privatista na produção de discurso e na apropriação dos recursos	Educação	Tese de Doutorado	Faculdade de Educação	2015
Lima, Ticiana Nogueira da Cruz.	O direito como tecnologia para capacitação do poder público: o caso da política de inovação.	Direito Econômico e Financeiro	Tese de Doutorado	Faculdade de Direito	2016
Viegas, Juliana Laura Bruna.	Incentivos legais à inovação tecnológica e à integração universidade-empresa – um estudo de direito comparado.	Direito Comercial	Tese de Doutorado	Faculdade de Direito	2016
Mouallem, Pedro Salomon Bezerra.	Direito e políticas de inovação: dimensões políticas e jurídico-institucionais na coordenação do financiamento público à inovação no Brasil.	Filosofia e Teoria Geral do Direito	Dissertação de Mestrado	Faculdade de Direito	2016
Somensi, Ludmila	O exercício abusivo do direito de propriedade intelectual como infração à ordem econômica	Direito Comercial	Dissertação de Mestrado	Faculdade de Direito	2017
Romitelli, Gabriel	Direito e inovação: participação minoritária de ICTs públicas em empresas como remuneração pela transferência e licenciamento de tecnologia	Desenvolvimento no Estado Democrático de Direito	Dissertação de Mestrado	Faculdade de Direito de Ribeirão Preto	2017

(continua)

Autor(a)	Título	Departamento	Tipo	Unidade	Ano
Terng, Vivian	Agrupamento de patentes: efeitos concorrenciais e à inovação	Direito Comercial	Dissertação de Mestrado	Faculdade de Direito	2018
Moreira, Natalia Rebello.	Atividade estatal de fomento à inovação tecnológica em empresas	Direito do Estado	Dissertação de Mestrado	Faculdade de Direito	2018
Domingues, Alessandra de Azevedo	Contrato de cooperação acadêmico-empresarial para inovação: função, elementos e classificação	Direito Comercial	Tese de Doutorado	Faculdade de Direito	2018
Avila, Marilia Cruz	Contratos de licenças de propriedade industrial e tecnologia não patenteada: o papel do direito concorrencial no incentivo à inovação	Direito Comercial	Dissertação de Mestrado	Faculdade de Direito	2018
Ferreira, Alexandre Rebêlo	Desenvolvimento entre garantia e elasticidade: a regulação das Fintechs de crédito no Brasil	Direito Econômico e Financeiro	Dissertação de Mestrado	Faculdade de Direito	2019
Guimarães, Raquel Lamboglia.	O controle financeiro da atividade de fomento: o TCU e a aferição de resultados.	Direito Econômico e Financeiro	Dissertação de Mestrado	Faculdade de Direito	2019
Oliveira, Nereide de	A propriedade intelectual nos projetos de inovação desenvolvidos em parceria entre as instituições científicas, tecnológicas e de inovação e o setor produtivo, a partir de recursos financeiros não reembolsáveis: uma parceria público-privada	PROLAM – Integração da América Latina	Dissertação de Mestrado	PROLAM	2019
Longato, Carlos Freire	Uma abordagem dos campos jurídico e de ciência, tecnologia e inovação à luz do pensamento de Pierre Bourdieu	Filosofia e Teoria Geral do Direito	Dissertação de Mestrado	Faculdade de Direito	2020
Oliveira, Marcos Felipe de Albuquerque	Contribuições ao estudo do regime jurídico da propriedade industrial nas parcerias universidade-empresa	Direito Comercial	Dissertação de Mestrado	Faculdade de Direito	2020
Hugo Tubone Yamashita	A análise dos arranjos híbridos de contratação: a expressão do fenômeno cooperativo entre o mercado e a hierarquia	Direito Comercial	Tese de Doutorado	Faculdade de Direito	2020

(conclusão)

Autor(a)	Título	Departamento	Tipo	Unidade	Ano
Pombo, Rodrigo Goulart de Freitas	Contratos públicos na Lei de Inovação	Direito do Estado	Dissertação de Mestrado	Faculdade de Direito	2020
Monteiro, Vitor	Características do sistema jurídico brasileiro de fomento estatal à inovação	Direito do Estado	Tese de Doutorado	Faculdade de Direito	2021
Nogueira, Natália de Rosalmeida Vargas	Internet das Coisas, Constituição Econômica e subdesenvolvimento: os desafios da atual revolução tecnológica para o Brasil	Direito Econômico e Financeiro	Dissertação de Mestrado	Faculdade de Direito	2022
Santos, Fábio Gomes dos	Financiamento público à inovação empresarial	Direito do Estado	Tese de Doutorado	Faculdade de Direito	2022
Saiki, Gabriella	A exploração econômica *dos naming rights* de bens públicos: a prática contratual das maiores metrópoles brasileiras	Desenvolvimento no Estado Democrático de Direito	Dissertação de Mestrado	Faculdade de Direito de Ribeirão Preto	2023
Camila Emi Tomimatsu	*The Regulation of "Innovation" in International Trade Agreements: Looking Inward, Outward, Backward and Forward*	Direito Internacional	Tese de Doutorado	Faculdade de Direito	2023

Fonte: Elaboração própria. (1) pesquisa realizada nas páginas https://www.teses.usp.br e https://repositorio.usp.br/, combinando os termos "inovação" E "direito" OU "contrat*" na pesquisa com título e resumo, em 31.05.2024; (2) não foram encontrados trabalhos anteriores a 2008, tampouco se restringiu o campo "unidade" à Faculdade de Direito – que, como se vê, concentra a absoluta maioria dos trabalhos; (3) o caráter não exaustivo do levantamento decorre das limitações desses bancos de dados, que podem não refletir a totalidade das teses e dissertações defendidas na USP ao longo do período pesquisado.

Um segundo motivo reside na necessidade de conciliar a teoria do contrato administrativo, que vem sendo revisitada criticamente pela doutrina brasileira, com o emprego do poder de compra do Estado para incentivar o desenvolvimento, a adoção ou a difusão de inovações no mercado, como política de inovação do lado da demanda. Afinal, o repertório de procedimentos para se contratar inovação pelo Poder Público tem se ampliado consideravelmente no Brasil, e a pluralidade de instrumentos jurídicos de cooperação público-privada regidos pela legislação de CT&I torna necessário reconhecer diferenças e matizes em seu regime jurídico que afetam características inerentes ao modo de ser da contratação pública, condicionam seu objeto e influenciam o modo pelo qual a demanda estatal pode ser usada para incentivar a inovação no cenário brasileiro.

Na encomenda tecnológica, por exemplo, essas diferenças decorrem de características do próprio direito positivo e se justificam por uma racionalidade econômica diversa, moldada pela incerteza científica e pela necessidade de internalizar, contratualmente, a impossibilidade de garantia do resultado. Assim como o contrato administrativo na tradição francesa ganhou autonomia em relação ao direito privado "comum", encontrando no serviço público a fundamentação teórica para a verticalidade sobre o particular e a exorbitância de suas cláusulas, talvez seja necessário revisitar esses pressupostos para reconhecer a alguns desses procedimentos, que se entrelaçam com a atividade administrativa de fomento, um regime jurídico próprio e diferente daquele aplicável às contratações públicas em geral.

Por fim, em terceiro lugar, o aumento recente no número de instrumentos jurídicos de contratação pública para inovação suscita uma justa preocupação com o seu uso correto pelos gestores públicos, evitando que se convertam em uma "válvula de escape" para abrandar a rigidez da legislação aplicável às compras públicas em geral. É preciso deixar claro, desde o começo deste estudo, que essas modalidades não são alternativas mais rápidas, nem mais simples, do que as contratações comuns. Pelo contrário: as evidências extraídas de casos concretos da experiência nacional e internacional demonstram que a estruturação de projetos envolvendo produtos, serviços ou processos inovadores geralmente é complexa, demandando planejamento robusto e preocupações adicionais com a transparência e processualidade dos seus procedimentos. A banalização pode criar uma reação negativa dos órgãos de controle, aumentando ainda mais a insegurança jurídica que paira sobre o tema no país.

Além disso, cabe fazer aqui um breve comentário sobre a nomenclatura a que faremos referência ao longo desta obra. Nos países de língua inglesa, é bastante difundido o uso da expressão *"public procurement"*, bem como *"government purchasing"* ou *"state acquisitions"*, para designar o conjunto das contratações firmadas pelo setor público. Na União Europeia, tendo em vista o regramento estabelecido pelas Diretivas 2014/23/UE, 2014/24/UE e 2014/25/UE em âmbito comunitário, é comum o emprego de expressões como *"appalti pubblici"*, na Itália, ou *"marchés publics"*, na França, com o mesmo significado. Por esse motivo, e considerando que a expressão "contrato administrativo" possui sentido técnico e acepção mais restrita, optei pelo uso indistinto das expressões "compra pública", "contratação pública", "contrato público" para fazer referência ampla a todos os contratos firmados por órgãos ou entidades da Administração, ainda que não se revistam das prerrogativas que caracterizam a vertente brasileira da teoria do contrato administrativo.

Essa escolha terminológica revela também um primeiro "corte metodológico": o objeto principal da nossa investigação será o estudo das contratações públicas para inovação no ordenamento jurídico *brasileiro*. Dessa maneira, normas e experiências nacionais constituem as fontes primárias desta pesquisa, que será dedicada ao exame da legislação *federal* sobre o tema. Ademais, reputo importante destacar que a análise de modelos e experiências internacionais – mormente o modelo federal de contratações públicas dos Estados Unidos e as diretivas da União Europeia – não se propõe à aplicação imediata e irrefletida no ordenamento jurídico brasileiro, mas busca identificar os vetores que outros países empregaram para estimular o uso de contratações públicas para inovação em suas legislações. Afinal, como já se disse, o tema não é um desafio somente no Brasil, motivo pelo qual a experiência comparada pode deixar um legado útil para a superação dos obstáculos verificados no cenário nacional.

Ainda sobre metodologia, é importante esclarecer que este estudo adota uma abordagem predominantemente qualitativa, haja vista a ausência de dados estruturados sobre contratações públicas para inovação no país. Mensurar de forma exaustiva a quantidade de contratos, parcerias e acordos celebrados com base nessa legislação não faz parte do escopo deste estudo. Não obstante a recente instituição do Portal Nacional de Contratações Públicas, ainda em fase de implantação, para centralizar a divulgação de editais e contratos fundados na Lei nº 14.133/2021, a recolha de dados quantitativos sobre o tema é uma tarefa dificultada pela ausência de um repositório que concentre informações sobre os instrumentos jurídicos celebrados com base em outras legislações importantes para o tema, como a própria Lei de Inovação e o Marco Legal das Startups. Igualmente, as decisões dos Tribunais mencionadas ao longo deste estudo buscam apenas ilustrar como a jurisprudência, em um contexto ainda marcado pela escassez de casos concretos de contratações com objetos relacionados à inovação, tem lidado com temas correlatos no cenário brasileiro.

Este livro encontra-se estruturado em seis capítulos, além desta introdução e da conclusão.

O primeiro capítulo firma as premissas teóricas do processo inovativo e apresenta o ecossistema de ciência, tecnologia e inovação no Brasil, com foco no crescente interesse internacional pelo emprego do poder de compra do Estado como instrumento para estimular a demanda por produtos, serviços e processos inovadores. Após, prossegue para o estudo específico do Sistema Nacional de Inovação brasileiro, abordando o seu processo formativo, a sua estrutura jurídica e alguns de seus principais indicadores e resultados. Ao final, o capítulo discute os principais "gargalos" do ecossistema de inovação brasileiro, apontando as contratações públicas como uma alternativa importante para promover a coesão e o realinhamento das políticas de CT&I existentes em torno de iniciativas orientadas à resolução de missões e de problemas concretos da sociedade brasileira.

O segundo capítulo revisita a trajetória das leis que disciplinam as licitações e contratações públicas no Brasil com o objetivo de discutir o problema da insegurança jurídica à luz da evolução do direito positivo. Como se verá, as cinco fases desse percurso revelam uma transição lenta e gradual de uma legislação minimalista, corporificada no Código de Contabilidade de 1922, para um modelo maximalista, que se inicia com o Decreto-Lei nº 2.300/1986 e atinge o seu ápice com a edição da Lei nº 8.666/1993, permanecendo mesmo após o advento da vigente Lei nº 14.133/2021. À época, essa rigidez era justificada pelo intento de impedir a corrupção nos contratos públicos, por meio de uma regulação que deixasse poucos espaços abertos à discricionariedade do administrador. Contudo, a opção por uma legislação detalhada e abrangente resultou em rigidez e engessamento acentuados, gerando efeitos negativos para a gestão pública e obstáculos práticos que comprometem significativamente o emprego do poder de compra do Estado na implementação de políticas públicas no país.

O terceiro capítulo realiza uma releitura crítica da teoria do contrato administrativo, a qual construiu, com base em um transplante incompleto da doutrina francesa, um regime jurídico uniforme a todos os contratos celebrados pela Administração, independentemente do seu objeto, no Brasil. Essa leitura doutrinária foi incorporada ao direito positivo e segue sendo repercutida até hoje por advogados, gestores e membros de órgãos de controle no país. Sustento que essa vertente brasileira da teoria do contrato administrativo contribuiu fortemente para o advento de uma cultura de compras rígida e formalista, que aumenta a aversão a riscos dos gestores e desincentiva contratações públicas para inovação. Para aprofundar essa crítica e compreender seus argumentos, agrupei essas ideias em cinco proposições que, muito embora não possam ser referidas em sua totalidade a todos os autores, nem se refiram de forma particular a algum autor específico, repercutem as notas principais que caracterizam essa visão de mundo ainda tão presente no contexto brasileiro.

O quarto capítulo discute o papel exercido pelos órgãos de controle no exame de atividades de CT&I para compreender, em linha com os capítulos anteriores, em que medida a atuação da esfera controladora limita o emprego das contratações públicas como instrumento de política de inovação no país. Para tanto, reconstrói brevemente a evolução do papel e atribuições do Tribunal de Contas da União em meio a um contexto histórico, logo após o advento da Constituição de 1988, marcado fortemente pela limitação da discricionariedade administrativa no direito positivo e na doutrina. Após, ao abordar os desafios específicos para o controle da atividade de CT&I, o capítulo narra como a insatisfação da comunidade científica com a atuação da esfera controladora, em especial do TCU, levaram à criação de dois parâmetros normativos na Lei nº 13.243/2016 – a "simplificação de procedimentos" e o "controle de resultados" – para pautar o controle nessa seara. Por fim, o capítulo apresenta uma proposta para o controle de contratações públicas de inovação elaborada a partir das lições extraídas de casos concretos e das boas práticas difundidas pela esfera controladora.

O quinto capítulo aprofunda o argumento de que contratos voltados ao *desenvolvimento* de produtos, serviços e processos inovadores devem ser interpretados de forma diversa em relação aos casos em que o poder de compra do Estado busca incentivar a *adoção* e a *difusão* de inovações no mercado, que seguem o regime das contratações públicas em geral. Para tanto, inicia analisando as propostas de sistematização de contratos, convênios, acordos e outros ajustes que amparam a realização de atividades de pesquisa, desenvolvimento e inovação no Brasil, criticando o uso dessas categorias para uniformizar aspectos do seu regime jurídico sem amparo no direito positivo. Na sequência, ao questionar o papel e os objetivos das contratações públicas, será recuperado o debate sobre os objetivos "horizontais" ou "mediatos" como forma de incentivo ou fomento, em sentido amplo, de atividades de CT&I no país. Após, abordam-se duas formas diferentes para a disciplina jurídica do risco tecnológico: as contratações públicas pré-comerciais, especialmente a encomenda tecnológica; e os módulos convencionais de cooperação para pesquisa, desenvolvimento e inovação, que se manifestam principalmente por acordos de parceria e convênios para PD&I, alianças estratégicas e permissão ou compartilhamento de instalações de ICTs.

Por fim, o sexto capítulo parte das limitações observadas a partir da experiência de entes públicos brasileiros na realização de *pitches* e *hackathons* e recupera a literatura estrangeira sobre *"problem-based acquisitions"* para identificar algumas semelhanças que resultam do tratamento dado pelo direito positivo a três modalidades de licitação: o concurso, o diálogo competitivo e a modalidade especial prevista no Marco Legal das Startups. Esses três procedimentos situam-se fora do campo das contratações pré-comerciais e compartilham de uma semelhança fundamental: a legislação não exige que as especificações técnicas do objeto a ser contratado sejam descritas em detalhes pelo órgão ou entidade licitante, deslocando o foco do *objeto* para o *problema* subjacente à contratação. Essa característica favorece a participação dos fornecedores na construção da solução mais adequada às necessidades da Administração e representa uma abertura importante rumo à inovação aberta, ao permitir que os problemas do setor público possam ser enfrentados por soluções concebidas pelo setor privado.

CAPÍTULO 1

O SISTEMA NACIONAL DE INOVAÇÃO BRASILEIRO: ASPECTOS JURÍDICOS E INSTITUCIONAIS

O objetivo deste capítulo é apresentar um breve diagnóstico do ecossistema de ciência, tecnologia e inovação no Brasil mostrando como o direito administrativo está presente na formação das suas instituições, na sua estrutura legal e regulatória e, sobretudo, na concretização das suas políticas públicas. Com isso, pretende-se firmar as premissas teóricas do processo inovativo e apresentar os principais gargalos do sistema nacional de inovação brasileiro, apontando o poder de compra do Estado como um instrumento importante para estimular a demanda por produtos, serviços e processos inovadores no mercado.[9]

Maria Paula Dallari Bucci e Diogo Coutinho (2017) enfatizam a importância da noção de arranjo jurídico-institucional para compreender o sistema de inovação brasileiro. Para os autores, sem perder de vista os objetivos buscados, "(...) *essa abordagem supõe que alcançá-los depende da existência de meios cujas engrenagens são, também elas, em larga e crucial medida, jurídicas*" (BUCCI; COUTINHO, 2017, p. 316). Muito embora uma política não se confunda com o ato normativo que a estrutura, o direito administrativo está nela amalgamado e desempenha diversas funções, como eleger objetivos e indicar os meios para atingi-los, atribuindo competências, tarefas e responsabilidades. Por isso, a escolha

---

[9] Partes deste capítulo foram publicadas, durante o curso do programa de doutorado, pelo Banco Interamericano de Desenvolvimento (FASSIO *et al.*, 2021). Esta seção corresponde a uma versão expandida, atualizada e bem mais aprofundada do que o excerto publicado.

dos instrumentos jurídicos para concretizar as políticas públicas de CT&I deve ser feita à luz das virtudes e das fraquezas do sistema e das instituições que o integram.

Este capítulo encontra-se estruturado em seis seções, além desta introdução. O item 1.1 delimita o conceito de inovação adotado neste estudo e as suas relações com termos correlatos, como "ciência", "tecnologia", "pesquisa" e "desenvolvimento", com os quais frequentemente aparece conjugado ("CT&I" e "PD&I") na legislação. Na sequência, o item 1.2 e seus subitens abordam a importância do papel do Estado no processo inovativo, discutindo o crescente interesse internacional pelo emprego das contratações públicas como instrumento de política de inovação do lado da demanda. Após, prossegue-se para o estudo específico do Sistema Nacional de Inovação brasileiro realizando uma análise do seu percurso formativo (item 1.3), a sua estrutura jurídica (item 1.4) e os seus principais problemas (item 1.5), com foco no impacto do ambiente de negócios para a inovação nas empresas (item 1.5.1), no reordenamento das políticas de CT&I para solucionar missões e problemas concretos (item 1.5.2), na busca por estabilidade e diversidade no financiamento da inovação no Brasil (item 1.5.3) e no desbalanço e descoordenação entre políticas e instrumentos, tomando como exemplo os incentivos fiscais (item 1.5.4). Por fim, o item 1.6 conclui o capítulo apresentando os principais "gargalos" do ecossistema brasileiro, apontando as contratações públicas como uma alternativa de relevo para promover a coesão e o realinhamento das políticas existentes em torno de iniciativas *mission oriented*".

1.1 O que é inovação?

Inovação é a palavra da moda. Ideia plurívoca, panaceia de aplicação quase universal que se invoca em praticamente todo contexto sem que se saiba ao certo do que se trata. O conceito de inovação é aberto e impreciso, aproximando-se do que Chaïm Perelman, em sua "*Ética e Direito*", chama de "noção confusa" (PERELMAN, 2006, p. 6-7 e §55). Hoje, inovação carrega consigo uma acepção eminentemente positiva junto à opinião pública – o inovador é bem-visto, e a inovação tornou-se objeto de desejo de todos os setores da sociedade. Mas a ideia de inovação nem sempre foi positiva. Guilherme Ary Plonski (2017, p. 11-12), por exemplo, lembra da figura do frade franciscano Roger Bacon (1214-1294), o *doctor mirabilis*, que foi condenado por seus pares em 1277[10] em razão de *"novitates suspectas"* decorrentes de seus estudos sobre filosofia, alquimia, matemática e astronomia na Universidade de Oxford (HACKETT, 1997, p. 19).

Uma das principais referências sobre a evolução do conceito de inovação é a obra *"Innovation Contested: the idea of innovation over the centuries"*, de Benoît Godin (2015), da Universidade de Québec. Segundo Godin, a ideia de inovação passou por uma "reabilitação semântica" a partir da Revolução Francesa,[11] quando o conceito deixa de ter acepção negativa e passa a ser associado a ideias utilitaristas e ao ideal iluminista de progresso (GODIN, 2015, p. 147-151). Esse processo de ressignificação contribuiu para que o termo adquirisse uma conotação positiva, tornando-se resposta instrumental para problemas de caráter social, político e econômico.

Foi no século XX, a partir da obra de Joseph Schumpeter (1883-1950), que a inovação ganhou um sentido próprio no campo da economia, passando a ser associada propriamente a uma vertente industrial e tecnológica. Para Schumpeter (1976), o progresso técnico rompe com o fluxo circular da economia capitalista, provocando um processo dinâmico pelo qual produtos, serviços e processos existentes são substituídos por outros, novos ou melhorados. Essa é a destruição criativa[12] – o "fato essencial do capitalismo" – e a origem de um processo evolucionário que explica o fim de empresas e de produtos consolidados pelo advento de novos paradigmas tecnológicos e orga-

---

[10] *"(...) Roger Bacon was formally condemned sometime between November, 1277 and Pentecost, 1279 by Jerome of Ascoli, the Master-General of the Franciscan Order 'on account of certain suspected novelties'. And because of these he was confined to prison (house-arrest). The doctrine of Roger Bacon was forbidden in the Order and Papal approval was sought."* (HACKETT, 1997, p. 19)

[11] *"The semantic rehabilitation is supported by a second kind of rehabilitation: an instrumental one. Innovation got rehabilitated at that moment when it came to be defined as utility or progress: Innovation is instrumental to political, social and, later, economic goals, so it was claimed. (...) However, after the French Revolution, things changed. Changes were now experienced positively as radical or 'revolutionary' and permanent, they encompass more and more spheres of society and are considered useful. One needs a 'new' term: Human-made change becomes innovation."* (GODIN, 2015, p. 11)

[12] *"The essential point to grasp is that in dealing with capitalism we are dealing with an evolutionary process. (...) Capitalism, then, is by nature a form or method of economic change and not only never is, but never can be stationary (...). The opening up of new markets, foreign or domestic, and the organizational development from the craft shop and factory to such concerns as U.S. Steel illustrate the same process of industrial mutation – if I may use that biological term – that incessantly revolutionizes the economic structure from within, incessantly destroying the old one, incessantly creating a new one. This process of Creative Destruction is the essential fact about capitalism. It is what capitalism consists in and what every capitalist concern has got to live in."* (SCHUMPETER, 1976, p. 82-83)

nizacionais. Dessa maneira, a inovação converte-se em instrumento específico de empreendedores (DRUCKER, 1991, p. 139) e típico da economia industrial (FREEMAN, 1997, p. 37), que envolve a criação, o desenvolvimento, a introdução e a difusão de produtos ou ideias novas no mercado (UTTERBACK, 1983, p. 13). A inovação torna-se, simultaneamente, estratégia deliberada de sobrevivência das firmas, no plano microeconômico, e condição indispensável para o desenvolvimento econômico, no macro.

A Organização para a Cooperação e Desenvolvimento Econômico (OCDE) teve um papel importante para harmonizar o que se entende por inovação na esfera internacional (OBWEGESER; MÜLLER, 2018, p. 11). O Manual de Oslo, publicação conjunta da OCDE e do Gabinete de Estatísticas da União Europeia (EUROSTAT), constitui parte de um conjunto de manuais, guias e documentos técnicos dedicados à mensuração e interpretação de dados e indicadores relacionados a CT&I.[13] O Manual define "inovação" como a implementação de um produto ou um processo novo, ou significativamente melhorado, colocado à disposição de seus potenciais usuários no mercado (OCDE, 2018, p. 20). Todavia, desde a sua publicação em 1992, o Manual foi recebendo sucessivas atualizações e aprimoramentos, ampliando significativamente o que deve ser compreendido como inovação. Nessa linha, a 3ª edição, de 2005, incluiu inovações em *marketing* e inovações em métodos organizacionais, e a 4ª edição, de 2018, buscou ir além do âmbito da firma para construir uma definição aplicável também a outros setores, como governos e entidades do terceiro setor.

Embora seja um conceito econômico, em sua origem, a ideia de inovação encontra-se em franca expansão. Tomem-se, por exemplo, as discussões sobre inovação social (GODIN, 2015, p. 122-133), *eco-innovation* e inovação no setor público – campo que se liga muito mais à melhoria de políticas públicas, à transformação digital e à busca pelo aumento de eficiência dos processos próprios da gestão administrativa, tal como previsto na Lei de Governo Digital (Lei nº 14.129, de 29 de março de 2021), do que à definição corrente de inovação, norteada por Schumpeter (1976), no campo da economia.

As discussões envolvendo inovação vêm sempre acompanhadas de termos correlatos, tais como "ciência", "tecnologia", "pesquisa" e "desenvolvimento". Para organizar essas ideias e atribuir significados

---

[13] A chamada "família Frascati" inclui também o conhecido Manual de Frascati (1994), dedicado a estatísticas sobre Pesquisa e Desenvolvimento (P&D), e o Manual de Canberra (1995), sobre medição de recursos humanos dedicados a ciência e tecnologia.

próprios a essas expressões, Henrique Silveira de Almeida (1986) propõe uma visão do processo inovativo enquanto um sistema composto por quatro elementos de *estoque* ("ciência", "tecnologia", "bens" e "homens") e quatro elementos de *transformação* ("pesquisa", "engenharia", "fabricação" e "consumo"). Os elementos de estoque correspondem a conjuntos de informações e de recursos, humanos ou materiais. A seu turno, os elementos de transformação são processos que se caracterizam pela geração de novos estoques a partir da combinação dos anteriores. A figura a seguir ilustra o modelo proposto:

Figura 1 – Elementos de estoque e de transformação nos processos de transferência de conhecimento e inovação segundo Henrique Silveira de Almeida (1986)

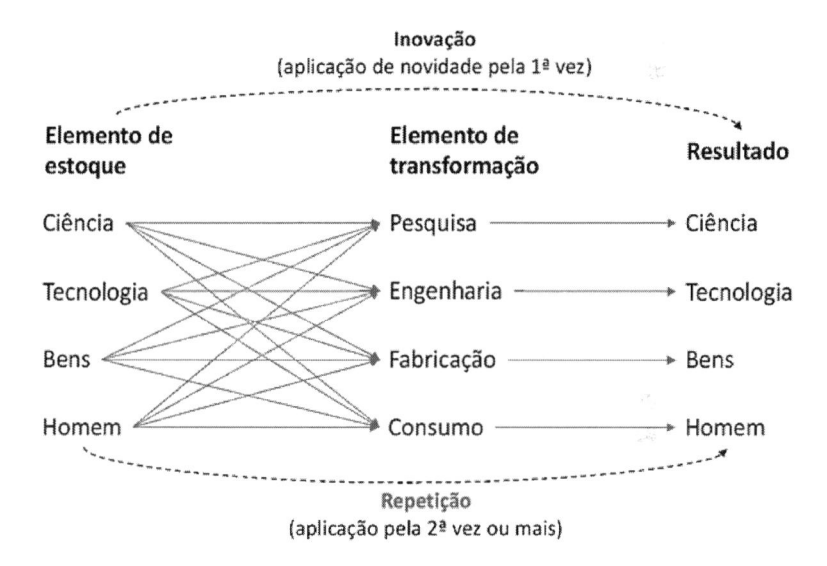

Fonte: Elaborada pelo autor a partir de H. S. Almeida (1986, p. 39).

Nessa acepção, as noções de "ciência" e de "tecnologia" correspondem a estoques de conhecimento. *"Ciência explica os fenômenos; tecnologia mostra como utilizar esse conhecimento na produção de bens. (...) tecnologia é* know-how *e ciência é* know-why *(...)"* (ALMEIDA, H. S., 1986, p. 23). Em síntese, "ciência" reúne todo o conhecimento registrado em informação, ao passo que "tecnologia" diz respeito ao acervo de métodos, técnicas e procedimentos sobre a produção de bens, sobre o modo de fazer. Por sua vez, "pesquisa" é o elemento de transformação que, a partir da combinação de diversos elementos de estoque, aumenta os estoques de "ciência", ao passo que "engenharia"[14] é o processo que amplia o estoque de "tecnologia". Nessa leitura, diz-se que há "inovação" quando o processo de transformação de estoques implica alguma novidade. Em outras palavras, "(...) *inovação é a aplicação de um elemento de estoque (ciência, tecnologia, bens ou homem), pela primeira vez, em uma determinada transformação. Repetição, a segunda e mais vezes"* (ALMEIDA, H. S., 1986, p. 37). Logo, não é toda transformação que implica inovação, pois nem sempre o aumento de estoque introduz novidade no mercado.

Mas o conceito jurídico de inovação é mais restrito. A Lei nº 10.973, de 02 de dezembro de 2004 ("Lei de Inovação"), inspirou-se em versões anteriores do Manual de Oslo para conceituar inovação como a "(...) *introdução de novidade ou aperfeiçoamento no ambiente produtivo ou social que resulte em novos produtos, processos ou serviços".* No ano seguinte, a Lei nº 11.196, de 21 de novembro de 2005 ("Lei do Bem"), adotou um conceito ligeiramente diverso[15] para fins da concessão de incentivos fiscais. O conceito introduzido em 2004 foi mantido pelas legislações posteriores, recebendo maior detalhamento na Lei nº 13.243/2016, que alterou parte significativa do Marco Legal de CT&I.[16] Em outras palavras, o recorte feito pela legislação brasileira enxerga a inovação como um processo econômico que ocorre tipicamente no âmbito da firma e pressupõe a efetiva implementação de uma novidade

---

[14] A noção de "desenvolvimento", segundo Henrique Silveira de Almeida (1986, p. 24-26), é bastante próxima do conceito de engenharia, pois ambos correspondem a processos que aplicam conhecimento preexistente para a produção de novos materiais, produtos, equipamentos ou processos: "A conclusão que nós tiramos é que desenvolvimento e engenharia se superpõem extensamente, no seu papel de criação de conhecimento tecnológico. A melhor diferenciação que pudemos observar é quanto à destinação dos resultados da atividade: quando imediatamente dirigido à produção é engenharia porque, se considerarmos em termos mediatos, nem essa diferença parece existir" (ALMEIDA, H. S., 1986, p. 26).

[15] Artigo 17, §1º, da Lei nº 11.196/2005: "§1º Considera-se inovação tecnológica a concepção de novo produto ou processo de fabricação, bem como a agregação de novas funcionalidades ou características ao produto ou processo que implique melhorias incrementais e efetivo ganho de qualidade ou produtividade, resultando maior competitividade no mercado."

[16] Artigo 2º, inciso IV, da Lei nº 10.973/2004, alterado pela Lei nº 13.243/2016: "(...) introdução de novidade ou aperfeiçoamento no ambiente produtivo e social que resulte em novos produtos, serviços ou processos ou que compreenda a agregação de novas funcionalidades ou características a produto, serviço ou processo já existente que possa resultar em melhorias e em efetivo ganho de qualidade ou desempenho".

que possui relevância no mercado – e é esse processo que deve ser incentivado pelo Estado, inclusive em empresas,[17] por meio de políticas públicas instrumentalizadas principalmente pelo direito administrativo.

É certo que nem toda inovação é propriamente *tecnológica*, nem se coloca, necessariamente, como produto de invenção ou de descoberta científica – é o caso, por exemplo, do seguro, que revolucionou o comércio internacional e viabilizou as grandes navegações (PLONSKI, 2017, p. 9-10). Mas não resta dúvida de que a inovação tecnológica se tornou a vertente de maior importância nos debates sobre o tema. Por esse motivo, a noção corrente do termo corresponde, em larga medida, ao conceito consolidado na literatura a partir das décadas de 1970 e 1980,[18] como ilustra o gráfico abaixo.

Gráfico 1 – Frequência percentual dos termos "política de inovação", "teoria da inovação" e "sistemas nacionais de inovação" em língua inglesa, segundo o total de publicações na base do Google books (1910-2008)

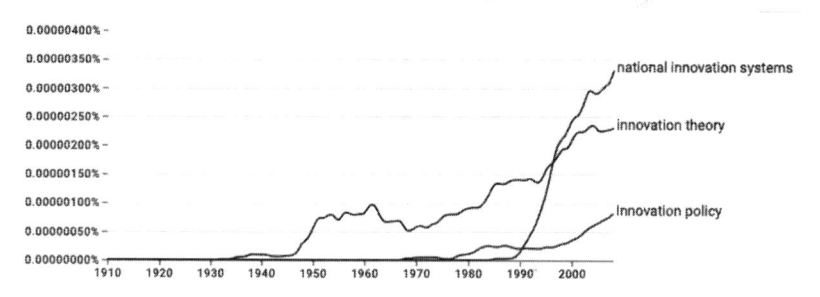

Fonte: Bittencourt e Rauen (2021, p. 522). Disponível em: https://url.gratis/0qwy9. Acesso em: 12 dez. 2023.

---

[17] Artigo 218, §4º, e artigo 219, parágrafo único, da Constituição de 1988: "Art. 218. O Estado promoverá e incentivará o desenvolvimento científico, a pesquisa, a capacitação científica e tecnológica e a inovação. (...) §4º A lei apoiará e estimulará as empresas que invistam em pesquisa, criação de tecnologia adequada ao País, formação e aperfeiçoamento de seus recursos humanos e que pratiquem sistemas de remuneração que assegurem ao empregado, desvinculada do salário, participação nos ganhos econômicos resultantes da produtividade de seu trabalho"; "Art. 219. (...) Parágrafo único. O Estado estimulará a formação e o fortalecimento da inovação nas empresas, bem como nos demais entes, públicos ou privados, a constituição e a manutenção de parques e polos tecnológicos e de demais ambientes promotores da inovação, a atuação dos inventores independentes e a criação, absorção, difusão e transferência de tecnologia."

[18] *"Innovations are new creations of economic or societal significance mainly carried out by firms (but not in isolation). They may be new products or new processes. New products may be material goods or intangible services; it is a matter of what is produced. New processes may be technological or organizational; it is a matter of how the products are produced."* (EDQUIST; ZABALA-ITURRIAGAGOITIA, 2012, p. 1758)

Nessa acepção, retomando Schumpeter (1976), inovar é uma missão que cabe à empresa, enquanto agente diretamente responsável por desenvolver, introduzir e difundir no mercado novos produtos, serviços e processos. Entretanto, e muito embora reconheça o protagonismo das firmas em meio ao processo inovativo, a literatura é pródiga em destacar a importância do papel do Estado para que a inovação aconteça, contribuindo de forma decisiva para criar as condições sistêmicas e institucionais para o advento do progresso científico e tecnológico (COUTINHO; MOUALLEM, 2016, p. 196). A experiência internacional mostra que os incentivos para a inovação geralmente resultam de um impulso governamental deliberado, cujo sucesso depende, em larga medida, da capacidade de estruturar modelos jurídicos, atribuir competências, desenvolver capacidades institucionais e coordenar os interesses às vezes opostos de atores do ecossistema.[19]

1.2 O poder de compra do Estado como instrumento de política de inovação do lado da demanda

Esta seção discute alguns dos conceitos mais importantes para este livro, delimitando parte do seu escopo. O item 1.2.1 trata dos instrumentos de política que estimulam a oferta ou a demanda por inovação no mercado, com foco especificamente no poder de compra do Estado como vetor para estimular o desenvolvimento, a difusão e a adoção de produtos, serviços e processos inovadores. Na sequência, o item 1.2.2 organiza o debate envolvendo contratações públicas e inovação, sistematizando a terminologia adotada sobre o tema. Por fim, o item 1.2.3 aborda duas premissas teóricas importantes para que as contratações públicas possam incentivar a inovação no cenário brasileiro, concluindo a seção.

---

[19] "Entre outros fatores, cabe ao Estado estruturar juridicamente instrumentos para a cooperação público-privada, estabelecer mecanismos de tutela da propriedade intelectual, desenvolver competências no setor empresarial, estimular a demanda por inovações no mercado e regular a oferta de fontes de financiamento estáveis e diversificadas" (COUTINHO; MOUALLEM, 2016).

1.2.1 Políticas de inovação do lado da oferta e do lado da demanda

A literatura tem ressaltado a importância da "mão visível" do Estado para que os países em desenvolvimento possam alcançar os países centrais, completando o seu processo de *catch-up* (CHANG, 2002). Seja sob uma perspectiva neoclássica – que justifica a intervenção para corrigir *falhas de mercado*, decorrentes da provisão de conhecimento enquanto bem público,[20] ou *falhas de sistema*, como a indesejada falta de integração entre os setores científico e industrial – seja sob uma perspectiva estruturalista, segundo a qual o Estado deve agir ativamente para modificar as condições de progresso técnico que favorecem o subdesenvolvimento e a manutenção da condição periférica, a literatura parece ser unívoca ao apontar a importância do Estado para a inovação.

Na análise de Mariana Mazzucato e Caetano Penna (2016, p. 16), a inovação possui três características principais, sendo concomitantemente incerta, cumulativa e coletiva. Incerta, porque os agentes envolvidos no processo não conseguem calcular *ex ante* as chances de sucesso ou de fracasso, tornando os resultados desconhecidos. A probabilidade de insucesso existe e, portanto, o aprendizado por tentativa e erro precisa ser internalizado ao processo inovativo. Cumulativa, pois a agregação de conhecimento exige uma atuação estratégica e paciente para articular todos os atores envolvidos em um planejamento de longo prazo. E coletiva, por fim, porque as incertezas tornam necessário o compartilhamento dos riscos e dos resultados para viabilizar a criação e a difusão de inovações no mercado.

A inovação, portanto, depende de um *diálogo necessário* com o Estado, uma interação entre atores públicos e privados pautada por normas de direito público e concretizada, na prática, pelo direito administrativo. Esse diálogo ocorre por meio de uma variedade muito grande de instrumentos jurídicos que articulam a hélice tripla formada por setor público, empresariado e academia (ETZKOWITZ; ZHOU, 2017). Além das contratações públicas, este também é o caso da atividade administrativa de fomento, que opera pelos editais da FAPESP ou do CNPq destinados à oferta de recursos não reembolsáveis para pesquisa, pelas linhas de crédito subsidiado da FINEP ou do BNDES e,

---

[20] *"Knowledge does not decrease in value when used. On the contrary, its use increases its value; i.e. knowledge is not scarce in the same sense as other natural resources and technical artefacts. (...) When it comes to knowledge market failure is the rule rather than the exception."* (LUNDVALL, 2010, p. 18)

também, pelas cláusulas de investimento mínimo obrigatório em P&D nas concessões da ANP e da ANEEL, por exemplo. A intermediação desse diálogo pelo direito administrativo ocorre em procedimentos marcados pela processualidade dos atos, pela motivação das decisões e pela transparência nos seus resultados. Em todo caso, a escolha das "engrenagens jurídicas" das políticas públicas e dos modelos jurídico-institucionais adotados para concretizá-las não é neutra e está longe de ser indiferente ou aleatória (BUCCI; COUTINHO, 2017, p. 316).

A atuação do Estado ocorre principalmente pela formulação de políticas que estimulam a oferta e a demanda por inovação no mercado.[21] Na conhecida definição de Charles Edquist, as políticas de inovação "(...) *may thus be understood as actions by public organizations that influence innovation processes, i.e. the development and diffusion of innovations*" (EDQUIST, 2011, p. 4). Enquanto os instrumentos que atuam pelo lado da oferta se preocupam em garantir os recursos necessários ao desenvolvimento e à difusão de inovações por firmas, universidades e instituições de pesquisa (p.e., bolsas, crédito subsidiado, fomento não reembolsável, incentivos fiscais e *venture capital*), as políticas do lado da demanda têm por objetivo criar as condições para o surgimento ou para o incremento da procura por inovações no mercado, direcionando a oferta mediante a criação de novas necessidades, definindo requisitos funcionais para produtos e serviços e/ou promovendo o envolvimento do usuário (*"user-driven innovation"*) no próprio processo produtivo (EDLER; GEORGHIOU, 2007, p. 953; EDLER, 2013, p. 6; EDQUIST *et al.*, 2015, p. 2; DE NEGRI, 2018, p. 107).

A figura a seguir, elaborada originalmente por Edler e Georghiou (2007), classifica alguns instrumentos de política de inovação conforme a sua vocação para atuar no lado da oferta ou no lado da demanda.

---

[21] *"Supply-side policies reduce the cost of inventive activities, while demand-side ones increase the incentives and reduce the uncertainty of the process of innovation."* (GUERZONI, RAITERI, 2015, p. 745).

Figura 2 – Taxonomia de instrumentos de política de inovação no lado da oferta e da demanda

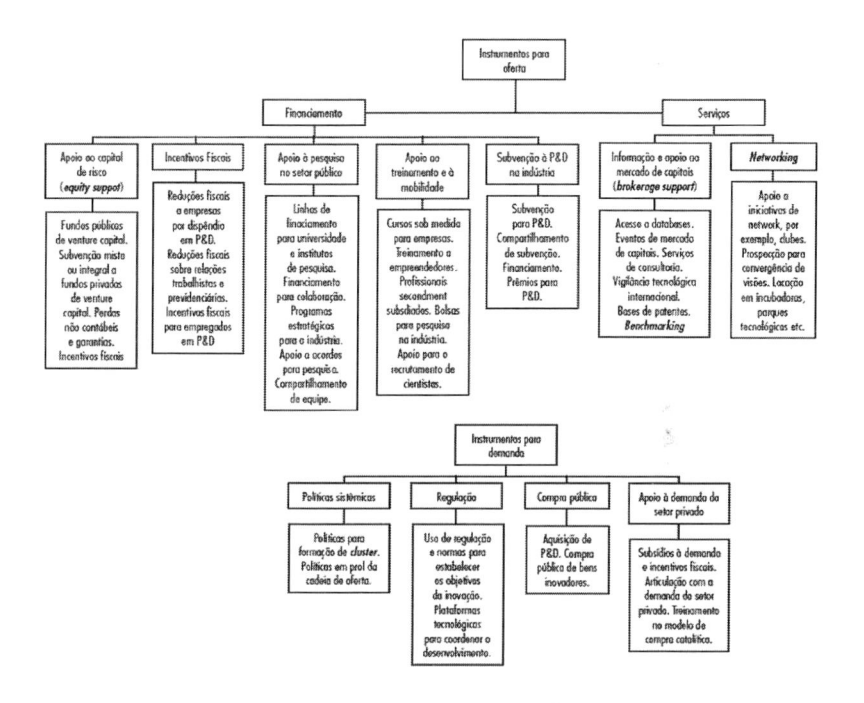

Fonte: Edler e Georghiou (2007, p. 953), com tradução por Pacheco, Bonacelli e Foss (2017, p. 221-222)

A literatura geralmente reúne as políticas do lado da demanda em quatro subgrupos: (i) instrumentos ligados à demanda do setor público, como compras governamentais associadas a requisitos de PD&I; (ii) medidas de suporte à demanda do setor privado; (iii) regulação e normalização; e (iv) políticas de natureza sistêmica, que integram as anteriores (EDQUIST *et al.*, 2015, p. 29-31; MACEDO, 2017, p. 52-54). No Brasil, casos como o Programa Nacional de Etiquetagem Veicular (PNEV), a política de margens de preferência e as Parcerias para o Desenvolvimento Produtivo (PDPs) no setor da saúde, além das compras públicas para inovação, são exemplos de instrumentos que buscam promover a demanda por inovação no mercado (RAUEN, 2017b).

Importante frisar que entre as políticas do lado da oferta e da demanda não existe uma relação de superioridade, mas de complementaridade. Uma não substitui nem é superior à outra, pois a inovação decorre justamente da interação entre oferta e demanda no setor produtivo (MACEDO, 2017, p. 79; DE NEGRI; RAUEN; SQUEFF, 2018, p. 534). Assim como as demais políticas públicas, as políticas de CT&I precisam ser formuladas com base em evidências, seguir um planejamento de longo prazo e ser constantemente avaliadas e monitoradas em sua eficácia. Portanto, a atuação do Poder Público deve abranger ações das duas naturezas, criando um *mix* de políticas que, além da tradicional primazia dada ao lado da oferta, articule-se também com medidas que estimulem a demanda por inovação na economia (FLANAGAN; UYARRA; LARANJA, 2011). O uso de uma extensa paleta de instrumentos, combinados de modo integrado e consistente, parece um passo necessário para que tais políticas tenham efetividade.[22]

A tabela a seguir, elaborada por Jakob Edler e Jan Fagerberg (2017), enumera diversos instrumentos de política de inovação e os correlaciona ao atingimento de objetivos específicos, indicando o potencial de cada medida para atuar no lado da oferta ou da demanda.

Tabela 2 – Taxonomia de instrumentos de política de inovação, orientação geral para o lado da oferta ou da demanda e potencial para o atingimento de objetivos selecionados

(continua)

Instrumentos de política	Orientação geral		Objetivos					
	Oferta	Demanda	Aumentar P&D	Habilidades	Acesso a *expertise*	Melhoria de capacidades sistêmicas, complementaridade	Aumentar a demanda por inovação	Melhora no arcabouço regulatório
1. Incentivos fiscais para P&D	●●●		●●●	●○○				
2. Suporte direto a PD&I empresarial	●●●		●●●					
3. Treinamento e habilidades	●●●			●●●				

---

[22] *"Instrument mixes are created because the solution of specific problems requires complementary approaches to the multi-dimensional aspects of innovation-related problems."* (EDQUIST et al., 2015, p. 6).

(conclusão)

Instrumentos de política	Orientação geral		Objetivos					
	Oferta	Demanda	Aumentar P&D	Habilidades	Acesso a *expertise*	Melhoria de capacidades sistêmicas, complementaridade	Aumentar a demanda por inovação	Melhora no arcabouço regulatório
4. Política de empreendedorismo	●●●				●●●			
5. Serviços técnicos e consultoria	●●●				●●●			
6. Políticas de cluster	●●●					●●●		
7. Políticas de apoio à colaboração	●●●		●○○		●○○	●●●		
8. Incentivo a redes de inovação						●●●		
9. Estímulo à demanda por inovação no setor privado		●●●					●●●	
10. Contratações públicas para inovação		●●●	●●○				●●●	
11. Contratações pré-comerciais	●○○	●●●	●●○				●●●	
12. Concursos e prêmios para inovação	●●○	●●○	●●○				●●○	
13. *Standards* de mercado	●●○	●●○					●○○	●●●
14. Regulação	●●○	●●○					●○○	●●●

Fonte: Edler e Fagerberg (2017, p. 12), traduzido pelo autor. Obs.: ●●● = relevância maior, ●●○ = relevância moderada, e ●○○ = relevância menor para a orientação geral e para os objetivos de política de inovação

O modelo brasileiro, como se verá no item 1.5, é excessivamente concentrado em instrumentos do lado da oferta, dedicando pouca atenção e relevância, em termos relativos, às políticas do lado da demanda. José Eduardo Cassiolato e Helena M. Lastres (2017) afirmam que a política de inovação no país "(...) *foi concebida – e continua até os dias atuais – baseada em modelos exógenos e ultrapassados, que ainda se orientam por uma concepção restrita e linear da inovação, conforme acima analisado, a qual sugeria o apoio prioritário às atividades de P&D das empresas"* (CASSIOLATO; LASTRES, 2017, p. 35). Esse cenário não é exclusividade do Brasil e, segundo Edler, Georghiou, Blind e Uyarra (2012), reflete-se também nos principais indicadores da experiência internacional – muitos dos quais foram construídos para refletir, em conformidade com a priorização em voga em décadas anteriores, instrumentos e políticas do lado da oferta. Portanto, é possível afirmar que a expansão das contratações públicas para inovação no Brasil passa, em certa medida, por um realinhamento das políticas vigentes para que haja maior valorização de instrumentos que atuam do lado da demanda.

O emprego do poder de compra do Estado é um dos exemplos mais evidentes nesse campo. No Brasil, as contratações públicas representam, em média, 12,5% do PIB entre 2006 e 2017 (RIBEIRO; INÁCIO JÚNIOR, 2019, p. 18). O gráfico abaixo, elaborado por Thorstensen e Giesteira (2021), apresenta a composição das compras públicas por ente federado, no período entre 2002 e 2019. Perceba como a crise econômica e o consequente ajuste fiscal, somados à redução das contratações realizadas pela Petrobras após a Operação Lava-Jato, provocaram uma queda sensível na participação da União após 2014, reduzindo o percentual das compras públicas no PIB brasileiro para o total de 9,4% em 2019.

Gráfico 2 – Compras governamentais no Brasil em percentual do PIB, por ente federado, entre 2002 e 2019

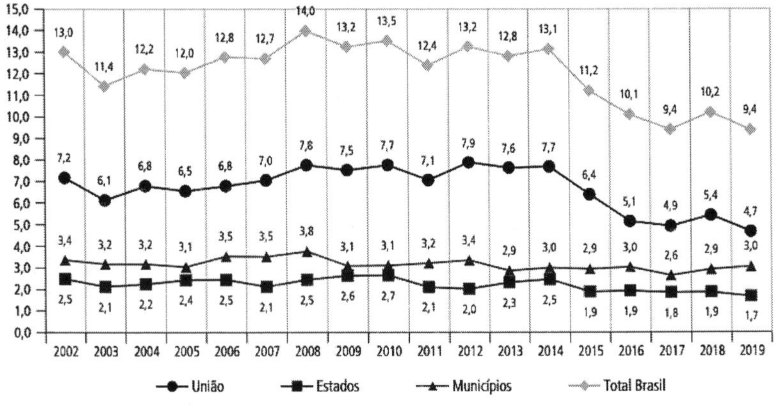

Fonte: Thorstensen e Giesteira (2021, p. 38)

Nos países membros da OCDE, as contratações públicas correspondem, em média, a 12% do PIB (OCDE, 2019). Na América Latina, estima-se que essa cifra pode alcançar 15% do PIB dos países da região, movimentando cerca de 800 bilhões de dólares por ano (BID, 2014, p. 3). A pandemia de Covid-19 provocou um aumento na participação relativa das compras públicas no PIB e no gasto público, como se vê no gráfico abaixo. Isso se explica não somente pelo incremento na compra de medicamentos, equipamentos e insumos para o enfrentamento do novo coronavírus, mas também pelo agravamento da crise econômica global, que também reduziu o PIB dos países selecionados no estudo (OCDE, 2021, p. 162). A recuperação econômica dos países ainda é um processo em andamento.

Gráfico 3 – Compras governamentais, em percentual do PIB e do gasto público, em países selecionados, nos anos de 2007, 2019 e 2020

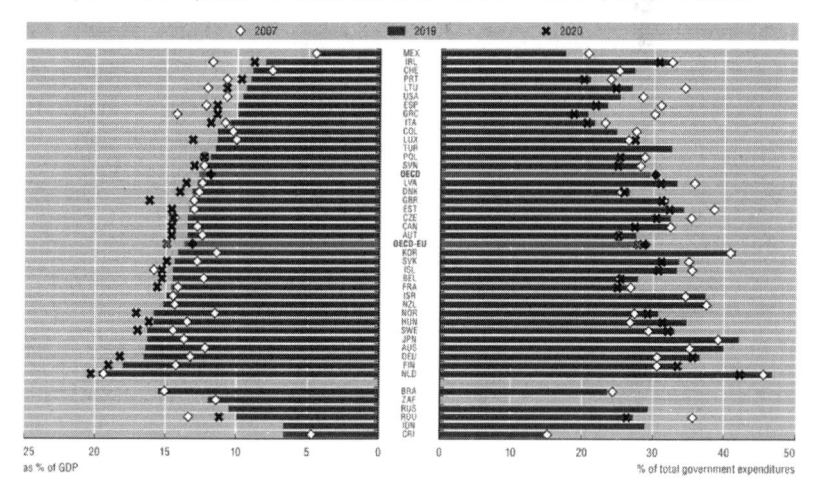

Fonte: OCDE (2021, p. 163)

Esses números demonstram o potencial do poder de compra do Estado para estimular o desenvolvimento de produtos, serviços e processos inovadores. Para Rainer Kattel e Veiko Lember (2010), o poder de compra do Estado é importante para absorver os custos do desenvolvimento de tecnologias novas, em que o Poder Público age como *first buyer*,[23] ou de adaptação de tecnologias existentes, já

---

[23] *"The public sector can use PPfI to act as a demanding first buyer by absorbing risks for socially/ ecologically demanded products (where significant financial development risks prevail) as well as*

introduzidas no mercado, mas que encontram na demanda do setor público uma oportunidade para ganhar escala.[24] Os autores destacam, em especial, o papel das contratações públicas para o desenvolvimento das redes precursoras da internet, do *Global Positioning System* (GPS), da indústria de semicondutores e até mesmo dos aviões a jato (KATTEL; LEMBER, 2010, p. 369). Mariana Mazzucato (2018) também lembra o papel de relevo desempenhado pelos setores de defesa e aeroespacial nos EUA, em especial por agências como a DARPA e a NASA,[25] cujas contratações de P&D levaram ao desenvolvimento de invenções como micro-ondas e telefones celulares,[26] entre outros.

O texto seminal de Paul Geroski (1990, p. 196) constitui uma das referências mais importantes sobre o papel da demanda estatal para estimular a inovação. Discutindo o emprego das contratações públicas como instrumento de política industrial, o autor sustenta que o poder de compra do Estado pode ser mais efetivo para estimular a inovação do que a oferta de subsídios diretos a atividades de P&D.[27] Para Edler e Georghiou (2007, p. 949), as contratações públicas podem ser mais eficientes do que subsídios a P&D, apresentando potencial ainda pouco

---

by promoting learning (where procurement introduces strong elements of learning and upgrading into public intervention processes)." (KATTEL; LEMBER, 2010, p. 377)

[24] Um exemplo brasileiro pode ser encontrado no Programa Caminho da Escola, do Ministério da Educação. No caso, a centralização de licitações de aquisição de veículos pelo Fundo Nacional de Desenvolvimento da Educação (FNDE), em parceria com o INMETRO, permitiu o desenvolvimento de ônibus customizados para atividades de transporte escolar, com tração nas quatro rodas, chassi mais alto e rodas mais próximas das extremidades do veículo, a fim de melhorar a trafegabilidade e o transporte de alunos de zonas rurais. Tendo em vista a grande quantidade de veículos a serem comprados pelo Poder Público – uma vez que Estados e Municípios aderiam ao sistema de registro de preços gerenciado pelo FNDE – estimularam o mercado a produzir os ônibus em escala. Disponível em: http://www.fnde.gov.br/portaldecompras/index.php/produtos/onibus-escolar-rural. Acesso em: 26 fev. 2024.

[25] *"It is well known, for example, that the US government's defense procurement has been a major driving force for the development of such innovations as large passenger jets, semiconductors, and the Internet."* (CABRAL *et al.*, 2006, p. 483-484)

[26] Mariana Mazzucato exemplifica a importância da atuação estatal ilustrando como as principais tecnologias aplicadas em *smartphones* foram, originalmente, desenvolvidas para uso do setor público: *"(...) all of the technologies that have made Apple's i-products (iPhone, iPad, etc.) 'smart' were initially funded by different mission-oriented public-sector institutions: the Internet by the Defense Activated Research Projects Agency (DARPA); global positioning system (GPS) by the US Navy; touchscreen display by the Central Intelligence Agency (CIA); and the voice-activated personal assistant Siri by DARPA again".* (MAZZUCATO, 2015, p. 109)

[27] *"There seem to be two basic conclusions to be drawn from all of this. First, procurement policy can be used effectively – and probably more effectively than R & D subsidies – to stimulate industrial innovation. Broadly speaking, success requires some centralization in purchasing combined around basic long-term and clearly articulated user needs, with an appropriate structure of contract specifications."* (GEROSKI, 1990, p. 196)

explorado em diversos países. Como a demanda gerada pelo setor público é bastante significativa, o Estado pode ser um *"lead user"* e formar um *"lead market"* para novos produtos, serviços ou processos, gerando economias de escala e de escopo que reduzem custos de entrada e servem de estímulo ao mercado nascente (EDLER *et al.*, 2012). Na mesma trilha, Edler, Georghiou, Uyarra e Yeow (2015) afirmam que a demanda estatal aumenta os incentivos para que a indústria invista em inovação, gerando externalidades positivas (*"spillover effects"*) e reduzindo as barreiras que dificultam a difusão de novas tecnologias no mercado.

Na União Europeia, o interesse no uso estratégico das compras governamentais para fomentar a inovação tomou grande impulso após a divulgação do *Kok Report*, em 2004, que deu destaque às compras públicas como instrumento da estratégia de Lisboa para promover a inovação no continente europeu. O *Kok Report* inspirou a edição do *Aho Group Report on Creating an Innovative Europe*, em 2006 e, na sequência, a Comissão Europeia publicou um *Commission Handbook on Public Procurement for Innovation*, em 2007, ressaltando a importância do Estado para a formação de um mercado para novas tecnologias, sobretudo nos setores (como saúde e defesa, p.e.) em que a demanda gerada pelo setor público é especialmente significativa. Ponto comum desses documentos reside na crítica à prevalência de instrumentos do lado da oferta, que isoladamente são considerados menos eficientes do que quando combinados com medidas que atuam pelo lado da demanda (GEROSKI, 1990; EDLER; GEORGHIOU, 2007; GUERZONI, RAITERI, 2015).

Aqui, dentro do contexto mais amplo das políticas de inovação do lado da demanda, parece-me essencial evocar a distinção – elaborada por Edler e Georghiou (2007) e aprofundada por Rolfstam (2012) e por Edquist e Zabala-Iturriagagoitia (2015), entre outros – entre contratações públicas pré-comerciais (*"Pre-Commercial Procurement"* ou PCP)[28] e contratações públicas para inovação (*"Public Procurement for Innovation"* ou PPI).[29] Nas compras pré-comerciais a solução buscada

---

[28] *"The basic idea behind public pre-commercial procurement is that it targets innovative products and services for which further R&D needs to be done. Thus, the technological risk is shared between procurers and potential suppliers. By definition, this means that potential producers are still in the pre-commercial phase, the products and services delivered are not "off the shelf". In practical terms the procurement in fact is an R&D service contract, given to a future supplier in a multi-stage process, from exploration and feasibility to R&D up to prototyping, field tests with first batches and then, finally, commercialization."* (EDLER; GEORGHIOU, 2007, p. 954).

[29] Na União Europeia, é comum a referência a *Public Procurement of Innovative Solutions* (PPIS) como sinônimo de PPI nesse sentido mais estrito.

não está disponível no mercado no momento da demanda e, por isso, torna-se necessário contratar a prestação de serviços de pesquisa e desenvolvimento para desenvolver um produto, serviço ou processo ainda inexistente.[30] As PCP pressupõem a contratação de atividades de P&D para o *desenvolvimento* do protótipo ou de uma quantidade limitada para o teste de uma solução nova, o que implica a assunção pelo Estado de parte dos riscos e incertezas ligados ao processo inovativo.[31]

Por outro lado, o PPI diz respeito à aquisição de produtos, serviços ou de processos inovadores já inseridos no mercado ou prestes a sê-lo, os quais necessitam do poder de compra do Estado para se consolidarem em definitivo (RIGBY, 2013, p. 15; EDQUIST; ZABALA-ITURRIAGAGOITIA, 2015; RAUEN; BARBOSA, 2019, p. 21). No contexto europeu, esse conceito de PPI por vezes aparece referido como *public procurement of innovative solutions*,[32] ou, na Espanha, como *"compra pública de tecnologia inovadora"*,[33] fazendo referência aos papeis de *adoção e difusão* de produtos preexistentes no mercado.

Essa diferença entre PCP e PPI, que é corrente no contexto europeu, reforça um ponto importante: é preciso lembrar que a inovação

---

[30] O posicionamento de Edquist e Zabala-Iturriagagoitia (2015) gerou uma controvérsia na literatura sobre a atuação das PCP como instrumento do lado da oferta ou do lado da demanda. Sobre o ponto, concordo com André Rauen (2015) quando esclarece que "(...) a PCP pode ser considerada uma política que atua pelo lado da demanda apenas em relação à P&D, e não à inovação. Os autores [Edquist e Zabala-Iturriagagoitia] não consideram a PCP, então, uma *demand-side innovation policy*, pois esse tipo de aquisição não envolve a introdução de novidades no mercado, elemento fundamental para caracterizar a inovação. Portanto, em se tratando de políticas de CT&I, e não apenas políticas de inovação, a PCP classifica-se como política pelo lado da demanda e aqui é tratada como tal" (RAUEN, 2015, p. 8, nt. 3).

[31] No contexto europeu, as PCP são tratadas especificamente em um documento da Comissão Europeia de 2007 sobre o relevante papel das compras pré-comerciais para o desenvolvimento científico e tecnológico. Disponível em: https://eur-lex.europa.eu/ LexUriServ/LexUriServ.do?uri=COM:2007:0799:FIN:EN:PDF. Acesso em: 11 abr. 2024.

[32] *"Public procurement of innovative solutions (PPI) facilitates wide diffusion of innovative solutions on the market. PPI happens when the public sector uses its purchasing power to act as early adopter of innovative solutions which are not yet available on large scale commercial basis."* Disponível em: https://research-and-innovation.ec.europa.eu/strategy/support-policy-making/shaping-eu-research-and-innovation-policy/new-european-innovation-agenda/innovation-procurement/public-procurement-innovative-solutions_en. Acesso em: 11 abr. 2024.

[33] *"Compra Pública de Tecnología Innovadora: Consiste en la Compra Pública de una obra, bien o servicio que exista en el momento de la licitación únicamente como prototipo (TRL 7) o requiera el desarrollo de tecnología nueva o mejorada, que pueda desarrollarse en un período de tiempo razonable. No hay I+D de forma general, sino que el objetivo es que la Administración Pública sea la primera que prueba la solución o se considere el comprador de referencia. Normalmente, la tendencia es optar por los procedimientos de Licitación con Negociación, Diálogo competitivo o Procedimiento Abierto."* Disponível em: https://innoavi.es/wp-content/uploads/2019/04/ GuiaCPI_AVI.pdf#page16. Acesso em: 11 abr. 2024.

diz respeito não somente ao *desenvolvimento* de produtos, serviços e processos (*"creation"* ou *"initiation"*), mas também à sua *difusão* e *adoção* efetivas pelo mercado (*"diffusion and adoption"* ou *"escalation"*). O processo inovativo abrange essas etapas – afinal, em uma leitura schumpeteriana, uma novidade que não seja colocada no mercado não pode ser considerada inovação. Edquist e Hommen (2000, p. 21) destacam esse mesmo ponto ao diferenciar duas categorias: de um lado, as contratações voltadas ao desenvolvimento de produtos, processos e sistemas completamente novos (*"developmental procurement"*); e, de outro, as contratações que têm por objeto a adaptação de inovações já introduzidas no mercado, mas novas no âmbito do país ou no contexto da organização (*"adaptive procurement"*). Logo, o *"new to the firm"*, mesmo não sendo *"new to the world"*, também pode ser considerado inovador.

Perceba como "desenvolvimento", "iniciação" e "criação" guardam referência mais estreita com as contratações pré-comerciais (PCP), ao passo que "difusão", "adoção" e "escala" se aproximam mais do sentido mais estrito de PPI, integrando o debate que coloca a inovação como um objetivo "horizontal", "extracontratual", "mediato", a ser atingido pela "função derivada" das compras públicas. Este ponto será aprofundado mais adiante, no Capítulo 5 desta obra. Por ora, é importante deixar claro que esses são papeis diferentes, que, embora interligados, podem se refletir em procedimentos também diversos na legislação.

A importância do papel de "difusão" no mercado para a inovação foi ressaltada pela chamada "matriz de Hommen" – uma classificação teórica elaborada a partir do trabalho de Edquist e Hommen (2000) e aprofundada posteriormente por Rolfstam (2005), Hommen e Rolfstam (2009) e Rolfstam (2012) sobre o papel variado das contratações públicas como instrumento de política de inovação.[34] Essa matriz é organizada segundo duas dimensões: os tipos de necessidades atendidas pela contratação pública, no eixo vertical; e o impacto que a contratação pode ter em relação ao mercado, no eixo horizontal, como ilustra a tabela abaixo.

---

[34] A matriz de Hommen originalmente era menor, contemplando 9 possibilidades (em vez de 16), com apenas três critérios em cada eixo. A versão da matriz "expandida" foi elaborada por Rolfstam (2012), acrescentando as necessidades "distribuídas" no eixo vertical e o papel de "destruição" de mercado no eixo horizontal.

Tabela 3 – A "matriz de Hommen" expandida: relações entre compras públicas e inovação

	Papel em relação ao mercado			
	Criação (Desenvolvimento)	Expansão (Escala e adaptação)	Consolidação (Padronização)	Destruição (Remoção)
Diretas ou intrínsecas (atendimento das necessidades intrínsecas da organização compradora)				
Cooperativas ou compartilhadas (Atendimento a necessidades compartilhadas pelo setor público e por usuários privados)				
Catalíticas ou extrínsecas (Atendimento a necessidades de outros usuários, extrínsecas à organização compradora)				
Distribuídas (Necessidades identificadas e satisfeitas externamente a partir da oportunidade divulgada pela organização pública)				

Fonte: Rolfstam (2012, p. 11), com tradução por Squeff (2014, p. 17).

Na dimensão vertical, a contratação pode atender a necessidades *diretas* ou *intrínsecas*, em que a organização compradora figura como principal destinatária da contratação; *cooperativas* ou *compartilhadas*, quando a organização compradora não é a única beneficiária da contratação, que pode se estender também a outros atores públicos ou privados; *catalíticas* ou *extrínsecas*, quando a contratação não visa ao atendimento do setor público em si, mas volta-se a necessidades de outros atores ou usuários finais;[35] e *distribuídas*, quando as organizações publicam alguma oportunidade, como dados e informações, sem especificar um problema nem se comprometer a adquirir nada, deixando a cargo dos próprios fornecedores explorá-la e aproveitá-la.[36] Na dimensão horizontal, a contratação pode ter o papel de *criação* de novos mercados (*"initiation"*); *expansão* de mercados, quando o poder de compra estatal é usado para incentivar a difusão e a adoção de inovações já introduzidas (*"escalation"*); *consolidação* de mercados, em que a demanda do setor público busca estimular a padronização de bens e serviços ou impor *standards* ou padrões de mercado (*"consolidation"*); e, por fim, a *destruição* de mercados, cujo efeito, evocando Schumpeter, atinge tecnologias antigas postas em desuso (ROLFSTAM, 2012, p. 7-11).

Rolfstam também ressalta que a inovação é um processo que compreende a criação, a difusão e a adoção de tecnologias. Essa ressalva é importante, porque existe uma tendência interpretativa, criticada no item 4.4 desta obra, de reduzir as contratações públicas para inovação apenas às compras pré-comerciais – ou seja, quando há risco tecnológico ou quando o objeto se qualifica como inovação radical, voltada apenas ao desenvolvimento de produtos, serviços e processos novos e de caráter disruptivo. Contudo, essa é uma leitura excessivamente restritiva e desconsidera o importante papel que a demanda do setor público pode ter para estimular a adoção de tecnologias pelo setor privado,[37] como se verá a seguir.

---

[35] Um exemplo de compra catalítica mencionado por Rolfstam (2012, p. 8) diz respeito a programas de transição energética na Suécia, nos anos 1990, onde compras de eletrodomésticos e equipamentos eficientes foram centralizadas pelo governo para serem, depois, distribuídos aos usuários finais.

[36] Um exemplo que ilustra o caso das necessidades "distribuídas", segundo o próprio Rolfstam (2012, p. 8), seria a divulgação pelo governo de uma série de diferentes tipos de dados e informações que poderiam ser usados por empresas para o desenvolvimento de aplicações móveis voltadas para o turismo.

[37] *"It is relatively well established that public procurement of innovation can play a vital role in the emergence of new or 'young' technologies. What is usually not taken into account is that public demand can also play an important role with respect to the diffusion of new or alternative technologies, once they have been developed, since public demand for innovative products also sends strong signals to private users."* (ROLFSTAM, 2012, p. 8)

1.2.2 Organizando o debate: o que são contratações públicas para inovação?

O percurso trilhado até aqui mostra como as relações entre contratações públicas e inovação são permeadas por certa vagueza e ambiguidade conceitual. Os conceitos são próximos – como PCP e PPI, compras públicas *de* inovação e compras *para* inovação, inovação incremental e radical, inovações de produto e de processo – e se interpenetram, mas as seções anteriores nos permitem assentar, ao menos, duas premissas importantes sobre o tema: a primeira diz respeito ao potencial do poder de compra do Estado para estimular a demanda por inovações no mercado; a segunda, por sua vez, consiste em compreender a inovação como um processo que abrange não somente o *desenvolvimento*, mas também a *difusão* e a *adoção* de soluções inovadoras em escala.

Muito embora esses papéis do processo inovativo possam ser desempenhados mediante modelos jurídicos diferentes (subvenções, bolsas, crédito etc.), é possível que essas finalidades distintas sejam alcançadas por meio do mesmo instrumento. À diferença do que ocorre na União Europeia, em que as PCP e as PPI são reguladas por diretivas diferentes em âmbito comunitário e exigem a realização de procedimentos também distintos, no Brasil essas etapas encontram-se integradas na encomenda tecnológica, com a opção do contratante para o fornecimento em escala,[38] como se verá no item 5.3 desta obra.

Nikolaus Obwegeser e Sune Dueholm Müller (2018) buscaram enfrentar essa questão de terminologia. A partir de uma revisão de literatura abrangente, os autores propuseram uma sistematização dos conceitos adotados nas relações entre compras públicas e inovação, buscando, assim, contribuir para a aplicação concreta dessas políticas.[39] Obwegeser e Müller identificaram três vertentes nesse debate: (i) as compras públicas *para* inovação (*"public procurement for innovation"* ou

---

[38] Artigo 31 do Decreto nº 9.283/2018: "Art. 31. O fornecimento, em escala ou não, do produto, do serviço ou do processo inovador resultante das atividades de pesquisa, desenvolvimento e inovação encomendadas na forma estabelecida neste Decreto poderá ser contratado com dispensa de licitação, inclusive com o próprio desenvolvedor da encomenda.
Parágrafo único. O contrato de encomenda tecnológica poderá prever opção de compra dos produtos, dos serviços ou dos processos resultantes da encomenda.".

[39] "Thus, policymakers and public procurement agencies may find it difficult to apply these broad conceptualizations, while at the same time being held accountable for clear and transparent decision processes" (OBWEGESER; MÜLLER, 2018, p. 12).

PPfI), no sentido de emprego do poder de compra do Estado como instrumento para estimular a inovação, em seus vários aspectos, no mercado; (ii) as compras públicas *de* inovação (*"public procurement of innovations"* ou PPoI), com o objetivo de contratar soluções inovadoras para modernizar a Administração ou melhorar a prestação de serviços públicos; e (iii) as compras públicas inovadoras (*"innovative public procurement"* ou IPP), compreendidas como inovações que incidem sobre o processo de contratação pública em si, tornando-o mais eficiente.[40] Esses três eixos conceituais foram reunidos em um gênero mais amplo, chamado pelos autores de compras públicas *e* inovação (*"public procurement and innovation"* ou PPaI),[41] como ilustra a figura abaixo:

Figura 3 – Inovação e compras públicas:
tópicos de pesquisa e vertentes da literatura

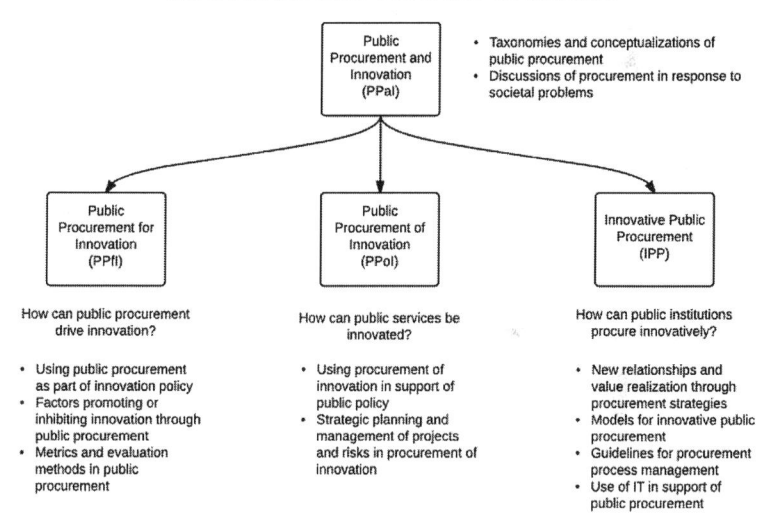

Fonte: Obwegeser e Müller (2018, p. 5).

---

[40] Sobre a inovação na compra pública, atingida mediante a melhoria de processos organizacionais do setor público e, frequentemente, com investimentos em TI, vale lembrar que *"(...) innovations in the procurement process do not necessarily lead to the procurement of innovative solutions in support of particular markets or modernizing public services"* (OBWEGESER; MÜLLER, 2018, p. 8).

[41] *"Across the 66 articles reviewed, three literature streams are identified: (1), public procurement for innovation (PPfI), (2) public procurement of innovations (PPoI), and (3) innovative public procurement (IPP). In addition, three articles transcend these categories by engaging in meta-level discussions of the concept of public Procurement and innovation (PPaI)."* (OBWEGESER; MÜLLER, 2018, p. 14)

A sistematização proposta por Obwegeser e Müller é útil para organizar o debate sobre as possíveis relações entre o processo inovativo e as compras governamentais. Em linha com essa terminologia, anoto que as referências feitas ao longo deste livro a "contratações públicas para inovação" correspondem ao primeiro grupo abordado pelos autores e, por isso, dizem respeito ao emprego do poder de compra do Estado como instrumento de política para estimular a demanda por produtos, serviços e processos inovadores no mercado. Esse conceito abrange, de forma ampla, tanto as PCP quanto o PPI, incluindo em seu escopo não somente o *desenvolvimento* de algo novo, mas também a sua *difusão* e *adoção* em escala pelo mercado.

Por fim, é preciso fazer uma última ressalva importante sobre o que se deve compreender como contratação pública para inovação no Brasil. Perceba como, na acepção aqui adotada, o conceito não faz referência a nenhum procedimento específico no direito positivo, nem a formas ou modalidades de compra pública em particular. Aqui, o que importa não é o procedimento, mas o *objeto* a ser adquirido – independentemente da modalidade, o debate sobre contratação pública para inovação estará presente se a demanda gerada pelo setor público estiver sendo usada, em caráter principal ou acessório, para incentivar o desenvolvimento, a difusão ou a adoção de inovações no mercado.[42] O exame do procedimento adotado, aqui entendido como a *forma* de contratar, será relevante para entender em que medida as características dadas pelo direito positivo a cada instrumento são mais ou menos adequadas às etapas do processo inovativo, aumentando ou reduzindo as suas chances de sucesso.

Vale ilustrar esse ponto com três casos concretos. Em um primeiro exemplo, o estudo de Pellegrini *et al.* (2017) discute as várias implicações decorrentes do emprego da Lei nº 8.666/1993 ao desenvolvimento da câmera multiespectral regular (MUX) embarcada no satélite sino-brasileiro de sensoriamento remoto, o *China-Brazil Earth Resources Satellite* (CBERS-4). A contratação foi realizada pelo Instituto Nacional de Pesquisas Espaciais (INPE) por meio de um procedimento licitatório comum, na modalidade concorrência. Muito embora reconheçam que a legislação não pode ser apontada como causa isolada dos vários problemas verificados no caso analisado, os autores destacaram a inadequação do emprego desse modelo jurídico para o desenvolvimento

---

[42] *"Public procurement of innovation would then happen when the procurement processes conducted by public agencies renders any of the types of innovation listed by Schumpeter."* (ROLFSTAM, 2012, p. 3)

de um projeto tão intensivo em PD&I.[43] Logo, o objeto a ser adquirido envolvia inovação, mas a opção pela modalidade "concorrência" no caso concreto limitou, juridicamente, as chances de sucesso do projeto.

Em segundo lugar, Paiva e Romitelli (2018) discutem o caso "poupinha", um *chatbot* de atendimento que permitia o agendamento de serviços no Programa Poupatempo e o esclarecimento de dúvidas aos seus usuários. Foi com essa solução que a *startup* Nama venceu uma das categorias da 1ª edição do Programa PitchGov SP, em 2015. Após um teste gratuito bem-sucedido, com cerca de 47 milhões de mensagens e de 500 mil agendamentos por mês,[44] a impossibilidade de formalizar a contratação direta da empresa deu origem a um tumultuado pregão eletrônico, deflagrado pela Companhia de Processamento de Dados do Estado de São Paulo (PRODESP), para integrar o *chatbot* ao portal do Poupatempo. O certame chegou a ser suspenso por decisão judicial e só terminou com a decisão da empresa estatal por desenvolver internamente a mesma tecnologia. Como na época ainda não havia a modalidade especial de licitação do Marco Legal de *Startups*, que será aprofundada no item 6.4 desta obra, o caso "poupinha" tornou-se mais um exemplo que ilustra a inadequação da modalidade pregão para internalizar soluções inovadoras concebidas no âmbito de programas de inovação aberta.

Por fim, o desenvolvimento do avião cargueiro KC-390 é um caso de sucesso bastante conhecido no ecossistema de inovação brasileiro. A aeronave, sem equivalentes no mercado internacional, foi desenvolvida pela EMBRAER para atender a uma demanda específica da Força Aérea Brasileira. Embora as características do caso se amoldem perfeitamente à encomenda tecnológica, a contratação foi realizada por inexigibilidade de licitação, com fundamento no artigo 25, *caput*, da Lei nº 8.666/1993.[45] Segundo Rauen (2015, p. 13) e Ribeiro (2017,

---

[43] "(...) caso a Lei nº 8.666/1993 seja utilizada – mesmo via dispensa –, ela ainda carrega empecilhos ao desenvolvimento tecnológico (por exemplo, necessidade de caracterizar previamente o objeto, alocação de riscos e estabelecimento de reequilíbrios contratuais – como exemplificado nesse estudo)." (PELLEGRINI *et al.*, 2017, p. 320)

[44] Sobre o caso, confiram-se os relatos da NAMA (https://www.nama.ai/en/recursos/cases/poupinha) e da PRODESP (https://www.licita.prodesp.sp.gov.br/noticias/noticia_08012019.asp).

[45] Confira-se, a seguir, o extrato da inexigibilidade de licitação publicado no Diário Oficial da União (Seção 3) de 23.04.2009: "EXTRATO DE INEXIGIBILIDADE DE LICITAÇÃO nº 1/2009. N do Processo: 006-08/SDDP. Objeto: Fornecimento de 02 (dois) protótipos da aeronave de transporte militar e reabastecimento (Aeronave KC-X), incluindo a prestação de serviços para o gerenciamento da produção e montagem das aeronaves, entrega da documentação do projeto, relatórios de desenvolvimento e certificação, relatórios de

p. 257-260), a existência de uma profunda relação de confiança entre as partes, associada às elevadas capacidades técnicas dos técnicos do contratante e do contratado foram determinantes para o sucesso do projeto, a despeito do modelo jurídico empregado não ser flexível nem, a rigor, adequado ao desenvolvimento de um projeto aeronáutico com elevado grau de risco tecnológico.

Note como nesses três casos a contratação pública foi empregada, com maior ou menor sucesso, para desenvolver ou difundir objetos de caráter inovador. O fato de o procedimento adotado ser mais adequado ou mais limitado, com características que facilitam ou dificultam o processo inovativo, não afasta a conclusão de que nesses três exemplos a contratação pública foi aplicada a objetos relacionados à inovação. O que se pode discutir – e que será feito, de forma aprofundada, nos Capítulos 5 e 6 – é quais características tornam os instrumentos jurídicos previstos na legislação brasileira mais adequados ou menos adequados ao suporte do processo inovativo. A questão, portanto, é de *grau*: se existem procedimentos e modelos contratuais mais adaptados ao desenvolvimento de novas tecnologias, como é o caso da encomenda tecnológica ou da modalidade especial de licitação prevista no Marco Legal de *Startups*, por exemplo, há outros menos propícios a essa finalidade, mas que podem ser usados para difundir e dar escala a inovações já introduzidas no mercado.

1.2.3 Duas premissas teóricas

Carlos Américo Pacheco, Maria Beatriz Machado Bonacelli e Maria Carolina Foss (2017) afirmam que as políticas de inovação no lado da demanda apoiam-se em dois fundamentos teóricos importantes: (i) uma concepção sistêmica da inovação, entendida como um processo dinâmico e não linear; e (ii) a abordagem dos Sistemas Nacionais de

---

voos de teste e de avaliação operacional e um pacote de dados de produto. Contratada: EMBRAER S.A. (...). Justificativa: realizar missões de transporte aéreo para apoio em calamidades públicas, ajuda humanitária internacional, transporte de pessoal para ações do governo em regiões carentes e apoio aos pelotões de fronteira, às reservas indígenas e às localidades de difícil acesso na região amazônica e reabastecimento em voo das atuais e futuras aeronaves de caça do acervo da Força Aérea Brasileira. Valor: R$ 3.028.104.951,07 (três bilhões vinte e oito milhões cento e quatro mil novecentos e cinquenta e um reais e sete centavos). Amparo legal: caput do artigo 25, da Lei 8.666/93". Disponível em: https://pesquisa.in.gov.br/imprensa/jsp/visualiza/index.jsp?data=23/04/2009&jornal=3&pagina=15&total Arquivos=140. Acesso em: 28 fev. 2024.

Inovação, desenvolvida a partir dos trabalhos seminais de Freeman (1989 e 1995) e Lundvall (2010). Esses dois pressupostos informam o emprego do poder de compra do Estado como instrumento de política de inovação e, por isso, serão expostos a seguir.

1.2.3.1 Inovação como processo dinâmico, multidirecional e não linear

A concepção sistêmica surge em oposição à visão linear do processo inovativo. Tradicionalmente, a inovação era compreendida como o resultado de estágios sucessivos de pesquisa básica, pesquisa aplicada, desenvolvimento, produção e comercialização da tecnologia no mercado. Esse modelo sequencial, linear e unidirecional foi difundido a partir do relatório *"Science, the Endless Frontier"*, elaborado por Vannevar Bush, diretor do *U.S.Office of Scientific Research and Development* e um dos criadores da *National Science Foundation*. O relatório foi apresentado por Bush em julho de 1945, em resposta a uma carta que lhe foi dirigida pelo Presidente Franklin Delano Roosevelt, em 17 de novembro de 1944, motivada principalmente pela preocupação de manter, em tempo de paz, os avanços científicos e tecnológicos obtidos durante a Segunda Guerra Mundial.

Em seu relatório, Bush defende a forte participação do Estado no financiamento da pesquisa básica, deixando o campo da pesquisa aplicada principalmente para o mercado e, em alguns casos, a cargo de agências governamentais, como o *Department of Defense* (DoD), o *Department of Energy* (DoE) e o *National Institutes of Health* (NIH), por exemplo (BONVILLIAN, 2014, p. 255). O relatório teve repercussão imediata no Brasil e influenciou a criação do Conselho Nacional de Pesquisa (CNP, atual CNPq) em 1951, antes mesmo da criação da *National Science Foundation*, nos EUA, em 1952. Mas o seu principal legado, segundo William Bonvillian (2014), foi o estabelecimento de uma dicotomia entre ciência básica e ciência aplicada, difundida paralelamente à crença de que a realização de investimentos maciços em pesquisa básica resultaria, automaticamente, em maiores níveis de inovação no setor produtivo.[46]

---

[46] *"The federal government would load basic science into one end of an innovation pipeline hoping that industry would pick up the early- and late-stage technology development and prototyping roles inside the pipeline, with new technology products emerging from industry at the end."* (BONVILLIAN, 2014, p. 255).

Há um paralelo importante entre o modelo linear de Bush e a obra *Pasteur's Quadrant*, de Donald Stokes (1997). Os quatro quadrantes de Stokes representam um tipo de relação entre ciência e pesquisa, cada qual exemplificado por uma figura histórica específica: Bohr, para a pesquisa básica pura; Edison, para uma pesquisa aplicada pura, inspirada pelo uso; e Pasteur, para ilustrar o exemplo virtuoso de uma pesquisa motivada não só pelo desejo de aumentar a compreensão e o entendimento sobre determinado assunto, mas também pela preocupação em solucionar problemas práticos e concretos da sociedade. A figura a seguir ilustra esses modelos.

Figura 4 – O "Quadrante de Pasteur" e os modelos de
pesquisa científica em Stokes

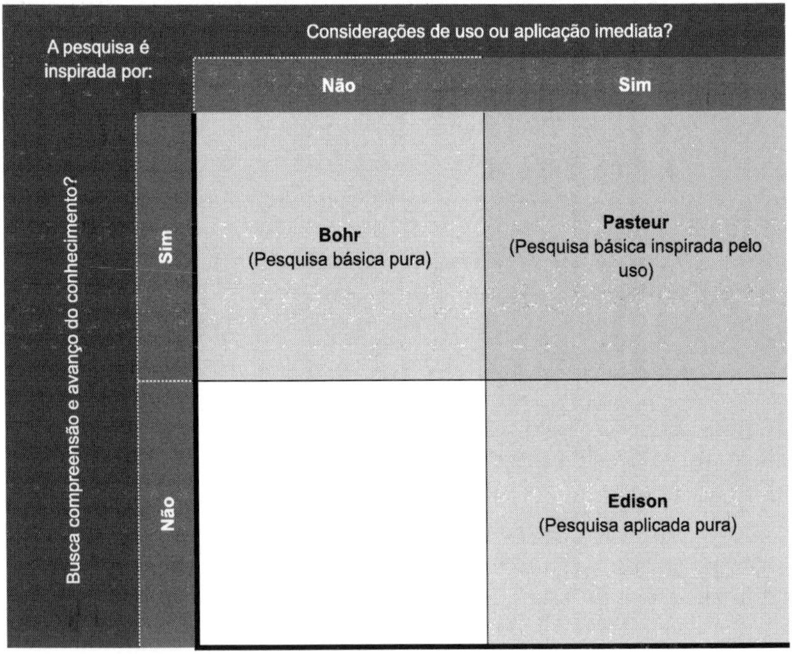

Fonte: Adaptado de Stokes (1997).

Narayanamurti, Odumosu e Vinsel (2013) criticam Stokes ao afirmar que a representação em quadrantes apenas atualiza o modelo linear de inovação herdado de Bush. Segundo os autores, a dicotomia entre ciência básica e ciência aplicada é reducionista, pois considera apenas as motivações iniciais da pesquisa, sendo incapaz de capturar toda a complexidade do processo inovativo.[47] Em seu lugar, os autores propõem que essa *summa divisio* seja substituída pelo ciclo invenção-descoberta (*"discovery-invention cycle"*), que permite retratar o processo inovativo de forma integrada, avaliando a pesquisa não só pelas suas motivações iniciais, mas também por aspectos prospectivos, como a sua capacidade de catalisar outras pesquisas e estimular o surgimento de inovações em longo prazo.[48]

No modelo linear, a discussão sobre a origem da inovação polarizava-se entre os que atribuíam maior importância ao avanço do desenvolvimento científico (*"technology push"*) e aqueles que enfatizavam a relevância das pressões exercidas pela demanda para a adoção de novas tecnologias (*"demand pull"*). Contudo, ao longo da década de 1980, foi se tornando evidente a armadilha de considerar como opostos dois lados complementares de um mesmo processo (CASSIOLATO; LASTRES, 2017, p. 24). Nessa linha, o importante estudo de Mowery e Rosemberg (1979) chamou a atenção para o papel decisivo da demanda como elemento essencial e necessário, mas não isolado, nem único dentro do processo inovativo. Dessa maneira, pode-se dizer que prepondera atualmente na literatura uma perspectiva sistêmica que concebe a inovação como fruto de tentativa e erro, resultado de uma trajetória dinâmica e multidirecional de interações reiteradas entre atores diversos e situados em etapas diferentes do processo inovativo (DE NEGRI, 2018, p. 94-95; MAZZUCATO; PENNA, 2015, p. 27). Incorporar essa perspectiva aos diversos instrumentos jurídicos de contratação pública é um desafio de relevo, como se verá nos Capítulos 5 e 6 deste livro.

---

[47] *"However, motivations are only one aspect of the research process. To more completely capture the full arc of research it is important to consider a broader time scale than that implied by just considering the initial research motivations. Expanding the focus from research motivations to also include questions of how the research is taken up in the world, and how it integrates both science and technology allows us to escape the basic/applied binary. It is important to consider the future oriented aspects of research as well as the initial motivational aspect of research."* (NARAYANAMURTI, ODUMOSU e VINSEL, 2013, p. 2-3)

[48] *"Some production of knowledge is oriented towards improving our understanding of the world through the process of discovery; some is focused on the creation of new useful techniques and devices through the process of invention. The notion of the discovery-invention cycle is our attempt to view these two aspects of knowledge production as parts of a greater whole."* (NARAYANAMURTI, ODUMOSU e VINSEL, 2013, p. 10)

1.2.3.2 A abordagem dos Sistemas Nacionais de Inovação

Um segundo marco teórico relevante para o emprego do poder de compra do Estado como política no lado da demanda corresponde aos Sistemas Nacionais de Inovação (SNI). Em linhas gerais, a ideia é que "(...) *os processos de inovação, que tem lugar no nível da firma, são gerados e sustentados por suas relações com outras organizações, refletindo as características dos sistemas produtivos e inovativos locais e nacionais dos quais fazem parte*" (CASSIOLATO; LASTRES, 2017, p. 27). Por isso, torna-se necessário examinar os condicionantes do quadro político, institucional e econômico, bem como a sua inserção no plano internacional, para entender como inovações são desenvolvidas, adotadas e difundidas no mercado. A visão de sistema permite analisar como se organizam e interagem as instituições dos setores público e privado, os quadros regulatórios e os instrumentos de apoio à inovação em cada país (PACHECO; BONACELLI; FOSS, 2017). Dessa maneira, os SNI permitem compreender a inovação como processo específico ao contexto, que não admite a transposição irrefletida de modelos prontos ou de "receitas de sucesso" entre cenários diferentes.

Christopher Freeman (1989, 1995) foi um dos primeiros autores a empregar a noção de SNI para investigar as causas do crescimento econômico do Japão no segundo pós-guerra, identificando as instituições capazes de influenciar o desenvolvimento e a difusão tecnológica naquele país. Nessa linha, o economista sueco Bengt-Åke Lundvall (2010) define o SNI como conjunto de "(...) *elements and relationships which interact in the production, diffusion and use of new, and economically useful, knowledge and that a national system encompasses elements and relationships, either located within or rooted inside the borders of a nation state*" (LUNDVALL, 2010, p. 2), de modo a abranger "(...) *all important economic, social, political, organizational, institutional and other factors that influence the development, diffusion and use of innovations*" (EDQUIST, 2005, p. 183).

O emprego dos SNI enquanto ferramenta de análise foi corroborado pela OCDE no documento "*National Innovation Systems*", que traz importante descrição sobre a maneira pela qual os diferentes atores do sistema se relacionam para ultrapassar as fronteiras do progresso técnico em cada país (OCDE, 1997, p. 9). Edquist (2011) afirma que os sistemas de inovação devem ser examinados à luz das atividades que desempenham e dos seus resultados, e não somente com base nos seus componentes, como os atores e organizações que o integram. Essa abordagem centrada nas atividades do sistema ("*activity-based approach*") permite uma perspectiva mais dinâmica, pois algumas tarefas (como PD&I, incubação, financiamento etc.) são desempenhadas, ao mesmo tempo, por atores públicos e privados.

Como não há um modelo ideal para ser tomado como paradigma em abstrato, o que resta é comparar em concreto "(...) *existing systems of innovation with each other. Such comparisons can be made between the same systems over time, or between different existing systems*" (EDQUIST, 2011, p. 19). Portanto, mais do que uma ferramenta teórica, a abordagem dos SNI pretende ser um instrumento para comparar a capacidade inovativa da academia, do governo e do setor produtivo no contexto específico de países determinados. Essa comparação usualmente é feita a partir de indicadores que medem a *performance* de um SNI em temas selecionados a partir de uma metodologia comum, como fazem a Pesquisa de Inovação (PINTEC), do IBGE, e a *Community Innovation Survey* (CIS), da Eurostat, na União Europeia.

Um dos mapeamentos mais interessantes do SNI brasileiro foi aquele realizado por Mazzucato e Penna (2016, p. 38-51) para o Centro de Gestão de Estudos Estratégicos (CGEE), em 2016. A figura abaixo representa graficamente os quatro subsistemas identificados pelos autores – educação e pesquisa; financiamento; regulação e políticas públicas; e produção e inovação – bem como os principais entes, públicos e privados, dedicados ao tema no Brasil. O exame do papel individual de cada instituição mapeada não faz parte do escopo deste estudo. De todo modo, o levantamento realizado pelos autores é útil, pois retrata a existência de um sistema bastante complexo e estratificado no país, que conta com atores já consolidados nas quatro áreas principais – o que é, sem dúvida, um dado bastante positivo.

Figura 5 – Mapeamento do Sistema Nacional de Inovação brasileiro, com exemplos de instituições e atores selecionados por subsistema

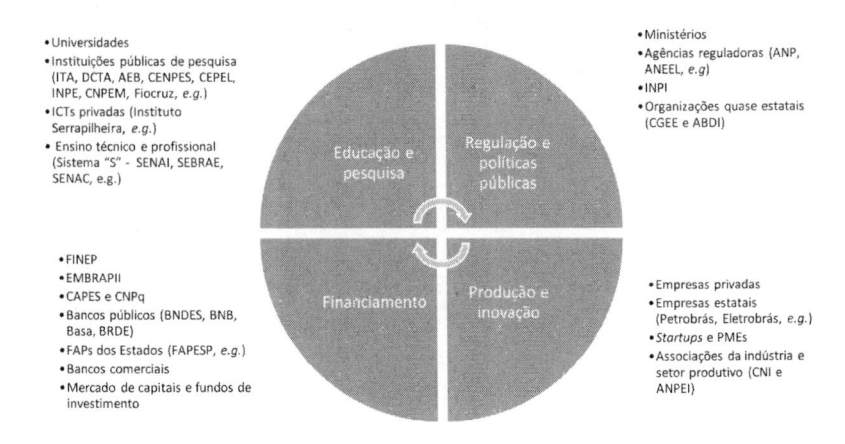

- Universidades
- Instituições públicas de pesquisa (ITA, DCTA, AEB, CENPES, CEPEL, INPE, CNPEM, Fiocruz, *e.g.*)
- ICTs privadas (Instituto Serrapilheira, *e.g.*)
- Ensino técnico e profissional (Sistema "S" - SENAI, SEBRAE, SENAC, *e.g.*)

- Ministérios
- Agências reguladoras (ANP, ANEEL, *e.g.*)
- INPI
- Organizações quase estatais (CGEE e ABDI)

- FINEP
- EMBRAPII
- CAPES e CNPq
- Bancos públicos (BNDES, BNB, Basa, BRDE)
- FAPs dos Estados (FAPESP, *e.g.*)
- Bancos comerciais
- Mercado de capitais e fundos de investimento

- Empresas privadas
- Empresas estatais (Petrobrás, Eletrobrás, *e.g.*)
- *Startups* e PMEs
- Associações da indústria e setor produtivo (CNI e ANPEI)

Educação e pesquisa — Regulação e políticas públicas — Financiamento — Produção e inovação

Fonte: Adaptada pelo autor a partir de Mazzucato e Penna (2016, p. 38) e expandida com dados de Castro, (2015, p. 29) e Limoeiro e Schneider (2017).

A criação de novas interações entre os atores que fazem parte desses subsistemas é crucial para que a inovação ocorra. E o setor público no Brasil historicamente tem desempenhado um papel fundamental nesse processo, como se verá a seguir.

1.3 Evolução do arcabouço jurídico-institucional para Ciência, Tecnologia e Inovação no Brasil

Para Wilson Suzigan e Eduardo da Motta e Albuquerque (2011), o SNI brasileiro ocupa posição intermediária de construção, em nível comparável a outros países em desenvolvimento como Índia, África do Sul, México e Argentina. Segundo os autores, isso ocorre porque, muito embora o Brasil conte com instituições de ensino e pesquisa consolidadas em diversos setores, os investimentos privados em PD&I e o número de pesquisadores, cientistas e engenheiros ainda são baixos quando comparados aos de países desenvolvidos (SUZIGAN; ALBUQUERQUE, 2011, p. 17). O desenvolvimento do parque industrial brasileiro contrasta com um envolvimento bastante tímido das empresas em atividades de inovação, como revelado pelo IBGE em sucessivas edições da PINTEC.

Esse cenário encontra a sua origem na própria evolução histórica do SNI do Brasil. Carlos Américo Pacheco (2008, p. 6) identifica quatro etapas importantes nessa trajetória: (i) criação de um sistema de apoio estatal à pesquisa científica e tecnológica, a partir do advento do CNPq e da CAPES; (ii) estruturação efetiva do sistema pela implantação de diversos institutos de pesquisa, novas formas de financiamento (FINEP e do FNDCT) e a reforma da pós-graduação brasileira; (iii) consolidação, com a criação do Ministério de Ciência e Tecnologia para coordenação do sistema em nível nacional; e (iv) reforma, com a criação dos fundos setoriais e a aprovação da Lei de Inovação.

Na mesma linha, Diogo Coutinho e Pedro Mouallem (2016) identificam um processo lento, e por vezes não linear, de construção de uma complexa arquitetura institucional e que ainda segue em processo gradual de consolidação até os dias de hoje. Na periodização adotada pelos autores, é possível identificar três grandes fases: um primeiro momento de *construção institucional acelerada* (1950-1980), um período intermediário de *construção institucional lenta* (1980-2000) e, por fim, uma etapa de *consolidação e integração jurídico-institucional* (2000-atual), ainda em curso.

1.3.1 Primeira fase: construção institucional acelerada (1950-1980)

Inicialmente, a construção institucional acelerada marca as primeiras iniciativas empreendidas pelo Estado brasileiro para estimular a realização de atividades de pesquisa e desenvolvimento pela academia e pelo setor produtivo.[49] O Conselho Nacional de Pesquisa (atual Conselho Nacional de Desenvolvimento Científico e Tecnológico – CNPq) e a Coordenação de Aperfeiçoamento de Pessoal de Nível Superior (CAPES) estabeleceram-se em 1951. Logo após, foram criados o Banco Nacional de Desenvolvimento Econômico (atual BNDES), em 1952; a Petrobras, em 1953; o Centro Técnico Aeroespacial (CTA), em 1954. Na trilha inaugurada em 1960 pela Fundação de Amparo à Pesquisa do Estado de São Paulo (FAPESP), uma parcela significativa dos institutos públicos de pesquisa, centros de pesquisa de empresas estatais e fundações de amparo estaduais foi instituída entre as décadas de 1960 e 1980. Na sequência, vieram o Instituto Nacional de Pesquisas

---

[49] "Não há dúvida, contudo, que o mais impressionante momento de constituição do SNI tenha sido o período de 1967 a 1974." (PACHECO, 2008, p. 6)

Espaciais (INPE), em 1961; a Financiadora de Estudos e Projetos (FINEP), em 1967; o Fundo Nacional de Desenvolvimento Científico e Tecnológico (FNDCT) e a Empresa Brasileira de Aeronáutica (Embraer), em 1969; e a Empresa Brasileira de Pesquisa Agropecuária (Embrapa), em 1972.

No plano das políticas públicas, o planejamento voltado às áreas da ciência e tecnologia foi objeto dos Planos Básicos de Desenvolvimento Científico e Tecnológico (PBDCT), os quais integravam os três Planos Nacionais de Desenvolvimento (PNDs), estabelecidos, respectivamente, para os períodos 1973-1974, 1975-1979 e 1980-1985. Não obstante a menção feita a uma política científica e tecnológica, esse objetivo era de certo modo ofuscado pela preponderância, na época, de uma política industrial centrada no modelo de substituição de importações. Assim, um mercado fechado e protecionista desestimulava o aprimoramento da capacitação técnica da indústria nacional, deixando até hoje um legado de estagnação dos níveis de produtividade do trabalho e um baixo grau de integração entre os setores produtivo e tecnológico, como se verá adiante.

1.3.2 Segunda fase: construção institucional lenta (1980-2000)

Em razão da instabilidade macroeconômica, da explosão da dívida pública e da crise inflacionária que assolaram a década de 1980, a segunda fase caracteriza-se por uma construção institucional mais lenta e bem menos intensa que a anterior.

A criação do Ministério da Ciência e Tecnologia, em 1985, representa o marco institucional mais relevante nesse período. Segundo Antonio Marcio Buainain, Solange Corder e Carlos Américo Pacheco (2014), a criação do Ministério foi importante para conectar as reivindicações do ecossistema de CT&I com os atores mais importantes da política brasileira.[50] Contudo, a alta rotatividade dos ministros e o curto período no cargo comprometem o planejamento e a execução

---

[50] *"La creación del MCT, aunque en condiciones precarias, con pocos instrumentos y escasa autonomía financiera, permitió otorgar poderes a los actores más organizados del sistema de CyT, que pasaron a tener un representante y una voz en el Planalto, que operaba como correa de transmisión de las reivindicaciones y presiones que venían de la base —las sociedades científicas, las universidades, los institutos de investigación y las propias agencias del ministerio—, para las instancias que detenían poder efectivo en la República, como el Ministro de Hacienda y Planificación y la propia Presidencia de la República."* (BUAINAIN; CORDER; PACHECO, 2014, p. 92)

de políticas de longo prazo. De 24 ministros nomeados, 12 ficaram no cargo por menos de um ano, e apenas 7 ultrapassaram a marca de dois anos à frente do Ministério, como ilustra a tabela abaixo.

Tabela 4 – Ministros de Estado da área de Ciência, Tecnologia e Inovação, nomenclatura dada ao órgão e período de exercício no cargo (1985-2022)

	Nome	Nomenclatura	Início	Fim	Período
1	Renato Archer	Ministério da Ciência e Tecnologia	15.03.1985	23.10.1987	2a 7m
2	Luiz Henrique da Silveira		23.10.1987	29.07.1988	9m
3	Luiz André Rico Vicente		29.07.1988	16.08.1988	1m
4	Ralph Biasi		16.08.1988	15.01.1989	5m
5	Roberto Cardoso Alves		16.01.1989	13.03.1989	2m
6	Décio Leal	(*) Secretaria do Ministério do Desenvolvimento da Indústria e Comércio / Secretaria Especial da Ciência e Tecnologia	29.03.1989	14.03.1990	11m
7	José Goldemberg	Secretaria da Ciência e Tecnologia (ligada à Presidência da República)	15.03.1990	21.08.1991	1a 5m
8	Edson Machado de Sousa		21.08.1991	01.04.1992	7m
9	Hélio Jaguaribe		01.04.1992	01.10.1992	6m
10	José Israel Vargas	Ministério da Ciência e Tecnologia	27.10.1992	01.01.1999	6a 2m
11	Bresser Pereira		01.01.1999	21.07.1999	7m
12	Ronaldo Sardenberg		21.07.1999	01.01.2003	3a 5m
13	Roberto Amaral		01.01.2003	21.01.2004	1a 1m
14	Eduardo Campos		23.01.2004	18.07.2005	1a 6m
15	Sérgio Machado Rezende		19.07.2005	31.12.2010	5a 5m
16	Aloizio Mercadante	Ministério da Ciência, Tecnologia e Inovação	01.01.2011	02.08.2011	1a 1m
			02.08.2011	24.01.2012	
17	Marco Antonio Raupp		24.01.2012	17.03.2014	2a 2m
18	Clelio Campolina Diniz		17.03.2014	01.01.2015	10m
19	Aldo Rebelo		01.01.2015	01.10.2015	9m
20	Celso Pansera		02.10.2015	14.04.2016	6m
21	Gilberto Kassab	Ministério da Ciência, Tecnologia, Inovações e Comunicações	12.05.2016	01.01.2019	2a 8m
22	Marcos Pontes		01.01.2019	10.06.2020	3a 4m
		Ministério da Ciência, Tecnologia e Inovações*	10.06.2020	30.03.2022	
23	Paulo Alvim		30.03.2022	31.12.2022	9m
24	Luciana Santos	Ministério da Ciência, Tecnologia e Inovação	01.01.2023		

Fonte: Adaptado de https://pt.wikipedia.org/wiki/Lista_de_ministros_da_Ciência,_ Tecnologia_e_Inovação_do_Brasil. Acesso em: 02 mar. 2024). * Conservou o nome MCTIC até 10.06.2020, quando o Ministério das Comunicações foi recriado.

A abertura econômica do início da década de 1990 marca um relativo abandono das políticas de CT&I e, de forma mais ampla, da política industrial brasileira. A perspectiva neoliberal em voga, à época, era a de que a própria abertura da economia se encarregaria do processo de inovação, seja diretamente, pela importação de bens de capital mais modernos e pelo maior acesso ao capital estrangeiro, seja indiretamente, por conta da pressão, até então inédita, exercida pela concorrência dos produtos importados com a indústria nacional.

A despeito disso, o período também foi marcado pela criação de incentivos fiscais para PD&I, com destaque para o setor de informática. Sobre o tema, a análise de Prochnik *et al.* (2015) chama a atenção para o fato de que os benefícios tributários da Lei de Informática (Lei nº 8.248/1991) foram, em certa medida, uma reação setorial às distorções regionais decorrentes da manutenção da Zona Franca de Manaus, com efeitos limitados no que se refere à inovação no setor. Houve também avanços significativos na legislação de propriedade intelectual. O antigo Código de Propriedade Industrial, de 1971, foi adaptado ao Acordo TRIPS (*"Agreement on Trade-Related Aspects of Intellectual Property Rights"*), da Organização Mundial do Comércio, culminando na aprovação da Lei de Propriedade Industrial (Lei nº 9.279/1996) e na atual Lei do *Software* (Lei nº 9.609/1998).

Mas o principal destaque dessa segunda fase consiste na criação dos fundos setoriais, já no final da década de 1990. Para Pacheco (2007), os fundos setoriais foram peça-chave na reforma do financiamento público a CT&I no Brasil, reestruturando não somente o fomento às ICTs públicas, mas também a subvenção econômica destinada às empresas. Juridicamente, isso foi feito por meio da edição de diversas leis e decretos que vincularam receitas oriundas de determinados setores à aplicação em projetos de PD&I, conforme as prioridades eleitas pelos seus respectivos Comitês Gestores. Essas vinculações deram origem a categorias de programação orçamentária específicas no âmbito do FNDCT,[51] as quais ficaram conhecidas como fundos setoriais.

Ao todo, foram criados dezesseis fundos com o objetivo de reduzir a crônica descontinuidade no financiamento de CT&I no Brasil.[52]

---

[51] O FNDCT foi criado pelo Decreto-Lei nº 719, de 31 de julho de 1969, e foi restabelecido pela Lei nº 8.172, de 18 de janeiro de 1991, com alterações posteriores dadas pela Lei nº 10.197, de 14 de fevereiro de 2001.

[52] São quatorze fundos verticais, referentes a setores específicos (CT-Agronegócio; CT-Aeronáutico; CT-Amazônia; CT-Aquaviário; CT-Biotecnologia; CT-Energia; CT-Espacial; CT-Hidro; CT-Info; CT-Inovar-Auto, CT-Mineral; CT-Saúde; CT-Petro e CT-Transporte).

O objetivo era criar uma fonte de recursos estável e perene, menos dependente do Tesouro, para fazer frente aos principais gargalos do SNI brasileiro – entre eles, a crescente escassez e instabilidade na oferta de recursos públicos; a existência de assimetrias na capacitação de atores-chave do sistema; o reduzido grau de investimentos privados em atividades de PD&I; o fato de o sistema de CT&I ser majoritariamente público; e, por fim, os poucos projetos de pesquisa científica realizados em parceria com empresas (BUAINAIN; LIMA JÚNIOR; CORDER, 2017).

O gráfico abaixo, elaborado por Carlos Américo Pacheco (2007), ilustra a instabilidade na alocação de recursos para CT&I no cenário brasileiro, mormente quando comparado aos dispêndios dos EUA. Segundo o autor, o gráfico foi apresentado ao Presidente da República na reunião em que se decidiu pela criação dos Fundos Setoriais, em 1999.

Gráfico 4 – Dispêndios reais do governo federal brasileiro em ciência e tecnologia* (1980 a 1997)

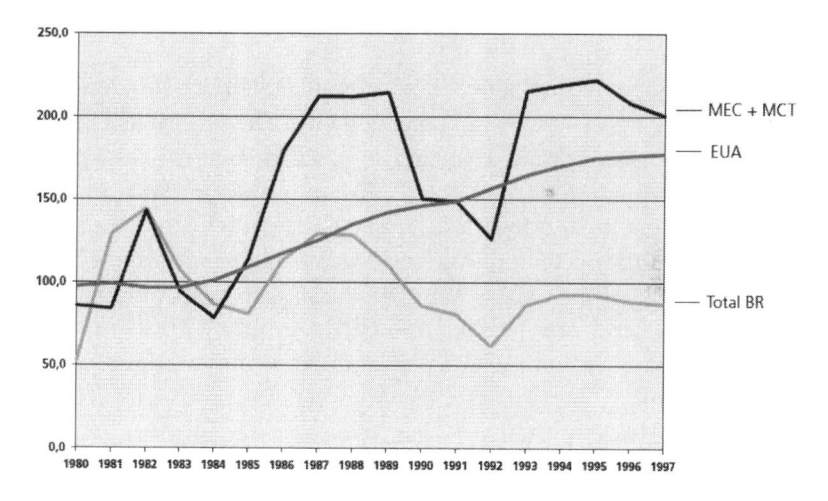

Fonte: Pacheco (2007, p. 201); * Números índice (média 1980 a 1985 = 100,0).

Os dois fundos restantes, denominados fundos transversais (CT-Infraestrutura e CT-Verde Amarelo), destinam recursos à infraestrutura de CT&I ou ao financiamento de projetos envolvendo mais de um setor.

Marcos Arcuri (2016) ressalta que a sistemática de fundos setoriais segue a lógica de financiamento público de CT&I usada pela União Europeia desde a década de 1980. A longevidade dos *framework projects* no contexto europeu e a sua semelhança com os fundos setoriais pode ser lida como um indicativo das virtudes desse modelo. Na União Europeia, o *framework project* atual, o *Horizon Europe*, prevê um orçamento de cerca de €95,5 bilhões entre 2021 e 2027 para o enfrentamento de missões e problemas concretos, identificados em conjunto pelo Parlamento Europeu, pelos Estados-membros e pela sociedade civil.[53] Entretanto, à diferença do seu equivalente europeu, a legislação dos fundos setoriais brasileiros é esparsa e bastante heterogênea, o que contribui para que a distribuição dos recursos seja desigual e fragmentada. Posteriormente, no item 1.5.3 deste livro, serão discutidos alguns problemas envolvendo a estabilidade dos fundos setoriais para o financiamento da CT&I no Brasil.

1.3.3 Terceira fase: consolidação e integração jurídico-institucional (2000-atual)

O lançamento da Política Industrial, Tecnológica e de Comércio Exterior (PITCE) no final de 2003 marca o início da terceira fase, ainda em curso, de consolidação e integração jurídico-institucional. Outras políticas foram editadas após a PITCE, como o Plano de Ação para a Ciência, Tecnologia e Inovação para o Desenvolvimento Nacional (PACTI), em 2006; a Política de Desenvolvimento Produtivo (PDP), em 2008; o Plano Brasil Maior (PBM), em 2011, em cujo âmbito foram publicados a Estratégia Nacional de Ciência, Tecnologia e Inovação (ENCTI) para o período 2012-2015, e o Plano Inova Empresa, em 2013. Em 2016, foi lançada a versão mais recente da ENCTI, voltada ao período 2016-2022.[54] Uma análise detalhada das políticas públicas

---

[53] As missões propostas para o Horizon Europe foram divididas em cinco áreas: *"Adaptation to climate change including societal transformation"*, *"Cancer"*, *"Climate-neutral and smart cities"*, *"Healthy oceans, seas, coastal and inland waters"* e *"Soil health and food"*. Disponível em: https://research-and-innovation.ec.europa.eu/funding/funding-opportunities/funding-programmes-and-open-calls/horizon-europe/eu-missions-horizon-europe_en. Acesso em: 01 mar. 2024.

[54] Na data de conclusão deste estudo, o governo federal reúne subsídios para a ENCTI 2024-2030, a ser discutida na 5ª Conferência Nacional de CT&I, de 04 a 06 de junho, em Brasília. Disponível em: https://www.gov.br/mcti/pt-br/centrais-de-conteudo/v_conferencia_nacional_de_cti. Acesso em: 01 maio 2024.

de CT&I no Brasil pode ser encontrada em Araújo (2012), De Negri e Rauen (2018) e Bittencourt e Rauen (2021) e, por isso, não integra o escopo desta obra. De todo modo, é relevante perceber como a inovação, a partir dos anos 2000, passa a integrar uma agenda de planejamento governamental explícito voltada à integração mais profunda entre governo, academia e setor produtivo.

A terceira fase também se destaca pela experimentação de novos modelos jurídico-organizacionais para o fomento e a execução de atividades de CT&I. Nesse sentido, merecem destaque a criação do Centro de Gestão e Estudos Estratégicos (CGEE), em 2001; da Agência Brasileira de Desenvolvimento Industrial (ABDI), em 2004; e da Empresa Brasileira de Pesquisa e Inovação Industrial (EMBRAPII), em 2013. É interessante perceber como, ao invés de autarquias, fundações ou empresas estatais, a opção legislativa recaiu sobre modelos de organização social, no caso do CGEE e da EMBRAPII; e serviço social autônomo, para a ABDI. Nesses casos, o vínculo com o Poder Público se opera mediante contrato de gestão com os Ministérios – forma preferencial de parceria em sentido amplo[55] a ser celebrada entre o "Estado reordenado" e o "setor público não estatal" (BRESSER-PEREIRA, 2000).

A busca por modelos externos à Administração, como ilustra a tabela a seguir, é particularmente reveladora. A desestatização reflete a busca por maior flexibilidade em regras e controles típicos do regime jurídico administrativo, especialmente para contratações públicas e admissão de pessoal. Por possuírem personalidade jurídica de direito privado e não integrarem a Administração Pública,[56] serviços sociais autônomos e organizações sociais podem ser úteis para a gestão de parques tecnológicos, como lembra Marcos Perez (2013), e para a criação de *core facilites* – infraestruturas compartilhadas de pesquisa multiusuário, inspirada nos *National Laboratories* e nos *Federally Funded Research and Development Centers* (FFRDC), dos EUA –, favorecendo a cooperação entre ICTs públicas, empresas e ICTs privadas.

---

[55] As parcerias em sentido estrito são aquelas decorrentes da Lei nº 13.019/2014, celebradas com Organizações da Sociedade Civil. Especificamente, o termo de colaboração, o termo de fomento e o acordo de cooperação.

[56] Nem todos os entes federados admitem a qualificação de organizações sociais para atividades de CT&I. Por exemplo, a União admite OS para atividades dirigidas "(...) ao ensino, à pesquisa científica, ao desenvolvimento tecnológico" (art. 1º, Lei nº 9.637/1998), mas o Estado de São Paulo não previu essa hipótese em sua legislação local (art. 1º, Lei Complementar Estadual nº 846/1998).

Tabela 5 – Natureza jurídica de instituições selecionadas de CT&I no Brasil

Instituições	Natureza jurídica atual	Ano de criação	Tutela ou supervisão [1]
ICTs públicas	Órgãos da Administração direta ou autarquias	Variado	
CNPq	Fundação pública	1951	MCTI
CAPES	Fundação pública	1951	MEC
BNDES	Empresa pública	1952	ME
FAPs dos Estados	Fundações públicas	Variado	
FINEP	Empresa pública	1967	MCTI
Centro de Gestão e Estudos Estratégicos (CGEE)	Organização Social	2001	MCTI
Agência Brasileira de Desenvolvimento Industrial (ABDI)	Serviço Social Autônomo	2004	ME
Empresa Brasileira de Pesquisa e Inovação Industrial (EMBRAPII)	Organização Social	2013	MCTI/MEC [2]

Fonte: Elaborada pelo autor. [1] MCTI = Ministério da Ciência, Tecnologia e Inovações; ME = Ministério da Economia; MEC = Ministério da Educação; [2] o MEC é interveniente no contrato de gestão celebrado entre a OS e o MCTI.

No plano legislativo, a terceira fase distingue-se por reformas importantes no Marco Legal de CT&I no Brasil. É o caso da Lei de Inovação (Lei nº 10.973/2004), à qual se dedica o próximo item, e da Lei do Bem (Lei nº 11.196/2005), que será discutida em profundidade no item 1.5.4. De todo modo, como se vê, o relato de acontecimentos bastante recentes demonstra que esta terceira fase é um período em curso, no qual a integração, a articulação e a consolidação do arcabouço jurídico-institucional de inovação no país são objetivos em aberto e ainda por alcançar.

Tabela 6 – Evolução do arcabouço jurídico-institucional de Ciência, Tecnologia e Inovação no Brasil

(continua)

Instituições	Legislação (1)	Políticas, ações e planejamento governamental (2)
(1) Construção institucional acelerada	1951: Conselho Nacional de Desenvolvimento Científico e Tecnológico (CNPq, inicialmente Conselho Nacional de Pesquisa) 1951: Coordenação de Aperfeiçoamento de Pessoal de Nível Superior (CAPES) 1952: Banco Nacional de Desenvolvimento Econômico (atual BNDES) 1954: Centro Técnico Aeroespacial (atual DCTA) 1960: Fundação de Amparo a Pesquisa do Estado de São Paulo (FAPESP) 1961: Instituto Nacional de Pesquisas Espaciais (INPE) 1967: Financiadora de Estudos e Projetos (FINEP) 1969: Fundo Nacional de Desenvolvimento Científico e Tecnológico (FNDCT) 1969: Empresa Brasileira de Aeronáutica (Embraer) 1973: Empresa Brasileira de Pesquisa Agropecuária (Embrapa)	1971: Primeiro Código de Propriedade Industrial (Lei nº 5.772/1971) 1984: Criação de reservas de mercado, na Política Nacional de Informática (Lei nº 7.232/1984), para empresas com capital nacional no setor de TIC.	Planos Básicos de Desenvolvimento Científico e Tecnológico • 1973-1974: I PBDCT • 1975-1979: II PBDCT • 1980-1985: III PBDCT
(2) Construção institucional lenta	1985: Criação do Ministério da Ciência e Tecnologia (MCT)	1987: Primeira Lei do *Software* (Lei nº 7.646/1987) 1991: Lei de Informática (Lei nº 8.248/1991) 1993: Incentivos fiscais para a capacitação tecnológica, com a criação dos Programas de Desenvolvimento Tecnológico Industrial (PDTI) e os Programas de Desenvolvimento Tecnológico Agropecuário (PDTA) (Lei nº 8.661/1993) 1994: Lei das Fundações de Apoio (Lei nº 8.958/1994) 1996: Lei de Propriedade Intelectual (Lei nº 9.279/1996) 1998: Lei do *Software* (Lei nº 9.609/1998)	1997: Programas de apoio aos Núcleos de Excelência (PRONEX), executados pelas FAPs 1999: Início da aplicação de cláusulas de conteúdo local nos contratos regulados pela ANP, com fundamento na Lei do Petróleo (Lei nº 9.478/1997) 1999: Programa Nacional de Ciência, Tecnologia e Inovação (PNCTI) 1999-2001: Criação dos Fundos Setoriais de CT&I (Leis nº 9.991/2000, 9.992/2000, 9.993/2000, 9.994/2000, 10.042/2000, 10.146/2001 e 10.332/2001)

(conclusão)

Instituições	Legislação [1]	Políticas, ações e planejamento governamental [2]
(3) Consolidação e integração jurídico-institucional	2001: Centro de Gestão e Estudos Estratégicos (CGEE) 2004: Agência Brasileira de Desenvolvimento Industrial (ABDI) 2013: Empresa Brasileira de Pesquisa e Inovação Industrial (EMBRAPII)	2004: Lei de Inovação (Lei nº 10.973/2004) 2005: Lei de Biossegurança (Lei nº 11.105/2005) 2005: Lei do Bem (Lei nº 11.196/2005) 2007: Nova organização e governança para o FNDCT (Lei nº 11.540/2007) 2012: Lei do Inovar-Auto, criando incentivos tributários no setor automotivo para o período 2013-2017 (Lei nº 12.715/2012) 2013: Mudança da destinação dos *royalties* da exploração do petróleo e gás natural ao CT-Petro (Lei nº 12.858/2013) 2015: Emenda Constitucional nº 85/2015 2016: Lei do "Novo Marco Legal de CT&I" (Lei nº 12.243/2016) 2016: Criação da figura do investidor-anjo (Lei Complementar nº 155/2016) 2018: Rota 2030 – Mobilidade e Logística, criando novos incentivos fiscais ao setor automotivo (Lei nº 13.755/2018) 2018: Regulamento da Lei de Inovação no âmbito da União (Decreto nº 9.283/2018) 2021: Nova Lei de Licitações e Contratos (Lei nº 14.133/2021) 2021: Marco Legal de *Startups* (LC nº 182/2021)	2003: Política Industrial, Tecnológica e de Comércio Exterior – PITCE (2003-2007) 2006: Plano de Ação para a Ciência, Tecnologia e Inovação para o Desenvolvimento Nacional (PACTI 2007-2010) 2008: Política de Desenvolvimento Produtivo (2008-2010) 2008: Parcerias para o Desenvolvimento Produtivo (PDPs) no âmbito do SUS 2011: Plano Brasil Maior (2011-2014) 2012: Estratégia Nacional de Ciência, Tecnologia e Inovação – ENCTI (2012-2015) 2013: Plano Inova Empresa (BNDES/FINEP) 2014: Programa Nacional de Plataformas do Conhecimento (PNPC) 2016: Estratégia Nacional de Ciência, Tecnologia e Inovação – ENCTI (2016-2022) 2020: Estratégia Federal de Desenvolvimento para o Brasil (2020-2031)

OBS: [1] Não foram indicadas como "legislação" os diplomas legais responsáveis pela criação de órgãos e entidades listados como instituições, nem aqueles atos normativos responsáveis pela implementação de "políticas" indicadas na seção correspondente; [2] Os Planos Básicos de Desenvolvimento Científico e Tecnológico integravam os três Planos Nacionais de Desenvolvimento (PNDs), estabelecidos, respectivamente, para os períodos 1973-1974, 1975-1979 e 1980-1985.

Fonte: Elaborado pelo autor a partir de Coutinho e Mouallem (2016), incluindo dados de Castro (2015), Limoeiro e Schneider (2017) e Campagnolo, Dubeux e Knorr Velho (2019).

1.4 A "moldura" jurídica: da Lei de Inovação até o Marco Legal de CT&I

Com inspiração no *Bayh-Dole Act*[57] dos EUA, de 1980, o projeto de lei que deu origem à Lei de Inovação brasileira foi submetido à consulta pública na 2ª Conferência Nacional de Ciência, Tecnologia e Inovação de 2001, sendo enviado no ano seguinte ao Congresso Nacional. Após dois anos de espera, foi aprovada a Lei nº 10.973, de 02 de dezembro de 2004, que até hoje constitui o centro do arcabouço normativo voltado à inovação tecnológica no Brasil.

A proximidade entre a legislação francesa de 1982[58] e o projeto que deu origem à lei brasileira foi ressaltada por Priscila Koeller (2009, p. 139-143), para quem é "(...) *inequívoca a semelhança entre o diagnóstico e a lei elaboradas pela França e aqueles desenvolvidos no Brasil*" (KOELLER, 2009, p. 141). Segundo a autora, tanto a lei francesa quanto a sua reforma, em 1999,[59] pautaram-se pela necessidade – sentida até hoje no caso brasileiro – de aproximar as universidades e as empresas, estimulando parcerias entre a academia e o setor produtivo. Contudo, essa leitura é desafiada pela presença de diferenças importantes, como destaca Vitor Monteiro (2021, p. 731-734). Em especial, merecem destaque: (i) a permissão para que órgãos e entidades de CT&I na França possam explorar comercialmente sua propriedade intelectual, o que contrasta com o caráter não lucrativo das ICTs brasileiras; (ii) a presença de incentivos fiscais no texto da lei francesa, os quais, no Brasil, são objeto da Lei do Bem e de legislação esparsa; e, por fim, (iii) a preocupação da legislação brasileira com as regras para pactuação de contratos, convênios e parcerias em matéria de CT&I, ao passo que a "(...) *questão da escolha do parceiro foi uma preocupação inexistente na Loi nº 99-587*" (MONTEIRO, 2021, p. 732).

A Lei de Inovação previu um rol bastante amplo de instrumentos para estimular a oferta e a demanda por inovação no mercado. Segundo Natalia Rebello Moreira (2018), a sua natureza jurídica pode ser classificada de acordo com várias categorias: (i) instrumentos de natureza

---

[57] The Patent and Trademark Law Amendments Act (conhecida como "The Bayh–Dole Act"), Public Law 96-517, December 12, 1980. Disponível em: https://www.govinfo.gov/content/pkg/STATUTE-94/pdf/STATUTE-94-Pg3015.pdf. Acesso em: 02 mar. 2024.

[58] Loi nº 82-610 du 15 juillet 1982 d'orientation et de programmation pour la recherche et le développement technologique de la France. Disponível em https://www.legifrance.gouv.fr/loda/id/JORFTEXT000000691990 Acesso em: 02 mar. 2024.

[59] Loi nº 99-587 du 12 juillet 1999 sur l'innovation et la recherche. Disponível em: https://www.legifrance.gouv.fr/l oda/id/JORFTEXT000000759583/. Acesso em: 02 mar. 2024.

licitatória e contratual, como o emprego do poder de compra do Estado (art. 1º, parágrafo único, inc. XIII, art. 19, §2º-A, inciso VIII e art. 19, §6º, incisos I e X); investimento obrigatório em P&D em concessões de serviços públicos ou em decorrência de regulações setoriais (art. 19, §2º-A, inciso XII) e a encomenda tecnológica (art. 20); (ii) instrumentos de natureza societária, com autorização para a participação estatal em empresas (art. 19, §2º-A, inciso III) e fundos de investimento (art. 19, §2º-A, inciso IX e art. 23); (iii) instrumentos de natureza financeiro--orçamentária, como subvenções econômicas (art. 19, §2º-A, inciso I); bônus tecnológicos (art. 19, §2º-A, inciso IV); incentivos fiscais (art. 19, §2º-A, inciso VI); bolsas (art. 19, §2º-A, inciso VI e art. 21-A) e fundos de participação (art. 19, §2º-A, inciso X); (iv) instrumentos de outras naturezas que não se enquadram nas categorias anteriores, como títulos financeiros, incentivados ou não (art. 19, §2º-A, inciso XI) e financiamento (art. 19, §2º-A, inciso II); (v) "parcerias público-privadas" entre ICT pública e a iniciativa privada (art. 4, incisos I a III; art. 6º, art. 8º, art. 9º); e, por fim, (vi) ambientes promotores de inovação, como parques e polos tecnológicos (art. 3º, 3º-A, 3º-B, 3º-C e 3º-D).

Para Carlos Ari Sundfeld e Rodrigo Pinto de Campos (2006), a Lei de Inovação buscou realizar três objetivos: (i) promover um choque de gestão no setor de pesquisa, excepcionando-o de algumas regras do regime jurídico-administrativo para aumentar a mobilidade de pesquisadores públicos e permitir maiores oportunidades de intercâmbio com o setor privado; (ii) estimular o investimento empresarial em PD&I, criando uma preferência em contratações públicas (artigo 27, inciso IV) e instrumentos de incentivo à inovação nas empresas (artigo 19); e (iii) aprimorar o marco legal que rege as atividades de PD&I e o seu financiamento, autorizando, por exemplo, a instituição de fundos de investimento (artigo 23).

Mas esses objetivos permaneceram, em sua maior parte, não realizados. Segundo Cristiane Vianna Rauen (2016), um diagnóstico comum mesmo entre Universidades e ICTs públicas foi no sentido de que os incentivos previstos na Lei de Inovação brasileira de 2004 "(...) *foram subutilizados e, de modo geral, as parcerias público-privadas para o desenvolvimento tecnológico permaneceram em patamares aquém dos desejados*" (RAUEN, 2016, p. 22). Essa percepção deu origem a um amplo movimento da comunidade científica, com a participação também de atores do setor produtivo, voltado a reverter esse cenário.

Na sequência dos debates travados na 4ª Conferência Nacional de Ciência, Tecnologia e Inovação, em 2010, o Projeto de Lei nº 2.177/2011, de autoria do Deputado Bruno Araújo (PSDB-PE), buscou criar um "Código de Ciência, Tecnologia e Inovação"[60] para reunir em um único diploma as principais normas sobre o tema no Brasil. Maria Paula Dallari Bucci e Diogo Coutinho (2017) ressaltam que a *"(...) escolha da figura do Código tem forte caráter simbólico. Seria uma resposta da comunidade científica a toda a* área *de controle (especialmente o Tribunal de Contas da União, a Advocacia Geral da União e a Controladoria Geral da União, englobados na expressão jocosa 'Sistema U')"* (BUCCI; COUTINHO, 2017, p. 329-330). Segundo os autores, a existência de um código preservaria as ICTs do controle excessivo, pois *"(...) a comunidade* [de CT&I] *poderia dizer: 'agora temos a nossa lei!', 'não nos sujeitamos mais à sua Lei de Licitações'"* (BUCCI; COUTINHO, 2017, p. 330).

Entretanto, para Carlos Américo Pacheco, Maria Beatriz Machado Bonacelli e Maria Carolina Foss (2017), *"(...) a criação de um código para CT&I poderia ser mais burocratizante que eficaz na superação dos gargalos e dificuldades identificadas pelos atores do SNI com a aplicação das leis relativas a CT&I"* (PACHECO, BONACELLI, FOSS, 2017, p. 230). Após diversas audiências e consultas públicas sobre o Projeto de Lei nº 2.177/2011, a proposta de código foi substituída por uma estratégia de alteração pontual que gerou um duplo resultado, com mudanças na Constituição e uma profunda reforma na legislação infraconstitucional.

Primeiramente, a Emenda Constitucional nº 85/2015 alterou os artigos 218 e 219 da Constituição e transformou em concorrente a competência para legislar sobre ciência, tecnologia, pesquisa, desen-volvimento e inovação (artigo 24, inciso IX, §§1º e 2º), além de incluir referência expressa à formação de um "Sistema Nacional de Ciência, Tecnologia e Inovação" (artigo 219-B) no Brasil, com normas gerais edi-tadas pela União. Antes da reforma, a distribuição de competências em CT&I era diversa, exigindo que cada ente federado editasse legislação própria para dispor sobre a matéria.[61] Mas foram poucos os entes que

---

[60] Esse ponto foi ressaltado na Justificativa do PL nº 2.177/2011: "Um dos principais entraves é a legislação de regência, que, não obstante se considerar os avanços já contidos nos textos da Lei Federal de Licitações, Lei de Inovação e Lei do Bem, ainda está aquém do dinamismo e da realidade do setor (...). O regramento para aquisições e contratações, no âmbito da CT&I, deve ser mais célere e descomplicado, afastando-se do setor a incidência da atual Lei Federal de Licitações, cuja morosidade de procedimentos vem obstaculizando, senão inviabilizando, um sem-número de projetos científicos e de inovação que poderiam resultar em inimagináveis ganhos diretos e indiretos para a sociedade" (BUCCI; COUTINHO, 2017, nt. 25, p. 329).

[61] Fernando Dias Menezes de Almeida, Guilherme Jardim Jurksaitis e Carolina Mota comen-tam o cenário normativo anterior à Emenda Constitucional nº 85/2015, lembrando que

fizeram uso dessa prerrogativa, aprovando leis e decretos em âmbito local. Por isso, a alteração promovida pela Emenda Constitucional nº 85/2015 não foi meramente retórica, mas teve o mérito de transformar a Lei de Inovação federal, editada em 2004, em uma lei nacional sobre o tema.

Em segundo lugar, foi editada a Lei nº 13.243/2016, que alterou a Lei de Inovação e mais oito leis relacionadas ao tema, inclusive a Lei nº 8.666/1993[62] e o RDC,[63] com o objetivo de conferir maior flexibilidade às ICTs. Essa abordagem *bottom-up* resultou em uma lei casuística, voltada à resolução de diversos problemas concretos experimentados pela comunidade de CT&I, tais como a concessão de vistos para estrangeiros e a importação de insumos para P&D. Para Gesil Sampaio Amarante Segundo, em estudo para a Confederação Nacional da Indústria (CNI, 2020, p. 19-22), essas alterações legislativas buscaram atender a dois eixos principais: (i) simplificar trâmites burocráticos envolvendo o funcionamento das ICTs públicas para facilitar as suas relações com outros órgãos e entidades do ecossistema brasileiro; e (ii) estimular a interação entre academia e setor produtivo, facilitando a transferência de tecnologia, o compartilhamento de infraestrutura de pesquisa e a participação de pesquisadores públicos em atividades envolvendo empresas.

Quase todos os artigos da Lei de Inovação tiveram a sua redação modificada em 2016. A tabela a seguir apresenta resumidamente algumas características dos principais modelos de cooperação público-privada previstos na Lei de Inovação após a reforma. Perceba como a maior parte desses instrumentos encontra-se dispensada da prévia realização de procedimentos competitivos, como licitações e chamamentos públicos, para a sua celebração.

---

no "(...) universo da inovação, cabem diversos temas, cada qual eventualmente objeto de previsão específica sobre repartição de competências. Assim, por exemplo, no que a inovação se entrelaça com regime de servidores públicos, a competência será de cada ente da Federação legislar para si. No que diz respeito à propriedade intelectual, será de competências da União. E no que envolve a decisão sobre modos de parceria estatal (das entidades da administração centralizada ou descentralizada de cada ente da Federação) com empresas privadas, mais uma vez caberá a cada ente legislar para si" (ALMEIDA, JURKSAITIS e MOTA, 2015, p. 618).

[62] À época foi introduzida uma nova hipótese de dispensa de licitação na Lei nº 8.666/1993 para a aquisição ou contratação de produto para P&D – limitada, no caso de obras e serviços de engenharia, a R$ 660 mil (art. 24, XXI) – além de permitir que o autor do projeto de P&D participe da licitação ou da execução de sua obra (art. 24, §4º).

[63] O RDC foi estendido para ações em órgãos e entidades dedicados à ciência, tecnologia e inovação, acrescentando um inciso X ao rol do art. 1º da Lei nº 12.462/2011.

Tabela 7 – Instrumentos jurídicos de cooperação público-privada previstos na Lei nº 10.973/2004 segundo características selecionadas

(continua)

Nome do instrumento	Base normativa	Objetivo	Há dispensa de realização de licitação ou chamamento público?
Aliança estratégica	art. 3º, Lei nº 10.973/2004 e art. 3º, Dec. nº 9.283/2018	Formalizar a cooperação com outros atores, públicos ou privados, para atividades de P&D, geração de produtos, processos e serviços inovadores e a transferência e difusão de tecnologia. Pode abranger redes e projetos internacionais, a criação de ambientes de inovação e a formação de recursos humanos.	Sim (art. 75, V, Lei nº 14.133/2021)
Compartilhamento de instalações, equipamentos e capital intelectual	art. 4º, Lei nº 10.973/2004 e art. 6º, §1º, IV, Dec. nº 9.283/2018	Estimular atividades de incubação de empresas e realizar projetos de PD&I envolvendo instalações, equipamentos e recursos humanos da ICT pública.	Sim (art. 75, V, Lei nº 14.133/2021)
Aquisição de participação minoritária em empresas inovadoras	art. 5º, Lei nº 10.973/2004 e art. 4º e 5º, Dec. nº 9.283/2018	A compra de ações ou quotas para adquirir participação minoritária de empresas tem como objetivo desenvolver produtos ou processos inovadores, podendo envolver licenciamento.	Sim (art. 75, V, Lei nº 14.133/2021)
Transferência de tecnologia e licenciamento de propriedade intelectual	art. 6º, Lei nº 10.973/2004 e art. 11 a 13, Dec. nº 9.283/2018	Permitir que as ICTs utilizem tecnologia desenvolvida por terceiros e licenciem ao mercado as criações por ela desenvolvidas.	Sim (art. 75, IV, "d", Lei nº 14.133/2021)
Prestação de serviços técnicos especializados por ICT	art. 8º, Lei nº 10.973/2004	As ICTs podem ser contratadas por instituições públicas ou privadas para prestar serviços técnicos especializados relacionados a PD&I.	N/A, pois a ICT é contratada, não contratante.
Acordo de parceria para PD&I	art. 9º, Lei nº 10.973/2004, e art. 35 a 37, Dec. nº 9.283/2018	Realização de pesquisas com instituições públicas ou privadas *sem* repasse de recursos públicos.	Sim, o Acordo de PD&I pode ser celebrado sem necessidade de chamamento (art. 36, Dec. nº 9.283/2018)
Convênio para PD&I	art. 9º-A, Lei nº 10.973/2004, e art. 38 a 45, Dec. nº 9.283/2018	Realização de pesquisas com instituições públicas ou privadas *com* repasse de recursos públicos.	O chamamento público é em regra obrigatório (art. 39, Dec. nº 9.283/2018)

(conclusão)

Nome do instrumento	Base normativa	Objetivo	Há dispensa de realização de licitação ou chamamento público?
Encomenda tecnológica	art. 20, Lei nº 10.973/2004, e art. 27 a 33, Dec. nº 9.283/2018	Administração Pública pode adquirir serviços de PD&I para desenvolver uma solução ainda inexistente no mercado.	Sim (art. 75, V, Lei nº 14.133/2021)
Termo de outorga	art. 9º-A, Lei nº 10.973/2004, e art. 34, Dec. nº 9.283/2018	Concessão de bolsas ou auxílios a pessoas físicas; de bônus tecnológico a ME/EPP (art. 26, DF) ou de subvenção econômica a empresas (art. 20 a 24, Dec. nº 9283/2018).	O chamamento público é obrigatório (art. 34, §1º, III, Dec. nº 9.283/2018)

Fonte: Versão expandida e atualizada a partir de Fassio *et al.* (2021, p. 15).

As características específicas de alguns desses instrumentos e sua relação com a teoria do contrato administrativo serão examinadas com maior profundidade nos Capítulos 5 e 6. Por ora, cabe fazer um comentário final sobre a expressão "Marco Legal de CT&I" que, em alguns ambientes acadêmicos, é usada para fazer referência tão somente à Lei nº 13.243/2016. Não obstante esse uso seja uma herança deixada pelo processo legislativo – como o diploma que, após a Emenda Constitucional nº 85/2015, reestruturaria o arcabouço regulatório e criaria um "Novo Marco Legal de CT&I" no país –, discordo dessa nomenclatura. Afinal, como lembra Natália Rebello Moreira (2018), o tema continua a ser disciplinado de forma central pela Lei nº 10.973/2004, a qual organiza em torno dos seus instrumentos todo um sistema de fomento estatal a atividades de pesquisa, desenvolvimento e inovação no Brasil.[64] É por esse motivo que ao longo desta obra usarei a expressão Marco Legal de CT&I para fazer menção ao microssistema normativo pautado pela Lei de Inovação, considerando as suas alterações legislativas e a sua regulamentação, na esfera federal, pelo Decreto nº 9.283/2018.

---

[64] A autora afirma que "(...) o diploma normativo central sobre pesquisa, desenvolvimento e inovação tecnológica no ordenamento jurídico brasileiro é a Lei Federal nº 10.973/2004. No entanto, após a edição da Lei Federal nº 13.243/2016, que alterou um conjunto de nove leis, inclusive a 10.973, houve uma disseminação da ideia de que seria a Lei de 2016 o 'Marco Legal da Inovação'. Discorda-se, porém, dessa nomenclatura. A uma, porque a Lei Federal nº 13.243/2016 representa muito mais uma atualização do texto da Lei Federal nº 10.973, e esta sim contém um conjunto robusto de normas que regulam o setor; a duas porque o tema da inovação é interdisciplinar e exige regulação por diversos diplomas (...)" (MOREIRA, 2018, p. 63).

1.5 Análises, diagnósticos e prognósticos

Apesar de inegáveis avanços no arcabouço institucional e regulatório, parece haver um consenso na literatura de que as instituições, as políticas públicas e as normas criadas no país desde a segunda metade do século XX ainda não lograram êxito em produzir um ecossistema articulado e coeso para incentivar a inovação no Brasil. De fato, o SNI brasileiro ainda falha muito na articulação coordenada entre instituições públicas e, também, na desejada cooperação entre academia, governo e setor produtivo, ilustrada pelo modelo de tripla hélice (ETZKOWITZ; ZHOU, 2017, p. 24-25).

Esse processo, segundo Coutinho e Mouallem (2016, p. 198), torna-se ainda mais complexo pela dificuldade de lidar *"(...) com um nada desprezível arcabouço jurídico resultante, historicamente, do acúmulo em 'camadas geológicas' de normas e instituições criadas em diferentes contextos e fases desde a segunda metade do século passado"*, criando um ambiente regulatório fragmentado. Os problemas não resultam propriamente da falta de normas jurídicas ou de instituições dedicadas ao tema, mas sim da visível dificuldade de fazê-las operar de modo integrado e coerente.

De Negri, Rauen e Squeff (2018) chegaram a uma conclusão semelhante. A despeito dos esforços recentes para elaboração de políticas de CT&I a partir dos anos 2000, e mesmo considerando os aumentos no investimento público até 2014, os resultados ainda são pouco significativos. Mesmo a melhora verificada em alguns índices da PINTEC pode ser creditada a outros fatores, como os financiamentos do BNDES para a compra de máquinas e equipamentos,[65] não se refletindo necessariamente em mais produtividade nas empresas.

A mudança desse cenário depende de fatores políticos, jurídicos e institucionais. Os autores identificam três diretrizes fundamentais para o aprimoramento do ecossistema brasileiro: (i) melhoria do ambiente de negócios e das condições institucionais e sistêmicas para a produção de conhecimento e difusão de novas tecnologias no setor produtivo; (ii) aprimoramento do desenho e da implementação das políticas

---

[65] Comentando dados da PINTEC de 2014, os autores afirmam que "(...) a maior parte do suporte público recebido para inovar esteve relacionada, segundo as empresas, com programas de financiamento a máquinas e equipamentos do BNDES. Assim, 75% das empresas que receberam apoio público para inovar, na verdade, tiveram acesso a financiamento do BNDES para máquinas e equipamentos. Se contabilizarmos apenas as empresas que declararam ter recebido suporte de políticas públicas voltadas especificamente ao desenvolvimento de inovação, esse número também cresceu, mas é muito menor: passou de 4,6% para 8,6% no mesmo período" (DE NEGRI; RAUEN. SQUEFF, 2018, p. 537). No mesmo sentido, cf. ZUNIGA *et al.*, 2016, p. 61-62.

de CT&I, contribuindo para a ampliação de iniciativas orientadas à resolução de problemas concretos (*"mission oriented"*); e (iii) diversidade e estabilidade de fontes de financiamento e políticas consistentes de longo prazo (DE NEGRI; RAUEN; SQUEFF, 2018, p. 535). Esses três eixos (itens 1.5.1 a 1.5.3), somados à discussão sobre o papel da Lei do Bem e o relativo desbalanço nos incentivos fiscais (item 1.5.4), serão aprofundados a seguir.

1.5.1 Impactos do ambiente de negócios para a inovação nas empresas

A importância do ambiente de negócios para o crescimento econômico ganhou destaque a partir de um estudo publicado no início dos anos 2000, no qual foram comparados o tempo dispendido e os custos associados à abertura de uma empresa em diversos países (DJANKOV, S. *et al.*, 2002). Os autores confirmaram a percepção de que processos mais custosos e burocráticos estão associados a maiores níveis de corrupção, o que serviu de base para que o Banco Mundial, no projeto *Doing Business*, passasse a coletar dados de diversos países e publicar *rankings* anuais contendo os principais indicadores relacionados ao tema.

Em 2020, o Banco Mundial classificou o Brasil em 124º lugar no relatório *Doing Business*,[66] o que representa uma queda de 15 posições em relação a 2019 (109º). Outros países em desenvolvimento, como o México (60º), a Índia (63º) e a África do Sul (84º) ficaram significativamente à frente. As piores posições referem-se à abertura de empresas (138º), à obtenção de licenças e alvarás (170º) e ao pagamento de impostos, onde o Brasil figura no 184º lugar. Esse dado converge com um estudo realizado pelo Serviço Brasileiro de Apoio às Micro e Pequenas Empresas (SEBRAE) em 2016, segundo o qual apenas 76,6% das empresas sobrevivem após dois anos.[67] Em paralelo, o país ocupou o 49º lugar entre 132 países no *Global Innovation Index*, publicado pela Organização Mundial da Propriedade Intelectual, em 2023.[68]

---

[66] A edição de 2020 foi a última da série *Doing Business*, como informado pelo Banco Mundial em sua página: https://archive.doingbusiness.org/en/doingbusiness Acesso em: 03 mar. 2024.

[67] O estudo foi publicado em 2016, mas o dado refere-se ao ano de 2012. O estudo está disponível neste link: https://www.sebrae.com.br/Sebrae/Portal%20Scbrae/Anexos/sobreviven cia-das-empresas-no-brasil-102016.pd . Acesso em: 03 mar. 2024.

[68] Disponível em: https://www.wipo.int/edocs/pubdocs/en/wipo-pub-2000-2023/br.pdf. Acesso em: 05 maio 2024.

Gráfico 5 – Produtividade do trabalho por pessoa empregada, em dólares americanos, calculada anualmente em paridade do poder de compra

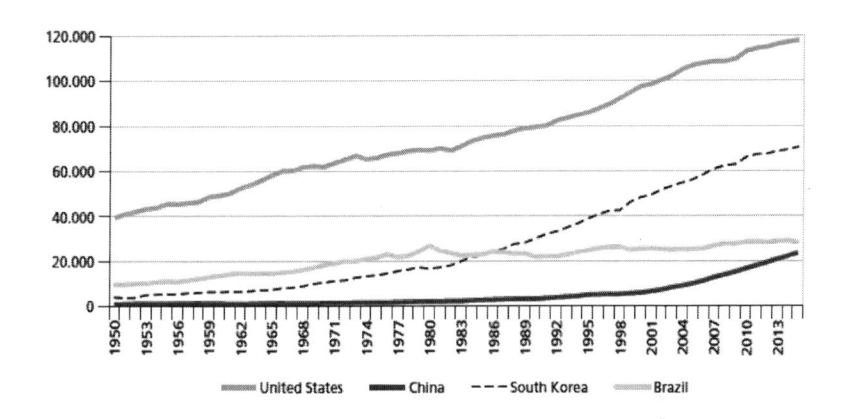

Fonte: Zuniga *et al.* (2016, p. 11).

Glauco Arbix e Zil Miranda (2017) lembram que a produtividade da economia brasileira está estagnada desde a década de 1970.[69] Muito embora as causas desse descompasso sejam muito mais complexas, um estudo conduzido pelo IPEA, em parceria com a OCDE e o Banco Mundial (ZUNIGA *et al.*, 2016, p. 11-12), concluiu que as políticas de CT&I têm tido impacto muito pequeno na melhoria da produtividade, que permanece baixa.[70] O gráfico acima compara a produtividade do trabalho por pessoa empregada em quatro países – Estados Unidos, China, Coreia do Sul e Brasil – desde a década de 1950. A estagnação brasileira destoa do crescimento verificado em outras economias, como a sul-coreana, que superou o Brasil em meados da década de 1980, e a chinesa, que vem crescendo em ritmo acelerado desde o final da década de 1990.

---

[69] "Sem aumento de produtividade, a elevação dos padrões de vida e os processos de inclusão com diminuição agressiva da pobreza só ocorrem graças a condicionantes externos excepcionais – como o aumento da demanda por commodities, puxado basicamente pela China, com forte impacto na economia brasileira até 2010." (ARBIX; MIRANDA, 2017, p. 59)

[70] Sem aumentos de produtividade, "(...) *the current innovation policies are likely to be ineffective and have limited impact unless more is done to simultaneously strengthen market competition in Brazil*" (ZUNIGA *et al.*, 2016, p. 7).

Aqui, vale lembrar que o processo inovativo não se resume apenas à implementação de inovações radicais – associadas à introdução no mercado de produtos, serviços ou processos novos para o mundo (*"new to the world"*) –, mas abrange também inovações incrementais, como produtos, serviços ou processos melhorados, novos somente no âmbito de uma organização (*"new to the firm"*) e que, por isso, ocorrem continuamente em todos os setores. O desenvolvimento, adoção e difusão de inovações requerem não somente um ambiente regulatório e institucional favorável, mas também uma proporção relativamente elevada de investimento privado em PD&I *vis-à-vis* o investimento público.

Na análise conduzida por Danilo Limoeiro e Ben Ross Schneider (2017, p. 6), o Brasil lidera os investimentos públicos em PD&I na América Latina com gastos correspondentes a mais do que o dobro da média regional, o que equivale a cerca de 2/3 de todo o PD&I latino-americano. Mas os gastos ainda são bastante modestos no que se refere aos investimentos privados em atividades de pesquisa, desenvolvimento e inovação. No Brasil, a maior parte dos gastos em PD&I provém do setor público, mas historicamente têm sido concentrados em instrumentos que atuam do lado da oferta,[71] como incentivos fiscais. O desafio, portanto, está em fazer com que as empresas aloquem mais recursos a atividades de pesquisa, desenvolvimento e inovação e, para tanto, as contratações públicas podem ser um instrumento importante para incentivar a realização desses investimentos.

A literatura tem apontado que os gargalos à inovação no Brasil não decorrem propriamente da insuficiência de investimento público em PD&I, mas sim de condições sistêmicas que desincentivam a inovação no âmbito das firmas.[72] O gráfico abaixo mostra a composição de gastos públicos, privados e totais em pesquisa e desenvolvimento, em percentual do PIB, entre 2000 e 2020. Perceba como os gastos do setor

---

[71] *"In fact, the level of public support for innovation (particularly to R&D activities) as a share of GDP places Brazil among the countries with the highest levels of governmental support. This situation calls for a review of the effectiveness, efficiency and relevance of current policy mechanisms, and more broadly, of the whole policy making framework for innovation. Despite steady increases in public support for STI, the Brazilian innovation policy model remains 'supply-oriented' with a major focus on the promotion of S&T competencies in the public sector."* (ZUNIGA et al., 2016, p. 82)

[72] *"Brazil's innovation shortfall is not due to a lack of investment in R&D per se. Broader obstacles to productive investment and efficiency prevail in the economy such as barriers to entry and exit of firms, lack of flexibility of markets, and other shortcomings in the broader business environment."* (ZUNIGA et al., 2016, p. 39)

público brasileiro superaram os privados em todo o período posterior a 2006, exceto em 2019:

Gráfico 6 – Dispêndio nacional em pesquisa e desenvolvimento no Brasil por setor, em percentual do PIB, entre 2000 e 2020

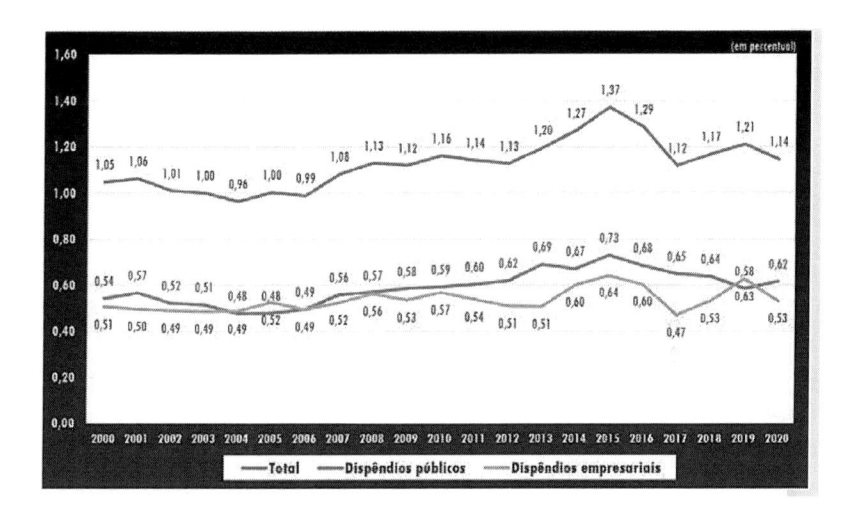

Fonte: Coordenação-Geral de Indicadores de Ciência e Tecnologia – CGDI/DGIT/SEXEC/ MCTI. Disponível em: https://www.gov.br/mcti/pt-br/acompanhe-o-mcti/indicadores. Acesso em 04 mar. 2024.

A PINTEC trienal, do IBGE,[73] mostrou uma queda nos principais indicadores de inovação no país, como a taxa de inovação e a intensidade dos gastos empresariais em P&D. Segundo De Negri *et al.* (2020, p. 5-6), isso se deve à redução no suporte governamental aos gastos das empresas com PD&I, que se reflete na diminuição do percentual de empresas que receberam algum tipo de apoio público para inovar (34,2% em 2011 e 39,9% em 2014 para 26,2% em 2017). Essa foi a primeira vez na história da PINTEC que os investimentos totais em PD&I caíram em relação ao PIB.

---

[73] Até a data de conclusão deste estudo, a versão mais recente da PINTEC trienal disponível no site do IBGE é a edição de 2020, referente ao período de 2015-2017, sendo a primeira pesquisa divulgada desde a recessão econômica iniciada em 2014. Existem versões mais recentes, mas que possuem comparabilidade limitada com as anteriores. Disponível em: https://www.ibge.gov.br/estatisticas/multidominio/ciencia-tecnologia-e-inovacao/9141-pesquisa-de-inovacao.html. Acesso em: 11 jun. 2024.

A participação do setor público, em termos relativos, tem se intensificado ao longo dos anos. E a prevalência dos gastos públicos sobre os privados revela um quase *paradoxo sueco*[74] – situação em que elevados investimentos em PD&I não são acompanhados por melhorias na produtividade e na competividade das firmas. O gráfico abaixo compara os dispêndios do governo e das empresas em pesquisa e desenvolvimento em países selecionados entre 2000 e 2020. Vale lembrar que a proporção dos gastos privados em atividades de PD&I é uma variável frequentemente apontada pela literatura para analisar a propensão a inovar no setor produtivo.

Gráfico 7 – Distribuição percentual dos dispêndios nacionais em pesquisa e desenvolvimento (P&D), por setor, em países selecionados, entre 2000 e 2020

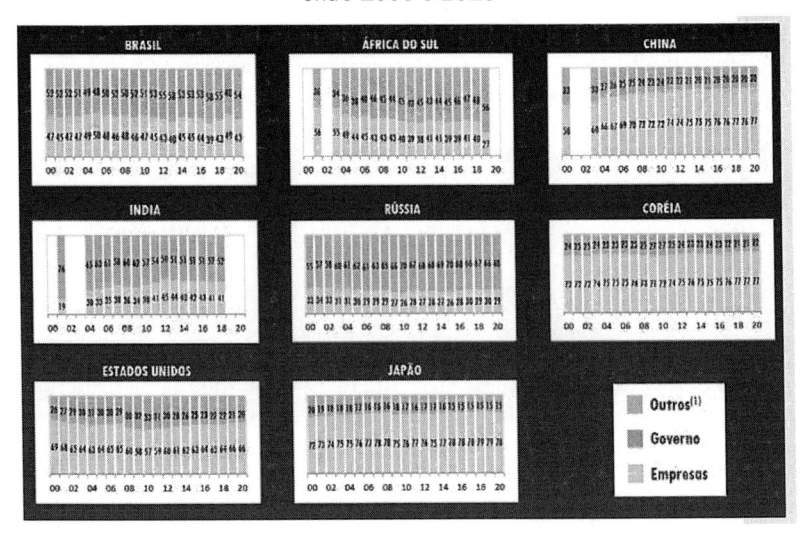

Fonte Organisation for Economic Co-operation and Development, Main Science and Technology Indicators, MSTI 2022 Sept; India: Research and Development Statistics 2019-2020 e Brasil: Coordenação-Geral de Indicadores de Ciência e Tecnologia – CGDI/DGIT/SEXEC/MCTI. Nota: [1] A categoria "outros" inclui ensino superior e instituições privadas sem fins de lucro e estrangeiro. Disponível em: https://www.gov.br/mcti/pt-br/acompanhe-o-mcti/indicadores. Acesso em: 04 mar. 2024

---

[74] Sobre o paradoxo sueco, confira o texto seminal de Charles Edquist, "High R&D Intensity Without High Tech Products: A Swedish Paradox?", publicado em 1998. Disponível em: https://www.researchgate.net/publication/275968314_High_RD_Intensity_Without_High_Tech_Products_A_Swedish_Paradox . Acesso em: 03 mar. 2024.

Outro tema importante relacionado ao ambiente de negócios diz respeito à proteção da propriedade intelectual, especialmente dos direitos de propriedade industrial, como as patentes. Tipicamente, os investimentos em PD&I são vistos como indicadores de *input* do sistema de inovação, ao passo que as exportações de tecnologia e as concessões de patentes são consideradas como indicadores de *output* do mesmo sistema. Não obstante a existência de uma importante crítica a essa visão, sobretudo em relação às patentes,[75] passa-se agora ao exame dos indicadores desse segundo grupo.

Primeiramente, a comparação das exportações e importações de tecnologia permite avaliar, em linhas gerais, o quanto de inovação é produzida e consumida por um SNI em dado momento. Importar tecnologia nem sempre é sinônimo de dependência tecnológica, e pode ser um ponto importante na estratégia de *catch-up* de países em desenvolvimento. Christopher Freeman (1989) lembra do exemplo bem-sucedido do Japão, que incorporou a imitação em um projeto de desenvolvimento que permitiu ao país alcançar paridade tecnológica com os EUA em poucas décadas. O gráfico a seguir compara os valores pagos e recebidos por diversos países em decorrência de transferências de tecnologia. Note como os recebimentos superam os pagamentos nos Estados Unidos e na Alemanha, bem como na média dos países da OCDE. Por outro lado, é possível perceber que o Brasil exporta pouco e importa consideravelmente menos tecnologia do que outros países em desenvolvimento, como Tailândia, Chile, Argentina, Rússia e África do Sul.

---

[75] Criticando essa visão, Edquist afirma que as patentes não são indicadores de inovação, mas apenas de invenções, em sentido amplo: "*Patents are often considered to be innovation indicators, but they are not, in the proper sense of the word. A patent is rather an indicator of invention, indicating that something is new, but not necessarily that it is economically useful. (Keep in mind that most patents are never used.)*" (EDQUIST, 2011, p. 19, nt 28). No mesmo sentido: "Ao contrário do que muitos podem pensar, patentes depositadas não são bons indicadores de desempenho acadêmico, tampouco de inovação. Atualmente, há certo consenso de que são mais reveladores de inovação os índices quanto às tecnologias efetivamente licenciadas, número de *startups* e *spin offs* acadêmicas surgidas a partir de projetos de pesquisa que buscam explorar certa oportunidade de mercado" (ARIENTE, 2023, p. 236).

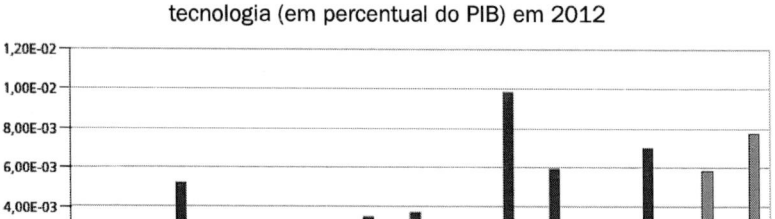

Gráfico 8 – Valores pagos e recebidos em virtude de transferências de tecnologia (em percentual do PIB) em 2012

Fonte: Zuniga *et al.* (2016, p. 19), a partir de dados do Banco Mundial. Obs: O eixo "y" apresenta valores em potência, variando de zero a 0,012% do PIB.

No que diz respeito ao segundo indicador de *output*, o gráfico abaixo mostra os resultados inexpressivos do Brasil nas patentes concedidas pelo maior escritório de propriedade industrial do mundo, o *United States Patent and Trademark Office* (USPTO), entre 2002 e 2015.

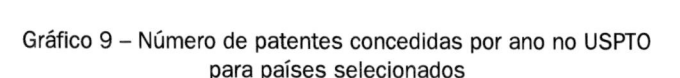

Gráfico 9 – Número de patentes concedidas por ano no USPTO para países selecionados

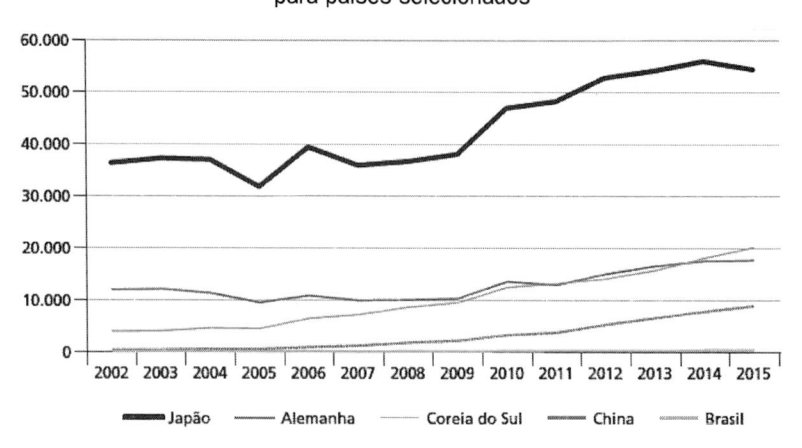

Fonte: De Negri, Rauen e Squeff (2018, p. 541).

Um dos maiores gargalos operacionais da tutela à propriedade intelectual no Brasil diz respeito ao tempo que o Instituto Nacional de Propriedade Industrial (INPI) leva para analisar e conceder uma patente. O INPI é responsável pela análise e concessão de patentes, registro de marcas, desenhos industriais, topografias de circuitos integrados e programas de computador, bem como pela averbação de contratos de cessão, licenciamento e transferência de tecnologia (ARIENTE, 2023, p. 235-242). Quando a patente solicitada disser respeito a produtos farmacêuticos, também é necessária uma análise técnica pela Agência Nacional de Vigilância Sanitária (ANVISA).

A despeito de uma melhora recente em sua produtividade, o *backlog* do INPI já alcançou fama internacional. Um estudo comparado realizado por Mark Schultz e Kevin Madigan (2016) a partir de dados da WIPO, entre 2008 e 2015, cita o Brasil como um mau exemplo a ser seguido. Os autores ressaltam que em alguns setores, como tecnologia móvel, o exame do INPI chega a durar cerca de 14 anos. A demora torna a patente obsoleta ou até mesmo irrelevante para a indústria, anulando os benefícios econômicos assegurados pela lei ao titular do direito de propriedade intelectual. Esse cenário foi recentemente destacado pelo Tribunal de Contas da União em auditoria operacional realizada no INPI e na ANVISA sobre o tema.[76] Além do longo tempo médio de análise, a Corte chamou a atenção para o elevado estoque de pedidos acumulados. A seguinte tabela, citada no julgado, compara o tempo médio de espera para o primeiro exame técnico no Brasil e nos cinco maiores escritórios de patentes do mundo:

Tabela 8 – Média, em meses, de depósitos de pedidos de patentes aguardando o primeiro exame técnico

Escritório de patentes (país/local)	2010	2012	2014	2016	2018
Brasil	70,8	78	84	84	80,4
China	11,6	11,5	12,5	12,9	15,4
Europa	-	-	5,5	5,1	4,4
Japão	28,7	20,1	9,3	9,5	9,3
Coreia do Sul	18,5	14,8	11	10,6	10,3
EUA	25,8	21,4	18,4	15,9	15,4

Fonte: Acórdão TCU nº 1199/2020, com base em dados da WIPO.

---

[76] Acórdão TCU nº 1199/2020, Plenário, Rel. Min. Vital do Rego, sessão de 13.05.2020.

Apesar dos problemas operacionais relacionados à gestão dos direitos de propriedade intelectual no Brasil, a produção científica brasileira cresceu de forma expressiva nas últimas décadas – o que contrasta, novamente, com o baixo número de patentes. O número de artigos publicados em periódicos, por exemplo, passou de pouco mais de 20 para 182 por milhão de habitantes desde o início da década de 1990, superando a média mundial que, atualmente, está perto de 170 artigos por 1 milhão de habitantes (DE NEGRI; RAUEN; SQUEFF, 2018). A participação brasileira nas publicações mundiais cresceu significativamente, saltando de 0,7%, em 1991, para 3%, em 2009.

Qualitativamente, contudo, a participação brasileira ainda é baixa. Marco Antonio Zago (2011) afirma que a evolução qualitativa tem sido bem menos expressiva que a quantitativa, mantendo o Brasil distante dos países líderes em número de citações e artigos com coautorias internacionais. Um levantamento recente da FAPESP revela que o número de publicações científicas originadas no Brasil caiu de 72,9 mil em 2021 para cerca de 59,9 mil em 2022, reduzindo a participação brasileira na ciência mundial de 2,78% para 2,46% do total. A queda deveu-se majoritariamente aos efeitos da pandemia, mas o impacto foi maior no Brasil do que em outros países e interrompe um longo período de crescimento desses indicadores, que vinham aumentando de forma ininterrupta desde 1988.[77]

O descompasso entre publicações e o número de patentes pode ser explicado, segundo Cristiane Vianna Rauen (2016), porque as universidades e as ICTs públicas "(...) *estabelecem linhas de pesquisa dissociadas dos interesses do setor produtivo, e produzem como resultados de suas atividades aquilo em que tradicionalmente possuem maior vantagem competitiva: a produção de artigos científicos em periódicos indexados*" (RAUEN, C. V., 2016, p. 22). O estudo de Nogueira, Kubota e Milani (2011, p. 420) sobre os projetos custeados com recursos do Fundo Setorial de Tecnologia da Informação (CT-Info) identificou que, de 524 projetos, apenas 117 foram destinados a empresas no período analisado, o que indicaria uma "captura" do CT-Info por atores do setor acadêmico.

Carlos Henrique de Brito Cruz (2000) destaca que cerca de 73% dos cientistas e engenheiros brasileiros trabalham em universidades ou instituições de ensino superior, ao passo que apenas 11% trabalham em

---

[77] Revista Pesquisa FAPESP, ed. 330, ago/2023. Disponível em: https://revistapesquisa. fapesp.br/retracao-da-producao-cientifica-em-2022/. Acesso em: 26 fev. 2024.

empresas. Para Mazzucato e Penna (2016), um dos possíveis motivos desse isolamento deve-se ao requisito de dedicação exclusiva dos docentes,[78] previsto na legislação que rege as carreiras e seus estatutos funcionais. De todo modo, parece clara a distorção que privilegia a quantidade de publicações em detrimento de atividades que possam produzir maior impacto no setor produtivo. É o caso da realização de atividades de PD&I voltadas a missões, uma medida bastante alinhada às contratações públicas para inovação, como se verá a seguir.

1.5.2 Reordenamento das políticas de CT&I para solucionar missões e problemas concretos

Ao analisar o SNI brasileiro, Mazzucato e Penna (2016) registram que os investimentos públicos em CT&I no país não são, em sua maior parte, o que se chama de *"mission oriented"* – ou seja, orientados à resolução de problemas concretos ou ao cumprimento de missões específicas da sociedade (MOWERY, 2009; MAZZUCATO; SEMIENIUK, 2017; MAZZUCATO, 2018, WITTMANN *et al.*, 2021). Por exemplo, a literatura é pródiga ao registrar a influência que o lançamento do satélite soviético *Sputnik*, em 1957, teve para o lançamento do programa espacial norte-americano, especialmente com a criação da *National Aeronautics and Space Administration* (NASA) e da *Defense Advanced Research Projects Agency* (DARPA) com o objetivo declarado de levar o homem à lua (BONVILLIAN, 2014, p. 426). O modelo da DARPA foi posteriormente replicado para as áreas de energia (ARPA-E), infraestrutura (ARPA-I) e saúde (ARPA-H), a ponto de um editorial da Revista *Nature*, publicado em 2021, questionar o potencial dessa estratégia *"ARPA-everything"* a longo prazo.[79] Em síntese, como afirma Weinberg (1967), trata-se de *"big science deployed to meet big problems"*, um campo onde investimentos de vulto e a cooperação de múltiplos atores são necessários ao desenvolvimento de tecnologias em estágios ainda iniciais de maturidade. A relevância que o tema adquiriu nos últimos anos contribuiu para um uso sincrético do termo "missão", tanto na literatura quanto em

---

[78] *"The requirement of 'exclusive dedication' of university professors – that is, that professors work solely in the university, but not for own or third-party companies – has repeatedly being cited as one of the sources of the self-orientation of the science sub-system."* (MAZZUCATO; PENNA, 2016, p. 80, nt. 24)

[79] Revista *Nature*, v. 595, julho/2021, *"The rise of 'ARPA-everything' and what it means for science"*. Disponível em: https://www.nature.com/articles/d41586-021-01878-z. Acesso em: 29 abr. 2024.

iniciativas locais, regionais, nacionais e internacionais de política de CT&I. Polt *et al.* (2019) apresentam um levantamento de 194 iniciativas em 36 países que poderiam ser consideradas políticas orientadas a missões, como ilustram os exemplos indicados na seguinte tabela.

Tabela 9 – Exemplos selecionados de políticas orientadas a missões

Nome	País	Área	Nível	Duração
Active and Assisted Living Programme (AAL)	União Europeia	Saúde	internacional	2013-2020
Cancer Moonshot	Estados Unidos	Saúde	nacional	2016-2023
Circular Flanders	Bélgica	Economia circular	regional	2012-2020
Clean Air London	Reino Unido	Mudanças climáticas, saúde	municipal	1999 – atual
High Tech Strategy (HTS)	Alemanha	Reindustria-lização	nacional	2006 – atual
Hydrogen Society	Japão	Energia e transporte	nacional	1991-2040
KIRAS – Sicherheitsforschung (security research)	Áustria	Segurança	nacional	2005-2020
Airbus	França, Alemanha, Espanha e Reino Unido	Transporte	internacional	1967– atual
Apollo Project	Estados Unidos	Aeroespacial	nacional	1961-1972
Brain Initiative	Estados Unidos	Saúde	nacional	2013-2025
Concorde	França e Reino Unido	Transporte	internacional	1962-2003
Delta Plan / Delta Programme	Holanda	Segurança, mudanças climáticas	nacional	1937-2050
e-Estonia	Estônia	TI, digitalização	nacional	1997- atual
Electric vehicle initiative	Noruega	Transporte	nacional	1989-2025
Energiewende	Alemanha	Energia, mudanças climáticas	nacional	2010-atual
Human Brain Project	União Europeia	Saúde	europeu	2013-2023
New Energy Vehicles (NEVs)	China	Transporte	nacional	2001-2020/2025

Fonte: Adaptado e traduzido a partir de Polt *et al.* (2019).

O estudo de Wittmann *et al.* (2021), elaborado por pesquisadores ligados ao Instituto Fraunhofer como subsídio para a avaliação da *German High-Tech Strategy 2025*, busca organizar o debate envolvendo políticas de inovação orientadas por missões. Segundo os autores, as missões precisam ser formuladas com base em evidências e basear-se em diagnósticos claros para permitir a sua avaliação e o monitoramento contínuo da sua execução.[80] Além disso, as missões precisam de objetivos claros, uma governança com alto grau de envolvimento político e um amplo *mix* de instrumentos para serem implementadas pelos atores, públicos e privados, envolvidos em sua execução. Nessa linha, as missões podem abranger desde a resolução pragmática de problemas científicos ou tecnológicos até transformações mais amplas, que exigem mudanças comportamentais. Os *moonshots* de hoje incluem desafios em diversas áreas, como o desenvolvimento de aeronaves, equipamentos militares, medicamentos para doenças negligenciadas, variedades agrícolas mais resistentes e vacinas para doenças como malária, dengue, *zika* e a recente Covid-19.[81]

Aqui, o elo com as contratações públicas é evidente, o que reforça o papel do poder de compra do Estado como estratégia para organizar a atuação de atores públicos e privados em torno da resolução de problemas concretos. Recentemente, o Ministério de Desenvolvimento, Industria e Comércio (MDIC) lançou o programa "Nova Indústria Brasil"[82] prevendo seis grandes missões nacionais para promover a reindustrialização do país: (i) cadeias agroindustriais sustentáveis e digitais; (ii) complexo econômico industrial da saúde; (iii) infraestrutura, saneamento, moradia e mobilidade sustentáveis; (iv) transformação digital da indústria; (v) bioeconomia, descarbonização e transição e segurança energéticas; e (vi) tecnologias de interesse para a soberania e defesa nacionais. O programa é explícito ao propor que a política industrial brasileira passe a ser orientada por

---

[80] A respeito do tema, o Observatório de Inovação no Setor Público da OCDE publicou o texto *"Mission-oriented what? A brief guide to mission terminology"* sobre os potenciais riscos que a ambiguidade no uso de missões pode acarretar para as políticas inspiradas nessa abordagem. Disponível em: https://oecd-opsi.org/blog/mission-terminology/. Acesso em: 03 mar. 2024.

[81] *"Mission-oriented policies can be defined as systemic public policies that draw on frontier knowledge to attain specific goals or 'big science deployed to meet big problems."* (MAZZUCATO; PENNA, 2016, p. 5)

[82] Disponível em: https://www.gov.br/mdic/pt-br/composicao/se/cndi/plano-de-acao/nova-industria-brasil-plano-de-acao.pdf. Acesso em: 20 abr. 2024.

missões, indicando compras governamentais, margens de preferência, compensações tecnológicas ("*offsets*"), transferência de tecnologia e encomendas tecnológicas como instrumentos para atingir os objetivos propostos. Todavia, a vagueza das missões indicadas e a ausência de uma estratégia que aponte com clareza quais setores serão beneficiados pela nova política industrial têm despertado certo ceticismo sobre a sua implementação no futuro.[83]

Mazzucato e Penna (2016) ressaltam que as políticas de inovação que obtiveram melhores resultados foram aquelas dirigidas à criação de novos mercados ("*market-shaping and creating*") em vez apenas de sua correção ("*market-fixing*") – o que reforça, novamente, o esgotamento da ideia de que a correção de falhas de mercado seria o único referencial teórico apto a justificar a atuação do Estado nesse campo.[84] Como já se disse, o setor público possui um importante papel catalizador ("*catalytic role*") para o desenvolvimento e a difusão de novas tecnologias, sobretudo "(...) *in the early, capital-intensive high-risk areas that the private sector tends to shy away from*" (MAZZUCATO; PENNA, 2016, p. 5).

As Parcerias para o Desenvolvimento Produtivo (PDP) são um exemplo de política "*mission oriented*" relativamente bem avaliada pela literatura (MAZZUCATO; PENNA, 2016, p. 67-68; RAUEN, 2017a, p. 33). A área da saúde responde por cerca de um terço das contratações públicas firmadas pelo governo federal, o que contribui para que o Estado brasileiro exerça um grande poder de compra nessa área. Criadas em 2008, as PDP buscam aproveitar esse potencial para estimular o desenvolvimento, a transferência e a absorção de tecnologias relacionadas à produção de medicamentos, vacinas, hemoderivados ou outros insumos estratégicos para o SUS. Em síntese, a PDP é um arranjo tripartite firmado entre o Ministério da Saúde, um laboratório público e um parceiro privado, que basicamente vincula a aquisição do produto à transferência de tecnologia necessária para a sua produção.[85]

---

[83] Confira-se, a respeito, o excelente artigo publicado por Glauco Arbix, Fernanda de Negri, Helena Nader, Laércio Cosentino e Pedro Wongtschowski em 04.03.2024 no Valor Econômico (https://valor.globo.com/opiniao/coluna/a-economia-do-futuro-precisa-de-foco-e-metas-claras.ghtml), bem como o comentário de José Eduardo Faria ao Jornal da USP, em 02.02.2024 (https://jornal.usp.br/articulistas/jose-eduardo-campos-faria/nova-industria-brasil-uma-discussao-importante/). Acesso em: 20 abr. 2024.

[84] "*But as the history of innovation shows, the great extent of public commitment that is required entails more of a market-making and market-shaping approach than a simple market-fixing one.*" (MAZZUCATO, PENNA; 2016, p. 26).

[85] "No centro das PDPs, está um laboratório público que solicita ao Ministério da Saúde autorização para realizar o fornecimento conjunto, com uma empresa privada (nacional

Caso a proposta inicial seja aprovada,[86] tem início um arranjo jurídico complexo, que começa com a celebração de um termo de compromisso e culmina com um contrato celebrado por dispensa de licitação, pelo qual a Administração adquire o objeto da PDP (SUNDFELD; SOUZA, 2013). A lógica é semelhante àquela adotada nas medidas de compensação no setor de defesa (*offset*), pois condiciona a contratação à transferência da tecnologia necessária para a sua produção pelo parceiro nacional. Contudo, um estudo recente do IPEA aponta a necessidade de ajustes na legislação para que o conhecimento internalizado nos entes públicos por meio das PDP seja, efetivamente, difundido para o setor produtivo (VARRICHO, 2017, p. 216-219).

Um dos indicadores empregados pela literatura para verificar se a estratégia de CT&I de um país é "*mission oriented*" consiste em analisar como os gastos em pesquisa e desenvolvimento são distribuídos no setor público. O levantamento realizado por De Negri, Rauen e Squeff (2018) compara a alocação desses investimentos no Brasil e nos EUA em 2015.

Tabela 10 – Distribuição (em %) do investimento público em P&D no Brasil e nos EUA (2015)

Ministérios brasileiros[1]	Total	Departamentos e agências norte-americanas	Total
MEC	35,8	Defesa (DoD)	47,9
MCTI	32,9	Saúde (HHS)	21,9
Agricultura	17,5	Energia (DoE)	10,4
Saúde	10,1	Nasa	8,3
Defesa	1,3	Fundação Nacional de Ciências (NSF)	4,3
Comunicações	1,2	Agricultura (USDA)	1,8
Outros	1,2	Outros	5,4

Fonte: De Negri, Rauen e Squeff (2018, p. 549).

---

ou estrangeira) de determinado medicamento ao SUS. Nesse fornecimento conjunto, que pode envolver outros laboratórios públicos, bem como outras empresas nacionais, pouco a pouco (em até dez anos) a tecnologia é transferida ao laboratório público requerente da parceria" (RAUEN, 2017a, p. 33).

[86] Disponível em: https://www.gov.br/saude/pt-br/composicao/sectics/pdp Acesso em: 01 mar. 2024.

Os resultados apresentados na tabela acima demonstram que a maior parte dos gastos nos EUA são alocados em Ministérios encarregados de áreas específicas, especialmente nos setores de defesa (47,9%), saúde (21,9%), energia (10,4%) e aeroespacial (8,3%).[87] No Brasil, por outro lado, a parcela de recursos públicos destinados a P&D em ministérios específicos é bem menor, com percentuais modestos nas áreas de agricultura (17,5%), saúde (10,1%), defesa (1,3%) e comunicações (1,2%). Essas Pastas tendem a empregar recursos em atividades de PD&I para resolver problemas concretos em suas respectivas áreas, incentivando abordagens setoriais, ao passo que ministérios mais "horizontais" em relação a CT&I, como é o caso do Ministério da Educação e do Ministério de Ciência, Tecnologia e Inovação, possuem, por sua própria natureza, o papel de fomentar o ensino e a pesquisa de forma mais transversal e abrangente (DE NEGRI; RAUEN; SQUEFF, 2018, p. 549).

De todo modo, uma atuação voltada a missões parece ser essencial para o desenvolvimento de contratações públicas para inovação no Brasil – especialmente a partir do emprego do poder de compra do Estado em desafios pragmáticos, veiculados ao mercado mediante processos de contratação pública, como se discutirá mais adiante nesta obra.

1.5.3 Estabilidade e diversidade no financiamento à inovação

Em um país como o Brasil – onde, apesar de uma queda recente, as taxas de juros historicamente se situam entre as maiores do mundo – o fomento estatal é fundamental para reduzir os custos e os riscos associados a atividades de PD&I. Os riscos e incertezas envolvidos na atividade inovativa podem torná-la contraintuitiva como investimento privado, pois exige recursos de vulto sem a certeza de retorno (BUCCI; COUTINHO, 2017, p. 316). Por esse motivo, cabe ao Estado oferecer "(...) *patient, long-term committed finance*" (MAZZUCATO; PENNA, 2016, p. 26) para o financiamento da inovação, compensando assim os incentivos insuficientes por parte da iniciativa privada.

Muito embora a maior parte das atividades de PD&I realizadas nas empresas seja custeada pelo próprio setor privado, o apoio público

---

[87] "Muito embora esses ministérios financiem muita pesquisa básica, essa distribuição evidencia investimentos em ciência e tecnologia são muito mais orientados a resolver questões tecnológicas complexas de defesa, saúde e energia." (DE NEGRI, 2018, p. 110)

tem aumentado significativamente ao longo da última década (ZUNIGA *et al.*, 2016, p. 65). No Brasil, segundo Rocha e Rauen (2018, p. 9), os instrumentos de apoio direto e indireto à inovação nas empresas correspondem, no geral, a quatro grupos: (i) recursos não reembolsáveis a atividades de PD&I, operadas por FINEP, CAPES, CNPq e fundações de amparo à pesquisa, como a FAPESP; (ii) crédito direto a empresas com taxas de juros subsidiadas, como nas linhas do BNDES e da FINEP; (iii) incentivos fiscais a empresas que invistam em PD&I (p.e., Lei de Informática, Lei do Bem e isenções do setor automotivo); e, por fim, (iv) cláusulas de investimento obrigatório em PD&I de setores regulados, como os programas mantidos pela ANP e pela ANEEL.

Buainain, Lima Júnior e Corder (2017) fazem uma correlação entre esses grupos e cada etapa no processo inovativo. Não obstante esse processo não seja unidirecional nem linear, cada fase amolda-se melhor, em tese, a um tipo ou modalidade de instrumento, como ilustra a figura a seguir:

Figura 6 – Fases do processo de PD&I e instrumentos de suporte direto e indireto à inovação nas empresas

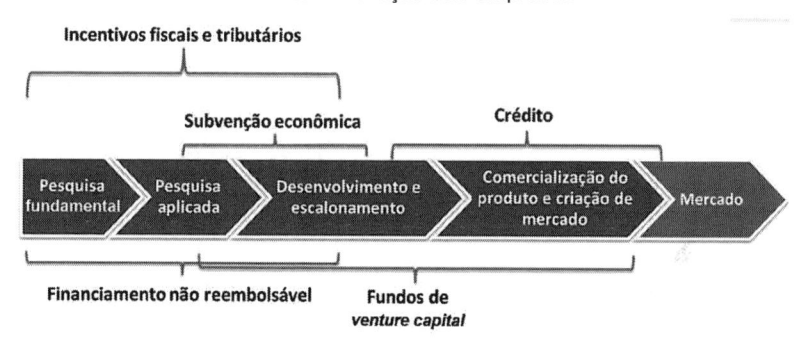

Fonte: Buainain, Lima Júnior e Corder (2017, p. 108).

O estudo detalhado desses instrumentos não integra o escopo desta obra. Contudo, é importante destacar que o papel do setor público para o custeio de atividades de CT&I sempre foi marcante no Brasil,[88]

---

[88] As principais instituições envolvidas neste processo são o BNDES, a FINEP, o Banco do Brasil, a Caixa Econômica Federal, os bancos públicos estaduais, o CNPq, a CAPES e as fundações de amparo à pesquisa dos Estados.

o que destoa da experiência de outros países onde o financiamento privado,[89] pela oferta de crédito de longo prazo ou recursos do mercado de capitais (*seed*, *venture capital* e *private equity*), apresenta papel relevante para esse fim. Mazzucato e Semieniuk (2017, p. 28) lembram que o investimento de *startups* – campo privilegiado dos fundos de *venture capital*, por exemplo – tem ficado a cargo do setor público em alguns países, como mostram dados do *Small Business Innovation Research* (SBIR),[90] nos EUA, da *Yozma*, em Israel, e mesmo de bancos públicos e de agências de fomento, como o BNDES e a FINEP, no Brasil.[91]

Se atualmente é possível dizer que o Brasil já conta com muitos dos instrumentos de apoio direto e indireto empregados no contexto internacional para fomentar atividades de PD&I (DE NEGRI; RAUEN. SQUEFF, 2018, p. 537), a estabilidade na oferta de recursos ainda deixa bastante a desejar. A literatura ressalta que os investimentos em PD&I geralmente têm caráter pró-cíclico, aumentando ou diminuindo no mesmo compasso da política fiscal (MAZZUCATO; PENNA, 2016; DE NEGRI *et al.*, 2020). O gráfico a seguir, elaborado pela FINEP, ilustra esse ponto a partir da trajetória do FNDCT – uma das fontes de financiamento público mais importantes no cenário brasileiro – entre 2000 e 2023, ilustrando a acentuada redução do seu orçamento entre 2014 e 2020, bem como a recente recuperação motivada pela recomposição integral do Fundo.[92]

---

[89] *"Financial institutions are indeed central to any system of innovation because they provide access to high-risk capital for firms interested in engaging with new technologies: from IT to nanotech and the emerging green-tech industry. Innovation is highly uncertain, has long lead times, is collective and cumulative."* (MAZZUCATO; PENNA, 2016, p. 25)

[90] Segundo Salles-Filho *et al.* (2011), o SBIR serviu de inspiração para o desenho do programa de Pesquisa Inovativa em Pequenas Empresas (PIPE), da FAPESP.

[91] *"While it is a common perception that it is private venture capital that funds start-ups, evidence shows that most high-growth innovative companies receive their early-stage high-risk finance from public sources."* (MAZZUCATO; SEMIENIUK, 2017, p. 28)

[92] A recomposição do FNDCT foi operada pela Lei nº 14.577/2023, cuja aprovação mobilizou a comunidade de CT&I junto ao Congresso Nacional.

Gráfico 10 – Evolução do orçamento do FNDCT, em bilhões de reais, entre 2000 e 2023

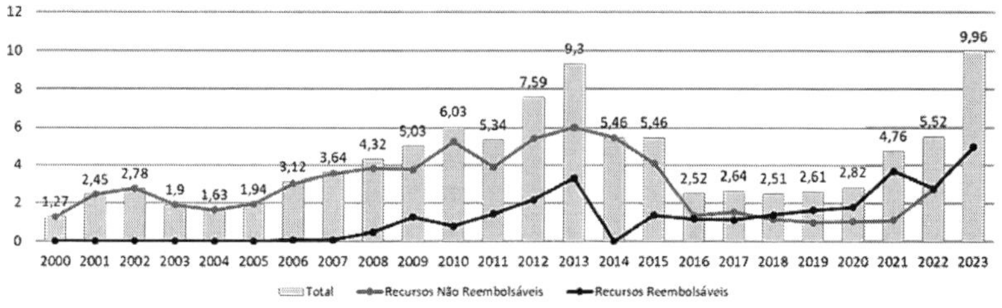

Fonte: Gráfico cedido ao autor pela FINEP e elaborado com base na Lei Orçamentária Anual; dados deflacionados pelo IPCA.

Muito embora a escassez de recursos ainda seja um entrave relevante, o que parece ser mais crítico no cenário brasileiro é a necessidade de diversificar os instrumentos disponíveis e, principalmente, garantir a sua estabilidade (BUAINAIN; LIMA JÚNIOR; CORDER, 2017, p. 120). Sem a oferta de recursos estáveis, não é possível atender às diferentes necessidades de financiamento do processo inovativo, especialmente aquelas de longo prazo.[93]

1.5.4 O desbalanço dos incentivos fiscais

A concessão de incentivos fiscais é um dos principais instrumentos do lado da oferta para reduzir o custo dos investimentos privados em PD&I. Esses incentivos podem ser reunidos em três grupos principais: (i) o microssistema da Lei de Informática, formado pelas Leis nº 8.248/1991, nº 10.176/2001 e nº 13.023/2014, voltado ao setor de tecnologia da informação e comunicação;[94] (ii) os programas de incentivo destinados ao

---

[93]   Os fundos patrimoniais, regulados pela Lei nº 13.800/2019, poderiam ser fontes alternativas para apoiar instituições de CT&I no Brasil. Nessa linha, a UNICAMP e a UNESP lançaram recentemente fundos de *endowment* para financiar suas atividades de pesquisa. Contudo, a legislação precisa ser aprimorada para permitir que as doações feitas por pessoas físicas ou jurídicas a ICTs públicas possam usufruir de benefícios fiscais. O tema constava originalmente nos artigos 28 a 30 do Projeto de Lei de Conversão da Medida Provisória nº 851/2018, mas foi vetado pela Presidência da República, comprometendo os investimentos em fundos patrimoniais no Brasil.

[94]   Segundo Prochnik *et al.* (2015), o sistema de incentivos fiscais da Lei de Informática acaba servindo, na prática, para acomodar tensões inter-regionais derivadas da manutenção da Zona Franca de Manaus.

setor automotivo, como o Inovar-Auto (Lei nº 12.715/2012), o Rota 2030 (Lei nº 13.755/2018) e, mais recentemente, o MOVER – Mobilidade Verde e Inovação (Medida Provisória nº 1.205/2023); e, por fim, a (iii) a Lei do Bem (Lei nº 11.196/2005), que permite abater dos tributos que incidem sobre os lucros da empresa parte dos dispêndios realizados em PD&I.

À diferença dos dois primeiros grupos, que têm aplicação setorial e mais restrita, a Lei do Bem possui caráter mais horizontal, podendo ser utilizada em diversas áreas.[95] Contudo, o número de empresas beneficiadas pela lei é pequeno – foram apenas 3.493 empresas em 2022, sendo que 57% estão concentradas no sudeste do país.[96] Isso se explica pelos requisitos exigidos pela legislação, especialmente a opção pela tributação por lucro real, o que exclui Microempresas, Empresas de Pequeno Porte e as empresas tributadas sob o regime de lucro presumido. Com isso, a Lei do Bem acaba favorecendo "(...) *somente empresas de médio e grande porte, submetidas ao regime tributário de lucro real, em detrimento das menores, que operam no regime de lucro presumido*" (COUTINHO; MOUALLEM, 2016, p. 221) e se converte em mais um exemplo que ilustra a falha de seletividade no Brasil, que ocorre quando as políticas pecam justamente ao priorizar o que é menos relevante.[97]

De todo modo, Rocha e Rauen (2018) destacam que os incentivos fiscais têm crescido significativamente nos últimos anos, tornando-se o principal instrumento de apoio público a atividades de PD&I das empresas. Segundo Rauen (2020), esses incentivos correspondem a 57% de cerca de R$ 24,3 bilhões mobilizados pelo governo federal em 2018, como ilustra a tabela a seguir.

---

[95] "Diferente da Lei de Informática, que atua apenas sob um único setor econômico, a Lei do Bem tem enorme potencial de pervasividade no tecido industrial brasileiro." (RAUEN, 2017c, p. 133)

[96] O ano de 2022 corresponde ao dado mais recente disponível na base do MCTI. Disponível em: https://www.gov.br/mcti/pt-br/acompanhe-o-mcti/lei-do-bem/noticias/informacoes-estatisticas. Acesso em: 04 mar. 2024.

[97] "Sem dúvida alguma, entre todos os incentivos fiscais voltados à inovação no Brasil, esta [a Lei do Bem] foi a mais efetiva." (DE NEGRI, 2018, p. 149)

Tabela 11 – Mix de políticas federais de apoio à inovação empresarial
no Brasil em 2018

Políticas	Instrumentos		Valores em reais correntes (2018)
Incentivos fiscais	Lei de Informática		5.783.270.800
	Lei do Bem		1.484.708.269
	Despesas com pesquisas científicas e tecnológicas		1.587.374.196
	PD&I no setor automotivo		4.391.326.112
	Outras isenções (PADIS, TI, TIC)		476.527.540
		Subtotal	13.723.206.917
Crédito subsidiado para a inovação (desembolso)	Operado pela FINEP		1.810.406.225
	Operado pelo BNDES		1.624.089.484
		Subtotal	3.434.495.709
Investimento em empresas inovadoras (integralizado)	Operado pela FINEP		39.000.000
	Operado pelo BNDES		175.910.516
		Subtotal	214.910.516
P&D obrigatório de setores regulados	P&D ANEEL		663.374.300
	P&D ANP		2.017.254.000
		Subtotal	2.680.628.300
EMBRAPII (desembolso)	EMBRAPII		141.615.280
Subvenção (desembolso)	Operado pela FINEP		51.380.919
Compras públicas para inovação	Grandes projetos de aquisição		4.115.827.180
		TOTAL	24.362.064.821

Fonte: Rauen (2020, p. 7).

Esses dados mostram como o *mix* de políticas de CT&I é desbalanceado no Brasil. Além da evidente concentração de recursos em um instrumento – os incentivos fiscais, no lado da oferta – é possível perceber que a maior parte é destinada a intervenções de caráter setorial, que favorecem principalmente tecnologia da informação e o setor automobilístico. Apenas esses dois setores, somados, respondem por cerca de 42% do total de recursos federais destinados à inovação das empresas, o que supera todo o montante correspondente a P&D obrigatório, crédito subsidiado, subvenções e investimentos não reembolsáveis do BNDES e da FINEP em empresas inovadoras (RAUEN, 2020, p. 8). Enquanto isso, instrumentos mais bem avaliados, como a EMBRAPII e as compras públicas para inovação, apresentam importância apenas marginal comparativamente às demais políticas.

Resta então saber o quão efetiva tem se mostrado a aposta feita pelo governo brasileiro ao ampliar substancialmente os incentivos fiscais para PD&I. Rocha e Rauen (2018, p. 30) sugerem que, a despeito do elevado montante de desonerações tributárias realizadas, essa estratégia não resultou em um aumento expressivo nos gastos privados em PD&I. Essa conclusão corrobora a tese de que estaria havendo *crowdling out* no Brasil – cenário em que os incentivos governamentais, em vez de alavancar os investimentos empresariais, acabam provocando uma indesejada substituição dos recursos privados pelos públicos. Esse diagnóstico está em linha com as conclusões de Paulo César Brigante (2016) e de Sérgio Kannebley Júnior e Geciane Porto (2012), para quem a Lei do Bem não tem estimulado de modo eficaz os gastos das empresas brasileiras em PD&I,[98] que permanecem concentrados em empresas de grande porte e em setores de baixa e média intensidade tecnológica (RAUEN, 2017c, p. 135).

1.6 Os "gargalos" do ecossistema brasileiro

Ao realizar um diagnóstico do sistema nacional de inovação no Brasil, lançando luz sobre as estruturas jurídicas, os instrumentos de política e as formas de interação entre as suas principais instituições, foi possível verificar a construção gradual de uma arquitetura bastante complexa e estratificada, formada por diversos órgãos e entidades que se dedicam à inovação nos setores público e privado. O cenário brasileiro é caracterizado por uma constelação de atores pouco integrados e com interesses próprios, o que dificulta a sua articulação coordenada.[99]

---

[98] "Ainda que prévias avaliações destaquem a evolução dos benefícios em direção ao adensamento da cadeia produtiva desses bens, é notória sua incapacidade de elevar os dispêndios em PD&I, ao menos os internos, dessas firmas." (KANNEBLEY JÚNIOR; PORTO, 2012, p. 48)

[99] "Como já diagnosticado anteriormente, a política brasileira para crescimento econômico e inovação padece de dois problemas. O primeiro é uma profusão de instituições que, ainda que meritórias por si só, acarretam em uma miríade de ações descoordenadas, em um 'programismo' onde ações ao mesmo tempo se superpõem e não dialogam, resultando em baixo impacto no nível individual das ações e pequena de escala em termos agregados. São frequentes os relatos de ineficiência desses programas por parte de empreendedores que recorrem a diferentes programas em diferentes instituições, levando-os muitas

Essa tem sido a causa de diversas ineficiências, tais como sobreposições de competências, burocracia e descontinuidade de políticas de CT&I, que dificultam o emprego do poder de compra do Estado para estimular a demanda por produtos, serviços e processos inovadores no mercado.

A experiência internacional mostra que as dificuldades de integração entre os atores do sistema tornam necessária a adoção de políticas de coesão, e os instrumentos jurídicos de cooperação público-privada previstos no Marco Legal e CT&I e no Marco Legal das Startups e do Empreendedorismo Inovador podem catalisar esse processo. O sistema não se coordena sozinho – por isso, a articulação entre os atores precisa ser continuamente incentivada. Na União Europeia, por exemplo, os *Seals of Excellence* fazem parte de uma estratégica deliberada de construção de sinergias intencionais (*"intentional synergy-seeking strategies"*)[100] e de integração entre instrumentos nacionais e comunitários para o financiamento de CT&I (LEON *et al.*, 2018, p. 43-44). A ideia é que os projetos avaliados e aprovados tecnicamente em editais da União Europeia possam ser aproveitados diretamente em processos seletivos lançados por entidades nacionais e subnacionais, evitando a repetição de tarefas administrativas e ampliando o acesso a outras fontes de financiamento a PD&I.[101]

Nenhuma política pública já nasce pronta. Por isso, avaliar as políticas de inovação e compará-las com experiências internacionais é importante para orientar as decisões estratégicas do país na área de CT&I. A escassez de dados oficiais e a falta de transparência na publicação das avaliações realizadas impedem a tomada de decisões lastreada em evidências, baseando-se muitas vezes em "palpites educados" dos próprios gestores (RAUEN, 2017c, p. 126). Programas que nascem com alarde logo desaparecem ou são descontinuados, sem que as causas sejam divulgadas.[102] Esse cenário impossibilita o acompanhamento

---

vezes à conclusão de que o benefício oferecido não paga o custo de gerir as exigências e percalços associados a eles. O segundo é a pulverização de agências, onde as instituições que proveem crédito, tecnologia, capacitação gerencial, entre outros instrumentos, não dialogam entre si. Como resultado, os instrumentos não são ofertados de maneira coordenada e se tornam inócuos." (SAE, 2015, p. 142)

[100] A distinção entre sinergias intencionais e incidentais em processos de inovação é um tema que merece aprofundamento em pesquisas posteriores. "*It is also useful to distinguish between intentional synergies that are the outcome of deliberate attempts to create them and incidental synergies that are more fortuitous*". (LEON *et al.*, 2018, p. 6)

[101] Disponível em: https://commission.europa.eu/funding-tenders/find-funding/seal-excellence_en. Acesso em: 06 maio 2024.

[102] Os sites oficiais das Secretarias Estaduais, como a de São Paulo, (https://www.inovacao.sp.gov.br/) e do Ministério de Ciência, Tecnologia e Inovação (https://www.gov.br/mcti/

das políticas, contribuindo para que o país não avance em vários dos indicadores analisados.

Coutinho e Mouallem (2016) sistematizam os principais entraves ao pleno desenvolvimento do ecossistema de inovação no Brasil, identificando os "gargalos" que explicam por que, a despeito de vários avanços no passado recente, ainda não se logrou êxito em produzir um arranjo jurídico-institucional favorável a CT&I no país. Os autores reúnem esses problemas em quatro grupos:

a) *Problema de coordenação pública,* pelo qual o objetivo de estruturar políticas públicas estáveis, coerentes e de longo prazo convive com o baixo grau de integração e coordenação entre atores, gerando uma série de *"interseções e sobreposições"* (ARAÚJO, 2012, p. 16) de competências, competição por recursos e descontinuidade das políticas públicas. A experiência internacional mostra a importância de uma condução política de alto nível para a implementação de políticas de CT&I. A ligação direta com o Chefe do Poder Executivo, como ocorre no Japão e no Reino Unido, favorece a continuidade das políticas e evita a pulverização de iniciativas descoordenadas pela Administração;[103]

b) *Falta de sinergia público privada,* agravada pela burocracia, pelas dificuldades de aumentar o investimento em PD&I nas empresas e por um arcabouço regulatório inibidor da cooperação público-privada. Esse ponto será explorado nos Capítulos 2 e 3 deste livro. Vale citar, como exemplos: (i) o antagonismo entre a academia e o setor produtivo, decorrente do desalinhamento entre a pesquisa e as necessidades da indústria; (ii) a pouca expressividade dos investimentos empresariais em atividades de PD&I, o que limita a propensão

---

pt-br), testemunham de forma eloquente este argumento, dificultando a obtenção de dados completos para avaliar as políticas de CT&I.

[103] "(...) atividades de cunho multiinstitucionais só ganham sentido de urgência quando estão diretamente ligadas aos centros efetivos de poder. Na maior parte dos países avançados, órgãos de assessoria que respondem diretamente ao presidente da República (como nos EUA) ou ao primeiro-ministro (como no Reino Unido) ou a Ministérios fortes (como na Alemanha) executam essa integração entre ministérios e agências e coordenam planos e programas relevantes para o país. No Brasil, coerente com a prioridade merecida pela inovação, um avançado mecanismo de governança precisa ser instalado diretamente ligado à Presidência da República." (ARBIX, 2017, p. 13-14)

do setor produtivo a inovar; e (iii) a necessidade de reformas institucionais para melhoria do ambiente de negócios.

c) *Dificuldades de experimentação e aprendizado,* que são desestimulados por uma atuação rígida e formalista dos gestores públicos, em especial na área de contratações públicas; pelo formalismo no controle da área de CT&I no Brasil, que, como se verá no Capítulo 4, é realizado sob a influência de um controle de meios, e não de resultados; e pela ausência de avaliação continuada das políticas de CT&I, o que inibe o seu aprimoramento (*"policy learning"*);

d) *Falha de seletividade,* a qual se reflete na dificuldade de priorizar as políticas mais efetivas, evitando o emprego de recursos escassos em atividades de menor relevância, em termos relativos, para o sistema. É o caso, por exemplo, do emprego pouco significativo de encomendas tecnológicas no Brasil, que será objeto do item 5.3.7.

A estratégia proposta por Mazzucato e Penna (2016) para enfrentar esses desafios busca reunir as virtudes do Sistema Nacional de Inovação brasileiro, que combina a existência de instrumentos voltados a estimular a oferta e a demanda por inovação na economia com a presença de instituições de ponta, formando "ilhas de excelência" em setores como petróleo e gás, aviação, agricultura e saúde. Para tanto, os autores recomendam a adoção de iniciativas orientadas à resolução de missões em uma agenda capaz de dar mais coesão às políticas adotadas no país.[104] As contratações públicas mobilizam um montante significativo de recursos que poderiam ser utilizados para incentivar o setor privado a investir mais em atividades de PD&I, canalizando investimentos para resolver problemas concretos por meio da demanda gerada pelo setor público. O poder de compra do Estado, portanto, é um tema central para promover o realinhamento das políticas de CT&I no contexto brasileiro, como será visto adiante neste estudo.

---

[104] *"One strength and one weakness identified in our report point to a possible strategy that can help address the key barriers for the Brazilian system of innovation to thrive. These are the existence of positive cases of what can be regarded as mission-oriented policy programs and the need for a consistent long-term strategic agenda that gives coherence to public policies and a direction to research and innovation."* (MAZZUCATO; PENNA, 2016, p. 12)

CAPÍTULO 2

A TRAJETÓRIA DA LEGISLAÇÃO SOBRE LICITAÇÕES E CONTRATAÇÕES PÚBLICAS NO BRASIL

Este capítulo recupera a evolução da legislação brasileira sobre licitações e contratações públicas com o objetivo de mostrar como o direito positivo gradualmente consolidou, no cenário brasileiro, uma regulação maximalista das compras públicas.[105] Essa opção legislativa tornou o processo de contratação bastante rígido e formalista, gerando efeitos negativos para a gestão pública e obstáculos de relevo para o emprego do poder de compra do Estado como instrumento para estimular a demanda por inovações no mercado.

O exame da evolução legislativa também busca subsidiar a reflexão que será feita, nos dois próximos capítulos deste livro, sobre a teoria do contrato administrativo no Brasil (Capítulo 3) e os efeitos do controle sobre as atividades de CT&I no país (Capítulo 4). A meu ver, a trajetória do direito positivo brasileiro sobre o tema criou uma pluralidade de modelos jurídicos de parceria que destoa fortemente da doutrina que imprimiu, a partir de um transplante incompleto do modelo francês, um regime jurídico uniforme a todos os contratos celebrados pela Administração, independentemente do seu objeto. Essa visão de mundo segue sendo repercutida até hoje por advogados, gestores e membros de órgãos de controle, prejudicando a aplicação das contratações públicas para inovação no país.

---

[105] Alguns itens desta seção recuperam o debate realizado em Fassio (2017) e, posteriormente, em Fassio *et al.* (2021) para apresentar uma versão expandida e atualizada da trajetória legislativa das licitações no Brasil.

Este capítulo encontra-se estruturado em três itens. No item 2.1, optei por apresentar os três grandes movimentos que, a meu ver, podem ser percebidos a partir do exame da legislação sobre licitações e contratos públicos no Brasil. Em um panorama geral, esses três aspectos – o avanço do maximalismo legal, a transição do tema do campo das finanças públicas para o direito administrativo e, por fim, a motivação de reforma inspirada quase sempre por reformas administrativas e redução de gastos públicos – permitem compreender de forma mais clara as principais causas e consequências desse processo. O item 2.2 prossegue com a exposição das características principais de cada uma das cinco etapas dessa trajetória legislativa, desde o Código de Contabilidade de 1922 até a Lei nº 14.133/2021, para entender os motivos pelos quais essa legislação tem sido considerada como entrave às contratações públicas para inovação no país. Por fim, o item 2.3 conclui o presente capítulo apresentando, em seus subitens, uma série de dados e evidências sobre a *prática* das contratações públicas brasileiras, apontando os fatores que influenciam em concreto o comportamento de gestores, advogados, fornecedores e membros dos órgãos de controle no Brasil.

2.1 Três movimentos na legislação brasileira de compras públicas

Para Ciro Campos Christo Fernandes (2010, 2014a, 2014b), a compreensão da evolução da legislação de licitações e contratações públicas no Brasil desempenha um papel fundamental para entender como é que se chegou a uma cultura de compras marcada pela rigidez e pelo formalismo, com apego ao julgamento pelo "menor preço" e predominância da aplicação de um único procedimento licitatório a uma ampla gama de contratações firmadas pelo setor público. Reconstruir detalhadamente toda essa trajetória não faz parte do escopo desta obra. Contudo, é importante destacar como esse contexto se origina e paulatinamente se consolida no direito positivo, na doutrina do direito administrativo e nas práticas que moldam o funcionamento cotidiano da Administração brasileira. O objetivo, aqui, é compreender por que essa legislação é frequentemente apontada por atores dos setores público e privado como um dos principais obstáculos para o uso de contratações públicas como instrumento de política de inovação no cenário brasileiro.

A literatura costuma identificar quatro fases nessa trajetória – uma para cada diploma que, desde as primeiras décadas do século passado, buscaram disciplinar o tema no Brasil (ALESSIO, 1998; FERNANDES, 2010, 2014a, 2014b; ROSILHO, 2013; FASSIO, 2017). Este livro acrescenta uma quinta fase na qual discuto o papel que a Lei nº 14.133/2021 ("Nova Lei de Licitações e Contratos") passou a ocupar no centro desse microssistema, com a ressalva de que a sua aplicação ainda incipiente, prejudicada pelas sucessivas prorrogações da vigência da legislação anterior,[106] torna possível tecer apenas observações preliminares sobre os seus efeitos. Não obstante, como se verá abaixo, o contexto de edição do novo texto legal, somado às tendências de centralização e unificação nacional a partir da extensão de práticas federais a todos os entes federados, bem como o esforço declarado de consolidação da legislação em uma só peça legislativa, mostram que o modelo maximalista continua ainda bastante presente na regulação das contratações públicas no país. A tabela a seguir apresenta um resumo dos atos normativos e das características principais de cada etapa.

---

[106] Os artigos 191 e 193 da Lei nº 14.133/2021 originalmente previam um período de transição de dois anos, contados a partir da publicação da lei (1º de abril de 2021), para revogação da Lei nº 8.666/1993, da Lei nº 10.520/2002 (Pregão) e dos artigos 1º a 47 da Lei nº 12.462/2011 (RDC). Esse prazo foi prorrogado na véspera do termo final pela Medida Provisória nº 1.167, de 31 de março de 2023, para 30 de dezembro de 2023. A MP perdeu a eficácia, mas a alteração acabou sendo efetivada pela Lei Complementar nº 198, de 28 de junho de 2023, a qual originalmente tratava de alterações no Fundo de Participação dos Municípios, e que teve o dispositivo incluído às pressas durante a sua tramitação no Congresso Nacional.

Tabela 12 – As cinco fases da legislação de licitações
e contratos públicos no Brasil

	Primeira fase (1922-1967)	Segunda fase (1967-1986)	Terceira fase (1985-1993)	Quarta fase (1993-2021)	Quinta fase (2021-atual)
Diploma central	Código de Contabilidade da União (Decreto nº 4.536/1922) e seu Regulamento (Decreto nº 15.783/1922)	Decreto-Lei nº 200/1967	Decreto-Lei nº 2.300/1986	Lei nº 8.666/1993	Lei nº 14.133/2021
Características principais	Regulação branda das contratações e dos seus procedimentos pelo Código de Contabilidade e tentativas de reforma (1930 e 1940)	Unificação nacional e simplificação das regras de licitações como parte da reforma administrativa.	Consolidação de um modelo legal maximalista de contratações públicas.	Reação ao maximalismo, dada pela erosão do modelo unitário de contratações públicas e proliferação de exceções ao regime geral.	Retomada do maximalismo, com esforço de consolidação da legislação, incorporação de normas infralegais ao corpo da lei, robustecimento de instrumentos de controle e combate à corrupção e tentativa de unificação nacional pela extensão de práticas da União a todos os entes federados.

	Primeira fase (1922-1967)	Segunda fase (1967-1986)	Terceira fase (1985-1993)	Quarta fase (1993-2021)	Quinta fase (2021-atual)
Outros atos normativos	- Decreto nº 19.549/1930 (suspende provisoriamente a aplicação do Código de Contabilidade) - Decreto nº 19.587/1931 (instituiu a Comissão Central de Compras) - Decreto-Lei nº 579/1938 (criação do DASP) - Decreto-Lei nº 2.206/1940 (institui o Dep. Federal de Compras e a "coleta de preços") - Decreto-Lei nº 2.416/1940 (uso da concorrência e do "pedido de pregos" por Estados e Municípios)	- Decreto-Lei nº 199/1967 (Lei Orgânica do TCU – fim do "registro prévio" das despesas) - Lei nº 5.456/1968 (estendeu a Estados e Municípios as normas do DL nº 200/1967 sobre contratações públicas) - Decreto nº 75.657/1975 (instituição do SISG)	- Constituição de 1988 (universaliza o dever geral de licitar; competência da União para normas gerais);	- Decreto nº 1.094/1994 (criação do SIASG) - Lei nº 8.958/1994 (Fundações de apoio) - Lei nº 8.987/1995 (concessões) - Lei nº 9.637/1998 (OS) - Lei nº 9.790/1999 (OSCIP) - Lei nº 10.520/2002 (Pregão) - Lei nº 10.973/2004 (Lei de Inovação) - Lei nº 11.079/2004 (PPPs) - Lei nº 12.232/2010 (serviços de publicidade) - Lei nº 12.462/2011 (RDC) - Lei nº 13.019/2014 (OSC) - Lei nº 13.303/2016 (Lei das Estatais) - Lei nº 13.979/2020 (pandemia de Covid-19)	– Lei Complementar nº 182/2021 (Marco Legal das Startups e Empreendedorismo Inovador) - Decreto nº 10.764/2021 (Comitê Gestor da Rede Nacional de Contratações Públicas) - Decreto nº 11.317/2022 (atualização dos valores estabelecidos na Lei nº 14.133/2021)

Fonte: Versão expandida a partir de Fassio *et al.* (2021), elaborada com base em Alessio (1998), Fernandes (2010, 2014a, 2014b) e Rosilho (2013).

Antes de examinar individualmente cada fase, ao que se dedicará o item 2.2 deste estudo, é possível perceber *três grandes movimentos* nesse percurso legislativo.

O primeiro deles diz respeito a uma transição lenta e gradual de um modelo minimalista, corporificado pelo Código de Contabilidade da União, de 1922, para outro maximalista, representado pela Lei nº 8.666/1993 e, mais recentemente, pela Lei nº 14.133/2021. Os termos maximalismo e minimalismo dizem respeito à intensidade da regulação estatal sobre contratações públicas, ampliando ou reduzindo a margem de discricionariedade que administradores possuem para decidir qual a melhor maneira de licitar e contratar no caso concreto (ROSILHO, 2013, p. 29-31). Trata-se, em outras palavras, de dois tipos ideais que, refletindo opções distintas de política legislativa sobre a regulação de compras públicas, permitem compreender como o emprego de regras detalhadas, minuciosas e abrangentes podem influenciar a atuação de agentes públicos e, consequentemente, aumentar ou diminuir a rigidez e a flexibilidade das contratações firmadas pelo Estado brasileiro.

Tabela 13 – Maximalismo e minimalismo: opções de política legislativa sobre o grau de intensidade da regulação estatal sobre licitações e contratos públicos

	Principal instrumento de regulação	Centro de poder decisório	Características
Minimalismo	Edital	Gestor público	• A lei estabelece apenas diretrizes e princípios do sistema de compras. Atos infralegais – como decretos e instruções normativas – disciplinam os detalhes dos procedimentos e as características dos contratos mais adequados para cada objeto a ser contratado; • Os gestores públicos possuem liberdade para decidir, no edital, qual a melhor maneira de licitar e contratar em cada caso concreto; • O edital é o principal instrumento de concretização das diretrizes estabelecidas pela legislação e dos procedimentos previstos na sua regulamentação.
Maximalismo	Lei formal	Legislador	• A lei estabelece regras detalhadas, minuciosas e abrangentes sobre procedimentos licitatórios e características contratuais com vistas a reduzir ao máximo a discricionariedade dos agentes responsáveis por sua aplicação; • A lei regula o procedimento em detalhes, reduzindo o espaço decisório do gestor no edital e o campo de regulamentação de atos infralegais, como decretos e instruções normativas; • Transferência da Administração para o legislador, *ex ante*, de decisões gerenciais relativas a contratações públicas.

Fonte: Elaborada pelo autor com base em Rosilho (2013, p. 29-31; 138-139, 163).

O segundo movimento que se percebe ao reconstruir o percurso da legislação brasileira de licitações e contratos reside no deslocamento do tema do campo das finanças públicas, que serviu de fundamento para edição do Código de Contabilidade da União e do Decreto-Lei nº 2.300/1986, para a seara do direito administrativo, onde a matéria se consolidou em definitivo no Brasil.[107] De certo modo, essa tendência pode ser explicada pelo caráter pouco legislado desse ramo do direito público ao longo da maior parte do século XX, o que permitiu a elaboração de uma teoria do contrato administrativo pela doutrina brasileira que destoa, em vários aspectos, de sua matriz francesa. Essa relação ficará mais clara a partir do exame das sucessivas reformas verificadas no direito positivo e será aprofundada no Capítulo 3 desta obra.

Por fim, o terceiro aspecto diz respeito à causa das alterações legislativas, ou seja, à motivação por trás das reformas. Aqui, é interessante perceber como muitas das mudanças na legislação brasileira de licitações e contratos estão quase sempre relacionadas a duas razões principais.

De um lado, é frequente que as reformas legislativas nesse tema estejam ligadas a medidas mais amplas de redução de despesas e controle dos gastos públicos. Foi o que aconteceu em 1930, com as tentativas de centralização das compras após a crise de 1929, e em 2000, com a instituição do "pregão" para a esfera federal. É curioso notar que a Medida Provisória nº 2.026/2000, que estendeu o uso dessa modalidade à União, foi editada exatamente no mesmo dia em que foi sancionada a Lei de Responsabilidade Fiscal (Lei Complementar nº 101/2000). Na época, o governo federal buscava conter gastos no curto prazo para enfrentar a crise econômica causada pela desvalorização do real, em 1999, e a "(...) *redução de despesas com licitações que se esperava com a aplicação do pregão apoiaria o ajustamento dos governos aos requisitos de responsabilidade fiscal*" (FERNANDES, 2014b, p. 20).

De outro, é frequente que as mudanças no direito positivo em matéria de contratações públicas estejam inseridas em uma agenda

---

[107] Há países, especialmente os influenciados pela regulação comunitária das contratações públicas no âmbito da União Europeia, que reconhecem ao direito da contratação pública um grau maior de autonomia. Nessa linha, Nuno Cunha Rodrigues (2013), comentando o tema em Portugal, afirma que "(...) o Direito da Contratação Pública não pertence à esfera do Direito Administrativo. Situa-se numa zona de condomínio que abrange diferentes ramos do Direito, entre os quais figuram (igualmente) o Direito Internacional Econômico, o Direito da União Europeia, o Direito da Concorrência e as Finanças Públicas, todos eles essenciais à compreensão global da contratação pública e reconduzíveis, em larga medida, ao Direito da Economia" (RODRIGUES, 2013, p. 25).

mais ampla de reforma administrativa.[108] Enxergando as licitações como tema central na atuação do Estado, essas reformas geralmente são motivadas pela busca por melhorias ou aprimoramentos de *gestão*, como se deu no Decreto-Lei nº 200/1967, ou pelo robustecimento de mecanismos de *controle*, em especial pelo enrijecimento da legislação para tentar coibir práticas de corrupção em licitações e contratos, tal como ocorreu com a Lei nº 8.666/1993[109] e, mais recentemente, com a Lei nº 13.303/2016 e com a Lei nº 14.133/2021, ambas influenciadas pela repercussão política da Operação Lava Jato.

Essas três conclusões – o avanço do maximalismo, a transição do tema do campo das finanças públicas para o direito administrativo e, por fim, a motivação inspirada por redução de gastos e reformas administrativas – ficarão claras no exame das cinco etapas da legislação brasileira de licitações e contratações públicas, que será realizado a seguir.

2.2 As cinco fases da legislação de licitações e contratos no Brasil

2.2.1 Primeira fase

A primeira fase tem início com o Código de Contabilidade da União, instituído pelo Decreto nº 4.536, de 28 de janeiro de 1922, e posteriormente detalhado pelo "Regulamento Geral de Contabilidade Pública", aprovado pelo Decreto nº 15.783, de 08 de novembro de 1922. O Código não foi o primeiro diploma a reger as contratações públicas no Brasil. Antes disso, a Lei de 29 de agosto de 1828 previu regras para "(...) *a construcção das obras publicas, que tiverem por objecto a navegação de rios, abertura de canaes, edificação de estradas, pontes, calçadas ou aqueductos*"

---

[108] Luigi Fiorentino (2007) retrata, na Itália, essa mesma ligação entre a revisão da legislação de licitações e contratos e reformas mais amplas da Administração Pública como um todo. "*La proposta muove dal presupposto che il public procurement rappresenti una occasione fondamentale per rinnovare le amministrazioni. Si propone così di attuare un Piano strategico finalizzato alla revisione dei meccanismi di acquisto per reingegnerizzare l'intera filiera organizzativa e manageriale delle amministrazioni*" (FIORENTINO, 2007, p. 355).

[109] Para Ciro Fernandes, é "(...) notório que as reformas de 1940 e 1967 e a mudança de Proce-dimentos em 2000 se orientavam pela busca da flexibilização de regras e procedimentos" – ao passo que "(...) a reforma de 1986 e a mudança do estatuto de licitações em 1993 se alinharam pelo enrijecimento, acompanhado da uniformização da sua aplicação, fazendo tabula rasa das diferenças entre setores, funções e tipos de entidades da administração pública" (FERNANDES, 2014b, p. 24).

e o Decreto nº 2.926, de 14 de maio de 1862, detalhou o *"processo das arrematações"* e as *"clausulas geraes"* para obras do Ministério da Agricultura, Comércio e Obras Públicas.[110] Entretanto, o caráter setorial desses atos normativos fez com que o Código de Contabilidade da União se tornasse o primeiro diploma a estabelecer normas gerais para contratações que, até então, eram reguladas de forma esparsa e heterogênea pela legislação.

À época, licitações e contratos eram considerados tema afeto às finanças públicas, sendo tratado com frequência em leis orçamentárias.[111] Nessa linha, o Título VII do Regulamento do Código de Contabilidade inseria a disciplina das *"concurrencias"* entre as *"normas administrativas que devem anteceder a realização das despesas"*, por exemplo. Curiosamente, o termo "licitação" só seria introduzido ao direito brasileiro pela Lei nº 4.401, de 10 de setembro de 1964, quatro décadas mais tarde, para designar de modo genérico os diferentes tipos de procedimento de contratação.

Muito pouco era dito sobre a forma de licitar no Código de Contabilidade da União e seu Regulamento. Por esse motivo, as suas normas constituem exemplo de um diploma minimalista, resultado da opção legislativa *"(...) por uma regulação branda, pouco invasiva, permitindo que a Administração Pública decidisse ad hoc como melhor licitar"* (ROSILHO, 2013, p. 36). Na prática, o regime do Código de Contabilidade permitia uma descentralização bastante significativa das contratações públicas, concedendo autonomia aos órgãos e entidades para tomar decisões, organizar trâmites internos e realizar pagamentos. Entretanto, como destaca Ciro Fernandes (2014a, p. 7), esse cenário era percebido como um desafio para manter os gastos públicos sob controle.

Esse fato motivou diversas tentativas de reforma para aumentar a centralização e a padronização das compras nas décadas de 1930 e 1940, inclusive com a suspensão temporária de regras previstas no

---

[110] As *"clausulas geraes"* do Regulamento de 1862 provavelmente constituem um dos primeiros exemplos de prerrogativas do Poder Público sobre os particulares contratados no direito brasileiro. Confiram-se, p.e., as disposições sobre alterações contratuais (arts. 18 e 37) e sobre sanções contratuais (art. 32).

[111] Por exemplo, a Lei nº 2.221, de 30 de dezembro de 1909, que *"fixa a despeza geral da Republica dos Estados Unidos do Brazil para o exercicio de 1910, e dá outras providencias"*, estabeleceu uma série de regras para licitações em seu artigo 54, consagrando, na alínea *"f"*, a regra de que *"a concurrencia cabe de direito ao autor da proposta mais barata, por mínima que seja a differença entre ella e qualquer outra"*.

Código de Contabilidade.[112] O Ministro da Fazenda à época, José Maria Whitaker, propôs reformas visando centralizar os processos de contratação pública para reduzir despesas diante da crise de 1929. No entanto, a resistência de órgãos e entidades administrativas e a oposição do Tribunal de Contas da União à centralização em torno da Comissão Central de Compras, instituída pelo Decreto nº 19.587, de 14 de janeiro de 1931, e da Divisão de Materiais do Departamento Administrativo do Serviço Público ("DASP"), criado pelo Decreto-Lei nº 579, de 30 de julho de 1938, fizeram com que a proposta inicial de substituição do Código de Contabilidade desse lugar a uma estratégia de revisão pontual da legislação, que seria revogada somente em 1986.

2.2.2 Segunda fase

O Decreto-Lei nº 200, de 25 de fevereiro de 1967, marca a segunda fase da legislação de licitações e contratos no Brasil. Fruto de uma ampla reforma administrativa, idealizada pela Comissão Especial de Estudos da Reforma Administrativa (COMESTRA) no governo Castello Branco (1964-1967), o objetivo era aproximar ao máximo os procedimentos adotados pela Administração com práticas empresariais.

O resultado foi uma lei bastante enxuta no que se refere ao tema. Embora o Decreto-Lei seja extenso, o Título XII, que dispõe sobre as *"normas relativas a licitações para compras, obras, serviços e alienações"*, possui apenas 20 artigos. O diploma também marca um primeiro esforço de unificação nacional dos procedimentos de contratação, prevendo um conteúdo mínimo a ser observado por toda a Administração brasileira. Para tanto, o Decreto-Lei nº 200/1967 criou três modalidades de licitação, a "concorrência", a "tomada de preços" e o "convite", mas não estabeleceu um critério preferencial de julgamento. Logo, caberia ao edital estipular qual combinação entre os critérios de "preço" e "técnica" tornaria vitoriosa a proposta em cada caso, sendo obrigatória a apresentação de justificativa se não fosse escolhida, ao final, aquela de menor preço (artigo 133). Dessa maneira, assim como o Código de Contabilidade e o seu Regulamento, "(...) *o decreto-lei deu à Administração boa margem de discricionariedade para decidir a melhor maneira de efetuar*

---

[112] Artigo 1º do Decreto nº 19.549, de 30 de dezembro de 1930: "Art. 1º Ficam suspensas, até ulterior deliberação do Governo, as exigências dos arts. 244, 736, 738 e 764, do Código de Contabilidade da União, relativamente à celebração de concorrências e contratos para a aquisição de material ou execução de serviços em proveito das dependências da União".

as compras governamentais nos casos concretos" (ROSILHO, 2013, p. 51), privilegiando o edital como o principal instrumento para regulação das contratações públicas à época.

A segunda fase manteve o minimalismo da legislação anterior e continuou a considerar licitações e contratos como tema de finanças públicas, não propriamente de direito administrativo.[113] Contudo, já era possível perceber durante essa segunda etapa alguns indícios de formação do maximalismo, o qual se reforçaria nas fases subsequentes dessa trajetória legislativa.

É o que se depreende, por exemplo, da Exposição de Motivos elaborada pelo então Secretário da Justiça do Estado de São Paulo, Hely Lopes Meirelles, para a Lei nº 10.395, de 17 de dezembro de 1970,[114] que disciplinaria as obras, os serviços e compras em âmbito estadual. Para Meirelles, o diploma traria *"preceitos novos, necessários e um estatuto orgânico e sistemático"* sobre a matéria dos contratos administrativos, reunindo *"leis e decretos obsoletos e esparsos"* em um só diploma legal, de modo a evitar *"(...) a indevida sujeição das contratações administrativas a regras civilísticas incompatíveis com o interesse público"*. O excerto transcrito a seguir deixa transparecer uma visão claramente influenciada pela doutrina do direito administrativo, a qual será tratada mais adiante nesta obra:

1. Esta lei encampa todos os dispositivos do Decreto-lei federal n. 200-67, sobre licitações e contratos administrativos, aplicáveis ao Estado, complementando-os com preceitos novos, necessários e um *estatuto orgânico e sistemático* como o que ora se promulga sobre a matéria.

2. Diante da multiplicidade de normas vigentes no Estado, concernentes a licitações e contratos administrativos, expressas em leis e decretos obsoletos e esparsos, a Comissão julgou do maior interesse *reunir toda a matéria num só diploma legal*, embora cuide de aspectos diversos da contratação de obras e serviços públicos, ou mesmo de compras e alienações, e até de serviços técnicos profissionais especializados.

---

[113] Eros Roberto Grau, em um parecer elaborado à época dessa legislação, defende a natureza de direito financeiro das normas de licitações e contratos previstas no Decreto-Lei nº 200/1967: "(...) as disposições inscritas no Título XII do Decreto-Lei nº 200/67 (arts. 125 e 144) consubstanciam tipo de normas gerais de direito financeiro ou de despesa e gestão patrimonial e financeira de natureza pública, a que refere o art. 89, XVII, c, do vigente texto constitucional". (GRAU, 2015, p. 126).

[114] A exposição de motivos elaborada por Hely Lopes Meirelles encontra-se publicada no Diário Oficial do Estado de 18 de dezembro de 1970 (nº 239, ano LXXX, p. 1-2.) A Lei pode ser acessada no link: https://www.al.sp.gov.br/repositorio/legislacao/lei/1970/original-lei-10395-17.12.1970.html. Acesso em: 14 nov. 2023.

(...)

10. No capítulo dos contratos, *a lei subordina impositivamente todos os ajustes administrativos às suas normas*, a serem suplementadas pelos preceitos de direito público, e, não os havendo, pelas disposições cabíveis do direito privado, evitando, assim, a *indevida sujeição das contratações administrativas a regras civilísticas incompatíveis com o interesse público*. Essa, aliás, é a orientação da **boa doutrina**, lamentavelmente ainda não consagrada em qualquer texto legislativo pátrio, embora seguida pela jurisprudência dominante em nossos tribunais.

11. Neste capítulo, *a lei indicou as cláusulas essenciais que devem figurar, necessariamente, nos contratos administrativos*, e sem as quais os ajustes serão passíveis de invalidação, por se considerarem falhos em pontos fundamentais para a fixação de seu objeto e delimitação dos direitos e obrigações das partes. Tais cláusulas constituirão o mínimo exigível no 'termo de contrato' (...).

12. Outro aspecto que mereceu regulamentação dessa lei é o relativo à *alteração unilateral dos contratos*, (...). Este é um dos pontos em que a falta de normas legais vinha ensejando as maiores divergências entre as partes e frequente hesitação dos tribunais no reconhecimento desse poder da Administração, *de há muito admitido pela doutrina e adotado pela legislação administrativa dos países mais adiantados*. (Grifos meus)

Analisando a trajetória das reformas promovidas no Brasil, Beatriz Wahrlich (1974) dialoga com a contribuição de Charles Debbasch[115] acerca das duas metodologias mais comuns, segundo o autor francês, para a reorganização administrativa: o método experimental e a administração paralela. Primeiramente, o método experimental "(...) *consiste no ensaio da reforma projetada e sua adoção, em caráter informal e provisório, gradualmente, antes de sua generalização e formalização. Nesse período experimental, a reforma é acompanhada atentamente e alterada, sempre que necessário, em função dos dados concretos sobre os quais se aplica e aos quais dá origem*" (WAHRLICH, 1974, p. 69). A seu turno, o método da administração paralela se dá pela "(...) *introdução, na burocracia, de unidades administrativas especializadas que, ao lado das tradicionais, vão incumbir-se de novos objetivos e tarefas, sob novas técnicas, influenciando, assim, criativamente, o contexto em que atuam*" (WAHRLICH, 1974, p. 69). Muito embora ambos os métodos tenham sido adotados no Brasil,[116]

---

[115] A autora se refere ao artigo "Methodes modernes de la réforme administrative", publicado por Debbasch no Bulletin de l'Institut International d'Administration Publique, Révue d'Administration Publique, n. 9, p. 21-30, jan./mar. 1969.

[116] "Exemplificando: uma reforma administrativa no Ministério da Educação e Cultura, tal como a necessária para implantação da reforma do ensino do 1.0 grau, ora em andamento,

a autora concluiu que a "(...) *falta de continuidade na implantação do Decreto-lei nº 200 é, pois, evidente"* (WAHRLICH, 1974, p. 73), deixando incompleto o seu projeto de reorganização administrativa.

2.2.3 Terceira fase

A terceira fase da legislação brasileira de contratações públicas inicia-se com o Decreto-Lei nº 2.300, de 21 de novembro de 1986. O diploma foi resultado de uma tentativa de reforma administrativa promovida durante o governo Sarney (1985-1989) com o objetivo de aumentar o controle sobre as entidades da Administração indireta – em especial, as empresas estatais, que não estavam abrangidas pelas normas de contratação pública do Decreto-Lei nº 200/1967 e apresentavam, à época, níveis preocupantes de endividamento.

O projeto de reforma administrativa mais ampla não vingou, mas a reforma das licitações era considerada medida prioritária e urgente para retomar o controle dos gastos públicos em meio à crise inflacionária (FERNANDES, 2014b, p. 15). Daí a opção pelo uso do Decreto-Lei, cujo emprego foi justificado pela natureza de *"finanças públicas"* das normas sobre licitações e contratos – matéria que, nos termos do artigo 55, inciso II, da Constituição de 1967, com a redação da Emenda Constitucional nº 1/1969,[117] permitia a expedição de Decretos-Leis diretamente pelo Presidente da República. À época, portanto, licitações e contratos ainda eram considerados temas afetos à seara do direito financeiro, como se vê no seguinte trecho da Exposição de Motivos do Decreto-Lei nº 2.300/1986:

> Saliente-se, por necessário, Senhor Presidente, que o *caráter financeiro das normas licitatórias* justifica, plenamente, a edição do proposto decreto-lei, com fundamento no artigo 55, n. II, da Carta Federal.
>
> A licitação e a celebração dos contratos pela Administração Pública participam, na lição autorizada do ilustre tributarista brasileiro, Professor RUI BARBOSA NOGUEIRA, "dos meios de *realização da despesa*

---

utiliza algo como o método experimental, ao passo que a criação do IPEA e do próprio Ministério do Planejamento e Coordenação Geral se aproxima bastante do que Debbasch denomina de método da administração paralela." (WAHRLICH, 1974, p. 70)

[117] Artigo 55, *caput* e inciso II, da Constituição de 1967: "Art. 55. O Presidente da República, em casos de urgência ou de interêsse público relevante, e desde que não haja aumento de despesa, poderá expedir decretos-leis sôbre as seguintes matérias: (...) II – finanças públicas, inclusive normas tributárias".

e receita pública, integrando-se, necessariamente, na execução orçamentária, objeto por excelência do Direito Financeiro" (v. Revista de Direito Administrativo, vol. 85, p. 186).

O eminente Ministro MOREIRA ALVES, Presidente do Egrégio Supremo Tribunal Federal, perfilha idêntica orientação, como se dessume da seguinte passagem do voto que proferiu no julgamento da Representação nº 1057-DF: "... Com efeito, *sou dos que entendem que as normas atinentes à licitação se situam no campo do direito financeiro, e não no do direito administrativo*" (v. Revista Trimestral de Jurisprudência, vol. 104, p. 65).

O douto HELY LOPES MEIRELLES assinala que as *normas regedoras da licitação e dos contratos da Administração Pública são de direito financeiro,* posto que se trata de matérias que "acarretam despesas para a Administração e alteração patrimonial de seus bens e valores" (v. "Licitação e Contrato Administrativo", p. 18, 6ª ed., 1985).

Essa posição doutrinária, que preponderantemente inclui os institutos da licitação e dos contratos da Pública Administração no campo de incidência do direito financeiro, também encontra suporte nos ensinamentos de CARLOS S. DE BARROS JÚNIOR, "Contratos Administrativos", p. 30, item n. 21, 1986; J. NASCIMENTO FRANCO e NISSKE GONDO, "Concorrência Pública", p. 12, item n. 2; FRANCESCO DI RENZO, "I Contratti della Pubblica Amministrazione", p. 1/2 e 12, 1969. (Grifos meus)

A atuação da Consultoria-Geral da República foi decisiva para a elaboração do anteprojeto que deu base ao Decreto-Lei nº 2.300/1986. Destacando que os contratos administrativos constituem matéria "(...) *inteiramente distinta dos contratos de Direito Privado*", Saulo Ramos (2013), que exerceu o cargo de Consultor-Geral à época, reconhece a influência de Hely Lopes Meirelles na elaboração do texto que preencheria o "vácuo legal" deixado pela revogação das normas de licitações e contratos presentes no Código de Contabilidade e no Decreto-Lei nº 200/1967:

O Brasil não tinha uma lei que regulasse as licitações públicas e o contrato administrativo. Simplesmente não tinha. Havia algumas regras para licitação, baixadas pelos militares, no Decreto-Lei nº 200; e o contrato administrativo era disciplinado — que disciplinado?! —, tinha como referência o Código de Contabilidade da União, de 1928. Leram bem? 1928. Eu nem era nascido!

Passei a trabalhar na solução. Não podia conformar-me com este fato: meu país não tem disciplina legal para dois assuntos de tamanha importância! E o mais grave: o contrato administrativo derivava diretamente da licitação, da concorrência pública. E é matéria de Direito Público, inteiramente distinta dos contratos de Direito Privado. Contei com a valiosa e inestimável colaboração do maior craque na matéria: o mestre Hely Lopes Meirelles. Depois de alguns meses de trabalho, estava pronto o decreto-lei, reunindo nossas idéias e, sobretudo, a jurisprudência brasileira que se formara em torno do vácuo legal. (RAMOS, 2013, p. 253)

O texto proposto pela Consultoria-Geral da República "(...) *atendia às demandas pela uniformização da defesa da União no contencioso dos contratos públicos junto ao Judiciário"* (FERNANDES, 2014b, p. 13), que eram muito diversos e heterogêneos sob o Decreto-Lei nº 200/1967, e consolidava a doutrina do direito administrativo e a jurisprudência dos Tribunais de Contas e do Poder Judiciário em um único estatuto, organizado de forma sistemática e analítica. O novo diploma incorporou expressamente a posição de verticalidade do Estado sobre os contratados ao positivar as chamadas "cláusulas exorbitantes" (artigo 48).[118] Além disso, reconheceu a possibilidade de anulação do certame pela própria Administração e passou a exigir a publicação do extrato dos contratos na imprensa oficial, a fim de preservar o Poder Público da incidência de efeitos financeiros retroativos.[119]

O Decreto-Lei nº 2.300/1986 desempenhou papel importante ao consolidar as regras e os procedimentos relativos a licitações e contratos, revogando as disposições do Código de Contabilidade da União e do Decreto-Lei nº 200/1967. O diploma ampliou o alcance do dever de licitar, estendendo-o a empresas estatais, fundações e outras entidades controladas direta ou indiretamente pelo Poder Público, conforme previsto no artigo 86. Além disso, passou a especificar a forma pela qual os requisitos de habilitação deveriam ser comprovados perante a Administração, reduzindo assim a ampla margem de liberdade que era permitida aos editais sob a égide das legislações anteriores. O Decreto-Lei criou as modalidades "concurso" e "leilão", bem como

---

[118] Artigo 48 do Decreto-Lei nº 2.300, de 21 de novembro de 1986: "Art 48. O regime jurídico dos contratos administrativos, instituído por este decreto-lei, confere à Administração, em relação a eles, a prerrogativa de: I – modifica-los unilateralmente para melhor adequação às finalidades de interesse público; II – extingui-los, unilateralmente, nos casos especificados no inciso I do art. 69; III – fiscalizar-lhes a execução; IV – aplicar sanções motivadas pela inexecução, total ou parcial, do ajuste".

[119] Em outras palavras, buscou-se evitar a celebração de contratos posteriormente à realização de bens e serviços ajustados oralmente, de forma informal, apenas para justificar o pagamento devido ao contratado.

incorporou ao direito positivo brasileiro a diferenciação doutrinária entre "dispensa" e "inexigibilidade". Por fim, o diploma estabeleceu limites de valor para a utilização das modalidades "convite", "tomada de preços" e "concorrência", tornando mais objetiva a escolha do procedimento licitatório.

Contudo, antes mesmo de o Decreto-Lei nº 2.300/1986 completar o seu quinto ano de vigência, o Deputado Luís Roberto Ponte (PMDB/RS) apresentou o Projeto de Lei nº 1.491/1991 à Câmara dos Deputados, voltado à discussão de uma nova lei de licitações. O projeto tramitou em meio ao escândalo dos "anões do orçamento", da Comissão de Orçamento do Congresso Nacional, e às acusações de licitações super-faturadas no governo Collor, que atingiram repercussão nacional. Esses fatos, amplamente noticiados pela imprensa, levaram à instauração de um processo de *impeachment* que culminou com a renúncia do Presidente, em 29 de dezembro de 1992.

A aprovação de um novo diploma para reger as licitações nesse contexto politicamente conturbado assumiu o objetivo de moralizar a Administração Pública brasileira e impedir a corrupção em contratações públicas. Daí o desejo de substituir o Decreto-Lei nº 2.300/1986 – diploma legal que "(...) *permitiu o alastramento de práticas ilícitas*" (ROSILHO, 2013, p. 102) e que, por isso, "(...) *passou a ser encarado como vulnerável à corrupção*" (FERNANDES, 2014b, p. 15) – por outro com regras mais detalhadas, minuciosas e abrangentes, para reduzir ao máximo a discricionariedade dos agentes públicos.[120]

A proposta que daria origem à Lei nº 8.666, de 21 de junho de 1993, "(...) *era uma versão expandida do Decreto, com inúmeros deta-lhamentos dos seus dispositivos para 'fechar as brechas'*", formando "(...) *uma legislação mais detalhada, com disposições redigidas com precisão, que tornassem inequívocas as interpretações da lei*" (FERNANDES, 2014b, p. 16). O intento de vincular os gestores restou claro desde os primeiros debates parlamentares, como se lê na transcrição do discurso proferido pelo Deputado Tidei de Lima (PMDB/SP) na Câmara dos Deputados:[121]

---

[120] Embora não se refira a contexto brasileiro, a obra de Steven Kelman (1990) é uma das principais referências sobre o papel que a discricionariedade representa no campo das contratações públicas.

[121] Discurso proferido na Comissão de Trabalho, de Administração e Serviço Público da Câmara dos Deputados e publicado no Diário do Congresso Nacional, Seção I, 21.5.1992, p. 9958. Disponível em: https://imagem.camara.leg.br/diarios.asp?selCodColecaoCsv=J. Acesso em: 20 nov. 2023.

O que se pretende, Sr. Presidente, é evitar editais dirigidos, concorrências fraudulentas, preocupações que não orgulham a história da Administração Pública brasileira. *Procuramos cercar, de uma forma ou de outra, a ocorrência de corrupção.* Estamos conscientes de que é impossível, por decreto, acabar com a corrupção, mas *temos a obrigação de evitá-la, de cercá-la, de criar dificuldades, para que ela não aconteça.* Propõe-se, através de um projeto de lei desta magnitude – *e ele precisa ser detalhado para se evitar casos de corrupção* – a seguinte estratégia (...). (Grifos meus)

A Lei nº 8.666/1993 não teve tramitação tranquila no Congresso Nacional, como lembram Rosilho (2013) e Fernandes (2014b). Após a primeira aprovação na Câmara dos Deputados, o texto recebeu um duro substitutivo pelo Senador Pedro Simon (PMDB/RS), contendo disposições que puniam criminalmente os particulares beneficiados por corrupção em licitações. Para Arnoldo Wald (1993), o rigor excessivo do substitutivo do Senado transformaria a lei brasileira em "(...) *uma camisa de força, tanto para o administrador, como para o próprio empresário, e ensejando mais um nó de estrangulamento no desenvolvimento da nossa Economia*" (WALD, 1993, p. 19). De volta à Câmara, o texto aprovado no Senado foi objeto de um novo substitutivo do Deputado Walter Bernardes Nory (PMDB/SP), o qual reestabeleceu as linhas gerais do projeto original do Deputado Luis Roberto Ponte.

O texto final aprovado pelo Congresso em abril de 1993 teve diversos trechos vetados pelo Presidente Itamar Franco,[122] que posteriormente editou diversas Medidas Provisórias para alterar a lei recém-aprovada.[123] A resistência de muitos deputados e senadores aos vetos opostos pela Presidência da República mobilizou o Congresso Nacional em torno da aprovação de um novo projeto de lei para reintroduzir alguns dos trechos vetados. Em resultado, a Lei nº 8.883, de 8 de junho de 1994, modificou 46 artigos da Lei nº 8.666/1993, alterando

---

[122] Entre os vetos de 1993, por exemplo, está o regime de administração contratada, pelo qual a Administração reembolsa o contratado pelas despesas incorridas para a execução do objeto. Décadas depois, o regime jurídico dado à encomenda tecnológica e ao Contrato Público de Solução Inovadora (CPSI) passaram a admitir a possibilidade excepcional de pagamento por reembolso de custos no direito brasileiro, recuperando em linhas gerais a mecânica do regime de administração contratada para casos de risco tecnológico, em que a dificuldade de precificação justifica os custos maiores de fiscalização e monitoramento contratuais.

[123] Confiram-se, a respeito, MP nº 351, de 16.09.1993; a MP nº 360, de 18.10.1993; a MP nº 372, de 17.11.1993; a MP nº 388, de 16.12.1993; a MP nº 412, de 14.1.1994; a MP nº 429, de 16.2.1994; a MP nº 450, de 17.3.1994, e a MP nº 472, de 15.4.1994.

pouco mais de um terço do seu texto antes mesmo de completar o primeiro ano de vigência.

Para Nelson Luiz Nouvel Alessio (1998), os 126 artigos da nova legislação "(...) *procuram deixar pequeno grau de liberdade ao agente público*" (ALESSIO, 1998, p. 41). Além disso, a Lei nº 8.666/1993 "(...) *radicalizou o critério do menor preço para a escolha do licitante, com o escopo de tornar o processo de seleção de fornecedores para a Administração Pública ainda mais objetivo*" (ROSILHO, 2013, p. 126) e deixou claro no artigo 113 que os Tribunais de Contas seriam responsáveis pela fiscalização das despesas resultantes de contratos, convênios e outros instrumentos, sem prejuízo da atuação dos sistemas de controle interno.

O artigo 1º da Lei nº 8.666/1993 revela a pretensão do diploma de ser, concomitantemente, uma "lei geral" e uma "lei de normas gerais", regendo não só as hipóteses de que trata expressamente, mas também, subsidiariamente, todos os casos disciplinados por leis especiais (ALMEIDA, 2012, p. 200). A lei passou a incluir todos os órgãos e entidades da Administração Pública, em âmbito federal, estadual e municipal, abrangendo também empresas públicas e sociedades de economia mista. Muito embora o artigo 22, inciso XXVII, da Constituição tenha reservado à União competência para legislar apenas sobre "*normas gerais*" de licitações e contratos, o fato é que "(...) *pouco restou para regulamentação pelos estados e municípios ou para atender* às *peculiaridades das entidades da administração descentralizada*" (FERNANDES, 2014b, p. 18). O tema chegou a ser questionado perante o Supremo Tribunal Federal (ADI 927-MC),[124] mas o autodeclarado "caráter geral" da Lei nº 8.666/1993 consolidou-se em definitivo na doutrina e na jurisprudência. Essa posição central, contudo, acabou sendo gradualmente esvaziada, na etapa seguinte, pela heterogeneidade e variabilidade trazidas pelo direito positivo.

---

[124] "CONSTITUCIONAL. LICITAÇÃO. CONTRATAÇÃO ADMINISTRATIVA. Lei n. 8.666, de 21.06.93. I. – Interpretação conforme dada ao art. 17, I, 'b' (doação de bem imóvel) e art. 17, II, 'b' (permuta de bem móvel), para esclarecer que a vedação tem aplicação no âmbito da União Federal, apenas. Idêntico entendimento em relação ao art. 17, I, 'c' e par. 1. do art. 17. Vencido o Relator, nesta parte. II. – Cautelar deferida, em parte." ADI 927-MC/RS, Rel. Min. Carlos Velloso, d.j. 03.11.1993. Disponível em: https://jurisprudencia.stf.jus.br/pages/search/sjur115882/false. Acesso em: 25.11.2023.

2.2.4 Quarta fase

A quarta fase da trajetória da legislação de contratações públicas no Brasil é caracterizada por movimentos de reação à rigidez imposta pela Lei nº 8.666/1993. Para Carlos Ari Sundfeld (2009), a principal característica desta etapa parece ser o desejo de "fuga" das licitações, *"(...) como se, de repente, se tivesse percebido que a licitação apresentava sérios problemas e que era preciso encontrar instrumentos com o objetivo de afastá-la"* (SUNDFELD, 2009, p. 21). Incialmente considerada um pilar para combater a corrupção em contratações públicas, a *"(...) Lei 8.666/1993 paulatinamente passou a ser* vista *como um peso, um ônus a ser evitado"* (ROSILHO, 2013, p. 199) na gestão pública brasileira.

Para Vera Monteiro (2003), *"(...) a rigidez da Lei 8.666 – antes elogiada, pela moralização procedida nos processos licitatórios – passou a ser considerada um fator de engessamento das contratações governamentais, ao tratar com rigor demasiado um universo de situações que demandavam tratamento legislativo diferenciado"* (MONTEIRO, 2003, p. 22). Na mesma linha, Marcos Juruena Villela Souto (2009) concentra as suas críticas à Lei nº 8.666/1993 em quatro pontos: (i) generalidade, *"(...) já que a mesma lei se destinava tanto à compra de clipes como para a construção de uma usina nuclear"*; (ii) burocracia, pautada em um rigoroso exame de documentos que convertia as licitações em *"(...) um 'campeonato de papelada' – vencia quem sabia melhor cumprir a burocracia"*; (iii) morosidade, pois o processo *"(...) se tornava demasiado lento, sem o necessário proveito em termos de qualidade ou de preço"*; e, por fim, (iv) onerosidade, tanto para o Poder Público como para o particular (SOUTO, 2009, p. 329).

Floriano de Azevedo Marques Neto (2009) critica a *"maldição do regime* único", ou seja, a aplicação indiscriminada das prerrogativas e sujeições do regime jurídico-administrativo a todos os campos desse ramo do Direito. Essa abordagem tende a homogeneizar o tratamento dos institutos e rejeitar nuances específicas de cada regime, levando parte da doutrina a *"(...) defender que o estatuto das licitações deve ser uno, invariável, não obstante as compras governamentais serem diversificadas ao extremo"* (MARQUES NETO, 2009, p. 78). Essa uniformidade contrasta com a pluralidade do direito positivo verificada ao longo desta quarta fase. Esse descompasso faz com que regimes aplicáveis a contratações específicas, como concessões e Parcerias Público-Privadas (PPPs), parcerias com o terceiro setor e os acordos previstos na Lei de Inovação sejam interpretados à luz do regime geral, como se a Lei nº 8.666/1993 fosse a única fonte autorizada para compreender todos os atos normativos que tratam da regulamentação das contratações públicas no Brasil.[125]

Para Carlos Ari Sundfeld e Rodrigo Pagani de Souza (2013), a Lei nº 8.666/1993 tornou-se uma "(...) *lei geral que não deveria ser"* (SUNDFELD, SOUZA, 2013, p. 99), gerando uma tensão que provoca duas consequências negativas. De um lado, o campo material de aplicação da Lei nº 8.666/1993 vai sendo esvaziado na medida em que avançam os regimes paralelos introduzidos pelo próprio direito positivo, os quais, pouco a pouco, reduzem a importância da própria "lei geral". De outro, as próprias normas que criam exceções e procedimentos alternativos "(...) *são atingidas por alguma insegurança jurídica, pela tentativa de intérpretes ou controladores de sujeitá-las a processo licitatório tal como o ditado pela Lei de Licitações"* (SUNDFELD, SOUZA, 2013, p. 96). Isso é particularmente sensível na aplicação do Marco Legal de CT&I, onde é frequente que a legislação repita possibilidades já admitidas pelo direito positivo como medida de reforço à segurança jurídica desses instrumentos. Retomarei esse ponto adiante, no item 3.3, ao criticar algumas das consequências decorrentes da leitura propagada pela doutrina sobre os contratos administrativos no Brasil.

A quarta fase é marcada pela *erosão gradual do modelo unitário de contratações públicas*, dada principalmente pela proliferação de alternativas ao rigor da legislação e pelo surgimento de regimes paralelos à Lei nº 8.666/1993 no direito positivo.[126] Resumidamente, é possível identificar seis tendências que se alinham a essa perspectiva: (i) *proliferação de exceções ao dever de licitar*, que passaram de 15 para 35 hipóteses, ou seja, mais do que o dobro do número originalmente previsto no artigo 24 da Lei nº 8.666/1993 para os casos de dispensa de licitação;[127] (ii) *desestatização*, pela criação de novos modelos de parceria com entidades do terceiro setor; (iii) *novos procedimentos licitatórios e*

---

[125] Segundo Floriano Azevedo Marques neto, é "(...) como se a Lei nº 8.666/1993 tivesse uma prevalência (como regime geral dos contratos administrativos) ou, então, como se ela servisse de pauta hermenêutica para interpretar o regime especial". (MARQUES NETO, 2009, p. 78)

[126] "Mas o caldo das situações de licitação dispensável, inclusive para celebração de parcerias, não engrossa à toa: ele engrossa também em razão da avaliação de que determinadas operações, realizadoras de interesses legítimos da sociedade e do Estado brasileiros, se fossem submetidas ao processo de licitação tal como fixado pela Lei nº 8.666/1993, acabariam frustradas." (SUNDFELD; SOUZA, 2013, p. 99)

[127] Um levantamento das propostas apresentadas ao Congresso Nacional para a alteração da Lei nº 8.666/1993 mostrou que "(...) cerca de 20% das alterações legislativas – ou seja, 49 do total de 198 – versaram sobre o tema das dispensas ou inexigibilidades de licitação" (ROSILHO, 2013, p. 154).

modelos contratuais para contratações específicas, normalmente associados a concessões e grandes projetos de infraestrutura; (iv) *ampliação gradativa de regimes excepcionais*, como o pregão e o RDC; (v) *deslegalização*, com a possibilidade de que mais temas relativos a licitações e contratos públicos sejam disciplinados mediante normas infralegais; e, por fim, (vi) a *concessão de tratamento diferenciado a setores específicos*, mediante a criação de exceções à Lei nº 8.666/1993 ou de regimes separados em benefício de atores determinados.

A tabela a seguir descreve essas tendências e apresenta exemplos que ilustram algumas dessas "válvulas de escape" decorrentes da fragmentação do modelo unitário das contratações públicas no Brasil.

Tabela 14 – A quarta fase da legislação de licitações e contratações públicas no Brasil: reações ao maximalismo legal e tendências de erosão do regime jurídico unitário

(continua)

	Descrição	Exemplos
(1) Proliferação de exceções ao dever de licitar	A criação de novas hipóteses de dispensa de licitação reflete a necessidade pragmática de excepcionar a licitação em alguns casos, afastando a ideia de que seria possível regular, em um único diploma, toda a vasta diversidade de contratos firmados pelo setor público.	• Alterações ao art. 24 da Lei nº 8.666/1993, cujo rol cresceu de 15 para 35 casos de dispensa de licitação. • Lei nº 13.979/2020 (dispensa emergencial para enfrentamento da Covid-19); • Lei nº 14.065/2020 (limite ampliado para dispensa pelo valor na pandemia)
(2) Desestatização	A "reforma gerencial" de Bresser-Pereira tornou necessária a criação de regimes jurídicos específicos para reger, fora da Lei nº 8.666/1993, a delegação de atividades entre o núcleo estratégico do Estado e o "setor público não estatal" formado por entidades do terceiro setor, tais como OS, OSCIPs, Serviços Sociais Autônomos e OSCs.	• Lei nº 8.958/1994 (Fundações de apoio); • Lei nº 9.637/1998 (Organizações Sociais); • Lei nº 9.790/1999, (Organizações da Sociedade Civil de Interesse Público); • Lei nº 13.019/2014 (Organizações da Sociedade Civil).
(3) Novos procedimentos licitatórios e modelos contratuais para contratações específicas	Criação de regimes de licitação e contratação para projetos de concessão e infraestrutura, que necessitam de prazo mais longo para amortização de investimentos, garantias adequadas a valores vultosos, repartição de riscos e remuneração vinculada a critérios de desempenho.	• Lei nº 8.987/1995 (concessões); • Lei nº 11.079/2004 (PPPs); • Lei nº 12.462/2011 (RDC).

(conclusão)

	Descrição	Exemplos
(4) Ampliação gradativa de regimes excepcionais	Ampliação gradual de regimes excepcionais, esvaziando o campo material de aplicação da Lei nº 8.666/1993. Foi o que aconteceu com o pregão, uma modalidade licitatória mais simples e rápida, que inverte as fases de habilitação e julgamento das propostas para contratar "bens e serviços comuns" sem limite de valor, que encontrou ampla receptividade no dia a dia da Administração brasileira. Igualmente, o RDC, que era originalmente circunscrito à Copa das Confederações de 2013, à Copa do Mundo de 2014 e às Olimpíadas do Rio, em 2016, foi sendo gradualmente ampliado para emprego em outros objetos e serviu de fonte principal de inspiração para a Lei nº 13.303/2016 (Lei das Estatais) e a própria Lei nº 14.133/2021.	• arts. 54 e 55 da Lei nº 9.472/1997 (pregão e consulta na Lei Geral de Telecomunicações) • Medida Provisória nº 2.026/2000 (aplicação do pregão à União); • Lei nº 10.520/2002 (estende o pregão a Estados e Municípios); • Lei nº 12.462/2011 (RDC); • Lei nº 12.688/2012 (RDC para ações do Programa de Aceleração do Crescimento); • Lei nº 12.745/2012 (RDC para obras e serviços de engenharia no SUS); • Lei nº 13.190/2015 (RDC para segurança pública; estabelecimentos penais; mobilidade urbana; infraestrutura logística; locação *built to suit*); • Lei nº 13.243/2016 (RDC para órgãos e entidades dedicados a CT&I); • Lei nº 14.065/2020 (RDC na pandemia); • Lei nº 14.620/2023 (RDC para regularização fundiária e habitação).
(5) Deslegalização	Diminuição da densidade do conteúdo das leis, remetendo a atos infralegais a definição de características dos procedimentos licitatórios e dos contratos em contrato. A deslegalização no caso da Petrobras gerou resistências no TCU e chegou a ser questionada judicialmente perante o STF no caso da LGT (ADI nº 1.668) e do RDC (ADI nº 4.655).	• Lei nº 9.472/1997 (remissão ao regulamento da ANATEL pela Lei Geral de Telecomunicações); • Lei nº 9.478/1997 (autorizou a Petrobras a adotar procedimento licitatório simplificado – o Decreto nº 2.745/1998); • Lei nº 12.462/2011 (RDC), que remeteu a definição de diversos temas ao Decreto nº 7.581/2011; • Lei nº 13.303/2016 (Lei das Estatais), que previu a edição de regulamentos internos de licitações e contratos.
(6) Tratamento especial conferido a setores específicos	Tendência de subtrair determinados sujeitos do campo material de aplicação do regime geral de licitações e contratos.	• Lei nº 12.232/2010 (publicidade e propaganda); • Lei nº 12.598/2012 (compras estratégicas na área de defesa); • Lei nº 13.303/2016 (Lei das Estatais).

Fonte: Versão atualizada e expandida a partir de Fassio *et al.* (2021), elaborada com base em Fernandes (2010, 2014a, 2014b) e Rosilho (2013).

Ao longo desta quarta fase, novos procedimentos licitatórios e modelos contratuais foram implementados por legislações esparsas,[128] as quais passaram a conviver em paralelo com a Lei nº 8.666/1993 – e, de certo modo, a despeito dela – até a Lei nº 14.133/2021. O maior exemplo nesse campo é, sem dúvida, o advento do pregão, que aos poucos assumiu a posição central que a antiga Lei de Licitações ocupava no cenário brasileiro e converteu-se rapidamente na modalidade mais utilizada pela Administração em todo o país.

A tabela a seguir, elaborada por Fiuza e Medeiros (2014, p. 93), mostra o crescimento exponencial do pregão em uma década, passando de 0,58% em 2001 para 18,36% em 2011, e ainda revela como as contratações diretas, que deveriam ser exceções em um sistema em que a regra é licitar, apresentam participação muito expressiva no Brasil. O emprego da nova modalidade resultou em uma redução significativa das dispensas de licitação, que caíram de 90,17% em 2001 para 72,81% em 2011, e diminuiu ainda mais a participação das modalidades da Lei nº 8.666/1993, especialmente aquelas de menor valor. Somadas, a "concorrência", a "tomada de preços" e o "convite" representaram apenas 1,2% do total em 2011, não alcançando nem mesmo um décimo do volume de pregões realizados no mesmo ano.

---

[128] Segundo Ciro Fernandes, o governo tinha a intenção de controlar gastos a curto prazo usando o pregão. Por isso, optou por estabelecer uma modalidade paralela à lei geral, sem a *"(...) necessidade de revisar todo o arcabouço legal construído em torno da Lei n. 8.666, para focalizar o redesenho dos procedimentos de compra e contratação, visando a obtenção de resultados imediatos de redução de custos e de agilização e simplificação das licitações"* (FERNANDES, 2014b, p. 19).

Tabela 15 – Procedimentos de compras públicas, por modalidade, realizados no Brasil entre 2001 e 2011

Ano do resultado da compra	Convite (%)	TP[1] (%)	Concorrência[1] (%)	Concorrência internacional[1] (%)	Pregão (%)	Dispensa de licitação (%)	Inexigibilidade (%)	Total (números absolutos)
2001	4,33	0,98	0,33	0,02	0,58	90,17	3,58	395.357
2002	3,85	0,87	0,28	0,02	1,31	90,60	3,07	366.835
2003	5,30	0,76	0,22	0,01	2,18	88,28	3,24	324.927
2004	6,30	0,91	0,23	0,02	3,72	85,67	3,16	329.118
2005	4,59	0,72	0,21	0,03	6,57	84,30	3,58	320.096
2006	3,41	0,46	0,14	0,02	10,01	82,18	3,78	316.936
2007	2,63	0,48	0,18	0,02	12,18	80,24	4,27	310.468
2008	1,56	0,57	0,30	0,02	14,48	78,55	4,54	320.760
2009	0,51	0,57	0,47	0,01	15,78	77,50	5,15	321.242
2010	0,35	0,52	0,39	0,03	17,25	75,51	5,94	300.532
2011	0,26	0,48	0,44	0,02	18,36	72,81	7,64	273.704

Fonte: Fiuza e Medeiros (2014, p. 93). [1] Inclui "técnica e preço".

É interessante perceber como o pregão e o RDC eram originalmente regimes excepcionais que tiveram seu uso gradualmente estendido ao longo dos anos. Essa ampliação foi *subjetiva* no pregão, uma vez que a modalidade foi criada para uso privativo da ANATEL em 1997,[129] foi expandida à União pela Medida Provisória nº 1.026/2000 e, posteriormente, teve sua aplicação generalizada a Estados, Distrito Federal e Municípios pela Lei nº 10.520/2002. Por sua vez, no RDC a ampliação foi *objetiva*: o artigo 1º da Lei nº 12.462/2011 destinou o regime diferenciado exclusivamente às licitações e contratos necessários para a realização da Copa das Confederações de 2013, da Copa do Mundo de 2014 e dos Jogos Olímpicos de 2016, mas foi sendo sucessivamente ampliado para abranger cada vez mais hipóteses de aplicação, como ilustra a Tabela 14 acima.

---

[129] O regulamento de compras da ANATEL seria editado com base na autorização dada pelo artigo 54 da Lei nº 9.472, de 16 de julho de 1997 (Lei Geral de Telecomunicações): "Art. 54. A contratação de obras e serviços de engenharia civil está sujeita ao procedimento das licitações previsto em lei geral para a Administração Pública. Parágrafo único. Para os casos não previstos no caput, a Agência poderá utilizar procedimentos próprios de contratação, nas modalidades de consulta e pregão".

O Título II da Lei das Estatais (Lei nº 13.303/2016), inspirado no RDC, também pode ser considerado como uma extensão do RDC às empresas públicas e sociedades de economia mista, afastando expressamente a aplicação da Lei nº 8.666/1993.[130] A existência de um tratamento diferenciado para as contratações das empresas estatais nem sempre foi realidade no Brasil. Henrique Motta Pinto (2010), a respeito, ressalta que as estatais não estavam sujeitas ao dever de licitar até a edição do Decreto-Lei nº 2.300/1986. Essa obrigatoriedade foi incorporada ao artigo 22, inciso XXVII da Constituição de 1988, o qual viria a ser disciplinado pelo artigo 119 da Lei nº 8.666/1993.[131] Esse dispositivo legal, muito embora admitisse a edição de regulamentos próprios, eliminou qualquer margem para o estabelecimento de normas mais flexíveis e adequadas às necessidades das empresas, as quais, segundo o próprio artigo 119, ficariam *"(...) sujeitas às disposições desta Lei"*. Portanto, na prática, não havia *"(...) um tratamento licitatório diferenciado para as empresas estatais no sistema da Lei 8.666/93, que ficam sujeitas às mesmas regras aplicáveis às demais atividades estatais"*, o que *"(...) restringe significativamente a sua margem de conformação para adaptações do regime licitatório às necessidades empresariais"* (PINTO, 2010, p. 49).

Nesse contexto, a Emenda Constitucional nº 19/1998 buscou deixar expressa a possibilidade de flexibilização do regime de licitações e contratos aplicável às estatais, afirmando que o regulamento específico a ser editado por essas empresas deveria observância tão somente aos *"princípios da administração pública"* (artigo 173, §1º, inciso III). Entretanto, segundo Carlos Ari Sundfeld e Rodrigo Pagani de Souza (2013), essa possibilidade já existia.[132] Um ano antes da mencionada emenda, o artigo 67 da Lei do Petróleo (Lei nº 9.478/1997) autorizou a

---

[130] Há duas exceções: em razão de remissão expressa pela Lei das Estatais, a Lei nº 8.666/1993 ainda terá aplicação no que se refere às normas penais (artigo 41) e aos critérios de desempate (artigo 55, inciso III) previstos em seu texto.

[131] "Art. 119. As sociedades de economia mista, empresas e fundações públicas e demais entidades controladas direta ou indiretamente pela União e pelas entidades referidas no artigo anterior editarão regulamentos próprios devidamente publicados, ficando sujeitas às disposições desta Lei". O artigo 1º, parágrafo único, da Lei nº 8.666/1993 não deixa dúvidas de que sua abrangência alcança, inclusive, "(...) as empresas públicas, as sociedades de economia mista e demais entidades controladas direta ou indiretamente pela União, Estados, Distrito Federal e Municípios".

[132] "A possibilidade de um regime licitatório diferenciado para as empresas estatais também se extraía, antes da Emenda 19/1998, da cláusula geral de que elas se submeteriam ao regime próprio das empresas privadas. O que houve com a nova redação dada ao §1º do art. 173 foi apenas a explicitação daquilo que, de alguma forma, já se encontrava implícito naquela cláusula geral." (SUNDFELD; SOUZA, 2013, p. 86)

Petrobras a adotar *"procedimento licitatório simplificado, a ser definido em decreto do Presidente da República"*, que resultou na edição do Decreto nº 2.745/1998. Contudo, a aplicação desse regulamento encontrou grande resistência em *"(...) decisões, de outras instâncias judiciais e do Tribunal de Contas da União, que os anulam para impor à estatal a observância da Lei 8.666/93"* (PINTO, 2010, p. 51). Na prática, portanto, não havia possibilidade para que empesas públicas e sociedades de economia mista deixassem de observar o regime previsto pela Lei nº 8.666/1993.

Esse cenário viria a ser modificado com a Lei nº 13.303/2016, cuja edição foi significativamente influenciada pelo contexto político da Operação Lava-Jato.[133] Contudo, segundo Alexandre dos Santos Aragão (2017, p. 228), a Lei das Estatais não trouxe muitas novidades em matéria de licitações e contratos, limitando-se a coser uma *"colcha de retalhos"* com normas já existentes em outros diplomas, especialmente no RDC.[134] A lei mitigou a exorbitância e a verticalidade do regime jurídico-administrativo ao proibir alterações e rescisões unilaterais (ARAGÃO, 2017, p. 239-240; FERRAZ, 2019, p. 230), determinando que os contratos *"somente poderão ser alterados por acordo entre as partes"* (artigo 72) e prevendo que, em casos de lacuna contratual, devem ser aplicados princípios e regras de direito privado ao invés das normas da Lei nº 8.666/1993.[135]

---

[133] "A Operação Lava-Jato, cuja primeira fase completa cinco anos hoje, influenciou a nova Lei das Estatais, considerada um avanço no combate à corrupção, mas teve efeito limitado nas contratações de obras públicas pelos governos federal, estaduais e municipais. (...) Sundfeld acredita que licitações de obras poderiam ser aperfeiçoadas se seguissem o caminho já aberto pela Lei das Estatais, de 2016, a única grande mudança legal desde o Lava-Jato". BATISTA, H. G. "Operação Lava-Jato teve pouco efeito nas licitações públicas". *O Globo*, 17.08.2019. Disponível em: https://oglobo.globo.com/politica/operacao-lava-jato-teve-pouco-efeito-nas-licitacoes-publicas-23529171. Acesso em: 19 nov. 2023.

[134] É o caso, por exemplo, do sigilo provisório do orçamento de referência (artigo 34); da inversão das fases de julgamento e habilitação (artigo 51); da possibilidade de combinação dos modos de disputa aberto, com possibilidade de apresentação de lances, ou fechado, com propostas sigilosas até a sessão pública (artigo 52); da diversificação nos critérios de julgamento, relativizando a primazia do "menor preço" (artigo 54); e, também, da possibilidade de negociação direta com o primeiro colocado para obtenção de condições mais vantajosas (artigo 57). A Lei das Estatais também estabeleceu limites de dispensa em razão do valor bem maiores do que os previstos no regime geral (R$ 100.000,00 para obras e serviços de engenharia e R$ 50.000,00 para as demais compras e serviços), modificáveis mediante deliberação do Conselho de Administração da empresa (artigo 29, §3º).

[135] Nesse sentido, confira-se o teor do Enunciado nº 17 da I Jornada de Direito Administrativo, do Conselho da Justiça Federal, aprovado em agosto de 2020: "Os contratos celebrados pelas empresas estatais, regidos pela Lei n. 13.303/16, não possuem aplicação subsidiária da Lei n. 8.666/93. Em casos de lacuna contratual, aplicam-se as disposições daquela Lei e as regras e os princípios de direito privado".

A convivência entre um regime geral e vários regimes específicos favorece o surgimento de conflitos de interpretação, os quais aumentam a complexidade da legislação e comprometem a segurança jurídica no seu emprego. É o que ocorre, por exemplo, na encomenda tecnológica, que foi introduzida pelo artigo 20 da Lei de Inovação e, posteriormente, foi incluída como hipótese de dispensa de licitação em 2010. Desde então, o artigo 24, inciso XXXI, da Lei nº 8.666/1993,[136] e o artigo 75, inciso V, da Lei nº 14.133/2021,[137] deixaram clara a existência de um "condomínio legislativo" com a Lei de Inovação quando afirmam que devem ser "(...) *observados os princípios gerais de contratação constantes da referida Lei*".

Mas quais seriam esses "princípios gerais de contratação" presentes na Lei de Inovação? Quais dispositivos do regime geral são compatíveis com a lei especial? Se considerados incompatíveis com a Lei de Inovação, os dispositivos do regime geral podem ter a sua aplicação afastada no caso concreto? De fato, saber onde começa a incidência da Lei de Inovação e onde termina a aplicação supletiva das Leis de Licitações não é tarefa simples e causa dificuldades de interpretação que tornam imprevisível a atuação dos órgãos de controle. Esse ponto será aprofundado adiante, no item 5.3 deste livro. Mas essa incerteza é dos motivos que explicam por que os gestores brasileiros, avessos à assunção de riscos, tendem a evitar o emprego de instrumentos que, mesmo previstos na legislação, afastam-se do regime das contratações públicas em geral.

2.2.5 Quinta fase

A quinta fase das licitações no Brasil ainda está em curso. O contexto ainda recente de edição da Lei nº 14.133/2021 não permite o afastamento temporal necessário à análise do que esta nova etapa pode vir a representar no futuro. Além disso, a aplicação efetiva da Nova Lei de Licitações e Contratos no dia a dia da Administração brasileira

---

[136] Artigo 24, inciso XXXI, da Lei nº 8.666/1993: "Art. 24. É dispensável a licitação: (...) XXXI – nas contratações visando ao cumprimento do disposto nos arts. 3º, 4º, 5º e 20 da Lei nº 10.973, de 2 de dezembro de 2004, observados os princípios gerais de contratação dela constantes".

[137] Artigo 75, inciso V, da Lei nº 14.133/2021: "Art. 75. É dispensável a licitação: (...) V – para contratação com vistas ao cumprimento do disposto nos arts. 3º, 3º-A, 4º, 5º e 20 da Lei nº 10.973, de 2 de dezembro de 2004, observados os princípios gerais de contratação constantes da referida Lei".

foi bastante prejudicada pela prorrogação da vigência da legislação anterior, a qual prolongou o regime de transição até 30 de dezembro de 2023.[138]

Será que estamos, de fato, diante de uma nova etapa nessa trajetória legislativa? Ou o contexto de erosão do regime jurídico unitário estabelecido pela Lei nº 8.666/1993 ao longo da quarta fase continuará a existir, tendo agora a Nova Lei de Licitações e Contratos como o seu foco principal? Ainda é muito cedo para dar uma resposta definitiva a essas questões. Mas há quatro motivos pelos quais optei, nesta obra, por considerar a Lei nº 14.133/2021 como o marco inaugural de uma quinta fase das licitações e contratações públicas no país. Essas razões também revelam as principais tendências que, a meu ver, caracterizam esta etapa e a diferenciam das anteriores.

Primeiro, porque o novo texto legal é um *diploma claramente maximalista editado em um contexto marcado, principalmente, pela erosão desse paradigma*. O legislador brasileiro optou por disciplinar no corpo da Nova Lei de Licitações e Contratos temas que poderiam ser definidos em atos infralegais ou até mesmo em editais, reduzindo a discricionariedade dos gestores nos casos concretos. Note, por exemplo, como a Lei nº 14.133/2021 preocupa-se em estabelecer prazos máximos para o recebimento de propostas em cada modalidade de licitação (artigo 55) e praticamente transcreve, incorporando ao texto legal, normas provenientes de decretos federais,[139] Instruções Normativas[140] e até mesmo modelos padronizados dos editais elaborados pela Advocacia Geral da União.[141]

Em segundo lugar, também é possível perceber na Nova Lei de Licitações e Contratos uma clara *tendência de centralização e de unificação nacional a partir da extensão de práticas adotadas pela União a todos os entes*

---

[138] Artigo 193, inciso II, da Lei nº 14.133/2021: "Art. 193. Revogam-se: (...) II – em 30 de dezembro de 2023: a) a Lei nº 8.666, de 21 de junho de 1993; b) a Lei nº 10.520, de 17 de julho de 2002; e c) os arts. 1º a 47-A da Lei nº 12.462, de 4 de agosto de 2011. (Redação dada pela Lei Complementar nº 198, de 2023)".

[139] Por exemplo, os artigos 82 a 86 da Lei nº 14.133/2021 foram inspirados no Decreto nº 7.892/2013, que regulamentava o Sistema de Registro de Preços no âmbito da União à época da elaboração da lei.

[140] O procedimento previsto no artigo 23 da Lei nº 14.133/2021 para realização de pesquisa de preços é bastante semelhante ao que a Instrução Normativa SEGES/ME nº 73/2020 estabelecia para a Administração federal.

[141] A sistemática de fiscalização e acompanhamento da execução contratual adotada pelo artigo 50 da Lei nº 14.133/2021 surgiu, originalmente, em disposições de editais e cláusulas das minutas de contrato elaboradas pelos órgãos vinculados à Advocacia Geral da União para uso na esfera federal.

federados. Aqui, além da já mencionada incorporação de diversas normas infralegais federais ao texto legal, dois aspectos merecem destaque: (i) a tentativa de conferir caráter vinculante às súmulas do Tribunal de Contas da União pelo artigo 172 do novo diploma,[142] o qual foi vetado pela Presidência da República por lesão à separação dos poderes e à autonomia de Estados, Distrito Federal e Municípios (artigos 2º e 18 da Constituição); e (ii) a criação do Portal Nacional de Contratações Públicas (PNCP) para divulgar, de forma centralizada e obrigatória, os atos exigidos pela nova legislação. Note que a divulgação complementar do edital ou contrato no sítio eletrônico oficial do ente federativo não substitui a publicação no PNCP,[143] sendo admitida somente como medida de reforço à publicidade. O PNCP é uma das mais ambiciosas inovações da Lei nº 14.133/2021 e pode trazer avanços indiscutíveis para aumentar a transparência e, assim, reduzir barreiras à entrada ao mercado público. Contudo, a despeito da previsão de um Comitê Gestor Nacional para geri-lo,[144] o PNCP ilustra o forte caráter centralizador que a nova legislação buscou imprimir às compras públicas no Brasil, diferenciando esta quinta fase das etapas anteriores.

Em terceiro, o maximalismo presente na Lei nº 14.133/2021 revela um *esforço declarado de consolidação da legislação vigente sobre licitações e contratações públicas em uma só peça legislativa*. Da mesma forma que o Decreto-Lei nº 2.300/1986 buscou reunir em seu texto a legislação vigente à época, revogando os trechos do Código de Contabilidade da União e do Decreto-Lei nº 200/1967 sobre o tema, a Lei nº 14.133/2021 igualmente buscou revogar as normas da Lei nº 8.666/1993, da Lei nº 10.520/2002 (Lei do Pregão) e da Lei nº 12.462/2011 (RDC) para consolidar em um só diploma legal toda a disciplina aplicável à

---

[142] Artigo 172 da Lei nº 14.133/2021 (vetado): "Art. 172. Os órgãos de controle deverão orientar-se pelos enunciados das súmulas do Tribunal de Contas da União relativos à aplicação desta Lei, de modo a garantir uniformidade de entendimentos e a propiciar segurança jurídica aos interessados. Parágrafo único. A decisão que não acompanhar a orientação a que se refere o caput deste artigo deverá apresentar motivos relevantes devidamente justificados".

[143] Artigo 175 da Lei nº 14.133/2021: "Art. 175. Sem prejuízo do disposto no art. 174 desta Lei, os entes federativos poderão instituir sítio eletrônico oficial para divulgação complementar e realização das respectivas contratações".

[144] Artigo 174, §1º, da Lei nº 14.133/2021: "§1º O PNCP será gerido pelo Comitê Gestor da Rede Nacional de Contratações Públicas, a ser presidido por representante indicado pelo Presidente da República e composto de: I – 3 (três) representantes da União indicados pelo Presidente da República; II – 2 (dois) representantes dos Estados e do Distrito Federal indicados pelo Conselho Nacional de Secretários de Estado da Administração; III – 2 (dois) representantes dos Municípios indicados pela Confederação Nacional de Municípios".

Administração brasileira em matéria de compras públicas, excluídas unicamente as empresas estatais, regidas pela Lei nº 13.303/2016. O afã de consolidação também se fez sentir na tentativa de impor, por meio do vetado artigo 188,[145] que os entes federados editassem um único ato normativo para regulamentar a extensa Lei nº 14.133/2021. Ainda que a consolidação tenha sido apenas parcial – afinal, concessões, PPPs, parcerias com entidades do terceiro setor e ajustes ligados à área de CT&I continuam sendo regidos por legislação específica – pode-se dizer que a Nova Lei de Licitações e Contratos aparentemente buscou reverter a tendência anterior, verificada na quarta fase, de esvaziamento e perda de centralidade da Lei nº 8.666/1993. Curiosamente, o esforço de reunir todas as modalidades de licitação aplicáveis à Administração brasileira em um único diploma legal já se revelou frustrado logo nos primeiros meses de vigência da Nova Lei de Licitações e Contratos, sancionada em 1º de abril de 2021. Em junho do mesmo ano, veio a lume o Marco Legal de *Startups* e do Empreendedorismo Inovador (Lei Complementar nº 182/2021), que instituiu uma modalidade especial de licitação para o teste e a contratação de soluções inovadoras, a qual será tratada no Capítulo 6 desta obra.

Uma quarta tendência da Lei nº 14.133/2021 consiste na retomada de uma estratégia já bastante conhecida no cenário brasileiro: a *tentativa de combater a corrupção por meio de alterações na legislação de licitações e contratações públicas*. Tendo tramitado no Congresso Nacional em meio à repercussão da Operação Lava-Jato,[146] a Nova Lei de Licitações e Contratos foi pródiga ao prever instrumentos que robustecessem o controle das contratações públicas no país. Por exemplo, no que tange aos fornecedores contratados, a elaboração de programas de integridade tornou-se obrigatória em contratos de obras, serviços ou fornecimentos de grande vulto, ou seja, aqueles com valor superior a R$ 200.000.000,00 (artigo 25, §4º).[147] Nos demais casos, a implantação de programas de

---

[145] Artigo 188 da Lei nº 14.133/2021 (vetado): "Art. 188. Ao regulamentar o disposto nesta Lei, os entes federativos editarão, preferencialmente, apenas 1 (um) ato normativo".

[146] O liame entre a Nova Lei de Licitações (Lei nº 14.133/2021) e o discurso de combate à corrupção é explorado em texto subscrito por Sérgio Fernando Moro, ex-Juiz da Operação Lava Jato: MORO, S. F.; PIO, D.; LOBATO, I. A nova Lei de Licitações e o estímulo aos programas de *compliance*. Jota. 26.05.2021. Disponível em: https://www.jota.info/opiniao-e-analise/artigos/a-nova-de-lei-de-licitacoes-e-o-estimulo-aos-programas-de-compliance-26052021. Acesso em: 19 nov. 2023.

[147] O valor previsto no artigo 6º, inciso XXII, para os contratos de grande vulto foi atualizado para R$ 228.833.309,04 (duzentos e vinte e oito milhões, oitocentos e trinta e três mil, trezentos e nove reais e quatro centavos) pelo Decreto nº 11.317, de 29 de dezembro de 2022.

compliance tornou-se critério de desempate das propostas (artigo 60, inciso IV) e circunstância atenuante a ser considerada para a aplicação de sanções administrativas (art. 156, §1º, inciso V). A Lei nº 14.133/2021 também adotou o princípio de segregação de funções, assumindo a premissa de que a pluralidade de agentes evita conflitos de interesse e reduz a possibilidade de ocultação de erros e a ocorrência de fraudes (artigo 7º, §1º), e acolheu expressamente o modelo das "três linhas de defesa", popularizado pelo *Institute of Internal Auditors* (IIA), para estruturar a gestão de riscos e organizar a atuação do controle entre diferentes instituições (artigo 169).

Essas quatro tendências deixam claro que a Lei nº 14.133/2021 buscou se alinhar a um modelo maximalista para regular as contratações públicas no Brasil. Não obstante, seria um erro supor que a nova legislação não trouxe avanços em relação à revogada Lei nº 8.666/1993. Para Jacintho Arruda Câmara (2022), a Nova Lei de Licitações e Contratos é um diploma "(...) *maximalista, porém flexível*", que obteve avanços importantes para a modelagem de procedimentos e para a flexibilização de critérios de julgamento. O risco, alerta Egon Bockmann Moreira (2021), está na *interpretação retrospectiva*, que faz uma leitura da nova lei para interpretá-la com os olhos do passado, à luz da legislação que a precedeu.[148] Voltaremos a este ponto mais adiante, neste capítulo, ao tratar da *resistência hermenêutica* (item 3.3.1.2), um dos sintomas decorrentes da visão esposada pela doutrina do direito administrativo sobre contratos públicos no Brasil.

Dentre os avanços trazidos pela Lei nº 14.133/2021, há pontos que impactam positivamente o cenário brasileiro em contratações públicas para inovação. Merecem destaque, em especial: (i) a *flexibilização do critério de julgamento por "menor preço"* para incorporar o exame dos custos indiretos ao julgamento das propostas, autorizando que despesas de manutenção, utilização, reposição, depreciação e impacto ambiental do objeto licitado, entre outros fatores vinculados ao seu ciclo de vida, sejam considerados no julgamento das propostas (artigo 34, §1º); (ii) a *possibilidade de criação de diferentes tipos de procedimento a partir da combinação dos modos de disputa*, aberto e fechado (artigo 56), que será aprofundado no item 2.3.3, a seguir; (iii) a *criação da modalidade diálogo*

---

[148] "Interpretar a futura lei de licitações e contratos à luz da 8.666, ou de qualquer outra já revogada, seria o mesmo que defender a incidência do Código Civil de 1916 diante daquele promulgado em 2002. Ou a lógica de 1973 para interpretar o atual Código de Processo Civil. Os resultados, já se pode antever com nitidez, serão desastrosos." (MOREIRA, 2021)

competitivo para casos de especial complexidade e incerteza (artigo 32), em que as especificações técnicas do objeto são definidas mediante negociação com licitantes pré-selecionados e, após encerrado o diálogo, inicia-se uma etapa competitiva para receber as propostas finais; e (iv) a *flexibilização dos direitos de propriedade intelectual,* excepcionando a regra que impõe cessão obrigatória à Administração para autorizar que o contratado mantenha a titularidade quando a contratação envolver atividade de pesquisa e desenvolvimento de caráter científico, tecnológico ou de inovação (artigo 93, §2º), permitindo que haja negociação sobre esse ponto.[149]

Os aspectos acima mostram que a Lei nº 14.133/2021 é, indiscutivelmente, uma legislação mais flexível do que a Lei nº 8.666/1993, que a precedeu. O saldo final parece positivo, mas a percepção geral sobre a nova legislação é de uma melhoria tímida, que deixa a sensação de que havia muito mais a avançar. Embora igualmente alinhada ao maximalismo legal, a Nova Lei de Licitações e Contratos apresenta diversos pontos que podem favorecer uma mudança profunda na realidade concreta das compras públicas no Brasil, cujas características principais apresento no próximo item. O sucesso ou o fracasso desse intento dependerá da postura assumida pelos gestores e da atuação dos órgãos de controle, sob a influência da doutrina do direito administrativo, ao interpretar e aplicar a nova legislação como uma oportunidade de mudança ou como mera continuidade do passado. Afinal, às vezes é preciso que tudo mude para que continue exatamente como está.[150]

2.3 A prática das compras públicas no Brasil

Como visto, a trajetória percorrida ao longo das cinco fases da legislação de licitações e contratações públicas no Brasil revela a transição gradual de uma regulação minimalista, representada pelo Código de Contabilidade de 1922, rumo ao maximalismo que se inicia com o Decreto-Lei nº 2.300/1986, consolida-se com a Lei nº 8.666/1993 e permanece mesmo após a Lei nº 14.133/2021. A opção por um modelo

---

[149] Artigo 93, §2º, da Lei nº 14.133/2021: "É facultado à Administração Pública deixar de exigir a cessão de direitos a que se refere o *caput* deste artigo quando o objeto da contratação envolver atividade de pesquisa e desenvolvimento de caráter científico, tecnológico ou de inovação, considerados os princípios e mecanismos instituídos pela Lei nº 10.973, de 2 de dezembro de 2004".

[150] A frase é uma paráfrase do trecho "(...) *se vogliamo che tutto rimanga com'è, bisogna che tutto cambi*", do romance *"Il Gattopardo",* de Giuseppe Tomasi di Lampedusa (1896-1957).

maximalista trouxe efeitos prejudiciais à gestão pública e criou barreiras significativas para a utilização do poder de compra do Estado, tornando o processo de contratação bastante rígido e formalista (MOTTA, 2010; FIUZA; MEDEIROS, 2014; FASSIO, 2017) e comprometendo o uso desse instrumento para estimular a demanda por inovações no cenário brasileiro (DE NEGRI, 2018; FASSIO *et al*, 2021; FASSIO; ROMITELLI, 2022, RAUEN, 2023).

O objetivo desta seção é apresentar as consequências que essa opção legislativa acarreta para a prática das compras públicas no Brasil, com foco especial nos reflexos gerados para as contratações públicas para inovação. Para tanto, o item 2.3.1 inicia apresentando evidências que mostram como os gestores, a despeito do direito positivo ser variado ao extremo, recorrem quase sempre às contratações diretas ou ao pregão quando precisam realizar alguma contratação. Na sequência, o item 2.3.2 situa o "menor preço" como o critério de julgamento preponderante no país e discute algumas consequências negativas do seu emprego. O item 2.3.3 aborda a rigidez da legislação sob o ângulo das limitações impostas à discricionariedade, contestando, com base na literatura, o argumento de que reduzi-la ao máximo seria alternativa eficaz para combater a corrupção em contratos públicos. Por fim, o item 2.3.4 encerra a seção apresentando as consequências desse cenário para o comportamento dos gestores brasileiros, que têm poucos incentivos para contratar inovação no país.

2.3.1 Uma realidade binária

As compras públicas no Brasil vivem uma realidade binária, marcada por dois polos aparentemente opostos, mas profundamente complementares. De um lado, os dados revelam um número muito expressivo de dispensas e inexigibilidades, desmentindo a lição doutrinária segundo a qual a licitação deveria ser a regra, e a contratação direta, a exceção. De outro, o emprego quase onipresente da modalidade pregão, à qual se recorre quase sempre em que uma licitação é necessária. Essas realidades são como faces de uma mesma moeda – e, de certo modo, o grande número de contratações diretas não deixa de ser, simultaneamente, causa e efeito da inquestionável prevalência do pregão no contexto brasileiro.

O gráfico a seguir, elaborado com dados do Painel de Compras do governo federal, apresenta um retrato dos procedimentos de contratação pública homologados no país em 2023. No período, foram registrados

190.175 processos de compra com valor de aproximadamente R$ 174,2 bilhões. Somadas, dispensas e inexigibilidades correspondem a 62,7% do total de processos finalizados naquele ano. Por outro lado, o pregão corresponde a R$ 130,5 bilhões do valor das compras realizadas – cerca de 74,9% do total, embora represente apenas 36,7% do número de processos homologados. Excluindo do total as contratações diretas, o pregão é de longe a modalidade licitatória mais usada no Brasil, correspondendo a 98,7% das licitações realizadas naquele período, enquanto as "outras modalidades",[151] somadas, correspondem apenas a 1,2%.

Gráfico 11 – Procedimentos de contratação pública homologados em 2023, por modalidade, no Painel de Compras do Governo Federal

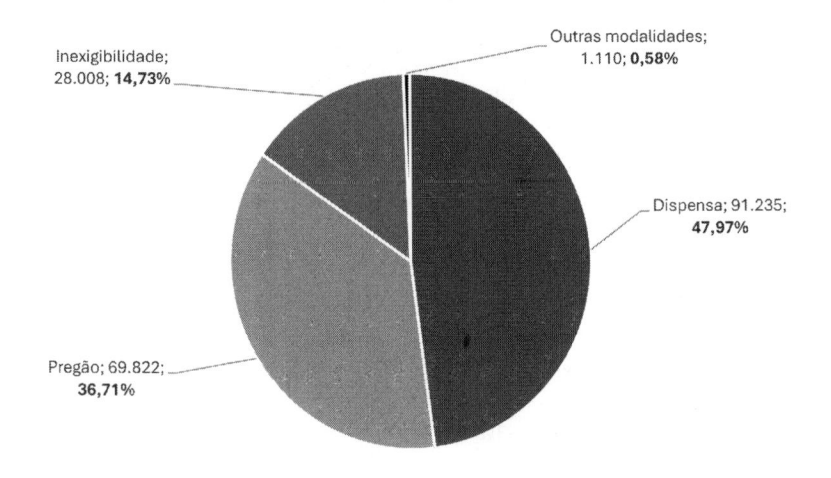

Fonte: Painel de Compras do Governo Federal. Disponível em: http://paineldecompras. economia.gov.br/processos-compra. Acesso em: 20 jan. 2024.

Esse ponto revela uma segunda característica marcante do sistema de compras públicas no Brasil: a despeito de uma variedade muito grande de procedimentos de contratação pública no direito positivo, o uso cotidiano da Administração é relativamente concentrado em poucos instrumentos, com notável prevalência de dispensas e

---

[151] A categoria "outras modalidades" inclui "tomada de preços", "concorrência", "convite", "concurso" e "concorrência internacional".

inexigibilidades. Em 2018, o Tribunal de Contas da União chegou a realizar uma auditoria para "(...) *verificar as causas da utilização de elevado percentual de contratações diretas pela administração pública federal"*, realizando diversas recomendações para aprimoramento de controles internos, planejamento prévio e sistemas de gestão de riscos.[152] Quando não recorre às contratações diretas, o gestor brasileiro adota o pregão em praticamente todos os casos. E não é só o gestor – afinal, é com base nessa mesma modalidade que advogados, fornecedores e órgãos de controle pautam a sua atuação, como se a racionalidade presente no pregão fosse a única chave para conhecer todas as modalidades de contratação pública presentes no direito brasileiro.

A chamada "lei do instrumento", atribuída ao norte-americano Abraham Maslow (1966), explica essa tendência de generalizar o uso do pregão para fazer frente a toda e qualquer necessidade da Administração. *"I suppose it is tempting, if the only tool you have is a hammer, to treat everything as if it were a nail"* (MASLOW, 1966, p. 15-16). Assim como o martelo de Maslow, o pregão tornou-se a resposta única para os problemas do setor público no país, mesmo aqueles que vão além dos *"bens e serviços comuns"*, onde seu emprego é obrigatório (artigo 6º, inciso XLI, da Lei nº 14.133/2021). A expansão gradual do pregão, impulsionada pela jurisprudência do TCU, para tornar-se regra em licitações envolvendo tecnologia da informação[153] e serviços comuns de engenharia[154] também ilustram esse cenário.

No que diz respeito especificamente às contratações públicas para inovação, especialmente após a reforma do Marco Legal de CT&I, em 2016, e a publicação da Nova Lei de Licitações e Contratos e do Marco Legal de *Startups* e Empreendedorismo Inovador, em 2021, "(...) *pela primeira vez, o Brasil possui um conjunto robusto de instrumentos de política de inovação que atuam tanto pelo lado da oferta quanto pelo lado da demanda"*, os quais "(...) *podem ser combinados no sentido de aumentar os impactos da política de inovação"* (RAUEN, 2022, p. 11). A figura a seguir ilustra

---

[152] Acórdão TCU nº 1796/2018, Plenário, Rel. Min. Augusto Nardes, sessão de 01.08.2018.

[153] A jurisprudência do TCU sobre o tema consolidou-se a partir do Acórdão TCU nº 2.471/2008, Plenário, onde se entendeu que os bens e serviços de TI geralmente atendem a protocolos, métodos e técnicas preestabelecidos e conhecidos e a padrões de desempenho e qualidade que podem ser objetivamente definidos por meio de especificações usuais no mercado, tornando possível o cabimento do pregão (item 9.2.1 e 9.2.2).

[154] Inicialmente negado pelo artigo 5º do Decreto nº 3.555/2000, o uso do pregão para serviços comuns de engenharia foi explicitamente reconhecido pelo TCU em 2010, com a edição do Enunciado nº 257 de sua Súmula de jurisprudência: "O uso do pregão nas contratações de serviços comuns de engenharia encontra amparo na Lei nº 10.520/2002".

algumas das alternativas reconhecidas pela legislação brasileira para a celebração de instrumentos jurídicos tendo inovação por objeto, as quais usualmente orbitam entre aspectos ligados a pesquisa e desenvolvimento (P&D) de um lado, e a tecnologia da informação (TI) de outro. A ilustração apresenta um espectro que compara instrumentos de compra pública tradicional, no lado direito, onde há prevalência do caráter competitivo, com instrumentos de viés mais cooperativo e colaborativo, mais ligados ao fomento, no lado esquerdo. Esse ponto será aprofundado nos Capítulos 5 e 6 deste livro.

Figura 7 – Alternativas jurídicas selecionadas para contratações públicas envolvendo atividades de pesquisa e desenvolvimento, tecnologia da informação e suas intersecções

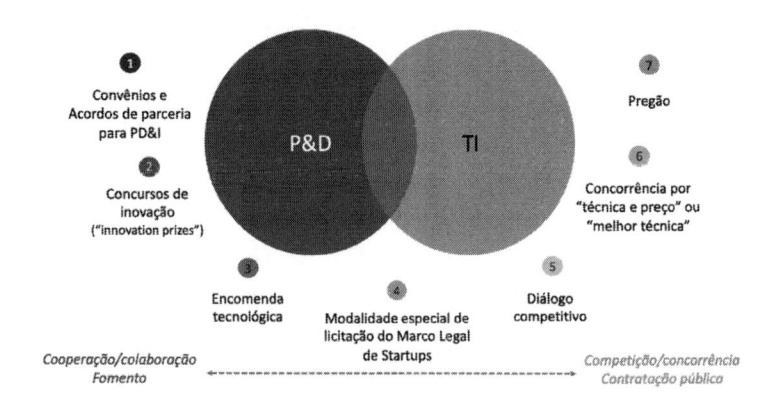

Fonte: Adaptado a partir de Fassio e Langevin (2022, p. 29).

Muito embora o Brasil hoje ostente uma das "caixas de ferramentas" mais completas em relação a contratações públicas para inovação – comparável, em termos de tipos de instrumento, com os EUA e a União Europeia –, é preciso reconhecer que ainda existe uma grave insegurança jurídica que compromete a sua aplicação aos casos concretos. Diego Moñux e Elvira Uyarra (2016, p. 203) destacam que Brasil e Colômbia são os únicos países da América Latina que possuem legislação específica para a contratação de atividades de P&D pela Administração.[155] Logo,

---

[155] *"There are no specific laws for public procurement of innovation or for public contracting of R&D services per se. Some government officials interviewed underscored the need to develop such a regulatory framework."* (MOÑUX; UYARRA, 2016, p. 188)

ao menos no que se refere às contratações pré-comerciais, não há que se falar em uma lacuna normativa a respeito do tema. Embora a legislação brasileira possa ser objeto de aprimoramentos, o problema não está propriamente na falta de normas, mas sim na dificuldade de colocá-las em prática, de *tirá-las do papel*. A compreensão desse desafio, que é uma das questões centrais do presente estudo, exigirá também o estudo da influência exercida pela doutrina do direito administrativo, no Capítulo 3, e da atuação dos órgãos de controle no país, no Capítulo 4. Por ora, é importante destacar que a interpretação dada ao regime das contratações públicas em geral exerce forte influência sobre o comportamento dos gestores brasileiros, bastante acostumados no dia a dia com a modalidade pregão.

2.3.2 A preponderância do "menor preço"

O uso do "menor preço" como critério de julgamento constitui parte importante desse cenário. Segundo Fiuza e Medeiros (2014, p. 49), apenas 0,43% do valor empenhado em compras federais entre 1998 e 2013 foi resultado de licitações adjudicadas por "melhor técnica" ou "técnica e preço". Em todos os demais casos, a escolha do vencedor recai sobre a oferta mais baixa, o que pode comprometer a qualidade dos bens e serviços contratados pelo Estado. Segundo Flávia de Holanda Schmidt e Lucas Rocha Soares de Assis (2009), a complexidade do aparato regulatório pode gerar uma cultura em que o preço seja priorizado acima de qualquer outro critério de julgamento, resultando em um sistema de compras *"pouco amigável"*, como ocorre no Japão (SCHMIDT; ASSIS, 2009, p. 12).

O "menor preço" também é percebido pelos fornecedores do setor público como um entrave relevante em contratações públicas para inovação. Com base na pesquisa UNDERPINN (*Understanding Public Procurement of Innovation*), realizada no Reino Unido com aproximadamente 800 fornecedores do governo, Jakob Edler, Luke Georghiou, Elvira Uyara e Jillian Yeow (2015) concluíram que o apego a critérios de preço e a aversão a riscos são os principais impedimentos apontados pelos entrevistados no que se refere à inovação. O principal ponto, segundo os autores, "(...) *is the tendency to give too much weight to price in tenders vis-à-vis quality, as half of the respondents see this as a very significant barrier to innovation and only 15 per cent do not regard it as an obstacle*" (EDLER *et al.*, 2015, p. 54). A dificuldade de ir além do menor preço é uma das razões pelas quais a legislação brasileira tem sido apontada por atores públicos e privados como um dos principais obstáculos para realizar contratações públicas para inovação no país.

Licitar com base apenas no menor preço também aumenta o risco de seleção adversa, favorecendo os fornecedores mais propensos a cortar qualidade para reduzir custos.[156] Nesse contexto, torna-se especialmente difícil a contratação de produtos, serviços e processos inovadores – mesmo aqueles já introduzidos no mercado, como ocorre no campo do PPI, em que o poder de compra estatal é usado para facilitar a difusão e adoção em escala. A seleção adversa ocorre quando o objeto é adjudicado a fornecedores menos propensos a executar satisfatoriamente o contrato, aumentando o risco de inadimplemento contratual.[157]

Segundo Gian Luigi Albano, Nicola Dimitri, Isabelle Perrigne e Gustavo Piga (2006a), a "maldição do vencedor" ("*winner's curse*") está associada à apresentação de propostas muito baixas para cobrir os custos reais de execução do objeto, "(...) *as it is likely that the winner underestimates the real cost for performing the job*" (ALBANO *et al.* 2006a, p. 280). Em geral, empresas em situação financeira mais delicada tendem a apresentar propostas mais agressivas, e fornecedores de menor qualidade têm maior disposição para cortar custos a fim de reduzir seus preços.

A exigência de seguros é indicada pela literatura como uma alternativa eficiente para reduzir o risco de inadimplemento na "maldição do vencedor". Em geral, segundo Eduardo Fiuza (2009, p. 262-263), são três os tipos principais: a *garantia de proposta* ("*bid bond*"), de até 1% do valor estimado, caso a adjudicatária se negue a assinar o contrato ou deixe de cumprir condição necessária para celebrar a contratação;[158] a *garantia de performance* ("*performance bond*"), limitada no Brasil a 5% do valor inicial do contrato, podendo chegar a 10% nos casos de elevada complexidade[159] e até a 30% para obras de

---

[156] "(...) *the price-squeezing effect of competition generally increases the likelihood of selecting low-quality suppliers (which face lower costs and therefore offer lower prices) and may induce contractors to further reduce non-contractible and costly quality at the execution stage.*" (ALBANO *et al.*, 2006a, p. 104)

[157] Sob o ponto de vista econômico, os requisitos de qualificação técnica e "(...) as exigências de capacidade financeira visam corrigir (ainda que o façam de maneira imperfeita) o problema da seleção adversa" (FIUZA, 2009, p. 262, nt. 24).

[158] Artigo 58, §1º da Lei nº 14.133/2021: "§1º A garantia de proposta não poderá ser superior a 1% (um por cento) do valor estimado para a contratação".

[159] Artigo 98 da Lei nº 14.133/2021: "Art. 98. Nas contratações de obras, serviços e forneci-mentos, a garantia poderá ser de até 5% (cinco por cento) do valor inicial do contrato,

grande vulto,[160] caso a contratada descumpra as obrigações previstas no contrato total ou parcialmente; e, por fim, o *seguro de pagamento* (*"payment bond"*), sem previsão expressa na legislação brasileira, que assegura o pagamento devido aos fornecedores da contratada e a seus eventuais subcontratados.

O exame realizado pelo mercado securitário funciona como um "filtro adicional" sobre os fornecedores do setor público, pois, muito embora tenda a excluir aqueles com menor acesso a crédito, permite "(...) *extrair ex ante um sinal mais forte sobre o desempenho passado da empreiteira, com base no* rating *das seguradoras ou, no que é mais fácil observar, no ágio (prêmio de risco) pago pela empreiteira em relação a uma taxa de mercado"* (FIUZA, 2009, p. 263). Todavia, e a despeito dos avanços trazidos pela Lei nº 14.133/2021, os percentuais de garantia ainda são relativamente baixos no país. Esse é o motivo pelo qual a legislação manteve a regra que prevê a desclassificação das ofertas inexequíveis, seguindo a tendência internacional de exclusão de propostas anormalmente baixas (*"abnormally low tenders"*) em certames licitatórios.[161]

O inadimplemento contratual é agravado pelo cenário de deficiente fiscalização dos contratos celebrados pelo setor público. O estudo realizado por Têmis Limberger, Anderson Vichinkeski Teixeira e Mateus Barbosa Gomes Abreu (2014) sobre a gestão de contratos administrativos no Brasil revela que a fiscalização em geral só atua repressivamente, após constatada a inobservância de alguma obrigação contratual.[162] Como a fiscalização é escassa, reduzir a qualidade dos

---

autorizada a majoração desse percentual para até 10% (dez por cento), desde que justificada mediante análise da complexidade técnica e dos riscos envolvidos".

[160] Artigo 99 da Lei nº 14.133/2021: "Art. 99. Nas contratações de obras e serviços de engenharia de grande vulto, poderá ser exigida a prestação de garantia, na modalidade seguro-garantia, com cláusula de retomada prevista no art. 102 desta Lei, em percentual equivalente a até 30% (trinta por cento) do valor inicial do contrato".

[161] Cf., a respeito, o artigo 69 da Diretiva 2014/24/UE, segundo o qual as propostas consideradas anormalmente baixas pelo contratante devem ser justificadas pelo licitante que as apresentou, conferindo-lhe a oportunidade de demonstrar a sua exequibilidade explicando a composição de seus custos.

[162] "(...) muitas são as ocorrências registradas em que os agentes privados contratados se dedicam à realização de práticas visando elidir a competitividade das licitações e a [indevida] redução de seus custos, em detrimento da mínima qualidade de produtos e serviços esperados durante a execução contratual" e, também, "(...) os agentes públicos, em função de sua racionalidade limitada, não são capazes de antecipar todas as contingências possíveis na fase de aquisição e de redação contratual. Assim, os fornecedores podem explorar incompletudes dos contratos (falhas na especificação do item contratado) para renegar a qualidade do serviço, a fim de reduzir seus custos". (LIMBERGER; TEIXEIRA; ABREU, 2014, p. 156 e 162, respectivamente).

bens e serviços contratados pela Administração torna-se uma alternativa fácil para reduzir custos. Um cenário bastante semelhante foi verificado pelo estudo Giancarlo Spagnolo (2012). Com base em um levantamento realizado na Itália com mais de quatro mil auditorias em contratos firmados entre 2005 e 2008, o autor chama a atenção para o contraste entre o percentual elevado de irregularidades constadas pelos entes públicos contratantes (36%) e o baixíssimo grau de aplicação de sanções aos fornecedores (3,4%), que não chega a sequer um décimo dos casos documentados.[163]

2.3.3 Rigidez excessiva e restrição à discricionariedade

De acordo com o estudo realizado por Laura Carpineti, Gustavo Piga e Matteo Zanza (2006, p. 17-19), o Brasil é o país que exige o maior número de requisitos de habilitação para a participação em licitações entre 21 nações analisadas. Essas comprovações funcionam como barreiras à entrada que dificultam a participação de fornecedores estrangeiros. Por exemplo, dados disponíveis no Portal de Compras do Governo Federal[164] apontam apenas 509 estrangeiros em um universo de 675.043 fornecedores credenciados no Sistema Integrado de Cadastramento Unificado de Fornecedores (SICAF), o que corresponde a 0,00075% do total. A participação efetiva de estrangeiros em licitações é ainda menor: houve 130 participantes entre outubro de 2020 e maio de 2024, com apenas 55 vencedores.

A rigidez excessiva da legislação era justificada, à época da Lei nº 8.666/1993, pelo objetivo de evitar a corrupção em contratações públicas, reduzindo a discricionariedade dos administradores para decidir como licitar e contratar nos casos concretos. Mas essa premissa, desmentida veementemente pelos inúmeros casos de corrupção em licitações revelados ao longo das três décadas de vigência daquele diploma, segue presente na Lei nº 14.133/2021. Essa visão de mundo

---

[163] "(...) *the percentage of contracts in which an infringement (no-conformity to the contract) has been detected and registered by the buyer is relatively high, about 36%, 53% of which are identified as major non-conformities.*" "(...) *However, the enforcement of penalties, the main contractual remedy, is dramatically low: only 3.4% of the major non-conformities detected and registered by the buyer are contractually sanctioned.*" (SPAGNOLO, 2012, p. 293-294)

[164] Consulta realizada no "Painel de Fornecedores Nacionais e Internacionais" em 04.05.2024. Disponível em: https://www.gov.br/compras/pt-br/cidadao/Fornecedores%20 Nacionais%20e%20Internacionais.

ainda é muito repercutida pelos órgãos de controle e, também, por parte da doutrina do direito administrativo, como se verá no Capítulo 3.

O argumento que correlaciona um grau maior de discricionariedade com mais corrupção em contratações públicas tem sido desafiado pela literatura. A obra de Steven Kelman (1990) constitui até hoje uma das principais referências sobre o tema. Segundo o autor, o desempenho ruim do sistema de compras norte-americano estaria relacionado ao fato de que os gestores teriam margem de escolha muito limitada para solucionar, com flexibilidade, situações e problemas complexos. Por isso, a solução "(...) *should be to increase dramatically the freedom we give public officials to use their judgment in the procurement process*" (KELMAN, 1990, p. 90), equilibrando a maior discricionariedade com diretrizes, boas práticas e estruturas de gerenciamento de riscos que inibam abusos por parte dos gestores.

Na mesma linha, o levantamento realizado por Oriana Bandiera, Andrea Pratt e Tommaso Valletti (2009) revela que a preocupação com corrupção nas contratações públicas – o *desperdício ativo*[165] – nem sempre é corroborada por evidências, as quais mostram que a maior causa do desperdício no gasto público decorre da ineficiência, ou seja, do chamado *desperdício passivo*.[166] Com base em dados da CONSIP, a agência italiana de compras públicas, Bandiera, Pratt e Valletti analisaram contratações firmadas por 208 entes públicos na Itália, entre 2000 e 2005.[167] Segundo os autores, "(...) *on average, at least 82% of estimated waste is passive*" (BANDIERA, PRATT, VALLETTI, 2009, p. 1280), com impacto até quatro vezes maior do que o gerado pelo desperdício ativo.[168]

---

[165] *"Active waste is such that its presence entails direct or indirect benefit for the public decision-maker. In other words, reducing waste would reduce the utility of the decision-maker. The classical example is corruption in procurement, whereby the public official inflates the price paid for a certain good in exchange for a bribe."* (BANDIERA, PRATT, VALLETTI, 2009, p. 1278)

[166] *"Passive waste, in contrast, is such that its presence does not benefit the public decision-maker. In other words, reducing waste would (weakly) increase the utility of the decision maker. Passive waste can derive from a variety of sources. One is that public officials simply do not possess the skills to minimize costs. A second is that public officials have no incentive to minimize costs. Another potential cause of passive waste, following Steven Kelman (1990, 2005), is that excessive regulatory burden may make procurement cumbersome and increase the average price that the public body pays."* (BANDIERA, PRATT, VALLETTI, 2009, p. 1278)

[167] *"Overall our findings are consistent with the hypothesis that, in aggregate, most waste in the procurement of generic goods by the Italian public sector is not due to corruption but to inefficiency. Our results do not in any way imply that corruption is not an important issue in public procurement in Italy. They just indicate that passive waste seems to have an even larger effect."* (BANDIERA, PRATT, VALLETTI, 2009, p. 1281)

[168] *"(...) passive waste could actually be much larger that active waste – about four times as much in our estimates."* (BANDIERA, PRATT, VALLETTI, 2009, p. 1281)

Os autores também concluíram que uma margem mais ampla para escolher a melhor forma de licitar e contratar não está necessariamente ligada a um desperdício ativo mais intenso – "(...) *our evidence indicates that more discretion would not lead to higher active waste*" (BANDIERA, PRATT, VALLETTI, 2009, p. 1281), desmentindo a premissa que correlaciona a discricionariedade com maior corrupção.

De volta ao cenário brasileiro, um dos pontos positivos trazidos pela Nova Lei de Licitações e Contratos foi justamente a flexibilização dos tipos de procedimento licitatório a partir da combinação dos modos de disputa aberto e fechado, nos termos do artigo 56 da Lei nº 14.133/2021. Esse ponto merece aprofundamento.

A teoria dos leilões é a área da economia que, partindo do referencial teórico da teoria dos jogos, estuda o comportamento dos agentes econômicos em procedimentos de contratação. O leilão é um jogo não cooperativo pelo qual o contratante, o leiloeiro e os participantes sinalizam preços e transmitem informações, em contexto marcado por assimetrias de informação, custos de transação, barreiras à entrada e outras falhas de mercado. O exame dos aspectos econométricos da teoria dos leilões não faz parte do escopo desta obra. Por ora, interessa apenas apresentar alguns conceitos explorados por essa literatura para explicar as mudanças operadas na legislação brasileira no que se refere aos tipos de licitação que podem ser realizados no país.

De acordo com Paul Klemperer (2004, p. 9-61) e Vijay Krishna (2010, p. 173-184), os leilões podem ser classificados em fechados e abertos, permitindo diversas combinações para criar leilões mistos ou multidimensionais. A complexidade do objeto contratado e o grau de concorrência influenciam na escolha do procedimento mais adequado em cada caso concreto, como ressaltam Bulow e Klemperer (1996, p. 180-181), favorecendo a realização de procedimentos competitivos ou de negociações diretas com fornecedores. Nos leilões abertos, os preços são determinados dinamicamente através de lances sequenciais ("*dynamic auction*"), podendo ser ascendentes ou descendentes. Como cada lance sinaliza preço aos demais competidores, o leilão aberto é mais vulnerável à formação de carteis e comportamentos colusivos, embora tenda a ser mais eficiente para aumentar a concorrência e reduzir preços, especialmente para objetos menos complexos e fornecedores mais homogêneos (ALBANO *et al.*, 2006a). Já nos leilões fechados, os lances são apresentados simultaneamente em envelopes lacrados ("*sealed bid*"), onde o vencedor é quem oferece a melhor oferta. Como as propostas são únicas e reveladas apenas no curso do procedimento, os participantes são incentivados a oferecer preços mais próximos aos seus custos reais.

A possibilidade de decidir a estrutura do procedimento licitatório no caso concreto a partir da combinação de modos de disputa aberto e fechado até então existia apenas no RDC (artigo 17 da Lei nº 12.462/2011) e na Lei das Estatais (artigos 51, III, 52 e 53 da Lei nº 13.303/2016). A tabela a seguir, publicada em Fassio *et al.* (2021), compara as modalidades de licitação previstas na Lei nº 8.666/1993, na Lei nº 14.133/2021 e nas leis do pregão e do RDC. É importante notar que a "concorrência", a "tomada de preços" e o "convite" são variações do leilão fechado, o que motivou a Nova Lei de Licitações e Contratos a unificá-las na "nova concorrência", baseada no RDC.

Tabela 16 – Comparação entre modalidades de licitação previstas na legislação brasileira à luz de características selecionadas

(continua)

	Lei 8.666/1993				Pregão (L. 10.520/ 2002)	RDC (L. 12.462/ 2011)	Nova Lei de Licitações e Contratos (Lei nº 14.133/2021)
	Concorrência	Tomada de preços	Convite	Concurso	Leilão			
Tipo de Leilão	Leilão fechado		Leilão fechado		Leilão aberto ascendente	Leilão reverso misto, com propostas e fase de lances	Combinação livre dos modos de disputa (aberto, fechado, fechado-aberto ou aberto-fechado)	Combinação livre dos modos de disputa (aberto, fechado, fechado-aberto ou aberto-fechado)
Critérios de julgamento	Menor preço, técnica e preço e melhor técnica		Melhor técnica	Maior lance ou oferta	Menor preço	Menor preço/maior desconto; técnica e preço; melhor técnica ou conteúdo artístico; maior oferta; ou maior retorno econômico.	Menor preço; maior desconto; melhor técnica ou conteúdo artístico; técnica e preço; maior lance ou maior retorno econômico.

(conclusão)

	Lei 8.666/1993					Pregão (L. 10.520/2002)	RDC (L. 12.462/2011)	Nova Lei de Licitações e Contratos (Lei nº 14.133/2021)
	Concorrência	Tomada de preços	Convite	Concurso	Leilão			
Prazos mínimos, após a publicação do edital, para receber propostas	45 dias (técnica e preço) ou 30 dias (demais casos)	30 dias (técnica e preço) ou 15 dias (demais casos)	5 dias úteis	45 dias	15 dias	8 dias	Compras: 5 dias úteis (menor preço ou maior desconto) ou 10 dias úteis (demais casos); Serviços e obras: 15 dias úteis (menor preço ou maior desconto) e 30 dias úteis (demais casos); Outros: 10 dias úteis (maior oferta) e 30 dias úteis (técnica e preço, melhor técnica/conteúdo artístico).	Compras: 8 dias úteis (menor preço ou maior desconto) ou 15 dias úteis (demais casos); Serviços e obras *comuns*: 10 dias úteis (menor preço ou maior desconto); Serviços e obras *especiais*: 25 dias úteis (menor preço ou maior desconto); 60 dias úteis (contratação integrada) e 35 dias úteis (contratação semi-integrada e demais casos); Outros: 15 dias úteis (maior lance), e 35 dias úteis (técnica e preço, melhor técnica / conteúdo artístico). Diálogo competitivo: 25 dias úteis (diálogo) e 60 dias úteis (fase competitiva)
Exame da Habilitação	Antes das propostas [1]			Antes das propostas [3]	Antes das propostas [3]	Após as propostas	Em regra, após as propostas (a inversão é possível)	Em regra, após as propostas (a inversão é possível)
Rem. Adicional / variável	Não, os contratos são de preço fixo.			Não, pois o prêmio é fixo.	Não, pelo sistema de lances	Não, os contratos são de preço fixo.	Sim	Sim
Forma de realização	Presencial			Presencial	Presencial	Em regra, eletrônica. [2]	Preferencialmente eletrônica, admitida a presencial.	Preferencialmente eletrônica, admitida a presencial.
Previsão na Nova Lei de Licitações	Essas três modalidades da Lei 8.666/93 são unificadas na nova concorrência, que segue as linhas gerais do RDC.			Concurso, mantido pela nova lei	Leilão, mantido pela nova lei	A nova Lei mantém o pregão, mas revoga a Lei nº 10.520/02	Revoga o RDC, que passa a ser a base da concorrência	Unifica e revoga as leis listadas ao lado. Além disso, cria a modalidade "diálogo competitivo".

[1] Alguns entes federados possuem leis autorizando a inversão de fases, como o Estado e o Município de São Paulo.

[2] A maior parte dos procedimentos é realizada eletronicamente; a obrigatoriedade é prevista normalmente em decretos e leis esparsas de cada ente.

[3] No concurso e no leilão, o foco no projeto e no pagamento do preço, respectivamente, tornam a habilitação mais simplificada. Não raro, os editais de concurso e leilão preveem que a efetiva conferência dos documentos se dará após a seleção do vencedor.

Fonte: Fassio *et al.* (2021).

A aplicação incipiente da Lei nº 14.133/2021 ainda não permite afirmar se a flexibilização procedimental trazida pela nova legislação resultará em menor rigidez para as contratações públicas brasileiras em longo prazo. Contudo, não se pode negar que a expansão das possibilidades de escolha à luz da teoria dos leilões expande o campo da discricionariedade e aumenta as alternativas à disposição do administrador, que poderá combinar os modos de disputa aberto e fechado nas licitações destinadas a bens e serviços especiais, quando a modalidade pregão não será aplicável.

2.3.4 A postura defensiva e o "perfil jurídico" dos gestores brasileiros

Segundo Alexandre Ribeiro Motta (2010), existe no Brasil uma cultura de compras públicas marcada pela punição a desvios e pelo apego a formalidades, a qual convive, em paralelo, com certo desinteresse na eficiência e nos resultados das contratações realizadas.[169] Adilson Abreu Dallari (1994, p. 245) é frequentemente lembrado quando afirma que a "(...) *licitação é procedimento, e não uma atividade lúdica; não se trata de um concurso de destreza para escolher o melhor cumpridor do edital"*. Mas como há poucos atos infralegais com diretrizes e boas práticas para orientar a elaboração de editais e contratos no Brasil, "(...) *os gestores de compras torcem para que algum deles faça um bom trabalho e todos possam sair copiando-o, ou aderindo à sua ata de registro de preços, num típico e ineficiente comportamento caronista"*, como ressalta Eduardo Fiuza (2009, p. 240), revelando a escassez de incentivos para a assunção dos riscos presentes em contratações mais complexas.

Esse cenário é agravado pela falta de formação adequada dos profissionais da área de compras, que não contam com carreiras específicas para essa função no país. Não há programas de certificação de compradores públicos e, em regra, o papel é cumulado com outras atribuições, sem nenhum tipo de gratificação ou adicional que forneça incentivos para a condução de contratações mais complexas. Frequentemente, o treinamento é limitado ao mínimo essencial para operar os sistemas de tecnologia da informação usados pela Administração, especialmente

---

[169] "(...) partindo-se da combinação de uma legislação conceitualmente pobre, uma elevada preocupação com a corrupção, um sistema jurídico excessivamente burocrático e interpretações restritivas, chega-se à formação de uma cultura de compras públicas muito aferrada aos ritos e pouco compromissada com os resultados." (MOTTA, 2010, p. 157)

aqueles relacionados à condução de licitações eletrônicas e à realização de empenhos e pagamentos.

Esse contexto favorece uma governança contratual deficiente e a adoção de práticas defensivas pelos administradores públicos. Fernanda De Negri (2018) destaca que a "(...) *incerteza e o desconhecimento sobre a aplicação da legislação levam os gestores a se protegerem por meio da adoção de procedimentos redundantes e ineficazes*" (DE NEGRI, 2018, p. 144), tais como a manutenção de estoques excessivos e um apego exagerado a procedimentos burocráticos.

Essa "postura defensiva" dos gestores brasileiros é profundamente influenciada pela prática, especialmente ao responder impugnações, recursos e pedidos de informações em licitações e auditorias. O foco nesses casos é justificar as próprias ações perante os órgãos de controle, baseando-se na legislação, na doutrina e na jurisprudência dos Tribunais de Contas. Trata-se de uma responsabilidade significativa que, muitas vezes, contrasta com a formação oferecida a esses profissionais. Curiosamente, cabe a esses mesmos agentes públicos a aplicação de contratações públicas para inovação no país. É deles que se espera uma postura flexível, tolerância maior ao fracasso e, sobretudo, disposição para assumir os riscos inerentes ao processo inovativo.

Esse contexto reforça um certo "perfil jurídico" dos profissionais da área de compras no Brasil que contrasta com a experiência internacional. É curioso perceber como a literatura dedicada ao tema no país é majoritariamente jurídica,[170] à diferença do que se vê em outros países, onde licitações e contratações públicas são temas abordados pela economia ou pela ciência da administração, por exemplo (FIUZA, 2009, p. 280). Em outro estudo, talvez seria possível sustentar a hipótese de que a centralidade ocupada pelos juristas nessa área pode ser um reflexo do maximalismo. Afinal, ao transferir para o texto da lei as decisões mais importantes sobre como se deve licitar e contratar no país, a própria aplicação concreta da compra pública foi convertida à força em uma atividade de hermenêutica jurídica. Saber se esse fato revela uma distorção ou apenas uma peculiaridade do caso brasileiro não faz parte do escopo deste estudo. Contudo, caso se assuma a

---

[170] "Diferentemente da concepção dos juristas, os economistas têm entendido que a licitação nem sempre é o melhor meio de se fazer um bom contrato, mas mesmo quando ela o é, a governança do contrato pode ser muito melhorada" e "Essa avaliação contrasta com a visão legalista predominante entre os que escrevem sobre licitações – em sua maioria expostos apenas a uma abordagem jurídica do tema". (FIUZA, 2009, p. 239 e 248, respectivamente)

premissa de que a centralidade do processo de compra pública não deveria pertencer aos juristas, mas sim aos administradores públicos, valorizar a discricionariedade parece ser um passo necessário para restituir aos gestores a posição central que hoje é ocupada, nesse tema, pelos juristas no Brasil.

Stéphane Saussier e Jean Tirole (2015) destacam que a gestão das contratações públicas não deve ficar restrita a agentes públicos "(...) *with an exclusively legal background, which is essential to ensuring that the procedures comply with the relevant legislation but not enough to truly optimise the public procurement system*" (SAUSSIER; TIROLE, 2015, p. 11). Os autores citam um estudo realizado pela central de compras francesa, a *Union des Groupements d'Achats Publics* (UGAP), em 2011, no qual se verificou que "(...) *63% of public buyers do not have a legal profile*" (SAUSSIER; TIROLE, 2015, p. 11). O "perfil jurídico" dos gestores brasileiros decorre da complexidade da legislação que rege as licitações e os contratos públicos no país, além da necessidade de garantir que os procedimentos sejam considerados regulares pelos Tribunais de Contas. Tornar a contratação pública o mais objetiva possível é parte importante dessa tarefa.

Charles Edquist e Jon Mikel Zabala-Iturriagagoitia (2012) lembram que os administradores que atuam nas compras públicas comuns são, geralmente, os mesmos encarregados de contratar produtos, serviços e processos inovadores.[171] Por esse motivo, a regulação das compras públicas em geral exerce influência significativa sobre o comportamento desses gestores também em contratações públicas para inovação. Muitas vezes, mesmo quando autorizados pela legislação, os gestores públicos hesitam em tomar decisões que possam ser interpretadas pelos órgãos de controle como indícios de irregularidade, aumentando o risco de sua responsabilização pessoal.[172]

---

[171] "*The administrators in charge of procurement are often 'normal' purchasing managers who are inclined to procure off-the-shelf products. The procurement of existing products should be partly replaced by the procurement of results in terms of societal problem solving and needs' satisfaction.*" (EDQUIST; ZABALA-ITURRIAGAGOITIA, 2012, p. 1767).

[172] "Um estudo realizado pela Sociedade Brasileira para o Progresso da Ciência (SBPC), em parceria com a Academia Brasileira de Ciências (ABC), indica que óbices nos mecanismos de controle que atingem instituições públicas (ICT e agências de fomento) são, parcialmente, produto do próprio regime jurídico das compras, contratações e parcerias. (...). A rigidez dos procedimentos estabelecidos pela lei – à qual se submetem universidades e agências de fomento, por exemplo – e o tempo gasto em seu cumprimento não são compatíveis com a dinâmica da pesquisa em CTI. Quando, por outro lado, essas instituições se valem das exceções à regra geral de obrigatoriedade de licitação para contratação (que, por seu turno, requerem justificativa prévia), também previstas

A jurisprudência, por sua natureza, traz exemplos de práticas proibidas e condutas consideradas irregulares pelos órgãos de controle, focando naquilo que *não deve ser feito*. A despeito do surgimento, na academia, de iniciativas voltadas a difundir bons exemplos na aplicação dos instrumentos previstos no Marco Legal de CT&I (MONTEIRO, RAUEN, MOURÃO, 2022), ainda não existe um repositório que reúna de forma abrangente contratações bem-sucedidas e boas práticas que possam ser usadas como referência por outros entes públicos ao aplicar essa legislação no Brasil.[173] Esse cenário reforça a postura defensiva dos gestores brasileiros, resultando na escassa utilização dos instrumentos de cooperação público-privada previstos na legislação.

Como, então, adaptar os procedimentos licitatórios e os procedimentos de contratação previstos na legislação brasileira para o objetivo, que lhe parece tão distante, de contratar inovação para o setor público? Parece haver uma tensão mal resolvida entre vetores opostos: de um lado, a *incerteza* que permeia a inovação a ponto de colocar em dúvida a própria obtenção do resultado esperado; de outro, a *segurança* que o instituto do contrato busca trazer ao estabilizar as relações jurídicas e as condições econômicas pactuadas entre contratante e contratado (ROPPO, 1988, p. 7-11; 23-24). A inovação, enquanto objeto da contratação pública, torna necessário reconhecer que todo contrato administrativo é, em certa medida, um contrato incompleto (NÓBREGA, 2009, p. 02-07). Em especial, nas compras pré-comerciais, contratar o desenvolvimento de um produto, serviço ou processo inovador vai além da necessidade de alocar riscos e mensurar probabilidades, na linha da concepção de *risco* difundida por Frank Kinght (1921, p. 19-21), mas implica assumir uma verdadeira condição de *incerteza*, isto é, a possibilidade de que o próprio resultado almejado não venha a ser atingido em razão do conhecimento técnico-científico insuficiente para tanto.

No próximo capítulo, pretendo buscar respostas para o seguinte questionamento: qual o papel da doutrina do direito administrativo nesse contexto? Como a visão dos doutrinadores sobre licitações e

---

na lei, são frequentemente questionadas em sua legitimidade por órgãos controladores." (COUTINHO; MOUALLEM, 2016, p. 208)

[173] O Observatório de Inovação e Competitividade do Instituto de Estudos Avançados da Universidade de São Paulo (OIC/IEA-USP) buscou endereçar essa lacuna organizando uma publicação específica sobre "soluções jurídicas para a inovação", abordando a modelagem jurídica de casos concretos envolvendo a aplicação do Marco Legal de CT&I no Brasil. Confira-se, a respeito, Monteiro, Rauen e Mourão (2022).

contratos administrativos influenciou o comportamento de gestores, advogados, fornecedores e membros dos órgãos de controle no Brasil? Tendo percorrido inicialmente a evolução histórica da legislação, buscarei agora percorrer a trajetória de formação da teoria brasileira do contrato administrativo para responder a essas perguntas e, assim, compreender quais entraves impedem o emprego do poder de compra do Estado como instrumento de política de inovação no país.

CAPÍTULO 3

CONTRATOS ADMINISTRATIVOS PARA ICONOCLASTAS? UMA CRÍTICA À DOUTRINA DO DIREITO ADMINISTRATIVO SOBRE CONTRATAÇÕES PÚBLICAS NO BRASIL

Ícones, dogmas, verdades absolutas. Nada disso, em princípio, parece ter relação com direito administrativo. Todavia, especialmente no campo das contratações públicas, há ideias e conceitos que são repetidos e transmitidos implicitamente, de geração para geração, com persistência surpreendente. Algumas dessas visões de mundo resistem ao teste do tempo e mantêm-se mesmo diante da crítica teórica e das diversas alterações impostas ao direito positivo, dando a impressão, no direito administrativo, que é a realidade que deve se ajustar à doutrina, e não o contrário.

Em certo sentido, quem estuda o direito administrativo no Brasil se depara desde o início com ideias apresentadas como dogmas, as quais buscam influenciar a realidade em que inserem de forma aparentemente mais intensa do que acontece em outros ramos do direito. Por exemplo, como se verá adiante, há diversos trabalhos que questionam a consistência teórica do "princípio" da supremacia do interesse público e criticam os inconvenientes que decorrem de uma concepção restrita de legalidade, segundo a qual o Estado só estaria autorizado a agir diante de expressa disposição legal. Entender por que isso ocorre no direito administrativo, bem como aprofundar os reflexos dessa discussão para outros campos do direito público, são objetivos que não fazem parte desta obra. Este capítulo busca apenas compreender qual é o papel exercido pela doutrina do direito administrativo sobre o comportamento dos agentes públicos e privados que atuam nas contratações públicas no país, fazendo o elo entre a trajetória legislativa (Capítulo 2) e a atuação do controle das atividades de CT&I (Capítulo 4).

O peso e a influência que algumas ideias defendidas pela doutrina brasileira exercem sobre a realidade aproximam determinadas concepções sobre o direito administrativo da noção de *ideologia*. Norberto Bobbio (1995), a respeito, diferencia "teoria" e "ideologia" afirmando que a primeira corresponde à "(...) *expressão da atitude puramente cognoscitiva que o homem assume perante certa realidade*", com "(...) *a única finalidade de informar os outros acerca de tal realidade*", ao passo que a segunda consiste na "(...) *expressão do comportamento avaliativo que o homem assume face a uma realidade, consistindo num conjunto de juízos e valores* (...) *que têm o escopo de influírem sobre tal realidade*" (BOBBIO, 1995, p. 223). Em um sistema jurídico positivista, o pretenso caráter neutro da teoria faz com que ela possa ser tomada como verdadeira ou falsa, ao passo que a ideologia, buscando de algum modo influenciar a realidade para mantê-la ou alterá-la, pode ser conservadora ou progressista, respectivamente.

Neste capítulo, assim como nos demais desta obra, faço uso da palavra *doutrina* em sentido propositadamente amplo, para abranger as acepções de "doutrina" e "teoria" dadas por Fernando Dias Menezes de Almeida (2015, p. 66-71) na obra sobre o percurso formativo do direito administrativo no Brasil. Dialogando com a obra de Antônio Cândido sobre a gênese da literatura brasileira,[174] o autor afirma que a noção de "doutrina" corresponde ao conjunto de trabalhos jurídicos em que se expõem valores e opiniões pessoais, com caráter de autoridade, para influenciar o direito vigente, ao passo que "teoria" remete a um conjunto abstrato de ideias, uma "(...) *pluralidade de concepções da realidade, inerente a uma abstração coletiva que deriva de uma pluralidade de ideias, opiniões, pensamentos concretamente manifestados por membros de uma sociedade*" (ALMEIDA, 2015, p. 72). A proximidade com a noção de ideologia explica a escolha feita neste trabalho pelo uso do termo "doutrina", em vez de "teoria", para se referir ao conjunto de ideias do direito administrativo que influenciam de forma concreta o modo de ser das contratações públicas brasileiras.

Vale ressaltar que este estudo não busca criticar obras ou autores específicos, mas se contrapõe a uma linha de pensamento ainda muito

---

[174] A obra de Antônio Cândido a que se faz menção é "Formação da literatura brasileira: momentos decisivos", na 12ª edição publicada pela FAPESP em 2009.

presente na prática do direito administrativo e que, a meu ver, desponta como o vetor resultante no momento em que este livro é escrito. Sem assumir a premissa de que os autores mencionados ao longo deste trabalho possuem pensamento homogêneo ou coincidente sobre aspectos variados do direito administrativo, o termo "doutrina" será usado para fazer referência às ideias prevalecentes a partir de uma pluralidade de opiniões que ilustram determinada visão de mundo, a qual é partilhada, às vezes até de forma inconsciente, por quem a pratica.

O meu argumento é que há ideias persistentes no direito administrativo brasileiro que já se consolidaram na legislação e até hoje influenciam gestores, advogados, fornecedores e membros de órgãos de controle de forma negativa, desincentivando a adoção de contratações públicas de inovação no país. Sustento que a rigidez do direito positivo e a adoção de um paradigma maximalista nas opções legislativas sobre a regulação das compras públicas decorrem desse fenômeno e seguem, até hoje, embasados sob um paradigma de que a realidade deve se amoldar à teoria, e não o contrário, criando fricções na aplicação da legislação especial, inclusive na área de CT&I.

Para tanto, esta seção encontra-se estruturada em três partes, além desta introdução. O item 3.1 inicia discutindo as transformações causadas no direito administrativo pela consensualidade, situando as linhas gerais da crítica que será realizada ao longo deste capítulo. Na sequência, o item 3.2 reconstrói brevemente o percurso formativo da doutrina administrativista no Brasil para compreender em que medida esse cenário está ligado à elaboração de uma teoria do contrato administrativo marcada por particularidades do contexto brasileiro e que destoa, em vários aspectos, de sua matriz francesa. Por fim, com amparo na revisão dessa literatura, foi possível agrupar essas ideias em cinco ordens de argumentos, os quais critico nos subitens do item 3.3. Essas cinco ideias repercutem as notas principais que caracterizam a visão de mundo esposada pela doutrina brasileira, preparando a discussão, que será objeto do próximo capítulo, sobre o controle das atividades de CT&I no país.

3.1 A consensualidade como paradigma

É impossível afirmar que um assunto constitui tema central de uma disciplina sem recorrer a certa dose de subjetividade. Sempre há um recorte, em que cada autor tende a valorizar o seu próprio tópico de estudo como se fosse o principal aspecto de toda uma área do conhecimento. No direito administrativo não é diferente. Todavia, é interessante perceber como a percepção de muitos autores coincide ao identificar uma certa *mudança de foco* nas discussões doutrinárias do direito administrativo, ao longo do século XX, a revelar uma transição entre o ato administrativo – expressão da atuação unilateral do Estado, na intersecção entre liberdade e autoridade (BUCCI, 2006, p. 839; MEDAUAR, 2009, p. 151) – para o contrato administrativo, jogando luz sobre temas que valorizam a bilateralidade e o consenso.

A obra *"Gouverner par contrat"*, de Jean-Pierre Gaudin (2007), constitui um marco teórico importante, que ilustra essa tendência de contratualização das políticas públicas e de reordenamento de toda a atuação estatal com base na consensualidade. Para Pedro Costa Gonçalves (2004), o contrato torna-se uma alternativa ao ato administrativo ao refletir a busca pelo consenso, ainda que o reconhecimento de um regime jurídico de prerrogativas em benefício da Administração marque a presença da autoridade no mesmo instituto.[175] Cada vez mais é defendida a ideia de que "(...) *na Administração Pública atual, administrar é, sobretudo, contratar"* (SUNDFELD; JURKSAITIS, 2015, p. 13), inserindo o tema no que Eberhard Schmidt-Assmann (2003) chama de "ação administrativa prática"[176] ao reconhecer que as contratações públicas são cada vez mais relevantes em todas as áreas do direito administrativo, mesmo naquelas mais ligadas à ideia de autoridade, como a intervenção e o poder de polícia.

O ato administrativo não deixou de ser importante, mas as discussões doutrinárias passaram a ser pautadas pela consensualidade, no sentido amplo discutido por Juliana Bonacorsi de Palma (2015).[177]

---

[175] "Disseminou-se uma lógica de fomento do consenso nas relações jurídicas administrativas a qual, não passando apenas pelo contrato, teve o efeito evidente de abrir campos para novas aplicações desta figura. (...) O contrato impunha-se agora como mecanismo jurídico alternativo ao ato administrativo. (...) Nos finais do século XX, contrato – e até mais que o contrato a 'cultura do contrato' – estava instalada na Administração Pública e, um pouco por todo o lado, começava a falar-se de uma Administração por contrato." (GONÇALVES, 2004, p. 14)

[176] A "ação administrativa prática" corresponde ao conjunto de todas as formas pelas quais a Administração se expressa, abrangendo atos jurídicos e atuações materiais, planos e instrumentos acessórios, atuações preparatórias e atuações executivas, atuações dirigidas à obtenção de informações e a sua divulgação, medidas unilaterais, por um lado, e convênios e acordos, por outro, atuações da Administração com forma jurídica e atuações informais (SCHMIDT-ASSMANN, 2003, p. 287).

[177] "(...) qualquer forma de acordo de vontades da Administração Pública, abrangendo indistintamente acordos judiciais, acordos intragovernamentais e os contratos administrativos em geral. Esta conceituação de consensualidade determina a definição de atuação administrativa consensual como a ação da Administração Pública por meio de acordos em

Como lembra Gustavo Justino de Oliveira (2008, p. 241-247), tanto atos quanto contratos são instrumentos de ação administrativa, mas "(...) *a emergência da administração por acordos não resulta – nem poderia resultar – no aniquilamento da administração por atos; a administração consensual não supera a administração imperativa*" (OLIVEIRA, 2008, p. 244).

Os instrumentos de atuação administrativa consensual criados pelo direito positivo vão muito além da noção tradicional de contrato administrativo e aprofundam a necessidade de sua reelaboração teórica. É o caso dos módulos convencionais substitutivos de decisão unilateral, segundo a categorização proposta por Fernando Dias Menezes de Almeida (2012, p. 297-306), que reúnem acordos extrajudiciais em desapropriações (artigo 10 do Decreto-Lei nº 3.365/1941), os termos de ajustamento de conduta previstos na Lei da Ação Civil Pública (artigo 5º, §6º da Lei nº 7.347/1985), o acordo de leniência da Lei Anticorrupção (artigos 16 e 17 da Lei nº 12.846/2013) e figuras similares previstas na Lei de Defesa da Concorrência (artigos 85 e 86 da Lei nº 12.529/2011). Embora não integrem o objeto deste estudo, esses exemplos também ilustram essa tendência de substituição do unilateral pelo consensual.

Criticando a ideia, atribuída a Otto Mayer, de que o "*direito constitucional passa*" enquanto o "*direito administrativo permanece*",[178] Sabino Cassese (2012) analisa as transformações pelas quais tem passado o direito administrativo nos últimos anos. Assim como Jean-Bernard Auby (2001), que inclui as mudanças incidentes sobre a teoria dos contratos administrativos entre os diversos "*facteurs de déstructuration*" que desestabilizaram o direito administrativo francês, Cassese destaca que as mudanças econômicas, políticas e sociais alteraram profundamente a estrutura e as formas de atuação do Estado, tornando necessária a adoção de novos métodos, mais abertos e interdisciplinares, para o estudo dessa disciplina.[179] Essas mudanças também impactaram profun-

---

sentido amplo, seja na esfera administrativa ou judicial, seja entre Administração Pública e administrado ou exclusivamente no âmbito do Poder Público." (PALMA, 2015, p. 111)

[178] A frase original ("*Verfassungsrecht vergeht, Verwaltungsrecht besteht*") encontra-se na introdução de Otto Mayer à terceira edição do seu "Direito Administrativo Alemão", publicada em 1924. Criticando, no Brasil, a manutenção da estrutura administrativa do Decreto-Lei nº 200/1967 sob a égide da Constituição de 1988, bem como a aceitação de conceitos e princípios pré-constitucionais como "consolidados" e "tradicionais" na doutrina, veja Bercovici (2010), p. 77-80.

[179] "*Continuity in paradigms of study paralleled the idea of continuity in administrative institutions. Over the last twenty years, both assumptions have become obsolete. Administrative institutions have undergone impressive changes. Consider the accumulation of these: globalization, privatization, citizens' participation, new global fiscal responsibilities. The very idea that administrative law concepts could remain stable over time has been abandoned. (...) But, as continuity and change*

damente o cenário brasileiro, criando dissonância entre as formulações teóricas sobre o contrato administrativo e a crescente complexidade verificada do direito positivo, como se verá a seguir.

3.2 O percurso formativo da teoria do contrato administrativo na doutrina brasileira

Fernando Dias Menezes de Almeida (2015, p. 189-225), ao buscar compreender a formação do direito administrativo no Brasil, identifica três grandes etapas na construção da teoria do direito administrativo brasileiro: (i) um *período formativo*, que se inicia ainda no Império com a independência e a construção do Estado Nacional e se prolonga até o final da República Velha; (ii) um momento de *formação de continuidade teórica*, atingido em meados da década de 1940; e, por fim, (iii) uma etapa de *maturidade da teoria brasileira*, a partir do início dos anos 2000, com aumentos de complexidade e adensamento teórico que permitem identificar elementos especificamente nacionais em sua evolução.[180]

A descrição detalhada de toda essa trajetória não integra o escopo deste estudo. Por isso, o recorte realizado nos itens 3.2.1 e 3.2.2 enfocará especificamente os dois "momentos de inflexão" doutrinária que, a meu ver, permitem compreender as causas que deram origem às notas particulares que caracterizam a experiência brasileira do direito administrativo. O objetivo aqui é apenas identificar os passos principais dessa jornada para entender como eles concorrem, em sintonia com os itens anteriores desta obra, para a formação de um cenário desfavorável ao emprego de contratações públicas para inovação no país.

---

go hand in hand, it is difficult to study this mosaic of contradictions using the old approaches. (...). Discontinuity in the realm of administrative institutions requires discontinuity in the approaches adopted for studying the new administrative law. The scholarship examining this new administrative law needs reorientation and a new framework, capable of explaining the changes that have taken place." (CASSESE, 2012, p. 604-605).

[180] "(...) a teoria do direito administrativo no Brasil submete-se historicamente a um processo formativo, encontra um momento de formação de continuidade teórica aproximadamente em terno da década de 40 do século XX e – acrescente-se um elemento no raciocínio – chega aos dias de hoje com um grau de maturidade, adquirido nestes primeiros anos do século XXI, que permite qualificá-la como uma teoria brasileira do direito administrativo." (ALMEIDA, 2015, p. 39-40)

3.2.1 O primeiro momento de inflexão: o alinhamento das instituições brasileiras aos Estados Unidos e seus reflexos no direito administrativo

Durante o império, o artigo 137 da Constituição de 1824 previu um Conselho de Estado instituído como órgão auxiliar do Poder Moderador e composto por dez conselheiros vitalícios, nomeados pelo Imperador[181]. Segundo José Reinaldo de Lima Lopes (2010, p. 126-149), o Conselho funcionava por seções ("Justiça e estrangeiros", "Império", "Guerra" e "Fazenda") e realizou, em suas consultas, uma extensa atividade de interpretação das leis. O Conselho de Estado desempenhou, sob influência francesa, o papel de instância recursal do contencioso administrativo no Brasil.[182] Entretanto, segundo Almeida (2015, p. 189-225), não houve nesse período um grande desenvolvimento teórico do direito administrativo no país, cujas principais obras consistem principalmente em manuais e compêndios elaborados para uso nas Faculdades de Direito de São Paulo e Olinda, responsáveis pela formação de quadros para a burocracia do novo Estado nacional.

A breve experiência com o contencioso administrativo terminaria com a proclamação da República e a Constituição de 1891 que, inspirada no modelo norte-americano, extinguiu o Conselho de Estado e absorveu diversas instituições jurídicas e políticas que causaram uma ruptura no direito público brasileiro, como o presidencialismo, o federalismo e a unicidade de jurisdição. Mas é importante perceber que a incorporação desses modelos foi feita em contexto bem distante das premissas que os fundamentam e, por isso, exige diversas adaptações.

Em especial, a adoção do modelo de jurisdição una – e a consequente ausência do contencioso administrativo, enquanto órgão jurisdicional autônomo, no país – provoca consequências importantes para a evolução do direito administrativo no Brasil. A unicidade de

---

[181] Artigos 137 e 142 da Constituição de 1824: "Art. 137. Haverá um Conselho de Estado, composto de Conselheiros vitalicios, nomeados pelo Imperador" e "Art. 142. Os Conselheiros serão ouvidos em todos os negocios graves, e medidas geraes da publica Administração; principalmente sobre a declaração da Guerra, ajustes de paz, nogociações com as Nações Estrangeiras, assim como em todas as occasiões, em que o Imperador se proponha exercer qualquer das attribuições proprias do Poder Moderador, indicadas no Art. 101, á excepção da VI".

[182] José Reinaldo de Lima Lopes (2010, p. 177-179) destaca as soluções dadas pelo Conselho de Estado ao longo do processo de abolição da escravatura, hipótese em que opinou pela aplicação de um instituto caro ao direito administrativo – a desapropriação – para efetivar a compra, pelo governo, dos escravos a seus senhores.

jurisdição deriva da *common law* e reconhece ao Poder Judiciário uma competência ampla para processar e julgar os atos praticados pelo Poder Público (CRETELLA JÚNIOR, 1990, p. 244-269). Nesse contexto, a admissão de um direito material especial para a Administração (o *droit administratif*), com o reconhecimento de prerrogativas exorbitantes em relação ao direito comum, excepcionaria o fundamento de submissão do Estado à lei, que é basilar na *rule of law*.[183] Além disso, para os defensores da jurisdição una, o reconhecimento de uma jurisdição especial para julgar os atos praticados pelo Estado chancelaria uma relativa imunidade do Poder Executivo em relação ao Poder Judiciário, lesando a separação de poderes.

Por outro lado, os defensores da jurisdição administrativa de vertente francesa[184] afirmam que o contencioso administrativo reforça a submissão do Estado à lei, permitindo que a *administration-juge* proteja o cidadão dos excessos praticados pela *administration-active*. Segundo Laubadère, Venezia e Gaudemet (1999), é curioso notar como o mesmo princípio da separação de poderes viria a ser interpretado na França de forma absoluta, mais radical, para justificar a não inclusão de matéria administrativa nas competências do Poder Judiciário. Nessa linha, se julgar a Administração também é, de certa forma, administrar (*"juger l'administration, c'est encore administrer"*), a submissão do Poder Executivo à jurisdição dos tribunais comuns comprometeria a sua independência.[185]

A adoção da unicidade de jurisdição a partir de 1891 gera um impacto importante para o direito administrativo, que passa a ter que conciliar o seu passado monárquico com as instituições republicanas. Nesse contexto, fortemente marcado pela busca de paradigmas que confirmassem a nova ordem política e constitucional, é interessante perceber como Ruy Barbosa, um dos doutrinadores de maior influência na República Velha, passa a buscar no direito norte-americano respostas

---

[183] "(...) Dicey, o célebre constitucionalista inglês, dizia mesmo que o fato de os funcionários do governo não se subordinarem aos tribunais ordinários em França era o sinal mais evidente de que ali não havia *rule of law* como concebido na Inglaterra. Na linguagem de Dicey, ou existe *rule of law*, ou *droit administratif*". (LOPES, 2010, p. 140)

[184] Para Sabino Cassese (2000, p. 1716), a versão italiana do contencioso administrativo contrasta com a francesa pela presença mais marcante do direito positivo em relação à jurisprudência do *Consiglio di Stato* e pelo conceito de *interesse legittimo* em contraposição ao *diritto soggettivo* como sua principal nota distintiva.

[185] "(...) le principe de la séparation des autorités administratives et judiciaire était ainsi complété par celui de la séparation des administrations active et contentieuse." (LAUBADÈRE, VENEZIA, GAUDEMET, 1999, p. 348).

para problemas do direito público brasileiro. A respeito, o método aplicado nos artigos e pareceres que integram a sua *Teoria Política* é largamente baseado nos precedentes da Suprema Corte dos Estados Unidos (BARBOSA, 1950, p. 120-139), o que era possível em uma época em que o direito administrativo brasileiro era pouco positivado, sendo incipiente e escassa a legislação sobre a matéria. Por influência de Barbosa, "(...) *os casos de common law e equity*" foram reconhecidos formalmente como fonte subsidiária do direito no âmbito da recém-criada Justiça Federal, organizada em 1890.[186]

Isso provoca um *primeiro momento de inflexão* no direito administrativo brasileiro, que reorienta a sua trajetória da Europa para os Estados Unidos e elege as experiências deste país como o modelo que inspira o modo de produção dessa disciplina no Brasil. É neste momento que se inicia um cenário bastante particular, que diferencia a evolução do direito administrativo no país com notas e características próprias que o distinguem do contexto europeu. Merecem destaque dois fatores característicos da experiência brasileira. Em primeiro lugar, a *ausência do Conselho de Estado e do contencioso administrativo*, com adoção da unicidade de jurisdição e reconhecimento ao Poder Judiciário para processar e julgar todos os atos praticados pela Administração. Assim, a construção do direito administrativo no país não ocorreu, à diferença do modelo francês, pela atividade jurisdicional do Conselho de Estado. Em segundo, o fato de que o *direito administrativo era muito pouco positivado ao longo do século XX*, sendo escassa a legislação sobre a matéria até a década de 1980, quando passam a ser editados com mais frequência leis e atos normativos relacionados à atividade administrativa.

Para Fernando Dias Menezes de Almeida (2012, p. 43-51), essas duas características fizeram com que a doutrina tivesse um papel proeminente para a criação do direito administrativo brasileiro, suprindo a ausência de um órgão jurisdicional autônomo e a omissão normativa do legislador nessa matéria. Por isso, o direito administrativo no Brasil "(...) *é antes decorrente de formulação doutrinária, consolidada jurisprudencialmente – tomando-se, na prática, as afirmações da doutrina como dogma –, do que decorrente de produção legislativa*" (ALMEIDA, 2012, p. 50-51), ao passo que as próprias leis, quando editadas, são influenciadas pelas teorias elaboradas pela doutrina e acolhidas na jurisprudência.

---

[186] Artigo 386 do Decreto nº 848, de 11 outubro de 1890: "Art. 386. (...). Os estatutos dos povos cultos e especialmente os que regem as relações jurídicas na República dos Estados Unidos da América do Norte, os casos de *common* law e *equity*, serão também subsidiários da jurisprudência e processo federal".

Importados do direito francês, seus institutos foram "(...) *recebidos diretamente na doutrina – cujas formulações tendem a ser dogmáticas – e sendo aplicadas judicialmente, sem a intermediação política da legislação, foram consolidados como dogmas, não necessariamente adaptados à realidade brasileira"* (ALMEIDA, 2012 p. 51). Isso fez com que se consolidasse no Brasil um direito administrativo de viés conservador, em que a doutrina se torna a chave para compreender a jurisprudência, que a reproduz em decisões judiciais, e o próprio direito positivo, editado para corresponder às formulações doutrinárias e interpretado à luz de suas categorias e institutos.[187]

Na República Velha, a partir deste primeiro momento de inflexão em que os Estados Unidos despontam como paradigma de organização jurídica e institucional, as instituições políticas passam a se orientar pelo modelo norte-americano. Enquanto isso, na Europa, o direito administrativo passava por um momento de grande produção e efervescência teórica entre 1860 e as primeiras décadas do século XX. Com a consolidação do papel jurisdicional do Conselho de Estado francês e a unificação da Alemanha e da Itália, o direito administrativo pouco a pouco se desenvolveu sob o ponto de vista teórico, em especial a partir da contribuição de Maurice Hauriou, Otto Mayer e Santi Romano.

Vale citar, por exemplo, o célebre debate travado entre León Duguit e Maurice Hauriou sobre a noção de serviço público, que restou consagrada a partir da formulação teórica de Gaston Jèze. À frente da Escola do Serviço Público, Leon Duguit defendia que a noção de serviço público se tornasse o fundamento e a finalidade última do direito público.[188] O autor criticava duramente a separação entre contratos de direito público e contratos de direito privado, regidos por diferentes regimes jurídicos. *"Parler de contrat de droit privé et de contrat de droit public, c'est parler de choses qui n'existent pas"* (DUGUIT, 1930, p. 403). Na visão de Duguit, o contrato corresponde a uma categoria jurídica única e, por isso, não haveria sentido em aplicar regimes jurídicos diferentes sobre o mesmo instituto.[189]

---

[187] "Isso levou o Direito administrativo brasileiro, tanto do ponto de vista normativo, como do ponto de vista do pensamento jurídico majoritário, mais do que outros ramos do Direito, a caracterizar-se – mais fortemente em meados do século XX, mas também em certa medida até os dias atuais – por notas dogmáticas e conservadoras." (ALMEIDA, 2012 p. 51)

[188] *"Le fondement du droit public, ce n'est plus le droit subjectif de commandement, c'est la règle d'organisation et de gestion des services publics. Le droit public est le droit objectif des services publics."* (DUGUIT, 1913, p. 52)

[189] *"Il y a des contrats passés par l'Etat et des actes faits par lui qui ne sont pas des contrats. Mais opposer les contrats de droit public aux contrats de droit privé, c'est donner une apparence juridique aux procédés plus ou moins habiles par lesquels les détenteurs du pouvoir tendent fréquemment à*

Por outro lado, a contribuição de Gaston Jèze representa uma visão do contrato administrativo que, mesmo sem perder a sua natureza contratual, apresenta um regime jurídico próprio, exorbitante do direito comum, justificado pela ligação finalística entre o objeto e a prestação de serviço público.[190] Comentando a importância da obra de Jèze para a teoria dos contratos administrativos, Georges Salon (1991) afirma que a adoção do serviço público foi o critério que permitiu superar a distinção traçada pela jurisprudência do Conselho de Estado entre "atos de autoridade" e "atos de gestão", substituindo uma classificação baseada em critérios de forma – a qual resultava em uma aproximação entre os pares "ato administrativo/direito público" e "contrato/direito privado" – por um critério material, que se escora no conteúdo de atos e contratos para lhes imprimir um regime exorbitante do direito comum. Essas prerrogativas não decorrem de manifestações de soberania ou de *puissance publique*, mas de uma justificativa finalística, neutra, orientada à prestação do serviço público.[191] Logo, enquanto para Duguit o contrato deveria ter tratamento jurídico unitário no campo do direito, a invocação do serviço público justificaria, para Jèze, o reconhecimento de um regime especial aos contratos administrativos (ALMEIDA, 2012, p. 189).

Essa discussão não é puramente teórica, mas, como ressalta Jacqueline Morand-Deviller (2005), assume relevância prática para a definição instrumental dos limites processuais da competência da jurisdição administrativa.[192] Nesse campo, merecem destaque o *arrêt* Blanco, julgado em 08 de fevereiro de 1873,[193] e o *arrêt Terrier*,[194] de

---

se soustraire à des engagements régulièrement pris. Il faut donc, une fois pour toutes, bannir de la langue du droit cette expression de contrat de droit privé et de droit public et parler seulement de contrat." (DUGUIT, 1930, p. 403)

[190] "(...) Jamais Gaston Jèze n'a nié la nature authentiquement contractuelle des contrats administratifs. Au contraire, la combinaison entre leur nature et le but de service public pour lequel ils sont conclus explique, à ses yeux, le régime spécial de ces contrats. Pour lui, la conciliation entre le droit public et le contrat caractérise tous les contrats administratifs." (SALON, 1991, p. 72)

[191] "Les prérogatives conférées à l'"Administration ne le sont que pour lui permettre de satisfaire l'exécution du service public, et seulement dans les limites nécessaires à la réalisation de cette mission qui s'impose aux gouvernants." (SALON, 1991, p. 78)

[192] "(...) [d]'origine largement prétorienne, le droit administratif doit son existence à celle du juge administratif et, encore actuellement, c'est souvent après que le juge administratif se soit reconnu compétent que le litige entre dans la sphère d'application du droit administratif : l'option sur la compétence précède et détermine celle sur le fond." (MORAND-DEVILLER, 2005, p. 17).

[193] "La responsabilité, qui peut incomber à l'Etat pour dommages causés aux particuliers par le fait des personnes qu'il emploie dans le service public, n'est pas régie par les principes établis dans le Code civil pour les rapports entre particuliers : elle n'est ni générale, ni absolue : elle a ses règles spéciales qui varient suivant les besoins du service et la nécessité de concilier les droits de l'Etat avec les

06 de fevereiro de 1903, no qual o Conselho de Estado confirmou que a competência da justiça administrativa abrange "(...) *tout ce qui concerne l'organisation et le fonctionnement des services publics proprement dits, soit que l'administration agisse par voie de contrats, soit qu'elle procède par voie d'autorité"* (LAUBADÈRE, VENEZIA, GAUDEMET, 1999, p. 410), consagrando definitivamente a posição de Jèze no direito francês.

Na tradição alemã, a noção de contrato público sofreu resistências devido à forte influência de autores como Otto Mayer e Fritz Fleiner, que consideravam inviável a formalização de contratos entre o Estado e os particulares (ARAÚJO, 1992, p. 176; RIVERO, 2004, p. 216-218). Por pressupor a igualdade entre os contratantes, o contrato seria inadequado, pois os particulares e o Poder Público jamais estariam em um mesmo nível. A doutrina das relações de sujeição especial surgiu nesse contexto, segundo Miriam Wimmer (2007), para fundamentar a partir de um viés autoritário a imposição de restrições a particulares que desenvolvessem uma relação jurídica qualificada com o Poder Público. Para Maria João Estorninho (2003, p. 164-167), as relações especiais de poder pretenderam justificar a introdução de limitações aos direitos fundamentais sem fundamento legal em contextos determinados, marcados por uma dependência mais acentuada em relação à Administração, como no caso dos particulares contratados pelo Estado.

Visto sob as lentes de um direito civil excessivamente liberal e de um direito administrativo marcadamente autoritário, o contrato administrativo seria uma contradição em termos. De um lado, "(...) *se fosse contrato, tomado como o instituto puro do direito civil, não poderia ter como parte a Administração; por outro lado, se submetido ao regime administrativo, não poderia ser contrato"* (MARQUES NETO, 2011, p. 45). Essa posição era defendida por Oswaldo Aranha Bandeira de Mello (2010, p. 674-675), para quem *"inexiste contrato administrativo"*, mas apenas atos unilaterais que, em circunstâncias especiais, como concessões de obra ou de serviço público, "(...) *são complementados por contratos sobre a equação econômico-financeira a eles pertencentes"*. Os demais contratos celebrados pela Administração "(...) *não passam de contratos de direito privado, com regime especial, porque a lei assim dispôs e os administrados,*

---

droits privés". Disponível em: http://www.legifrance.gouv.fr/affichJuriAdmin.do?oldActi on=rechJuriAdmin&idTexte=CETATEXT000007605886&fastReqId=954616301&fastPos=1. Acesso em: 05 maio 2024.

[194] CONSEIL D'ÉTAT. 06 de fevereiro de 1903. Disponível em: http://www.legifrance.gouv. fr/affichJuriAdmin.do?oldAction=rechJuriAdmin&idTexte=CETATEXT000007634922&fa stReqId=1972141532&fastPos=1. Acesso em: 05 maio 2024.

ao perfazerem o acordo de vontades, aderiram aos seus dispositivos, que se tornaram cláusulas contratuais, ou as próprias partes, no ajuste, aquiesceram em lhe dar regime especial" (MELLO, 2010, p. 689-690).

Oswaldo Aranha Bandeira de Mello argumentava que o artigo 766 do Regulamento do Código de Contabilidade da União[195] não previa poderes unilaterais de alteração dos contratos pela Administração, ressaltando que a possibilidade de alterações unilaterais, por exemplo, poderia ocorrer licitamente em contratos regidos pelo direito privado. Caio Tácito, em parecer proferido como Consultor-Geral da República, posicionou-se do mesmo modo ao afirmar que "(...) *em princípio, os contratos administrativos, ressalvadas as suas peculiaridades, regulam-se pelos mesmos princípios gerais que regem os contratos de direito comum"* (TÁCITO, 1957, p. 427), valendo-se de normas do Código Civil de 1916 para analisar se a teoria da imprevisão seria aplicável a um contrato firmado, à época, pelo Ministério da Fazenda.

3.2.2 O segundo momento de inflexão: o transplante incompleto da matriz francesa e sua adaptação ao contexto brasileiro

O alinhamento do Brasil aos Estados Unidos durante a República Velha fez com que o país permanecesse relativamente afastado das discussões do direito administrativo europeu, sofrendo as consequências de um atraso teórico significativo nas décadas posteriores. Segundo Fernando Dias Menezes de Almeida (2015, p. 241-277), o momento de maior efervescência teórica do direito administrativo francês gerou reflexos na doutrina nacional apenas quarenta anos mais tarde, após a década de 1930, tendo como principais referências autores do início do século XX. Consequentemente, essas obras foram recepcionadas no país em um contexto muito diferente daquele em que foram originalmente escritas.

Segundo Vitor Rhein Schirato (2012, p. 76-77), o retorno do direito administrativo brasileiro à influência da doutrina europeia deu-se por influência da noção de serviço público, com especial inspiração

---

[195] Artigo 766 do Anexo do Decreto nº 15.783, de 08 de novembro de 1922: "Art. 766. Os contractos administrativos regulam-se pelos mesmos principios geraes que regem os contractos de direito commum, no que concerne ao accôrdo das vontades e ao objecto, observadas, porém, quanto á sua estipulação, aprovação e execução, as normas prescriptas no presente capitulo".

italiana e francesa. Ao adotar o modelo norte-americano, o Brasil sofreu grande influência da doutrina das *public utilities* e da jurisprudência dos EUA sobre o tema, que foi aplicada nas primeiras concessões de energia elétrica e transporte público feitas a empresas inglesas, americanas e canadenses, como a *São Paulo Tramway, Light and Power Company*. Segundo o autor, a *public utility* é uma atividade privada que requer alguma forma de controle por parte do Estado, sendo regulada contratualmente. Não se trata, portanto, de uma atividade pública, nem se cogita de titularidade estatal, como ocorre na vertente europeia da noção de serviço público.

A revolução de 1930 provocou uma ruptura com o sistema preexistente, deixando um modelo econômico de base agrária para construir as bases de um Estado industrial. Nesse contexto, a atuação estatal mais intensa passou a demandar base jurídica mais robusta do que a doutrina das *public utilities*. Por exemplo, motivado pela necessidade de buscar fontes de abastecimento de água e energia elétrica mais distantes dos grandes centros urbanos, o Código de Águas de 1934 deslocou a competência municipal para inserir a matéria entre as atribuições da União.[196] Todavia, o arcabouço teórico da República Velha, fortemente influenciado pelo direito norte-americano, não era propício à aplicação de direito público intervencionista. A exposição de motivos do projeto de lei elaborado à época para regular os serviços públicos no Brasil, conforme narrado por Odilon Braga (1947), deixava claro que os serviços públicos são atividades de titularidade do Estado, marcando essa mudança de perspectiva.

A obra de Themístocles Brandão Cavalcanti (1938) será essencial para essa mudança e provoca um *segundo momento de inflexão* no direito administrativo brasileiro, que, agora, caracteriza-se pelo retorno à influência do direito público europeu. Cavalcanti foi nomeado Procurador-Geral da República em 1946 e tornou-se Ministro do Supremo Tribunal Federal em 1967. Isso fez com que as ideias difundidas em sua obra ganhassem grande repercussão na Administração brasileira, contribuindo para que a doutrina europeia, em especial a francesa, se tornasse novamente prevalecente no Brasil (SCHIRATO, 2012, p. 81-82).

---

[196] O preâmbulo do Decreto nº 24.643, de 10 de julho de 1934, é claro nesse sentido: "Considerando que o uso das aguas no Brasil tem-se regido até hoje por uma legislação obsoleta, em desaccôrdo com as necessidades e interesses da collectividade nacional; considerando que se torna necessario modificar esse estado de cousas, dotando o paiz de uma legislação adequada que, de accôrdo com a tendencia actual, permitta ao poder publico controlar e incentivar o aproveitamento industrial das aguas".

Segundo Almeida (2015, p. 241-277), a obra de Cavalcanti marca o início da etapa de *continuidade teórica* do direito administrativo no país – etapa em que os manuais, cursos e tratados da disciplina passam a abranger uma base referencial comum, com certa regularidade na discussão de determinados temas. Assim, tópicos como "ato administrativo", "bem público" e "contrato administrativo" estão quase sempre presentes nas obras publicadas entre 1930 e 1988, com uma notável exceção: a ausência da jurisdição administrativa, eliminada pela Constituição de 1891. Como se disse, a importação de institutos do direito europeu em um sistema de jurisdição una gera distorções de relevo, haja vista que a adaptação ao cenário brasileiro foi feita pela doutrina sem a presença de premissas teóricas importantes para a sua operação e funcionamento.

Essa reorientação do direito administrativo dos Estados Unidos para a Europa em um contexto marcado pela ausência da jurisdição administrativa e, também, pela escassez de legislação sobre a matéria, consolidou a doutrina como a principal fonte do direito administrativo no Brasil. Para Almeida (2015, p. 241-277), os tratados, cursos e manuais do período se distinguem por uma postura autocentrada, com escassas citações à legislação e à jurisprudência dos Tribunais Superiores.[197] A grande exceção ao academicismo do período foi Hely Lopes Meirelles, cuja obra *"Direito Administrativo Brasileiro"*, publicada em 1964, destacou-se por produzir um compêndio bastante pragmático, voltado à resolução de problemas práticos dos gestores e que, por isso, é muito presente no cotidiano da Administração brasileira até hoje. A influência de Meirelles na edição das normas sobre licitações e contratações públicas, inicialmente no Estado de São Paulo e posteriormente no Decreto-Lei nº 2.300/1986, tal como destacado nos itens 2.2.2 e 2.2.3, corroboram essa visão de mundo que buscou adaptar e conformar a realidade à teoria, moldando o direito positivo à sua imagem e semelhança.

Entretanto, o contato com a doutrina francesa produzida no início do século XX e a sua incorporação tardia, quase meio século à frente, erigiu um referencial doutrinário já desatualizado como paradigma. Isso fez com que o Brasil incorporasse a matriz europeia

---

[197] O trecho seguinte, retirado da introdução de Themistocles Cavalcanti (1938) à 1ª edição das suas "Instituições de Direito Administrativo", sintetiza essa postura: "Não nos preocupou a parte propriamente legislativa, ou jurisprudencial; preferimos estudar os diversos institutos e a estrutura geral de nosso regime administrativo dentro de um largo quadro doutrinário". (CAVALCANTI, 1938, Introdução, p. VI).

com atraso, sem absorver as evoluções doutrinárias e sem considerar os matizes que diferenciam as versões francesa, italiana e alemã do direito administrativo.

Por fim, o período inaugurado pela Constituição de 1988 marca o início da *maturidade da teoria brasileira* do direito administrativo (ALMEIDA, 2015, p. 429-439). Destaca-se, aqui, a influência decisiva de Celso Antônio Bandeira de Mello, cuja obra difunde a ideia de regime jurídico-administrativo – em sentido diverso daquele adotado por Maurice Hauriou[198] – como o grande elemento de coesão que unifica temas esparsos e bastante diversos da atuação estatal, inclusive o contrato administrativo. Essa leitura alcançou ampla recepção na doutrina brasileira, legitimando todo o agir estatal com base em duas ideias: a *supremacia do interesse público sobre o particular* e a *indisponibilidade do interesse público*. Esse par conceitual é o que justificaria a incidência de um regime jurídico especial, marcado por prerrogativas e sujeições, à Administração Pública no país.

Mas esse pensamento não é unânime. Além dessa corrente estatizante e publicista, o período atual também é marcado por uma outra corrente teórica baseada na valorização dos direitos fundamentais e na interpretação constitucional do direito administrativo, como ilustram Diogo de Figueiredo Moreira Neto (2009), Odete Medauar (2020), Luís Roberto Barroso (2008), entre outros, que questionam o papel de primazia dado à supremacia e à indisponibilidade do interesse público.[199] Para Almeida (2015), essa etapa de maturidade da teoria do direito administrativo brasileiro encontra-se polarizada por um debate análogo àquele travado na França (protagonizado pela "Escola do Serviço Público" e pela "Escola da *Puissance Publique*"), entre uma "Escola do Interesse Público" e uma "Escola dos Direitos Fundamentais", o qual ainda não atingiu sua conclusão.

---

[198] "Todo o sistema de Direito Administrativo, a nosso ver, se constrói sôbre os mencionados princípios da supremacia do interêsse público sôbre o particular e indisponibilidade do interêsse público. A ereção de ambos em pedras angulares do Direito Administrativo, parece-nos, desempenha função explicadora e aglutinadora mais eficiente que as noções de serviço público, 'puissance publique', ou utilidade pública." (MELLO, 1967, p. 10-11)

[199] "(...) no constitucionalismo pós-moderno, que gravita em torno dos direitos fundamentais, não há como sustentar-se o antigo princípio da supremacia do interêsse público, que partia da existência de uma hierarquia automática entre as categorias de interesses públicos e privados." (MOREIRA NETO, 2009, p. 95)

3.3 Cinco proposições por superar

A análise do percurso formativo da teoria do direito administrativo brasileiro, desde a sua gênese até o atingimento da continuidade teórica, nos anos 1940, e o período de maturidade, de 1988 até os dias atuais, revela a formação de uma doutrina com características próprias. Muito embora enraizada em modelos europeus, a doutrina nacional precisou realizar adaptações para adequar a sua matriz europeia a um sistema de jurisdição una, sem a presença do Conselho de Estado e do contencioso administrativo, em um cenário em que a legislação sobre a matéria era escassa até meados da década de 1980.

Essa circunstância particular fez com que a doutrina assumisse um papel crucial como fonte do direito administrativo no país, mais importante do que a jurisprudência e o próprio direito positivo, com peso maior do que ostenta nos modelos europeus. A respeito, o conhecido estudo de José Guilherme Giacomuzzi (2011, p. 97-98) sobre os contratos administrativos no direito comparado, identifica essa crença no papel do racionalismo e do esforço sistematizador da doutrina como algo próprio da mentalidade dos operadores jurídicos continentais (sobretudo os franceses, que influenciaram neste ponto os brasileiros), em contraposição ao pensamento empirista e pragmático dos norte-americanos.

Isso fica bastante claro nos dois momentos de inflexão apresentados nos itens 3.2.1 e 3.2.2: primeiro, quando o Brasil volta suas atenções aos Estados Unidos para construir uma república sobre a arquitetura deixada por um Estado monárquico; em segundo, quatro décadas depois, quando retorna o olhar para a Europa continental a fim de justificar a atuação estatal mais intensa com base na noção de serviço público. A incorporação tardia da doutrina europeia com um hiato de quase meio século provocou um atraso teórico significativo que, até hoje, gera reflexos na forma com que a doutrina interpreta o direito positivo. Tome-se como exemplo o peso excessivo que é dado a argumentos puramente teóricos e abstratos na tomada de decisões pela Administração no país, como alerta Carlos Ari Sundfeld (2012).[200] O peso

---

[200] "(...) vive-se hoje um ambiente de 'geleia geral' no direito público brasileiro, em que princípios vagos podem justificar qualquer decisão" e "(...) De nada adiantará a crescente sofisticação teórica alcançada pelos pensadores se, usando o pretexto e o charme da teoria, o que os práticos estiverem fazendo não for além de puro voluntarismo. A caricatura dos princípios é um problema real, importante, que precisa ser enfrentado". (SUNDFELD, 2014, p. 205 e nt. 1, p. 205, respectivamente)

retórico desses argumentos parece desproporcional à sua consistência teórica, o que torna a interpretação do direito administrativo brasileiro bastante vulnerável ao campo ideológico, como se verá a seguir.

Com amparo na literatura, este item 3.3 agrupa as ideias prevalecentes na doutrina do direito administrativo em cinco ordens de argumentos que, embora não possam ser referidos em sua totalidade a todos os autores, nem se refiram de forma particular a algum autor específico, repercutem as notas principais que caracterizam essa visão de mundo.

3.3.1 O direito administrativo é formado por "princípios gerais" de caráter prescritivo, que conformam o próprio direito positivo à doutrina

Deve-se principalmente à obra de Celso Antônio Bandeira de Mello (2014, p. 53) a construção teórica de que o direito administrativo é uma disciplina dotada de forte coerência interna, um conjunto sistematizado, coeso e uniforme de normas que têm como centro conceitual a noção de "regime jurídico-administrativo",[201] decorrente dos "princípios gerais" da indisponibilidade e da supremacia do interesse público sobre o privado. Segundo o autor, no direito administrativo "(...) *não há necessidade de enumerar e explicar pormenorizadamente o complexo total de regras que lhe são pertinentes, uma vez que, de antemão se sabe, receberá, in principio, e em bloco, o conjunto de princípios genéricos (...)*" (MELLO, 2014, p. 95) aplicáveis a cada instituto. O "regime jurídico-administrativo" e os "princípios gerais" que o caracterizam não decorrem do direito positivo, mas são uma elaboração teórica que assume os contornos de um conceito prescritivo, que influencia a aplicação e a interpretação do direito ao pretender conformar a realidade – e também a legislação – à própria doutrina.

Para Carlos Ari Sundfeld, "(...) *o que se está propondo é uma rebelião contra o direito positivo*" ao afirmar que seria possível conhecer um instituto "(...) *sem exame detalhado de suas regras específicas, pois suas características necessárias já estariam delineadas em certos princípios gerais*" (SUNDFELD, 2014, p. 143). O apego a esses "princípios gerais" traz

---

[201] O resultado é a crença de que o direito administrativo é um "(...) ramo do direito com unidade interna muito forte, instituidor de um 'regime jurídico-administrativo' sistemático para o Estado, e que essa unidade vem justamente da existência dos princípios gerais do direito administrativo". (SUNDFELD, 2014, p. 125)

consigo o risco de que sejam tomadas decisões na esfera judicial ou administrativa com base apenas em princípios (às vezes, para afastar a incidência do próprio direito positivo), ou de aplicar normas que não existem para conferir poderes à Administração ou para ampliar sujeições impostas aos agentes estatais sem amparo constitucional ou legal.[202]

Essa visão, embora prevalecente no passado,[203] vem sendo cada vez mais contestada. Segundo Odete Medauar, a noção de regime jurídico-administrativo e os princípios da supremacia e da indisponibilidade do interesse público "(...) *são noções evanescentes, imprecisas e de viés autoritário, insuscetíveis de permear e caracterizar a grande riqueza que o Direito Administrativo ostenta, e noções de plena dissonância à fulgurante ascensão e consciência dos direitos fundamentais agora reinantes"* (MEDAUAR, 2017, p. 380). Na mesma linha, para Floriano de Azevedo Marques Neto (2009), a ideia de que um regime único deve pautar todos os segmentos do direito administrativo "(...) *é a origem de várias mazelas"*, pois impede a modulação de diferentes regimes jurídicos conforme a finalidade buscada pela Administração e "(...) *[t]ende a tornar todas as relações de que participa o Estado relações de autoridade, marcadas pelo poder extroverso, em detrimento dos direitos dos administrados"* (MARQUES NETO, 2009, p. 78).

Carlos Ari Sundfeld e Jacintho Arruda Câmara (2013) criticam fortemente a leitura doutrinária que propõe uma uniformização do regime jurídico dos contratos públicos a partir de princípios gerais. Segundo os autores, essa visão não encontra base legal ou constitucional, sendo, aliás, desmentida pela imensa heterogeneidade[204] que

---

[202] Esse risco já foi identificado por Viveiros de Castro no início do século XX, em seu Tratado de Sciencia da Administração e Direito Administrativo: "O caráter de público, aplicado em seu significado tradicional ao Direito do Estado, em oposição ao direito privado dos particulares, produz uma sugestão muito perniciosa, tanto no direito político como no administrativo", pois haveria o risco do funcionário público considerar a si próprio "(...) como o órgão imediato do interesse supremo", esquecendo-se de que "(...) ele não é mais que um representante do Estado" e que toda relação jurídica que envolve o Estado "(...) está absolutamente submetida à lei". (VIVEIROS DE CASTRO, 1914, p. 101-102)

[203] Tome-se, como exemplo da recepção doutrinária dessa concepção universalizante de regime jurídico, o excerto da obra de Hely Lopes Meirelles: "(...) na interpretação do direito administrativo, também devemos considerar, necessariamente, três pressupostos: (1º) a desigualdade jurídica entre a Administração e os administrados; (2º) a presunção de legitimidade dos atos da Administração; (3º) a necessidade de poderes discricionários para a Administração atender ao interesse público". (MEIRELLES, 2014, p. 50)

[204] "O problema é que essa heterogeneidade é muitas vezes desprezada ou rejeitada, na prática jurídica, por influência distorcida da crença, nascida na doutrina, de que seria inerente ao direito administrativo um regime jurídico não só especial como relativamente

o direito positivo imprime ao plexo de relações contratuais de que participa a Administração no Brasil. Nesse sentido, quando o artigo 22, inciso XXVII da Constituição remete à competência privativa da União para estabelecer "normas gerais" sobre licitações e contratos, não se deve entender como alusão a existência de apenas um regime jurídico único e homogêneo – o que, aliás, é excepcionado pelo próprio texto constitucional, como ilustram os casos da mineração (artigo 176, §1º)[205] e da radiodifusão (artigo 223)[206]–, mas "geral" apenas no que se refere à aplicação da norma aos órgãos e entidades da União, dos Estados, do Distrito Federal e dos Municípios.

Essa uniformização, sob a forma de uma "teoria geral do contrato administrativo", gera distorções importantes que podem induzir a erro – em especial, pelo risco de pressupor a existência de normas jurídicas que não existem com base nos "princípios gerais" extraídos do regime jurídico-administrativo.[207] Nessa linha, os autores defendem a necessidade de reconhecer a heterogeneidade de regimes a que se submetem as contratações públicas no Brasil, entendendo que "(...) *os contratos públicos não seguem princípios gerais, mas regras especiais, amoldadas às funções e à estrutura de cada modalidade particular de contrato*", motivo

---

uniforme para os contratos da Administração Pública (contratos públicos)" (SUNDFELD; CÂMARA, 2013, p. 58).

[205] Artigo 176, §1º, da Constituição de 1988: "§1º A pesquisa e a lavra de recursos minerais e o aproveitamento dos potenciais a que se refere o "caput" deste artigo somente poderão ser efetuados mediante autorização ou concessão da União, no interesse nacional, por brasileiros ou empresa constituída sob as leis brasileiras e que tenha sua sede e administração no País, na forma da lei, que estabelecerá as condições específicas quando essas atividades se desenvolverem em faixa de fronteira ou terras indígenas".

[206] Artigo 223 da Constituição de 1988: "Art. 223. Compete ao Poder Executivo outorgar e renovar concessão, permissão e autorização para o serviço de radiodifusão sonora e de sons e imagens, observado o princípio da complementaridade dos sistemas privado, público e estatal.
§1º O Congresso Nacional apreciará o ato no prazo do art. 64, §2º e §4º, a contar do recebimento da mensagem.
§2º A não renovação da concessão ou permissão dependerá de aprovação de, no mínimo, dois quintos do Congresso Nacional, em votação nominal.
§3º O ato de outorga ou renovação somente produzirá efeitos legais após deliberação do Congresso Nacional, na forma dos parágrafos anteriores.
§4º O cancelamento da concessão ou permissão, antes de vencido o prazo, depende de decisão judicial.
§5º O prazo da concessão ou permissão será de dez anos para as emissoras de rádio e de quinze para as de televisão".

[207] "A generalização, para tais fins, é inútil. Pior: é perigosa, pois pode induzir a erro. Ideias gerais, como a que registra a existência de prerrogativas em favor da Administração Pública ou a prevalência do interesse público sobre o interesse do particular contratado, dizem muito pouco (ou nada) no momento de descortinar o teor de uma específica obrigação ou os limites de determinado instrumento contratual." (SUNDFELD; CÂMARA, 2013, p. 70-71)

pelo qual "(...) *a tendência unificadora é um excesso de origem doutrinária, nascido de um desejo de intelectuais: o de criar ordem e harmonia no mundo do direito, em lugar da fragmentação e flutuação típicas do direito positivo"* (SUNDFELD; CÂMARA, 2013, p. 57).

Esse apego aos "princípios gerais" gera, a meu ver, dois riscos importantes para o direito administrativo: em primeiro lugar, a assunção de um *caráter prescritivo da doutrina em relação ao direito positivo*, manifestado pela crença de que a legislação deve se amoldar à teoria, e não o contrário, o que aumenta a tendência ao conservadorismo e agrava o risco de tomar as proposições doutrinárias como dogmas verdadeiros e imutáveis; e, em segundo lugar, uma *resistência hermenêutica*, dada por uma tendência de enxergar o futuro com os olhos do passado, questionando as mudanças do direito positivo que não se amoldam às categorizações teóricas. Aprofundo esses dois aspectos nos subitens a seguir.

3.3.1.1 O caráter prescritivo da doutrina em relação ao direito positivo

Em relação ao primeiro sintoma, o caráter prescritivo da doutrina pode ser ilustrado a partir da trajetória da legislação de licitações e contratos no Brasil, tratada no item 2.2. Como visto, a teoria do contrato administrativo foi adaptada da sua matriz francesa para o contexto brasileiro a partir da década de 1940, ainda na vigência do Código de Contabilidade de 1922 e do Decreto-Lei nº 200/1967, dois diplomas legais alinhados ao minimalismo. A construção de um regime de prerrogativas da Administração sobre os contratados não partiu da descrição do direito positivo vigente à época, mas foi, segundo Fernando Dias Menezes de Almeida (2012), resultado de "(...) *uma teoria empregada como ideologia, visando a conformar a produção do Direito. Uma vez produzido o Direito nos moldes propugnados pela teoria é que esta, de fato, passou a descrevê-lo"* (ALMEIDA, 2012, p. 351). Foi apenas a partir do Decreto-Lei nº 2.300/1986 – o mesmo que marca o início do maximalismo prevalecente até hoje no país – que as cláusulas exorbitantes foram incorporadas à legislação, por exemplo.

O peso que a doutrina do direito administrativo ostenta no Brasil talvez possa ser explicado, segundo Marcos Nobre (2003), pela situação de *"extrema indistinção"* entre prática, teoria e ensino jurídicos no país. Essa confusão de papeis entre prática profissional e elaboração teórica alimenta, na visão do autor, um modelo equivocado de pesquisa no campo do Direito que cresceu quantitativamente, com expansão do ensino de pós-graduação no Brasil, mas não acompanhou o mesmo crescimento qualitativo de outras áreas. Por outro lado, para Roberto Fragale Filho e Alexandre Veronese (2004), a hipótese de que a pesquisa na área seria relativamente atrasada decorre de "(...) *uma leitura pejorativa da pesquisa jurídica, realizada, essencialmente, por um olhar externo*" (FRAGALE FILHO; VERONESE, 2004, p. 66), embora ainda careça de uma abordagem metodológica mais consistente, especialmente em pesquisas empíricas, e que leve em consideração as peculiaridades do campo do Direito.

Para José Vicente Santos de Mendonça (2014), o caráter prescritivo da doutrina está ligado ao "estilo tradicional" do direito administrativo brasileiro. Emprestando da história da arte a noção de "estilo" – ou seja, tipos ideais ou padrões implícitos que correspondem a formas específicas de entender ou fazer algo e que seguem sendo replicadas ao longo do tempo – o autor afirma que o estilo tradicional "(...) *é (i) europeizante, (ii) conceitualista, (iii) sistematizador, e (iv) crente na centralidade do direito como explicação da vida econômica e social*" (MENDONÇA, 2014, p. 183). Esse estilo encontra-se inserido em uma tradição do direito público que valoriza um esforço sistematizador e um método tratadístico, com obras de grande extensão em que a opinião de um autor é apresentada após a classificação minudente do que outros autores escreveram sobre o assunto, expondo a "(...) *sua conclusão como um vértice de uma série de opiniões*" (MENDONÇA, 2014, p. 185).

Em outra obra (2016), Mendonça critica o *"fetiche do jurista"*, arquétipo que reforça uma cultura de erudição e reprodução de argumentos de autoridade que ainda é muito presente no modo de produção jurídico, em especial nos campos em que a doutrina possui particular relevância, como é o caso do direito administrativo. Segundo o autor, *"(...) o fetiche do jurista ordena um sistema autorreferente de crenças"*, em que *"(...) o direito é tido, então, como exercício sistemático de exposição de opiniões, e da escolha, mais ou menos aleatória, por uma delas"* (MENDONÇA, 2016, n.p.). Para Mendonça, essa postura encontra terreno bastante fértil no direito administrativo brasileiro, influenciando uma crença conservadora de que a elaboração do direito positivo deve corroborar a visão doutrinária, ajustando a realidade à teoria.[208]

---

[208] "Disciplina historicamente não codificada, surgida de construções jurisprudenciais e burilada por autores, o direito administrativo é, por excelência, um direito de juristas antes que um direito de leis ou um direito de Códigos". (MENDONÇA, 2016, n. p.)

3.3.1.2 Resistência hermenêutica

O segundo sintoma consiste na resistência hermenêutica e se manifesta principalmente (i) pela *interpretação retroativa* (ou *retrospectiva*), também de caráter ideológico, pela qual se interpreta o presente com os olhos do passado para resistir às mudanças provocadas pelo advento de nova legislação;[209] e, também, (ii) pelo recurso a um *controle doutrinário de constitucionalidade*, que toma por parâmetro a própria doutrina do direito administrativo para "corrigir" os avanços indesejados do direito positivo.[210] Nesse caso, "(...) *o autor constitucionaliza a sua opinião ou a de juristas do passado, e, com base nisso, decreta a invalidade da norma que lhes contraria*" (MENDONÇA, 2017, p. 178), erigindo a teoria como barreira à legislação que ouse dispor em contrário.

Por exemplo, Jacintho Arruda Câmara (2008) cita o caso do artigo 131, §1º da Lei Geral de Telecomunicações, que seria inconstitucional por criar uma "autorização vinculada" no direito brasileiro, desafiando a doutrina que via a licença como hipótese de ato vinculado e a autorização como exemplo de ato eminentemente discricionário. O questionamento da norma por contrariar uma classificação teórica, mesmo sem lastro no direito positivo, ilustra essa distorção sobre o papel da doutrina no direito administrativo brasileiro.[211]

A ADI nº 4.655,[212] proposta em face da lei que instituiu o RDC, é outro exemplo de resistência hermenêutica. Segundo André Rosilho (2013), a petição inicial da ADI nº 4.655, proposta pela Procuradoria-Geral da República, compara as regras estabelecidas pela Lei nº 12.462/2011 "(...) *não com dispositivos constitucionais, mas com a própria Lei Geral de Licitações e Contratos, como se ela contivesse a única fórmula legal capaz de traduzir com fidedignidade as regras e princípios da Constituição Federal;*

---

[209] "Ao proibir que até mesmo a lei inove contra sua vontade, a doutrina de direito administrativo atua, aqui, como obstáculo à inovação, senão ao próprio princípio democrático". (MENDONÇA, 2017, p. 184)

[210] Como explica José Vicente Santos de Mendonça (2017): "A lei é, também, o ponto focal do legalismo de direito administrativo, cultura jurídico-burocrática que fetichiza o texto da lei como único espaço de juridicidade. Se a Administração só pode agir dentro do que a lei prevê, ela não pode inovar, pois a inovação, por definição, ainda não está prevista". (MENDONÇA, 2017, p. 184)

[211] "Em vez de se interpretar o direito posto e, a partir dele, revelar-se o significado dos institutos, toma-se como fonte conceitual a própria doutrina, pondo-a como paradigma a ser observado pelo legislador (mesmo que seja o constituinte originário)." (CÂMARA, 2008. p. 622)

[212] ADI nº 4.655/DF, Rel. Min. Luiz Fux, d.j. 12.9.2023. Disponível em: https://portal.stf.jus.br/processos/detalhe.asp?incidente=4138546. Acesso em: 25 nov. 2023.

como se somente sua maneira de licitar fosse aceitável pelo Direito Brasileiro" (ROSILHO, 2013, p. 18). Esse raciocínio é semelhante àquele que foi empregado alguns anos antes, na ADI nº 1.668,[213] para questionar a criação do pregão pelo regulamento da ANATEL. Partiu-se, ali, do pressuposto de que a Lei nº 8.666/1993 esgota totalmente o disposto no artigo 22, inciso XXVII, e no artigo 37, inciso XXI, da Constituição, como se aquela fosse a única maneira admitida para licitar e contratar no Brasil.

Curiosamente, as ADIs tiveram desfechos opostos. A ADI nº 1.668 foi julgada procedente pelo STF, que limitou a possibilidade de deslegalização em matéria de licitações e contratos ao considerar inconstitucional a expressão *"(...) serão disciplinados pela Agência"* no artigo 55 da Lei nº 9.472/1997. A Corte também deu interpretação conforme à Constituição ao artigo 59 da Lei Geral de Telecomunicações para estabelecer que a contratação de técnicos ou empresas especializados pela ANATEL, incluindo consultores independentes e auditores externos, *"(...) deve observar o regular procedimento licitatório previsto pelas leis de regência"*, esclarecendo que a criação de novas modalidades de licitação deve ser realizada por lei, não mediante atos infralegais.[214] A seu turno, a ADI nº 4665 foi julgada improcedente pelo STF, que declarou a constitucionalidade da Lei nº 12.462/2011 e do RDC. No Acórdão, o Tribunal reconheceu que o texto constitucional *"(...) não delineou de forma exaustiva o que constituiria um processo licitatório ideal"*, abrindo espaço para o emprego de procedimentos licitatórios e modelos contratuais diversos daqueles previstos na Lei nº 8.666/1993, como a contratação integrada, desde que a escolha pelo RDC seja devidamente motivada no caso concreto.

---

[213] ADI nº 1.668/DF, Rel. Min. Edson Fachin, julgada na sessão virtual de 19.2.2021 a 26.2.2021. Disponível em: https://portal.stf.jus.br/processos/detalhe.asp?incidente=1682731. Acesso em: 25 nov. 2023.

[214] Confira-se o seguinte trecho da ementa: "5. A competência atribuída ao Conselho Diretor da ANATEL para editar normas próprias de licitação e contratação deve observar o arcabouço normativo atinente às licitações e contratos. Interpretação conforme à Constituição, no ponto, em observância ao princípio da legalidade. 6. Diante da especificidade dos serviços de telecomunicações, é válida a criação de novas modalidades licitatórias por lei de mesma hierarquia da lei geral de licitações. Contudo, sua disciplina deve ser feita por meio de lei, e não de atos infralegais, em obediência aos artigos 21, XI, e 22, XXVII do texto constitucional." (ADI nº 1.668/DF, Rel. Min. Edson Fachin, d.j. 01/03/2021. Disponível em: https://portal.stf.jus.br/processos/detalhe.asp?incidente=1682731. Acesso em: 25 nov. 2023)

3.3.2 A centralidade das cláusulas exorbitantes faz com que, na prática, todo contrato celebrado pela Administração no Brasil seja administrativo e siga um regime jurídico uniforme

Segundo Carlos Bastide Horbach (2016), a construção do contrato administrativo enquanto categoria teórica decorre de um movimento de descolamento da disciplina dos contratos públicos em relação ao direito civil, ladeada pela busca, em paralelo, de autonomia científica para o direito administrativo. Na França, como se disse acima, a diferença entre contratos públicos e privados era originalmente uma distinção para efeitos processuais, a fim de delimitar a competência da jurisdição administrativa (ESTORNINHO, 1990, p. 23; GARCÍA DE ENTERRÍA; FERNANDEZ, 1998, p. 676; MORAND-DEVILLER, 2005, p. 17). Entretanto, tendo em vista a ausência do contencioso administrativo no país, a doutrina brasileira geralmente recorre a uma combinação de critérios materiais e formais para diferenciar os contratos administrativos dos contratos privados, como ilustra a tabela abaixo.

Tabela 17 – Critérios para distinção entre contratos administrativos e contratos privados

(continua)

Critério	Natureza	Conceito	Críticas a cada critério
(1) Subjetivo ou orgânico	Substancial	Contratos em que figuram, como parte, órgãos ou entidades da Administração Pública.	Existem contratos celebrados pela Administração Pública que são regidos, total ou parcialmente, pelo direito privado.
(2) Objeto	Substancial	Contratos voltados para a prestação e a organização de serviços públicos, compreendidos como atividades típicas da Administração.	(i) a própria noção de serviço público é imprecisa e objeto de controvérsia teórica, o que prejudica a delimitação do que vem a ser contrato administrativo; (ii) nem todo contrato administrativo precisa estar ligado diretamente à prestação de serviços públicos.
(3) Sujeição	Substancial	A Administração se apresenta com poder de império, com verticalidade e superioridade em relação ao contratado	Viés autoritário, inadequado diante da abertura de toda a atividade administrativa à atuação consensual.
(4) Finalidade	Substancial	Seriam considerados contratos administrativos os contratos que buscam realizar uma finalidade de interesse público.	Toda a função administrativa do Estado deve buscar o interesse público, não somente a atuação contratual.

(conclusão)

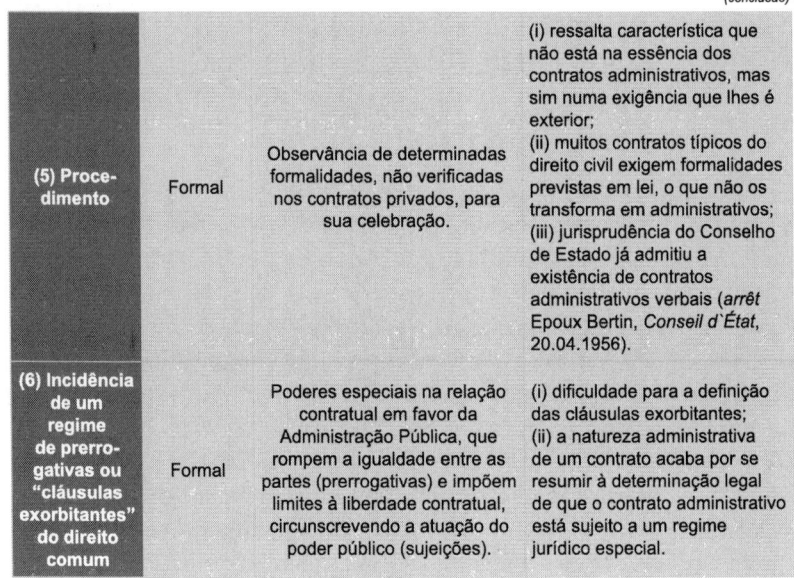

| (5) Procedimento | Formal | Observância de determinadas formalidades, não verificadas nos contratos privados, para sua celebração. | (i) ressalta característica que não está na essência dos contratos administrativos, mas sim numa exigência que lhes é exterior; (ii) muitos contratos típicos do direito civil exigem formalidades previstas em lei, o que não os transforma em administrativos; (iii) jurisprudência do Conselho de Estado já admitiu a existência de contratos administrativos verbais (*arrêt* Epoux Bertin, *Conseil d'État*, 20.04.1956). |
| (6) Incidência de um regime de prerrogativas ou "cláusulas exorbitantes" do direito comum | Formal | Poderes especiais na relação contratual em favor da Administração Pública, que rompem a igualdade entre as partes (prerrogativas) e impõem limites à liberdade contratual, circunscrevendo a atuação do poder público (sujeições). | (i) dificuldade para a definição das cláusulas exorbitantes; (ii) a natureza administrativa de um contrato acaba por se resumir à determinação legal de que o contrato administrativo está sujeito a um regime jurídico especial. |

Fonte: Elaboração própria, com base em Horbach (2016), Di Pietro (2018), Almeida (2012) e Mello (2014). A classificação dos critérios como "formais" ou "substanciais" segue a proposta de Estorninho (2003, p. 75).

Fernando Dias Menezes de Almeida (2012) identifica no Brasil uma tendência de se compreender como "contrato administrativo" todo e qualquer contrato em que a Administração figure como parte, independentemente do seu objeto, sujeitando-o a um regime jurídico preestabelecido pela lei e exorbitante do direito privado. Segundo o autor, as origens francesas da teoria do contrato administrativo sofreram distorções pela doutrina brasileira que, sob viés dogmático e conservador,[215] provocaram uma *"redução simplificadora e empobrecedora"* da construção original, voltada, na França, à sistematização das decisões do Conselho de Estado (ALMEIDA, 2012, p. 319). A simplificação excessiva do pensamento de Jéze resultou em uma redução do contrato administrativo à afirmação das cláusulas exorbitantes, que reforçam

---

[215] "(...) na ausência de mecanismos de criação jurisprudencial do Direito administrativo e na ausência de legislação a respeito em um primeiro momento, entrou e consolidou-se como dogma doutrinário, aceito progressivamente pela jurisprudência (judicial) e posteriormente incorporado pela legislação, com um sentido de regime de referência (de aplicação direta ou subsidiária) para todo o fenômeno convencional da Administração." (ALMEIDA, 2012, p. 351)

uma tradição autoritária da Administração brasileira[216] e são aplicadas indistintamente a todo e qualquer objeto, rompendo com a concepção original que justificava as prerrogativas com base na mutabilidade inerente aos serviços públicos.

A despeito da distinção teórica entre "contrato administrativo" e "contratos privados da Administração" ser acolhida pela doutrina brasileira, existem três fatores que esvaziam essa diferença no país.

Primeiramente, o artigo 62, §3º, da Lei nº 8.666/1993 previu a aplicação do regime de prerrogativas aos contratos privados *"no que couber"*, o que, na prática, estendeu o regime de direito público a quase todos os contratos celebrados pelo Estado. Muito embora o artigo 54 reconheça a aplicação subsidiária do direito privado, *"(...) o regime publicístico da Lei é tão detalhado que quase nenhum aspecto de relevância sobra para a tal aplicação supletiva de princípios da teoria geral dos contratos e de regras de direito privado"* (ALMEIDA, 2012, p. 228). Dessa maneira, o artigo 62 acabou por consagrar um critério orgânico no direito brasileiro, em que a mera presença da Administração como parte se torna suficiente para qualificar um contrato como administrativo no país.[217]

Em segundo lugar, o modelo de unicidade de jurisdição no Brasil tornou desnecessária a distinção instrumental, para fins de definição de competência jurisdicional do contencioso administrativo, entre contratos administrativos e contratos de direito privado, relegando a diferença a um plano quase exclusivamente doutrinário.

Por fim, em terceiro lugar, a definição genérica dada ao termo "contrato" pelo artigo 2º, parágrafo único, da Lei nº 8.666/1993[218] fez com que o direito positivo tratasse de forma igualmente genérica os

---

[216] "(...) pode-se afirmar que a distorção, em certa medida verificada na transposição do regime francês dos contratos administrativos para o Brasil, possui três notas principais: a) o reforço, em sentido em certa medida autoritário, de ideias construídas em outro contexto histórico; b) a cristalização, de modo dogmático, na legislação, destas ideias construídas jurisprudencialmente; c) a extensão do regime publicístico aos contratos celebrados pela Administração, tanto no sentido da publicização do regime dos contratos ditos privados, como no sentido da limitação de margem para a Administração trazer elementos privados para o regime público dos contratos." (ALMEIDA, 2012, p. 230-231)

[217] "(...) há que se admitir que, no Brasil, a questão da definição do contrato administrativo por critério material ou orgânico é, atualmente, nos termos da Lei n. 8.666/93, resolvida em favor do segundo. A presença da Administração como parte no contrato induz a incidência de um regime peculiar de prerrogativas, independentemente de cogitações quanto ao objeto do contrato." (ALMEIDA, 2012, p. 229)

[218] Artigo 2º, parágrafo único, da Lei nº 8.666/1993: "Para os fins desta Lei, considera-se contrato todo e qualquer ajuste entre órgãos ou entidades da Administração Pública e particulares, em que haja um acordo de vontades para a formação de vínculo e a estipulação de obrigações recíprocas, seja qual for a denominação utilizada".

tipos de contrato no âmbito do direito administrativo, não recorrendo, como fez o Código Civil, a contratos típicos e nominados para criar matizes e diferenças de regime. Esse ponto reforça a ilusão de que todos os contratos administrativos seguiriam um mesmo e único regime jurídico, independentemente do seu objeto.

Essa preferência por tratar a matéria de forma genérica contribuiu para a consagração de um tratamento jurídico uniforme a todos os contratos celebrados pela Administração, o que contrasta com o aumento de complexidade marcado pela erosão do modelo unitário de contratações e pela proliferação de regimes excepcionais, tratado no item 2.2.4 deste estudo. O aumento de complexidade verificado no direito positivo é ilustrado pela apresentação de quatro categorias de "módulos convencionais", agrupadas por Fernando Dias Menezes de Almeida (2012, p. 233-385) em torno de características semelhantes que decorrem da legislação. Esse ponto será retomado adiante, no item 5.1, para verificar em que medida esses módulos convencionais podem contribuir para sistematizar as contratações públicas para inovação no contexto brasileiro.

O regime especial do contrato administrativo "à francesa" foi consagrado no Brasil pela doutrina, pela jurisprudência e pelo próprio direito positivo, a partir do Decreto-Lei nº 2.300/1986, e prevê prerrogativas de atuação unilateral para modificação, rescisão e imposição de sanções em contratos celebrados pela Administração. Segundo Diogo de Figueiredo Moreira Neto (2008, p. 580-581), a tipologia das "cláusulas exorbitantes" abrange três espécies: (i) cláusulas de executoriedade, que se manifestam pelo exercício direto pela Administração de poderes contratuais; (ii) cláusulas de *ius variandi*, para alteração e modificação unilateral dos ajustes que celebra; e (iii) cláusulas de previsão de efeitos sobre terceiros, criando exceções à regra *res inter alios acta*, segundo o qual as convenções geram efeitos apenas entre as partes.

Maria João Estorninho (2003, p. 114-148), criticando duramente o que denomina *"complexo da natureza exorbitante"*, afirma que "(...) *a 'invenção' do contrato administrativo não passou de um expediente da doutrina francesa para permitir à Administração manter as suas prerrogativas de autoridade, mesmo na sua actividade contratual"* (ESTORNINHO, 2003, p. 183). Para a autora, há cinco pontos que caracterizam o regime jurídico exorbitante: (i) regras sobre capacidade jurídica contratual, formação da vontade negocial e escolha do contraente privado; (ii) regras sobre a celebração do contrato e sua forma; (iii) regras sobre a execução do contrato e deveres especiais do particular; (iv) regras especiais quanto a situações de dificuldade ou impossibilidade de execução do contrato; e (v) exercício de prerrogativas de autoridade pela Administração na execução ou extinção do contrato, que abrange (v.1) a imposição da sua interpretação ao particular; (v.2) os poderes de fiscalização, direção e imposição de sanções; e (v.3) a modificação ou extinção unilateral.

Após analisar cada um desses poderes e prerrogativas, a autora conclui que "(...) *o 'contrato administrativo' não passou de um equívoco histórico que, além de não corresponder à realidade, nem sequer vale a pena manter (...)*" (ESTORNINHO, 2003, p. 184), uma vez que a maior parte dessas faculdades poderia ser exercida de modo semelhante com fundamento no direito privado. Não haveria, assim, uma "exorbitância" no direito público.[219] O regime de prerrogativas não precisaria necessariamente ser definido pela lei, podendo ser estabelecido pela vontade das partes. Igualmente, a sua aplicação não seria um elemento intrínseco da relação contratual, podendo ser objeto de cláusulas com aplicação episódica, a depender do preenchimento de requisitos específicos no âmbito de casos concretos.

Na mesma linha, Fernando Dias Menezes de Almeida (2012) ressalta que não existe uma diferença estrutural entre contratos públicos e contratos privados que decorra do regime de prerrogativas. Isso porque situações de alteração, rescisão ou aplicação unilateral de sanções poderiam ser validamente estabelecidas pela vontade das partes, com fundamento no direito privado. Logo, a existência de cláusulas exorbitantes no direito brasileiro é apenas uma opção de política legislativa, a qual foi adotada a partir do Decreto-Lei nº 2.300/1986 por influência da doutrina (ALMEIDA, 2012, p. 322-323). O autor propõe a reformulação da teoria do contrato administrativo no Brasil para justificar a aplicação ou não de prerrogativas em cada caso concreto, à luz do objeto contratual, ao invés de decorrer automaticamente, em abstrato e *a priori*, apenas em razão da presença da Administração na avença.[220] Nesse sentido, o "(...) *regime 'especial' de Direito público que a*

---

[219] "Há normas de Direito civil que especificamente contemplam esta possibilidade, e nos demais casos, isso é perfeitamente admissível ao abrigo da autonomia privada das partes. O que me parece específico é apenas o facto de a Administração ser dotada desta possibilidade independentemente de previsão legal." (ESTORNINHO, 2003, p. 147)

[220] "Em suma, o que se quer sustentar é que, seja em face de interesses públicos, seja em face de interesses privados, um regime contratual que preveja determinados poderes de ação unilateral a uma das partes, levando ao que se pode chamar mutabilidade contratual, deve decorrer das circunstâncias que concretamente envolvem o objeto da prestação, mas não, a priori e em abstrato, da natureza pública ou privada dos interesses em questão (...) Um regime assim aplicável a todos os contratos administrativos não é necessário,

ele se associa diz com a natureza do objeto contratual; e não com o contrato em si" (ALMEIDA, 2012, p. 350). Sob essa proposta, nem todo contrato administrativo teria prerrogativas, mas apenas aqueles que essa incidência fosse justificada, em maior ou menor grau,[221] em face do objeto contratual.

Almeida propõe uma releitura da teoria do contrato administrativo no Brasil para flexibilizar, *de lege ferenda,* a incidência apriorística e uniforme de prerrogativas a todos os contratos, podendo ser afastadas, no todo ou em parte, à luz do objeto em cada caso concreto.[222] Assim como Maria João Estorninho (2003),[223] António Menezes Cordeiro (2007)[224] e Diogo de Figueiredo Moreira Neto (2008, p. 585-589), o autor entende que a previsão de cláusulas exorbitantes seria uma decisão discricionária e estaria sujeita à *teoria da dupla motivação* – primeiramente, exigindo justificativa sobre a inserção de cláusulas exorbitantes no contrato e, em segundo, nova motivação no momento da aplicação da prerrogativa nos ajustes que as prevejam. Com efeito, *"(...) essa imposição da generalização de cláusulas inafastáveis nos contratos*

---

em termos dos valores jurídicos a serem tutelados. (...) Sendo assim, a preservação do interesse público ante a superveniência de fatores imprevistos, a ensejar a mutabilidade do contrato administrativo, deve ser avaliada concretamente, em cada caso, em relação ao objeto contratual." (ALMEIDA, 2012, p. 335)

[221] "E a teoria do contrato administrativo, alçada a um novo patamar evolutivo de convergência, por decorrência do aumento de complexidade do fenômeno contratual, deve acolher toda esta possibilidade de gradação de situações objetivas e subjetivas, (...) – desprendendo-se, pois, da ideia de incidência necessária e automática de um rol de prerrogativas de ação unilateral autoexecutória da Administração." (ALMEIDA, 2012, p. 383)

[222] "Em suma, neste sentido teórico, o contrato administrativo: a) é genericamente contrato porque comunga da mesma essência do contrato enquanto categoria jurídica geral; b) é especificamente administrativo porque sofre potencialmente a incidência do regime de Direito público autoexecutório inerente a toda ação Administrativa, acompanhado, em distintos graus, de prerrogativas de ação unilateral." (ALMEIDA, 2012, p. 384)

[223] "Afasta-se, assim, a ideia tradicional de que o contrato administrativo, pela sua própria natureza especial, atribuiria prerrogativas exorbitantes à Administração, para se passar a entender que, pelo contrário, é a própria Administração que, pela sua natureza, é dotada de poderes especiais aos quais não pode renunciar mesmo quando celebra contratos. (...). O *'ius variandi'* é assim uma manifestação do poder administrativo e não um direito contratual." (ESTORNINHO, 2003, p. 146)

[224] "Os poderes, denominados pelo legislador de privilégios e prerrogativas da Administração, em matéria de contratos públicos, devem ser operados exclusivamente quando assim o requeira o serviço objetivo ao interesse legal. Vale dizer, nos casos em que seja preciso a prerrogativa de modificar os contratos, será necessária uma prévia declaração motivada, argumentada, da própria Administração explicando as razões que aconselham no caso concreto o exercício de tal poder. Motivação que pode ser objeto de impugnação ou de paralisação cautelar. Agora os poderes devem se previstos expressamente, já não há poderes implícitos." (CORDEIRO, 2007, p. 135-136)

administrativos não repousa sobre qualquer assento constitucional, senão que é de previsão meramente legal", motivo pelo qual nada impede "(...) *que o legislador ordinário delegue ao administrador público esta oportunidade de avaliar o emprego de qualquer delas, depois de examinadas as hipóteses, caso a caso"* (MOREIRA NETO, 2008, p. 586). Destarte, caberia ao administrador avaliar a conveniência e a oportunidade de inserir ou não, em cada contrato, as prerrogativas de atuação unilateral. Dessa maneira, passa-se de um regime em que as prerrogativas são gerais, abstratas e permanentes para um contexto em que a exorbitância é excepcional, concreta e casuística, não sendo inerente ao contrato, mas podendo decorrer do seu objeto à luz de cada caso concreto.

Por fim, é preciso reconhecer que as prerrogativas dadas pelo regime jurídico administrativo – que, com maior ou menor intensidade, fazem-se sempre presentes nos contratos celebrados pela Administração brasileira – geram um "custo invisível" nas contratações públicas, com gastos que são incluídos pelos fornecedores nos preços ofertados ao Estado.[225] Avaliar a pertinência da sua inclusão em cada caso concreto, portanto, também pode ter um efeito benéfico para a economicidade das compras públicas no país, reduzindo as diferenças de preços em relação às aquisições realizadas pelo setor privado.

3.3.3 Existe uma visão finalístico-valorativa que opõe público e privado, sobrepõe o primeiro ao segundo e transforma o direito administrativo na antítese ideológica do direito privado

Carlos Ari Sundfeld (2014, p. 113-144) ressalta que o surgimento do direito administrativo se deu em um contexto marcado por forte oposição ao direito privado. O direito administrativo seria definido por exclusão, como um "(...) *direito oposto ao direito privado e ao mundo privado"* (SUNDFELD, 2014, p. 128). A manutenção dessa dicotomia no Brasil deveu-se a razões ideológicas, influenciadas por uma visão estatista e antiliberal. Contudo, segundo o autor, essa leitura abre espaço para interpretações equivocadas sobre o direito positivo, especialmente em um contexto em que os ideais de coesão, coerência e unidade interna do direito administrativo são desmentidos pela grande heterogeneidade

---

[225] Projetar a extensão desses "custos invisíveis" é tarefa que não integra o objeto desta obra, dependendo da realização de estudos empíricos e análises econométricas.

de regimes jurídicos, públicos e privados, coexistindo em órgãos e entidades estatais.

Essa visão maniqueísta marca uma "contaminação ideológica" do direito administrativo[226] e sustenta uma interpretação que, a pretexto de tutelar o Estado *contra* os particulares, revela um argumento autoritário onde "(...) *o reforço do poder da autoridade pública é sinônimo de garantia de respeito ao interesse público*" (ALMEIDA, 2012, p. 230). Na mesma linha, Fernando Dias Menezes de Almeida (2015) chama a atenção para a existência de uma "*visão finalístico-valorativa*" a partir da década de 1980, tendo como ponto de convergência a noção de "regime jurídico -administrativo" e a pretensa unidade, coerência e racionalidade interna dada pelos seus "princípios gerais". Segundo o autor, o uso ideológico da teoria do contrato administrativo para conformar a realidade é um fenômeno relativamente recente no direito positivo, verificado a partir do Decreto-Lei nº 2.300/1986 e que corresponde, não por acaso, à adoção do maximalismo na regulação das contratações públicas no Brasil.

Todavia, como já discutido no item 3.3.1, "(...) *o direito administrativo não pode, salvo um grande artificialismo, ser visto como um sistema*" (SUNDFELD, 2014, p. 128). Fora da teoria, não existe um conjunto unitário e homogêneo; o direito positivo é variado ao extremo. Por isso, Sundfeld afirma que o direito administrativo deve acolher a multiplicidade de regimes jurídicos previstos na legislação de forma *empírico-indutiva*, tomando o direito positivo como ponto de partida, e não *racional-dedutiva*, buscando compreender a realidade a partir dos modelos teórico-conceituais fechados da doutrina.[227]

O direito administrativo não pode ser visto como ramo oposto ao direito privado. Essa concepção teórica opera como obstáculo à repartição de riscos, à alocação de direitos de propriedade intelectual e à possibilidade de uma efetiva negociação público-privada – aspectos importantes e necessários nos instrumentos do Marco Legal de CT&I e em contratações públicas que tenham a inovação por objeto.

---

[226] "(...) o público é o bem, o privado é o mal (que, aliás, cabe ao público consertar). O Estado é o bem; os particulares, o mal. O direito administrativo é o direito do interesse público, o direito privado é o direito do egoísmo privado, o direito do dinheiro. O direito administrativo é o direito do bem, o direito privado é o direito do mal." (SUNDFELD, 2014, p. 139)

[227] "É preciso que o conceito de direito administrativo evolua para o de um amplo direito estatutário, um direito comum para o Estado, aceitando-se aquilo que já é realidade no direito positivo: a existência de regimes múltiplos, concebidos para as situações de que tratam. Esses regimes, construídos democraticamente pelo legislador, não podem ficar sujeitos ao veto de princípios com origem ideológica radical." (SUNDFELD, 2014, p. 144)

3.3.4 Os contratos administrativos também são incompletos e relacionais

Marcos Nóbrega e Pedro Dias de Oliveira Netto (2022) afirmam que a concepção clássica do contrato administrativo assume como verdadeiras algumas premissas econômicas que nem sempre se verificam na prática. Entre elas, a pressuposição de que os agentes sempre agem com racionalidade ilimitada, que todas as informações relevantes são simétricas entre as partes, que a concorrência é perfeita, com transações que ocorrem a custo zero, e que os contratos são completos, já descrevendo todos os bens e abordando todas as contingências relevantes para o cumprimento do seu objeto.[228] Segundo os autores, à luz da legislação e da doutrina, os contratos administrativos são lineares e estáticos ao longo do tempo. Ou seja, as partes seriam em tese capazes de estipular todas as circunstâncias que possam afetar negativamente a execução do contrato. Caso alguma delas ocorra, seria sempre possível voltar atrás, recompondo uma situação original em que se presume um equilíbrio sinalagmático entre as prestações das partes.

Com base na teoria do equilíbrio geral, desenvolvida por Kenneth Arrow e Gérard Debreu em 1954, Nóbrega e Oliveira Netto (2022) identificam esse modelo como o *contrato Arrow-Debreu*[229] e o contestam argumentando que os contratos administrativos complexos e de longo prazo também são, em sua maioria, contratos *incompletos* e *relacionais*. Esses dois conceitos merecem aprofundamento e, por isso, serão tratados nos subitens a seguir.

3.3.4.1 Contratos incompletos

Primeiramente, quanto aos contratos incompletos, vale lembrar que os custos de transação *ex ante* associados à definição do objeto,

---

[228] "No modelo do equilíbrio-geral original a relação contratual é uma dimensão pouco explorada. Afinal, todas as relações contratuais são sempre ótimas e idênticas em termos de análise, a imposição sempre é perfeita e sem custos, bem com os contratos não possuem qualquer incompletude. Nesta estrutura a maioria dos problemas das contratações reais fica excluída do modelo. (...) Assim, se o contrato é sempre eficiente, ele não é nada mais do que a indicação por escrito do comportamento racional maximizador de cada agente." (KLEIN, 2015, p. 101)

[229] "O modelo de equilíbrio geral é identificado como um contrato Arrow Debreu, teoria desenvolvida em meados da década de 1950, cuja principal característica é a defesa da compreensão de que as relações contratuais sempre seriam perfeitas, não subsistindo qualquer lacuna ou omissão no contrato. As partes compreenderiam todas as informações recebidas de forma livre e inteligível." (NOBREGA, OLIVEIRA NETTO, 2022, p. 163)

à negociação entre as partes e à descrição prévia de todos os riscos e contingências que possam afetar a execução contratual aumentam de acordo com a complexidade do objeto.[230] Complexidade e incompletude são características que podem estar presentes, em maior ou menor grau, em praticamente qualquer contrato. Por isso, haveria um "grau ótimo" de completude contratual que justificaria a opção das partes por celebrar um contrato sabidamente incompleto em alguns contextos.[231] Atingir a completude contratual absoluta é impossível e, por isso, "(...) *contracts are always incomplete, and that, to a large extent, the degree of incompleteness is chosen by the parties*" (SPILLER, 2008, p. 2).

O reconhecimento de que todo contrato administrativo é, em certa medida, um contrato incompleto contrasta com o grau de especificação técnica exigido pela legislação. Tanto a Lei nº 8.666/1993 (artigo 6º, inciso IX) quanto a Lei nº 14.133/2021 (artigo 6º, inciso XXV) referem-se ao projeto básico como o "*conjunto de elementos necessários e suficientes, com nível de precisão adequado*" para definir e dimensionar a obra, compra ou serviço. Isso torna a elaboração dos documentos técnicos um desafio de relevo para a Administração, especialmente para objetos envolvendo alto grau de incerteza e complexidade. Segundo Eduardo Fiuza (2009), a assimetria informacional explica "(...) *a excessivamente frequente (e, como acabamos de ver, precoce) revisão dos valores dos contratos*", a qual "(...) *não pode ser atribuída exclusivamente a erros de edital ou de planilha (...)*" pois "(...) *há uma dificuldade intrínseca em especificar-se completamente bem o projeto de antemão*" (FIUZA, 2009, p. 248).

O estudo realizado por Limberger, Teixeira e Abreu (2014) revelou que a ocorrência de falhas na especificação do objeto contratado é uma das preocupações mais recorrentes dos gestores brasileiros.[232] O depoimento a seguir, que narra as impressões de um dos administrado-

---

[230] "*The buyer provides the seller with an* ex ante *design of the product. The more complete the design, the lower the likelihood that both parties will need to renegotiate changes ex post. A more complete* ex ante *design, however, imposes higher* ex ante *costs on the buyer*" (BAJARI, TADELIS, 2001, p. 388).

[231] "Dentre as opções postas, talvez seja mais adequado elaborar um contrato incompleto considerando um ambiente econômico e jurídico repleto de imperfeições e incertezas bem como o custo de extensas negociações contratuais, determinando a busca pela completude contratual excessivamente onerosa. (...). Logo, deverá haver um grau de completude (ou incompletude) contratual ótimo que maximizará a função de utilidade dos contratantes." (NÓBREGA, 2009, p. 3)

[232] "(...) em todas as organizações pesquisadas, assim como nas entrevistas com os gestores privados, os entrevistados destacaram a importância do processo de especificação do item contratado para a melhoria da gestão da execução do contrato e para o bom desempenho final deste." (LIMBERGER; TEIXEIRA; ABREU, 2004, p. 160)

res entrevistados, ilustra com clareza os efeitos da falta de planejamento na área de compras públicas no país:

> Então o que eu vejo na Administração Pública do Brasil hoje é uma grande falta de planejamento. Eu ouço muita gente falar "ah, licitação é um entrave; porque licitação tem que contratar o menor preço; porque a gente faz más contratações" eu não acho isso. (...) eu acho que o problema das más contratações é porque não se tem planejamento nenhum. Chegam os editais e, é tudo urgente, urgentíssimo, sem tempo pra pensar. Então você tem que fazer o edital em 3, 4 dias. Então claro que nisso aí a tua qualidade vai ser extremamente prejudicada (...). Porque para você trabalhar bem um edital, você tem que ter tempo, tem que ter conhecimento e tem que ter tempo. (LIMBERGER; TEIXEIRA; ABREU, 2004, p. 161)

De fato, a especificação deficiente e a falta de planejamento podem gerar custos de transação *ex post*, tais como a repactuação de prazos de execução e acréscimos, formalizados por meio da celebração de termos aditivos ao contrato original. Stéphane Saussier e Jean Tirole (2015) chamam a atenção para o risco de que a renegociação contratual incentive um comportamento oportunista dos fornecedores, oferecendo propostas agressivas e irreais no certame licitatório para posteriormente pedir a revisão dos preços durante a etapa de execução contratual, revertendo assim a economia obtida à época da licitação.[233]

Entretanto, os contratos administrativos geralmente possuem limites para alterações *ex post*, calculados com base no valor original atualizado do contrato, nos termos do artigo 125 da Lei nº 14.133/2021. Como lembra Eduardo Fiuza (2009, p. 241-245), a legislação brasileira acolhe a pactuação de contratos completos como premissa, cabendo-lhes estabelecer com "(...) *clareza e precisão as condições para sua execução*".[234] A margem de discricionariedade deixada pela lei ao administrador esgota-se com a elaboração do edital, que dá ao futuro ajuste – cuja minuta, em regra, já acompanha o instrumento convocatório como anexo – um caráter de contrato de adesão, sem possibilidade real de

---

[233] *"The renegotiation of contracts therefore tends to limit or even eliminate the benefits of competitive tendering procedures."* (SAUSSIER; TIROLE, 2015, p. 5)

[234] Artigo 89, §2º, da Lei nº 14.133/2021: "§2º Os contratos deverão estabelecer com clareza e precisão as condições para sua execução, expressas em cláusulas que definam os direitos, as obrigações e as responsabilidades das partes, em conformidade com os termos do edital de licitação e os da proposta vencedora ou com os termos do ato que autorizou a contratação direta e os da respectiva proposta".

negociação das condições nele previstas. A vinculação ao instrumento convocatório[235] impede a modificação das condições originalmente submetidas à concorrência, limitando a renegociação do contrato administrativo para além dos casos permitidos pela legislação.

Por fim, vale lembrar que o grau de completude contratual depende da relação agente-principal, "(...) *uma estrutura onde um indivíduo, usualmente chamado de principal, depende de outros indivíduos, denominados agentes, para realizar determinado objetivo, sendo que os interesses em questão não são coincidentes*" (KLEIN, 2015, p. 103). Entretanto, em um cenário de assimetria informacional, objetos complexos e racionalidade limitada, a definição do sistema de incentivos mais adequado para que o agente atue em conformidade com as expectativas do principal não é nada trivial. Mesmo reconhecendo que "(...) *o papel do contrato é o de formalizar o esquema de incentivos adequado para que o dilema agente-principal possa ser resolvido de forma ótima*" (KLEIN, 2015, p. 103), as diferenças na oferta de informação disponível às partes podem dar ensejo a comportamentos oportunistas e problemas de seleção adversa que desafiam a compreensão do contrato administrativo de forma estática e linear.

3.3.4.2 Contratos relacionais

Em segundo lugar, é preciso reconhecer que os contratos administrativos, em alguns casos, podem também configurar-se como *contratos relacionais*. Na linha da formulação teórica difundida por Ian MacNeil (1978), autores como Fernando Araújo (2007, p. 394-430), Ronaldo Porto Macedo Junior (2007, p. 121-196) e Vinicius Klein (2015, p. 97-117) afirmam que os contratos relacionais partem da premissa de que o relacionamento entre as partes se prolonga no tempo, o que exige adaptações frequentes para ajustar o seu conteúdo às novas condições fáticas. Diferenciam-se assim dos *contratos descontínuos* ("*discrete contracts*")[236] que pressupõem transações instantâneas e um equilíbrio estático entre as partes. O caráter continuado dos contratos relacionais

---

[235] Artigo 41 da Lei nº 8.666/1993: "Art. 41. A Administração não pode descumprir as normas e condições do edital, ao qual se acha estritamente vinculada". Note que a "vinculação ao edital" também foi inserida como princípio da Nova Lei de Licitações e Contratos no rol do artigo 5º da Lei nº 14.133/2021.

[236] McNeil usa a expressão "*discrete contracts*", que é traduzida por Ronaldo Porto Macedo Junior (2007) como "contrato descontínuo" e pelo português Fernando Araújo (2007, p. 397) como "contrato pontual".

é o que justifica a maior flexibilidade para modificação dos termos de troca à luz de circunstâncias futuras.

Nos contratos relacionais, a definição do objeto não se dá apenas mediante cláusulas *materiais* ou *substantivas* (que definem o *que* e *como* será realizada a prestação), mas também ocorre por meio de cláusulas *adjetivas* ou *processuais*, que estabelecem um procedimento acordado entre as partes para renegociar aspectos mutáveis ao longo da vigência contratual.[237] São normas que disciplinam a alteração dos termos de troca originais, definindo órgãos de governança contratual (comitês e *boards*), com seus respectivos quóruns, instâncias, competências e modelos decisórios, e regulam aspectos como transparência, boa-fé, comunicação entre as partes e prevenção de conflitos de interesses, entre outros.

Nos contratos relacionais, quando as partes têm dificuldade de especificar previamente o conteúdo das suas prestações, admite-se o ajuste *ex post* por meio da governança estabelecida pelo contrato. Essas, segundo a análise estruturalista promovida por Calixto Salomão Filho (2006, p. 11), são normas organizativo-funcionais que não buscam apenas proteger interesses, mas organizam relações sociais ao estabelecer regras de governança contratual. Como as partes modificam as suas expectativas com o tempo, renegociações frequentes tornam-se necessárias para realinhar os interesses em jogo. Por isso, a cooperação entre as partes e a construção de vínculos de confiança em seu relacionamento assumem grande relevância nos contratos de longo prazo.

Embora a maior parte dos contratos administrativos sejam contratos descontínuos e pontuais, com execução instantânea e pouco complexa ("*spot contracts*"),[238] é necessário reconhecer que alguns

---

[237] Segundo Fernando Araújo (2007), "(...) a ênfase 'relacional' denota muito frequentemente que as partes não confiaram na adjudicação judicial e foi essa a razão pela qual se afadigaram na definição de uma 'constituição' que estabelecesse permanentemente estruturas de 'governo', para chegarem a soluções auto-sustentadas e auto-disciplinadas, e até para bloquearem *ex ante* a tentação de exploração oportunista daquilo que às partes se afigurou como ineficiência judiciária crônica. E é essa mesma desconfiança que explica que as estipulações substantivas cedam tão frequentemente a primazia a estipulações adjectivas que definem os processos de articulação entre a conduta das partes, com formas de adjudicação e disciplina puramente internas, poupando em custos *ex post* de renegociação explícita ou de prevenção do oportunismo (entendendo-se como dispensáveis, e por isso improdutivos, os esforços destinados a renegociar e a dissuadir o oportunismo), e mais especificamente evitando o recurso a cláusulas gerais e a conceitos indeterminados nas estipulações contratuais, os quais, emprestando, como é sabido, critérios próprios da hetero-disciplina tendem a remeter a adjudicação externa (judicial ou arbitral)". (ARAÚJO, 2007, p. 403)

[238] "No mais das vezes, os contratos administrativos são *spot*, ou seja, de execução imediata. Nesses casos, a discussão da ergodicidade ou não ergodicidade não se aplica. A mesma

deles poderão ser considerados contratos relacionais em alguns casos, conforme a sua duração e as características de seu objeto. Por exemplo, a ideia de reequilíbrio econômico-financeiro parte da premissa de que os contratos nascem em situação de equilíbrio e precisam ser renegociados para retornar ao *status quo ante,* ou seja ao momento original (T=0) de sua pactuação entre as partes.

Isso gera um "equilíbrio petrificado" nos contratos Arrow-Debreu, uma vez que se pressupõe que a forma mais adequada para alocar as responsabilidades entre as partes, diante de uma contingência não prevista, é matriz de riscos estipulada pelas partes naquela situação inicial[239] – ou seja, aquele mesmo T=0 em que os contratantes dispunham de informações limitadas sobre si mesmos e sobre o objeto do contrato. Assume-se então a premissa de que "(...) *o futuro segue uma distribuição de probabilidade que começou no passado e irá seguir seu curso no futuro; e o tempo não exerce qualquer influência nas variáveis econômicas*" (TEIXEIRA JÚNIOR; NÓBREGA; CABRAL, 2021, p. 79), que é incorreta.

Ainda que de *lege ferenda,* haja vista o tratamento constitucional (artigo 37, inciso XXI)[240] e legal (artigos 103[241] e 124[242] da Lei nº 14.133/2021) dado ao tema do reequilíbrio econômico-financeiro no Brasil, Nóbrega e Oliveira Netto (2022) têm razão quando afirmam que os contratos administrativos não possuem apenas um único momento de equilíbrio, o qual deve ser "recuperado" ou "recomposto" pelas

---

lógica se aplica aos contratos que, embora se protraiam no tempo, referem-se a relações econômicas muito simples." (TEIXEIRA JÚNIOR; NÓBREGA; CABRAL, 2021, p. 78)

[239] "No que tange aos contratos públicos complexos e de longo prazo (como os de infraestrutura), no entanto, a não ergodicidade é regra que se impõe. Por isso (ou seja, diante da incompletude intrínseca aos contratos de concessões e PPPs), confiar à matriz de riscos o papel de âncora do reequilíbrio econômico-financeiro de uma Concessão ou PPP (que é, repisa-se, em regra, um sistema não ergódico), parece-nos, no mínimo, algo questionável." (TEIXEIRA JÚNIOR; NÓBREGA; CABRAL, 2021, p. 78)

[240] Artigo 37, inciso XXI, da Constituição de 1988: "XXI – ressalvados os casos especificados na legislação, as obras, serviços, compras e alienações serão contratados mediante processo de licitação pública que assegure igualdade de condições a todos os concorrentes, com cláusulas que estabeleçam obrigações de pagamento, mantidas as condições efetivas da proposta, nos termos da lei, o qual somente permitirá as exigências de qualificação técnica e econômica indispensáveis à garantia do cumprimento das obrigações".

[241] Artigo 103, §4º, da Lei nº 14.133/2021: "§4º A matriz de alocação de riscos definirá o equilíbrio econômico-financeiro inicial do contrato em relação a eventos supervenientes e deverá ser observada na solução de eventuais pleitos das partes".

[242] Artigo 124, inciso II, alínea "d", da Lei nº 14.133/2021: "d) para restabelecer o equilíbrio econômico-financeiro inicial do contrato em caso de força maior, caso fortuito ou fato do príncipe ou em decorrência de fatos imprevisíveis ou previsíveis de consequências incalculáveis, que inviabilizem a execução do contrato tal como pactuado, respeitada, em qualquer caso, a repartição objetiva de risco estabelecida no contrato".

partes, mas múltiplos equilíbrios que se formam ao longo do tempo, na medida em que os contratantes adquirem informações e modificam os termos do seu relacionamento. Buscar sempre a situação inicial equivale, assim, a mais uma tentativa de ajustar a realidade ao que diz a teoria.[243]

Ao sustentar que o contrato administrativo deve ser reequilibrado com base em uma matriz de riscos definida previamente pelas partes, a doutrina e o direito positivo brasileiro assumem que a contratação pública é um *sistema ergódico*, ou seja, um sistema estático e fechado, cujas características geralmente não mudam conforme o espaço e o tempo. Flávio Teixeira Júnior, Marcos Nóbrega e Rodrigo Cabral (2021) rejeitam a ideia de ergodicidade nas contratações públicas de longo prazo.[244] Segundo os autores, nos *contratos ergódicos* é possível prever com relativa facilidade os eventos futuros e, caso aconteçam, retornar ao momento anterior. Contudo, as contratações de longo prazo geralmente são *contratos não ergóticos*, em que a complexidade do objeto e a presença de múltiplas variáveis tornam o contexto irreversível, de modo que "(...) *a ideia de retorno ao* statu quo ante *simplesmente não existe*" (TEIXEIRA JÚNIOR; NÓBREGA; CABRAL, 2021, p. 78).

Isso também ocorre nas contratações públicas para inovação, onde predominam aspectos relativos a contratos relacionais, não ergóticos e incompletos. Em se tratando de contratações pré-comerciais, por exemplo, a longa duração e a incerteza inerente ao processo inovativo tornam extremamente necessário o reconhecimento de um grau maior de flexibilidade para renegociações entre as partes. Além disso, a construção de uma relação contratual colaborativa, pautada em vínculos

---

[243] "Quando os órgãos de controle e os Tribunais tentam reequilibrar os contratos administrativos complexos, incompletos e de longo prazo, estão intencionando que as coisas se moldem aos pressupostos teóricos, e não ao contrário. Ou seja, busca-se adotar o modelo teórico neoclássico para adequar a realidade a pressupostos gerais que não consideram as peculiaridades dos contratos dessa natureza. É um problema de *wishful thinking* ou mesmo de autoengano. E, nessa toada, acadêmicos, juristas, empresários e a sociedade sofrem as consequências de decisões ineficientes que acabam por aumentar a distorção dos contratos." (NOBREGA, OLIVEIRA NETTO, 2022, p. 168)

[244] "Ergodicidade significa que as propriedades e a constituição do sistema (que pode ser, inclusive, um contrato público) geralmente não mudam ao longo do espaço e do tempo. Portanto, parte-se de premissa de que se pode prever com relativa facilidade os eventos futuros. Entende-se que esses sistemas (inclusive, mais uma vez, um contrato público) podem até retornar aos status anteriores, como um sistema mecânico (...). Os sistemas não ergódicos, por outro lado, apresentam um desenvolvimento não trivial em escala local e global; eles são dependentes do caminho e geralmente seu desenvolvimento não é reversível, mas irreversível. (...) É dizer: nos sistemas não ergódicos (como é o caso, no nosso sentir, das contratações públicas de longo prazo), a ideia de retorno ao *statu quo ante* simplesmente não existe." (TEIXEIRA JÚNIOR; NÓBREGA; CABRAL, 2021, p. 77-78)

de confiança, torna importante o emprego de mecanismos informais de *enforcement* contratual que preservem o relacionamento entre as partes, nos moldes do que ocorre nos chamados contratos de aliança. Esse ponto será aprofundado no item 5.3, onde examino o regime jurídico aplicável às contratações públicas pré-comerciais.

3.3.5 O apego a uma concepção estrita de legalidade no Brasil causa fricções na aplicação da legislação especial

O apego à legalidade estrita no direito administrativo brasileiro, que condiciona todo o agir da Administração à existência de previsão legal expressa, vem sendo objeto de críticas de relevo nos últimos anos. Esse ponto se liga, de certo modo, à crítica teórica que se faz à legalidade no Brasil e a sua expansão rumo à noção de juridicidade administrativa. Muito embora o aprofundamento dessa discussão não integre o escopo deste estudo, é oportuno recuperar, ao menos em linhas gerais, a crítica que tem sido feita aos inconvenientes teóricos e práticos que decorrem de uma compreensão restrita da legalidade.

Gustavo Binenbojm (2008, p. 136-143) afirma que a noção de legalidade administrativa, compreendida como vinculação *positiva* da Administração à lei,[245] surgiu em um contexto fortemente marcado pelo positivismo normativista. Consagrando a visão de que o administrador só poderia fazer o que a lei expressamente autorizasse, a ideia de que *"administrar é aplicar a lei de ofício"*, na expressão de Miguel Seabra Fagundes (1967, p. 16-17), tornou-se corolário da confusão entre a lei e o direito. Todavia, como assinala Paulo Otero (2003, p. 740-741), a ascensão dos direitos fundamentais e o reconhecimento da Constituição como fonte suprema de normatividade colocaram em crise a legitimidade da lei formal. Nesse contexto, a noção de juridicidade administrativa baseia-se na visão de que a Administração não se vincula apenas à lei, mas "(...) ao ordenamento jurídico como um todo, a partir do sistema de princípios e regras delineado na Constituição" (BINENBOJM, 2008, p. 143). Sem abandonar a lei formal por completo, a juridicidade erige a Constituição como centro e fundamento de toda a atuação

---

[245] "Afirmou-se, a partir daí, a doutrina da positive Bindung – vinculação positiva à lei –, consubstanciada no art. 18 da Constituição austríaca de 1920, produzida sob a influência decisiva de Kelsen, segundo o qual a Administração Pública não poderia atuar senão *auf Grund der Gesetze*, isto é, tendo a lei por fundamento." (BINENBOJM, 2008, p. 140)

administrativa, como ressaltam Patrícia Baptista (2003, p. 136-147) e Luís Roberto Barroso (2008), inserindo o direito administrativo em uma zona de irradiação do direito constitucional.[246]

Não obstante essa crítica teórica, o apego a uma concepção estrita da legalidade administrativa ainda é muito presente no dia a dia da Administração brasileira e causa efeitos colaterais que se manifestam, no que diz respeito às contratações públicas para inovação, mediante dois *sintomas*, aos quais esta seção será dedicada. Em primeiro lugar, a *necessidade de que a lei reforce possibilidades já admitidas pelo direito positivo*, mediante a edição de disposições legais meramente autorizativas que compõem uma espécie de *fomento legislativo* à CT&I no Brasil. E, em segundo, a *proliferação de regimes excepcionais* como resposta ao rigor e à inflexibilidade de regimes jurídicos que se mantêm inalterados ao longo do tempo, sob a forma de um *by-pass institucional* nessa área.

3.3.5.1 Reforço, pela lei, de possibilidades já admitidas pela legislação vigente

O primeiro sintoma consiste na tendência de que a lei reforce possibilidades já admitidas pelo direito positivo, fazendo com que se proliferem disposições legais que se limitam a reproduzir expressamente faculdades já reconhecidas – ainda que implicitamente – pela legislação. É o que se verificou, por exemplo, na área de CT&I a partir da Emenda Constitucional nº 85/2015 e da Lei nº 13.243/2016, a qual alterou diversos outros diplomas buscando solucionar problemas concretos em temas bastante variados, abrangendo desde reformas nas contratações públicas até a importação de insumos para pesquisa e alterações na carreira docente. O interesse pragmático dessas medidas no contexto brasileiro é incontestável: o potencial "destravamento" que poderia decorrer da introdução de exceções específicas e baseadas em

---

[246] "A ideia de juridicidade administrativa, elaborada a partir da interpretação dos princípios e regras constitucionais, passa, destarte, a englobar o campo da legalidade administrativa, como um de seus princípios internos, mas não mais altaneiro e soberano como outrora. Isso significa que a atividade administrativa continua a realizar-se, via de regra, (i) segundo a lei, quando esta for constitucional (atividade *secundum legem*), (ii) mas pode encontrar fundamento direto na Constituição, independente ou para além da lei (atividade *praeter legem*), ou, eventualmente, (iii) legitimar-se perante o direito, ainda que contra a lei, porém com fulcro numa ponderação da legalidade com outros princípios constitucionais (atividade *contra legem*, mas com fundamento numa otimizada aplicação da Constituição)." (BINENBOJM, 2008, p. 142)

problemas concretos – algo como uma *"problem-based legislation"*[247] – para melhorar o desempenho das instituições ligadas à área. Contudo, há nessa abordagem um efeito colateral que não pode ser ignorado: o reforço a uma leitura legalista que condiciona todo o agir estatal à existência de disposições legais taxativas, reforçando ainda mais a ideia de vinculação positiva à lei formal, como se a Administração estivesse proibida de atuar sem que a lei a autorize expressamente a fazê-lo.

Vitor Monteiro (2021), em sua tese de doutorado, buscou revisitar o histórico de formação do arcabouço jurídico-institucional para inovação no Brasil para compará-lo com o sistema francês. Segundo o autor, embora o país tenha construído um sistema jurídico variado, dotado de instrumentos específicos e instituições voltadas para o fomento à inovação, a legislação brasileira é constantemente apontada como um dos fatores que limitam a capacidade de intervenção estatal na atividade de CT&I, gerando um cenário mais restrito que o verificado na França.[248] Para Monteiro, a produção intensa de normas pelos Poderes Executivo e Legislativo se origina de "(...) *uma compreensão estrita da legalidade, na qual o agir estatal deve ser conforme à lei*", a qual, mesmo "(...) *sem uma relação direta com o direito constitucional positivo, fricciona o agir estatal de fomento à CTI, notadamente na relação entre a Administração Pública e os seus órgãos de controle*" (MONTEIRO, 2021, p. 864). Isso fez com que se proliferassem disposições legais "autorizativas" no cenário brasileiro, em que "(...) *a previsão em texto constitucional ou legal foi alçada a requisito para o agir administrativo, razão pela qual os referidos diplomas normativos são marcados por expressas e repetitivas faculdades*" (MONTEIRO, 2021, p. 865).

Para Fernando Dias Menezes de Almeida (2017), boa parte da legislação recente produzida na área de CT&I ilustra a existência de um *"fomento legislativo"*. Isso porque, a rigor, várias das disposições autorizativas incluídas nas reformas de 2015 e 2016 já poderiam ser adotadas anteriormente, conforme o ordenamento jurídico vigente à época. Todavia, o apego a uma leitura estrita da legalidade explica por que "(...) *a lei vem afirmar que certas medidas podem 'mesmo' ser*

---

[247] A expressão é de Gesil Sampaio Amarante Segundo, Professor Titular de Física da Universidade Estadual de Santa Cruz (BA) e Presidente do Fórum Nacional de Gestores de Inovação e Transferência de Tecnologia (FORTEC), ao referir-se ao processo legislativo da Lei nº 13.243/2016, que reformou o Marco Legal de CT&I no Brasil.

[248] "(...) embora se cogite as raízes comuns, tendo em vista a influência do Direito administrativo francês sobre o brasileiro, os requisitos à legalidade do agir estatal são vislumbrados de modo muito distinto pelas institucionalidades dos dois países, com o Estado francês dotado de arranjos mais flexíveis do que o brasileiro." (MONTEIRO, 2021, p. 862)

tomadas, ou, mais que isso, que se espera sejam tomadas" (ALMEIDA, 2017, p. 99-100). Essas prescrições instrumentais, que reforçam em grande medida possibilidades previamente admitidas pela legislação, têm por objetivo romper a inércia de órgãos e entidades da Administração, justificada pelo legítimo receio de que os agentes públicos venham a sofrer questionamentos pelos órgãos de controle.

Por fim, segundo José Vicente Santos de Mendonça (2017), o legalismo cultivado pela doutrina do direito administrativo reforça a aversão a risco dos gestores brasileiros, discutida no item 2.3.4, e explica essa tendência de repetição desnecessária pelo direito positivo.[249] Como o *"(...) direito administrativo do medo é o direito administrativo legalista"* (MENDONÇA, 2017, p. 175), agir somente com base no texto legal é uma postura defensiva que tutela a responsabilidade pessoal dos agentes públicos em um cenário em que o controle, ao operar com base em critérios vagos, torna-se imprevisível. É o que afirma Fernando Vernalha Guimarães (2016) ao criticar as externalidades negativas decorrentes de um controle burocrático e excessivo, gerando rigidez e ineficiência administrativa.[250] Esse ponto será retomado no Capítulo 4, dedicado ao controle das atividades de CT&I no Brasil.

3.3.5.2 *By-pass* institucional pela criação de regimes paralelos ou excepcionais

Como segundo sintoma do apego à legalidade estrita no Brasil, é preciso reconhecer que a rigidez conceitual e teórica da doutrina do direito administrativo provocou um enrijecimento acentuado no próprio direito positivo. Do rigor da legislação decorre a tendência,

---

[249] "O legalismo é o que conforta: uma vez que há controle inclemente sobre atos praticados por agentes públicos, muitas vezes com base em conceitos vagos, agentes públicos dotados de menor capital político podem preferir ater-se ao texto da lei como medida de proteção pessoal. (...) O direito administrativo do medo é o direito administrativo legalista." (MENDONÇA, 2017, p. 175)

[250] "Com isso, instalou-se o que se poderia denominar de crise da ineficiência pelo controle: acuados, os gestores não mais atuam apenas na busca da melhor solução ao interesse administrativo, mas também para se proteger. Tomar decisões heterodoxas ou praticar ações controvertidas nas instâncias de controle é se expor a riscos indigestos. E é compreensível a inibição do administrador frente a esse cenário de ampliação dos riscos jurídicos sobre suas ações. Afinal, tomar decisões sensíveis pode significar ao administrador o risco de ser processado criminalmente. Como consequência inevitável da retração do administrador instala-se a ineficiência administrativa, com prejuízos evidentes ao funcionamento da atividade pública." (GUIMARÃES, 2016, n. p)

muito presente no contexto brasileiro, de *by-pass institucional*. Segundo Mariana Mota Prado (2011), o *by-pass institucional* consiste no recurso a uma nova instituição para evitar os problemas associados a uma instituição já existente, sem, no entanto, extingui-la.[251] Aplicada ao contexto das contratações públicas no Brasil, por exemplo, é curioso perceber como o regime geral da Lei nº 8.666/1993 resistiu por quase três décadas até o advento da Lei nº 14.133/2021, mesmo diante da proliferação de exceções e procedimentos alternativos que, operando como *"válvulas de escape"*,[252] resultam no crescimento do volume de normas e no consequente aumento de complexidade no direito positivo.

A opção legislativa adotada no Brasil para realizar contratações públicas para inovação também se deu mediante a criação de regimes excepcionais. A respeito, a dispensa de licitação parece ter sido uma das técnicas privilegiadas pelo Estado para conformar o regime das compras públicas ao fomento estatal destinado à área de CT&I. Muito embora essa prática seja anterior à Lei nº 10.973/2004, a criação de novas hipóteses de contratação direta foi intensificada na década de 2010, em especial pela introdução dos incisos XXXI, XXXII e XXXIV ao rol do artigo 24 da antiga Lei de Licitações (ROSILHO, 2013, p. 141 e 173).

A tabela a seguir, publicada em Fassio *et al.* (2022, p. 77-78), destaca as hipóteses de dispensa previstas na Lei nº 8.666/1993 e na Lei nº 14.133/2021 que guardam relação mais próxima com atividades de PD&I, serviços de TI ou com a contratação de produtos, serviços ou processos inovadores pelo Poder Público, especialmente nos setores de saúde e defesa. Esta foi a via legislativa adotada para viabilizar casos como a encomenda tecnológica e as Parcerias para o Desenvolvimento Produtivo (PDP), por exemplo.

---

[251] *"(...) instead of trying to fix dysfunctional institutions, as most failed reforms do, they simply bypass them. For this reason, they will be called 'institutional bypasses'. Like a 'coronary bypass' surgery, an institutional bypass creates new pathways around clogged or blocked institutions. Institutional bypass uses the same strategy: it does not try to modify, change or reform existing institutions. Instead, it tries to create a new pathway in which efficiency and functionality will be the norm."* (PRADO, 2011, p. 3)

[252] A expressão é de Paula Andrea Forgioni (2014, p. 195-258) ao tratar das "válvulas de escape" que flexibilizam a aplicação da legislação antitruste: a regra da razão, o conceito de mercado relevante e o jogo do interesse protegido.

Tabela 18 – Hipóteses selecionadas de dispensa de licitação relacionadas a contratações públicas para inovação na Lei nº 8.666/1993 e na Lei nº 14.133/2021

(continua)

Hipótese de dispensa de licitação		Observações
Art. 24 da Lei nº 8.666/1993	**Art. 75 da Lei nº 14.133/2021**	
VIII – para a aquisição, por pessoa jurídica de direito público interno, de bens produzidos ou serviços prestados por órgão ou entidade que integre a Administração Pública e que tenha sido criado para esse fim específico em data anterior à vigência desta Lei, desde que o preço contratado seja compatível com o praticado no mercado;	IX – para a aquisição, por pessoa jurídica de direito público interno, de bens produzidos ou serviços prestados por órgão ou entidade que integre a Administração Pública e que tenha sido criado para esse fim específico, desde que o preço contratado seja compatível com o praticado no mercado;	Inciso frequentemente usado para contratação de empresas estatais, fundações e entidades da Administração indireta.
XVI – para a impressão dos diários oficiais, de formulários padronizados de uso da administração e de edições técnicas oficiais, bem como para prestação de serviços de informática a pessoa jurídica de direito público interno, por órgãos ou entidades que integrem a Administração Pública, criados para esse fim específico;	N/A	Hipótese frequentemente usada na contratação de empresas oficiais para serviços de TI (SERPRO, PRODESP, PRODAM etc.), ausente na Nova Lei de Licitações.
XXI – para a aquisição ou contratação de produto para pesquisa e desenvolvimento, limitada, no caso de obras e serviços de engenharia, a 20% (vinte por cento) do valor de que trata a alínea "b" do inciso I do caput do art. 23;	IV – para contratação que tenha por objeto: (...) c) produtos para pesquisa e desenvolvimento, limitada a contratação, no caso de obras e serviços de engenharia, ao valor de R$ 300.000,00 (trezentos mil reais);	Existe regulamentação específica para este inciso no Decreto Federal nº 9.283/2018.
XXV – na contratação realizada por Instituição Científica e Tecnológica – ICT ou por agência de fomento para a transferência de tecnologia e para o licenciamento de direito de uso ou de exploração de criação protegida.	IV – para contratação que tenha por objeto: (...) d) transferência de tecnologia ou licenciamento de direito de uso ou de exploração de criação protegida, nas contratações realizadas por instituição científica, tecnológica e de inovação (ICT) pública ou por agência de fomento, desde que demonstrada vantagem para a Administração;	Fundamento é a exclusividade dos direitos de Propriedade Intelectual, mas o dispositivo exige que a contratação seja realizada por ICT.

(continua)

Hipótese de dispensa de licitação		Observações
Art. 24 da Lei nº 8.666/1993	Art. 75 da Lei nº 14.133/2021	
XXVIII – para o fornecimento de bens e serviços, produzidos ou prestados no País, que envolvam, cumulativamente, alta complexidade tecnológica e defesa nacional, mediante parecer de comissão especialmente designada pela autoridade máxima do órgão.	IV – para contratação que tenha por objeto: (...) f) bens ou serviços produzidos ou prestados no País que envolvam, cumulativamente, alta complexidade tecnológica e defesa nacional;	Contratações diretas no setor de defesa.
XXXI – nas contratações visando ao cumprimento do disposto nos arts. 3º, 4º, 5º e 20 da Lei no 10.973, de 2 de dezembro de 2004, observados os princípios gerais de contratação dela constantes.	V – para contratação com vistas ao cumprimento do disposto nos arts. 3º, 3º-A, 4º, 5º e 20 da Lei nº 10.973, de 2 de dezembro de 2004, observados os princípios gerais de contratação constantes da referida Lei;	Base normativa para a dispensa de licitação nos casos de aliança estratégica, compartilhamento de laboratórios, participação societária e encomenda tecnológica. A Nova Lei de Licitações e Contratos acrescentou ao rol o art. 3º-A da Lei de Inovação, silenciando sem motivo quanto ao art. 3º-B.
XXXII – na contratação em que houver transferência de tecnologia de produtos estratégicos para o Sistema Único de Saúde – SUS, no âmbito da Lei no 8.080, de 19 de setembro de 1990, conforme elencados em ato da direção nacional do SUS, inclusive por ocasião da aquisição destes produtos durante as etapas de absorção tecnológica.	XII – para contratação em que houver transferência de tecnologia de produtos estratégicos para o Sistema Único de Saúde (SUS), conforme elencados em ato da direção nacional do SUS, inclusive por ocasião da aquisição desses produtos durante as etapas de absorção tecnológica, e em valores compatíveis com aqueles definidos no instrumento firmado para a transferência de tecnologia;	Base legal para as contratações diretas nas Parcerias para o Desenvolvimento Produtivo (PDP).

(conclusão)

Hipótese de dispensa de licitação		Observações
Art. 24 da Lei nº 8.666/1993	Art. 75 da Lei nº 14.133/2021	
XXXIV – para a aquisição por pessoa jurídica de direito público interno de insumos estratégicos para a saúde produzidos ou distribuídos por fundação que, regimental ou estatutariamente, tenha por finalidade apoiar órgão da administração pública direta, sua autarquia ou fundação em projetos de ensino, pesquisa, extensão, desenvolvimento institucional, científico e tecnológico e estímulo à inovação, inclusive na gestão administrativa e financeira necessária à execução desses projetos, ou em parcerias que envolvam transferência de tecnologia de produtos estratégicos para o Sistema Único de Saúde – SUS, nos termos do inciso XXXII deste artigo, e que tenha sido criada para esse fim específico em data anterior à vigência desta Lei, desde que o preço contratado seja compatível com o praticado no mercado.	XVI – para aquisição, por pessoa jurídica de direito público interno, de insumos estratégicos para a saúde produzidos por fundação que, regimental ou estatutariamente, tenha por finalidade apoiar órgão da Administração Pública direta, sua autarquia ou fundação em projetos de ensino, pesquisa, extensão, desenvolvimento institucional, científico e tecnológico e de estímulo à inovação, inclusive na gestão administrativa e financeira necessária à execução desses projetos, ou em parcerias que envolvam transferência de tecnologia de produtos estratégicos para o SUS, nos termos do inciso XII deste *caput*, e que tenha sido criada para esse fim específico em data anterior à entrada em vigor desta Lei, desde que o preço contratado seja compatível com o praticado no mercado.	Inciso conexo ao anterior, trata da aquisição de insumos estratégicos para o SUS, por exemplo, por instituições como a FIOCRUZ e o Instituto Butantan.

Fonte: Elaboração própria, atualizado a partir da versão publicada em Fassio *et al.* (2022, p. 77-78).

Em se tratando de contratações públicas para inovação, vale ressaltar que até mesmo as dispensas em razão do valor podem ser úteis para viabilizar testes, desenvolver protótipos ou contratar soluções inovadoras de menor complexidade. Como os gestores e órgãos de controle estão bastante familiarizados com esse procedimento, essas contratações diretas podem ser a base para um programa voltado à contratação de pilotos em pequena escala, com potenciais efeitos multiplicadores para projetos maiores na Administração.

Outro exemplo mais recente, contemporâneo à vigência da Nova Lei de Licitações e Contratos, reside na criação da modalidade especial de licitação prevista no Marco Legal das Startups e do Empreendedorismo Inovador, nos artigos 12 a 15 da Lei Complementar nº 182/2021. Aqui, em vez de uma hipótese de contratação direta, a opção legislativa foi pela criação de um procedimento licitatório específico, regido por legislação especial. Essa modalidade, assim como o Contrato Público para Solução Inovadora (CPSI), serão examinados mais adiante nesta obra. Por hora, interessa deixar claro que a criação de exceções ao dever de licitar e o estabelecimento de procedimentos especiais confirmam o uso da estratégia do *by-pass institucional* pelo Estado brasileiro para incentivar a área de CT&I, mantendo inalterados outros institutos e normas de direito administrativo.

CAPÍTULO 4

O CONTROLE DAS ATIVIDADES DE CIÊNCIA, TECNOLOGIA E INOVAÇÃO NO BRASIL

"Todo mundo tem medo de tudo, todo mundo é culpado antes de ser julgado. Um funcionário público hoje, para dar autorização para fazer alguma coisa, seja ele da Anvisa, da Caixa Econômica Federal, do Ministério das Cidades, vai contar mil vezes até dez para poder colocar a assinatura dele. Porque ao dar a assinatura e autorizar, se houver alguma queixa do Ministério Público, os seus bens são disponibilizados, e ele tem que contratar advogado e pagar do próprio bolso. Então, a máquina está engendrada para isso. Joga-se desconfiança sobre tudo e sobre todos e todo mundo fica com medo de funcionar. Lamentavelmente, é assim a máquina pública."

(Discurso do Presidente da República por ocasião dos 60 anos da Sociedade Brasileira para o Progresso da Ciência, em 21 de outubro de 2008)[253]

---

[253] Disponível em: http://www.biblioteca.presidencia.gov.br/presidencia/ex-presidentes/luiz-inacio-lula-da-silva/discursos/2o-mandato/2008/21-10-2008-discurso-do-presidente-da-republica-luiz-inacio-lula-da-silva-na-cerimonia-de-comemoracao-dos-60-anos-da-sociedade-brasileira-para-o-progresso-da-ciencia-sbpc. Acesso em: 30 jan. 2024.

O que é controle? Segundo Eduardo Jordão (2016, p. 37), a atividade de controle envolve a verificação da conformidade de algo – no caso, a atividade administrativa – a um parâmetro específico, dado pelo ordenamento jurídico. Odete Medauar (2014, p. 32-33), na mesma linha, adota uma acepção ampla para compreender o controle como o exame da atuação da Administração à luz de certos parâmetros, independentemente de ser adotada pelo controlador uma medida que afete, do ponto de vista jurídico, o agente ou a decisão tomada.[254] Deixadas de lado acepções do controle sob os aspectos político ou social, este livro buscará examinar a atividade controladora sob o ângulo jurídico, buscando compreender os efeitos do seu exercício quando a atuação dos órgãos e entidades que atuam na área de ciência, tecnologia e inovação (CT&I) figura como o objeto específico a ser controlado.

Dada a sua importância para o Estado de Direito,[255] há diversas formas e aspectos pelos quais o controle da atividade administrativa pode ser estudado. Nesta obra, tendo em vista o objetivo de compreender os seus efeitos sobre o ecossistema de inovação brasileiro, realizo um recorte para enfocar o papel dos Tribunais de Contas, em especial o Tribunal de Contas da União (TCU). Ao fazê-lo, não ignoro que outros órgãos de controle (como as Controladorias Gerais, a Advocacia Pública,

---

[254] "Mostra-se adequado responder à indagação levando em conta dois sentidos da palavra controle quando incide sobre a Administração Pública: um sentido restrito ou técnico-jurídico e um sentido amplo. Em acepção restrita considera-se controle a atividade que possibilita a edição de ato ou medida pelo agente controlador em decorrência do confronto que realizou. Daí o conceito seguinte: Controle da Administração Pública é a verificação da conformidade da atuação desta a um cânone, possibilitando ao agente controlador a adoção de medida ou proposta em decorrência do juízo formado. Em acepção ampla, o controle significa a verificação da conformidade da atuação da Administração Pública a certos parâmetros, independentemente de ser adotada, pelo controlador, medida que afete, do ponto de vista jurídico, a decisão ou o agente. Na acepção ampla se inclui o chamado controle social, do que fornece exemplo a representação contra irregularidades a Tribunais de Contas – cidadão que representou não adota medidas jurídicas relativas a decisões ou a agentes, de forma direta, mas pode desencadear a atividade do órgão de controle. Neste livro adota-se a acepção ampla de controle, para admitir atuações de controle sobre a Administração Pública, independentemente de ser adotada, pelo controlador, medida que afete, juridicamente, a decisão ou o agente." (MEDAUAR, 2014, p. 32-33)

[255] A respeito, é sempre lembrada a menção feita por James Madison no ensaio nº 51 da coletânea "O Federalista" justificando a necessidade de controle na *rule of law*: "*If men were angels, no government would be necessary. If angels were to govern men, neither external nor internal controls on government would be necessary. In framing a government which is to be administered by men over men, the great difficulty lies in this: you must first enable the government to control the governed; and in the next place oblige it to control itself*". Disponível em https://guides.loc.gov/federalist-papers/text-51-60#s-lg-box-wrapper-25493427. Acesso em: 23 jan. 2024.

o Ministério Público e o Poder Judiciário) também desempenham um papel relevante no estímulo ou no desincentivo à realização dessas atividades. Não obstante, acredito que a atuação do TCU no exercício da fiscalização superior na esfera federal, a qual estão vinculados os principais órgãos e entidades da área de CT&I no país, bem como a importância dos posicionamentos externados por Corte – em postura que, não raro, é mimetizada por Tribunais de Contas estaduais e seguida por outros órgãos de controle – tornam o recorte eleito ideal para atender aos objetivos propostos neste estudo.

Vale fazer, ainda, uma segunda ressalva. É importante registrar que os principais casos concretos julgados pelo TCU que embasam a percepção, manifestada por vários atores do ecossistema, de que haveria um controle excessivo no cenário brasileiro não dizem respeito especificamente a contratações públicas para inovação, mas versam em sua maioria sobre temas correlatos na área de CT&I, como a sistemática de prestação de contas em instrumentos de fomento e os limites para a atuação de fundações de apoio. Tendo em vista que ainda há poucos julgados sobre o tema,[256] a seleção dos acórdãos mencionados neste capítulo seguiu principalmente uma abordagem qualitativa, capaz de ilustrar o posicionamento dominante da Corte em aspectos relacionados ao controle da atividade de CT&I.

Como tive a oportunidade de afirmar em outro estudo, "(...) *as evidências disponíveis até agora convergem para o argumento de que o uso escasso desses instrumentos não decorre de uma penalização excessiva pelas Cortes de Contas, mas se deve, em grande parte, à indefinição sobre como os processos serão posteriormente analisados pelos órgãos de controle*" (FASSIO *et al.*, 2021, p. 33). Em síntese, não é possível afirmar que exista uma "jurisprudência negativa" em relação a contratações públicas para inovação, ao menos neste momento, no Brasil. Ainda faltam casos concretos e, a nosso ver, essa ausência deve ser creditada principalmente à insegurança jurídica que paira sobre a aplicação desses instrumentos, cujas causas discutimos nos Capítulos 2 e 3 desta obra. Mas isso não impede que sejam extraídos da legislação e de posicionamentos firmados pelo TCU em temas correlatos alguns critérios e diretrizes capazes de orientar gestores e controladores sobre como deve ser exercido o controle nessa

---

[256] O autor realizou consultas à pesquisa integrada de jurisprudência do TCU entre janeiro e maio de 2024 combinando termos como "contratação pública", "inova", "penalidade", "multa", especificamente nos subitens 4.3.2.1 e 4.3.2.2, "controle de resultados". Os julgados que foram classificados como de interesse para este estudo foram comentados nos subitens deste capítulo.

matéria. Por esse motivo é que faremos referência ao "controle da atividade de CT&I", de forma mais ampla, e não especificamente ao "controle das contratações públicas para inovação" ao longo da maior parte deste capítulo.

Mas isso não significa que o controle não seja importante nesse tema. A respeito, são particularmente reveladores os resultados de pesquisa realizada pelo Laboratório de Inovação do Tribunal de Contas da União, em 2019, sobre a contratação de soluções inovadoras pela Administração Pública. Dos 2.560 respondentes, em amostra que contou com perfis bastante diversificados de servidores públicos federais, 96,1% concordam[257] que a Administração deve buscar soluções inovadoras para resolver seus desafios. Contudo, 65,7% discordam da afirmação de que os gestores brasileiros se sentem seguros para realizar tais contratações, enquanto 56,7% concordam que o medo do controle constitui empecilho para que o gestor público possa contratar soluções inovadoras no país. O papel de orientação dos órgãos de controle foi também ressaltado pela pesquisa, haja vista que 80,2% dos servidores consultados consideraram adequado que esses órgãos orientem a Administração sobre a melhor forma de realizar contratações nesses casos (TCU, 2019, p. 27-33).

Um estudo recente, realizado pela Fundação Tide Setúbal com pesquisadores da Fundação Getúlio Vargas,[258] chegou a resultados semelhantes sobre os efeitos do controle para a gestão pública brasileira. Com base em 30 entrevistas semiestruturadas e uma *survey* com 163 respostas, o estudo tinha escopo mais amplo e buscou verificar em que medida o chamado "apagão das canetas" é percebido por servidores das três esferas de governo. A pesquisa revelou que a atuação da esfera controladora, no geral, é percebida de forma mais negativa do que positiva. Entre os relatos, os pesquisadores destacaram a ingerência indevida em políticas públicas, a falta de diálogo e o dispêndio de muito tempo para responder às demandas provenientes de órgãos de controle, gerando decisões subótimas e falta de estímulo à inovação. Além disso, o estudo mostrou que servidores federais tendem a ter uma percepção mais negativa do controle em relação a agentes públicos estaduais e municipais.

---

[257] Somatório do percentual relativo às respostas "concordam" e "concordam totalmente", segundo as opções apresentadas no formulário encaminhado aos respondentes.

[258] Disponível em: https://fundacaotidesetubal.org.br/publicacoes/o-fenomeno-do-apagao-das-canetas/#. Acesso em: 30 ago. 2024.

Identificando uma batalha entre o controle e as políticas públicas, Rafael Viegas, Fernando Abrucio, Silvia Mongelós e Débora Lima (2024) buscaram investigar as causas e as implicações do fenômeno conhecido como "paralisia decisória"[259] na Administração Pública brasileira. Segundo os autores, a "(...) *paralisia decisória pode ser entendida como ações e omissões defensivas entre autoridades e funcionários públicos, motivadas pelo receio de responsabilização legal e de consequências negativas, tais como a exposição e o linchamento públicos, ou seja, que independem de responsabilização efetiva*" (VIEGAS *et al.* 2024, p. 151). Essa paralisia decisória gera um efeito inibidor ("*chilling effect*") para a gestão pública, especialmente "(...) *quando o receio de responsabilização impulsiona autoridades a adotarem práticas defensivas, como procrastinar ou evitar tomadas de decisões, para se resguardarem (...)*" (VIEGAS *et al.*, 2024, p. 134). Em resposta a uma cultura de aversão ao risco exacerbada, os agentes públicos tendem a evitar escolhas com resultados potencialmente negativos ou incertos. Esse contexto de indecisão pode levar a situações de hiperestabilidade ou de ossificação, em que organizações públicas tornam-se excessivamente resistentes à mudança, inibindo a inovação. Este capítulo se dispõe a discutir o papel dos órgãos de controle como incentivo ou obstáculo à realização de atividades de CT&I no Brasil. O objetivo é compreender, em linha com os argumentos apresentados nos capítulos anteriores, em que medida a atuação da esfera controladora dificulta o emprego das contratações públicas como instrumento de política de inovação no país.

Para tanto, este capítulo encontra-se organizado em quatro partes. O item 4.1 discute o papel e as atribuições do TCU, apresentando como um contexto fortemente marcado por casos de corrupção e pela desconfiança em atores ligados ao ciclo político-eleitoral deu origem a um movimento expansionista do controle, que gera impasses de relevo sob o ponto de vista da gestão pública. O item 4.2 discute a limitação da discricionariedade administrativa após a Constituição de 1988 no direito positivo e na doutrina, contestando as teorias de viés autoritário que viam no mérito do ato administrativo um limite que impunha à esfera controladora uma postura "deferente" à Administração. Na sequência, o item 4.3 aborda os desafios específicos para o controle

---

[259] "Falar em paralisia decisória ao invés de 'apagão das canetas' é uma escolha que fazemos que reflete a amplitude e a profundidade do fenômeno em questão, especialmente no contexto da administração pública brasileira. O termo 'apagão das canetas' pode ser visto como um sintoma ou uma manifestação específica da paralisia decisória, mas não abrange a totalidade das causas, consequências e dimensões desta." (VIEGAS *et al.*, 2024, p. 154).

na área de CT&I e narra como a insatisfação desse ecossistema com a atuação da esfera controladora, sobretudo do TCU, levaram à previsão de dois parâmetros normativos no direito positivo – a "simplificação de procedimentos" e o "controle de resultados" – para pautar o controle nessa seara. Por fim, o item 4.4 apresenta uma proposta para o controle das contratações públicas de inovação a partir de lições extraídas de casos concretos e de boas práticas difundidas pela esfera controladora, concluindo o capítulo.

4.1 Desconfiança, expansionismo e legislação reativa: os impasses do controle da Administração Pública no Brasil

O Tribunal de Contas da União foi criado pelo Decreto nº 966-A, de 7 de novembro de 1890, ainda no governo provisório do Marechal Deodoro da Fonseca. O decreto e a sua respectiva exposição de motivos foram apresentados por Rui Barbosa, que exercia, à época, o cargo de Ministro da Fazenda. O TCU foi posteriormente incorporado à Constituição de 1891,[260] estando presente desde então, e com estabilidade surpreendente,[261] em todas as Constituições brasileiras.

No ano seguinte, o Decreto nº 1.166, de 17 de dezembro de 1892, – o regimento interno do Tribunal de Contas, apresentado por Serzedello Correa, então Ministro da Fazenda do governo do Marechal Floriano Peixoto – regulamentou o modelo do registro prévio, um sistema de controle *a priori* que, com base na experiência da Bélgica, conferiu ao Tribunal o poder de analisar as despesas autorizadas pelo Poder Executivo antes da sua realização. O TCU poderia opor veto ao registro das despesas que considerasse ilegais, devolvendo o ato, de forma motivada,[262] ao Ministério de origem. Em algumas situações, o

---

[260] Artigo 89 da Constituição de 1891: "Art. 89 – É instituído um Tribunal de Contas para liquidar as contas da receita e despesa e verificar a sua legalidade, antes de serem prestadas ao Congresso. Os membros deste Tribunal serão nomeados pelo Presidente da República com aprovação do Senado, e somente perderão os seus lugares por sentença".

[261] "Após a sua fundação, o Tribunal de Contas, de uma maneira geral, se adaptou sem grandes modificações internas a um sistema político caracterizado por mudanças profundas, como a passagem do Estado liberal para o Estado desenvolvimentista, a partir dos anos 30, e o abandono desse modelo, desde os anos 80. Ele igualmente sobrevive, com poucas alterações, às seis transições políticas entre sistemas autoritários e regimes democráticos" (SPECK, 2000, p. 40).

[262] Artigo 30 do Decreto nº 1.166, de 17 de dezembro de 1892: "Art. 30. Ao Tribunal, no que diz respeito ao exame prévio e revisão das contas ministeriaes, compete: (...) §2º

veto poderia ser derrubado por decisão do Chefe do Poder Executivo; se o Presidente aprovasse as despesas, "(...) *o Tribunal teria que registrá-las sob protesto*" (SPECK, 2000, p. 64).

O registro prévio junto ao TCU surgiu como resposta ao controle bastante limitado que o Ministro das Finanças, à época do Império, exercia sobre a gestão administrativa e financeira. Além da preocupação com o descontrole fiscal, o controle posterior era considerado ineficaz devido à dificuldade de restituir despesas já realizadas ao Erário. É por isso que, segundo Bruno Wilhelm Speck (2000, p. 38) e Álvaro Guilherme Miranda (2013, p. 80), a criação do Tribunal de Contas da União no Brasil não decorreu do Poder Legislativo, a quem a Corte "auxilia" nas suas atribuições de fiscalização e controle, mas foi proposta pelo próprio Poder Executivo, que buscava obter maior controle sobre os gastos públicos para enfrentar a crise econômica causada pela política do encilhamento.[263]

Álvaro Guilherme Miranda (2013) destaca o sincretismo do "mimetismo institucional" brasileiro, que optou por organizar o Tribunal de Contas com base nos modelos francês, belga e italiano enquanto discutia a adoção, na Constituição de 1891, de diversas instituições políticas dos Estados Unidos da América. O *General Accounting Office*, que exerce as atribuições de fiscalização superior nos EUA e inspirou grande parte dos sistemas de controle externo sob o modelo do auditor-geral, seria criado apenas em 1921. O resultado, segundo o autor, foi a criação de um modelo de *Cour de comptes* claramente inspirado no paradigma europeu, mas que dele se diferencia justamente pela presença do federalismo. Esse contexto é bastante semelhante àquele destacado no item 3.2, quando se fez menção à necessidade de adaptação, pela doutrina do direito administrativo de vários institutos, termos e conceitos da matriz francesa ao contexto diverso das instituições adotadas no Brasil.

Pelo registro prévio, o Tribunal de Contas acompanhava toda a execução financeira em uma atividade *"quase-administrativa"*,[264]

Verificar todas as ordens e contas de despesas autorisadas pelos differentes Ministerios, registrando as de reconhecida legalidade. No caso contrario, em exposição motivada, indicará á Repartição que ordenou a despeza a causa da recusa do registro".

[263] "Pragmaticamente analisando, pode-se dizer que a criação do Tribunal de Contas naquele momento tinha propósitos concretos, pelo menos em termos de anunciar a disposição do governo de controlar, de forma centralizada, as finanças públicas" e "O órgão não nasceu 'independente', conforme nos tentam convencer os tribunais de contas para tentar reforçar seu papel de defensor da cidadania. Surgiu como mecanismo de controle subordinado ao Poder Executivo." (MIRANDA, 2013, p. 80 e 238, respectivamente)

[264] "Na prática, o Tribunal tinha que autorizar as despesas de antemão. Essa tentativa em impedir o dano, antes que ele se efetue em última instância, é uma preocupação gerencial.

tornando-se um importante aliado do Poder Executivo para a redução de despesas. Contudo, sob a perspectiva da gestão pública, o modelo acumulava críticas, pois "(...) *emperrava a administração, porque atrasava a execução orçamentária*" ao mesmo tempo em que "(...) *os prazos exíguos dados ao Tribunal para manifestação não permitiam uma efetiva verificação da legalidade e da regularidade dos atos, como previsto*" (SPECK, 2000, p. 68), comprometendo a qualidade do controle realizado.

O registro prévio chegou ao fim apenas em 1967, com o estabelecimento de uma nova Lei Orgânica para o TCU.[265] A reforma do controle fez parte do movimento de reorganização da Administração brasileira. Fruto da mesma reforma administrativa que resultou no Decreto-Lei nº 200, de 25 de fevereiro de 1967, idealizada pela Comissão Especial de Estudos da Reforma Administrativa (COMESTRA), o Decreto-Lei nº 199, de 25 de fevereiro de 1967, reformulou a atuação do TCU e substituiu o controle *a priori* por um sistema de fiscalização posterior, realizada mediante inspeções e auditorias presenciais conduzidas pelo corpo técnico do Tribunal, ladeada pela criação de um sistema de controle interno no âmbito do Poder Executivo.[266] Contudo, segundo Beatriz Wahrlich (1974), a limitação das atribuições do TCU enfrentou grande resistência, a qual só foi solucionada com a explicitação da nova divisão de trabalho entre controle interno e externo pela Constituição de 1967.[267]

O Decreto-Lei nº 199/1967 vigeu durante todo o regime militar. Com o advento da Constituição de 1988, que ampliou sensivelmente as formas e a abrangência do controle da Administração, o diploma foi substituído pela Lei nº 8.443, de 16 de julho de 1992, a atual Lei Orgânica

---

De fato, os Tribunais que adquiriram o poder de vetar despesas antecipadamente tiveram que estruturar sua organização em estreita ligação com a administração, tornando-se instâncias independentes, mas de caráter administrativo." (SPECK, 2000, p. 37)

[265] "As principais mudanças da reforma administrativa foram a abolição do sistema de registro prévio das despesas, a introdução de uma nova modalidade de controle através de fiscalizações e a adoção de um sistema de controle interno, desvinculado tanto da administração como do Tribunal de Contas. A mudança do sistema de registro prévio para a fiscalização posterior não era uma modificação secundária. Ela alteraria profundamente o caráter da fiscalização, que até então era quase-administrativa." (SPECK, 2000, p. 68)

[266] Artigo 72 da Constituição de 1967: "Art. 72. O Poder Executivo manterá sistema de controle interno, visando a: I – criar condições indispensáveis para eficácia do controle externo e para assegurar regularidade à realização da receita e da despesa; II – acompanhar a execução de programas de trabalho e do orçamento; III – avaliar os resultados alcançados pelos administradores e verificar a execução dos contratos".

[267] "De outro lado, foi difícil consagrar na Reforma de 67 a limitação da atuação do Tribunal de Contas ao controle externo da Administração, ficando o controle interno sob sua própria responsabilidade. Somente com a explicitação dessa divisão de trabalho na nova Constituição de 1967 pôde essa última dificuldade ser removida." (WAHRLICH, 1974, p. 45)

do Tribunal de Contas da União. A redemocratização marca o início de um período de notável ampliação das atribuições dos órgãos de controle no país, com o fortalecimento de instituições como a Controladoria Geral da União (CGU), o Ministério Público e o próprio TCU. Esse contexto fez com que a importância das manifestações do Tribunal aumentasse significativamente no dia a dia da gestão pública brasileira.

De um lado, isso é um dado positivo: afinal, não há dúvida de que o controle é essencial ao bom funcionamento do Estado de Direito, e, nesse contexto, a posição externa e independente do TCU, aliada à manutenção de um corpo técnico competente, qualificado e estável, permitiu que a Corte se transformasse também em "(...) *uma espécie de* think tank *da gestão pública*" (ROSILHO, 2016, p. 338), oferecendo opiniões e recomendações para apoiar o Poder Executivo no aprimoramento de políticas públicas e práticas administrativas em geral. De outro, contudo, esse cenário permitiu que o Tribunal adotasse um "*movimento expansionista*", interpretando a textura aberta da legislação, que é repleta de expressões plurívocas e conceitos jurídicos indeterminados, para ampliar as suas próprias competências. Esse movimento precisa ser analisado com cautela – afinal, a dose ideal de controle é um equilíbrio difícil de ser atingido,[268] e, como afirma Floriano de Azevedo Marques Neto (2009b), mais controle nem sempre resulta em maior eficiência para a Administração Pública.[269]

Segundo Rosilho (2016), a reconstrução dos debates sobre o TCU na Assembleia Nacional Constituinte e no Congresso Nacional, especialmente durante o processo legislativo que resultou na Lei Orgânica vigente, editada em 1992, mostra que o Poder Legislativo apoiou esse movimento de ampliação das competências da Corte. Evitou-se, em especial, que a legislação estabelecesse critérios ou limites muito

---

[268] "Compatibilizar as demandas por controle, dos órgãos especializados, com a necessidade de incentivo, pelo Estado, a atividades que envolvem risco tecnológico para promover mudanças tecnológicas e estruturais na economia brasileira torna-se um desafio, dado que os resultados a serem alcançados e também os caminhos percorridos são, muitas vezes, incertos." (KOELLER; ZUCOLOTO; SCHMIDT, 2019, p. 205)

[269] "A busca de eficiência da Administração Pública, no entanto, e ao contrário do que consta do senso comum, não implica necessariamente em aumentar o controle. Ao menos por três motivos nem sempre é verdadeira a correlação de quanto mais controle, mais eficiente será a Administração: (i) a multiplicidade de controles pode levar a ineficiência; (ii) os procedimentos de controle têm custos; e (iii) o controle pelo controle pode levar a um déficit de responsividade. Nesse sentido, mais do que buscar regras e controles em excesso, o desafio é perseguir um sistema de controle que seja eficiente, sem constituir, no entanto, em entrave ao bom gerenciamento da máquina administrativa." (MARQUES NETO, 2009b, p. 202-203)

restritos para o exercício do controle. Esse movimento expansionista foi conduzido pelo próprio Tribunal, que apresentou minutas dos atos normativos aos parlamentares e acompanhou detidamente os trabalhos legislativos. Para o autor, a receptividade do Congresso Nacional a esse pleito foi influenciada pelo momento histórico em que vivia o Brasil, bastante marcado pelo desprestígio do Poder Executivo e pela crença de que os órgãos de controle deveriam ter prevalência sobre os administradores no trato com a coisa pública.[270]

Assim como a Lei de Improbidade Administrativa (Lei nº 8.429, de 2 de junho de 1992) e a revogada Lei de Licitações (Lei nº 8.666, de 21 de junho de 1993), a Lei Orgânica do TCU teve o seu processo legislativo na mesma época em que o Congresso Nacional discutia, em meio a diversos escândalos de corrupção, o *impeachment* do Presidente Fernando Collor de Mello, em 1992. De certa forma, o processo de expansão do controle no Brasil após a Constituição de 1988 faz parte da mesma tendência maximalista, verificada nos capítulos anteriores deste livro, de enrijecimento da legislação como estratégia para impedir a prática de corrupção.[271] O emprego de parâmetros vagos e abstratos pela legislação – como, por exemplo, o ato *"ilegítimo"* ou *"antieconômico"* (artigos 8º e 16, inciso III, da Lei nº 8.443/1992) – contribuiu para esse movimento expansionista do controle no Brasil. Não é por acaso que esses três diplomas se alinham a uma visão de mundo semelhante, segundo a qual o controle precisa ser amplo para que a discricionariedade, vista com desconfiança, seja o mais restrita possível.[272]

Para Floriano Azevedo Marques Neto e Juliana Palma (2017), as normas que dão base a esse arcabouço jurídico de controle são exemplos do que os autores chamam de *"legislação reativa"* – ou seja, uma resposta

---

[270] "Dois fatores foram decisivos para que os diplomas que disciplinaram as competências e atribuições do TCU assumissem suas feições atuais: 1) o fato de a Constituição e a LOTCU terem sido editadas em um período histórico do Brasil marcado pelo desprestígio do Poder Executivo; e 2) a difusão, naquele período, de crença entre os parlamentares segundo a qual o interesse público seria mais bem atendido pelas mãos dos controladores do que pelas mãos da administração pública." (ROSILHO, 2016, p. 326)

[271] "(...) a discricionariedade foi sendo reduzida e, paralelamente, foi sendo ampliado o controle da Administração, com redução da liberdade da Administração Pública decidir no caso concreto qual a melhor solução a adotar, segundo critérios de mérito." (DI PIETRO, 2016, p. 167)

[272] "Deve-se ter em mente que são da mesma época outros diplomas normativos que, conectados ao tema do controle da administração pública, também foram construídos a partir da crença de que controladores deveriam prevalecer sobre controlados e da aposta de que o interesse público seria mais bem atendido pelas mãos dos primeiros do que pelas mãos dos segundos." (ROSILHO, 2016, p. 330)

contundente e moralizante do Congresso Nacional diante de denúncias de corrupção e crises éticas na esfera administrativa. Por esse motivo, é frequente que esses diplomas legais façam uso proposital de preceitos abertos e conceitos jurídicos indeterminados de modo a "transferir" a discricionariedade da Administração para os órgãos de controle, ampliando as suas atribuições, segundo os autores, para além dos limites legais.[273] Esse deslocamento tende a reforçar politicamente as instituições de controle em detrimento dos órgãos e entidades ligados ao Poder Executivo.

A interface entre aspectos técnicos e políticos está presente na própria composição do Tribunal. O TCU é formado por nove Ministros, indicados pelos Poderes Executivo e Legislativo. Cabe ao Presidente da República designar, com o aval do Senado Federal, três membros, sendo dois alternadamente dentre auditores ou membros do Ministério Público junto ao Tribunal. Os seis Ministros restantes são escolhidos pelo Congresso Nacional e devem atender aos requisitos gerais previstos no artigo 73, §1º, da Constituição para investidura no cargo, tais como idade entre 35 e 65 anos, idoneidade moral e reputação ilibada, notórios conhecimentos jurídicos, contábeis, econômicos e financeiros ou de administração pública, bem como experiência profissional correspondente. Os Ministros desfrutam das mesmas garantias, vencimentos, vantagens e prerrogativas dos ministros do Superior Tribunal de Justiça e possuem, portanto, mandatos vitalícios.

A natureza política da investidura dos Ministros é criticada pela doutrina,[274] mas, aparentemente, não exerce influência muito significativa sobre as decisões do Tribunal. O estudo realizado por Thiago do Nascimento Fonseca (2015) revela que o perfil "técnico" ou "político" dos Ministros altera muito pouco a probabilidade de contas serem julgadas irregulares pelo TCU, não gerando impactos

---

[273] "No campo da discricionariedade administrativa, a competência tende a se deslocar no sentido das instituições com maior reputação, exatamente aquelas que têm atribuição de controlar a atuação das outras, que têm competência para criticar, censurar, sem muito compromisso com o resultado de sua atuação. Esse processo gerou uma primazia do controlador sobre a Administração Pública controlada." (MARQUES NETO; PALMA, 2017, p. 23)

[274] "Por fim, frequentemente os cargos de ministros do TCU são preenchidos com pessoas que tiveram alguma passagem pelo mundo da política. Na atual composição, por exemplo, dos nove ministros, cinco haviam sido eleitos anteriormente para cargos no Executivo, no Legislativo, ou em ambos. Por mais que o TCU conte também com quadros técnicos, inclusive com alta qualificação, as decisões não são tomadas por eles, mas por ministros com origem partidária e, em alguns casos, sem formação jurídica." (SUNDFELD et al., 2017, p. 879)

significativos, em termos estatísticos, sobre a atuação do controle externo. Segundo o autor, as "(...) *variáveis políticas ligadas ao perfil dos ministros do Tribunal são menos importantes para a variação da probabilidade das contas serem julgadas como irregulares do que variáveis institucionais vinculadas à iniciativa de fiscalização"* (FONSECA, 2015, p. 134). Comparando a atuação do TCU em casos julgados entre 2005 e 2014 envolvendo Municípios, Fonseca concluiu que estar sob a responsabilidade de relatores de "perfil técnico", ou seja, provenientes do Ministério Público de Contas ou do corpo de auditores do próprio Tribunal, aumenta em apenas 2% a probabilidade de julgamento pela irregularidade quando comparado a casos em que a relatoria é confiada a um Ministro de "perfil político". Por outro lado, o exame da iniciativa que deu causa à ação de fiscalização possui um impacto bem superior, havendo uma variação de até 12% na probabilidade de que procedimentos iniciados pelo próprio TCU resultem em irregularidades.[275]

Gráfico 12 – Número de municípios fiscalizados e com contas julgadas como irregulares pelo TCU, segundo o perfil dos relatores, entre 2005 e 2004

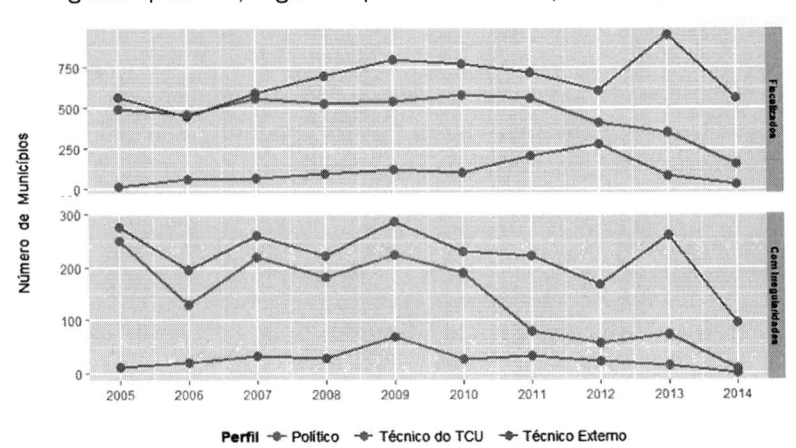

Fonte: Fonseca (2015 p. 95).

---

[275] "(...) os modelos probabilísticos indicam que, embora o perfil dos relatores altere as chances de fiscalização das unidades, a origem técnica ou política dos relatores envolve uma pequena variação na probabilidade das unidades a serem fiscalizadas (no máximo, 2,72%). (...) Não é possível afirmar que as chances de julgar as contas das unidades do poder executivo como irregulares variam segundo o perfil dos ministros." (FONSECA, 2015, p. 132-133)

As atividades de fiscalização a cargo do TCU envolvem situações em que haja utilização, arrecadação, guarda, gerenciamento e utilização de bens e recursos da União. De acordo com Rosilho (2016, p. 258-268), a Constituição prevê diferenças importantes quanto ao controle externo de atos e de contratos. Quanto aos primeiros, o artigo 71 chega a prever a "sustação" do ato administrativo impugnado caso não sejam atendidas, no prazo definido pelo TCU, as providências de saneamento da ilegalidade (artigo 71, incisos IX e X). Contudo, em relação aos contratos, o Tribunal a rigor não possui competência para sustá-los ou anulá-los diretamente, pois a prerrogativa cabe ao Congresso Nacional, nos termos do artigo 71, §1º, da Constituição.[276] Assim, verificada uma irregularidade, o TCU pode assinalar prazo ao administrador para que promova a sua correção, encaminhando o caso ao Congresso, se não for atendido.

Contudo, segundo o autor, o TCU adota medidas que, na prática, produzem efeitos similares à sustação de contratos administrativos. É o caso, por exemplo, da retenção de pagamentos. Rosilho comenta o Acórdão nº 593/2009,[277] em que o Tribunal manteve decisão que determinou cautelarmente, diante da existência de indícios de irregularidades, a retenção de 40% de pagamentos futuros em contrato de construção de um trecho da Ferrovia Norte-Sul, em Goiás. Os Ministros entenderam que o exercício de um *poder geral de cautela* autorizaria o TCU a adotar medidas cautelares em situações de urgência e risco de lesão ao erário. O entendimento decorre da interpretação do artigo 276 do seu Regimento Interno,[278] bem como da decisão do Supremo Tribunal

---

[276] Artigo 71 da Constituição de 1988: "Art. 71. O controle externo, a cargo do Congresso Nacional, será exercido com o auxílio do Tribunal de Contas da União, ao qual compete: (...)
IX – assinar prazo para que o órgão ou entidade adote as providências necessárias ao exato cumprimento da lei, se verificada ilegalidade;
X – sustar, se não atendido, a execução do ato impugnado, comunicando a decisão à Câmara dos Deputados e ao Senado Federal; (...)
§1º No caso de contrato, o ato de sustação será adotado diretamente pelo Congresso Nacional, que solicitará, de imediato, ao Poder Executivo as medidas cabíveis".

[277] Acórdão TCU nº 593/2009, Plenário, Rel. Min. Aroldo Cedraz, sessão de 01.04.2009.

[278] Artigo 276, *caput*, do Regimento Interno do TCU: "Art. 276. O Plenário, o relator, ou, na hipótese do art. 28, inciso XVI, o Presidente, em caso de urgência, de fundado receio de grave lesão ao erário, ao interesse público, ou de risco de ineficácia da decisão de mérito, poderá, de ofício ou mediante provocação, adotar medida cautelar, com ou sem a prévia oitiva da parte, determinando, entre outras providências, a suspensão do ato ou do procedimento impugnado, até que o Tribunal decida sobre o mérito da questão suscitada, nos termos do art. 45 da Lei nº 8.443, de 1992".

Federal no Mandado de Segurança nº 24.510/DF,[279] que legitimaram a expedição de medidas cautelares pelo TCU mesmo sem oitiva prévia dos responsáveis e interessados.

O caso da retenção de pagamentos, para Sundfeld *et al.* (2017), ilustra esse movimento mais amplo em que "(...) *o TCU tem procurado, por diversos meios e instrumentos, 'reinterpretar' suas competências com a finalidade de expandi-las para além dos limites estabelecidos pelo ordenamento jurídico*" (SUNDFELD et. al., 2017, p. 878). Outro exemplo dessa tendência expansionista diz respeito à tentativa de conferir efeitos vinculantes às recomendações emitidas pelo Tribunal, o que se faz por meio da combinação de "(...) *simples recomendações com ordens para a elaboração de 'planos de ação' para 'sanear o problema verificado'*" (SUNDFELD et. al., 2017, p. 879), o que descaracterizaria o viés apenas colaborativo e orientativo da medida.

Uma pesquisa realizada pela Sociedade Brasileira de Direito Público em 2018 revela que o STF, quando provocado, tende a confirmar as interpretações do TCU em matéria de contratos administrativos, ratificando essa leitura expansionista da Corte de Contas para aumentar as suas próprias competências.[280] Tome-se novamente, por exemplo, a discussão realizada no STF sobre os poderes do TCU para promover a anulação de contratos. Esse tema foi analisado em um caso envolvendo a compra de imóvel para abrigar a sede do Tribunal Regional do Trabalho (TRT) da 2ª Região, em São Paulo. O TCU constatou irregularidades na aquisição e determinou ao TRT que promovesse a nulidade do contrato celebrado. A incorporadora impetrou Mandado de Segurança,[281] mas o STF, por maioria, denegou a ordem por entender que a decisão do Tribunal Contas seria apenas mandamental, não produzindo, por si mesma, efeitos desconstitutivos do negócio jurídico. O julgado concluiu que o TCU, a despeito de não poder sustar ou anular diretamente os contratos administrativos, estaria legitimado pelo artigo 71, inciso IX, da Constituição[282] para determinar à autoridade que o faça, chancelando assim, na prática, essa competência.

---

[279] Mandado de Segurança nº 24.510/DF, Rel. Min. Ellen Gracie, d. j. 19.11.2003.

[280] "Como o STF exerce controle sobre o TCU em matéria de contratos administrativos?" Disponível em: https://sbdp.org.br/publication/como-o-stf-exerce-controle-sobre-o-tcu-em-materia-de-contratos-administrativos/. Acesso em: 11 fev. 2024.

[281] MS nº 23.560/DF, Tribunal Pleno, Rel. Min. Marco Aurélio, Rel, j. 20.09.2000.

[282] Artigo 71, inciso IX, da Constituição de 1988: "Art. 71. O controle externo, a cargo do Congresso Nacional, será exercido com o auxílio do Tribunal de Contas da União, ao qual compete: (...) IX – assinar prazo para que o órgão ou entidade adote as providências necessárias ao exato cumprimento da lei, se verificada ilegalidade;".

Segundo a Resolução TCU nº 315/2020, que fixa diretrizes a serem observadas pelo Tribunal na elaboração de deliberações aos seus jurisdicionados,[283] a determinação é a "(...) *deliberação de natureza mandamental que impõe ao destinatário a adoção, em prazo fixado, de providências concretas e imediatas com a finalidade de prevenir, corrigir irregularidade, remover seus efeitos ou abster-se de executar atos irregulares*" (artigo 2º, inciso I). O campo material das determinações é bastante amplo, podendo abranger: (i) a elaboração de planos de ação, contendo as medidas que serão realizadas, seus responsáveis e prazos para implementação; (ii) a apresentação de estudos técnicos, indicadores, métricas e o desenvolvimento de ações ou programas; (iii) a elaboração de normas para o aperfeiçoamento da gestão; (iv) a análise da viabilidade de alternativas de gestão; (v) o envidamento de esforços da unidade jurisdicionada; e, por fim, (vi) a requisição de informações (artigo 7º, §§3º e 4º).

É curioso notar como essa tendência de ampliação do controle coincide com um contexto, posterior à redemocratização do país, de relativo desprestígio de atores ligados ao processo político-eleitoral. Esse cenário ocorre paralelamente à valorização do caráter técnico e independente dos órgãos e entidades que compõem a esfera controladora. Por exemplo, o gráfico a seguir apresenta uma pesquisa realizada em 2017, a pedido do Conselho Superior do Ministério Público (CNMP), que avaliou, entre outros fatores, a confiança em diversas instituições brasileiras. Os resultados demonstram que as instituições ligadas de algum modo à representação política são apontadas, no geral, como as menos confiáveis pelos entrevistados.

---

[283] Disponível em: https://bit.ly/3uv20IP. Acesso em: 11 jun. 2024.

Gráfico 13 – Nível de confiança da população brasileira em instituições selecionadas (GMR/CNMP) em 2017

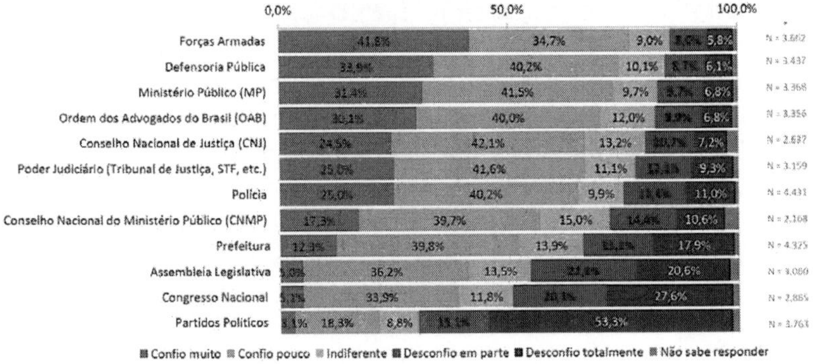

Fonte: CNMP (2017). Disponível em: https://www.cnmp.mp.br/portal/images/Apresentação_da_pesquisa_CNMP_V7.pdf. Acesso em 25 jan. 2024.

Outras entidades, como a FGV[284] e o IBOPE/IPEC,[285] também realizam pesquisas regulares sobre imagem de instituições brasileiras, mas os resultados são parecidos: as instituições que inspiram menos confiança na população brasileira são aquelas ligadas, de alguma forma, ao ciclo político-eleitoral. Por exemplo, a tabela a seguir apresenta os resultados do Índice de Confiança Social (ICS) entre 2009 e 2023 e mostra como "Partidos Políticos", "Congresso Nacional", "Presidente da República" e "Governo Federal" são consistentemente avaliados como as instituições menos confiáveis do país.

---

[284] Trata-se do ICJ Brasil – Índice de Confiança na Justiça no Brasil, disponível em https://direitosp.fgv.br/produtos-pesquisa/734. Note que o último relatório de pesquisa publicado pela FGV refere-se ao ano de 2021: https://bibliotecadigital.fgv.br/dspace/bitstream/handle/10438/30922/Relatório%20ICJBrasil%202021.pdf?sequence=1&isAllowed=y. Acesso em: 25 nov. 2023.

[285] A pesquisa "Índice de Confiança Social (ICS)" é realizada desde 2009. Os resultados podem ser acessados na página do IPEC. Disponível em: https://www.ipec-inteligencia.com.br/pesquisas/. Acesso em: 25 nov. 2023.

Tabela 19 – Confiança em instituições brasileiras selecionadas segundo os resultados do Índice de Confiança Social (ICS) entre 2009 e 2023

	2009	2010	2011	2012	2013	2014	2015	2016	2017	2018	2019	2020	2021	2022	2023
Corpo de Bombeiros	88	85	86	83	77	73	81	83	86	82	88	89	89	87	87
Polícia Federal	-	-	-	-	-	-	-	66	70	65	72	74	71	70	70
Igrejas	76	73	72	71	66	66	71	67	72	66	71	73	71	70	70
Escolas Públicas	62	60	55	55	47	56	57	56	63	57	66	70	72	67	67
Forças Armadas	71	69	72	71	64	62	63	65	68	62	69	72	69	67	66
Polícia	52	52	55	54	48	48	50	52	57	53	63	65	62	60	64
Empresas	61	60	59	57	51	53	53	55	58	50	60	64	60	58	62
Bancos	61	58	57	56	48	50	49	50	59	50	59	65	60	56	61
Organizações da Sociedade Civil	61	61	59	57	49	51	53	52	56	50	58	61	60	57	59
Ministério público	-	-	-	-	-	-	-	54	54	49	59	62	59	58	58
Sistema Público de Saúde	49	47	41	42	32	42	34	34	41	38	45	56	57	51	56
Meios de Comunicação	71	67	65	62	56	54	59	57	61	51	61	61	56	56	56
Governo da cidade onde mora	53	50	47	45	41	42	33	32	38	34	44	46	52	51	54
Poder Judiciário, Justiça	52	53	49	53	46	48	46	46	48	43	55	59	52	51	53
Eleições, Sistema Eleitoral	49	56	52	47	41	43	33	37	35	33	48	49	55	59	53
Governo Federal	53	59	53	53	41	43	30	36	26	25	50	49	43	47	52
Presidente da República	66	69	60	63	42	44	22	30	14	13	48	46	32	41	50
Sindicatos	46	44	44	44	37	43	41	40	44	35	45	49	46	44	48
Congresso Nacional	35	38	35	36	29	35	22	22	18	18	34	36	34	34	40
Partidos Políticos	31	33	28	29	25	30	17	18	17	16	27	30	28	30	34

Fonte: IPEC. Disponível em: https://www.ipec-inteligencia.com.br/pesquisas/

O clima de desconfiança geral na Administração inibe a proatividade e a disposição dos gestores públicos a inovar, gerando consequências nem sempre positivas sob o ponto de vista da gestão pública. Entre elas, por exemplo, os riscos de "(...) *1) inibir, juntamente com a má gestão, a boa gestão; 2) prejudicar a eficácia e eficiência dos controles; e 3) elevar o grau de insegurança jurídica no ambiente público*" (ROSILHO, 2016, p. 343). Esse cenário é agravado pela sobreposição de competências entre os órgãos de controle, que por vezes atuam de maneira concomitante, sem clareza nos limites das atribuições de cada um.

Há autores, como Flávio Garcia Cabral (2021), que criticam o chamado "ativismo de contas" no Brasil, afirmando que a postura adotada pelo TCU ultrapassa os limites da separação de poderes e de suas próprias competências constitucionais. Eduardo Jordão (2014) também enxerga um descasamento entre a prática contemporânea do Tribunal e as normas que delimitam as suas atribuições, afirmando que a atuação no exame prévio de editais de licitação às vezes vai além dos limites legais.[286] Em outra obra, Jordão (2016b) chama a atenção para o

---

[286] "O que aqui se sustentou foi o seguinte: (i) O TCU não pode exigir a apresentação de minuta de edital ainda não publicado. Naturalmente, no entanto, o administrador público pode optar por enviá-la, para receber sugestões do TCU. (ii) O TCU não detém poderes para intervir de forma autoritativa numa minuta de edital ainda não publicada. As competências constitucionais explícitas que se atribuíram ao TCU não implicam necessariamente competências implícitas geradoras de um 'poder geral de cautela'.

enfoque teórico-dogmático do controle no Brasil, que não raro analisa a conduta do administrador não só com base na legislação, mas também à luz da doutrina do direito administrativo, alçada a parâmetro de conformidade mesmo no silêncio do direito positivo.

Nesse contexto, Floriano Azevedo Marques Neto e Juliana Palma (2017) indicam os pontos que correspondem, em sua visão, aos sete impasses do controle da Administração no Brasil: (i) "captura" e deslocamento de competências administrativas para órgãos de controle, que gozam de mais prestígio do que órgãos e entidades ao ciclo político-eleitoral;[287] (ii) reconhecimento de ampla autonomia à pessoa do controlador, abrindo espaço para voluntarismo e primazia da sua visão particular sobre a atividade administrativa controlada; (iii) desvirtuamento da atividade-fim, pois os gestores dão prioridade maior ao atendimento de demandas dos controladores do que à realização da atividade finalística de seu órgão ou entidade;[288] (iv) formação de uma "cultura do controle", cujo discurso assume a premissa de que a discricionariedade administrativa abre as portas para a ilegalidade e a corrupção;[289] (v) adoção de uma gestão de defesa, pela qual o

---

(iii) Na ausência de poderes que permitam ao TCU emitir determinações ao administrador público antes da publicação de um edital de licitação, a única atuação que lhe cabe neste momento é a opinativa. Como se adiantou acima, este tipo de atuação independe de qualquer previsão constitucional específica. De todo modo, o administrador não está juridicamente obrigado a acolher eventuais sugestões desta Corte. (iv) Mesmo após a publicação do edital, o TCU não tem poderes para anulá-lo. Se entender que há vícios de legalidade, legitimidade e economicidade, poderá apenas sustar o edital e suspender a licitação. Eventual irresignação do administrador público com esta orientação da Corte de Contas deverá ser resolvida pelo Poder Judiciário." (JORDÃO, 2014, p. 229)

[287] "(...) o Tribunal de Contas caracteriza-se, sobretudo, por seu ativismo institucional, um dos aspectos também nevrálgico no relacionamento com os demais organismos estatais. Se existem somente para essa tarefa – fiscalizar a aplicação dos recursos públicos, inclusive com avaliações sobre a legitimidade dos atos e seus resultados – as cortes de contas 'entram' ou 'penetram' os diversos setores da administração pública de forma rotineira e sistemática, independente de serem provocadas por denúncias." (MIRANDA, 2013, p. 241)

[288] "Entre alocar o tempo escasso – assim como os recursos públicos – em modelar contratos administrativos, conduzir procedimentos, elaborar políticas públicas, fomentar o diálogo com a sociedade por meio de audiências e de consultas públicas e responder aos controladores, a resposta é inequívoca: os gestores priorizam as demandas dos controladores." (MARQUES NETO; PALMA, 2017, p. 28)

[289] "Hoje são quatro os grandes truísmos que embasam a cultura do controle: (1) Quanto maior a margem de liberdade conferida aos gestores públicos para atuar (discricionariedade), maior o risco de corrupção; (2) Quanto maior a incidência de controles, maior a certeza de que a Administração atue dentro dos quadrantes da legalidade; (3) Instituições de controle fortes, dotadas de irrestrita independência funcional e avantajados recursos, barram a corrupção; (4) A corrupção na máquina pública é contida por meio de punições exemplares: é o efeito simbólico de sanções pesadas que constrange novas práticas delitivas e infracionais públicas." (MARQUES NETO; PALMA, 2017, p. 30).

administrador de boa-fé, ao invés de inovar, tende a seguir modelos e rotinas burocráticas para evitar questionamentos dos controladores;[290] (vi) competição institucional entre órgãos de controle por destaque e protagonismo, o que favorece sobreposições de competências e torna escassas eventuais iniciativas de cooperação; e (vii) instabilidade das decisões do controle, que tende a favorecer decisões de caráter provisório ao invés de decisões definitivas.

Em um recorte aplicado mais especificamente às atividades de CT&I, acredito ser possível resumir as consequências dessas sete tendências em quatro problemas principais, os quais apresento a seguir.

4.1.1 Resistência dos gestores públicos a envolver-se em atividades de parceria

A paralisia decisória decorrente da multiplicidade de instâncias de controle e, sobretudo, da indefinição sobre os parâmetros e critérios que serão utilizados em cada caso é um fator que, para Cristiane Vianna Rauen (2016, p. 23), desincentiva o agente público a se envolver em parcerias na área de CT&I.[291] Como visto nos Capítulos 2 e 3, a sobreposição dos marcos legais específicos com a legislação "geral" de licitações e contratos, somada à leitura doutrinária que tende a aplicar o mesmo regime jurídico a todas as contratações firmadas pelo Poder Público, pode incentivar uma leitura tradicional e conservadora do direito,[292] gerando dificuldades de interpretação que suscitam questionamentos frequentes por parte dos órgãos de controle que inibem a atuação do gestor.[293]

---

[290] "Hoje os gestores temem exercer a discricionariedade. Preferem seguir os modelos e as rotinas burocráticas a inovar. Temem o risco de serem responsabilizados pessoalmente por uma decisão criativa, mas lida como ímproba pelo controlador." (MARQUES NETO; PALMA, 2017, p. 32)

[291] "Tal insegurança relacionada às formas de procedimento na gestão da inovação leva, muitas vezes, o agente público a optar por não se envolver em atividades de parceria. Em outras situações, ao optar por submeter tais questões à análise jurídica, devido ao fato de estarem sujeitas às interpretações de cada consultor que analisa o caso específico, diferentes pareceres sobre os procedimentos a serem adotados pelos entes públicos podem levar a modos de operacionalização das atividades de gestão da inovação díspares entre uma e outra instituição." (RAUEN, C.V., 2016, p. 23)

[292] "Consultores jurídicos, procuradores federais, advogados da união e juristas independentes tendem a aplicar legislações mais tradicionais que são muitas vezes avessas a mudança técnica, em detrimento de possibilidades abarcadas na Lei de Inovação." (DE NEGRI, 2018, p. 151)

[293] "Hoje, pode-se dizer que a análise da relação custo/benefício na assunção de cargo que envolva aplicar recurso público no desenvolvimento científico e tecnológico, no país,

Na mesma linha, Fernanda De Negri (2018) destaca a proliferação de opiniões e pareceres jurídicos com entendimentos conflitantes em relação às mesmas questões, o que estimula a adoção de práticas defensivas pelos gestores e, não raro, leva à consolidação de práticas administrativas distintas em cada instituição.[294] Esse cenário de inação tem custos que são difíceis de ser mensurados, pois geralmente "(...) *é traduzido em coisas que deixam de ocorrer*" (ROSILHO, 2016, p. 345), como é o caso das contratações públicas para inovação.

Maria Carolina Foss (2019, p. 118-152), buscando analisar como o TCU examina as contratações públicas para inovação, realizou uma análise da jurisprudência do Tribunal sobre contratações diretas e sobre a contratação integrada, do RDC, com o objetivo de buscar indícios sobre o tratamento a ser dado pelo controle às contratações públicas relacionadas à área de CT&I, como as encomendas tecnológicas. Para a autora, "(...) *os mecanismos de controle externo, na forma atual dos tribunais de contas no Brasil, tendem a inibir o administrador público de tomar decisões 'fora da caixa', como requerem, em certa medida, as compras públicas para inovação*" (FOSS, 2019, p. 158), contribuindo para a resistência de agentes públicos a envolver-se em parcerias de CT&I.

No campo das contratações públicas em geral, Luisa Maffei Costa (2017) analisou 255 julgados sobre dispensas e inexigibilidades e concluiu que a atuação do controle externo contribui para aumentar a insegurança dos gestores, "(...) *pois da análise de casos concretos não restou claro, em diversos deles, de que forma o administrador público iria satisfazer o TCU com as suas exigências ao interpretar os requisitos da LGL*" (COSTA, 2017, p. 193). Em especial, a autora chama a atenção para o grau bastante reduzido de debates e divergências nos julgamentos examinados.[295] Nas

---

aponta para um resultado preocupante: o ônus dessa tarefa, implicando em risco de penalização pessoal, pelos Tribunais de Contas, é grande o suficiente para inibir iniciativas de fomento à pesquisa e inovação, sob a responsabilidade do gestor." (FREITAS, 2013, p. 218)

[294] "Os próprios membros da Advocacia Geral da União (AGU) – responsáveis pelos pareceres jurídicos referentes a processos básicos nas instituições – possuem entendimentos diferenciados em relação às mesmas questões. Pareceres jurídicos conflitantes entre as instituições ou, por vezes, na própria instituição, são evidência desse problema. A incerteza e o desconhecimento sobre a aplicação da legislação levam os gestores a se protegerem por meio da adoção de procedimentos redundantes e ineficazes." (DE NEGRI, 2018, p. 144)

[295] "Registre-se que chamou muito a nossa atenção o fato de as decisões do TCU, em sua esmagadora maioria, serem unânimes. A conclusão que extraímos dessa constatação foi a de que não há debate intenso entre os ministros do TCU na análise de cada caso concreto de contratação direta. Pareceu-nos, e aqui se trata de mera especulação, que o ministro relator para o caso é o único que conhece detalhadamente aquele processo. (...) Registramos, contudo, que foram pouquíssimos os casos em que encontramos este

dispensas (149 casos), em 99,3% dos acórdãos a totalidade dos ministros presentes acompanhou na íntegra o voto do relator, ao passo que nas inexigibilidades (106 casos), 100% dos acórdãos analisados pela autora foram unânimes (COSTA, 2017, p. 159-160 e 164).

4.1.2 O formalismo conforta: o apego a posturas legalistas como estratégia de defesa

O apego a posturas defensivas pelos gestores brasileiros já foi destacado no item 2.3.4 como uma das características que descrevem a prática das contratações públicas no país. Aqui, interessa destacar que o receio de questionamentos por parte dos órgãos de controle é um dos fatores que estimula a adoção de procedimentos redundantes e ineficazes, pautados estritamente pela legislação, pois "(...) *agentes públicos dotados de menor capital político podem preferir ater-se ao texto da lei como medida de proteção pessoal*" (MENDONÇA, 2017, p. 175). Sob essa ótica, circunscrever a própria atuação às possibilidades expressamente admitidas pela lei é uma forma pragmática de evitar questionamentos por parte da esfera controladora e, assim, preservar a responsabilidade do administrador.[296]

A pesquisa realizada por Gabriel Schroeder de Almeida (2024) corrobora esse argumento. A partir de entrevistas realizadas com agentes públicos que trabalham com licitações em cinco pequenos Municípios do Estado de São Paulo, o autor buscou identificar possíveis preocupações envolvendo o controle das contratações públicas e a hipernormatividade da Lei nº 8.666/1993. Os resultados revelam que gestores municipais entrevistados são relativamente indiferentes à lei e se sentem resguardados por seu detalhismo.[297] A padronização é vista como aliada, e a falta de discricionariedade não aparece como

---

diálogo e, reitere-se, esses diálogos continham discussões sobre intepretações legais e não sobre detalhes das situações concretas em análise." (COSTA, 2017, p. 195)

[296] "Quando não há clareza ou quando há um receio de que as ações possam ser posteriormente interpretadas como inadequadas ou ilegais, os gestores podem optar por não agir, mesmo em situações em que a ação é necessária." (VIEGAS *et al.*, 2024, p. 219)

[297] "Todos os seis entrevistados apresentaram, quando muito, críticas pontuais à Lei 8.666/93, tendo uma postura, em regra, de indiferença ou satisfação com a Lei. Indiferença, pelo fato de, na maior parte do tempo, não referenciarem sua atividade na legislação em si, mas sim nos modelos de documentos preparados ao longo dos anos em cada unidade administrativa. Satisfação, quando entendem que o detalhamento da Lei 8.666/93 ampara suas decisões, dá didatismo aos procedimentos licitatórios e evita que participem nos certames empresas que executariam mal os contratos." (ALMEIDA, G. S., 2024, p. 259)

problema, já que a reprodução de contratações processadas nos anos anteriores mitiga o risco de questionamento pelos Tribunais de Contas. A ampla utilização de modelos pré-preparados de editais e contratos, reproduzidos diariamente em certames diversos pelos Municípios, mostram que a rigidez e o formalismo estão, sim, presentes, mas não são vistos como um problema por parte desses agentes públicos.

Maria Carolina Foss (2019, p. 118-152) buscou analisar como o TCU examina as contratações públicas para inovação. Diante da escassez de casos sobre o tema, a autora optou por realizar uma análise da jurisprudência do Tribunal sobre contratações diretas e sobre a contratação integrada, do RDC, com o objetivo de buscar indícios do tratamento a ser dado pela esfera controladora a contratações públicas relacionadas à área de CT&I, como as encomendas tecnológicas. A autora concluiu que "(...) *os mecanismos de controle externo, na forma atual dos tribunais de contas no Brasil, tendem a inibir o administrador público de tomar decisões 'fora da caixa', como requerem, em certa medida, as compras públicas para inovação*" (FOSS, 2019, p. 158), contribuindo para o robustecimento da adoção de posturas legalistas como estratégia de defesa.

Fernando Vernalha Guimarães (2016), ao tratar do "direito administrativo do medo" e seus efeitos, critica as externalidades negativas que podem decorrer de um controle burocrático e excessivo, gerando acentuada rigidez e ineficiência administrativa.[298] As consequências mais amplas desse cenário já foram discutidas no item 3.3.5, acima, ao tratar dos efeitos que a prevalência de uma compreensão estrita da legalidade gera para o dia a dia da Administração no país: (i) a edição de disposições legais meramente autorizativas, haja vista a necessidade de que a legislação reforce possibilidades já admitidas pelo direito positivo; e (ii) a tendência ao *by-pass* institucional por meio da proliferação de regimes excepcionais.

---

[298] "Com isso, instalou-se o que se poderia denominar de crise da ineficiência pelo controle: acuados, os gestores não mais atuam apenas na busca da melhor solução ao interesse administrativo, mas também para se proteger. Tomar decisões heterodoxas ou praticar ações controvertidas nas instâncias de controle é se expor a riscos indigestos. E é compreensível a inibição do administrador frente a esse cenário de ampliação dos riscos jurídicos sobre suas ações. Afinal, tomar decisões sensíveis pode significar ao administrador o risco de ser processado criminalmente. Como consequência inevitável da retração do administrador instala-se a ineficiência administrativa, com prejuízos evidentes ao funcionamento da atividade pública." (GUIMARÃES, 2016, n. p.).

4.1.3 Aumento da rigidez jurídica com o advento de plataformas informatizadas

A proliferação e o emprego de sistemas de TI para a realização de procedimentos licitatórios, planejamento das contratações e acompanhamento da execução de contratos, muito embora representem um avanço importante para diminuir custos de transação no setor público, podem gerar efeitos colaterais negativos sob a perspectiva do controle. Longe de ficar restrita à gestão das contratações públicas, essa tendência também se fez presente na regulamentação do Marco Legal de CT&I. Em especial, o artigo 48 do Decreto nº 9.283/2018 afirma que *"(...) a utilização dos meios eletrônicos será priorizada"* nas prestações de contas regidas pela Lei nº 10.973/2004 (inciso III), cabendo às instituições concedentes providenciar os *"(...) modelos dos relatórios a serem utilizados"* (inciso IV, "a").

Esse ponto suscita um debate interessante sobre um tema ainda pouco explorado na literatura jurídica brasileira: o impacto da adoção de sistemas de TI sobre a realização da atividade administrativa e o seu controle. Essa é uma discussão muito mais ampla e que, por isso, não se insere propriamente no escopo deste livro. Contudo, é conveniente tecer alguns comentários sobre o tema tendo por foco a discussão sobre o controle na área de CT&I.

Danièle Bourcier (1993), precursora dos estudos em informática jurídica na França, discute algumas das questões que podem surgir ao se aplicar tecnologia da informação com o objetivo de *"modéliser la décision administrative"*. Em especial, a autora destaca que a conversão de regras jurídicas em código para aplicação por um sistema informatizado pressupõe a escolha pelos desenvolvedores de uma interpretação determinada, gerando, consequentemente, um efeito reducionista do próprio direito.[299] Por exemplo, as possibilidades de procedimento que serão inseridas em dado sistema podem corresponder às interpretações

---

[299] *"De cette confrontation est née une réflexion commune: la rationalité juridique fondée sur le normativisme ne résiste guère à toutes les manipulations que permettent ces nouvelles modélisations. Si le droit est 'normativement clos" ainsi que tout le cadre constitutionnel vise à le définir, il ne peut être pensé que comme 'cognitivement ouvert' pour expliquer sa création et son évolution. La police juridique continue d'évoluer depuis les réflexions du doyen Hauriou sur la conscience administrative. Elle n'est plus seulement fondée sur un ensemble de règles et de définitions, ensemble qui impliquait de construire et de justifier une décision sur la base du syllogisme: elle inclut des standards ou des normes par objectifs, plus souples, plus adaptatifs et des modèles de raisonnement moins déterministes. Les premiers systèmes experts qui avaient repris strictement le modèle normativiste et déductif doivent sans doute à leur vision réductrice du droit leur échec relative."* (BOURCIER, 1993, p. 258)

mais difundidas da legislação que disciplina a atuação administrativa, mas a textura aberta das normas jurídicas certamente abarcará outras possibilidades hermenêuticas que, mesmo quando admitidas pelo direito, nem sempre serão refletidas no sistema informatizado.

Um exemplo que ilustra esse ponto diz respeito ao uso da modalidade pregão para selecionar propostas pela maior oferta, selecionando o maior preço apresentado pelos licitantes para obter o direito à exploração de ativos ou à concessão de uso de bens públicos. Como se sabe, o pregão foi criado para selecionar propostas tendo o menor preço como critério de julgamento. Todavia, em licitações em que o Poder Público busca obter algum retorno econômico, o Tribunal de Contas da União interpretou a Lei nº 10.520/2002 para entender, no Acórdão nº 3.042/2008,[300] que o INSS poderia usar o pregão para alienar a gestão de pagamentos de benefícios previdenciários, bem como autorizar a Infraero, no Acórdão nº 2.844/2010,[301] a aplicar a modalidade para a outorga de concessão de uso de áreas comerciais em aeroportos. Muito embora essa interpretação tenha sido expressamente admitida pelo TCU, a sua realização em um primeiro momento ficou impossibilitada, na prática, porque muitos sistemas de licitações eletrônicas foram projetados unicamente para classificar propostas de acordo com o menor preço. A manobra foi posteriormente permitida sob a forma de um "pregão negativo" até que alguns dos sistemas fossem adequados a essa possibilidade.

Mais recentemente, a criação de "modelos" usando algoritmos de inteligência artificial e aprendizado de máquina para a tomada de decisões automatizadas (*"automated decision making"*) ou para suporte à decisão humana (*"decision support"*) em organizações governamentais foi discutida por Deirdre Mulligan e Kenneth Bamberger (2019), da Universidade da California em Berkeley,[302] e certamente ainda gerará debates importantes sob a perspectiva do direito administrativo brasileiro no futuro. O impacto da inteligência artificial pode modificar substancialmente o controle da atividade administrativa – afinal, a

---

[300] Acórdão TCU nº 3.042/2008, Plenário, Rel. Min. Augusto Nardes, sessão de 10.12.2008.

[301] Acórdão TCU nº 2.844/2010, Plenário, Rel. Min. Walton Alencar Rodrigues, sessão de 27.10.2010.

[302] *"Even where systems are billed as 'decision support' ostensibly allowing decision makers to consider other information, automation bias may lead to overreliance on machine outputs. Without efforts – policy, system design, and accountability frameworks – to foster questioning, agency staff may come to defer to machine outputs, particularly over time."* (MULLIGAN; BAMBERGER, 2019, p. 827)

CGU e o próprio TCU, com sistemas como Alice, Sofia e Monica,[303] já despontam como protagonistas no uso dessa tecnologia no setor público brasileiro, sendo responsáveis pelo emprego pioneiro dessas ferramentas para incrementar a atuação do controle.

Destaco, por fim, o papel das *limitações de design*. No desenvolvimento de plataformas de TI voltadas à realização de atividades administrativas, a necessidade de optar por uma dentre várias interpretações juridicamente possíveis frequentemente faz com que os programadores, em comum acordo com as equipes jurídicas, escolham a interpretação mais legalista, considerada mais "cautelosa", para evitar impropriedades no uso do sistema. Além disso, em um sistema federativo, a difusão do emprego de plataformas informatizadas entre entes diversos pode ainda ter o efeito de "generalizar" a interpretação adotada por quem desenvolveu o sistema (geralmente, órgãos e entidades ligados à União), impondo a sua visão aos demais entes federados.

Essas *limitações de design* também diminuem a discricionariedade e podem gerar um aumento potencial da rigidez nos casos em que, intencionalmente ou não, as plataformas deixem de conter módulos que contemplem possibilidades admitidas pela legislação. Este foi o caso, durante muito tempo, de alguns sistemas de *e-procurement* que admitiam a realização apenas de pregões na forma eletrônica, fazendo com que outras modalidades ficassem restritas ao papel.[304] A ausência de previsão específica no sistema de TI é frequentemente interpretada pelo gestor como negativa à possibilidade de sua adoção em concreto, ou então se torna um empecilho relevante que incentiva a adoção do procedimento informatizado em detrimento de outras possibilidades admitidas pelo ordenamento.

4.1.4 Tendência de que o controle excessivo provoque o deslocamento de recursos para atividades de menor risco

Esse risco é ressaltado por Priscila Koeller, Graziela Ferrero Zucoloto e Flávia de Holanda Schmidt (2019) ao analisarem a atuação do

---

[303] Disponível em: https://g1.globo.com/economia/tecnologia/noticia/como-as-robos-alice-sofia-e-monica-ajudam-o-tcu-a-cacar-irregularidades-em-licitacoes.ghtml. Acesso em: 02 maio 2024.

[304] Era o caso, por exemplo, da Bolsa Eletrônica de Compras do Estado de São Paulo (BEC/SP) antes da Lei nº 14.133/2021, quando o governo estadual optou por aderir ao sistema federal.

BNDES e da FINEP em atividades de fomento à inovação empresarial. Segundo as autoras, a rigidez e a intensidade do controle exercido sobre essas instituições financeiras podem acabar deslocando a oferta de recursos para o financiamento de atividades de menor risco. Por isso, e muito embora o controle sobre a concessão de crédito e de recursos não reembolsáveis seja importante, os excessos da esfera controladora podem causar uma distorção que "(...) *contraria toda a lógica de financiamento à inovação por bancos públicos de investimento que deveriam, ao contrário, financiar os projetos de maiores riscos e incertezas que não encontram respaldo na iniciativa privada*" (KOELLER; ZUCOLOTO; SCHMIDT, 2019, p. 203).

Esse ponto se aplica, igualmente, às contratações públicas para inovação e ajuda a compreender por que, a despeito da existência de previsão expressa no direito positivo, instrumentos bem avaliados, como a encomenda tecnológica, são tão pouco aplicados no Brasil. Esse argumento é corroborado por Maria Carolina Foss (2019), para quem o sistema de controle externo "(...) *constrange o gestor público a optar por atos e contratos mais ortodoxos e menos arriscados*", o que "(...) *contribui para que projetos com risco tecnológico permaneçam desprovidos de um arranjo contratual eficiente*" (FOSS, 2019, p. 152). Com efeito, no planejamento e na execução de políticas públicas de CT&I, os gestores brasileiros podem ser levados a fazer uso de instrumentos tidos como "mais seguros", ainda que sejam de impacto menor, setorialmente mais limitado ou até mesmo sem eficácia lastreada em evidências, em detrimento de ferramentas e políticas cuja novidade possa suscitar questionamentos por parte dos órgãos de controle.[305]

Esse contexto ilustra novamente o que Coutinho e Mouallem (2016) identificam como *falha de seletividade* das políticas de inovação no Brasil. Trata-se, como destacado no item 1.6, da dificuldade de priorizar os instrumentos mais efetivos, fazendo com que recursos escassos destinados à área de CT&I sejam pulverizados em ações descontínuas ou sejam destinados a medidas de menor relevância, em termos relativos, para o ecossistema.

---

[305] "Em outras palavras, o rigor das instâncias de controle não se coaduna ao esforço dos órgãos gestores de estimular atividades inovadoras, principalmente porque se centram mais nos trâmites processuais e burocráticos, voltados à idoneidade do procedimento para concessão de um dado incentivo, por exemplo, que nos resultados pretendidos por ele." (COUTINHO; MOUALLEM, 2016, p. 208)

4.2 O fim da discricionariedade

Segundo Maria Sylvia Zanella Di Pietro (2012b, 2016), a ampliação do controle da Administração Pública após a Constituição de 1988 foi acompanhada, na doutrina, por uma forte tendência de redução da discricionariedade administrativa. Em especial, a autora destaca o desvio de poder, a teoria dos motivos determinantes, a ampliação da ideia de legalidade e a constitucionalização do direito administrativo como aspectos que foram sendo paulatinamente reconhecidos como limites à esfera discricionária da Administração (DI PIETRO, 2012b, p. 97-132). Muito embora o tema seja frequentemente trabalhado sob o enfoque específico do controle judicial, vale ressaltar que muitas das observações realizadas pela doutrina nesse âmbito também podem ser aplicadas à atuação de órgãos de controle como as Controladorias e os Tribunais de Contas, que exercem, com maior ou menor intensidade, o controle da atividade administrativa na área de CT&I.

Outrora ligada ao conceito de mérito, que foi incorporado pela doutrina brasileira em um contexto autoritário como limite à possibilidade de controle do ato administrativo pelo Poder Judiciário, a discricionariedade pode ser entendida como "(...) *a faculdade que a lei confere à Administração para apreciar o caso concreto, segundo critérios de oportunidade e conveniência, e escolher uma dentre duas ou mais soluções, todas válidas perante o direito*" (DI PIETRO, 2012b, p. 62). A discricionariedade é uma característica que se manifesta em graus e que, portanto, decorre do maior ou menor detalhamento das normas que disciplinam a margem de escolha da Administração para a prática de determinado ato.

A obra de Miguel Seabra Fagundes (1951) marca a incorporação do conceito de mérito do ato administrativo ao direito brasileiro, posto como limite à revisão pelo Poder Judiciário.[306] Assim, "discricionariedade" e "vinculação" tornaram-se conceitos contrapostos e tradicionais na doutrina, em especial em uma época em que o ato administrativo era tratado como tema central de toda essa disciplina (TÁCITO, 1959, p. 10-11; MELLO, 2006; DI PIETRO, 2012b e MEDAUAR, 2014). Aos poucos, e com apoio no artigo 2º da Lei da Ação Popular,[307] passou-se

---

[306] "O conceito de mérito no Direito Administrativo reveste a maior importância, de vez que permite, pela discriminação de um elemento integrante de certos atos administrativos e isento do controle jurisdicional, delimitar, a determinado ângulo, o âmbito desse controle sobre a Administração Pública." (FAGUNDES, 1951, p. 1)

[307] Artigo 2º da Lei nº 4.717, de 29 de junho de 1965: "Art. 2º São nulos os atos lesivos ao patrimônio das entidades mencionadas no artigo anterior, nos casos de: a) incompetência;

a identificar a noção de mérito a partir do binômio "conveniência" e "oportunidade", presente sobretudo nos elementos "objeto" e "motivo" dos atos administrativos, para sustentar a sua insindicabilidade pela esfera judicial.

Mas essa visão passou a ser fortemente contestada, no plano teórico, após a Constituição de 1988. Marcos Augusto Perez (2018), por exemplo, revisita o tema do controle jurisdicional da discricionariedade administrativa e conclui que "(...) *a teoria da imunidade do mérito do ato discricionário deve ser abandonada, ela não serve mais ao direito administrativo brasileiro*" (PEREZ, 2018, p. 21). Segundo o autor, embora a teoria da imunidade do mérito tenha alcançado larga aplicação nos campos doutrinário e jurisprudencial entre as décadas de 1940 e 1990, o argumento segundo o qual os elementos de caráter discricionário dos atos administrativos não estariam sujeitos ao controle jurisdicional não mais se sustenta no atual contexto político, jurídico e institucional.

O "mérito", portanto, não seria mais oponível ao Poder Judiciário como limite ao controle da Administração. Mas daí surge um segundo problema: afastada a "velha teoria da imunidade", quais critérios devem então ser observados pelos juízes para realizar o controle da atividade administrativa? Se, de um lado, a insindicabilidade do mérito frustra a possibilidade real de controle e confere um poder excessivo à Administração, de outro, a ausência de parâmetros para o controle pelo Poder Judiciário acarreta uma grave insegurança jurídica, abrindo espaço para o voluntarismo e o exercício arbitrário da jurisdição.[308]

Para preencher esse vazio normativo e evitar abusos, Perez defende que a doutrina construa parâmetros objetivos para o controle da discricionariedade, em métodos que denomina "testes de legalidade". Trata-se, segundo o autor, de (i) testes de competência, objeto e forma; (ii) testes relacionados ao processo administrativo, como a verificação de sua existência e de instrução completa, adequada e imparcial; (iii) testes relacionados ao motivo, compreendendo o erro manifesto, a

---

b) vício de forma; c) ilegalidade do objeto; d) inexistência dos motivos; e) desvio de finalidade".

[308] "A contradição entre as normas constitucionais que ampliam as atribuições da jurisdição e a velha teoria da imunidade cria uma gigantesca insegurança jurídica, pois acaba por conferir ao juiz a faculdade de escolher se e quando controlar a legalidade das decisões discricionárias, tornando largamente arbitrário o exercício da jurisdição. Insista-se: a conjugação do controle da legalidade, concebido em termos amplos, com a imunidade do mérito possibilita desafortunada e inadmissivelmente que o juiz decida segundo suas conveniências pessoais ou políticas controlar ou abster-se de controlar a discricionariedade administrativa." (PEREZ, 2018, p. 320)

consideração da prova produzida, as considerações equivocadas, o *bilan*, a ponderação e a proporcionalidade; e, por fim, (iv) testes para identificar desvios de poder ou de finalidade (PEREZ, 2018, p. 23).

A crítica à discricionariedade administrativa no período posterior à Constituição de 1988 é acompanhada da discussão de noções que a princípio lhe parecem correlatas, como os conceitos jurídicos indeterminados e a discricionariedade técnica. Trata-se, em certa medida, de distinções teóricas que foram usadas no passado para manter algum grau de insindicabilidade dos atos discricionários e que, atualmente, vêm sendo contestadas pela doutrina do direito administrativo.

Os conceitos jurídicos indeterminados, como lembra Andreas J. Krell (2004, 2013), são aqueles dotados de indefinição e vagueza, mas que, à diferença da discricionariedade, seriam passíveis de controle pelo Poder Judiciário. Isso porque, segundo o autor, a doutrina brasileira popularizou uma leitura que tece uma diferença rígida entre as duas noções ao afirmar que, nos conceitos jurídicos indeterminados, haveria apenas uma única solução correta admitida pelo ordenamento jurídico, ao passo que a discricionariedade admitiria a escolha pela Administração de diversas soluções, todas possíveis à luz da legislação. Contudo, evidenciando o erro teórico dessa premissa, Krell anota que a distinção reflete um posicionamento já bastante ultrapassado na Alemanha,[309] onde a possibilidade do controle jurisdicional restou consagrada em ambos os casos.[310]

Já a discricionariedade técnica, segundo Maria Sylvia Zanella Di Pietro, ocorre quando "(...) *a lei usa conceitos técnicos, cuja interpretação cabe a órgãos especializados. A discricionariedade pode existir abstratamente na lei, mas desaparece no momento de sua aplicação nos casos concretos, com base em manifestação de órgãos técnicos*" (DI PIETRO, 2016, p. 181).

---

[309] "Nas últimas duas décadas, cresceu consideravelmente o número de autores germânicos que não aceitam mais a distinção rígida entre conceitos indeterminados e discricionariedade; hoje, eles representam talvez a maioria. Por isso, é equivocada a afirmação de vários autores brasileiros de que a posição, que distingue rigidamente entre conceitos indeterminados e discricionariedade, refletiria a linha da 'moderna' doutrina alemã." (KRELL, 2004, p. 191-192)

[310] "Como vimos, uma importante parte da doutrina germânica atual já não aceita mais uma diferença substancial entre os fenômenos da discricionariedade e dos conceitos jurídicos indeterminados. (...) Cada vez mais autores destacam as 'íntimas afinidades estruturais' (com diferenças apenas quantitativas, não qualitativas) ou um 'parentesco estrutural' entre a discricionariedade stricto sensu (no lado da consequência da norma) e os outros tipos de liberdade de decisão administrativa, especialmente o chamado 'espaço de livre apreciação' (*Beurteilungsspielraum*), existente em alguns conceitos jurídicos indeterminados (...)." (KRELL, 2004, p. 197)

Sob essa ótica, como afirma Sérgio Guerra (2005), a discricionariedade técnica seria um argumento qualificado para reforçar a necessidade de contenção do controle judicial, impedindo assim que as escolhas técnicas feitas pela Administração fossem substituídas por escolhas técnicas feitas pelo Poder Judiciário.[311]

César Augusto Guimarães Pereira (2003), em estudo voltado ao exame da discricionariedade técnica na doutrina brasileira, busca diferenciá-la de diversas hipóteses em que a legislação exige algum grau de apreciação técnica para a Administração realizar exames e formular juízos especializados, concluindo "(...) *ser impossível, em termos científico-jurídicos, reconhecer a existência de 'discricionariedade técnica' como instituto próprio*" (PEREIRA, 2003, p. 265). Para o autor, a "discricionariedade técnica" não se distingue em nenhum aspecto particular do regime jurídico geral da discricionariedade,[312] motivo pelo qual seria adequado falar apenas em "apreciações técnicas" da Administração nas hipóteses em que a norma jurídica exige a avaliação de fatos ou a emissão de algum juízo que dependa de conhecimento técnico específico. Dinorá Musetti Grotti (2015), no mesmo sentido, reconhece que "(...) *diante da confusão gerada pela equivocidade da expressão 'discricionariedade técnica', da falta de especificidade do seu objeto, bem como da inexistência de regime jurídico próprio, o termo deveria ser abandonado*" (GROTTI, 2015, p. 181).

Em um dos trabalhos mais completos na doutrina nacional sobre o controle da atividade administrativa, Eduardo Jordão (2016) propõe que a intensidade do controle judicial se adapte à complexidade da Administração contemporânea, propondo uma gradação de intensidade no exame da conformidade de um ato ao ordenamento jurídico.

---

[311] "Nessa ordem de idéias, concluímos que o termo 'discricionariedade técnica' visa apenas uma limitação jurisdicional do controle do seu exercício, no sentido de evitar que as escolhas técnicas da Administração não sejam substituídas pelas opções técnicas realizadas pelo juiz." (GUERRA, 2005, p. 70)

[312] "Os casos usualmente referidos como de 'discricionariedade técnica' enquadram-se ou na noção de apreciações técnicas da Administração – sem qualquer alusão a discricionariedade – ou são reconduzíveis a um conceito geral de discricionariedade. A discricionariedade, quando envolve questões técnicas, não apresenta nenhuma peculiaridade frente à discricionariedade administrativa 'geral' que autorize o seu reconhecimento científico como instituto próprio. Não há um regime jurídico próprio da 'discricionariedade técnica', e é o que basta para reconhecer que não tem existência para o Direito. Os problemas atinentes à chamada discricionariedade técnica são resolvidos mediante a disciplina própria da discricionariedade. E as apreciações técnicas, no que têm de peculiar – remissão a um conjunto de postulados científicos não jurídicos, mas vinculantes como critérios técnicos –, não guardam qualquer relação específica com a discricionariedade que pudesse justificar a manutenção da expressão 'discricionariedade técnica'." (PEREIRA, 2003, p. 265)

Realizando um estudo comparado entre França, Itália, Estados Unidos e Canadá, o autor verificou ser frequente, nos países de tradição do direito administrativo, a defesa de um controle judicial "deferente" (limitado, autocontido e pouco intenso) sobre as decisões administrativas, especialmente aquelas tomadas por agências reguladoras e entidades especializadas. Nessa visão, um controle "não deferente" corresponderia a uma desatenção ou desconsideração por parte do Judiciário a uma realidade material e tecnicamente complexa que seria tratada mais adequadamente pela Administração.[313]

Jordão sustenta que "(...) *há uma pluralidade de formas e de graus em que a intensidade do controle judicial pode ser adaptada à complexidade da administração pública contemporânea, não sendo nenhuma solução abstratamente superior às demais*" (JORDÃO, 2016, p. 653). Não há, portanto, uma solução única – uma "dose ideal" de controle que seria adequada à totalidade dos casos. Para o autor, fatores como a sensibilidade jurídica, a natureza política ou a complexidade técnica da decisão controlada influenciam o cabimento de maior ou menor intensidade de controle em cada caso concreto. No caso de decisões tecnicamente complexas, como costuma ser o caso na área de CT&I, "(...) *a deferência judicial transmite a ideia de respeito a uma instituição mais bem adaptada (tanto em função da natureza da sua atuação diuturna como em função do seu maior aparelhamento institucional)*", motivo pelo qual haveria uma tendência a um controle deferente com a "(...) *intenção de preservar a coerência e a dinâmica da política regulatória da autoridade administrativa*" (JORDÃO, 2016, p. 654-655). Mas essa é apenas uma tendência, que pode não prevalecer à luz das diversas considerações subjetivas que influenciam a complexidade de matérias e a pluralidade de atores com os quais a Administração lida atualmente.

Como essa discussão sobre os limites e a intensidade do controle se aplica aos órgãos e entidades que atuam na área de CT&I? Quais

---

[313] "Partindo-se da compreensão de que as autoridades administrativas especializadas seriam institucionalmente mais bem preparadas para tratar de temas complexos e detentoras de maior legitimidade para tratar de temas políticos, recomenda-se que os tribunais exerçam uma atitude deferencial (respeitosa, pouco intrusiva) em relação às decisões administrativas destes tipos que viessem a controlar. (...) A ideia subjacente parece ser a de que a aplicação de um controle não deferente sobre matérias tecnicamente complexas ou politicamente sensíveis corresponderia a uma desatenção ou desconsideração – pelos tribunais e pelo direito administrativo – das vantagens comparativas da administração pública. Seria, enfim, aplicar um controle judicial de intensidade pouco adaptada à realidade administrativa material e institucionalmente complexa. Estas afirmações serão contestadas neste trabalho." (JORDÃO, 2016, p. 40)

peculiaridades influenciam o modo de ser específico do controle da atividade administrativa nessa matéria? O percurso teórico trilhado até aqui permite concluir que o emprego de termos e expressões como "inovação", "pesquisa e desenvolvimento", "capital intelectual", entre outros, pela legislação não atrai – seja sob a antiga alegação de que integram o mérito do ato, seja sob o argumento da discricionariedade técnica – nenhum tipo de imunidade que impeça o exame do ato pelo Poder Judiciário e por outros órgãos de controle, interno e externo, como as Controladorias, a Advocacia Pública e os Tribunais de Contas. Ao permitir um "espaço de livre apreciação" pela Administração, para que esta complemente a textura aberta dessas normas à luz do caso concreto, o ordenamento não afasta a possibilidade de que as escolhas discricionárias realizadas pelos gestores, mesmo quando dependerem da aferição de critérios ou parâmetros de ordem técnica por órgãos e entes especializados, sejam analisadas sob a perspectiva do controle.

Tome-se, por exemplo, a atuação do Núcleo de Inovação Tecnológica (NIT), a quem o artigo 16 da Lei de Inovação confere o importante papel de examinar o enquadramento de atividades a cargo das ICTs e a sua compatibilidade com as políticas de inovação e propriedade intelectual de cada instituição.[314] Uma dessas atribuições é examinar o potencial de exploração econômica das criações desenvolvidas isoladamente ou em parceria pela ICT, verificando se é o caso de promover a sua proteção por direitos de propriedade intelectual. Nos

---

[314] Artigo 16 da Lei nº 10.973/2004: "Art. 16. Para apoiar a gestão de sua política de inovação, a ICT pública deverá dispor de Núcleo de Inovação Tecnológica, próprio ou em associação com outras ICTs.
§1º São competências do Núcleo de Inovação Tecnológica a que se refere o caput, entre outras:
I – zelar pela manutenção da política institucional de estímulo à proteção das criações, licenciamento, inovação e outras formas de transferência de tecnologia;
II – avaliar e classificar os resultados decorrentes de atividades e projetos de pesquisa para o atendimento das disposições desta Lei;
III – avaliar solicitação de inventor independente para adoção de invenção na forma do art. 22;
IV – opinar pela conveniência e promover a proteção das criações desenvolvidas na instituição;
V – opinar quanto à conveniência de divulgação das criações desenvolvidas na instituição, passíveis de proteção intelectual;
VI – acompanhar o processamento dos pedidos e a manutenção dos títulos de propriedade intelectual da instituição.
VII – desenvolver estudos de prospecção tecnológica e de inteligência competitiva no campo da propriedade intelectual, de forma a orientar as ações de inovação da ICT;
VIII – desenvolver estudos e estratégias para a transferência de inovação gerada pela ICT;
IX – promover e acompanhar o relacionamento da ICT com empresas, em especial para as atividades previstas nos arts. 6º a 9º;
X – negociar e gerir os acordos de transferência de tecnologia oriunda da ICT".

casos em que o desenvolvimento de uma nova tecnologia é feito em parceria com uma empresa, o artigo 6º, §1º-A da mesma lei autoriza o NIT a opinar pela atribuição de exclusividade à empresa parceira na exploração da tecnologia desenvolvida conjuntamente, dispensando assim a veiculação de editais públicos de oferta tecnológica para o seu licenciamento.[315]

O exercício dessa faculdade, que é admitida pela legislação, depende de uma decisão da ICT de atribuir exclusividade à empresa parceira que poderia, em tese, ser contestada pela esfera controladora. Embora o caráter técnico dessa análise possa inspirar uma tendência, como aponta Jordão, a um controle mais deferente e menos intrusivo nesses casos, é evidente que a atuação do NIT não estará, em absoluto, protegida por algum tipo de imunidade que impeça a sua apreciação. Em outras palavras, a indeterminação dos conceitos jurídicos empregados pela legislação de CT&I sempre implicará algum grau de interpretação jurídica por parte da Administração, que, como tal, não será insindicável ao exame do Poder Judiciário ou de outros órgãos de controle, como as Controladorias e Tribunais de Contas. Portanto, a área de CT&I não está imune ao controle, mas a legislação previu parâmetros específicos – a "simplificação de procedimentos" e o "controle de resultados", analisados no item 4.3.2, a seguir – que a esfera controladora deve observar ao examinar essa atividade.

De certa forma, a percepção de controle excessivo da área de CT&I traduz-se também em um reclamo por um maior grau de discricionariedade administrativa, no sentido de que o agente que realizar uma escolha entre várias possíveis, todas admitidas pelo ordenamento jurídico, não sofra consequências negativas decorrentes da sua decisão. Esse pleito geralmente vem acompanhado de um argumento reativo sobre a atuação dos órgãos de controle – em especial, do TCU[316] – na

---

[315] Artigo 6º, §§1º e 1º-A, da Lei nº 10.973/2004: "Art. 6º É facultado à ICT pública celebrar contrato de transferência de tecnologia e de licenciamento para outorga de direito de uso ou de exploração de criação por ela desenvolvida isoladamente ou por meio de parceria. §1º A contratação com cláusula de exclusividade, para os fins de que trata o caput, deve ser precedida da publicação de extrato da oferta tecnológica em sítio eletrônico oficial da ICT, na forma estabelecida em sua política de inovação. §1º-A. Nos casos de desenvolvimento conjunto com empresa, essa poderá ser contratada com cláusula de exclusividade, dispensada a oferta pública, devendo ser estabelecida em convênio ou contrato a forma de remuneração."

[316] Veja, por exemplo, o excerto da tese de doutorado de Fabio Gomes dos Santos (2022): "É importante salientá-lo dado que esse controlador rotineiramente não demonstra especial deferência à expertise da burocracia brasileira. O que tem sido visto no país é o contrário: é a Administração que usualmente é deferente a um TCU que, decidindo com base em pareceres produzidos por suas unidades técnicas, normalmente não tem suas decisões frontalmente contestadas" (SANTOS, 2022, p. 451).

fiscalização de atividades relacionadas a PD&I, a qual é qualificada como ingerência ou interferência em seara que não é própria desses órgãos, ou seja, que estaria fora de suas atribuições constitucionais.[317]

No campo das compras governamentais, Steven Kelman (1990) observa que a regulação das contratações públicas nos Estados Unidos, no objetivo de evitar a corrupção, acabou limitando de forma excessiva as opções disponíveis para os agentes públicos escolherem como licitar e contratar. Para o autor, a falta de discricionariedade é um dos principais fatores que impedem as contratações do setor público de aproveitar ao máximo as oportunidades oferecidas pelo setor privado, reduzindo a sua eficiência.[318] No item 2.3.3, discuti as contribuições de Kelman para contestar o argumento que correlaciona um grau maior de discricionariedade com mais corrupção em licitações e contratos públicos, mostrando como uma menor rigidez sobre a definição do procedimento de contratação pode vir a permitir uma melhor adequação a características específicas do objeto, sobretudo a sua complexidade.

Ao valorizar a discricionariedade administrativa, este estudo não busca resgatar teorias de cunho autoritário nem sustentar algum tipo de imunidade da Administração ao seu controle. Pelo contrário: como lembra Maria Carolina Foss, é "(...) *importante destacar que a autonomia e a responsabilidade do gestor não devem se confundir com a ausência de fiscalização ou controle de gastos públicos, o que é inadmissível*" (FOSS, 2019, p. 158). Em especial, o resgate da discricionariedade é um passo necessário para permitir que os administradores brasileiros tenham alguma margem de escolha para poder optar, quando assim permitir a legislação, pelo emprego das contratações públicas como medida para incentivar a demanda por inovação no mercado.

A crítica a que esta obra se alinha, na trilha esposada por Jordão (2016) e Perez (2018), é a de que deve haver clareza nos parâmetros e critérios empregados para o exercício do controle da atividade

---

[317] "Hoje existe a tendência dos órgãos de controle de querer participar da gestão da coisa pública. Eles não querem controlar, no sentido de fiscalizar, apontar e corrigir ilegalidades. Eles querem controlar, no sentido de mandar, de participar das decisões políticas do legislador e da Administração Pública." (DI PIETRO, 2016, p. 185)

[318] "*I, too, believe that government often fails to get the most it can from its vendors. In contrast to the conventional view, however, I believe that the system of competition as it is typically envisioned and the controls against favoritism and corruption as they typically occur are more often the source of the problem than the solution to it. The problem with the current system is that public officials cannot use common sense and judgement in ways that would promote better vendor performance. I believe that the system should be significantly deregulated to allow public officials greater discretion. I believe that the ability to exercise discretion would allow government to gain greater value from procurement.*" (KELMAN, 1990, p. 1)

administrativa em geral e, em particular, na área de CT&I. Logo, o argumento central não está em dizer que o controle precisa ser deferente à Administração, em razão do seu alegado preparo técnico ou em virtude de sua legitimidade democrática, mas sustentar que a esfera controladora necessita, isso sim, operar com critérios claros para gerar previsibilidade e segurança jurídica. Afinal, o ordenamento jurídico brasileiro optou por prever parâmetros normativos específicos para orientar a atuação do controle em atividades de pesquisa, desenvolvimento e inovação, os quais serão objeto de discussão a seguir.

4.3 O controle das atividades de CT&I no contexto brasileiro: parâmetros normativos específicos e limites à sua efetividade

A percepção negativa do controle, interno e externo, pelo ecossistema de CT&I mostra que os impasses do controle da atividade administrativa em geral estão também bastante presentes no dia a dia dos órgãos e entidades que atuam na implementação da política de inovação brasileira. Contudo, tendo em vista os objetivos desta obra, é preciso fazer duas importantes ressalvas antes de abordar propriamente o tema e discutir os seus desdobramentos nos subitens desta seção.

Em primeiro lugar, é preciso questionar em que medida a percepção de controle excessivo no campo da CT&I de fato reflete um grau elevado de sanções e penalidades aplicadas pelos órgãos de controle aos gestores públicos que atuam nessa área. Será que essa percepção de controle em excesso decorre de uma atuação muito punitiva por parte da esfera controladora? A resposta parece ser negativa. Em texto publicado na imprensa, o pesquisador André de Castro Braga afirma que dados colhidos pelo Observatório do TCU, da Escola de Direito da Fundação Getúlio Vargas de São Paulo (FGV-SP), revelam que a probabilidade efetiva de punição de um servidor federal é muito pequena: *"(...) o tribunal condenou 2.706 pessoas ao ressarcimento de débito, ao pagamento de multa ou à inabilitação para o exercício de cargo em comissão"*, o que representa *"(...) apenas cerca de 0,15% do total de pessoas trabalhando em órgãos ou entidades da União"* em 2017.[319]

---

[319] BRAGA, A. C. O. P. "O risco de ser punido e a mensagem do TCU", O Estado de São Paulo. São Paulo, 14.11.2018. Disponível em: https://www.estadao.com.br/politica/gestao-politica-e-sociedade/o-risco-de-ser-punido-e-a-mensagem-do-tcu/. Acesso em: 30 jan. 2024.

É evidente que a percepção de um controle como "excessivo" não deriva exclusivamente do percentual de condenações aplicadas pelo Tribunal, uma vez que a mera existência do processo já pode materializar um risco de relevo ao agente público.[320] Mas se há um descolamento entre essa percepção e a realidade, caberia investigar, em outro estudo, os motivos que levam a esse descompasso. Braga, por exemplo, afirma que o TCU tende a divulgar com mais intensidade, em seus informativos e notícias institucionais, as decisões que identificam ou punem irregularidades. Talvez, portanto, a linguagem adotada pelo Tribunal para se comunicar com os seus jurisdicionados seja uma das causas que explicam por que essa percepção de controle é tão elevada. Logicamente, a comprovação ou refutação de qualquer hipótese nessa seara depende da realização de estudos empíricos que não integram o escopo deste livro. Contudo, parece importante fazer o alerta de que a percepção de controle pelo ecossistema de CT&I não deixa de ser excessiva, muito menos torna essa crítica despropositada, em virtude do número baixo de sanções aplicadas aos gestores que atuam nessa área.

Faço, por fim, uma segunda ressalva sobre a aplicação dos novos dispositivos da Lei de Introdução às Normas do Direito Brasileiro (LINDB). O diploma, editado em 1942, foi sensivelmente alterado pela Lei nº 13.655, de 25 de abril de 2018, para receber disposições específicas sobre segurança jurídica na aplicação do direito público. Há numerosos estudos sobre os impactos da alteração da LINDB no campo do direito administrativo, com destaque para aqueles realizados por Floriano Azevedo Marques Neto (2019) e Carlos Ari Sundfeld (2022), que elaboraram o texto do anteprojeto apresentado no Senado. Muito embora as novas diretrizes tenham caráter geral e, por isso, sejam aplicáveis também a atividades de CT&I, não há na LINDB nenhum critério ou parâmetro voltado de forma específica a essa área. Por esse motivo, torna-se desnecessário abordar o tema novamente neste estudo.

Chamo a atenção, contudo, para um aspecto particular. Alguns dispositivos na LINDB pretenderam conferir maior segurança jurídica à atuação dos gestores públicos, o que pode refletir positivamente na realização de contratações públicas de inovação no Brasil. Em especial, merecem destaque: (i) o dever de considerar os obstáculos e as dificuldades reais do gestor público e as exigências das políticas públicas sob

---

[320] "(...) a paralisia decisória não se dá apenas em resposta a uma ameaça real de responsabilização. Muitas vezes, é a percepção do risco, independentemente de sua materialização efetiva, que detém os tomadores de decisão." (VIEGAS *et al.*, 2024, p. 132)

sua responsabilidade (artigo 22, *caput* e §1º);[321] e (ii) a caracterização de dolo ou erro grosseiro[322] como requisitos necessários à responsabilização de agentes públicos (artigo 28).[323] Esses dispositivos corroboram uma tendência recente do ordenamento brasileiro, verificada também na alteração da Lei de Improbidade Administrativa pela Lei nº 14.230, de 25 de outubro de 2021, de afastar a aplicação de sanções e penalidades a atos não intencionais, de modo a "(...) *proteger o agente público que cometa erro escusável, em que fique clara a inexistência de má-fé ou desvios deliberados que possam gerar prejuízo ao erário*" (CHIOATO; LINS, 2022, p. 86).

Mas como esses dispositivos legais têm sido aplicados na prática? As alterações na LINDB conseguiram realizar o objetivo de aumentar a segurança jurídica no dia a dia da Administração brasileira? A Escola de Direito da Fundação Getúlio Vargas, em parceria com a Confederação Nacional da Indústria, realizou uma pesquisa empírica para examinar a aplicação da LINDB pelo Tribunal de Contas da União (CNI e FGV, 2021). De acordo com o estudo, que analisou 299 acórdãos proferidos nos dois primeiros anos de vigência da Lei nº 13.655/2018, "(...) *ainda há certa resistência do Tribunal em adotar critérios subjetivos ou elementos das circunstâncias concretas na determinação de comportamentos passíveis de responsabilização*" (CNI e FGV, 2021, p. 22). Em especial, os autores destacam que a Corte de Contas tem criado enunciados "tipificando" condutas determinadas como erro grosseiro, mas não tem analisado se as circunstâncias específicas do caso concreto poderiam descaracterizar, ou não, a sua ocorrência. Portanto, e a despeito de representar um vetor bastante positivo para aumentar a segurança jurídica, é bastante provável que a aplicação dos artigos 22 e 28 da LINDB não resulte, ao menos em curto prazo, no objetivo esperado.

---

[321] Artigo 22, *caput* e §1º do Decreto-Lei nº 4.657, de 4 de setembro de 1942: "Art. 22. Na interpretação de normas sobre gestão pública, serão considerados os obstáculos e as dificuldades reais do gestor e as exigências das políticas públicas a seu cargo, sem prejuízo dos direitos dos administrados. §1º Em decisão sobre regularidade de conduta ou validade de ato, contrato, ajuste, processo ou norma administrativa, serão consideradas as circunstâncias práticas que houverem imposto, limitado ou condicionado a ação do agente".

[322] A respeito, o Decreto nº 9.830/2019, que regulamenta o disposto nos arts. 20 a 30 da LINDB, trouxe a seguinte definição de erro grosseiro: "Art. 12. (...) §1º Considera-se erro grosseiro aquele manifesto, evidente e inescusável praticado com culpa grave, caracterizado por ação ou omissão com elevado grau de negligência, imprudência ou imperícia. §2º Não será configurado dolo ou erro grosseiro do agente público se não restar comprovada, nos autos do processo de responsabilização, situação ou circunstância fática capaz de caracterizar o dolo ou o erro grosseiro".

[323] Artigo 28 do Decreto-Lei nº 4.657, de 4 de setembro de 1942: "Art. 28. O agente público responderá pessoalmente por suas decisões ou opiniões técnicas em caso de dolo ou erro grosseiro".

Feitas essas ressalvas, esta seção encontra-se estruturada da seguinte forma. O item 4.3.1 inicia apresentando, a partir do estudo de um polêmico caso concreto, a percepção bastante negativa do controle manifestada pelos órgãos e entidades ligados ao ecossistema de inovação brasileiro antes da reforma do Marco Legal de CT&I. Embora se refira à atuação de fundações de apoio, e não propriamente a contratações públicas para inovação, o caso é útil para ilustrar por que as reformas legislativas operadas pela Lei nº 13.243/2016 incorporaram ao texto da Lei de Inovação parâmetros específicos para o controle da atividade de CT&I. Na sequência, o item 4.3.2 discute em profundidade esses dois parâmetros legais, posteriormente detalhados pelo Decreto nº 9.283/2018, para direcionar o exercício do controle de atividades de pesquisa, desenvolvimento e inovação, com especial ênfase nos desdobramentos que a "simplificação de procedimentos" e o "controle de resultados" tiveram no âmbito da jurisprudência do TCU. Por fim, o item 4.3.3 conclui a seção argumentando que esses dois parâmetros de controle vêm sendo internalizados de forma insuficiente nos atos normativos das ICTs e nos instrumentos jurídicos celebrados, o que perpetua a sua inaplicação e compromete a sua efetividade. Prepara-se, assim, o terreno para a discussão de uma proposta específica para a atuação do controle em contratações públicas para inovação no item 4.4, encerrando o capítulo.

4.3.1 O "problema do controle" antes das reformas legislativas de 2016: o Acórdão TCU nº 2.731/2008 e os limites para a atuação de fundações de apoio

Paulo Sérgio Lacerda Beirão (2010) narra a percepção de muitos atores do sistema de CT&I ao considerar a burocracia e as interpretações restritivas pelos órgãos de controle como causadores de uma insegurança jurídica que desponta como principal gargalo para o avanço da área de CT&I no Brasil. Merece destaque, em especial, o relato feito pelo autor de visita realizada pelo Presidente da República, Luiz Inácio Lula da Silva, à sede da Sociedade Brasileira para o Progresso da Ciência (SBPC) em virtude da comemoração dos 60 anos da entidade, em 2008. Após três horas de debate, "(...) *constatou-se, para a surpresa de todos, que pouco se falou de financiamento, sendo que a ênfase das críticas e reclamações recaiu sobre os entraves legais que cerceiam a atividade de pesquisa*", anota

Beirão, sendo "(...) *muito sintomático que as queixas tenham recaído sobre a burocracia paralisante originada da nossa estrutura legal*" (BEIRÃO, 2010, p. 48).

Embora reconheça que o advento da Lei de Inovação, em 2004, trouxe avanços ao país, o autor afirma que as interpretações restritivas dadas pelos órgãos de controle produziam o efeito negativo de fazer com que a maior parte do tempo do pesquisador fosse dedicada exclusivamente a atividades burocráticas, colocando o Brasil em posição de desvantagem no cenário internacional. Beirão também critica a pouca receptividade dos Tribunais de Contas à incerteza inerente ao processo inovativo, tida pelo controle como falta de planejamento adequado.[324] "*Quem trabalha com pesquisa, especialmente pesquisa de ponta, não consegue prever com antecedência tudo de que vai precisar na sua pesquisa*", destaca o autor, pois "(...) *se ele consegue prever, é porque está trabalhando com algo previsível e, portanto, não é novo, não é de ponta*" (BEIRÃO, 2010, p. 49-50).

Obstáculo semelhante é percebido por Renato Fernandes Corona (2010), que analisa os problemas jurídicos e tributários que permaneceram no cenário brasileiro mesmo após a edição da Lei de Propriedade Industrial (Lei nº 9.279/1996), da Lei de Inovação (Lei nº 10.973/2004) e da Lei do Bem (Lei nº 11.196/2005). O autor destaca "(...) *a ausência de um entendimento comum entre os órgãos públicos de controle e auditoria, levando à insegurança dos gestores públicos na tomada de decisão dos projetos*" (CORONA, 2010, p. 56) e defende, como medida complementar ao aperfeiçoamento dos marcos regulatórios, que os membros dos órgãos de controle sejam capacitados para operar, de forma articulada, sob a nova legislação.[325]

---

[324] "O problema pode começar com a tentativa de compra de um reagente não previsto originalmente. Por insegurança quanto aos órgãos de controle, algumas agências somente permitem a compra de material constante no orçamento encaminhado junto ao pedido de auxílio. O argumento é tão simplório quanto despropositado: o pesquisador tem que planejar adequadamente. Quem trabalha com pesquisa, especialmente pesquisa de ponta, não consegue prever com antecedência tudo de que vai precisar na sua pesquisa, pela simples e boa razão de que, se ele consegue prever, é porque está trabalhando com algo previsível e, portanto, não é novo, não é de ponta. Vale lembrar que em pesquisas menos ambiciosas, o inesperado também pode acontecer." (BEIRÃO, 2010, p. 49-50)

[325] "(...) não se pode esquecer uma etapa fundamental de todo esse processo de aperfeiçoamento do ambiente regulatório, qual seja, a capacitação de organismos de controle, já que não basta apenas a adequação do arcabouço jurídico. É preciso capacitar os principais órgãos de controle (TCU, Receita, etc.) para garantir a correta aplicação e interpretação das leis favoráveis à inovação. Ademais, eles devem estar articulados, garantindo que isso ocorra rapidamente e seja amplamente divulgado para as empresas, de forma a tornar transparente a aplicação dos incentivos." (CORONA, 2010, p. 59)

Marco Antonio Raupp (2011), na mesma linha, discute a proposta apresentada pela SBPC e pela Academia Brasileira de Ciências (ABC) para a criação de um "marco legal adequado" às atividades de CT&I. Em seu texto, anterior às reformas legislativas realizadas pela Lei nº 13.243/2016, Raupp registra a insatisfação do ecossistema com a rigidez da legislação de licitações e contratos, a qual não admite o pagamento antecipado nem se amolda a eventuais imprevistos nas atividades de PD&I. Além disso, segundo o autor, "(...) *também é apontada como um grande problema do setor a forma como é efetuado o controle dos atos administrativos executados pelas instituições públicas integrantes do sistema nacional da ciência e tecnologia, com foco nos procedimentos e não nos resultados"* (RAUPP, 2011, p. 251). Para tanto, a SBPC e a ABC propuseram, à época, a criação de um regime jurídico especial, por Medida Provisória, para disciplinar as contratações realizadas por ICTs, agências de fomento e Fundações de Apoio, que editariam regulamentos próprios com a observância dos princípios da Administração Pública, mas sem a incidência da Lei nº 8.666/1993.

A tese defendida por Maristella Barros Ferreira de Freitas (2013), na Universidade Estadual de Campinas, constitui até hoje uma das principais referências sobre o papel exercido pelos Tribunais de Contas brasileiros no controle da área de CT&I.[326] A partir de um extenso levantamento de 186 decisões proferidas pelo TCU, pelo TCE/SP e pelo TCE/MT sobre o tema entre 2000 e 2012, bem como de entrevistas realizadas com gestores públicos de Universidades, ICTs, organizações sociais e fundações de apoio brasileiras, a autora concluiu que existe uma percepção bastante difundida de que os Tribunais de Contas geram uma tensão no ecossistema de CT&I, com atuação que inspira "(...) *medo real de gerir recursos públicos direcionados para atividades daquela área"* (FREITAS, 2013, p. 218) e resulta em pouca flexibilidade na gestão dessas atividades.[327]

---

[326] De acordo com a autora, "(...) ao promover um debate entre os gestores públicos de CT&I e os Tribunais de Contas, este trabalho tem como objetivo examinar se a atuação das EFS do país representa um obstáculo ou uma parceria no processo brasileiro de desenvolvimento científico, tecnológico e de inovação e, conforme o caso, conduzir a uma mudança de padrão, propondo que a auditoria na gestão de C&T, tanto na esfera pública, quanto na privada, seja feita sob um novo foco" (FREITAS, 2013, p. 12).

[327] "(...) fato é que a forma de atuação dos Tribunais de Contas, optando por desempenhar auditoria pautada no exame apenas da legalidade dos atos, tem provocado reações que, minimamente falando, refletem em tensão no ambiente de gestão pública de CT&I e que, de alguma maneira, afeta o processo científico e tecnológico do país" (FREITAS, 2013, p. 218). Igualmente: "(...) na tentativa de desempenhar a sua competência constitucional,

Reconhecendo que existe "(...) *uma certa resistência, por parte da maioria dos gestores públicos de CT&I, em expressar pessoalmente suas opiniões a respeito do efeito do controle exercido pelos Tribunais de Contas no processo científico e tecnológico*" (FREITAS, 2013, p. 203), as respostas das entrevistas realizadas pela autora apontam para dois vetores principais. Primeiro, o entendimento de que o controle deveria se preocupar mais com os resultados das pesquisas do que com as atividades-meio, tidas como formalidades burocráticas; e, em segundo, a percepção de que ainda é necessária uma aproximação maior para que os auditores possam compreender as peculiaridades da área de CT&I. Como solução, a autora propõe que os Tribunais de Contas modifiquem a forma de fiscalização e passem a adotar auditorias operacionais para o controle de projetos e atividades específicas da área de CT&I, deixando a auditoria de conformidade para a fiscalização de atividades-meio.[328]

Este ponto merece aprofundamento. Segundo a *International Organisation of Supreme Audit Institutions* (INTOSAI),[329] organização internacional que reúne as entidades de fiscalização superior de quase 200 países, existem três tipos de auditorias no setor público: (i) *auditoria de conformidade*, que analisa se gestores e administradores públicos atuaram de acordo com as normais legais e infralegais aplicáveis; a (ii) *auditoria financeira*, que verifica se as demonstrações financeiras possuem erros, fraudes ou quaisquer outras distorções em relação às normas de contabilidade, e a (iii) *auditoria operacional*, um procedimento externo e independente que analisa a economicidade, a eficiência e a efetividade das ações governamentais, bem como propõe recomendações para sua melhoria quando identifica oportunidades para aperfeiçoamento.[330]

O Manual de Auditoria Operacional do TCU ressalta que, enquanto as auditorias financeira e de conformidade concentram-se no

---

o controle externo exercido pelos Tribunais de Contas prejudica a atribuição do Estado estabelecida no art. 218 da Carta Magna, qual seja, a de promover e incentivar o desenvolvimento científico, a pesquisa e a capacitação tecnológica" (FREITAS, 2013, p. 280).

[328] "Diante da constatação do paradoxo estabelecido entre a rigidez das legislações que permeiam a administração pública, a forma de fiscalização atual dos Tribunais de Contas e a necessidade de se fazer pesquisa, demonstrado no desenvolvimento deste trabalho, pode-se afirmar que a auditoria operacional/desempenho é a que melhor se aplica no controle na gestão pública de CT&I no Brasil, atuando como ferramenta de incremento do progresso técnico e científico, dada a natureza e as características que revestem esse instrumento de fiscalização." (FREITAS, 2013, p. 288)

[329] O Brasil é representado na INTOSAI pelo Tribunal de Contas da União. Disponível em: https://www.intosai.org/. Acesso em: 12 fev. 2024.

[330] Disponível em: https://portal.tcu.gov.br/data/files/54/04/AD/3A/C1DEF610F5680BF6F188 18A8/ISSAI_3000 _norma_auditoria_operacional.pdf. Acesso em: 12 fev. 2024.

exame de aspectos jurídicos e procedimentais, as auditorias operacionais enfocam a mensuração dos resultados das ações fiscalizadas, com maior liberdade para a escolha de temas, metodologias e critérios de avaliação (TCU, 2020, p. 20-22). Por esse motivo, a auditoria operacional é entendida como um mecanismo de controle mais flexível que os demais, levantando informações e produzindo evidências robustas, que se alinham, em grande medida, ao controle de resultados previsto no Marco Legal de CT&I.

A tabela a seguir apresenta algumas das auditorias operacionais realizadas pelo TCU, com fundamento no artigo 71, inciso IV, da Constituição,[331] que guardam relação com inovação e temas correlatos. Não restam dúvidas de que as análises de elevada qualidade técnica elaboradas pelo Tribunal, que possuem corpo técnico estável, multidisciplinar e bem treinado, constituem fontes importantes para o aprimoramento das medidas fiscalizadas.

Tabela 20 – Acórdãos selecionados do Tribunal de Contas da União
em auditorias operacionais realizadas em órgãos
e entidades da área de CT&I

(continua)

Acórdão	Relator	Objeto
Acórdão nº 519/2009	Min. Augusto Sherman	Avaliar o Programa Nacional de Atividades Nucleares, especificamente a atuação da Comissão Nacional de Energia Nuclear – CNEN/MCT como órgão responsável pela regulação e fomento do setor nuclear e verificar a segregação dessas funções, os procedimentos de licenciamento e fiscalização para as instalações nucleares e radiativas, o arcabouço jurídico dessas atividades, assim como o plano de emergência de acidentes nucleares para o Complexo Nuclear Almirante Álvaro Alberto – CNAAA.
Acórdão nº 3.440/2013	Min. Augusto Sherman	Verificar como são realizadas a avaliação de resultado e a avaliação periódica de impacto e efetividade dos "fundos setoriais" que compõem o Fundo Nacional de Desenvolvimento Científico e Tecnológico (FNDCT).
Acórdão nº 458/2014	Min. André de Carvalho	Examinar os instrumentos postos à disposição dos gestores da Lei de Informática – Lei nº 8.248/1991, com vistas a propiciar a avaliação da política pública implementada na área de TIC.

---

[331] Artigo 71, *caput* e inciso IV, da Constituição de 1988: "Art. 71. O controle externo, a cargo do Congresso Nacional, será exercido com o auxílio do Tribunal de Contas da União, ao qual compete: (...) IV – realizar, por iniciativa própria, da Câmara dos Deputados, do Senado Federal, de Comissão técnica ou de inquérito, inspeções e auditorias de natureza contábil, financeira, orçamentária, operacional e patrimonial, nas unidades administrativas dos Poderes Legislativo, Executivo e Judiciário, e demais entidades referidas no inciso II;"

(conclusão)

Acórdão	Relator	Objeto
Acórdão nº 3.304/2014	Min. André de Carvalho	Verificar resultados, indicadores de desempenho e governança relacionados com os contratos de gestão supervisionados pelo Ministério da Ciência, Tecnologia e Inovação (MCTI).
Acórdão nº 1.897/2017	Min. Bruno Dantas	Avaliar a equidade e a concepção do Programa Cidades Digitais (PCD), do Ministério da Ciência, Tecnologia, Inovações e Comunicações (MCTIC), quanto aos pilares essenciais de um programa de inclusão digital (infraestrutura, alfabetização e conteúdo) e aos aspectos básicos de gestão para formulação das políticas públicas;
Acórdão nº 1.237/2019	Min. Ana Arraes	Identificar atores, políticas, iniciativas e arranjos institucionais relativos ao tema "Inovação", bem como os fatores que podem estar contribuindo para o persistente baixo posicionamento do Brasil nos *rankings* de inovação.
Acórdão nº 1.696/2019	Min. Ana Arraes	Avaliar a coerência, a transparência e os critérios distributivos atinentes aos investimentos em Ciência, Tecnologia e Inovação voltados para a região do Semiárido brasileiro, bem como a articulação e conformidade das respectivas políticas, programas e planos.
Acórdão nº 1.199/2020	Min. Vital do Rêgo	Analisar o processo de registro de patentes, especialmente no que se refere ao elevado estoque de pedidos em espera (*backlog*) e ao prazo superior a dez anos para concessão, bem acima da média mundial.
Acórdão nº 3141/2020	Min. Augusto Nardes	Analisar critérios e métodos de avaliação que fundamentam a escolha de incentivos tributários, em face de despesas orçamentárias, para financiar políticas públicas, a partir do caso das políticas de inovação.
Acórdão nº 2.674/2021	Min. Jorge Oliveira	Avaliar a política pública de investimentos em Pesquisa & Desenvolvimento (P&D) no Setor Elétrico Brasileiro (SEB) instituída pela Lei nº 9.991/2000.
Acórdão nº 693/2022	Min. Augusto Nardes	Avaliar a estrutura de governança existente para promoção de incentivos públicos federais à ciência, tecnologia e inovação (CT&I) à cargo da Financiadora de Estudos e Projetos (Finep) nos últimos cinco anos, por meio da verificação da política de incentivos.
Acórdão nº 1.832/2022	Min. Augusto Nardes	Avaliar o nível de implementação do novo Marco Legal de Ciência, Tecnologia e Inovação (MLCTI) nas 69 universidades públicas federais.
Acórdão nº 1.303/2023	Min. Walton Alencar Rodrigues	Verificar a aderência da Política Nacional de Inovação à legislação e às políticas públicas de ciência, tecnologia e inovação.
Acórdão nº 2.369/2023	Rel. Marcos Bemquerer	Avaliar a atuação da Embrapa nos projetos de inovação aberta com o setor produtivo (projetos tipo III) e verificar se existem oportunidades de aprimoramento dos processos e do desenvolvimento desses projetos.

Fonte: Elaboração própria. Todos os acórdãos são do Plenário do TCU. Os julgados foram obtidos mediante consulta à "Pesquisa Integrada" do TCU (https://pesquisa.apps.tcu.gov.br/) em 12 fev. 2024.

Tanto Beirão (2010) quanto Freitas (2013) comentam a enorme repercussão gerada pelo Acórdão TCU nº 2.731/2008, em que o Tribunal realizou diversas determinações sobre o relacionamento das Instituições Federais de Ensino Superior (IFES) com suas fundações de apoio. Muito embora o caso não diga respeito a contratações públicas para inovação, trata-se, sem dúvida, de uma das decisões mais importantes sobre o controle da CT&I no Brasil, a qual contribuiu para que as reformas do Marco Legal, em 2016, incorporassem parâmetros normativos específicos para o controle de atividades de pesquisa, desenvolvimento e inovação no país.

O Acórdão resultou de ampla auditoria destinada a verificar, em caráter nacional, a execução dos projetos realizados por fundações de apoio em 16 IFES, envolvendo uma profunda controvérsia sobre os limites do conceito de "desenvolvimento institucional". Segundo a redação original da Lei nº 8.958/1994, as IFES e as ICTs federais poderiam contratar as fundações de apoio mediante dispensa de licitação, nos termos do artigo 24, inciso XIII, da Lei nº 8.666/1993, "(...) *com a finalidade de dar apoio a projetos de pesquisa, ensino e extensão e de desenvolvimento institucional, científico e tecnológico de interesse das instituições federais contratantes*" (artigo 1º). Mas a lei não definia quais atividades poderiam ser enquadradas no conceito de desenvolvimento institucional, causando insegurança jurídica sobre a atuação das fundações de apoio nos contratos e convênios celebrados.

Essa lacuna só veio a ser sanada com o Decreto nº 5.205/2004, que regulamentou a Lei das Fundações de Apoio quase dez anos após a sua edição, em 1994. O decreto adotou um conceito bastante amplo, permitindo que "(...) *programas, ações, projetos e atividades, inclusive aqueles de natureza infra-estrutural*" fossem considerados desenvolvimento institucional, desde que levassem à "(...) *melhoria das condições das instituições*" e estivessem "(...) *devidamente consignados em plano institucional aprovado pelo órgão superior da instituição*" (artigo 1º, §3º).

Não demorou para que o conceito estabelecido pelo Poder Executivo no regulamento fosse questionado, em diversas decisões esparsas, pelo TCU.[332] Considerada excessivamente elástica pelo Tribunal, a definição de desenvolvimento institucional prevista no Decreto nº 5.205/2004 poderia desvirtuar a dispensa de licitação do

---

[332] Vejam-se, em especial, os seguintes precedentes: Acórdão TCU nº 197/2007, Segunda Câmara; Acórdão TCU nº 218/2007, Segunda Câmara; Acórdão TCU nº 1279/2007, Plenário; Acórdão TCU nº 714/2008, Plenário; e Acórdão TCU nº 918/2008, Plenário.

artigo 24, inciso XIII, da Lei nº 8.666/1993 e, portanto, só seria admitida quando o produto da contratação resultasse em efetivo aprimoramento das IFES, caracterizado pela melhoria mensurável da eficácia e eficiência no desempenho de suas atribuições, e desde que previsto em um plano institucional aprovado pelo órgão superior da instituição apoiada, ficando expressamente vedada a realização de atividades de manutenção e infraestrutura.

O Acórdão nº 2.731/2008 surge, nesse contexto, como uma resposta coordenada do TCU ao emprego reiterado de práticas que contrariavam o seu entendimento sobre o tema do desenvolvimento institucional – muito embora, vale destacar, a atuação da Administração estivesse respaldada, à época, em um decreto editado pelo Poder Executivo, mas que era considerado amplo demais pelo Tribunal. O resultado foi uma dura reprimenda às IFES e às fundações de apoio, limitando consideravelmente a sua esfera de atuação. Dentre as várias determinações do TCU, destacam-se: (i) a vedação de que atividades administrativas de rotina, como manutenção predial, limpeza, conservação, vigilância, entre outras, fossem consideradas como desenvolvimento institucional;[333] (ii) a adoção de uma sistemática de prestação de contas que obedecesse à segregação de funções e fosse apresentada de forma individualizada, por projeto, com rol de documentos mínimos[334] e inclusão do número do projeto nas notas fiscais, a serem mantidas por pelo menos cinco anos;[335] e (iii) a proibição de que os repasses financeiros provenientes de fundos e agências de fomento

---

[333] 9.2.9. exijam que as contratações relativas a projetos classificados como de desenvolvimento institucional impliquem produtos que resultem em melhorias mensuráveis da eficácia e eficiência no desempenho da IFES, com impacto evidente em sistemas de avaliação institucional do MEC e em políticas públicas plurianuais de ensino superior com metas definidas, evitando enquadrar nesse conceito atividades tais como: manutenção predial ou infra-estrutural, conservação, limpeza, vigilância, reparos, aquisições e serviços na área de informática, expansões vegetativas ou de atividades de secretariado, serviços gráficos e reprográficos, telefonia, tarefas técnico-administrativas de rotina, como a realização de concursos vestibulares, e que, adicionalmente, não estejam objetivamente definidas no Plano de Desenvolvimento Institucional da IFES"

[334] "9.2.18. exijam que essas prestações de contas contenham, pelo menos, os seguintes documentos: demonstrativos de receitas e despesas; relação de pagamentos identificando o nome do beneficiário e seu CNPJ ou CPF, número do documento fiscal com a data da emissão e bem adquirido ou serviço prestado; atas de licitação, se houver; relação de bolsistas e de empregados pagos pelo projeto com as respectivas cargas horárias e também guias de recolhimentos de saldos à conta única da Universidade de valores com essa destinação legal e normativa"

[335] "9.2.19. estabeleçam a obrigação de que as notas fiscais relativas a despesas feitas por fundações de apoio, sejam identificadas com o número do projeto, ficando à disposição da IFES e dos órgãos de controle pelo prazo de cinco anos após o encerramento do projeto;"

fossem feitos diretamente às fundações de apoio, orientando que tais recursos fossem repassados diretamente às próprias IFES.[336]

A decisão do TCU foi muito criticada nos meios científico e acadêmico.[337] A imprensa repercutiu os posicionamentos contrários de entidades do setor, como a Academia Brasileira de Ciências e a Sociedade Brasileira para o Progresso da Ciência,[338] e a polêmica chegou a ser discutida no Congresso Nacional por ocasião da 7ª Reunião Extraordinária da Comissão de Ciência, Tecnologia, Inovação, Comunicação e Informática do Senado Federal. O descompasso entre o conceito previsto no regulamento e o entendimento adotado no Acórdão TCU nº 2.731/2008 suscitou uma discussão importante acerca dos limites e das atribuições do Tribunal, bem como sobre a insegurança jurídica gerada para a área de CT&I. Vejam-se, por exemplo, os seguintes depoimentos extraídos da Ata dessa reunião:[339]

> SR. RONALDO PENA (Reitor da UFMG): (...) O que são as deter-minações do Acórdão 2.731, bem descrito pela representação do TCU? Entre muitas outras colocações, uma série de achados foram feitos, denominadas irregularidades. (...)
>
> Agora, *a irregularidade pode ser também uma disputa de opinião*. "Olha a lei está dizendo que eu posso contratar sem licitação, o TCU está dizendo que não". (...)
>
> Ora, no relatório está escrito: "A despeito do que dispõe o Decreto 5.205 de 2004, considero que esse Tribunal deve manter o entendimento que vem adotando até o presente". *Isso é legislar, não é? Isso é legislar, quer dizer, o Decreto pode ser mudado, a lei pode ser mudada, mas a lei está escrita,*

---

[336] "9.4.1. orientem todas as agências financiadoras, fundos e órgãos subordinados para que não efetuem contratos ou convênios de repasse de recursos financeiros, com objetivos de fomento à pesquisa científica ou tecnológica, diretamente para fundações de apoio a IFES, se destinados a projetos abrangidos pela Lei nº 8.958/1994, hipótese em que tais avenças devem ser feitas diretamente com as IFES".

[337] "Os órgãos de controle são importantes em uma sociedade democrática, mas eles têm que ter consciência do seu papel e responsabilidade por seus atos. Os marcos regulatórios precisam ser modernizados, inclusive estabelecendo claramente as atribuições, competências e limites dos seus órgãos que, muitas vezes, extrapolam suas atribuições, agindo como se fossem poder executivo e legislativo, sem legitimidade e competência para tal. Quem controla os órgãos de controle?" (BEIRÃO, 2010, p. 50-51).

[338] "Especialistas temem um 'apagão científico' no Brasil". 19.05.2009. Disponível em: http://www.abc.org.br/2009/05/19/especialistas-temem-um-apagao-cientifico-no-brasil/. Acesso em: 31 jan. 2024.

[339] Ata da 7ª Reunião Extraordinária da Comissão de Ciência, Tecnologia, Inovação, Comunicação e Informática – CCT. 3ª Sessão Legislativa Ordinária da 53ª Legislatura, realizada em 15.04.2009. Disponível em: https://legis.senado.leg.br/sdleg-getter/documento/download/369439d9-9afa-4938-a90f-cadefa4b670b. Acesso em: 29 jan. 2024.

não é? Eu não posso ser punido porque eu estou cumprindo a lei. (...)
Pelo que tudo que foi dito é evidente o conflito entre as interpretações do TCU e a Legislação existente. A Legislação pode mudar, mas ela tem que mudar aqui no Parlamento, e nós vamos atendê-la sem nenhum problema, é a nossa missão, obrigação nossa";

DEPUTADO BILAC PINTO (PL-MG): Eu acho que o cerne da nossa questão aqui efetivamente é fazer a discussão: *Até onde o Tribunal de Contas vai com relação a esse conceito de legislar e até onde essas fundações podem ir. Porque eu acho que está havendo, a meu ver está havendo uma intromissão*, se a palavra for forte, mas eu acho que é a primeira que me veio aqui nesse momento sem querer fazer nenhuma crítica ao Tribunal de Contas, com relação a quem efetivamente pode cumprir a legislação e de que maneira nós podemos trabalhar (...)

Quer dizer, *eu acho que o Tribunal está legislando. Esse é o papel do Congresso, esse é o papel da Câmara, esse é o papel do Senado. Ele a meu ver exacerbou das suas prerrogativas. Mais uma vez eu volto a repetir, como órgão auxiliar do Poder Legislativo: Do Poder Legislativo.* Aliás, aqui eu falo isso com muita tranquilidade, não vai nenhuma crítica a vocês que são funcionários concursados do Tribunal, mas eu acho que o Congresso Nacional tem que fazer uma discussão a respeito do papel do Tribunal de Contas, respeitando os princípios de moralidade ética, de lisura, de licitação pública, mas eu acho que *está havendo um excesso por parte do Tribunal de Contas.*

SR. PRESIDENTE SENADOR LOBÃO FILHO (PMDB-MA): (...) *Eu acho que fica patente aqui nesta Comissão hoje, na realidade a responsabilidade do Congresso Nacional. Nós vemos mais uma vez, sendo usurpada a nossa missão constitucional*, antes pelo Executivo através das Medidas Provisórias, depois pelo Poder Judiciário, através dos seus acórdãos e, *agora, pelo TCU, através também de seus acórdãos.* Mas antes de fazer a crítica ao TCU, eu faço a crítica a nós mesmos. Nós precisamos rever os procedimentos legislativos para que a gente possa dar vazão a essas necessidades. (...)

E nós vemos uma reação do Tribunal de Contas prejudicando já todas as fundações e todas as universidades. E o que a gente percebe disso tudo? A ausência de uma regulamentação de uma norma, de uma lei específica, clara, que defina os papéis, atribuições, responsabilidades, direitos e deveres. *E isso é papel nosso aqui do Congresso, como a gente não faz, o Tribunal de Contas da União faz um Acórdão.* (Grifos meus)

A Universidade Federal de Minas Gerais (UFMG) chegou a impetrar um Mandado de Segurança preventivo no Supremo Tribunal Federal, com o objetivo de evitar a aplicação de sanções aos seus gestores e resguardar a sua autonomia para definir as ações que poderiam ser enquadradas em projetos de desenvolvimento institucional.[340] Segundo a UFMG, o TCU teria decidido *contra legem* ao impor uma interpretação mais restritiva do que a prevista, à época, na Lei nº 8.958/1994 e no Decreto nº 5.205/2004, ferindo a autonomia universitária e contrariando entendimentos anteriores da própria Corte. A liminar foi deferida parcialmente para afastar a aplicação de sanções ao Reitor e demais gestores da universidade, com base no Acórdão TCU nº 2.731/2008, até a conclusão do julgamento.

Mas o impasse só foi resolvido pela via normativa. A Medida Provisória nº 495/2010 alterou o artigo 1º da Lei nº 8.958/1994, vedando expressamente o enquadramento de atividades de manutenção predial e infraestrutural no conceito de desenvolvimento institucional. Posteriormente, o Decreto nº 7.423/2010 estabeleceu um novo regulamento para a Lei nº 8.958/1994, revogando o decreto de 2004 e afastando definitivamente a realização de obras e serviços de engenharia por fundações de apoio.

Em virtude da alteração legislativa, o Mandado de Segurança impetrado pela UFMG teve seguimento negado em 2019, por perda superveniente do interesse de agir. Todavia, o entendimento mais restritivo sobre desenvolvimento institucional permanece em vigor até hoje, contando já com alguns aprofundamentos feitos pelo TCU por ocasião do exame de casos concretos sobre o tema.[341] De todo modo, a

---

[340] Mandado de Segurança nº 27.799-8/DF, Rel. Min. Rosa Weber, d.j. 25.09.2019. O Mandado de Segurança teve seguimento negado, por perda superveniente do interesse de agir, em 2019, em virtude da alteração normativa. Disponível em: https://portal.stf.jus.br/processos/detalhe.asp?incidente=2653048. Acesso em: 31 jan. 2024.

[341] Vejam-se, a título de exemplo, alguns enunciados firmados pelo TCU sobre o tema: (i) "É permitida à fundação de apoio de instituição científica, tecnológica e de inovação (ICT), na delegação de que trata o art. 18, parágrafo único, da Lei 10.973/2004, a arrecadação e o gerenciamento de receitas próprias da ICT fora da conta única do Tesouro Nacional, sendo necessário, entretanto, que a mencionada delegação seja formalizada por meio da celebração de contrato ou convênio" (Acórdão TCU nº 1584/2018, Plenário); (ii) "A contratação direta de fundação de apoio por dispensa de licitação somente se justifica se a natureza dos serviços prestados for diretamente ligada à execução dos projetos de ensino, pesquisa, extensão, desenvolvimento institucional, científico e tecnológico e estímulo à inovação, em que a participação da fundação, dada a sua experiência e qualificação, se mostre importante para a realização com sucesso dos projetos. As fundações de apoio não devem ser contratadas para realizar meros serviços burocráticos da entidade apoiada" (Acórdão TCU nº 297/2018, Plenário); e (iii) "A mera intermediação para a realização de outras contratações ou para a administração financeira de recursos não se coaduna com as atividades mencionadas no art. 24, inciso XIII, da Lei 8.666/1993. O núcleo do objeto de contrato celebrado sob a égide da Lei 8.958/1994 é, nos termos da lei, 'os projetos de ensino, pesquisa, extensão, desenvolvimento institucional, científico e tecnológico e estímulo à

polêmica instaurada em torno do Acórdão nº 2.731/2008 contribuiu para mobilizar órgãos e entidades do ecossistema científico para discutir os limites e as especificidades do controle na área de CT&I, resultando na introdução, pelas reformas legislativas da Lei nº 13.243/2016, de dois parâmetros específicos para o seu exercício nessa matéria.

4.3.2 As diretrizes específicas de controle do Marco Legal de CT&I: a simplificação de procedimentos e o controle de resultados

Ao discutir o financiamento público à inovação empresarial, Fabio Gomes dos Santos (2022, p. 453-465) chama a atenção para os dois critérios previstos na Lei de Inovação que diferenciariam o controle da área de CT&I daquele exercido em outras atividades de fomento. Trata-se da "simplificação de procedimentos" e do "controle de resultados", previstos no artigo 1º, parágrafo único, inciso XII,[342] no artigo 27, inciso V,[343] e no artigo 27-A[344] da Lei nº 10.973/2004. O artigo 9º-A, §2º reitera esses dois parâmetros ao afirmar que a prestação de contas nos Convênios de PD&I – instrumento jurídico de fomento pelo qual se destinam recursos financeiros para a execução de projetos de pesquisa, desenvolvimento e inovação, que será tratado no item 5.4.1 – deve ser feita "(...) *de forma simplificada e compatível com as características das atividades de ciência, tecnologia e inovação, nos termos de regulamento".*

---

inovação', e não o apoio, que inclui a gestão administrativa e financeira, prestado a esses projetos" (Acórdão TCU nº 1677/2017, Plenário)

[342] Artigo 1º, parágrafo único, inciso XII da Lei nº 10.973/2004: "Art. 1º Esta Lei estabelece medidas de incentivo à inovação e à pesquisa científica e tecnológica no ambiente produtivo, com vistas à capacitação tecnológica, ao alcance da autonomia tecnológica e ao desenvolvimento do sistema produtivo nacional e regional do País, nos termos dos arts. 23, 24, 167, 200, 213, 218, 219 e 219-A da Constituição Federal. Parágrafo único. As medidas às quais se refere o caput deverão observar os seguintes princípios: (...) XII – simplificação de procedimentos para gestão de projetos de ciência, tecnologia e inovação e adoção de controle por resultados em sua avaliação;"

[343] Artigo 27, inciso V, da Lei nº 10.973/2004:" Art. 27. Na aplicação do disposto nesta Lei, serão observadas as seguintes diretrizes: (...) V – promover a simplificação dos procedimentos para gestão dos projetos de ciência, tecnologia e inovação e do controle por resultados em sua avaliação"

[344] Artigo 27-A da Lei nº 10.973/2004: "Art. 27-A. Os procedimentos de prestação de contas dos recursos repassados com base nesta Lei deverão seguir formas simplificadas e uniformizadas e, de forma a garantir a governança e a transparência das informações, ser realizados anualmente, preferencialmente, mediante envio eletrônico de informações, nos termos de regulamento."

O Decreto nº 9.283/2018 também dedica um capítulo próprio, nos artigos 47 a 60, à prestação de contas nessa área.

Como visto no item anterior, as reações ao "controle excessivo" fizeram com que o tema do controle ganhasse relevância e prioridade política nas alterações legislativas provocadas pela Emenda Constitucional nº 85/2015 e pela Lei nº 13.243/2016. Destaque-se, em especial, que foi esse diploma legal que incorporou pela primeira vez as preocupações com simplificação de procedimentos e controle de resultados ao texto da Lei de Inovação, o que explica o caráter relativamente recente da aplicação dessas diretrizes a órgãos e entidades do ecossistema brasileiro. Esses dois núcleos conceituais funcionam como parâmetros que devem ditar o modo de ser específico do controle exercido sobre atividades de CT&I no país. Contudo, vale lembrar que essas não são preocupações novas no direito administrativo brasileiro, tampouco exclusivas para atividades de ciência e tecnologia.

Em primeiro lugar, a simplificação de procedimentos é uma ambição antiga do legislador que se reflete na valorização de técnicas que facilitem a prestação de contas e reduzam a complexidade de sua apresentação e conferência. A respeito, o artigo 14 do Decreto-Lei nº 200/1967 já previa, em caráter geral, que o "(...) *trabalho administrativo será racionalizado mediante simplificação de processos e supressão de contrôles que se evidenciarem como puramente formais ou cujo custo seja evidentemente superior ao risco*". A reiteração dessa diretriz em meio à reforma da Lei de Inovação, em 2016, corrobora de forma sintomática a percepção de elevada intensidade do controle na área de CT&I, bem como a necessidade de redução da burocracia associada aos procedimentos adotados, sobretudo por entidades financiadoras e agências de fomento. A diminuição do número de documentos a serem apresentados para prestação de contas e o abandono de exigências de caráter puramente formal também fazem parte desse objetivo. Por fim, a alteração feita pela Emenda Constitucional nº 85/2015[345] para permitir a transposição, o remanejamento ou a transferência de recursos de uma categoria de programação para outra constitui igualmente uma medida de simplificação que suprimiu um entrave de relevo durante a execução

---

[345] Artigo 167, §5º, da Constituição de 1988: "§5º A transposição, o remanejamento ou a transferência de recursos de uma categoria de programação para outra poderão ser admitidos, no âmbito das atividades de ciência, tecnologia e inovação, com o objetivo de viabilizar os resultados de projetos restritos a essas funções, mediante ato do Poder Executivo, sem necessidade da prévia autorização legislativa prevista no inciso VI deste artigo".

de projetos de PD&I, permitindo que mudanças posteriores pudessem fazer frente a circunstâncias imprevistas.

Em segundo, o controle de resultados também não é uma preocupação nova no contexto brasileiro. A Lei nº 4.320/1964, em seu artigo 75, inciso III, já incluía a verificação do "(...) *cumprimento do programa de trabalho expresso em têrmos monetários e em têrmos de realização de obras e prestação de serviços"* entre as diretrizes para o controle da execução orçamentária, valorizando os resultados obtidos em cada ação custeada com recursos públicos. Mas a principal referência sobre o tema no campo do direito administrativo reside, sem dúvida, no Marco Regulatório das Organizações da Sociedade Civil (MROSC), aprovado pela Lei nº 13.019/2014. Muito embora essa legislação não esteja diretamente relacionada a contratações públicas para inovação, a experiência envolvendo a aplicação do controle de resultados nesse diploma legal constitui uma importante chave para compreender a atuação do controle externo em outras atividades de fomento orientadas pela mesma premissa, como é o caso da área de CT&I.

Por esse motivo, a presente seção encontra-se organizada em três partes. No subitem 4.3.2.1, examino a experiência do TCU com o controle de resultados no âmbito do MROSC para poder compará-la, no subitem 4.3.2.2, com casos julgados pela Corte de Contas envolvendo a aplicação do Marco Legal de CT&I. Na sequência, o subitem 4.3.2.3 tratará da interface necessária entre o controle de resultados e a tolerância ao insucesso em atividades pautadas pela incerteza científica e pelo risco tecnológico, concluindo esta seção.

4.3.2.1 A experiência com o controle de resultados no Marco Regulatório das Organizações da Sociedade Civil à luz da jurisprudência do TCU

A Lei nº 13.019/2014, no artigo 6º, inciso II,[346] optou expressamente por priorizar o controle de resultados na disciplina do regime jurídico das parcerias entre a Administração e as organizações da sociedade civil (OSCs), o que se reflete em outros dispositivos legais e no seu regulamento, dado pelo Decreto nº 8.726/2016. Embora alguns autores, como Gustavo Schiefler (2014b), acreditem que o controle de resultados

---

[346] Artigo 6º, inciso II, da Lei nº 13.019/2014: "Art. 6º São diretrizes fundamentais do regime jurídico de parceria: (...) II – a priorização do controle de resultados".

no MROSC foi mais tímido do que poderia ser, a priorização expressa dessa sistemática pela Lei nº 13.019/2014, a qual foi posteriormente alterada pela Lei nº 13.204/2015, teve grande impacto na doutrina e na jurisprudência do TCU, que discutiu em profundidade a sua aplicação em diversos julgados.

Um dos principais aspectos do controle de resultados diz respeito à priorização da avaliação técnica dos resultados obtidos na parceria. Desse modo, o controle formal da execução financeira deve ser exigido apenas em caráter *subsidiário*, ou seja, somente se a entidade não atingir as metas pactuadas ou se houver indício de irregularidades. Vale lembrar que a prestação de contas da Lei nº 13.019/2014 é dividida em dois documentos principais: (i) o relatório de execução do objeto, em que a OSC compara as atividades desenvolvidas e os resultados alcançados com as metas definidas no plano de trabalho; e (ii) o relatório de execução financeira, descrevendo as despesas realizadas e a sua vinculação com o objeto pactuado.

A subsidiariedade, na prática, implica exigir que a OSC apresente o relatório de execução financeira somente no caso de descumprimento das metas previstas no plano de trabalho ou quando houver evidência de ato irregular, nos termos do artigo 59, §1º, inciso V,[347] do artigo 66, inciso II, da Lei nº 13.019/2014[348] e do artigo 56 do Decreto nº 8.726/2016.[349]

---

[347] Artigo 59, §1º, inciso V, da Lei nº 13.019/2014: "Art. 59. (...) §1º O relatório técnico de monitoramento e avaliação da parceria, sem prejuízo de outros elementos, deverá conter: (...) V – análise dos documentos comprobatórios das despesas apresentados pela organização da sociedade civil na prestação de contas, quando não for comprovado o alcance das metas e resultados estabelecidos no respectivo termo de colaboração ou de fomento;"

[348] Artigo 66, inciso II, da Lei nº 13.019/2014: "Art. 66. A prestação de contas relativa à execução do termo de colaboração ou de fomento dar-se-á mediante a análise dos documentos previstos no plano de trabalho, nos termos do inciso IX do art. 22, além dos seguintes relatórios: (...) II – relatório de execução financeira do termo de colaboração ou do termo de fomento, com a descrição das despesas e receitas efetivamente realizadas e sua vinculação com a execução do objeto, na hipótese de descumprimento de metas e resultados estabelecidos no plano de trabalho".

[349] Artigo 56 do Decreto nº 8.726/2016: "Art. 56. Quando a organização da sociedade civil não comprovar o alcance das metas ou quando houver evidência de existência de ato irregular, a administração pública federal exigirá a apresentação de relatório de execução financeira, que deverá conter:
I – a relação das receitas e despesas realizadas, inclusive rendimentos financeiros, que possibilitem a comprovação da observância do plano de trabalho;
II – o comprovante da devolução do saldo remanescente da conta bancária específica, quando houver;
III – o extrato da conta bancária específica;
IV – a memória de cálculo do rateio das despesas, quando for o caso;

Logo, se o relatório de execução do objeto for aprovado sem ressalvas – o que implica o reconhecimento, pela Administração, de que as metas pactuadas na parceria foram atingidas pela OSC – o controle de meios relativo à execução financeira, em que se faz o cotejo formal das notas fiscais com os recursos repassados e as despesas previstas no plano de trabalho, não precisaria ser realizado.

Mas como os Tribunais de Contas enxergam essa sistemática? Kamile Medeiros do Valle (2020), em estudo específico sobre o controle de resultados no MROSC, realizou uma pesquisa jurisprudencial que revela um diagnóstico importante. No período estudado pela autora, entre janeiro de 2016 e agosto de 2019, "(...) *prevalece o entendimento da necessária comprovação do nexo de causalidade entre valores recebidos e gastos efetivos das OSCs, isto é, o controle formal das contas*", haja vista que o Tribunal "(...) *se posicionou contrariamente à subsidiariedade da análise do relatório financeiro em detrimento do relatório de execução do objeto na parceria conforme previsto no artigo 66 da Lei e, mais explicitamente, nos artigos 55 e 56 do Decreto*" (VALLE, 2020, p. 124). A jurisprudência do TCU, portanto, mitiga o controle de resultados ao exigir a apresentação do relatório de execução financeira e seu exame pela Administração, haja vista que haveria um "nexo de causalidade" entre o controle formal das receitas recebidas e o objeto realizado pela OSC na parceria, afastando assim a subsidiariedade.[350]

V – a relação de bens adquiridos, produzidos ou transformados, quando houver; e
VI – cópia simples das notas e dos comprovantes fiscais ou recibos, inclusive holerites, com data do documento, valor, dados da organização da sociedade civil e do fornecedor e indicação do produto ou serviço.
Parágrafo único. A memória de cálculo referida no inciso IV do *caput*, a ser apresentada pela organização da sociedade civil, deverá conter a indicação do valor integral da despesa e o detalhamento da divisão de custos, especificando a fonte de custeio de cada fração, com identificação do número e do órgão ou entidade da parceria, vedada a duplicidade ou a sobreposição de fontes de recursos no custeio de uma mesma parcela da despesa.

[350] "(...) os acórdãos encontrados na pesquisa apontam para a formação de jurisprudência no TCU que reitera a valorização da comprovação do nexo de causalidade entre as receitas recebidas do parceiro público e o objeto realizado na atividade da entidade sem fins lucrativos, isto é, favorece o controle formal das parcerias. Neste contexto, o TCU remete a prestação de contas ao exame da execução financeira da parceria, mitigando as normas do marco regulatório que impõem sua análise subsidiária pelos órgãos de controle interno e externo" (VALLE, 2020, p. 115). Ainda: "No período assinalado para a pesquisa jurisprudencial, a Corte de Contas expõe seu posicionamento de mitigação do controle voltado aos resultados na fiscalização e julgamento de contas das parcerias firmadas com as entidades sem fins lucrativos, mesmo diante de fundamento legal, representado pelo marco regulatório das OSCs, o qual potencializa e incentiva tal controle" (VALLE, 2020, p. 118).

O Acórdão n° 1957/2017,[351] segundo Valle (2020, p. 112-114), foi especialmente importante para a consolidação desse entendimento no TCU. O caso concreto cuidava da apuração de irregularidades verificadas em um convênio de cooperação celebrado entre o Ministério da Cultura, com recursos da Lei Rouanet (Lei n° 8.313/1991), e a Associação Opção Brasil. Em meio à controvérsia sobre a prestação de contas, a entidade alegou que deveriam ser aplicadas as regras da Lei n° 13.019/2014, a qual permitia afastar o controle formal da execução financeira quando cumpridas as metas e os resultados. Como o tema ainda era novo no Tribunal, o Ministro Benjamin Zymler, relator do caso, solicitou um parecer ao Ministério Público de Contas examinando especificamente "(...) *a possível dispensa do exame da regularidade financeira, quando restar demonstrada a execução física dos convênios*".[352]

O Ministério Público junto ao TCU, analisando a questão, argumentou que haveria uma antinomia na Lei n° 13.019/2014, em especial nos artigos 64, §2°, e 66, inciso II, e que a interpretação sistemática desses dispositivos levaria à conclusão de que a análise da prestação de contas da parceria não poderia prescindir da verificação da regularidade dos atos de gestão praticados pela OSC. O parecer argumentou que a "priorização" do controle de resultados não implicaria sua "exclusividade", com o abandono do controle de meios, e que a necessidade de examinar a execução financeira decorreria das normas do MROSC que tratam de movimentação dos recursos (artigos 51 a 53), monitoramento (artigo 61) e sanções (artigo 72), além de dispositivos constitucionais (artigos 37 e 70). Portanto, na sua visão, a Lei n° 13.019/2014 e o Decreto n° 8.726/2016 não poderiam ser interpretados para entender que a Administração estaria dispensada de analisar o relatório de execução financeira, mesmo na hipótese de cumprimento integral das metas pactuadas com a entidade.[353]

---

351 Plenário, Rel. Min. Benajmin Zymler, sessão de 06.09.2017. Disponível em: http://bit. ly/3UwjJdu. A despeito de o caso contar com Acórdãos posteriores no plano processual, o entendimento do TCU sobre a prestação de contas na Lei n° 13.019/2014 foi mantido.

352 Item 3 do relatório do Acórdão n° 1957/2017, onde também consta a transcrição completa do parecer solicitado ao Ministério Público junto ao TCU.

353 Confira-se, por exemplo, o excerto seguinte do parecer do Ministério Público de Contas: "Por conseguinte, a análise da prestação de contas da parceria não pode prescindir do exame da regularidade dos atos de gestão praticados. Tal exame passa, necessariamente, pela análise das despesas realizadas e pela verificação do nexo de causalidade entre as receitas e as despesas. É justamente por isso que a decisão sobre a aprovação da prestação de contas deve considerar também o parecer financeiro, expressamente previsto no art. 72, §1°, da Lei 13.019/2014. Dada a necessária vinculação entre prestação de contas e demonstração da boa e regular gestão dos recursos, o art. 66, II, da Lei 13.019/2014

O Ministro Benjamin Zymler acolheu integralmente os fundamentos apresentados pelo parecer do Ministério Público de Contas. Ao fazê-lo, o Tribunal reiterou o seu entendimento, anterior ao MROSC, no sentido de que a mera execução física do objeto pactuado não comprova que os recursos foram corretamente aplicados, cabendo aos responsáveis pela prestação de contas demonstrar o nexo de causalidade entre os valores repassados e a efetiva execução do objeto.[354]

Esse entendimento restritivo também prevalece em outros casos analisados pelo controle externo, nos quais o TCU se posicionou de forma contrária à subsidiariedade da análise financeira. Nesses julgados, em que é comum a referência ao artigo 70, parágrafo único, da Constituição[355] e ao artigo 93 do Decreto-Lei nº 200/1967,[356] o Tribunal explicita a sua visão de que a prestação de contas "boa e regular" ou "completa" depende da comprovação de que os recursos foram devidamente aplicados na política pública subjacente.

Este é o caso, por exemplo, do Acórdão nº 1.950/2016, em que o TCU respondeu a uma consulta formulada pelo Ministério da Cultura sobre a validade de atos normativos internos – em especial, a Portaria MinC nº 58/2016 – que dispensavam a análise financeira da prestação

---

não pode ser interpretado no sentido de se considerar que a administração pública está dispensada de analisar o relatório de execução financeira na hipótese de cumprimento das metas pactuadas. Sem a análise dos dados financeiros, não há como saber, por exemplo, se os recursos depositados na conta específica da parceria foram aplicados nas despesas previstas no plano de trabalho ou desviados para outros fins, nem se houve rendimentos de aplicação financeira ou saldo não utilizado a ser restituído ao concedente. Percebe-se, pois, que carece de lógica qualquer interpretação da lei que permita à administração pública simplesmente ignorar como os recursos por ela voluntariamente transferidos foram efetivamente gastos pela entidade privada. Logo, para que o art. 66, II, da Lei 13.019/2014 se harmonize com o restante da lei, e com a própria Constituição (arts. 70 e 37, caput), cumpre interpretá-lo no sentido de que a expressão 'na hipótese de descumprimento de metas e resultados estabelecidos no plano de trabalho' buscou apenas reforçar que, em tal hipótese, também deverá ser analisado o relatório de execução financeira. De fato, dizer que o relatório de execução financeira deve ser analisado na hipótese de descumprimento de metas e resultados estabelecidos no plano de trabalho não é o mesmo que dizer que o relatório de execução financeira só deve ser analisado se configurada a referida hipótese".

[354] Vejam-se, por exemplo, o Acórdão TCU nº 1663/2014, Primeira Câmara, o Acórdão TCU nº 883/2014, 1ª Câmara, Acórdão TCU nº 459/2014, 1ª Câmara, e o Acórdão TCU nº 399/2001, 2ª Câmara, dentre outros.

[355] Artigo 70, parágrafo único, da Constituição de 1988: "Art. 70. (...) Parágrafo único. Prestará contas qualquer pessoa física ou entidade pública que utilize, arrecade, guarde, gerencie ou administre dinheiros, bens e valores públicos ou pelos quais a União responda, ou que, em nome desta, assuma obrigações de natureza pecuniária".

[356] Artigo 93 do Decreto-Lei nº 200/1967: "Art. 93. Quem quer que utilize dinheiros públicos terá de justificar seu bom e regular emprêgo na conformidade das leis, regulamentos e normas emanadas das autoridades administrativas competentes".

de contas em projetos incentivados pela Lei Rouanet, em especial nos casos em que fosse verificado o cumprimento integral do objeto e o valor captado fosse igual ou inferior a R$ 600.000,00 (seiscentos mil reais). As regras editadas pelo Ministério eram bastante semelhantes às previstas no MROSC, prevendo a subsidiariedade da regularidade financeira e a primazia da análise técnica sobre o cumprimento do objeto.[357] Mas o relator, Ministro Marcos Bemquerer Costa, concluiu que a normativa "(...) *impede o estabelecimento do nexo causal entre os recursos recebidos e as despesas realizadas no ajuste, não obedecendo, assim, o princípio da boa e regular prestação de contas".*[358] A decisão foi objeto de embargos de declaração,[359] sede em que o Tribunal reiterou o seu entendimento de que permanece obrigatória a análise financeira de todas as prestações de contas relativas à Lei Rouanet pelo Ministério da Cultura, ainda que o objeto tenha sido cumprido integralmente.

Um segundo caso diz respeito ao Acórdão nº 7.551/2019,[360] em que a Primeira Câmara do Tribunal analisou convênio celebrado pelo Ministério do Turismo para destinar apoio financeiro à realização de um evento. Não havia dúvidas, segundo a área técnica, sobre a sua efetiva realização, mas a prestação de contas da entidade estava incompleta. Os responsáveis, com base na Lei nº 13.019/2014, sustentaram que deveriam comprovar apenas o cumprimento das metas e objetivos previstos no plano de trabalho, mas o Tribunal afastou essa alegação citando

---

[357] A redação apresentada pela Portaria MinC nº 58/2016 é bastante semelhante àquela prevista na Lei 13.019/2014: "Art. 3º A análise das prestações de contas de projetos financiados por meio de incentivos fiscais regidos pela Lei n. 8.313, de 1991, será realizada em duas etapas:
I – análise de objeto: análise técnica da execução do objeto, do alcance dos objetivos e da finalidade, proporcionais à captação de recursos para o projeto cultural; e
II – análise financeira: análise da regularidade das demonstrações financeiras, dos documentos comprobatórios das despesas e do nexo causal com o objeto pactuado.
§1º Nos projetos cujo valor captado seja igual ou inferior a R$ 600.000,00 (seiscentos mil reais), caso seja verificado o cumprimento integral na análise do objeto, poderá ser dispensada a análise financeira, desde que:
I – não exista indício de aplicação irregular ou desvio de finalidade;
II – não haja demanda por parte do controle externo ou interno, bem como do Ministério Público da União, dos Estados ou do Distrito Federal; ou
III – não haja denúncia ou representação junto ao Ministério da Cultura.
§2º Nos projetos cujo valor captado seja superior a R$ 600.000,00 (seiscentos mil reais) e inferior a R$ 2.000.000,00 (dois milhões de reais), caso seja verificado o cumprimento integral na análise do objeto, será realizada a análise simplificada, nos termos do Anexo".
[358] Item 9.2.2 do Acórdão TCU nº 1950/2016, Plenário, sessão de 27.07.2016.
[359] Acórdão TCU nº 2378/2016, Plenário, Rel. Min. Marcos Bemquerer, sessão de 14.09.2016.
[360] Acórdão TCU nº 7551/2019, Primeira Câmara, Rel. Min. Bruno Dantas, sessão de 13.08.2019.

o parecer do Ministério Público de Contas no processo relatado pelo Ministro Benjamin Zymler, em 2017, como fundamento da sua jurisprudência sobre o tema.[361] Para o TCU, a interpretação que reconhece a subsidiariedade da regularidade financeira em relação à análise técnica contraria o artigo 70, parágrafo único, da Constituição e o artigo 93 do Decreto-Lei nº 200/1967 – normas que seriam posteriormente invocadas pelo Tribunal, como se verá a seguir, em precedentes envolvendo órgãos e entidades do ecossistema de inovação brasileiro.

4.3.2.2 O controle de resultados sob o Marco Legal de CT&I: os casos da FINEP e do novo procedimento de prestação de contas do CNPq

O que se pode esperar do Tribunal de Contas da União sobre a aplicação do controle de resultados previsto no Marco Legal de CT&I? Os casos analisados na seção anterior não deixam dúvidas sobre o teor da jurisprudência do TCU, que tem se posicionado contrariamente à dispensa da análise financeira e manteve o seu entendimento sobre as prestações de contas mesmo diante de mudanças no direito positivo, como no caso da Lei nº 13.019/2014, que se alinham expressamente a esse novo paradigma.

Rodrigo Pagani de Souza (2017, p. 56-57) destaca que a busca por uma Administração Pública de resultados passa por duas tendências contemporâneas: a de reivindicação por parâmetros mais precisos do controle, a fim de que tal atividade seja menos embasada em princípios e valores abstratos, e a de acentuação de um controle prospectivo, mais preocupado em mensurar consequências ou impactos futuros do que em verificar o que foi realizado no passado. Ao priorizar o controle de resultados na atividade de CT&I, a percepção do legislador é a de que o controle exercido nessa seara também reflete um formalismo exagerado, excessivamente preocupado com os meios e que dá reduzida importância à consecução, ou não, dos fins buscados.

---

[361] Veja-se, por exemplo, o excerto seguinte extraído do relatório do Acórdão TCU nº 7551/2019: "32. Em nível jurisprudencial, cita-se o Processo nº 002.026/2014-7, de relatoria do Ministro Benjamin Zymler, em que foi consultado o Ministério Público acerca da exegese dessa lei. Em resposta, o Parquet assim se posicionou: 'Conclui-se, pois, em resposta à primeira questão formulada por Vossa Excelência, que não é possível dispensar a análise da execução financeira das parcerias firmadas com fundamento na Lei 13.019/2014, mesmo na hipótese de aprovação das metas e dos resultados previstos no plano de trabalho'".

Vale destacar que há notável semelhança entre as normas do MROSC e aquelas introduzidas na Lei de Inovação pelas reformas de 2016. Por exemplo, o artigo 58 do Decreto nº 9.283/2018 é expresso em afirmar que a entidade concedente dos recursos "(...) *exigirá a apresentação de relatório de execução financeira*" nos casos em que "(...) *o relatório de execução do objeto não for aprovado ou quando houver indício de ato irregular*" (§3º), reiterando a subsidiariedade entre a prestação de contas técnica e a financeira.[362] Todavia, o regulamento introduz um elemento novo quando determina, de forma cogente, que a concedente "(...) *deverá estipular tipologias e faixas de valores em que o relatório de execução financeira será exigido independentemente da análise do relatório de execução do objeto*" (artigo 58, §7º). Portanto, e ainda que a subsidiariedade seja mitigada no Marco Legal de CT&I pela obrigatoriedade de estabelecimento de um valor de alçada (que, se superado, torna obrigatório o exame da prestação de contas financeira), não há como negar que ambos os regimes jurídicos seguem premissas bastante semelhantes.

Como se posicionará o Tribunal, portanto, ao examinar as regras de controle de resultados da Lei de Inovação e, principalmente, no Decreto nº 9.283/2018? Mesmo que se possa afirmar que a redação do MROSC seja confusa, ou, ainda, que as alterações realizadas pela Lei nº 13.204/2015 geraram algum grau de antinomia entre o diploma legal e o seu decreto regulamentador, não nos parece que a conclusão que restou consolidada na jurisprudência do TCU venha a ter aplicabilidade restrita às parcerias com OSCs. Tudo indica que o entendimento que vem sendo manifestado pela Corte de Contas nos Acórdãos examinados na seção anterior se mantenha na interpretação de normas semelhantes previstas na Lei de Inovação e no seu regulamento. Como o TCU frequentemente fundamenta a sua posição em dispositivos constitucionais (artigo 70, parágrafo único) e legais (artigo 93 do Decreto-Lei nº 200/1967) de caráter geral, é pouco provável que o Tribunal modifique o seu entendimento para acolher matizes específicos da legislação de CT&I para reconhecer a subsidiariedade entre as prestações de contas técnica e financeira nessa área.

---

[362] "Essa síntese da disciplina das prestações de contas permite observar como ela se afasta de um viés formalista, privilegiando antes o exame dos resultados (técnicos) da concessão dos recursos do que a conferência exaustiva da comprovação (financeira) dos gastos. A verificação da execução do plano de trabalho é a regra, e a consulta a documentos fiscais ou bancários é ou excepcional ou reservada apenas para situações previamente delimitadas." (SANTOS, 2022, p. 461-462)

Essa tendência já foi confirmada por processos julgados após a reforma da Lei de Inovação, em 2016. Fábio Gomes dos Santos (2022), por exemplo, relata a oposição do TCU aos procedimentos de prestação de contas adotados pela FINEP, analisados no Acórdão nº 3.235/2017.[363] O caso concreto versava sobre a prestação de contas anual dos gestores da empresa referente ao exercício de 2014. Entre outros pontos, o Tribunal entendeu irregulares os atos normativos editados pela empresa que possibilitaram a aprovação da prestação de contas usando técnicas amostrais e permitindo a substituição de documentos pela apresentação de declarações pelo próprio convenente. O TCU ainda determinou a reanálise de todas as prestações de contas processadas pela agência de fomento com base na técnica amostral, exigindo o exame integral de todos os documentos necessários à comprovação da regularidade dos recursos repassados, provenientes do FNDCT.[364] Ao fazê-lo, a Corte *"(...) impôs uma reorientação de trajetória na atuação administrativa"* e determinou, de uma só vez, a apresentação de um plano de ação para *"(...) a reanálise de ao menos 1.664 prestações de contas originalmente (...) processadas pela via amostral"* (SANTOS, 2022, p. 463).

Todavia, e não obstante a experiência negativa da FINEP, o CNPq recentemente trouxe uma notícia promissora no que se refere à aplicação do controle de resultados aos ajustes regidos pelo Marco Legal de CT&I. A Portaria CNPq nº 914, de 1º de julho de 2022,[365] reestruturou os procedimentos de prestação de contas da entidade para prever faixas de valores para fiscalização por amostragem e hipóteses em que não será examinada a execução financeira, aproximando-se bastante do modelo previsto pelo Decreto nº 9.283/2018. Esse não foi o primeiro ato normativo do CNPq que buscou racionalizar a análise da prestação de contas financeira com base nos valores das bolsas e auxílios – dois anos

---

[363] Segunda Câmara, Rel. Min. André de Carvalho, sessão de 11.04.2017. O posicionamento foi reiterado no Acórdão TCU nº 7217/2017, por ocasião do julgamento dos embargos de declaração opostos ao primeiro julgado.

[364] Veja, por exemplo, o item 9.4.3 do Acórdão nº 3.235/2017, com a redação alterada pelo Acórdão TCU nº 7217/2017: "9.4.3. observe que, na prestação de contas dos convênios com recursos do FNDCT, na modalidade não reembolsável pela Lei nº 11.540/2007, deve-se promover a análise de todos os documentos que irão compor a prestação final de contas, sendo vedada a adoção de procedimentos que, por amostragem ou não, retirem da análise parte do conteúdo e/ou prevejam a tomada de decisão por meio de declarações do próprio convenente, de modo a respeitar o art. 70, parágrafo único, da Constituição de 1988 e o art. 40 da IN-CD-FNDCT 1/2010".

[365] Disponível em: https://www.in.gov.br/en/web/dou/-/portaria-cnpq-n-914-de-1-de-julho-de-2022-412301025. Acesso em: 09 fev. 2024.

antes, a Instrução de Serviço CNPq nº 1, de 6 de novembro de 2018,[366] foi editada para essa finalidade. Contudo, a falta de um estudo detalhado e abrangente que amparasse o uso da técnica amostral foi criticada pelo TCU no item 9.1.6 do Acórdão nº 2.794/2021,[367] o que motivou a substituição desse ato normativo por outro, em 2022.

A Portaria CNPq nº 914/2022 foi editada em um contexto marcado pelo monitoramento e acompanhamento estreitos, tanto pela CGU quanto pelo TCU, das medidas adotadas para reduzir o estoque de prestações de contas pendentes no CNPq. O Acórdão TCU nº 450/2020 menciona a existência de "(...) *116.166 processos com prazo vencido para apresentação de relatório técnico e/ou prestação de contas sem histórico de análise e 36.866 com histórico de análise, porém aguardando informações solicitadas*"[368] no ano de 2018, aumentando o risco de prescrição e comprometendo a concessão de novas bolsas e auxílios pela entidade. A elevada quantidade de processos em aberto já havia sido objeto de recomendações anteriores do Tribunal,[369] motivo pelo qual o item 9.4 do Acórdão determinou ao CNPq que concluísse em até 180 dias, posteriormente prorrogados pela Corte,[370] as análises pendentes.

No ano seguinte, o TCU realizou uma auditoria específica para aferir a eficiência do CNPq na análise da prestação de contas de bolsas e auxílios concedidos. O Acórdão TCU nº 2.794/2021[371] – o mesmo que recomendou a revisão da Instrução de Serviço CNPq nº 1/2018 – propôs expressamente que o CNPq aperfeiçoasse os seus procedimentos inter-

---

[366] A Instrução de Serviço CNPq 1, de 6 de novembro de 2018, estabelece faixas de valores em que o relatório de execução financeira será exigido e analisado independentemente da análise do relatório de execução do objeto. Disponível em: https://bit.ly/4bzhQD6. Acesso em: 10 fev. 2024.

[367] "9.1.6. promova estudo detalhado, no sentido de aperfeiçoar a IS CNPq 001/2018, acerca da pertinência do uso de faixas de valores a dispensarem análise financeira em caso de 'Relatório de Execução do Objeto (REO)' aprovado, bem como para justificar a escolha das referidas faixas, incluindo a materialidade sobre a qual a dispensa irá incidir, observando parâmetros de classificação das prestações de contas segundo níveis de criticidade ou risco de inconformidades, tendo por base tipologias de matriz de risco, a exemplo da delineada no subitem 9.6.1 do Acórdão 3061/2019-TCU-Plenário, da relatoria da Ministra Ana Arraes, detalhada nos itens 121 a 128 do relatório que embasou o referido acórdão (...)". Acórdão TCU nº 2794/2021, Plenário, Rel. Min. Augusto Nardes, sessão de 24.11.2021. Disponível em: https://bit.ly/3SClpj2. Acesso em: 10 fev. 2024.

[368] Item 5 do voto da Min. Ana Arraes.

[369] Confiram-se, por exemplo, o Acórdão TCU nº 1.066/2018, Segunda Câmara, e o Acórdão TCU nº 195/2019, Plenário.

[370] Acórdão nº 9.375/2020, Segunda Câmara, sessão de 08.09.2020.

[371] Plenário, Rel. Min. Augusto Nardes, sessão de 24.11.2021. Disponível em: https://bit.ly/3SClpj2. Acesso em: 10 fev. 2024.

nos à luz da Lei de Inovação e do Decreto nº 9.283/2018, elaborando um estudo mais detalhado sobre o emprego da amostragem para considerar critérios de criticidade e tipologias de matriz de riscos. A realização desse estudo resultou na mencionada Portaria CNPq nº 914/2022, que revogou os atos normativos anteriores e passou a permitir, de fato, que a análise das prestações de contas pelo CNPq não precisasse abranger sempre, e em todos os casos, o exame formal da execução financeira.

É interessante perceber como o próprio Tribunal, talvez motivado pelo elevado passivo de processos pendentes, recomendou expressamente o emprego da técnica amostral ao CNPq nesse caso.[372] Desde então, o TCU passou a acompanhar os esforços da entidade para diminuir o seu estoque, sem apresentar objeções aos procedimentos de prestação de contas que têm sido adotados desde julho de 2022. O Acórdão TCU nº 1.450/2023[373] recomendou que o CNPq atualizasse os seus atos normativos ao novo entendimento do Tribunal sobre a prescrição,[374] mas, novamente, sem opor resistência ao uso da amostragem nem à dispensa da prestação de contas financeira. Recentemente, no Acórdão nº 2.606/2024,[375] a Corte considerou "(...) *integralmente atendidas as determinações contidas no item 9.2 do Acórdão 450/2020-TCU-2ª. Câmara, e no item 1.6, subitens a.1, a.2 e a.3 do Acórdão 1.450/2023-TCU-1ª. Câmara"*, determinando o arquivamento do processo.

---

[372] Vejam-se, por exemplo, os trechos do voto condutor do Acórdão TCU nº 2.794/2021: "51. No tocante às medidas propostas pela equipe de auditoria para tratar dos problemas estruturantes identificados, o Secretário [da SecexAdministração, unidade técnica do próprio Tribunal] destacou a importância das recomendações, pois, em suma, visam: a revisão e a otimização do processo de análise de prestações de contas de bolsas e auxílios; a melhoria do suporte tecnológico desse processo; o aprimoramento da avaliação dos resultados da política; e o aperfeiçoamento da regulamentação do CNPq que disciplina a utilização de amostragem na análise de prestação de contas, em linha com o disposto no novo MLCTI". (...) "61. Em síntese, as recomendações propostas nesta auditoria buscam tratar dos problemas estruturantes identificados, tem natureza colaborativa, apresenta ao CNPq oportunidades de melhoria, com a finalidade de contribuir para o aperfeiçoamento da gestão ou dos programas e ações de governo, em conformidade com o estabelecido no art. 2º, inciso III, da Resolução-TCU 315/2020, e objetivam: (...) d) o aperfeiçoamento da regulamentação do CNPq que disciplina a utilização de amostragem na análise de prestação de contas, em linha com o disposto no novo Marco Legal de Ciência, Tecnologia e Inovação (MLCTI)".

[373] Primeira Câmara, Rel. Min. Jorge Oliveira, sessão de 28.02.2023.

[374] A Portaria CNPq nº 1.482 de 04 de outubro de 2023, instituiu Grupo de Trabalho para apresentar proposta de revisão do Manual de Cobrança, Recuperação e Parcelamento de Créditos do CNPq e do Manual de Prestação de Contas do CNPq, considerando disposições da Resolução TCU nº 344, de 11 de outubro de 2022, e a apresentação da proposta de Instrução Normativa que regulamente os procedimentos administrativos anteriores à cobrança administrativa e tomada de contas especial.

[375] Primeira Câmara, Rel. Min. Jorge Oliveira, sessão de 02.04.2024.

Há muitos motivos que podem explicar a diferença de posicionamento do TCU em relação aos casos do CNPq e da FINEP – a quantidade de bolsas e auxílios, pulverizados majoritariamente em pessoas físicas, no primeiro caso, e o volume de recursos operados para empresas em subvenções econômicas, no segundo, são variáveis que exemplificam como é difícil tecer uma comparação simples entre as duas entidades. Além disso, vale lembrar que a motivação adequada exerce peso significativo para se obter posicionamento favorável dos órgãos de controle (veja o item 4.4, abaixo) e, no caso do CNPq, a realização de um estudo detalhado e abrangente para justificar as faixas de valores adotadas, em cumprimento à recomendação do Acórdão nº 2.794/2021, parece ter feito toda a diferença. De todo modo, e muito embora seja ainda bastante recente, não restam dúvidas de que a experiência envolvendo o controle de resultados em uma das instituições mais importantes para o fomento da pesquisa brasileira é um bom sinal e que aponta no sentido correto, contribuindo para que as diretrizes de controle previstas no Marco Legal de CT&I e no seu regulamento possam ser efetivamente aplicadas e replicadas em todo o país.

4.3.2.3 Controle de resultados como tolerância à incerteza científica e ao risco tecnológico

O controle de resultados em CT&I também precisa levar em conta os riscos e incertezas inerentes à atividade inovativa, que são parâmetros relevantes para aferir o cumprimento dos objetivos previstos em situações em que estiver presente o risco tecnológico. Nesse ponto, o artigo 48, inciso I,[376] e o artigo 58, §6º,[377] do Decreto nº 9.283/2018 asseguram que eventuais metas que não puderam ser atingidas em

---

[376] Artigo 48, inciso I, do Decreto nº 9.283/2018: "Art. 48. O monitoramento, a avaliação e a prestação de contas serão disciplinados pelas instituições concedentes, observados os seguintes parâmetros: I – as metas que não forem atingidas em razão do risco tecnológico inerente ao objeto, desde que fundamentadas e aceitas pela concedente, não gerarão dever de ressarcimento".

[377] Artigo 58, §6º, do Decreto nº 9.283/2018: "Art. 58. A prestação de contas será simplificada, privilegiará os resultados obtidos e compreenderá: (...) §6º Desde que o projeto seja conduzido nos moldes pactuados, o relatório de execução do objeto poderá ser aprovado mesmo que os resultados obtidos sejam diversos daqueles almejados em função do risco tecnológico ou das incertezas intrínsecas à atividade de pesquisa, desenvolvimento e inovação, devidamente comprovadas, com a consequente aprovação das contas, com ou sem ressalvas, sem que o beneficiário dos recursos seja obrigado, por esse motivo, a restituir os recursos financeiros utilizados".

razão do risco tecnológico ou outras incertezas inerentes às atividades de pesquisa, desenvolvimento e inovação podem autorizar a aprovação das contas, sem gerar dever de ressarcimento ao erário, desde que sejam fundamentadas e aceitas pela entidade concedente dos recursos.

A ocorrência de riscos em atividades de fomento, nesse sentido, já foi considerada pelo Tribunal como um elemento que pode afastar o julgamento de irregularidade em virtude da não obtenção dos resultados inicialmente esperados. Por exemplo, no Acórdão nº 1.808/2010,[378] o Plenário do TCU examinou, entre outros pontos, operações de crédito realizadas pelo BNDES para a recuperação de um grupo empresarial, buscando evitar a sua falência. O relator do caso, Ministro Augusto Nardes, entendeu que o não atingimento do resultado originalmente esperado com a medida de fomento também se sujeita ao risco de insucesso e, como tal, não poderia por si só gerar sanção aos responsáveis.[379] O Tribunal entendeu que o "(...) *fomento econômico envolve certos riscos e avaliações insuscetíveis de se regrar objetiva e inflexivelmente*",[380] motivo pelo qual o julgamento de regularidade ou irregularidade não pode ser baseado, exclusivamente, no sucesso ou no fracasso das atividades incentivadas.

Em segundo lugar, e mais intimamente relacionado à área de CT&I, merece destaque o Acórdão TCU nº 18/2021.[381] Nesse precedente,

---

[378] Plenário, rel. Min. Augusto Nardes, sessão 28.07.2010. Disponível em: https://bit.ly/49kIGNk. Acesso em: 09 fev. 2024.

[379] Veja, por exemplo, o excerto do voto do Relator Augusto Nardes: "19. (...) c) não é concebível que uma irregularidade, qualquer que seja, dependa de um evento posterior para se caracterizar como tal, como seria a eventualidade de um sucesso ou de um fracasso nos resultados de um apoio financeiro concedido, tendo em conta que a atividade de fomento econômico envolve certos riscos e avaliações insuscetíveis de se regrar objetiva e inflexivelmente".

[380] Trecho originalmente da instrução elaborada pela unidade técnica, mas que foi acolhida integralmente pelo voto do Ministro Relator como razão de decidir: "42. E é assim porque, de fato, há certo risco ínsito à atividade de fomento, diferenciando-a, por exemplo, da execução de convênios e porque eventuais extrapolações das condições normativas do fomento ocorreram por deliberação da própria cúpula dirigente da entidade, em face daquelas circunstâncias excepcionais que se apresentavam, e uma massa credora e financiadora já se posicionava por efetuar concessões até maiores, somando esforços para evitar a falência do Grupo Chapecó e, consequentemente, seus desdobramentos negativos, incluindo tornar mais remota chance de recebimento dos valores já investidos. 43. (...) Ademais, o objeto da política de fomento do governo é distinto, em natureza, dos objetos previstos em convênios, por exemplo. O fomento econômico envolve certos riscos e avaliações insuscetíveis de se regrar objetiva e inflexivelmente, como ocorre com outros objetos".

[381] Primeira Câmara, Rel. Min. Vital do Rêgo, sessão de 26.01.2021. Disponível em: https://bit.ly/49azco2. Acesso em: 09 fev. 2024.

o Tribunal reconheceu que os valores gastos com estudos preliminares para o desenvolvimento de novos produtos não configuram dano ao erário, mesmo se o projeto for descontinuado em virtude de risco tecnológico, uma vez que o objetivo dessa etapa inicial é justamente verificar a sua viabilidade técnica e, assim, evitar que mais recursos sejam dispendidos na sua realização. O caso é importante porque aborda de forma específica os riscos inerentes à atividade inovativa e, por isso, representa um precedente de grande valia para nortear a atuação do controle externo em contratações públicas para inovação.

No caso, a FINEP concedeu subvenção econômica a uma empresa para o desenvolvimento de um projeto denominado *"controle dinâmico de imagem em câmera digital de alta resolução"*, em 2007. Contudo, após a realização dos estudos iniciais de viabilidade técnica e desenvolvimento conceitual do protótipo, o projeto foi descontinuado porque se reconheceu que "(...) *naquele nível tecnológico não se conseguiria processar o volume de dados envolvidos no projeto com a eletrônica disponível na época, ainda restrita a detentores de patentes e não comercializadas"*.[382] A unidade técnica do TCU defendeu a devolução do valor integral repassado pela FINEP, haja vista a impossibilidade do seu aproveitamento. Mas o relator, Ministro Vital do Rêgo, discordou dessa proposta e acolheu o argumento de que os valores relativos à etapa preliminar de viabilidade técnica não poderiam ser considerados como prejuízo ao erário, mesmo que o produto não tenha se mostrado tecnicamente viável. Por esse motivo, a parcela de recursos destinada a esses estudos deveria ser descontada do montante a ser restituído ao FNDCT. Veja o seguinte excerto do voto do relator:

> 13. Em relação às propostas da unidade técnica, apresento discordância apenas quanto ao aproveitamento da parcela executada. Como dito, a SecexTCE entendeu que a parcela realizada, relativa a estudos preliminares de viabilidade técnica e desenvolvimento conceitual do protótipo, não seria aproveitável, pois o projeto não atingiu seu objeto. Assim, diante da "impossibilidade do aproveitamento útil da parcela executada", o valor total repassado deveria ser devolvido.

> 14. Inicialmente, é importante considerar que, para os casos de desenvolvimento de novas tecnologias, *é esperado e desejável que haja uma etapa preliminar de estudos de viabilidade e nem sempre o produto pensado se mostrará viável*. Em não sendo viável, como no presente caso, *não se pode dizer que os valores gastos até então foram aplicados de maneira indevida*.

---

[382] Item 3 do voto.

15. Em síntese, o que pretendo demonstrar é que *há uma significativa diferença* entre objetos de convênios e objetos de contratos de concessão de subvenção econômica para desenvolvimento de novos produtos, de modo que *a jurisprudência deste Tribunal referente a convênios não pode ser aplicada de forma indiscriminada aos contratos de concessão de subvenção econômica*. No primeiro caso, os objetos acordados são previsíveis e sabidamente viáveis. No segundo, pretende-se desenvolver um objeto ou uma tecnologia, mas *não se tem a certeza de que será viável*.

16. Portanto, *uma etapa de estudo de viabilidade é inerente a esse processo de desenvolvimento de tecnologias e os recursos aplicados nessa etapa não podem ser desconsiderados*, mesmo que o produto se mostre inviável. O objetivo dos estudos iniciais é justamente avaliar se o projeto terá ou não continuidade e assim evitar que um montante maior de dinheiro público seja desperdiçado.

17. Assim, caso os recursos remanescentes tivessem sido devidamente devolvidos e a contrapartida aplicada na proporção acordada, *não haveria que se falar em débito*. Porém, como a empresa não o fez, ou seja, não devolveu o saldo remanescente nem aplicou a contrapartida esperada, resta caracterizado prejuízo ao erário. (Grifos meus)

O Acordão TCU nº 18/2021 é relevante, porque o Tribunal reconheceu que a atividade inovativa envolve riscos específicos e assim, realizando um *distinguishing*, afastou a sua própria jurisprudência sobre convênios para adotar outra linha interpretativa aplicável aos casos em que o fomento estatal é destinado ao desenvolvimento de novos produtos, serviços e processos. Há um valor imenso no reconhecimento de que o insucesso, atestado pelos estudos preliminares, configura uma alternativa possível e inerente ao processo inovativo que, por si só, não gera dano ou prejuízo ao erário.[383] Muito embora os preceitos da Lei de Inovação e do Decreto nº 9.283/2018 não tenham sido invocados no voto como razão de decidir, a decisão do TCU está alinhada ao modelo previsto no Marco Legal de CT&I, abrindo um precedente importante para direcionar a atuação do controle externo em outros casos envolvendo a realização de atividades de PD&I no Brasil.

---

[383] "Como dito o insucesso, e até mesmo sucessos inesperados (*serendipity*), são fenômenos que acompanham os esforços inovativos. É imprescindível um controle que não seja refratário ao fracasso e que olhe, com bons olhos, para as tentativas de boa-fé. Felizmente o TCU já se manifestou reconhecendo a importância de esforços inovativos inclusive em projetos que não chegam a alcançar os resultados almejados, o que é um bom sinal." (SANTOS, 2022, p. 458)

4.3.3 É tempo de rever contratos: como a falta de previsão nas cláusulas dos instrumentos jurídicos perpetua a inaplicabilidade da simplificação de procedimentos e do controle de resultados como parâmetros de controle

Por fim, cabe um comentário final sobre a efetividade e a aplicação, em concreto, dos dois parâmetros normativos para o controle na área de CT&I. Como dito, as demandas pela simplificação de procedimentos e pela adoção de técnicas de controle de resultados implicam a assunção de que atividades sujeitas à incerteza científica devem ser avaliadas de forma diferente pelos órgãos de controle, especialmente nos casos em que o objetivo proposto não vier a ser atingido em virtude de risco tecnológico. Mas em que medida os contratos, acordos e demais instrumentos jurídicos que vêm sendo celebrados incorporam, de fato, a simplificação de procedimentos e o controle de resultados em suas cláusulas?

Vale lembrar que esses dois parâmetros normativos são aplicáveis a, pelo menos, dois grupos de atores: (i) primeiramente, às partes dos contratos, parcerias e convênios celebrados com fundamento na legislação especial da área de CT&I, especificamente na previsão de procedimentos de prestação de contas, em conformidade com normas pactuadas no próprio instrumento jurídico e em atos normativos próprios de prestação de contas das ICTs; e (ii) em segundo lugar, aos membros dos órgãos de controle, interno e externo, em relação ao modo pelo qual esses módulos convencionais devem ser analisados *a posteriori*.

Como o controle não pode ignorar o procedimento previsto nos próprios negócios jurídicos, é fácil perceber que a atuação dos segundos depende, em grande parte, da adoção efetiva desses critérios pelos primeiros, incluindo cláusulas adequadas à lógica estabelecida no Marco Legal em seus atos normativos internos e nos seus modelos de instrumentos negociais. Portanto, a aplicação em concreto da simplificação de procedimentos e do controle de resultados permanecerá severamente limitada enquanto essas cláusulas continuarem a reproduzir os mesmos termos anteriores à reforma do Marco Legal de 2016, ou, então, optarem por manter procedimentos indiferenciados de prestação de contas, seguindo, por exemplo, a mesma praxe adotada para convênios em geral.

Fabio Gomes dos Santos (2022) realizou um estudo empírico, de viés qualitativo, para analisar se os instrumentos jurídicos aplicados pela FINEP em três categorias de fomento (recursos reembolsáveis, não reembolsáveis e investimento) acolhem de fato aspectos distintivos da área de inovação, tais como o binômio risco/incerteza, o caráter colaborativo, a provisoriedade de objetos e a efetiva contabilização de esforços inovativos. O autor concluiu que os aspectos se fazem presentes em intensidade diferente nos três modelos, sendo que na terceira categoria (investimento) o caráter público do financiador se mostra menos pronunciado do que na minuta de contrato de financiamento em sentido estrito (reembolsável), e ainda menos saliente caso promovida comparação com a da subvenção (não reembolsável).

Esse diagnóstico corrobora a hipótese de que estaria havendo no Brasil uma adoção incompleta dos paradigmas previstos na legislação de CT&I, fazendo com que os procedimentos internos das ICTs e as cláusulas dos instrumentos jurídicos celebrados por órgãos e entidades do ecossistema fiquem aquém das possibilidades autorizadas pelo Marco Legal. Não obstante o precedente positivo do CNPq, essa rigidez é agravada pela jurisprudência negativa do TCU sobre o controle de resultados, como discutido nos itens 4.3.2.1 e 4.3.2.2 acima, a qual desestimula a atualização dos atos normativos de prestação de contas editados por instituições financiadoras e entidades de fomento. De todo modo, parece certo afirmar que a falta de procedimentalização e a ausência de previsão específica nos ajustes celebrados fazem com que se perpetue, pela praxe, a inaplicabilidade desses parâmetros de controle. É tempo, portanto, de rever as minutas e os modelos de contratos, acordos e ajustes em uso no país. Caso não se modifique essa trajetória, a simplificação de procedimentos e o controle de resultados continuarão a ser apenas mais duas promessas irrealizadas no contexto brasileiro.

4.4 Motivação, transparência, gerenciamento de riscos e planejamento: uma proposta para o controle das contratações públicas para inovação no Brasil

Em linha com a ressalva apresentada no início deste Capítulo 4, a falta de precedentes sobre contratações públicas para inovação justificou a adoção de uma perspectiva mais abrangente para discutir de forma mais ampla, ao longo deste capítulo, o controle das atividades de CT&I no Brasil. Agora, este item retoma o foco específico no poder de compra do Estado para abordar algumas das preocupações manifestadas pela esfera controladora na discussão desse tema em particular.

Em geral, ao se posicionar sobre o emprego de contratações públicas para inovação no cenário brasileiro, auditores, advogados públicos, membros e representantes de órgãos de controle tendem a enfatizar a importância de quatro aspectos: (i) a existência de motivação processual adequada; (ii) a adoção de práticas de gerenciamento de riscos; (iii) a transparência, com publicação das decisões e peças principais dos processos; e (iv) a defesa contumaz do planejamento da contratação, ainda que de forma adaptada às peculiaridades das atividades de PD&I. Esses quatro pontos reúnem preocupações importantes à luz do controle, que, se atendidas pelos gestores, contribuem para a regularidade dos processos envolvendo a contratação de soluções inovadoras no contexto brasileiro.

É evidente que essas quatro medidas não são específicas para contratações que tenham a inovação por objeto – afinal, motivação, transparência, gerenciamento de riscos e planejamento são cautelas necessárias em praticamente toda compra pública. Na verdade, o destaque desses pontos revela uma preocupação reforçada com a qualidade da instrução nos processos de contratação, e isso se justifica porque a aplicação de modalidades ou procedimentos especiais ao invés do "regime geral" da Lei nº 14.133/2021 exige o ônus adicional de demonstrar por que soluções já disponíveis no mercado não atendem às necessidades da Administração no caso concreto.

Em Fassio *et al.* (2021, p. 50), ressaltei a importância de que as contratações públicas para inovação priorizem procedimentos que contem com a familiaridade de gestores e de órgãos de controle, conferindo maior processualidade e transparência às decisões relativas à contratação. Nessa linha, a realização de chamamentos públicos que estruturem e deem previsibilidade às etapas do procedimento, a publicação de todos os documentos relativos ao projeto em uma página dedicada e específica, bem como a constituição de comitês técnicos de especialistas, com membros externos, para assessorar a Administração são apenas algumas das boas práticas indicadas pela literatura para aumentar as chances de sucesso em contratações de soluções inovadoras.

Tânia Lopes Pimenta Chioato e Maria Paula Beatriz Estellita Lins (2022), abordando os desafios específicos das compras públicas para inovação sob a perspectiva dos órgãos de controle, destacam a importância da motivação, do planejamento, da transparência e da adoção de práticas de gerenciamento de riscos nos processos administrativos relacionados ao tema. Ressaltando o teor do artigo 170 da Lei nº 14.133/2021,[384] segundo o qual os órgãos de controle devem considerar as razões apresentadas pelos órgãos e entidades que fiscalizam, as autoras afirmam que a motivação é a "(...) *maneira que o gestor público tem de se antecipar a questionamentos e deixar claro os objetivos de seu projeto (...)*", devendo, para tanto, evitar a apresentação de "(...) *justificativas genéricas e baseando-se, sempre que possível, em dados objetivos que corroborem as regras estipuladas e suas escolhas*" (CHIOATO; LINS, 2022, p. 105). A motivação permite a rastreabilidade de todo o processo lógico de tomada de decisão[385] e, por esse motivo, as instruções processuais adotadas nesses casos "(...) *podem se constituir em relevantes fontes de informação para futuras políticas públicas em um processo de retroalimentação do aprendizado*" (CHIOATO; LINS, 2022, p. 110).

A importância da instrução processual é corroborada por um precedente, dentre os poucos registrados no Brasil, proveniente da esfera estadual. Em maio de 2023, o Tribunal de Contas do Estado de São Paulo (TCE/SP)[386] analisou uma encomenda tecnológica contratada em março de 2018 pelo Hospital das Clínicas da Faculdade de Medicina de Ribeirão Preto (HCFMRP) e pela sua fundação de apoio, a Fundação de Apoio ao Ensino Pesquisa e Assistência (FAEPA), tendo por objeto o desenvolvimento do "Projeto IRIS – Inteligência de Resultados e Integração de Sistemas", voltado à integração de sistemas de TI utilizados pelo Hospital. Tendo em vista a complexidade da arquitetura projetada para o sistema, somada à aplicação de algoritmos de inteligência artificial e aprendizado de máquina, o HCFMRP e a FAEPA optaram por realizar a contratação por dispensa de licitação, nos termos do artigo 20

---

[384] Artigo 170, *caput*, da Lei nº 14.133/2021: "Art. 170. Os órgãos de controle adotarão, na fiscalização dos atos previstos nesta Lei, critérios de oportunidade, materialidade, relevância e risco e considerarão as razões apresentadas pelos órgãos e entidades responsáveis e os resultados obtidos com a contratação, observado o disposto no §3º do art. 169 desta Lei".

[385] "Uma boa instrução processual é caracterizada pelo registro de informações detalhadas e específicas, não genéricas, pela multiplicidade de fontes, por decisões baseadas em dados, respaldadas em pareceres de natureza técnica e científica, documentos e memórias de cálculo. Tem por objetivo, portanto, explicar de maneira inteligível e clara cada ação tomada, de modo a garantir ao leitor a máxima compreensão possível de todo o processo e das razões que motivaram as etapas decisórias. Isso não serve apenas ao controle, mas sobretudo ao registro histórico das ações da administração. De fato, as instruções processuais de processos de contratação de inovação podem se constituir em relevantes fontes de informação para futuras políticas públicas em um processo de retroalimentação do aprendizado." (CHIOATO; LINS, 2022, p. 110)

[386] Acórdão no TC-011156.989.18, Segunda Câmara, Rel. Conselheiro Robson Marinho, sessão de 09.05.2023. Disponível em: https://jurisprudencia.tce.sp.gov.br/arqs_juri/pdf/0/7/6/916670.pdf. Acesso em: 12 fev. 2024.

da Lei de Inovação e do 24, inciso XXXI, da Lei nº 8.666/1993. Contudo, após cerca de dois anos e meio de execução, as partes constataram a inviabilidade técnica do projeto e, assim, optaram por descontinuar a encomenda e rescindir o contrato em novembro de 2020.

Em redação cuidadosa, o voto do Conselheiro Robson Marinho buscou deixar claro que não se insurgia contra o instituto da encomenda tecnológica em si, mas considerou irregulares a dispensa de licitação e o contrato celebrado ante a ausência de justificativa adequada que amparasse a regularidade da contratação direta naquele caso em particular. O Tribunal não desqualificou o objeto como inovação, tampouco afirmou que não haveria risco tecnológico apto a justificar a encomenda. Contudo, entendeu que a motivação apresentada pelo HCFMRP e pela FAEPA foi insuficiente para demonstrar por que a assunção de risco tecnológico em grau tão elevado se justificaria naquele caso concreto em relação a outras alternativas, já existentes no mercado, que poderiam atender às necessidades das partes no campo da tecnologia da informação.

A falta de apresentação dessa justificativa nos autos do processo foi, portanto, determinante para que aquela encomenda tecnológica – a primeira realizada no Estado de São Paulo – fosse julgada irregular. A preocupação do TCE/SP em circunscrever o julgamento negativo à instrução inadequada do caso apreciado restou clara no voto condutor, cujos excertos transcrevo a seguir:

> Colocado este brevíssimo introito, e em se tratando da primeira encomenda tecnológica feita no âmbito do Estado de São Paulo com base na Lei federal 10.973/04, na Lei Complementar estadual nº 1.049/08 e no Decreto estadual nº 62.817/17, o que consigno é que, embora existam *problemas localizados especificamente nas bases deste caso concreto* que levam à declaração da sua irregularidade, isto *não significa qualquer juízo de valor a respeito do instituto propriamente dito da encomenda tecnológica* nos moldes dos aludidos Diplomas, com os riscos tecnológicos que lhe são inerentes.
>
> É dizer, este *Tribunal está plenamente ciente dos riscos envolvidos na realização e no desenvolvimento de pesquisas científicas e aplicadas. Esses riscos envolvem a não obtenção dos resultados originalmente pretendidos, em razão* da ocorrência de fenômenos imprevisíveis no decorrer da execução da pesquisa aplicada. *Nesse sentido, e para que fique claro, não se trata de condenar a contratação em exame pela não consecução dos objetivos inicialmente esperados,* circunstância essa que é inerente a pesquisas aplicadas e definidora do próprio modelo de encomenda tecnológica.
>
> (...)

Prosseguindo, observo que *o alto risco tecnológico não foi adequadamente identificado também nas necessárias razões da escolha do executante* nos termos do art. 26, parágrafo único, II, da Lei 8.666/93.

Não está claro nas justificativas prévias dos eventos 1.3 e 1.4 do TC-11156.989.18-8 quais foram os motivos pelos quais a empresa contratada foi a escolhida para o projeto de inovação tecnológica aqui tratado. A esse respeito, não é suficiente, para o cumprimento do requisito legal, tão somente uma sumária explanação sobre o posicionamento de mercado da empresa contratada. *Mais do que as características da empresa escolhida, a Administração deve demonstrar que, dentro do segmento de mercado em tela, não há outra empresa ou entidade capaz de realizar a tarefa almejada e em condições de ser contratada pela entidade pública.* Os autos e as justificativas apresentadas não demonstram essa providência por parte da Administração contratante.

(...)

Diante destas disposições legais, não há como deixar de considerar as alegações de defesa pautadas no risco tecnológico inerente ao objeto.

Em verdade, retomando os termos da contratação, esta é mais uma razão pela qual as "necessárias justificativas" do "caput" do art. 26 da Lei 8.666/93 deveriam ter abrangido necessariamente os pontos objetivos e concretos, de interesse público, sobre os quais se assentava a *assunção dos altos riscos tecnológicos em relação às alternativas possíveis no escopo de se modernizar os instrumentos da tecnologia de informação* das entidades contratantes.

Em outras palavras, diante das especificidades deste caso concreto, *a não obtenção do resultado almejado está muito mais ligada às bases insatisfatórias da contratação,* e não à execução contratual propriamente dita. (Grifos meus)

Esse exemplo ilustra uma linha de atuação do controle que se manifesta não somente em casos de contratações públicas para inovação, mas também em outros envolvendo, de forma mais ampla, a área de CT&I. Tal como já discutido no item 4.2, acima, ainda hoje existe uma certa tendência de se enxergar a discricionariedade técnica como um limite ao controle da atividade administrativa. Embora essa visão esteja largamente superada no campo teórico, o peso dessa herança doutrinária talvez explique por que órgãos como os Tribunais de Contas, a Advocacia Pública e as Controladorias resistem em questionar aspectos de "mérito" nesses casos. Essa tendência não pode ser generalizada e ainda depende de estudos empíricos para a sua comprovação. Não obstante, parece que a esfera controladora por vezes assume uma postura razoavelmente deferente à Administração no que se refere à qualificação de um objeto como "inovador" ou não – ou até mesmo, como no exemplo do HCFMRP, se haveria ou não "risco tecnológico" apto a justificar a encomenda no caso analisado pelo TCE/SP.

Nessa leitura, o foco do controle não recai tanto sobre o objeto da contratação ser ou não "inovador", mas se volta principalmente a aspectos processuais. A existência nos autos de elementos de instrução suficientes, como as manifestações técnicas do Núcleo de Inovação Tecnológica ou o parecer do Comitê Técnico de Especialistas, parece ser um argumento mais forte (e menos invasivo quanto ao "mérito") do que uma decisão que desqualifique o objeto ou rejeite o seu caráter inovador. Os argumentos processuais, de cunho formal, parecem mais fortes nessa discussão: ao invés de dizer se "A" é ou não "inovador", o controle tende a afirmar que os autos do processo não estão instruídos de forma suficiente para considerar que "A" seja considerado uma inovação, nos termos da lei. É evidente que nem sempre a justificativa ou a providência exigida pela esfera controladora em cada processo será adequada às particularidades das contratações públicas para inovação – afinal, ainda há muito a ser feito no Brasil para consolidar a leitura de que o controle exercido nesses casos deve ser realizado de forma diversa em relação ao que ocorre nas contratações públicas em geral. De toda forma, esse modo de agir corrobora o argumento, defendido neste estudo, de que a transparência, o planejamento, o gerenciamento de riscos e, principalmente, a motivação processual devem ser reforçados em contratações públicas para inovação, exigindo cautelas e preocupações adicionais em relação às compras em geral.

Nesse contexto, igualmente enfatizando a importância da instrução processual, merece destaque o documento "Proposta de atuação do Controle em contratações de Encomendas Tecnológicas", publicado pelo TCU em 2021. Na cartilha, o Laboratório de Inovação do Tribunal identifica as diferenças que caracterizam as contratações públicas pré-comerciais, apontando os principais itens que devem ser verificados pelos órgãos de controle no acompanhamento desses processos. O documento ressalta a importância do Mapa de Riscos, identificado como o principal elemento para subsidiar a atuação do controle nessas hipóteses. Sujeito à atualização periódica, o Mapa tem o objetivo de "(...) *identificar os riscos da contratação, sua probabilidade de ocorrência e impacto, assim como as providências a serem adotadas para mitigá-los atenuar seus impactos*" (TCU, 2021, p. 7), corroborando a importância do planejamento, do gerenciamento de riscos e da motivação adequada. A tabela a seguir sintetiza as recomendações da cartilha para cada etapa da contratação da encomenda.

Tabela 21 – Principais itens de verificação por parte dos órgãos de controle no acompanhamento de uma Encomenda Tecnológica

(continua)

Macroetapa		Pontos a serem verificados pelos órgãos de controle
1. Geral	1.1. Geral	• É importante que o controle considere as especificidades da ETEC e o fato de que o processo ainda está se consolidando a partir das primeiras experiências de utilização desse instrumento. • Acompanhamento do controle em experiências iniciais de ETEC, sem interferência no processo decisório que cabe ao gestor do contratante, sobretudo ao longo das etapas anteriores à celebração do(s) contrato(s). • Ações de controle externo em uma contratação de ETEC devem envolver diversas unidades no Tribunal de Contas da União e/ou parceria entre órgãos de controle. • Desenvolver ou adaptar práticas de controle adequadas à Lei de Inovação e, após experiências iniciais, aprimorar, regulamentar e divulgar, inclusive para que os auditados saibam o que será exigido na fiscalização de uma contratação de ETEC. • O controle deve ter visão de que, em uma ETEC, o esforço é tão importante quanto o resultado. Mesmo que a solução desejada não seja encontrada, o contratado será pago em função do esforço na obtenção da solução.
2. Planejamento da contratação	2.1. Estudos preliminares	• Verificar os fundamentos adotados para justificar a necessidade da contratação por ETEC. • Analisar se os estudos preliminares estão claramente descritos e coerentes em relação ao problema a ser solucionado.
	2.2. Mapeamento de riscos	• Analisar se o mapa de riscos referente à contratação por ETEC foi realizado e validado pelo nível estratégico. • Analisar se o impacto para os riscos mapeados foi avaliado de forma minimamente coerente. • Analisar se as ações mitigadoras e as boas práticas propostas no mapa de riscos foram implementadas. • Analisar se o risco tecnológico foi considerado adequadamente e se a incerteza dele decorrente é uma preocupação efetiva dos gestores.
	2.3. Comitê de especialistas	• Não cabe ao controle analisar a composição do comitê de especialistas em relação ao objeto de contratação da ETEC, mas sim o processo de identificação, convite e atuação de seus integrantes. • Não cabe ao controle avaliar o teor dos pareceres do comitê de especialistas considerando a especialidade técnica dos seus componentes, mas sim as justificativas apresentadas para seus posicionamentos. • Verificar o tratamento dado pelo contratante aos pareceres ou posicionamentos apresentados pelo comitê de especialistas.
	2.4. Manifestação de interesse	• Observar a documentação da manifestação de interesse para verificar se o processo foi público ou foi amplo o suficiente para envolver os principais possíveis interessados de diferentes perfis. • No caso de o contratante restringir os convites a um determinado perfil de possíveis interessados, observar a justificativa apresentada. • Verificar se foi realizada a análise do nível de maturidade da tecnologia em relação ao que existe no mercado.
	2.5. Termo de Referência (TR)	• Observar se o TR está de acordo com a revisão dos estudos preliminares e da nota técnica, resultantes da manifestação de interesse, e verificar se há adequada motivação para a definição do valor reservado para o projeto. • Verificar se o problema a ser solucionado está claramente definido e se foram descritos os critérios a serem utilizados para análise dos projetos apresentados. • Verificar a ampla publicidade do TR.

(conclusão)

Macroetapa		Pontos a serem verificados pelos órgãos de controle
3. Seleção dos fornecedores	**3.1.** Negociação	• Analisar a justificativa do contratante e os critérios usados para adotar uma ou outra forma de contratação (fases, quantidade de contratados, propriedade intelectual), bem como para definir os tipos de remuneração e metas no caso de pagamento de incentivos. • Avaliar se os critérios adotados para a seleção dos potenciais contratados foram bem fundamentados. • Verificar se os itens relevantes para o contratante, no escopo da ETEC, foram objeto da negociação. • Analisar se houve fundamentação para a justificativa adotada para a precificação da ETEC, inclusive considerando, entre outros, o nível de maturidade da tecnologia envolvida e, se houver vários contratados, eventuais diferenças nos valores atribuídos a cada um.
	3.2. Termo de ratificação da dispensa de licitação	• Avaliar se os aspectos considerados na negociação estão presentes no contrato. • Analisar a adequação do contrato às características da ETEC harmonizando as suas especificidades com as normas gerais de contratação pública. • Verificar se foram adotadas as medidas necessárias para mitigar ou minimizar os riscos mapeados na fase de planejamento.
4. Gestão do contrato	**4.1.** Acompanhamento e fiscalização do(s) contrato(s)	• Analisar como foi realizado o acompanhamento periódico sobre a evolução do desenvolvimento da solução, seguindo a rota negociada. • Avaliar o atendimento aos aspectos considerados na negociação e a aplicação dos critérios previamente estabelecidos no(s) contrato(s). • Analisar como o contratante acompanha a evolução do contrato, verificando se os pareceres que fundamentam os pagamentos abordam a razoabilidade dos montantes frente ao esforço e aos insumos empregados no projeto. • Avaliar se o processo de gestão do contrato está ocorrendo adequadamente, com o acompanhamento dos resultados parciais e finais da ETEC. • Focar a fiscalização nas entregas e no esforço de busca da solução final, e não na execução financeira. Se o resultado não atender ao esperado, cabe analisar a execução financeira considerando as especificidades da ETEC e sua diferenciação em relação a um contrato padrão. • No caso de reembolso de custo, analisar se o valor pago foi devidamente justificado, mediante aplicação de padrões de relatório financeiro aos custos ou despesas de P&D. • Pautar a análise da execução do contrato segundo a natureza jurídica do(s) contratado(s) e a origem do orçamento.
	4.2. Finalização do(s) contrato(s)	• Avaliar se os motivos que justificam a finalização do contrato são suficientes, razoáveis e legais para motivar o seu encerramento, tendo sido sopesados os custos-benefícios de sua continuidade e os de sua descontinuidade.

Fonte: TCU (2021, p. 8-11)

Outra iniciativa importante para reduzir a insegurança jurídica nesse campo consiste no projeto "INOVAMOS – Modelo de Apoio à Compra Pública de Inovação",[387] realizado pelo Banco Interamericano

---

[387] Disponível em: https://publications.iadb.org/pt/modelo-de-apoio-compras-publicas-de-inovacao. Acesso em: 12 fev. 2024.

de Desenvolvimento e pelo TCU, em parceria com o Instituto Tellus, para mapear as principais dificuldades percebidas em contratações públicas para inovação e propor alternativas para mitigá-las. O "medo do controle" aparece em destaque entre os motivos que explicam por que ainda é difícil inovar no setor público brasileiro, e o documento destaca a percepção dos entrevistados de que, a despeito de uma aproximação recente,[388] ainda existe uma demanda dos gestores por um contato mais estreito com o Tribunal desde as etapas mais iniciais do processo de contratação, e não somente ao final. Essa proximidade serviria para minimizar as chances de erro e o risco de questionamentos posteriores, aumentando a percepção de segurança jurídica nesses processos.

Entretanto, e tendo em vista o caráter ainda recente de diplomas como o próprio Marco Legal de CT&I, da Nova Lei de Licitações e do Marco Legal de *Startups*, Chioato e Lins ressaltam que o "(...) *próprio controle ainda não tem experiências suficientemente consolidadas ante os instrumentos para contratar inovação*" (CHIOATO; LINS, 2022, p. 78). Como faltam casos concretos, o TCU não tem como se manifestar formalmente sobre o tema, o que resulta em uma escassez de parâmetros para que o gestor que busca contratar soluções inovadoras possa pautar a sua atuação. "*Configura-se uma lacuna: o gestor público aguarda manifestações do controle para se salvaguardar; o controle aguarda iniciativas do gestor público para se manifestar*" (CHIOATO; LINS, 2022, p. 111), gerando uma tautologia que agrava o estado de inação e aumenta a insegurança jurídica nesse campo.

Não obstante a ausência de uma jurisprudência consolidada sobre contratações públicas para inovação no Brasil, as autoras reconhecem que "(...) *os próprios órgãos de controle precisam avançar na compreensão de que não cabe adotar, nas compras públicas para inovação, os mesmos métodos e entendimentos de referência para contratações tradicionais, em que inovações podem ser vistas como desvios*" (CHIOATO; LINS, 2022, p. 88). Essa mudança de paradigma é importante e corresponde, como visto, a uma demanda antiga do ecossistema de CT&I brasileiro. Para tanto, a construção e o desenvolvimento de metodologias de controle que sejam sensíveis à possibilidade de insucesso, reconheçam que o esforço pode ser tão importante quanto o resultado e, sobretudo, valorizem tentativas de boa-fé são fundamentais.

---

[388] Realizada sobretudo sob a liderança do Laboratório de Inovação do TCU, o "coLAB-i", ligado ao Instituto Serzedello Corrêa (https://portal.tcu.gov.br/colab-i/).

Vale lembrar que as contratações públicas para inovação abrangem o emprego do poder de compra do Estado tanto para o *desenvolvimento* de produtos, serviços e processos inovadores quanto para estimular a *adoção* e a *difusão* de inovações no mercado. Por isso, acredito que a justificativa para o emprego de cada modalidade deve buscar parâmetros no próprio direito positivo – e daí o papel fundamental do direito administrativo para aprofundar o que se deve compreender por *"risco tecnológico"*, na encomenda (artigo 20, *caput*, da Lei nº 10.973/2004); por *"inovação tecnológica ou técnica"*, no diálogo competitivo (art. 32, I, "a" da Lei nº 14.133/2021); e por *"soluções inovadoras"*, no Marco Legal das Startups (art. 13 da Lei Complementar nº 182/2021). A instrução processual é uma baliza importante para garantir que essas modalidades não sejam usadas como alternativa ao rigor das compras públicas em geral, como estratégia de *by-pass* ao uso do pregão e da concorrência. O uso indevido pode gerar uma reação negativa por parte dos órgãos de controle, criando uma jurisprudência restritiva que esvazie esses instrumentos ou aumente o receio de penalização mesmo em situações em que o emprego desses procedimentos seria, em tese, válido e regular.

Existe uma tendência na esfera controladora de limitar as contratações públicas para inovação apenas às hipóteses de compra pré-comercial. Nessa leitura, que é fortemente restritiva, a contratação de soluções inovadoras pelo Poder Público só seria possível nos casos em que o objeto não existe no momento da demanda, ou então somente seria viável para contratar inovação radical ou disruptiva, ignorando que a maior parte das tecnologias hoje existentes, como ressaltam Andreoni, Chang e Labrunie (2021), decorrem quase sempre de uma longa cadeia de inovações incrementais. Como dito no item 1.2.2, essa linha interpretativa é fortemente reducionista, pois limita o emprego do poder de compra do Estado apenas às hipóteses em que a contratação pública concorre para o *desenvolvimento* de soluções inovadoras novas, ignorando o papel relevante desse instrumento de política para promover a *adoção* e a *difusão* de tecnologias já existentes, mas ainda incipientes, em novos mercados.

Com efeito, existem zonas de certeza positiva e negativa quanto ao tipo de objeto que pode ser contratado sob os modelos contratuais previstos na legislação de CT&I, na Nova Lei de Licitações e no Marco Legal de *Startups*. O pregão é um limite claro na zona de certeza negativa – se for considerado "bem ou serviço comum", o objeto claramente não comportará a aplicação de regimes excepcionais de contratações públicas, mas sim do regime geral previsto atualmente pela Lei nº 14.133/2021. Por sua vez, os casos em que houver risco tecnológico configuram o extremo oposto, autorizando inclusive a aplicação de módulos convencionais de contratação pública pré-comercial que, como visto no item 3.3.5.2, geralmente são formalizados mediante dispensas de licitação. Logo, casos emblemáticos de aplicação da encomenda tecnológica, como a contratação para desenvolvimento da vacina contra o Covid-19, também estariam inseridos em zonas de certeza positiva, pois suscitam poucas dúvidas quanto ao seu enquadramento na legislação especial.

Esses dois extremos são casos fáceis ("*easy cases*"), mas a "zona cinzenta" está sobretudo nas contratações de soluções inovadoras em que não há risco tecnológico, como pode ocorrer no concurso, no diálogo competitivo e na modalidade especial de licitação do Marco Legal de *Startups*, especialmente em casos envolvendo TI como objeto principal.

Vale lembrar, por exemplo, que a customização de um *software* ou de uma solução SaaS ("*Software as a Service*") para atender às necessidades específicas de cada cliente costuma ser um aspecto comum nesse mercado e que seria, em tese, passível, à luz da jurisprudência do TCU, de ser contratada mediante pregão. É frequente que a adaptação de sistemas ou de programas de computador possa ser realizada em lapso razoável mediante métodos comuns de mercado, não se situando fora do estado da técnica. É o caso do que se convencionou chamar, na Espanha, de "*compra pública de tecnología innovadora*", situada no campo da PPI, onde a contratação de produtos, serviços ou processos inovadores já introduzidos no mercado segue a legislação geral de licitações e contratações públicas.[389]

Não é porque a solução já não exista pré-pronta e customizada no mercado ("*off-the-shelf*") que haverá, por isso, risco tecnológico. Por outro lado, é plenamente possível que um objeto ligado a TI, como alguns casos envolvendo inteligência artificial e aprendizado de máquina, alcance tamanho grau de complexidade que justifique o

---

[389] "*Compra Pública de Tecnología Innovadora: Consiste en la Compra Pública de una obra, bien o servicio que exista en el momento de la licitación únicamente como prototipo (TRL 7) o requiera el desarrollo de tecnología nueva o mejorada, que pueda desarrollarse en un período de tiempo razonable. No hay I+D de forma general, sino que el objetivo es que la Administración Pública sea la primera que prueba la solución o se considere el comprador de referencia. Normalmente, la tendencia es optar por los procedimientos de Licitación con Negociación, Diálogo competitivo o Procedimiento Abierto.*" Disponível em: https://innoavi.es/wp-content/uploads/2019/04/GuiaCPI_AVI.pdf#page16. Acesso em: 11 abr. 2024.

seu enquadramento como risco tecnológico, justificando a aplicação da encomenda. A figura a seguir ilustra a gradação de complexidade do objeto à luz da natureza comum ou especial dos bens ou serviços a serem contratados pela Administração.

Figura 8 – Graus de complexidade do objeto e modalidades indicadas para contratação em cada categoria

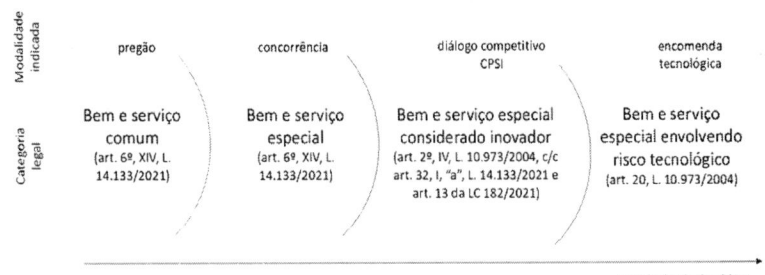

Fonte: Elaboração do autor.

Entre os dois extremos, é muito tênue o limite que separa o enquadramento do objeto como "bem e serviço especial", apto a justificar a aplicação da concorrência, ou "bem e serviço especial considerado inovador", atraindo o diálogo competitivo ou a modalidade especial de licitação do Marco Legal das Startups, por exemplo. Por esse motivo, justificar a opção por um desses procedimentos específicos apenas com base no conceito de inovação previsto no artigo 2º, inciso IV, da Lei nº 10.973/2004,[390] que é bastante amplo, pode ser considerado insuficiente pelos órgãos de controle. A meu ver, é importante que a instrução processual revele que o órgão e entidade pública não somente prestou justificativa adequada à luz da legislação – ou seja, motivando a existência de *risco tecnológico* na encomenda; de *inovação tecnológica ou técnica* no diálogo competitivo e de *soluções inovadoras* no Marco Legal das Startups –, mas também demonstrou que as necessidades a serem atendidas pela Administração não podem ser satisfeitas pelas

---

[390] Artigo 2º, inciso IV, da Lei nº 10.973/2004: "Art. 2º Para os efeitos desta Lei, considera-se: (...) IV – inovação: introdução de novidade ou aperfeiçoamento no ambiente produtivo e social que resulte em novos produtos, serviços ou processos ou que compreenda a agregação de novas funcionalidades ou características a produto, serviço ou processo já existente que possa resultar em melhorias e em efetivo ganho de qualidade ou desempenho".

soluções já disponíveis no mercado. Afinal, uma solução considerada "inovadora" sob o ponto de vista da gestão pública pode depender da adoção de tecnologias relativamente simples e que, por isso, podem ser contratadas mediante concorrência ou mesmo por pregão, como ilustram os casos do TaxiGov e do Almoxarifado Virtual Nacional,[391] por exemplo.

É por esse motivo que conjugar esse critério – *i.e.* mostrar por que soluções que já existam não atendem às necessidades da Administração – com elementos robustos de instrução é tão importante à luz da proposta defendida neste estudo. O parecer emitido pelo Comitê Técnico de Especialistas, que é previsto na regulamentação federal da encomenda e pode ser estendido também para outras modalidades de contratação pública, pode ser um elemento robusto para corroborar a decisão do gestor. Essa justificativa não é imune ao controle e poderá ser questionada pelos Tribunais de Contas e pelo Poder Judiciário. Porém, como dito acima, a instrução processual parece ser determinante para se obter um posicionamento positivo ou negativo por parte dos órgãos de controle. Dedicar tempo e alocar recursos humanos suficientes a cada projeto torna-se, assim, uma estratégia importante para alcançar esse objetivo.

Logo, ao pretender aplicar procedimentos especiais como a encomenda tecnológica, o concurso, o diálogo competitivo e a modalidade especial de licitação do Marco Legal de *Startups*, como já sinalizavam Vecchiato e Roveda (2014),[392] é preciso deixar claros na instrução processual os motivos pelos quais eventuais soluções já disponíveis no mercado não solucionam adequadamente as necessidades da Administração, sem descurar do planejamento, da transparência e da adoção sistemática de ferramentas de gerenciamento de riscos. Ainda que adaptados às peculiaridades da atividade inovativa, é importante que esses elementos sejam demonstrados nos autos de cada processo. Essa é a proposta de trabalho adotada nesta obra e que, a meu ver, deve nortear a atuação dos órgãos de controle ao examinar casos de contratação pública para inovação no Brasil.

---

[391] Disponível em: https://www.gov.br/gestao/pt-br/assuntos/central-de-compras. Acesso em: 29 jan. 2024.

[392] *"The basic premise for this overriding role of public procurement for innovation is that the public buyer can specify requirements that cannot be met from off-the-shelf goods or services and hence that an innovation is required to meet the demand."* (VECCHIATO; ROVEDA, 2014, p. 439)

CAPÍTULO 5

O REGIME JURÍDICO
DA INCERTEZA

A discussão sobre contratações públicas para inovação no contexto brasileiro seguirá um rumo diferente, a partir deste ponto, em relação aos capítulos anteriores deste livro. Enquanto o Capítulo 1 buscou apresentar como o poder de compra do Estado pode ser importante para reposicionar a política de inovação brasileira, os Capítulos 2, 3 e 4 preocuparam-se em explicar – com foco no direito positivo, na doutrina do direito administrativo e no controle da atividade de CT&I, respectivamente – as razões pelas quais a sua aplicação não acontece como esperado. A proposta dos Capítulos 5 e 6 é diversa, porque o objetivo é sistematizar alguns dos instrumentos jurídicos de cooperação público-privada previstos no Marco Legal de CT&I e no Marco Legal de *Startups* e do Empreendedorismo Inovador, organizando a sua aplicação em meio ao direito administrativo com o objetivo de contribuir para reduzir a insegurança jurídica que tanto compromete a sua aplicação no país.

Para tanto, este capítulo encontra-se estruturado em quatro partes, além da presente introdução. O item 5.1 discute em que medida os quatro grupos de "módulos convencionais" propostos por Fernando Dias Menezes de Almeida (2012) podem ser úteis para sistematizar a compreensão dos contratos, convênios, acordos e outros ajustes que amparam a realização de atividades de pesquisa, desenvolvimento e inovação no Brasil, criticando o uso de categorias doutrinárias para uniformizar ou homogeneizar aspectos do seu regime jurídico sem amparo no direito positivo. Na sequência, o item 5.2 recupera o debate sobre os objetivos "horizontais" ou "mediatos" das contratações públicas com foco no emprego do poder de compra do Estado como forma de incentivo ou fomento, em sentido amplo, de atividades de CT&I no país. Após, o capítulo prossegue com a abordagem de duas formas diferentes para o tratamento jurídico do risco tecnológico, compreendido no sentido knightiano como incerteza,[393] em suas seções finais: as contratações públicas pré-comerciais (item 5.3), que no Brasil correspondem principalmente à encomenda tecnológica, e os módulos convencionais de cooperação para pesquisa, desenvolvimento e inovação (item 5.4), que se manifestam principalmente por acordos de parceria e convênios para PD&I, alianças estratégicas, e permissão ou compartilhamento de instalações de ICTs.[394]

5.1 Os instrumentos jurídicos à luz dos "módulos convencionais"

Esta seção propõe uma sistematização dos instrumentos jurídicos de cooperação público-privada[395] previstos na Lei nº 10.973/2004 e na Lei Complementar nº 182/2021 à luz das categorias de "módulos convencionais" elaboradas por Fernando Dias Menezes de Almeida (2012, p. 233-385). A escolha dessa classificação justifica-se, a uma, porque o autor propõe o reposicionamento da teoria do contrato administrativo no Brasil a partir da variedade e complexidade do direito positivo, ajustando a doutrina à realidade, e não o contrário; e, a duas, pela defesa do objeto da contratação como a circunstância mais adequada para definir, ainda que *de lege ferenda,* a incidência ou o afastamento das cláusulas exorbitantes em cada caso concreto. Esses dois pontos são coerentes com as premissas defendidas nesta obra e podem servir de base para conferir maior aprofundamento teórico às contratações públicas para inovação no direito administrativo brasileiro.

---

[393] Conceitualmente, o risco tecnológico está mais próximo da incerteza do que propriamente do risco, na conhecida acepção de Knight (1921). É o caso do "(...) *desenvolvimento de produtos, serviços ou sistemas que ainda não estão disponíveis no mercado ou, simplesmente, que ainda não existem"* (RAUEN, 2018, p. 1). Retomarei esse ponto mais adiante, neste capítulo.

[394] Os itens 5.3 e 5.4 expandem e aprofundam a discussão apresentada em Fassio *et al.* (2022) sobre alguns dos instrumentos jurídicos de parceria e de contratação pública para inovação no Brasil.

[395] "Em sentido amplo, parcerias público-privadas são os múltiplos vínculos negociais de trato continuado estabelecidos entre a Administração Pública e particulares para viabilizar o desenvolvimento, sob a responsabilidade destes, de atividades com algum coeficiente de interesse geral." (SUNDFELD, 2011. p. 20-22)

Para tanto, é importante recuperar dois argumentos. Primeiramente, é preciso lembrar que o emprego do poder de compra do Estado como instrumento de política de inovação no lado da demanda pode ser útil não somente para o *desenvolvimento* de produtos, serviços ou processos inovadores, mas também para promover a *difusão* e a *adoção* de inovações em escala no mercado. Esse ponto é bastante ressaltado pela literatura estrangeira, tal como exposto no Capítulo 1, e merece atenção porque marca uma distinção importante também quanto ao regime jurídico, como se verá adiante. O debate sobre a "função derivada" das contratações públicas, tendo o fomento à inovação entre os seus objetivos "horizontais", "indiretos" ou "mediatos", também é influenciado pelas características que essas formas e modalidades possuem, à luz do direito positivo, para favorecer o *desenvolvimento* de inovações ou a sua *adoção* e *difusão* no mercado. Note que os procedimentos de contratação pública previstos na legislação brasileira podem ter características mais ou menos adequadas a essas finalidades, o que aumenta ou diminui o seu potencial para atingir esses resultados.

Em segundo lugar, cabe retomar aqui a crítica feita no item 3.3.2 à tendência de se conferir um mesmo e único regime jurídico a todos os contratos celebrados pela Administração brasileira. Como se disse, essa leitura está ligada à aplicação uniforme das chamadas "cláusulas exorbitantes" a todos os contratos em que o Poder Público é parte, independentemente do seu objeto. Essa concepção doutrinária, que foi incorporada ao direito positivo a partir do Decreto-Lei nº 2.300/1986, transformou a defesa de um regime de prerrogativas no centro de convergência da teoria do contrato administrativo no Brasil e se deve, segundo Almeida (2012, p. 319), a uma *"redução simplificadora e empobrecedora"* da construção original francesa, em que a mutabilidade inerente aos serviços públicos serviria de base para justificar a sua aplicação aos contratos administrativos.

No Brasil, ante a ausência de rigor específico na linguagem adotada pelo direito positivo, tornou-se frequente o emprego de expressões semanticamente vagas, como "ajuste" ou "acordo", ou mais ligadas à forma ou ao suporte físico, como "termo" e "instrumento", para fazer referência à ampla atividade contratual do Estado. Esse uso sincrético converteu-se em prática corrente em virtude da ausência de base normativa para distinguir o contrato de outras figuras convencionais no direito público, gerando confusões teóricas e práticas de relevo. Entre elas, em especial, a crença de que toda a atividade contratual do Estado estaria necessariamente sujeita a um regime jurídico homogêneo e uniforme.[396] Rejeitando essa leitura, o autor identifica diferentes categorias de "módulos convencionais", expressão usada para "(...) *designar de modo genérico as normas jurídicas geradas a partir de acordos de vontade das partes a elas submetidas* (...)" (ALMEIDA, 2012, p. 199). A amplitude da expressão "módulo convencional" equivale a de outros termos análogos, como "negócio jurídico administrativo", de Edmir Netto de Araújo (1992),[397] ou "acordo administrativo em sentido amplo", proposta por Gustavo Justino de Oliveira (2008) como gênero para diferenciar contratos administrativos e acordos administrativos em sentido estrito.[398]

As quatro categorias de "módulos convencionais" baseiam-se no agrupamento de características semelhantes para abranger os diversos tipos de negócio jurídico em que a Administração figura como parte,[399] como ilustra a tabela abaixo. São eles: (i) os *módulos convencionais de cooperação*, em que as partes estabelecem um vínculo obrigacional para alcançarem, mediante atuação conjunta e conjugação de esforços, um objetivo comum; (ii) os *módulos convencionais de concessão*, em que a Administração transfere à outra parte o exercício de uma atividade ou de um bem próprio, vinculado à sua função pública; (iii) os *módulos convencionais instrumentais,* pelos quais o Poder Público busca suprir as necessidades materiais dos seus órgãos e entidades, especialmente para

---

[396] "(...) ainda que o Direito brasileiro não o explicite, é cabível a interpretação de que a Administração não esteja vinculada estritamente a regimes típicos de contratos, previstos em certas leis. (...) Em suma, é lícito supor que a Administração possa se valer de instrumentos presentes no Direito em geral para compor suas relações contratuais" (ALMEIDA, 2012, p. 374).

[397] "(...) acordo de vontades do qual participa a Administração, a qual, não abdicando da potestade pública de que é detentora, celebra com o particular determinados pactos, objetivando o interesse público; ou o acordo de vontades entre entidades da própria Administração, em qualquer de suas esferas, objetivando a consecução de fins comuns a essas entidades, de personalidades jurídicas próprias." (ARAÚJO, 1992, p. 213)

[398] "(...) o acordo administrativo visa disciplinar (i) relações entre órgãos e entidades administrativas e (ii) relações entre a Administração Pública e os particulares, empresas e organizações da sociedade civil, cujo objeto é o desenvolvimento programado de uma atividade administrativa sob um regime de cooperação ou de colaboração entre os envolvidos (bilateralidade ou multilateralidade) a partir de bases previamente negociadas, podendo o ordenamento jurídico conferir efeitos vinculantes aos compromissos eventualmente firmados." (OLIVEIRA, 2008, p. 252)

[399] "O que se pretende é propor uma sistematização por grupos dos principais módulos convencionais, de que a Administração seja parte, de modo a evidenciar o aumento de complexidade indicativo da superação da tradicional teoria do contrato administrativo, bem como a oferecer critérios para o necessário reposicionamento daquela teoria, eventualmente facilitando a tarefa de identificação de similaridades a justificar a aplicação, a cada grupo, de regimes jurídicos semelhantes, ao menos em termos de notas gerais." (ALMEIDA, 2012, p. 238, nt. 475)

obras, serviços e aquisições; e (iv) os *módulos convencionais substitutivos de decisão unilateral,* pelos quais a Administração opta por substituir decisão a ser tomada mediante ato unilateral pelo estabelecimento de um acordo de vontades, criando direitos e obrigações entre as partes.

Tabela 22 – As quatro categorias de "módulos convencionais" no direito administrativo brasileiro

(continua)

	Módulos convencionais de cooperação	Módulos convencionais de concessão	Módulos convencionais instrumentais	Módulos convencionais substitutivos de decisão unilateral
Exemplos no direito positivo brasileiro	• Convênio. • Consórcio administrativo. • Contrato de repasse. • Convênio de cooperação. • Contrato de gestão (com OS). • Termo de parceria (OSCIP). • Consórcio público e contrato de rateio. • Contrato de programa. • Sociedade e associação.	• Concessão de serviço público. • Permissão de serviço público. • Concessão patrocinada e concessão administrativa. • Concessão urbanística. • Concessão de uso ou exploração de bem público • Concessão de direito real de uso. • Concessão de uso especial para fins de moradia.	• Contratos de compra, alienação, obra e serviço. • Contratos para a gestão de bens públicos. • Contratos regidos "predominantemente" pelo Direito privado • Contratos de prestação de serviços pela Administração. • Contratos que têm a Administração como usuária de serviços públicos. • Contrato de trabalho.	• Acordo feito extrajudicialmente para desapropriação (art. 10 do Decreto-Lei nº 3.365/1941) • TAC ou figuras similares na Lei da Ação Civil Pública, Lei Anticorrupção e Lei de Defesa da Concorrência.
Definição e comentários	Conjunção de esforços para alcançarem um fim comum, vinculado à função pública da Administração, ou à atividade privada entendida como de interesse público. Atuação conjunta para um mesmo fim, não se identificando situação de prestações contrapostas.	A concessão originariamente corresponde ao campo que deu origem à teoria do contrato administrativo, pois o serviço público é um elemento inerente ao Estado e excluído da titularidade privada. É o campo em que mais se evidencia um aumento de complexidade nos módulos convencionais.	A Administração, como as pessoas privadas, busca suprir suas necessidades instrumentais (obras, fornecimentos ou serviços). • Objeto contratual não é específico nem típico da Administração e, por isso, seria possível pensar na aplicação de figuras análogas do direito privado. A atribuição de prerrogativas nesses casos decorre de uma decisão de política legislativa.	A convenção que substitui o ato unilateral importa a criação de uma situação jurídica subjetiva, vinculando as partes envolvidas e criando direitos e obrigações. Porém, na ausência do acordo das partes, a Administração não está impedida de usar ato unilateral para atingir o resultado pretendido.

(conclusão)

	Módulos convencionais de cooperação	Módulos convencionais de concessão	Módulos convencionais instrumentais	Módulos convencionais substitutivos de decisão unilateral
Há criação de nova situação jurídica pela convenção?	Sim, uma nova situação jurídica é criada a partir do acordo de vontade das partes envolvidas.			A Administração teria poder unilateral de decisão para criar nova situação jurídica, independentemente do acordo de vontades, mas opta por substituir o exercício desse poder por uma convenção.
O objeto justifica a existência de prerrogativas?	Como a Administração e a outra parte contratante (estatal ou particular) conjugam esforços para alcançarem um fim comum, não há, necessariamente, a aplicação de prerrogativas de ação autoexecutória e unilateral.	O objeto contratual é um elemento inerente com exclusividade ao Estado, que lhe é e continuará sendo próprio, por se vincular de modo imanente à função pública.	Supressão completa das prerrogativas ou, à luz do objeto, solução intermediária com a manutenção da ação autoexecutória (fiscalização, sanções etc.), sem prerrogativas de ação unilateral.	O objeto convencional é um ato jurídico, uma decisão que poderia ser tomada unilateralmente; se a decisão pela via convencional é, justamente, substituir a ação unilateral, não há sentido em invocar-se um regime de prerrogativas nesse caso.

Fonte: Elaboração própria a partir de Almeida (2012, p. 233-385).

Essa sistematização incorpora o aumento de complexidade marcado, na legislação, pela erosão do modelo unitário de contratações e pela proliferação de regimes excepcionais, como tratado no item 2.2.4, e busca oferecer critérios para o reposicionamento da teoria do contrato administrativo no Brasil, facilitando a identificação de similaridades para justificar diferenças e matizes de regime jurídico em cada grupo. A amplitude das situações jurídicas tratadas em algumas das categorias revela, de forma coerente com a proposta do autor, que a classificação não possui – e nem pretende ter – caráter exaustivo.

Rodrigo Pombo (2020), em sua dissertação de mestrado, propõe uma aproximação entre os tipos negociais previstos na Lei de Inovação e as categorias de módulos convencionais propostas por Fernando Dias Menezes de Almeida. Para Pombo, haveria uma proximidade natural entre os instrumentos jurídicos da Lei n° 10.973/2004 com os módulos de cooperação,[400] tendo em vista a natureza colaborativa do processo inovativo. Por isso, os contratos de transferência de tecnologia e licenciamento de criação protegida (artigo 6°), os acordos de parceria (artigo 9°), os convênios para PD&I (artigo 9°-A) e a oferta de subvenções e de financiamento (artigo 19, §2°-A, incisos I e II) seriam exemplos de módulos convencionais de cooperação, haja vista a sua aproximação com o fomento.[401] Nos módulos convencionais de concessão, Pombo inclui os programas de investimento obrigatório em P&D de setores regulados, como os mantidos pela ANP e pela ANEEL (artigo 19, §2°-A, inciso XI). Por fim, na visão do autor, a encomenda tecnológica seria uma hipótese "híbrida" que se insere tanto nos módulos instrumentais quanto nos módulos de cooperação, haja vista a previsão feita pelo artigo 20 da Lei de Inovação de que a modalidade se destina à solução de um problema técnico específico mediante a prestação de serviços de pesquisa e desenvolvimento.[402]

O estudo elaborado por Pombo suscita ao menos duas críticas importantes sobre o uso desses "módulos convencionais" para sistematizar os instrumentos jurídicos previstos no Marco Legal de

---

[400] "De um modo geral, esses instrumentos são afeitos ao grupo dos módulos convencionais de cooperação, dada a sua função de regular a conjugação de esforços vinculada à atividade de inovação, que usualmente envolve interesses comuns. São relevantes os convênios e os contratos públicos relacionados à função de fomento. Apesar disso, encontra-se na Lei de Inovação mecanismos relacionados aos grupos dos módulos convencionais instrumentais e mesmo dos módulos convencionais de concessão." (POMBO, 2020, p. 82)

[401] Fabio Gomes dos Santos, Rafael Roberto Hage Tonetti e Vitor Monteiro (2017, p. 186) também incluem ajustes ligados à inovação na categoria de módulos convencionais de cooperação ao comentar "(...) exemplos de modelagens jurídicas adotadas em matéria de CT&I, sendo tecidas considerações sobre módulos convencionais de cooperação entre instituições científicas e tecnológicas (ICTs) conhecidos como instrumento de apoio ICT/Cooperativo, sobre o desenho institucional das sociedades de propósito específico, sobre a iniciativa das plataformas do conhecimento e a aplicação dos contratos de gestão para CT&I" (SANTOS; TONETTI, MONTEIRO, 2017, p. 186).

[402] "(...) a questão consiste em determinar em qual dos grupos acima referidos se insere o contrato de encomenda tecnológica. Por um lado, determinadas características aproximam o contrato de encomenda tecnológica do grupo dos módulos instrumentais. Trata-se de contrato de prestação de serviços, que eventualmente pode ser conjugado com um contrato de fornecimento dos resultados obtidos. A encomenda é um modo de o Estado tentar suprir suas necessidades instrumentais em relação aos fins de sua função, através de resultados inovadores. Por outro lado, o contrato de encomenda tecnológica pode apresentar uma finalidade direta de fomento que o aproxima do grupo dos módulos convencionais de cooperação. (...) Essas diferentes características não permitem identificar o contrato de encomenda com apenas um dos grupos referidos, de modo genérico e estanque. Reputa-se que se trata de uma figura híbrida, que se insere no grupo dos módulos convencionais de cooperação e no dos módulos convencionais instrumentais, podendo se aproximar mais de um ou outro conforme a configuração que venha a ter nos casos concretos." (POMBO, 2020, p. 147)

CT&I e no Marco Legal de *Startups* e Empreendedorismo Inovador. Esse par de argumentos justifica a opção feita de não se trilhar caminho semelhante nesta obra.

Primeiramente, é preciso reconhecer que a aplicação dessas grandes categorias traz consigo o risco, que é comum no direito administrativo brasileiro, de tentar homogeneizar e uniformizar o regime jurídico de instrumentos que são variados ao extremo no direito positivo com base em uma categoria teórica, tentando "encaixar" a legislação em classificações elaboradas pela doutrina. Logo, uma classificação nessa linha poderia reforçar uma leitura que é criticada no Capítulo 3 deste estudo, justamente, por servir de obstáculo ao reconhecimento de diferenças de regime entre os diversos modelos jurídicos de cooperação público-privada previstos no ordenamento.

Em segundo lugar, supondo que esse esforço teórico fosse levado adiante mesmo assim, sustento que uma leitura rígida das características desses quatro módulos convencionais daria lugar a diversas outras figuras "híbridas" (como Pombo classifica a encomenda tecnológica, por exemplo), ou mesmo a categorias inteiramente novas, para acomodar a classificação às peculiaridades que cada instrumento jurídico ostenta à luz do direito positivo. Alargada ao extremo, a classificação não só perderia a sua utilidade como também passaria a ser utilizada de forma oposta àquela pretendida por Almeida em sua proposta original, que buscou justamente valorizar a heterogeneidade do direito positivo ao propor uma reformulação da teoria do contrato administrativo no Brasil.

5.2 Afinal, para que servem as contratações públicas? O poder de compra do Estado, a inovação como "objetivo horizontal" e a "função derivada" das contratações públicas[403]

Embora não haja consenso na literatura sobre quais são os objetivos mais importantes a serem atingidos por meio das contratações públicas, existe certa convergência em relação a alguns pontos principais.

---

[403] Este item recupera parte da discussão realizada em Fassio (2017) sobre os objetivos horizontais das contratações públicas para tratar especificamente do emprego do poder de compra do Estado como instrumento para estimular o desenvolvimento e a difusão de inovações no mercado.

Para Steven Kelman (1990, p. 11), por exemplo, as compras governamentais dos Estados Unidos buscam garantir três metas: igualdade, para permitir acesso justo e isonômico às oportunidades de negócios públicos; integridade, para reduzir as oportunidades de corrupção e conluio entre licitantes; e eficiência, a fim de obter a melhor proposta à luz do nível de qualidade desejado para o objeto.[404] Steven L. Schooner (2002) chega a enumerar nove objetivos, como "(...) *(1) competition; (2) integrity; (3) transparency; (4) efficiency; (5) customer satisfaction; (6) best value; (7) wealth distribution; (8) risk avoidance; and (9) uniformity"* (SCHOONER, 2002, p. 2), mas aponta para a necessidade de estabelecer *trade-offs* ao reconhecer que nenhum sistema é capaz de alcançá-los simultaneamente.[405] Do mesmo modo, o artigo 18 da Diretiva 2014/24/UE[406] indica a igualdade de tratamento, a não discriminação, a proporcionalidade e a transparência como princípios gerais das contratações públicas no âmbito da União Europeia. No Brasil, o artigo 5º da Lei nº 14.133/2021[407] chega a enumerar 22 princípios para guiar a aplicação das normas de licitações e contratações públicas no país.

Embora exista alguma variação conforme o ordenamento jurídico, que pode atribuir ênfase maior ou menor a alguns aspectos, os três objetivos indicados por Kelman – *igualdade, integridade* e *eficiência* – costumam sintetizar as preocupações centrais dos diferentes sistemas de

---

[404] Parte 1.102 das *Federal Acquisition Rules*: "*(a) The vision for the Federal Acquisition System is to deliver on a timely basis the best value product or service to the customer, while maintaining the public's trust and fulfilling public policy objectives. Participants in the acquisition process should work together as a team and should be empowered to make decisions within their area of responsibility*". Disponível em: https://www.acquisition.gov/far/part-1#FAR_1_101. Acesso em: 08 mar. 2024.

[405] "*No system can achieve all of these goals. Nor can a state expect that its objectives for its system will remain constant over time. Determining which goals are most important is a daunting, ever-evolving challenge. Because no system can achieve all of the goals here (or the many not discussed), your desiderata entails important tradeoffs.*" (SCHOONER, 2002, p. 17)

[406] "Artigo 18º. Princípios da contratação. 1. As autoridades adjudicantes tratam os operadores económicos de acordo com os princípios da igualdade de tratamento e da não-discriminação e atuam de forma transparente e proporcionada." Disponível em: https://eur-lex.europa.eu/legal-content/PT/TXT/?uri=celex%3A32014L0024. Acesso em: 08 mar. 2024.

[407] Artigo 5º da Lei nº 14.133/2021: "Art. 5º Na aplicação desta Lei, serão observados os princípios da legalidade, da impessoalidade, da moralidade, da publicidade, da eficiência, do interesse público, da probidade administrativa, da igualdade, do planejamento, da transparência, da eficácia, da segregação de funções, da motivação, da vinculação ao edital, do julgamento objetivo, da segurança jurídica, da razoabilidade, da competitividade, da proporcionalidade, da celeridade, da economicidade e do desenvolvimento nacional sustentável, assim como as disposições do Decreto-Lei nº 4.657, de 4 de setembro de 1942 (Lei de Introdução às Normas do Direito Brasileiro)".

contratações públicas na atualidade, como ilustram as recomendações editadas pela OCDE em 2008[408] e 2015[409] sobre o tema.

Pode-se dizer que esses seriam os objetivos *diretos, imediatos* ou *principais* a ser atingidos por meio das contratações públicas. Contudo, a literatura é pródiga em apresentar exemplos que ilustram como o poder de compra do Estado vem sendo empregado em diversos países para alcançar outros objetivos e finalidades que possuem caráter *indireto, mediato* ou *acessório* em relação àqueles definidos como principais. Este é o caso da implementação de diversos tipos de políticas públicas, como o fomento às compras verdes e, também, no estímulo ao desenvolvimento e à difusão de inovações no mercado. Toda a discussão sobre contratações públicas para inovação insere-se, portanto, neste debate.

O uso estratégico da demanda gerada pelo setor público, que se caracteriza justamente pela intersecção entre a regulação e a atividade administrativa de fomento,[410] constitui exemplo da chamada *função regulatória* das contratações públicas. A respeito, Marcos Juruena Villela Souto (2004, p. 7-8) e Pedro Costa Gonçalves (2013, p. 126) afirmam que o poder de compra do Estado pode ser o elemento central de uma estratégia de regulação que elege a técnica contratual como meio para atingir objetivos importantes em diversos setores da economia. Nesses casos, as contratações públicas não buscam somente o maior *value for money* para a Administração, obtendo a melhor relação custo-benefício pelos critérios de qualidade e de preço, mas buscam gerar externalidades positivas ("*spillover effects*")[411] que podem servir para alcançar finalidades de relevo definidas pelo ordenamento jurídico.

---

[408] OCDE. "*Recommendation of the Council on Enhancing Integrity in Public Procurement*" (2008). Disponível em: https://legalinstruments.oecd.org/en/instruments/OECD-LEGAL-0369. Acesso em: 10 mar. 2024.

[409] OCDE. "*Recommendation of the Council on Public Procurement*" (2015). Disponível em: https://legalinstruments.oecd.org/en/instruments/OECD-LEGAL-0411. Acesso em: 10 mar. 2024.

[410] "A função derivada é, pois, instrumento de fomento estatal, no qual o Estado busca estimular (positiva ou negativamente) determinado fim público (representado na função derivada), a ser obtido com a execução de atividade (no caso, a contratação pública) pelo agente de fomento (o contratado ou o interessado em contratar)." (ZAGO, 2017, p. 242)

[411] Comentando a introdução do desenvolvimento nacional sustentável entre os princípios da Lei nº 8.666/1993, Egon Bockmann Moreira e Fernando Vernalha Guimarães (2012) afirmam o seguinte: "A proposta mais vantajosa não mais pode ser tida como apenas aquela que, respeitosa da igualdade entre os concorrentes, conjugue melhor técnica e menor preço. No interior desses objetivos, a instruir sua compreensão e, assim, direcionar a escolha pública, está o dever ativo de promoção do desenvolvimento sustentável. O legislador instalou uma externalidade positiva a ser obrigatoriamente perseguida em todas as contratações públicas. A vantagem da proposta precisa ser aferida de modo

Christopher McCrudden (2004, 2007) usa o termo *"linkage"* para fazer referência à função regulatória das contratações públicas.[412] Foi o caso, por exemplo, das políticas que buscaram favorecer veteranos da Primeira Guerra Mundial e das regras incorporadas aos contratos públicos para combater a discriminação contra imigrantes negros e asiáticos da *commonwealth*, no Reino Unido; das regras favorecendo a aquisição de bens produzidos por pessoas com deficiência visual, em 1938, e a contratação de mulheres e de veteranos da guerra do Vietnã, nos Estados Unidos; da concessão de tratamento diferenciado em licitações para a população indígena, como compensação pela perda de terras, no Canadá; e, por fim, da criação de preferências em favor da população negra, na África do Sul, e em relação à etnia *malay*, na Malásia (MCCRUDDEN, 2004, p. 257-267; 2007; p. 4-12).

Essas políticas são exemplos do que a literatura tem chamado de objetivos "acessórios", "horizontais", "adicionais" ou "secundários" das contratações públicas. Sue Arrowsmith (2010) elaborou uma classificação desses objetivos horizontais que se baseia em dois critérios.

O primeiro critério diz respeito à fonte sobre a qual se baseia a exigência do objetivo horizontal, que pode ter base legal ou somente previsão no edital ou no contrato. Aqui, a autora separa os objetivos voltados a assegurar a observância da legislação em geral (*"horizontal policies that are limited to securing compliance with general legal requirements"*)[413] daqueles que possuem apenas base editalícia ou contratual, impondo requisitos aos participantes da licitação ou ao contratado cujo cumprimento não é exigido dos fornecedores em geral (*"horizontal policies that go beyond legal compliance"*).

---

interno e externo à futura contratação: ali, sob a perspectiva tradicional dos benefícios econômico-financeiros daquele contrato (objeto imediato da contratação); aqui, num patamar superior e diacrônico, pertinente a medidas político-administrativas que tragam consigo o desenvolvimento sociopolítico, ambiental e econômico da Nação Brasileira (objetivo mediato da contratação)". (MOREIRA; GUIMARÃES, 2012, p. 83-84)

[412] *"My particular interest in this book is examining how governments use government contracting to produce social justice results. The particular issue that is the focus of this book is how government attempt to combine the three functions of government distinguished up to now: participating in the market but regulating it at the same time, by using its purchasing power to advance conceptions of social justice, particularly equality and non-discrimination. The term 'linkage' is used throughout the book to describe this use of procurement."* (MCCRUDDEN, 2007, p. 3)

[413] *"(...) measures directed at legal compliance may be concerned with ensuring a level playing field. For example, firms that do not comply with their legal obligations by paying taxes or complying with labour law and so forth enjoy an unfair competitive advantage and may drive legitimate operators out of the market."* (ARROWSMITH, 2010, p. 154). No Brasil, esse seria o caso da exigência de regularidade trabalhista como requisito de habilitação em todas as licitações e contratações públicas, mesmo nos casos em que não haja risco de responsabilidade trabalhista pelo Poder Público.

O segundo critério diz respeito à vinculação, ou não, do objetivo mediato à execução do contrato público em que se insere. Pode-se, assim, diferenciar os objetivos horizontais relacionados diretamente ao contrato celebrado (*"horizontal policies concerned only with performance of the contract awarded"*) daqueles que vão além dessa relação jurídica, mirando justamente nas externalidades positivas dela decorrentes (*"horizontal policies that go beyond contract performance"*). Essa última categoria é a que se relaciona mais diretamente à função regulatória da contratação pública (*"government as regulator"*), motivo pelo qual, segundo a autora, a inclusão de objetivos horizontais não relacionados diretamente ao objeto contratado deve ficar restrita a hipóteses excepcionais.[414]

A implementação dos objetivos horizontais pode ser feita de diversas formas, mediante a adoção de técnicas que incidem em momentos diferentes da contratação pública. McCrudden (2007, p. 594-617) e Arrowsmith (2010, p. 166-182) discutem os ônus e bônus de alguns desses instrumentos tendo como contexto, principalmente, o exercício do poder de compra nos Estados Unidos e na União Europeia. Na mesma linha, em Fassio (2017, p. 111-117), apresentei uma classificação diversa que adota um critério temporal para organizar esses instrumentos e técnicas à luz do direito brasileiro, identificando em qual etapa do processo de contratação pública, desde antes do procedimento licitatório até depois da execução contratual, o objetivo mediato ou horizontal se insere, como ilustra a tabela a seguir.

---

[414] *"Policies that are directed at, or affect, behaviour outside the confines of government contracts often impose a greater burden on suppliers than policies limited to the contract, especially when the extend to all the suppliers' activities."* (ARROWSMITH, 2009, p. 126)

Tabela 23 – Implementação de objetivos horizontais em contratações públicas: proposta de classificação das técnicas adotadas em relação às etapas do processo de contratação

(continua)

Classificação	Descrição	Exemplos de técnica ou instrumento para realização do objetivo
Objetivos horizontais pré-proce-dimentais	Objetivos horizontais a serem atingidos durante o planejamento e a fase interna da licitação, mormente pela definição do objeto a ser contratado, suas quantidades e as respectivas especificações técnicas.	• decisão *make-or-buy,* sobre contratar ou não contratar (*"decision to purchase or not to purchase"*); • definição do objeto a ser contratado (o quê), suas quantidades e as respectivas especificações técnicas (*"decision on what to purchase"*); • definição do número de itens ou lotes, conforme o critério de adjudicação adotado; • decisão quanto à duração máxima dos contratos, que define a frequência das contratações; • inclusão de especificações técnicas em projetos básicos, memoriais descritivos e termos de referência voltados à contratação de bens, serviços ou obras;
Objetivos horizontais intrapro-cedimentais	Objetivos horizontais a serem atingidos por meio do procedimento licitatório, especialmente pela concessão de benefícios a categorias de objetos ou a grupos de fornecedores.	• realização de licitações exclusivas e separação de cotas do objeto (*"set-asides"*) para competição em separado (artigo 48 da Lei Complementar nº 123/2006); • a concessão de: - preferências "simples" ou "em igualdade de condições", que pressupõe o empate entre propostas (artigo 60, §1º, da Lei nº 14.133/2021); - empates fictos (*"offer-back approach"*), criando um intervalo percentual em que o destinatário do tratamento privilegiado pode cobrir a melhor oferta (artigos 44 e 45 da Lei Complementar nº 123/2006); - margens de preferência, que autorizam a adjudicação ao licitante que ofereceu valor superior à proposta mais econômica, até determinado limite percentual (art. 26, Lei nº 14.133/2021) • habilitação facilitada ou simplificada (artigos 42 e 43 da Lei Complementar nº 123/2006); • adoção de critérios de desempate, como implantação de ações de equidade entre homens e mulheres no ambiente de trabalho e desenvolvimento de programa de integridade (art. 60, III e IV, Lei nº 14.133/2021); • exigência de requisitos de habilitação, declarações e compromissos adicionais no curso do procedimento (art. 63, IV, Lei nº 14.133/2021).

(conclusão)

Classificação	Descrição	Exemplos de técnica ou instrumento para realização do objetivo
Objetivos horizontais extraprocedimentais	Objetivos a serem atingidos por meio de exceções ao dever de licitar, sobretudo pela criação de novas hipóteses de dispensa.	Dispensas de licitação para: • geração de empregos no tratamento de resíduos sólidos urbanos, por meio de cooperativas de catadores (art. 75, IV, "j", Lei nº 14.133/2021); • conservação do patrimônio histórico (art. 75, IV, "k", Lei nº 14.133/2021); • equipamento e abastecimento das forças armadas (art. 75, IV, "f", "g", "h" e "l", Lei nº 14.133/2021); • inserção profissional de pessoas com deficiência (art. 75, XIV, Lei nº 14.133/2021); • desenvolvimento científico, tecnológico e inovação (art. 75, IV, "c" e "d"; V, XII, XV, XVI, Lei nº 14.133/2021); • combate à seca, para implementação de cisternas e tecnologias de acesso à água (art. 75, XVII, Lei nº 14.133/2021); • combate à fome e fornecimento de alimentação a populações em vulnerabilidade social (art. 75, XVIII, Lei nº 14.133/2021).
Objetivos horizontais contratuais	Objetivos a serem atingidos durante a execução do contrato.	• previsão de obrigações contratuais, que podem dar ensejo à aplicação de penalidades, gerar reflexos nos pagamentos devidos ao contratado, ou mesmo dar causa à rescisão antecipada do contrato; • exigência de certificação de qualidade e aferição da conformidade do produto ou do seu processo de fabricação (art. 42, III, Lei nº 14.133/2021); • implantação de programa de integridade pelo licitante vencedor (art. 25, §4º, Lei nº 14.133/2021); • valorização do desempenho passado de fornecedores em licitações futuras (art. 60, II, Lei nº 14.133/2021);

Fonte: Elaboração própria com base em Fassio (2017, p. 111-117), McCrudden (2007, p. 594-617) e Arrowsmith (2010, p. 166-182).

A multiplicidade de objetivos que podem ser atingidos por meio do poder de compra do Estado é ressaltada pelo estudo de Khi V. Thai (2001). Para o autor, um sistema de contratações públicas é formado tanto por *"procurement goals"* quanto por *"non-procurement goals"*, combinando as preocupações centrais envolvendo igualdade, integridade e eficiência com outras metas e finalidades a serem alcançadas por meio do poder de compra do Estado.[415] Para Thai, não há hierarquia entre *"procurement goals"* e *"non-procurement goals"*, que possuem igual

---

[415] *"The procurement goals normally include quality, timeliness, cost (more than just the price), minimizing business, financial and technical risks, maximizing competition, and maintaining integrity. Non-procurement goals normally include economic goals preferring domestic or local firms), environment protection or green procurement (promoting the use of recycled goods), social goals (assisting minority and woman-owned business concerns), and international relations goals."* (THAI, 2001, p. 27)

importância e assumem caráter principal ou secundário à luz do que for considerado mais relevante para o Poder Público em cada caso concreto. Mas a implementação de objetivos horizontais em contratações públicas suscita diversos questionamentos relacionados principalmente ao potencial aumento nos preços e, consequentemente, ao menor *value for money* para a Administração (SAUSSIER, TIROLE, 2015). Em regra, a introdução de objetivos horizontais no ordenamento jurídico pressupõe algum grau de ponderação legislativa entre o sacrifício de parte da eficiência contratual, de um lado, e as finalidades a serem alcançadas por meio das contratações públicas, de outro. Esse impacto nos custos pode implicar maiores preços ou mesmo favorecer a seleção adversa, selecionando fornecedores com menor qualidade.[416] A lógica do instrumento está em assumir que as externalidades positivas geradas pela contratação pública ao realizar o objetivo horizontal compensam, em alguma medida, o menor retorno ao Estado enquanto contratante.

5.2.1 A crítica ao emprego da "função derivada" no Brasil

No direito administrativo brasileiro, o estudo de Marina Fontão Zago (2017) constitui uma das principais referências sobre o uso do poder de compra do Estado para realizar objetivos diversos e finalidades de política pública, envolvendo ou não o estímulo à inovação Para a autora, o emprego da "função derivada" tem aumentado a complexidade das contratações públicas no país, causando impactos negativos para a sua isonomia, competição e eficácia.[417] Note que o uso da expressão "função derivada" em sua tese é intencional e faz referência ao emprego

---

[416] *"Using public procurement to achieve social, environmental and innovation-related objectives is ineffective for a number of reasons. (...) Entrusting the public procurement system with the task of achieving social, environmental and innovation-related objectives is ineffective."* (SAUSSIER, TIROLE, 2015, p. 7)

[417] "Esta tese de doutorado tem por objetivo examinar de que forma o sistema regulatório de contratações públicas no Brasil (assim entendido como o conjunto de normas procedimentais e materiais que estabelecem regras para as contratações públicas) vem percebendo e conformando o poder de contratar estatal como instrumento transversal de políticas públicas. Na presente tese, chamo essa forma de uso qualificado da contratação pública de função derivada da contratação pública (...). Ao longo do trabalho, testo a hipótese de que a diversificação dos fins das contratações públicas, com o uso da função derivada, complexifica o sistema regulatório brasileiro de contratações públicas e traz tensões com os valores próprios da contratação pública – isonomia, competição e melhor proposta (esta, pautada, em regra, pelo menor preço) –, bem como questões como legitimidade democrática, transparência, segurança jurídica e eficácia." (ZAGO, 2017, p. 17)

da contratação pública para alcançar uma finalidade diferente e menos importante em relação à função primária, que a autora entende como principal. De fato, a escolha dessa expressão revela um recorte coerente com a tese sustentada por Zago, para quem a "função derivada" deve, em regra, ser evitada pelo legislador e pelo gestor público.[418]

Todavia, é importante registrar que essa leitura, além de reforçar o argumento que privilegia o preço como critério preponderante para se considerar uma proposta como a mais vantajosa, não é corroborada pelo posicionamento corrente na literatura estrangeira. É o caso, por exemplo, dos estudos de Khi V. Thai (2001), que defende um equilíbrio ótimo entre *"procurement goals"* e *"non-procurement goals"* em um sistema de contratações públicas, e de Sue Arrowsmith e Peter Kunzlik (2009), que afirmam preferir o termo *"horizontal policies"* em vez de *"secondary policies"* justamente para afastar a conotação de que haveria objetivos mais importantes do que outros.[419]

Para Zago, o emprego da "função derivada" ocorre por meio da introdução de requisitos, obrigações ou preferências adicionais nas contratações públicas[420] que, em sua visão, comprometem a sua transparência, segurança jurídica e legitimidade democrática. Segundo a autora, a eficácia dos seus resultados é difícil de ser mensurada e a sua aplicação impacta negativamente o custo e a qualidade das contratações, gerando litigiosidade, e a sua extraterritorialidade pode

---

[418] "A tese (em sentido estrito) que sustento é a de que, diante da complexificação e das tensões suscitadas pela função derivada, a derivação da contratação deve ser evitada pelo legislador e pelo gestor público. Os riscos do uso das contratações públicas como instrumento indireto de políticas públicas parecem superar os benefícios buscados; ou, dito de outra forma, as contratações públicas não parecem ser o espaço ou o instrumento adequado para a inclusão de fins sociais derivados, acoplados, de forma indireta, ao fim primário da contratação. (...) Caso, contudo, opte-se por utilizar a função derivada, há uma série de fatores que devem ser considerados pelo legislador e pelo gestor público, de modo a reduzir ou, eventualmente, neutralizar as complexificações e as tensões trazidas pela função derivada." (ZAGO, 2017, p. 17-18)

[419] "(...) the 'primary' objective of a procurement is seen to be the purchase on competitive terms of a product, work or service meeting a particular functional need, and factors relating to horizontal policies are designated as 'secondary' in the sense that they do not relate to this need. The label 'secondary policies' is, however, problematic for several reasons. In general terms, it may be said that this label tends to detract from an important point of principle that should inform analysis in this area, namely the equal status of horizontal policies and other governmental policies." (ARROWSMITH; KUNZLIK, 2009, p. 13)

[420] "A função derivada é operacionalizada pela inclusão, em qualquer fase da contratação pública, de requisitos, obrigações ou preferências adicionais à função primária da contratação e a ela não originários ou imprescindíveis. Ela representa a atribuição, de forma indireta (não inserida em seu objeto principal), de finalidade nova à contratação, adicional à função primária." (ZAGO, 2017, p. 212)

gerar conflitos com normas de comércio internacional. Por isso, "(...) *a contratação deve ser prioritariamente utilizada para o cumprimento de sua função primária, clara e diretamente inserida no objeto da contratação, com fins à satisfação da necessidade pública que a origina"* (ZAGO, 2017, p. 319). Entretanto, caso optem por aplicar a "função derivada", o legislador e o gestor público devem buscar minimizar os potenciais conflitos com a "função primária", considerando (i) a sua forma de institucionalização; (ii) a reconfiguração da melhor proposta; (iii) as consequências de suas diferentes técnicas; (iv) a processualização e motivação adequadas; e (v) o emprego de formas de controle e avaliação.

A autora deixa claro que não considera ilegal o emprego da "função derivada", desde que seu uso traga vantagem suficiente para compensar os impactos negativos ao preço ou à qualidade do objeto, o que não é simples de ser mensurado. Mas essa leitura cria uma prevalência *a priori* da "função primária" em todos os casos que, a meu ver, não encontra amparo no direito positivo brasileiro. Sustento esse ponto com base em três argumentos.

Primeiramente, porque a eficácia de cada objetivo horizontal não é aferível em abstrato e depende muito do tipo de instrumento ou técnica adotados para sua concretização. Não há como comparar, em pé de igualdade, a criação de uma hipótese de dispensa de licitação com a flexibilização de requisitos de habilitação, ou mesmo com o estabelecimento de uma preferência que pressupõe a ocorrência de empates entre propostas.[421] Como a Tabela 23 ilustra, acima, as políticas públicas frequentemente combinam técnicas diferentes para alcançar o mesmo objetivo, como é o caso do favorecimento de Microempresas e Empresas de Pequeno Porte pela Lei Complementar nº 123/2006. A mensuração da eficácia de cada objetivo horizontal, portanto, não pode ser separada das técnicas que o direito administrativo destina, em cada caso, à sua consecução.

Em segundo lugar, porque é de se supor, no ordenamento jurídico brasileiro, que a ponderação entre o sacrifício da eficiência da contratação pública e as externalidades positivas que podem ser geradas por seu intermédio tenha sido feita pelo legislador. No país, em

---

[421] Tome-se, por exemplo, a preferência para a contratação de bens e serviços de informática prevista pela Lei nº 8.248/1991. A jurisprudência do Tribunal de Contas da União consolidou o entendimento de que a "preferência" da Lei de Informática seria aplicável no pregão somente se houver empate entre as propostas, esvaziando a utilidade prática do dispositivo legal (v. Acórdãos TCU nº 1.707/2005, Plenário e nº 2.138/2005, Plenário).

virtude das regras de competência para editar normas sobre licitações e contratos (artigo 22, inciso XXVII, da Constituição), a maior parte dos objetivos horizontais é objeto de lei federal. Portanto, haveria autorização expressa do Poder Legislativo nesses casos para que o menor retorno ao Estado como contratante, sob o ângulo da eficiência, seja em alguma medida compensado pelas externalidades positivas geradas pela contratação pública.

Em terceiro, acredito que a generalização da ideia de que "(...) *as contratações públicas não parecem ser o espaço ou o instrumento adequado para a inclusão de fins sociais derivados, acoplados, de forma indireta, ao fim primário da contratação*" (ZAGO, 2017, p. 18) corre o risco de transformar essa crítica em um argumento universalizante que confere idêntico tratamento a todos os casos, igualando políticas bem-feitas e malfeitas de forma irrefletida. De fato, é impossível discordar da autora quando afirma que a "função derivada" "(...) *vem sendo utilizada no Brasil sem as necessárias ponderações e análises mais consistentes quanto aos seus custos e aos seus resultados*" (ZAGO, 2017, p. 24), em um cenário em que sua aplicação ocorre "(...) *de forma um tanto quanto caótica, sem que as consequências – tanto para a função primária, como para a própria efetividade da função derivada – sejam ponderadas*" (ZAGO, 2017, p. 35). A falta de avaliações sobre a aplicação de objetivos horizontais no Brasil é um fato indiscutível, e é verdade que, em alguns casos, as análises realizadas destacaram problemas importantes a serem corrigidos pela legislação, como ocorreu com as margens de preferência para o desenvolvimento nacional, criadas pela Lei nº 12.329/2010 e reintroduzidas pelo artigo 26 da Nova Lei de Licitações, em 2021 (ARCURI; GONÇALVES, 2022). Todavia, a escassa preocupação com os resultados dos objetivos horizontais no cenário brasileiro não pode servir como argumento para que se venha a abdicar de vez do emprego do poder de compra do Estado para efetivação de políticas públicas em geral.

A reduzida eficácia de uma política pública pode ser um argumento *de lege ferenda* para a mudança da legislação, com a reforma ou mesmo supressão do instrumento eleito para realizar determinado objetivo horizontal. Mas esse argumento, na prática, nem sempre é uma baliza aferível pelo gestor público para afastar ou atrair sua aplicação em casos concretos. Em outras palavras, ao apresentar a motivação para seus atos, os administradores nem sempre têm como saber, *a priori*, se a aplicação de determinada técnica de "função derivada" gerará maior ou menor realização do objetivo horizontal almejado em cada caso concreto.

Por fim, vale fazer uma breve comparação entre o contrato administrativo e o tributo. Assim como os tributos podem ter uma função *extrafiscal* expressamente permitida pela legislação brasileira, não deve causar estranheza que os contratos públicos também sejam usados como instrumento de regulação de mercado ou mecanismo de fomento para obter externalidades, positivas ou negativas, em hipóteses admitidas pelo ordenamento. Aqui, a questão principal não diz respeito a um conflito imaginário entre a "função primária" e a "função derivada", ou entre a função "fiscal" e a "extrafiscal" do tributo, em que o primeiro fator sempre prevalece *a priori* e em abstrato sobre o segundo. A questão é saber se os fins buscados pelo objetivo horizontal ou pela extrafiscalidade são ou não admitidos pelo ordenamento, bem como saber se tais fins e objetivos estão sendo efetivamente alcançados nos casos em que aplicados.

Assim como fiscalidade e extrafiscalidade são elementos que fazem parte de um *sistema* tributário, idêntica conclusão é a que defendo para as contratações públicas para a inovação: os objetivos horizontais colocados sob a tutela do poder de compra do Estado foram objeto de uma opção legislativa em que se autorizou expressamente o sacrifício de parte da eficiência da contratação pública, reduzindo o retorno do contratante em termos de qualidade ou de preço, em prol do atingimento de finalidades que foram consideradas positivas pela legislação. Todos fazem parte de um mesmo sistema de contratações públicas, onde *"procurement goals"* e *"non-procurement goals"*, na dicção de Thai (2001), convivem em pé de igualdade e não prevalecem em abstrato, mas somente diante de casos concretos.

5.2.2 A inovação como "objetivo horizontal" das contratações públicas

No que diz respeito especificamente à pesquisa, ao desenvolvimento e à inovação, não resta dúvida de que o direito brasileiro optou por eleger as contratações públicas como um dos instrumentos voltados ao seu fomento. A Lei nº 10.973/2004 foi expressa ao indicar o "uso do poder de compra do Estado"[422] como instrumento para incentivar

---

[422] Artigo 19, §2º-A, inciso VIII, da Lei nº 10.973/2004: "Art. 19. (...) §2º-A. São instrumentos de estímulo à inovação nas empresas, quando aplicáveis, entre outros: (...) VIII – uso do poder de compra do Estado".

a inovação nas empresas. Entre as técnicas que a Lei nº 14.133/2021 elenca para atingir esse objetivo, incluem-se, por exemplo, a preferência *"em igualdade de condições"* para empresas que invistam em pesquisa e desenvolvimento no país (artigo 60, §1º, III); a habilitação simplificada para compras de produtos para pesquisa e desenvolvimento (artigo 70, inciso III), a previsão de diversas hipóteses de contratação direta, como a que autoriza a encomenda tecnológica (artigo 75, incisos IV, "c" e "d", V, XII e XVI), e até mesmo a criação de procedimentos licitatórios especiais, como a modalidade prevista no Marco Legal das Startups e do Empreendedorismo Inovador (artigos 12 a 15 da Lei Complementar nº 182/2021).

Na literatura estrangeira, há diversos estudos empíricos que desmentem a tese de que o poder de compra do Estado seria ineficiente para estimular a inovação como objetivo horizontal. Discutindo o emprego das contratações públicas como instrumento de política industrial, o conhecido estudo de Paul Geroski (1990) já defendia que as contratações públicas podem ser mais eficientes para estimular a demanda por inovação no mercado do que a oferta de subsídios diretos a atividades de P&D, como mencionado no item 1.2.1 deste livro. Posteriormente, Birgit Aschhoff e Wolfgang Sofka (2009) demonstraram essa hipótese comparando dados de cerca de 1.100 empresas alemãs em relação aos efeitos gerados por quatro diferentes instrumentos de política de inovação: regulação, subsídios a P&D, compras públicas para inovação e pesquisa universitária. Os autores concluíram que os maiores impactos para estimular a inovação em pequenas empresas foram gerados pelas compras públicas,[423] com externalidades positivas comparáveis àquelas decorrentes da pesquisa universitária.

Na mesma linha, Marco Guerzoni e Emilio Raiteri (2015) realizaram um estudo comparando a eficácia de instrumentos do lado da oferta e do lado da demanda que também confirmou a hipótese defendida por Geroski.[424] Baseados no *Innobarometer*, um banco de dados que

---

[423] *"Public procurement has significant positive effects on innovation success but so does the provision of a knowl - edge infrastructure in universities spilling over to firms. Both effects have similar impacts on innovation success. In line with previous research the positive effects from public procurement stem from general administrative procurement and not from the needs of the military, police or fire departments" (p. 1243); e "Our results indicate that public procurement has the greatest immediate impact on innovation outputs if small firms – especially in economically challenged regions – are aware of them and can participate in a way that suits their limited resources. This seems to be especially relevant when it comes to the public procurement of distributive and technological services" (ASCHHOFF; SOFKA, 2009, p. 1244).*

[424] *"Innovative public procurement has a robust impact on private expenses in innovation activities. In terms of magnitude our results seem to confirm the theoretical hypothesis that innovative public*

reúne pesquisas realizadas com 5.238 empresas em países da União Europeia, Noruega e Suíça entre 2006 e 2008, os autores concluíram que as contratações públicas para inovação não só são mais eficazes do que políticas do lado da oferta, como subsídios e incentivos fiscais, como também contribuem para reforçar os efeitos positivos dessas políticas, estimulando investimentos privados adicionais em P&D.[425] Esses exemplos, entre tantos outros, ilustram o potencial das contratações públicas para canalizar a demanda estatal para obter produtos, serviços e processos inovadores.

Por fim, vale um comentário sobre a relação entre o debate que coloca a inovação como objetivo horizontal da contratação pública e a distinção entre PCP e PPI. Cabe, aqui, retomar o ponto explicado no item 1.2 de que a inovação compreende não somente o *desenvolvimento* de produtos, serviços ou processos inovadores, mas também a sua *difusão* e *adoção* pelo mercado. Essa diferença está na base da distinção entre as contratações públicas pré-comerciais (PCP), voltadas ao primeiro cenário, e as contratações públicas para inovação em sentido estrito (PPI), em que o poder de compra do Estado é empregado para estimular a difusão e adoção de produtos inovadores preexistentes no mercado. Todavia, nos casos das contratações pré-comerciais, não me parece que o estímulo à inovação seja apenas um objetivo apenas acessório ou indireto, haja vista que a prestação de serviços de PD&I assume caráter principal no contrato. Na encomenda tecnológica, paga-se pela pesquisa; o resultado é incerto e pode ser atingido ou não. Esse ponto decorre expressamente do artigo 20 da Lei de Inovação, que autoriza o pagamento conforme os trabalhos executados e afasta o inadimplemento caso o resultado não seja atingido em virtude do risco tecnológico. Portanto, nas PCP, a relação entre principal e acessório se modifica substancialmente. Esse ponto será examinado em profundidade no item 5.3, a seguir.

---

procurement is more effective than R&D grants in stimulating private expenditure in innovation input." (GUERZONI; RAITERI, 2015, p. 745)

[425] "The evidence undoubtedly shows that supply-side policies have been overestimated and that the role of innovative public procurement is not a mere theoretical hypothesis. Moreover, the preliminary evidence seems to point at a reinforcing effect of the interaction among different tools in the technology policy mix. We carefully suggest that innovative public procurement is not only able by itself to have a positive impact on firms' innovative behaviour, but that it could also represents an effective way to reinforce potential positive effects of supply-side technology policies, stimulating additional private investments in R&D." (GUERZONI; RAITERI, 2015, p. 745)

5.3 O regime jurídico das contratações públicas pré-comerciais no Brasil

Esta seção aprofunda o argumento, ao qual já se fez referência neste estudo, de que as contratações públicas que tenham por objeto o desenvolvimento de novos produtos, serviços e processos devem ser interpretadas de forma diversa em relação às contratações públicas em geral. Esse argumento encontra justificativa no próprio direito positivo, que delineia um regime jurídico bastante singular à encomenda tecnológica no contexto brasileiro e pode ser explicado pela racionalidade econômica inerente às contratações pré-comerciais que, diante da incerteza científica e da impossibilidade de garantir a obtenção do resultado, exigem mecanismos jurídicos que permitam o compartilhamento de riscos entre as partes.

A encomenda tecnológica, prevista no artigo 20 da Lei de Inovação e nos artigos 27 a 33 do Decreto Federal nº 9.283/2018, é o principal instrumento de contratação pública para inovação no Brasil. Alinhada às melhores práticas internacionais e possibilitando o uso do poder de compra do Estado de forma *"mission-oriented"*, voltado à resolução de problemas concretos da sociedade, a encomenda permite que o Poder Público contrate diretamente, por dispensa de licitação, a realização de atividades de PD&I voltadas à solução de problema técnico específico ou à obtenção de produto, serviço ou processo envolvendo risco tecnológico, o que situa o instrumento como exemplo de PCP no cenário brasileiro.

O risco tecnológico decorre do emprego inédito da tecnologia em um contexto em que o próprio atingimento da solução esperada não é certo e, por isso, a possibilidade de fracasso precisa ser considerada pela Administração na definição dos parâmetros contratuais (RAUEN; BARBOSA, 2019, p. 15). É o caso, por exemplo, do *"(...) desenvolvimento de produtos, serviços ou sistemas que ainda não estão disponíveis no mercado ou, simplesmente, que ainda não existem"* (RAUEN, 2018, p. 1), nos quais o risco tecnológico necessita ser partilhado entre contratante e contratado.

Risco, segundo a concepção difundida a partir da obra de Frank Knight (1921, p. 19-21), corresponde a uma situação cuja probabilidade de ocorrência pode ser mensurada por métodos estatísticos, permitindo a alocação de responsabilidades entre as partes e a definição de medidas de contingência para minimizar os seus efeitos no futuro. Porém, examinando a definição prevista no artigo 2º, inciso III, do Decreto nº 9.283/2018, é possível verificar que o risco tecnológico não corresponde ao conceito knightiano de risco, mas a sua imprevisibilidade o coloca mais próximo das situações de incerteza, haja vista a "(...) *possibilidade de insucesso no desenvolvimento de solução, decorrente de processo em que o resultado é incerto em função do conhecimento técnico-científico insuficiente à época em que se decide pela realização da ação"*, na dição do decreto. O risco tecnológico decorre da incerteza científica, que é inerente ao processo inovativo e faz com que nem todo o insucesso seja considerado inadimplemento. O interesse público em obter a solução buscada é o que autoriza o Estado a compartilhar o risco com o parceiro privado, internalizando a possibilidade de fracasso à luz das várias externalidades positivas que podem decorrer da contratação pública.

O risco tecnológico decorre não apenas de tecnologias completamente novas, fruto de inovações radicais ou disruptivas (*"new to the world"* ou *"new to the market"*), mas deriva também da integração inédita de diferentes tecnologias previamente disponíveis no mercado. Uma das metodologias mais difundidas para verificar a existência de risco tecnológico e mensurar o seu grau no caso concreto é a avaliação do nível de prontidão tecnológica (*"Technology Readiness Level"*), a escala de TRL desenvolvida pela NASA para aplicação no setor aeroespacial.[426] Essa metodologia foi posteriormente adotada pelo *Horizon 2020*, o programa comunitário para estimular atividades de pesquisa, desenvolvimento e inovação na União Europeia[427] e, no Brasil, foi estabelecida pelo MCTI para avaliar projetos de CT&I no âmbito do ministério e de suas entidades vinculadas, como o CNPq.[428]

A escala de TRL é dividida em nove níveis de maturidade (TRL 1 a TRL 9), que variam desde os estágios mais iniciais da pesquisa básica até a colocação do produto, serviço ou processo inovador no mercado. Quanto maior o nível de maturidade de uma solução, menor será o risco tecnológico. Como a encomenda atua na etapa pré-comercial, Rauen e Barbosa (2019, p. 26) afirmam que "(...) *a realização de uma ETEC só se justifica nos casos em que a solução tente atingir até o TRL 8, isto é, antes da solução comercialmente pronta"*. Segundo os autores, é preciso que a

---

[426] Vale ressaltar que nem sempre será possível estender a aplicação da escala de TRL a outras áreas do conhecimento. A depender da matéria, outras metodologias poderão ser mais indicadas para a avaliação de risco do que o TRL, como é o caso, por exemplo, do emprego do *risk-adjusted net present value* (rNPV) na área de biotecnologia.

[427] Disponível em: https://ec.europa.eu/research/participants/data/ref/h2020/wp/2014_2015/annexes/h2020-wp1415-annex-g-trl_en.pdf. Acesso em: 15 abr. 2024.

[428] Veja, a respeito, a Portaria MCTI nº 6.449, de 17 de outubro de 2022. Disponível em: https://www.in.gov.br/en/web/dou/-/portaria-mcti-n-6.449-de-17-de-outubro-de-2022-437609158. Acesso em: 15 abr. 2024.

maturidade da solução tenha sido avaliada entre TRL 1 e TRL 8 para justificar a existência de risco tecnológico no caso concreto.[429]

Figura 9 – Detalhamento dos níveis de maturidade tecnológica à luz dos dispêndios e do ciclo de vida do projeto, conforme a escala de TRL

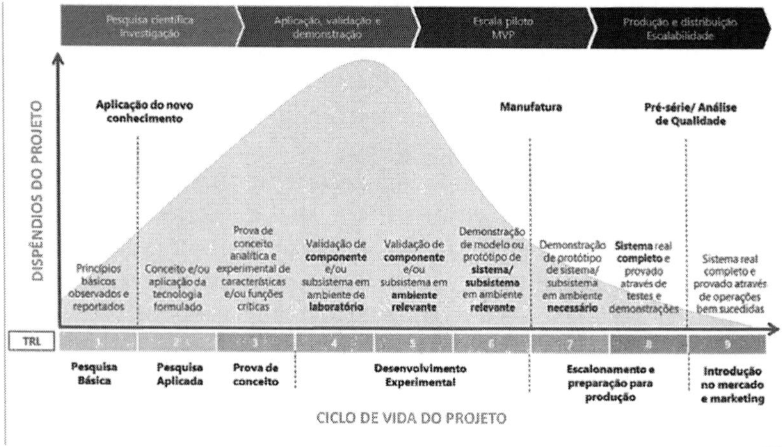

Fonte: ABGI. Disponível em: https://abgi-brasil.com/o-que-sao-as-encomendas-tecnologicas/. Acesso em: 15 abr. 2024.

Além da encomenda, o Marco Legal das Startups e do Empreendedorismo Inovador também se alinha em parte às contratações pré-comerciais quando afirma, no artigo 13 da Lei Complementar nº 182/2021, que a modalidade especial de licitação destina-se ao teste de soluções inovadoras "(...) *com ou sem risco tecnológico*", aproximando-se da encomenda tecnológica ao autorizar expressamente que os pagamentos devidos no Contrato Público para Solução Inovadora (CPSI) sejam "(...) *efetuados proporcionalmente aos trabalhos executados*" nas hipóteses em que estiver presente o risco tecnológico. Os dois instrumentos podem ser utilizados nesses casos, e a fungibilidade entre eles, sem dúvida, é bem-vinda.

Todavia, os limites de valor e de vigência, bem como a aptidão da modalidade especial para a realização de testes apontam para uma

---

[429] "Nossa recomendação, então, não é a de definir precisamente o TRL para justificar a opção por uma ETEC, mas sim evidenciar que a solução encontra-se abaixo da certificação TRL 8 e já certificada, pelo menos, em TRL 1. Isso basta para comprovar a ocorrência de risco tecnológico." (RAUEN, BARBOSA, 2019, p. 27)

diferença de maturidade entre esses modelos jurídicos, privilegiando o uso da encomenda para casos de desenvolvimento inicial, com TRL mais baixo, enquanto o CPSI seria mais adequado para etapas de prototipagem e demonstração, com TRL mais elevado, mais próximos da introdução no mercado da solução testada. Por esse motivo, e sem prejuízo de algumas referências pontuais nesta seção, optei por tratar da modalidade prevista na Lei Complementar nº 182/2021 no item 6.4, onde a abordo, de forma compatível com a sua vocação, ao lado de outros instrumentos jurídicos para inovação aberta.

A previsão da encomenda tecnológica em legislação especial gera alguns conflitos de interpretação com normas que regem as licitações e contratações públicas em geral. Mesmo antes da reforma do Marco Legal de CT&I de 2016, Carlos Ari Sundfeld e Rodrigo Pagani de Souza (2013), em artigo sobre as Parcerias para o Desenvolvimento Produtivo (PDPs) na área da saúde, já defendiam que a Lei de Inovação deveria ser interpretada de forma independente em relação à Lei nº 8.666/1993. Um dos argumentos jurídicos mais contundentes em favor desta leitura derivava do próprio artigo 24, inciso XXXI, da mesma lei. Ao dispensar a licitação para as "(...) *contratações visando ao cumprimento do disposto nos arts. 3º, 4º, 5º e 20 da Lei nº 10.973, de 2 de dezembro de 2004, observados os princípios gerais de contratação dela constantes"*, o legislador reconheceu a existência de *"princípios gerais de contratação"* que decorrem diretamente daquele diploma. O trecho, que foi mantido pelo artigo 75, inciso V, da Lei nº 14.133/2021, sugere a necessidade de realizar um exame de compatibilidade entre as normas gerais da Lei de Licitações e os *"princípios gerais"* da Lei de Inovação antes de proceder à sua aplicação nos negócios jurídicos regidos por essas normas.

Na prática, isso quer dizer que a Lei de Inovação deve ser aplicada em primeiro lugar, restando à legislação geral de licitações e contratos o papel subsidiário de integrar as lacunas e as omissões deixadas pelo Marco Legal de CT&I. Portanto, é na Lei nº 10.973/2004 que se deve buscar em caráter *principal* a disciplina dos ajustes e contratos dela decorrentes, cabendo à Lei nº 14.133/2021 um papel *subsidiário*, nas omissões deixadas pelo Marco Legal de CT&I, e *supletivo*, nas matérias em que seu texto possa ser complementado pelas normas do regime geral de contratações públicas, respectivamente.[430]

---

[430] A própria Lei nº 8.666/1993 afirma, no *caput* do artigo 1º, que seu texto é formado por normas gerais, embora a doutrina e a jurisprudência reconheçam em seu texto a presença de grande número de normas particulares, com aplicação restrita à União.

Segundo Rauen e Barbosa (2019, p. 79-83), a regra de ouro para compreender a disciplina jurídica da encomenda tecnológica é utilizar sempre a legislação específica e, nos casos omissos, ponderar se a legislação geral é adequada. O direito privado também atua como fonte subsidiária e supletiva para as matérias em que a Lei nº 14.133/2021 for omissa ou inaplicável, permitindo um grau maior de negociação entre as partes nesses temas. A tabela a seguir indica a base normativa de diversos temas relacionados à encomenda tecnológica, apontando a sua correspondência na legislação vigente de licitações e contratos.

Tabela 24 – Disposições normativas, agrupadas por temas selecionados, de aplicação em caráter principal e supletivo na disciplina jurídica da encomenda tecnológica

Assunto	Lei nº 10.973/2004	Decreto nº 9.283/2018	Lei nº 14.133/2021
Compra com dispensa	20	27	75, V
Instrução do processo de dispensa	-	-	72
Exigências de habilitação	-	-	62, 63, 64 e 70
Habilitação jurídica	-	-	66
Regularidade fiscal e trabalhista	-	-	68
Qualificação técnica	-	-	67
Qualificação econômico-financeira	-	-	69
Participação de empresa em consórcio	20, caput	27, caput	15
Audiência pública	-		21
Cláusulas necessárias no termo de contrato	-	30	92
Duração/vigência do contrato	20, §2º	28, §§1º e 2º	108
Comitê técnico de especialistas	-	27, §5º	-
Prerrogativas da administração pública	-	-	104
Tipo de contrato (forma de remuneração)	20, §3º	29	-
Formalização do contrato	-		89 a 91
Alteração contratual	-	28	124 a 136
Acompanhamento e fiscalização do contrato	-	28	117
Preposto do contratado	-	--	118
Vícios, defeitos ou incorreções resultantes da execução ou de materiais empregados	-	-	119 e 120
Responsabilidade pelos encargos trabalhistas, previdenciários, fiscais e comerciais resultantes da execução do contrato	-	-	121
Subcontratação	-	27, §11	122
Recebimento do objeto contratado	-	-	140
Extinção do contrato	-	28	137 a 139
Infrações e sanções administrativas	-	-	155 a 163
Propriedade intelectual	20, §1º	30	93
Fornecimento em escala	20, §4º	31 e 32	-

Fonte: Adaptado a partir de Rauen e Barbosa (2019, p. 81), com atualização da Lei nº 8.666/1993 para a Lei nº 14.133/2021 pelo autor.

Por fim, cabe aqui fazer um esclarecimento sobre a expressão "regime jurídico". O que pretendo dizer quando me refiro à necessidade de identificar os contornos de um "regime jurídico" aplicável às contratações públicas pré-comerciais? Reconheço que o uso dessa expressão pode ser problemático caso se venha a fazer alusão à presença *a priori* de uma série de características, tal como ocorre em relação às prerrogativas do "regime jurídico administrativo" – expressão que já foi criticada, neste estudo, justamente pelo seu emprego homogeneizante e uniformizador. Por esses motivos, faço uma advertência importante: esta seção faz referência a características comuns dessas contratações apenas para sistematizar a sua compreensão, sem pretender impor a sua aplicação a todos os casos, independentemente de previsão contratual. Em linha com a importância dada à negociação entre as partes nas contratações pré-comerciais, é importante que as faculdades previstas na legislação sejam analisadas à luz de cada caso concreto, em conformidade com as possibilidades admitidas pelo direito positivo, para inclusão em cada negócio jurídico celebrado.

Feitas essas considerações, a presente seção está organizada da seguinte forma. Inicialmente, os itens 5.3.1 a 5.3.6, a seguir, aprofundam a discussão sobre algumas características fundamentais das contratações públicas pré-comerciais à luz do direito positivo brasileiro. Ao final, o item 5.3.7 conclui a seção discutindo o estado da arte relativo à aplicação da encomenda tecnológica no país.

5.3.1 Obrigações de meio e contratos aleatórios: o descumprimento fundado no risco tecnológico não resulta em inadimplemento

Um dos principais aspectos do regime jurídico das contratações pré-comerciais diz respeito ao caráter específico do descumprimento de algumas obrigações que, por estarem ligadas à incerteza científica, não configuram inadimplemento nem dão ensejo à aplicação de sanções e penalidades de uma parte a outra. Em virtude do risco tecnológico, a incerteza inerente ao processo inovativo torna impossível, em alguns casos, garantir que as atividades de pesquisa, desenvolvimento e inovação pactuadas entre contratante e contratado terão como consequência o resultado esperado. Essa característica acarreta ao menos duas consequências importantes para a encomenda tecnológica sob o ângulo do direito civil.

A primeira diz respeito ao tipo de vínculo obrigacional constituído entre as partes, que é marcado por *obrigações de meio*. À diferença das obrigações de resultado, em que o devedor se compromete a alcançar um objetivo determinado, a prestação será considerada cumprida nas obrigações de meio se o devedor agir com empenho e diligência, independentemente do resultado alcançado ao final. Na encomenda tecnológica, o contratado compromete-se a realizar as atividades de PD&I descritas no projeto apresentado por ele e posteriormente negociado com o contratante, envidando os seus melhores esforços para atingir o resultado, sem, contudo, garanti-lo. O adimplemento da obrigação, portanto, independe do atingimento do resultado almejado. Essa conclusão também decorre do artigo 28, §§4º e 5º, do Decreto nº 9.283/2018, que trata da rescisão contratual para descontinuar o projeto por inviabilidade técnica ou econômica do seu desenvolvimento. O regulamento garante o pagamento das despesas já incorridas pelo contratado na execução do projeto, independentemente do modelo de remuneração adotado, e esclarece que "(...) *o pagamento obedecerá aos termos estabelecidos no contrato*" quando, em virtude do risco tecnológico, os resultados obtidos pelo projeto forem diferentes daqueles esperados pelas partes.

Em segundo lugar, a presença do risco tecnológico no desenvolvimento do objeto aproxima a encomenda dos *contratos aleatórios*, que se caracterizam justamente pela incerteza sobre o conteúdo da prestação de ao menos uma das partes. Diferentemente dos contratos comutativos, que se distinguem pela previsibilidade e equivalência das prestações, nos contratos aleatórios está presente um elemento de risco, futuro e incerto, cuja ocorrência pode fazer com que as partes assumam a possibilidade de não receber ou de ter que pagar mais que o inicialmente previsto. A álea torna o próprio objeto incerto quanto à sua existência ou à sua quantidade.

Segundo Orlando Gomes (2009, p. 277-278), o Código Civil diferencia três tipos de contratos aleatórios. O primeiro caso, previsto no artigo 458,[431] diz respeito à contratação de coisa futura que pode vir a não existir (*"emptio spei"*), cabendo ao comprador o pagamento integral do preço avençado mesmo se a contratação não produzir o

---

[431] Artigo 458 do Código Civil: "Art. 458. Se o contrato for aleatório, por dizer respeito a coisas ou fatos futuros, cujo risco de não virem a existir um dos contratantes assuma, terá o outro direito de receber integralmente o que lhe foi prometido, desde que de sua parte não tenha havido dolo ou culpa, ainda que nada do avençado venha a existir".

resultado esperado. Caso a inexistência da coisa decorra da conduta do próprio vendedor, por dolo ou culpa, a responsabilidade do credor pelo pagamento do preço é afastada. Na segunda hipótese, regida pelo artigo 459, a incerteza não recai sobre a existência da coisa em si, mas apenas sobre a sua quantidade ("*emptio rei speratae*"). Nesse caso, o comprador assume o risco de que o objeto da contratação venha a existir em qualquer quantidade, ainda que inferior a esperada, mas fica liberado do pagamento se a coisa não vier a existir. Por fim, em terceiro lugar, os artigos 460 e 461 referem-se aos casos em que a contratação diz respeito a um objeto existente, mas exposto ao risco de não existir, ou de existir em menor quantidade, no dia do contrato.

A encomenda tecnológica diz respeito à primeira hipótese de contrato aleatório, pois a Administração, como contratante, assume o risco de que a "(...) *solução de problema técnico específico ou obtenção de produto, serviço ou processo inovador*" sequer venha a existir,[432] inserindo-se no caso do artigo 458. Em reforço à consequência que já decorre da assunção de obrigações de meio, não haverá inadimplemento se o resultado esperado não for atingido pelo contratado em virtude do risco tecnológico. Mas vale ressaltar que essa consequência não é aplicável genericamente a todas as obrigações assumidas pelo contratado, mas somente àquelas ligadas a atividades de pesquisa, desenvolvimento e inovação, sofrendo assim os efeitos particulares da incerteza científica.

Por esse motivo, é fundamental que o contrato de encomenda preveja formas de monitoramento e fiscalização da execução contratual que permitam não só verificar a diligência do contratado no cumprimento do objeto, mas também, se for o caso, aferir a ocorrência de risco tecnológico que acarrete "*inviabilidade técnica ou econômica*" do projeto no caso concreto, nos termos do artigo 28, §2º, do Decreto nº 9.283/2018. Para evitar o comportamento oportunista de uma parte a outra, é importante que haja mecanismos de governança contratual para verificação dessa circunstância. Como os §§1º e 3º do artigo 28 exigem a realização de "*auditoria técnica e financeira*", essa função poderia ser exercida pelo auxílio técnico de terceiros, contratados na forma do artigo 8º, §4º, da Lei nº 14.133/2021, por um *board* específico, com participantes indicados pelas partes, ou mesmo pelo Comitê

---

[432] "Na *emptio spei*, se não tiver havido culpa do vendedor, terá ele direito a todo o preço, ainda que das coisas pretendidas pelo comprador não venha a existir absolutamente nada. É que, no caso, a venda é aleatória quanto à existência das coisas futuras." (GOMES, 2009, p. 278)

Técnico de Especialistas,[433] formado por membros com conhecimento técnico específico sobre o objeto contratado. Se ficar constatado que o contratado não agiu com dolo ou culpa – o que, nos termos do artigo 458 do Código Civil, libera o contratante do pagamento do preço – fica afastado o inadimplemento contratual.

5.3.2 Estímulo à formação de vínculos formais e informais de cooperação e de confiança entre as partes

As relações entre as partes nas contratações pré-comerciais são profundamente dependentes de aspectos como cooperação e confiança. Edquist e Zabala-Iturriagagoitia (2012) ressaltam que o elevado grau de interação e aprendizado contínuo entre contratantes e contratados são aspectos essenciais para o processo inovativo, mas o vetor da "cooperação" pode gerar tensão com o da "competição", que caracteriza as compras públicas. A solução, segundo os autores, está em acomodar essas duas variáveis não de forma dicotômica, mas em graus.[434] Na mesma linha, comentando a experiência norte-americana em compras pré-comerciais, Rauen (2017c, p. 388) afirma que "(...) *nas aquisições de P&D, o relacionamento do Estado com fornecedores privados é encarado como parceria e não apenas transação rotineira e unidirecional"*, o que evoca preocupações importantes sobre o papel do contrato para a criação de uma governança de longo prazo entre os atores públicos e privados rotineiramente envolvidos em atividades de PD&I.

---

[433] Artigo 27, §§5º e 6º, do Decreto nº 9.283/2018: "§5º O órgão ou a entidade da administração pública contratante poderá criar, por meio de ato de sua autoridade máxima, comitê técnico de especialistas para assessorar a instituição na definição do objeto da encomenda, na escolha do futuro contratado, no monitoramento da execução contratual e nas demais funções previstas neste Decreto, observado o seguinte:
I – os membros do comitê técnico deverão assinar declaração de que não possuem conflito de interesse na realização da atividade de assessoria técnica ao contratante; e
II – a participação no comitê técnico será considerada prestação de serviço público relevante, não remunerada.
§6º As auditorias técnicas e financeiras a que se refere este Decreto poderão ser realizadas pelo comitê técnico de especialistas".

[434] *"By definition and by design, there is always some cooperation between procurers and (potential) suppliers in PPI. Cooperation between the procurer and the (potential) supplier may concern the whole process of procurement but can also apply to only one or more of the stages it consists of (...). Such cooperation is obviously related to the degree of competition between potential suppliers. Cooperation is a matter of degrees, not a dichotomous variable."* (EDQUIST; ZABALA-ITURRIAGAGOITIA, 2012, p. 1759)

A criação de vínculos cooperativos e de longa duração entre as partes permite fazer uma aproximação entre a encomenda tecnológica e os *contratos de aliança*, aplicados em projetos de construção e de infraestrutura. Segundo Leonardo Toledo da Silva (2014), nos contratos de aliança há uma mitigação de mecanismos formais de *enforcement* do vínculo contratual, como a imposição de sanções e penalidades, em prol da construção de relações de colaboração e confiança que possam servir como mecanismos informais para garantir o cumprimento do contrato.[435]

O pressuposto deste argumento é o reconhecimento de que vínculos cooperativos podem formar arranjos de incentivo mais eficientes do que aqueles formados por vínculos contratuais. A respeito do tema, é sempre lembrada a contribuição de Yochai Benkler (2006), que discute como a *internet* e as tecnologias digitais tornaram possível o surgimento de uma nova forma de produção social, baseada na colaboração aberta e descentralizada entre indivíduos em rede. Benkler cita como exemplo a Wikipedia, fundada em 2001, que rapidamente desbancou a Microsoft Encarta, sua principal concorrente em formato proprietário, com base apenas na colaboração *peer-to-peer* (BENKLER, 2006, p. 70-74). Os contratos de aliança se baseiam na compreensão de que "(...) *em contratos com objeto prestacional muito complexo, o sucesso do cumprimento da obrigação é uma tarefa muito mais coletiva do que individual*" (SILVA, 2014, p. 21), e a cooperação seria essencial para criar um modelo de governança que aumente os incentivos e diminua o potencial de conflito.

Por esse motivo, a imposição de sanções nos contratos de aliança é reservada apenas a situações excepcionais, caracterizadas, em regra, pelo descumprimento intencional. Há, portanto, "(...) *um esvaziamento voluntário da função do contrato como ferramenta de aplicação, ainda que potencial, de sanções a comportamentos culposos, justamente com o objetivo de não prejudicar a construção natural de uma relação cooperativa*" (SILVA, 2014, p. 21). Essa redução do papel dos mecanismos formais de coerção coloca em evidência uma outra importante função do contrato: a criação de estruturas de governança que, aumentando a confiança entre as partes, gere maiores incentivos ao cumprimento voluntário das suas obrigações. Não se trata, portanto, de usar o contrato apenas como

---

[435] "(...) definimos o contrato de aliança como o arranjo contratual, pelo qual duas ou mais empresas são contratadas pelo dono do projeto para, com ele, em um time único e integrado, implementarem um determinado empreendimento, em regime colaborativo, fundado no compartilhamento coletivo de riscos e benefícios, no dever de boa-fé e no regime de ampla transparência entre as partes." (SILVA, 2014, p. 247)

meio de coerção para proteger os termos substantivos de uma relação inicial de troca, mas de adotar uma abordagem processual que foque na criação de estruturas de governança e procedimentos intracontratuais para permitir a tomada de decisão em caso de conflito entre as partes.[436]

Esse "esvaziamento voluntário" do caráter coercitivo do contrato seria uma forma de reduzir o ambiente adversarial em projetos complexos de infraestrutura. Um potencial conflito pode ser agravado em objetos de alta complexidade, gerando altos custos para renegociação e modificação contratual. Por esse motivo é que os contratos de aliança buscam estimular as partes a recorrerem a mecanismos de cooperação informal e de governança conjunta, os quais seriam mais eficientes para o sucesso do projeto do que a aplicação de sanções. Essa atuação baseia-se no corolário *"no blame, no dispute"*. De um lado, o *"no blame"* afasta expressamente a responsabilidade da parte pelo cometimento de falhas não intencionais. Ao limitar o dever de indenizar às situações de dolo, as partes reforçam a perspectiva de alocação compartilhada dos riscos, os quais são atribuídos coletivamente à aliança. O *"no dispute"*, por sua vez, decorre da ausência intencional da previsão de mecanismos de solução de controvérsias, estimulando que eventuais conflitos sejam resolvidos pelo consenso.

Parece contraditório pensar que o contrato, criado justamente para garantir a tutela jurídica no cumprimento das obrigações, possa abdicar do seu caráter sancionatório. Ademais, não há como não ver com certo ceticismo a ideia de que eventuais conflitos entre as partes serão resolvidos apenas por unanimidade.[437] Enzo Roppo (1988),

---

[436] "(...) no universo dos contratos de aliança, as ferramentas jurídico-dogmáticas mais adequadas são aquelas que veem no direito contratual não um garantidor do cumprimento de deveres e obrigações contrapostas das partes, mas, sim, analogamente ao que talvez se verifica no direito societário, como um definidor do objetivo comum das partes e um definidor do procedimento acordado pelas partes para atingir esse objetivo comum. (...) Em vista dessa linha de raciocínio, sugerimos, ao longo desta tese, que uma abordagem 'processual' de regulação do contrato – que permite sanção de comportamentos que descumpram o procedimento contratual acordado – seria mais adequada do que uma abordagem estritamente 'substantiva' – que proteja a relação inicial de troca." (SILVA, 2014, p. 24)

[437] *"Requiring unanimity for project decisions makes it easy for reasonable skeptics to require more information from enthusiasts; bumping disagreements up to impatient superiors discourages obstinacy. Together, these two mechanisms render observable, and forestall misunderstandings about, the character traits and substantive capabilities that support the informal contracting upon which the parties rely as they encounter unanticipated problems that can only be solved jointly. At the same time, the parties' increasing knowledge of their counterparty's capacities and problem-solving type, a direct result of the processes specified in the formal contract, creates switching costs-the costs to each party of replacing its counterparty with another-that con- strain subsequent opportunistic behavior."* (GILSON; SABEL; SCOTT, 2010, p. 1382)

contudo, afirma que "(...) *por vezes, o emprego do contrato e do direito dos contratos, não sendo simplesmente supérfluo, arrisca-se frequentemente a determinar resultados contraproducentes e antieconômicos"*, gerando custos, tomando tempo e deteriorando o relacionamento entre as partes, com consequências negativas que "(...) *poderiam ser evitadas com uma solução da controvérsia, por assim dizer, 'extralegal', não mediada pelo direito dos contratos e pelo seu aparato coercitivo"* (ROPPO, 1988, p. 20-21).

Esse ponto é confirmado pelo estudo de Stewart Macaulay (1963), que demonstra o quão frequente é, na prática, o *não uso* do contrato. Com base em 68 entrevistas realizadas com empresários e advogados no início da década de 1960, Macaulay concluiu que as partes geralmente evitam a aplicação de mecanismos formais de coerção, preferindo o emprego de mecanismos informais (*"non-legal sanctions"*), que são considerados mais eficazes para garantir o cumprimento do pactuado.[438] É o caso, por exemplo, da perda de reputação e do desejo de manter o bom relacionamento entre as partes no futuro.[439] Segundo o autor, esses instrumentos não jurídicos são preferíveis à aplicação de sanções e penalidades e, também, à propositura de uma demanda judicial para garantir o cumprimento do contrato. Haveria, assim, uma "fuga" do contrato, em que o recurso a mecanismos formais de coerção afastaria o emprego de mecanismos informais de cooperação entre as partes.

Gillian Hadfield e Iva Bozovic (2016) confirmaram os achados de Macaulay em contratações relacionadas à inovação no setor privado. Comparando as respostas de firmas classificadas como "inovadoras" ou "não inovadoras", os autores verificaram que a celebração de contratos é significativamente maior entre as empresas "inovadoras", mas ambos os grupos recorrem muito pouco a instrumentos de coerção contratual, preferindo valer-se de mecanismos informais, como confiança, reputação e relacionamento, para assegurar o cumprimento do pactuado.[440] Por que, então, as empresas "inovadoras" celebram

---

[438] *"Businessmen often prefer to rely on 'a man's word' in a brief letter, a handshake, or 'common honesty and decency'- even when the transaction involves exposure to serious risks."* (MACAULAY, 1963, p. 58).

[439] *"The final type of non-legal sanction is the most obvious. Both business units involved in the exchange desire to continue successfully in business and will avoid conduct which might interfere with attaining this goal. One is concerned with both the reaction of the other party in the particular exchange and with his own general business reputation."* (MACAULAY, 1963, p. 63)

[440] *"In these innovation-critical relationships, the picture of contracting overlaps with Macaulay's in only one dimension: these businesses perceived formal contract litigation as a very unlikely instrument for enforcing compliance with contractual obligations. They, like our small non-innovators, said that they relied heavily on informal means of assuring performance: reputation and*

contratos se não recorrem aos mecanismos formais nele previstos em caso de descumprimento? Segundo Hadfield e Bozovic, essa contradição aparente é explicada por uma tendência igualmente verificada no ecossistema de inovação brasileiro: muitas vezes, a formalização de contratos e outros instrumentos jurídicos de parceria é usada apenas como um "andaime" ("*scaffolfding*") que dá suporte à construção de vínculos informais de *enforcement* bastante importantes em contratos incompletos e relacionais, que geram relações de longa duração entre as partes, como costuma ser o caso das contratações ligadas a pesquisa, desenvolvimento e inovação.[441]

Para Ronald J. Gilson, Charles F. Sabel e Robert E. Scott (2009), existe uma relação de complementaridade entre mecanismos formais e informais em contratações de inovação, especialmente em mercados onde a integração vertical costuma ser mais intensa, como nos setores industrial e farmacêutico.[442] Com base em três exemplos de contratos firmados no setor privado – especificamente, o fornecimento de peças e maquinário entre a Stanadyne e a John Deere; a produção de componentes de computadores entre a Apple e a SCI; e o desenvolvimento conjunto de novos medicamentos entre a Ligand, uma empresa de biotecnologia, e a Warner-Lambert, do setor farmacêutico – os autores perceberam que as firmas recorrem a arranjos contratuais colaborativos mesmo em contextos de incerteza e, também, diante do risco de comportamentos oportunistas (como a apropriação indevida da sua tecnologia, por exemplo), revertendo uma tendência de mercado, comum em décadas anteriores, que geralmente levava as empresas a perseguir estratégias de integração vertical.

---

the threat of terminating a relationship. But this is where the overlap ends. For despite eschewing formal contract enforcement methods, these respondents relied extensively on formal contracting to plan and manage their innovation-critical relationships." (HADFIELD; BOZOVIC, 2016, p. 996)

[441] "(...) businesses engaged in innovation-critical relationships making extensive use of formal contracts but still spurning the use of formal contract enforcement to secure their commitments. (...) Formal contracting, we argue, provides valuable scaffolding to support the implementation of the informal enforcement mechanisms that underpin the efficacy of relational contracts. This can explain the use of formal contracts – and all that goes with that, such as the appeal to legal advisors and legal methods of interpretation – even in settings where formal enforcement of contracts is weak or non-existent." (HADFIELD; BOZOVIC, 2016, p. 1018)

[442] "In sum, our exemplar contracts systematically generate symmetrical investments in information through governance mechanisms designed to create knowledge both about the product and about each other's capacity to cooperate in problem-solving and in dispute resolution. A plausible hypothesis, therefore, is that these contracts are self-enforcing in the standard fashion: either the parties are relying on reputational sanctions (also a form of switching costs) or on the overhang of future interactions (cheating by a party in one round will be punished by the other in the next) to make their promises credible." (GILSON; SABEL; SCOTT, 2009, p. 484)

Essa estratégia recente, que os autores denominam *"contracting for innovation"*, decorre da percepção de que os avanços tecnológicos tornaram impossível manter excelência técnica em todos os campos da atividade empresarial. Por isso, em vez de integrar verticalmente as atividades dessa cadeia em uma mesma estrutura, as empresas passaram a recorrer a contratos que criem estruturas de governança que favoreçam a transparência, a colaboração e a troca contínua de informações entre as partes. A governança e o processo decisório criados pelo contrato permitem lidar com as incertezas do processo inovativo, as quais tornam impossível especificar previamente as características técnicas dos produtos, serviços e processos que serão desenvolvidos em colaboração pelas partes.[443]

Em outro texto, os mesmos autores buscaram compreender como a aplicação efetiva ou potencial de sanções contratuais afasta ou reduz a eficácia dos mecanismos informais de *enforcement* contratual. Nesse segundo estudo, Gilson, Sabel e Scott (2010) afirmam que a adoção de uma postura cooperativa entre as partes é comum em contratações que tenham atividades de pesquisa, desenvolvimento e inovação como objeto, onde ocorre um "entrelaçamento" (*"braiding"*) entre mecanismos formais e informais para que as partes possam, de forma conjunta, lidar com as circunstâncias imprevisíveis inerentes ao processo inovativo.[444] Como exemplo, os autores citam um contrato celebrado entre duas empresas do ramo farmacêutico, a Pharmacopeia e a Bristol-Meyers Squibb, tendo por objeto a obtenção de componentes químicos a serem utilizados no desenvolvimento de novos medicamentos. O acordo criou um órgão de governança interna – um *Research Steering Comittee*, formado por três membros de cada parte – para solucionar eventuais conflitos entre as partes e aprovar um plano anual de pesquisa, haja vista o elevado grau de incerteza do objeto. Segundo os autores, esse

---

[443] *"The inability of the parties to specify ex ante the nature of the product to be produced or its performance characteristics means that the terms of performance will be determined by the very governance process the contract creates."* (GILSON; SABEL; SCOTT, 2009, p. 435)

[444] *"Parties in rapidly innovating industries are responding to rising uncertainty and the need to rely on important skills from outside the firm. In diverse industries ranging from contract manufacturing to sup- ply chain contracts between manufacturers and suppliers to pharmaceutical collaborations, parties are agreeing to innovate jointly. These parties write contracts that intertwine elements of formal and informal contracting in a way that allows the parties to assess each other's disposition and capacity to respond cooperatively and effectively to unforeseen circumstances. In these contracts, the informal obligations interact within a formal governance structure that regulates the exchange of highly revealing information, but does not necessarily impose legally enforceable obligations to buy or sell anything. All such contracts share a common focus: collaborative innovation in a world of heightened uncertainty."* (GILSON; SABEL; SCOTT, 2010, p. 1382)

"entrelaçamento" de mecanismos formais e informais cria um arranjo de incentivos complementares que favorece a cooperação e a confiança entre as partes, sendo especialmente relevante em contratações relacionadas à inovação.[445]

No Brasil, é possível supor que a presença de cláusulas exorbitantes nos contratos administrativos tenha efeitos semelhantes àqueles verificados por Macaulay em contratos privados. Nessa linha, por exemplo, estudos futuros poderiam investigar em que medida os agentes públicos brasileiros são reticentes em invocar as prerrogativas do regime jurídico administrativo para impor o cumprimento dos contratos em situações de dependência da Administração ("*lock-in*") em relação a seus fornecedores, bem como examinar se as cláusulas exorbitantes comprometem a construção de vínculos informais de cooperação e confiança. De todo modo, não é preciso ir longe para inferir que a celebração em massa de modelos padronizados de documentos e o caráter de adesão dos contratos públicos esvaziam a importância da negociação entre as partes pública e privada.

Em cenários de maior complexidade, quando o objeto é incerto e há investimentos de vulto, a importância da negociação aumenta, assim como a pretensão de reduzir a verticalidade da Administração excluindo ou mitigando a aplicação de algumas das suas prerrogativas, como se verá no item a seguir.

5.3.3 Inaplicabilidade da prerrogativa de alteração unilateral e de limites quantitativos para alteração do objeto contratado

A encomenda tecnológica, como instrumento voltado ao *desenvolvimento* de produtos, serviços e processos inovadores ainda inexistentes no momento da demanda, possui características que a distinguem significativamente das contratações regidas pela Lei

---

[445] *"Braiding uses formal contracts to create governance processes which support iterative joint efforts with low-powered enforcement techniques that partially protect the commitment to collaborate, but do not control the course or the outcome of the collaboration. This formal mechanism has two closely linked components. The first is a commitment to an ongoing mutual exchange of information designed to determine if a project is feasible, and if so, how best to implement the parties' joint objectives. The second mechanism is a procedure for resolving disputes arising from the first. Its key feature-what we call the "contract referee mechanism" -is a requirement that the collaborators reach unanimous (or near unanimous) agreement on crucial decisions, with persistent disagreement resolved (or not) by unanimous agreement at higher levels of management from each firm."* (GILSON; SABEL; SCOTT, 2010, p. 1382)

nº 14.133/2021. Dentre elas, destaco a inaplicabilidade da prerrogativa que permite à Administração modificar unilateralmente os contratos celebrados (artigo 104, inciso I), bem como a necessidade de observar limites quantitativos para a alteração de seu objeto (artigo 125). Essa distinção se justifica pela natureza das contratações pré-comerciais, que demandam maior flexibilidade e adaptabilidade ao longo do processo de desenvolvimento científico e tecnológico, características incompatíveis com as regras estabelecidas na Nova Lei de Licitações para as contratações públicas em geral.

O afastamento dessas regras possui base normativa. Como dito no item 5.3 desta obra, o artigo 75, inciso V, da Lei nº 14.133/2021 dispensou a realização de prévio procedimento licitatório para as contratações voltadas "(...) *ao cumprimento do disposto nos arts. 3º, 3º-A, 4º, 5º e 20 da Lei nº 10.973, de 2 de dezembro de 2004, observados os princípios gerais de contratação constantes da referida Lei"*. Portanto, é a própria Lei de Licitações vigente que reconhece, assim como fazia o artigo 24, inciso XXXI da sua predecessora, a existência de *"princípios gerais de contratação"* decorrentes da Lei de Inovação brasileira. Por esse motivo, torna-se necessário avaliar a compatibilidade entre ambos os regimes jurídicos antes de aplicar à encomenda tecnológica as regras e os preceitos previstos na legislação que disciplina as contratações públicas em geral.

Inicialmente, a prerrogativa que confere à Administração a possibilidade de alteração unilateral busca assegurar a mutabilidade do interesse público. No Brasil, como já ressaltado no item 3.3.2 deste estudo, uma redução simplificadora da construção teórica francesa, que justificava as cláusulas exorbitantes com base na mutabilidade dos serviços públicos, fez com que todos os contratos administrativos seguissem, na prática, um regime jurídico uniforme no país. Entretanto, é possível argumentar que essas prerrogativas não seriam aplicáveis de forma equivalente à encomenda tecnológica, pois o desenvolvimento de soluções ainda não disponíveis no mercado é, por natureza, incerto e, como ressaltado no item 5.3.2, exige uma relação mais colaborativa (e menos impositiva) entre o Poder Público e o contratado. O compartilhamento do risco tecnológico requer flexibilidade contratual superior àquela permitida pela Lei nº 14.133/2021. Dessa forma, as contratações pré-comerciais necessitam prever mecanismos de renegociação que permitam adaptar o projeto a circunstâncias imprevistas, algo que as prerrogativas da Administração, especialmente a imposição de alterações unilaterais, não contemplam de forma adequada.

Igualmente, a existência de limites quantitativos para alterações contratuais, voltados a garantir previsibilidade e controle dos contratos públicos sob a perspectiva fiscal, não se harmoniza com o regime jurídico das contratações pré-comerciais. Em um contexto profundamente marcado pela incerteza, a necessidade de alterar o objeto durante a execução do contrato não é apenas esperada, mas será muitas vezes necessária para adaptar o projeto a descobertas técnicas e ajustes operacionais que não poderiam ser previstos no momento da celebração do contrato. Por esse motivo, é necessário reconhecer que a superação do limite de 25% nesses casos nem sempre decorrerá de uma estimativa deficiente ou da ocorrência de falhas de planejamento. Em tese, seria juridicamente possível a pactuação de uma cláusula que permita às partes ultrapassar o limite em circunstâncias que, comprovadamente, estejam ligadas a aspectos imprevisíveis relacionados ao risco tecnológico e à incerteza científica. Caso contrário, a imposição de limites rígidos para alterações contratuais em todos os casos, sem distinção, pode comprometer a viabilidade e o sucesso da encomenda, contrariando o objetivo, previsto no artigo 20 da Lei de Inovação, de solucionar *"problema técnico específico"* ou obter *"produto, serviço ou processo inovador"* por meio de atividades de pesquisa, desenvolvimento e inovação.

Por esses motivos acredito que a prerrogativa de alteração unilateral e a imposição de limites quantitativos para alteração do objeto contratado não são compatíveis com os *"princípios gerais de contratação"* que o artigo 75, inciso V, da Lei nº 14.133/2021 reconhece haver na Lei de Inovação. A não aplicação dessas normas à encomenda tecnológica reflete a característica, que é própria das contratações pré-comerciais, de que o contrato deve permitir o compartilhamento dos riscos e incertezas inerentes ao processo inovativo entre as partes.

5.3.4 Procedimento de contratação que permite interação intensa entre contratante e contratado antes da celebração do contrato e ao longo de toda a relação jurídica

O procedimento de contratação direta previsto para a encomenda tecnológica funciona como mecanismo redutor de assimetrias de informação ao permitir uma interação intensa entre contratante e contratado, em linha com o que se verifica na experiência internacional sobre contratações públicas pré-comerciais (RIGBY, 2013). Essa interação é importante porque o artigo 27, §3º, do Decreto nº 9.283/2018 afirma que a Administração deve se concentrar na descrição das suas necessidades, "(...) *dispensadas as especificações técnicas do objeto devido à complexidade da atividade de pesquisa, desenvolvimento e inovação ou por envolver soluções inovadoras não disponíveis no mercado".* Neste ponto, semelhantemente ao caminho trilhado pelo artigo 13, §1º, do Marco Legal das Startups e do Empreendedorismo Inovador,[446] o procedimento da encomenda privilegia a descrição funcional do problema ao invés das especificações técnicas do objeto, em linha com as melhores práticas apontadas pela literatura para contratações de inovação (CABRAL *et al.*, 2006; EDLER; GEORGHIOU, 2007; EDQUIST; ZABALA-ITURRIAGAGOITIA, 2012; EDQUIST *et al.*, 2015).

Como o artigo 20 da Lei de Inovação não dá muitos detalhes sobre o procedimento prévio à contratação direta, o tema é regido basicamente pelo regulamento federal. A respeito, o artigo 27 do Decreto nº 9.283/2018 afirma que o órgão ou entidade contratante deverá consultar os potenciais contratados para obter informações necessárias à definição da encomenda tecnológica (§4º), cabendo à Administração definir os parâmetros mínimos aceitáveis para utilização e desempenho da solução, produto, serviço ou processo que figura como seu objeto (§7º). Embora facultativo, a instauração de um chamamento público pode ser importante para atender a esses dois pontos previstos no decreto, servindo também para ouvir usuários, a comunidade científica e a sociedade em geral sobre o problema a ser solucionado. O procedimento também serve para aferir a viabilidade técnica da encomenda, seus custos, benefícios e riscos, prazos de execução e outros pontos que auxiliem a Administração a formatar adequadamente o contrato a ser celebrado (RAUEN; BARBOSA, 2019, p. 31-32). O chamamento permite mapear o mercado para prospectar potenciais fornecedores e soluções alternativas para o problema, verificando se o risco tecnológico está efetivamente presente no caso concreto.

---

[446] Artigo 13, §1º, da Lei Complementar nº 182/2021: "§1º A delimitação do escopo da licitação poderá restringir-se à indicação do problema a ser resolvido e dos resultados esperados pela administração pública, incluídos os desafios tecnológicos a serem superados, dispensada a descrição de eventual solução técnica previamente mapeada e suas especificações técnicas, e caberá aos licitantes propor diferentes meios para a resolução do problema".

Figura 10 – Estruturação "em funil" do processo de contratação da encomenda tecnológica

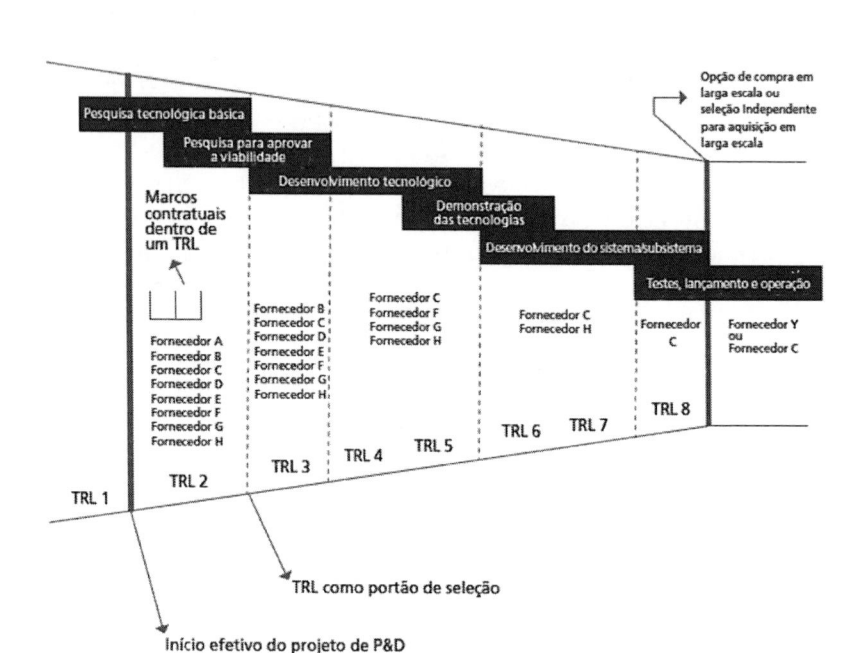

Fonte: Rauen e Barbosa (2019, p. 45).

O chamamento público é facultativo, mas pode ser útil para instaurar uma etapa de negociação prévia com os fornecedores – algo semelhante à primeira etapa do diálogo competitivo, no artigo 32 da Lei nº 14.133/2021, e ao procedimento negociado que o artigo 31 da Diretiva 2014/24/UE destina às "parcerias para a inovação", na União Europeia (BARBOSA, 2015, p. 56-59). A depender do caso, o chamamento público também permite estruturar o procedimento em etapas ou portões de seleção ("*gates*"), configurando "(...) *uma estrutura em funil, na qual diferentes fornecedores competem ao longo das fases de desenvolvimento tecnológico e são selecionados, gradativamente, em função do atingimento de metas parciais, até que uma solução aceitável seja encontrada ou até que o projeto seja abandonado por inviabilidade técnica e/ou orçamentária*" (RAUEN; BARBOSA, 2019, p. 44).

Com ou sem chamamento, as ICTs, entidades sem fins lucrativos ou empresas interessadas na contratação devem apresentar um "*projeto específico"* à Administração, contendo o cronograma físico-financeiro e as etapas de execução do contrato (artigo 27, §9º, do Decreto nº 9.283/2018). Esse projeto será negociado com o órgão ou entidade contratante,[447] contando com o auxílio do Comitê Técnico de Especialistas, se houver. A negociação deve ser realizada de forma transparente, mantido o sigilo das informações protegidas por segredo industrial, na linha prevista no artigo 22 da Lei de Acesso à Informação.[448] Há aqui um paralelo importante com as regras estabelecidas no artigo 32, §1º, da Lei nº 14.133/2021 para a modalidade diálogo competitivo, especialmente no que se refere à vedação de divulgações de informações de modo discriminatório, ao dever de sigilo para a Administração e, quando possível, ao registro das reuniões em ata e mediante gravação de áudio e vídeo.

É na etapa de negociação que serão definidos temas importantes, tais como a estrutura da contratação, contendo as etapas, fases e estágios de desenvolvimento do objeto; a modalidade de remuneração; a titularidade dos direitos de propriedade intelectual;[449] e a previsão ou não de opção de compra, para o posterior fornecimento em escala do objeto da encomenda. O regulamento federal é expresso ao autorizar que a escolha do contratado não se oriente pelo menor preço, mas sim pela maior probabilidade de alcançar o resultado pretendido pelo contratante. Para tanto, a Administração poderá justificar a sua decisão com base em fatores como competência técnica, capacidade de gestão, experiências anteriores, qualidade do projeto apresentado, bem como outros critérios de avaliação do contratado, nos termos do artigo 27, §8º, inciso II, do Decreto nº 9.283/2018.

---

[447] "(...) *one merit of negotiations is that buyers and contractors spend more time discussing the project and ironing out possible pitfalls before work begins and that complementing this with cost-plus contracts will allow for the needed flexibility of adapting work for complex projects.*" (BAJARI, MCMILLAN, TADELIS, 2008, p. 379)

[448] Artigo 22 da Lei nº 12.527/2011: "Art. 22. O disposto nesta Lei não exclui as demais hipóteses legais de sigilo e de segredo de justiça nem as hipóteses de segredo industrial decorrentes da exploração direta de atividade econômica pelo Estado ou por pessoa física ou entidade privada que tenha qualquer vínculo com o poder público".

[449] "Tem-se, assim, um novo e poderoso instrumento de negociação que deve ser utilizado quando da definição do tipo da forma de remuneração escolhida. Isso porque a cessão, total ou parcial, dos direitos de propriedade intelectual ao fornecedor cria um elemento de motivação adicional à participação na ETEC. Evidentemente, a negociação pela propriedade intelectual deve respeitar o interesse da administração e, principalmente, o interesse público primário. Mas é preciso lembrar que o estímulo à inovação na empresa é função do Estado e está citada na Constituição Federal (Artigo 219, parágrafo único). Também por isso, a propriedade intelectual é passível de negociação." (RAUEN; BARBOSA, 2019. p. 50)

Por fim, feita a seleção, o órgão ou entidade contratante convocará o proponente selecionado para a celebração do contrato, instruindo o processo de dispensa em conformidade com os requisitos previstos no artigo 72 da Lei nº 14.133/2021. A flexibilidade que caracteriza o procedimento deve, de algum modo, refletir-se também ao longo da execução da contratação pública. Tendo em vista a existência de risco tecnológico na consecução do objeto, os custos de transação *ex post*, voltados à adaptação do contrato para fazer frente a circunstâncias imprevistas podem ser minorados com a previsão de procedimentos simplificados para alteração contratual, especialmente aquelas relativas apenas a prazos e etapas de execução do objeto e que, por não aumentarem os custos, podem ser formalizadas de forma mais simples do que mediante a celebração formal de aditamentos contratuais. Essa simplificação pode ser justificada pela dificuldade de prever com precisão a duração das etapas em atividades de pesquisa, desenvolvimento e inovação.

5.3.5 Viabilidade jurídica de estipulação de pagamento por reembolso de custos (*"cost-reimbursement"*)

A encomenda tecnológica não é apenas uma hipótese de contratação direta, mas um tipo contratual que possui características singulares no direito administrativo brasileiro. Uma das peculiaridades principais desse regime jurídico decorre do artigo 20, §3º da Lei de Inovação, que expressamente autoriza a Administração a remunerar o contratado por reembolso de custos, e não em razão da entrega do objeto, pois o próprio resultado é incerto e pode não ocorrer como esperado. Esse dispositivo legal autoriza que o pagamento seja "(...) *efetuado proporcionalmente aos trabalhos executados no projeto"*, podendo ser combinado com remunerações adicionais, fixas ou variáveis, vinculadas ao desempenho do contratado. Esse modelo de remuneração, que também se faz presente na modalidade especial de licitação do Marco Legal de *Startups* quando houver risco tecnológico (artigo 14, §4º, da Lei Complementar nº 182/2021),[450] permite que a Administração internalize parte do risco inerente ao desenvolvimento de novas tecnologias, mas implica custos maiores para monitoramento e fiscalização do contratado.

---

[450] Artigo 14, §4º, da Lei Complementar nº 182/2021: "Artigo 14 (...) §4º Nas hipóteses em que houver risco tecnológico, os pagamentos serão efetuados proporcionalmente aos trabalhos executados, de acordo com o cronograma físico-financeiro aprovado, observado o critério de remuneração previsto contratualmente".

Cabe fazer um breve aprofundamento sobre esse ponto. A Parte 16 da *Federal Acquisition Regulation* (FAR), que disciplina as compras realizadas por órgãos e entidades federais nos Estados Unidos,[451] descreve vários tipos contratuais com base em diferentes formas de remuneração do contratado – entre eles, os contratos de preço fixo e os de reembolso (BAJARI; TADELIS, 2001; ALBANO *et al*, 2006a, p. 87-100; BAJARI; MCMILLAN; TADELIS, 2008; RODRIGUES, 2013, pp, 84-89; SAUSSIER; TIROLE, 2015). A despeito do detalhamento previsto na FAR, as agências e departamentos dos EUA possuem grande flexibilidade para operar,[452] podendo inclusive optar pelo tipo de contrato mais adequado às suas necessidades (VONORTAS; BHATIA, MAYER, 2011, p. 3). Afinal, nenhum desses modelos *a priori* é melhor ou pior do que o outro, e a modelagem contratual mais eficiente é aquela que, à luz da complexidade do objeto, oferece às partes maiores incentivos para cumprir os termos do contrato.[453]

Primeiramente, os contratos de preço fixo (*"firm fixed-price contracts"*) caracterizam-se pela prévia definição da contraprestação a ser paga aos fornecedores. Como os preços já são estabelecidos *ex ante*, esse modelo é indicado para projetos de menor complexidade e incerteza, tendo em vista que todos os custos e variações imprevistas são suportadas pelo contratado.[454] Daí a afirmação que esses contratos

---

[451] Disponível em: https://www.acquisition.gov/far/part-16. Acesso em: 19 mar. 2024.

[452] *"(...) while FAR and its adaptations provide procedural rules that have standardized procurement processes across agencies, the substantive policies are mostly left to the discretion of each acquiring agency (or even bureau within the agency) which is responsible for defining specifications and the evaluating criteria per procurement. Thus, as long as the principles of cost effectiveness/efficiency and competition fairness are met, innovation becomes the premise of the acquiring body. The extent of innovation achieved through public procurement, thus, varies a lot across government. Outside of the national defense/security area, innovation is not an end but a means towards achieving some social purpose such as environmental protection, energy conservation, assisting disadvantaged groups in the population, and so forth."* (VONORTAS; BHATIA; MAYER, 2011, p. 3)

[453] *"There are two potential contractual models (as well as in-between models) in terms of cost-sharing: the first involves reimbursing the company for the costs incurred, accompanied by a predetermined payment, in the form of a 'cost-plus' contract for non-market services and a 'cost-of-service' regulation contract for market services. This first model relieves the company of its responsibility but does limit potential profit; the second involves a "fixed-price" contract in the case of non-market public projects or, for market services, a 'price cap' regulation contract, in other words one that is not index-linked to the actual cost of production. This second model allocates a fixed sum to the contractor, regardless of the actual costs incurred and of the level of demand. This requires greater effort on the part of the contractor with regards to controlling costs but does leave it with a substantial profit if its costs happen to be particularly low (or demand particularly high), irrespective of the amount of eff ort required on its part."* (SAUSSIER; TIROLE, 2015, p. 2)

[454] *"A fixed-price contract (FPC) is a contractual agreement whereby the contractor is paid a fixed price for realizing a project that satisfies a predetermines quality standard"* (...) *"Under an FPC,*

podem ser adjudicados de forma mais simples mediante licitações e procedimentos competitivos,[455] mas tendem a ser menos adequados para a modelagem de projetos complexos. Para Bajari, McMillan e Tadelis (2008), a rigidez dos contratos de preço fixo estimula os fornecedores a buscarem alterações contratuais,[456] maximizando os seus ganhos por meio de aditivos.[457] No Brasil, o levantamento realizado por Eduardo Fiuza (2009, p. 248) com 9.988 contratos de obras civis, manutenções e reformas celebrados pelo governo federal entre 2002 e 2007 revelou que cerca de 3.360, pouco mais de um terço (33,6%), sofreram acréscimos contratuais. Esse resultado não decorre apenas de falhas de planejamento, como erros de edital ou de planilha, mas também se explica pela assimetria informacional entre contratado e contratante, que intensifica o pleito por aditivos em um cenário em que contratos de preço fixo são adotados como regra pela Administração.

Já nos contratos de reembolso (*"cost-plus-fee"* ou *"cost-reimbursement contracts"*), a seu turno, o contratante ressarce o contratado pelos custos incorridos para a execução do objeto, desde que comprovados e documentados (os chamados "custos verificáveis"), e paga um percentual, semelhante a uma taxa de administração, a título de remuneração.[458] Como os custos verificáveis são reembolsados, o contratado tende a elevá-los para maximizar a *fee* paga pelo contratante. Aqui, à diferença dos contratos de preço fixo, quem assume a maior parte do risco sobre custos e variações imprevistas é o contratante.

---

the contractor bears all the costs incurred in providing the good or service specified in contract." (ALBANO *et al.*, 2006a, p. 90).

[455] *"Fixed-price contracts in the private sector tend to be awarded through competitive bidding, while cost-plus contracts are frequently negotiated between a buyer and contractor. Occasionally there are cost incentives in cost-plus contracts that reward (or penalize) contractors for having actual costs below (or above) a cost target that is set at the start of the contract. Cost-incentive contracts are not the industry standard because of difficulties with implementing incentives in the face of changes."* (BAJARI; TADELIS, 2001, p. 390)

[456] *"(...) fixed-price contractors aggressively seek change orders since their overall profit will depend on revenues derived from changes. In this highly competitive environment, firms who do not aggressively seek changes will quickly be driven out of business."* (BAJARI; MCMILLAN; TADELIS, 2008, p. 391)

[457] *"(...) the information transmitted by an auction is primarily restricted to price, and when projects are complex, the relative significance of price may be dwarfed by other considerations, such as how to deal with adaptation due to unforeseen events and problems. Indeed, it is widely believed that when competitive bidding is used to award what is typically a fixed-price or unit-price contract, the contractors strategically read the plans and specifications to determine where they will fail."* (BAJARI; MCMILLAN; TADELIS, 2008, p. 379)

[458] *"(...) the buyer agrees to reimburse all (documented) production costs related to the project and to pay a fee for supervision."* (ALBANO *et al.*, 2006a, p. 87)

Por esse motivo, os contratos de reembolso impõem um grande ônus de monitoramento e fiscalização da execução contratual, sendo indicados apenas para situações de extrema complexidade e incerteza, como é o caso das atividades de pesquisa, desenvolvimento e inovação.

Segundo Albano *et al.* (2006a), licitações e outros procedimentos competitivos não são indicados para adjudicar contratos de reembolso, os quais, preferencialmente, devem ser objeto de negociações diretas pelas partes.[459] A redação original da Lei nº 8.666/1993 previu um regime de execução denominado "administração contratada", bastante semelhante à lógica adotada nos contratos de reembolso, mas que foi vetado pelo Presidente Itamar Franco, por recomendação da Advocacia Geral da União, justamente em virtude dos altos custos de gestão contratual.[460] A tabela a seguir apresenta as principais diferenças entre os contratos de preço fixo e os contratos de reembolso.

Tabela 25 – Comparação entre contratos de preço fixo e contratos de reembolso com base em características selecionadas

(continua)

	Contratos de preço fixo	Contratos de reembolso
Descrição	Definição prévia do valor da contraprestação a ser paga, com possibilidade de reajuste e atualização monetária.	O contratante promove o ressarcimento do contratado pelos custos decorrentes da execução do objeto, desde que documentados, até o teto de reembolso.
Aplicação ideal	Objetos de baixa complexidade e incerteza, com preços e especificações já conhecidos.	Objetos complexos, cujo custo não seja possível conhecer na hora da contratação.
Método preferencial para adjudicação	Procedimentos competitivos.	Negociações diretas.
Alocação de riscos	Contratado.	Contratante.
Custos de fiscalização e gestão contratual	Menores.	Maiores.

---

[459] *"Since all costs are reimbursed, efficient and non-efficient suppliers will have no incentive to submit the same offer at the selection stage, thus preventing the buyer from selecting the most efficient supplier."* (ALBANO et al., 2006a, p. 89)

[460] As razões do veto ao artigo 6º, VIII, "c" da Lei de Licitações estão disponíveis em: http://www.planalto.gov.br/ccivil_03/leis/Mensagem_Veto/anterior_98/Vep335-L8666-93.pdf. Acesso em: 22 out. 2024.

(conclusão)

Incentivos à qualidade	Menores, pois o preço é fixo. Se adjudicado por menor preço, há incentivo à redução agressiva de custos, resultando em menor qualidade.	Maiores, pois o contratado será reembolsado, e por isso não tem incentivo para cortar custos.
Flexibilidade para alterações	Menor	Maior

Fonte: Elaboração do autor com base em Albano *et al.* (2006b, p. 89); Bajari e Tadelis (2001, p. 392), Bajari, Mcmillan e Tadelis (2008, p. 379); e Rauen (2018, p. 3).

Para Bajari e Tadelis (2001), a modelagem contratual ótima é aquela que combina incentivos para reduzir custos e prevenir riscos com flexibilidade para lidar com adaptações *ex post*.[461] Por esse motivo é que o tipo contratual não deveria ser fixado *a priori* pela legislação, mas escolhido à luz das características do objeto em cada caso concreto.

No Brasil, essa margem de escolha é bastante restrita, mas a possibilidade de escolha entre contratos de preço fixo e contratos de reembolso é reconhecida expressamente na encomenda tecnológica e na modalidade especial de licitação prevista no Marco Legal de *Startups*. O artigo 29 do Decreto nº 9.283/2018,[462] que foi parcialmente reproduzido pelo artigo 14, §3º, da Lei Complementar nº 182/2021,[463] autorizou

---

[461] *"An important aspect of contractual arrangements is their ability to accommodate adaptation, thus creating a trade off between transaction costs that are due to changes and incentives to reduce costs. On one hand, FP [fixed-price] contracts provide the strongest incentives for cost reduction. On the other hand, if the design is left incomplete, then the cost of renegotiating FP contracts is high. When C+ [cost-plus] contracts are used the cost-reducing incentives disappear, but the process of adaptation is far smoother because the reimbursement process is simple, well defined, and leaves little room for haggling."* (BAJARI; TADELIS, 2001, p. 404. Colchetes meus)

[462] Artigo 29, §§1º e 2º, do Decreto nº 9.283/2018: "Art. 29. O pagamento decorrente do contrato de encomenda tecnológica será efetuado proporcionalmente aos trabalhos executados no projeto, consoante o cronograma físico-financeiro aprovado, com a possibilidade de adoção de remunerações adicionais associadas ao alcance de metas de desempenho no projeto, nos termos desta Subseção.

§1º Os órgãos e as entidades da administração pública poderão utilizar diferentes modalidades de remuneração de contrato de encomenda para compartilhar o risco tecnológico e contornar a dificuldade de estimar os custos de atividades de pesquisa, desenvolvimento e inovação a partir de pesquisa de mercado, quais sejam: I – preço fixo; II – preço fixo mais remuneração variável de incentivo; III – reembolso de custos sem remuneração adicional; IV – reembolso de custos mais remuneração variável de incentivo; ou V – reembolso de custos mais remuneração fixa de incentivo".

§2º A escolha da modalidade de que trata este artigo deverá ser devidamente motivada nos autos do processo, conforme as especificidades do caso concreto, e aprovada expressamente pela autoridade superior".

[463] Artigo 14, §3º, da Lei Complementar nº 182/2021: "Art. 14. (...) §3º A remuneração da contratada deverá ser feita de acordo com um dos seguintes critérios: I – preço fixo;

a adoção de cinco formas de remuneração diferentes: (i) preço fixo; (ii) preço fixo mais remuneração variável de incentivo; (iii) reembolso de custos sem remuneração adicional; (iv) reembolso de custos com remuneração variável de incentivo e; (v) reembolso de custos com remuneração fixa de incentivo. A escolha do critério de remuneração deve ser objeto de negociação entre as partes, sendo justificada nos autos do processo. Oferecem-se, assim, diversas alternativas para lidar com os diferentes graus de risco em todo o processo inovativo.

O compartilhamento de riscos entre atores públicos e privados, que é tão repercutido na literatura como um dos aspectos essenciais ao sucesso do processo inovativo, assume significado real quando passa a se refletir nas cláusulas do negócio jurídico. Quando a incerteza científica é muito grande, os atores privados tendem a não realizar investimentos de vulto sem garantia de retorno.[464] A assunção de parte dos riscos pela Administração é o que assegura que a atividade de PD&I – que gera muitas externalidades positivas, como as descobertas ao acaso (*"serendipity"*) – seja efetivamente realizada. A contratação pública acaba sendo decisiva, portanto, para viabilizar investimentos em PD&I que não ocorreriam sem o Estado. É isso que justifica a opção legislativa que autorizou o emprego de contratos de reembolso, combinados ou não com remunerações adicionais, na encomenda tecnológica e na modalidade especial de licitação do Marco Legal de *Startups*.

5.3.6 Incentivos à qualidade e ao atingimento do resultado esperado em contratações públicas pré-comerciais

Embora possa ser percebida empiricamente pelo contratante, nem sempre a qualidade dos bens e serviços contratados pela Administração pode ser medida a partir de critérios objetivos, como metas ou indicadores de desempenho.[465] Segundo Albano *et al.* (2006a), a "qualidade

---

II – preço fixo mais remuneração variável de incentivo; III – reembolso de custos sem remuneração adicional; IV – reembolso de custos mais remuneração variável de incentivo; ou V – reembolso de custos mais remuneração fixa de incentivo".

[464] "(...) *fixed-price contracts perform well for simple projects with few anticipated changes, whereas cost-plus contracts are better suited for more complex projects, for which many changes are anticipate.*" (BAJARI; MCMILLAN; TADELIS, 2008, p. 379)

[465] "Com vistas ao alcance desses resultados, não se pode deixar de mencionar a necessidade de estabelecimento de indicadores-chave de desempenho (KPI) e definição de marcos para entregas parciais (*sprints*) ou outras formas equivalentes de avaliação de performance e

não contratável"[466] é aquela que, por não poder ser mensurada, não pode ser exigida formalmente como obrigação da contratada. Por isso, sua melhoria depende da existência de um sistema de incentivos que desestimule comportamentos oportunistas e, ao mesmo tempo, permita ao contratante recompensar a oferta de "qualidade não contratável" pelos fornecedores.

Na encomenda tecnológica, vários incentivos foram previstos pela legislação como estímulo não só ao adimplemento voluntário da obrigação, mas também ao atingimento do resultado esperado pelas atividades de pesquisa, desenvolvimento e inovação a cargo do contratado. Destaco esses pontos nos subitens a seguir.

5.3.6.1 Vigência adequada à realização de atividades de pesquisa, desenvolvimento e inovação

A duração do contrato pode ser um importante incentivo contratual. A pactuação de ajustes breves, com vigência reduzida, é geralmente apontada como estratégia para aferir qualidade contratável e não contratável do fornecedor, funcionando como um período de experiência ("*try-out period*"). Isso porque a celebração de contratos mais longos, em um cenário de monitoramento e fiscalização deficientes, favorece a acomodação do contratado em níveis mínimos de qualidade – o suficiente apenas para evitar a aplicação de penalidades pela Administração e a rescisão do contrato (ALBANO *et al.*, 2006a, p. 111-117). Por outro lado, a vigência mais curta pode não ser suficiente à plena realização do objeto e, além disso, pode aumentar a incerteza se não permitir a amortização integral dos investimentos realizados pelo contratado.

Por esse motivo, o artigo 108 da Lei nº 14.133/2021 autoriza que os contratos de encomenda tecnológica tenham vigência de até dez anos, em linha com os 120 meses que já eram permitidos pelo artigo 57, inciso V, da Lei nº 8.666/1993 para as dispensas de licitação fundadas

---

verificações periódicas do andamento do projeto. Isso irá possibilitar o monitoramento das contratações de inovação e a tempestiva adoção das providências que se fizerem necessárias para a correção de rotas, mudanças de estratégia ou ajustes contratuais, de forma a maximizar a efetividade da contratação." (CHIOATO; LINS, 2022, p. 106)

[466] A qualidade não contratável ("*non-contractible quality*") diz respeito às situações em "(...) *qualitiy is observable but unverifiable and therefore non-contractible*" (ALBANO *et al.*, 2006a, p. 101).

na Lei de Inovação. A duração maior busca acomodar mais facilmente cronogramas de desenvolvimento de novas tecnologias em estágios ainda iniciais de maturidade. Contudo, pode haver casos em que esse prazo pode ser insuficiente, especialmente em projetos de saúde, defesa e aeroespacial.[467] Se os dez anos não forem suficientes para a validação das atividades de pesquisa, desenvolvimento e inovação realizadas pelo contratado, é provável que a encomenda tenha que ser dividida em etapas para ajustar o limite legal às peculiaridades do desenvolvimento da tecnologia. De todo modo, e lembrando que a pactuação de contratos por prazo indeterminado é uma medida excepcional no ordenamento brasileiro,[468] cabe reconhecer que o prazo de dez anos reflete uma vigência substancialmente maior do que os 60 meses previstos na legislação anterior para a prestação de serviços contínuos (artigo 57, inciso II, da Lei nº 8.666/1993). Contudo, a Nova Lei de Licitações eliminou a diferença substancial que havia entre essas hipóteses, autorizando a prorrogação de contratos de serviços e fornecimentos contínuos até o mesmo limite de dez anos (artigo 107 da Lei nº 14.133/2021).

Por fim, cabe ressaltar que as obrigações assumidas na encomenda tecnológica têm as características dos *contratos por escopo*, não se extinguindo automaticamente pelo decurso do prazo estabelecido para a vigência contratual, mas apenas com a efetiva realização do objeto avençado (SUNDFELD; CÂMARA, 2013, p. 63-64). Diversamente, os *contratos por prazo* são marcados por obrigações de natureza continuada, em que a passagem do tempo é suficiente para determinar a extinção do contrato, que termina com a vigência pactuada.[469] Em certa medida, a

---

[467] Confira-se, por exemplo, o relato de sete dos projetos de pesquisa mais longos do mundo. Disponível em: https://www.nationalgeographic.com/travel/article/130719-tar-pitch-lon gest-running-experiments-science Acesso em: 23 mar. 2024.

[468] Artigo 109 da Lei nº 14.133/2021: "Art. 109. A Administração poderá estabelecer a vigência por prazo indeterminado nos contratos em que seja usuária de serviço público oferecido em regime de monopólio, desde que comprovada, a cada exercício financeiro, a existência de créditos orçamentários vinculados à contratação".

[469] "Existe ainda importante diferenciação entre duas categorias de contratos: os contratos por escopo e os contratos por prazo. A plena execução dos contratos por escopo é determinada pela realização de objeto preestabelecido. Mesmo havendo prazo para conclusão do pactuado, o decurso do tempo não é em si suficiente para extinguir a avença. O prazo é estabelecido como obrigação do contratado e não como elemento para determinar a extinção do contrato pelo seu pleno cumprimento. É o que se dá nos contratos de empreitada de obra pública. A execução do contrato e, consequentemente, a extinção decorrente de sua plena eficácia se dão com a construção da obra em si. O transcurso do prazo contratual é relevante para apurar o cumprimento da obrigação do contratado, mas não basta para extinguir a avença." (SUNDFELD; CÂMARA, 2013, p. 63)

encomenda tecnológica equivale a um contrato de prestação de serviços de pesquisa, desenvolvimento e inovação voltados especificamente à "(...) *solução de problema técnico específico ou obtenção de produto, serviço ou processo inovador*", nos termos do artigo 20 da Lei nº 10.973/2004, amoldando-se aos contratos por escopo. Por isso, o decurso do prazo de vigência é meramente moratório, marcando tão somente o atraso do contratado no cumprimento de suas obrigações, sem caráter extintivo da relação jurídica contratual.

5.3.6.2 Possibilidade de adjudicação do objeto a mais de um fornecedor e ao mesmo tempo

Segundo Albano *et al.* (2006a), o "*multisourcing*" ou "*split-award procurement*" é praticado em contratações públicas e privadas, como as realizadas pelo Departamento de Defesa ("DoD") dos Estados Unidos e pela Toyota, e constitui um incentivo bastante eficaz, pois incorpora uma ideia de competição *intercontratual* entre vários fornecedores já contratados. Por exemplo, em contratações destinadas ao fornecimento de bens e serviços, a Administração poderia, em tese, escolher de qual contratado irá solicitar o objeto, estimulando a oferta de qualidade pelos fornecedores.[470] Mas o *multisourcing* também apresenta pontos negativos, tais como a potencial redução de economias de escala, a multiplicação dos custos de monitoramento e fiscalização de cada contrato e, também, a maior incerteza dos contratados acerca das quantidades que serão efetivamente fornecidas ao contratante, o que pode resultar em aumento nos preços.

No Brasil, contudo, o *multiple sourcing* é admitido apenas em hipóteses excepcionais. Por exemplo, o artigo 46 da Lei nº 13.303/2016 permite o seu emprego em contratações realizadas por empresas públicas e sociedades de economia mista,[471] mas não havia norma

---

[470] "*Dual sourcing means having the supply contract split between two contractors, who then supply simultaneously (substitute) products. Even if it is not exactly seen as second sourcing, the presence of alternative suppliers reduces the potential for contractors opportunism because the buyer is free to choose whether she can have both of them active or which part of procurement should be allocated to whom, depending on the NCQ level each of them provides.*" (ALBANO *et al.*, 2006a, p. 109).

[471] Artigo 46, *caput* e §1º, da Lei nº 13.303/2016: "Art. 46. Mediante justificativa expressa e desde que não implique perda de economia de escala, poderá ser celebrado mais de um contrato para executar serviço de mesma natureza quando o objeto da contratação puder ser executado de forma concorrente e simultânea por mais de um contratado.
§1º Na hipótese prevista no caput deste artigo, será mantido controle individualizado da execução do objeto contratual relativamente a cada um dos contratados".

expressa sobre o tema na Lei nº 8.666/1993. Embora o artigo 49 da Lei nº 14.133/2021 tenha adotado dispositivo semelhante àquele previsto na Lei das Estatais[472] para as contratações públicas em geral, a sobreposição de contratos com o mesmo objeto geralmente é considerada falha grave de planejamento pela jurisprudência do TCU, haja vista a possibilidade de divergência de preços entre os contratos e o risco de pagamento em duplicidade.[473-474]

Na encomenda tecnológica, o artigo 20, §5º da Lei de Inovação admite que a Administração realize a contratação simultânea de mais de uma ICT, empresa ou entidade sem fins lucrativos para realizar o mesmo objeto, no todo ou em parte, ou desenvolva alternativas para a solução de problema técnico específico ou obtenção de produto ou processo inovador.[475] A regra é semelhante ao artigo 13, §6º, da Lei Complementar nº 182/2021,[476] que autoriza a celebração de mais de um

---

[472] Artigo 49 da Lei nº 14.133/2021: "Art. 49. A Administração poderá, mediante justificativa expressa, contratar mais de uma empresa ou instituição para executar o mesmo serviço, desde que essa contratação não implique perda de economia de escala, quando:
I – o objeto da contratação puder ser executado de forma concorrente e simultânea por mais de um contratado; e
II – a múltipla execução for conveniente para atender à Administração.
Parágrafo único. Na hipótese prevista no caput deste artigo, a Administração deverá manter o controle individualizado da execução do objeto contratual relativamente a cada um dos contratados".

[473] "9.4. determinar ao Departamento Nacional de Infra-Estrutura de Transportes – DNIT que: (...) 9.4.2. evite a prática de sobreposição de objeto contratual, tal como se verificou em relação aos contratos n.º 60.016/2002, celebrado com a empresa Cadar Engenharia e Construções Ltda., e UT-06-0027/04-00, firmado com a Mecanorte/Libe Ltda., no mesmo trecho Km 53,04 ao km 104,63 da BR-494, haja vista o risco de pagamento dúplice pelo mesmo serviço." Acórdão TCU nº 2.650/2010, Plenário, Rel. Min. Walton Alencar Rodrigues, sessão de 06.10.2010.

[474] "4. Quanto ao mérito, observo que, após instada a se manifestar, a Secretaria Estadual de Meio Ambiente não trouxe respostas satisfatórias para a questão. Não foram explicitados os motivos da não-continuação do contrato já firmado, nem foi justificada a sobreposição de serviços já contratados com aqueles objetos da licitação em andamento. Ademais, a unidade técnica constatou que alguns desses serviços sobrepostos já foram executados pela contratada, o que sinaliza um potencial prejuízo ao erário, ante a hipótese de pagamentos em duplicidade. (...) 7. Assim, é pertinente a proposta de suspensão da licitação em andamento até que seja resolvida a situação do contrato nº 03/2002". Acórdão TCU nº 2.080/2005, Segunda Câmara, Rel. Min. Marcos Bemquerer, sessão de 06.09.2005.

[475] Artigo 20, §5º da Lei nº 10.973/2004: "Art. 20. (...) §5º Para os fins do caput e do §4º, a administração pública poderá, mediante justificativa expressa, contratar concomitantemente mais de uma ICT, entidade de direito privado sem fins lucrativos ou empresa com o objetivo de: I – desenvolver alternativas para solução de problema técnico específico ou obtenção de produto ou processo inovador; ou II – executar partes de um mesmo objeto".

[476] Artigo 13, §6º da Lei Complementar nº 182/2021: "Art. 13. (...) §6º A licitação poderá selecionar mais de uma proposta para a celebração do contrato de que trata o art. 14 desta Lei Complementar, hipótese em que caberá ao edital limitar a quantidade de propostas selecionáveis".

CPSI por desafio, cabendo ao edital da modalidade especial de licitação estabelecer a quantidade de propostas selecionáveis para o teste. A semelhança liga-se também ao fato de que ambas as modalidades prescindem da descrição prévia das especificações técnicas do objeto a ser contratado, privilegiando aspectos funcionais das soluções apresentadas e o seu potencial para solucionar o problema a ser resolvido.

O *multisourcing* permitido na encomenda e no Marco Legal das Startups assume contornos bastante diferentes do que ocorre na sobreposição de contratações públicas comuns: como um mesmo problema pode ser resolvido por meio de soluções substancialmente diferentes, as quais não são definidas pela Administração, mas são propostas pelos próprios fornecedores, é muito mais provável que as contratações concomitantes digam respeito a soluções alternativas, ou mesmo a partes diferentes de um mesmo objeto, do que aos casos de sobreposição de contratos rechaçados pela jurisprudência. Como o processo inovativo é dinâmico e não linear, a flexibilidade para contratar simultaneamente duas ou mais alternativas que a Administração considere aptas para resolver o problema proposto oferece um incentivo importante para que o contratante, justificando a sua escolha, explore as possibilidades técnicas oferecidas por diferentes rotas tecnológicas, maximizando, assim, os resultados esperados na contratação pública pré-comercial.

5.3.6.3 Opção de compra para fornecimento, em escala ou não, pelo mesmo contratado

A Lei de Inovação autoriza que o próprio desenvolvedor da encomenda seja contratado pela Administração para o fornecimento posterior, em escala ou não, do produto, serviço ou processo inovador desenvolvido ao longo da etapa pré-comercial. Essa disposição, que é bastante semelhante à previsão de um contrato de fornecimento do Marco Legal de *Startups*, caso o teste realizado no CPSI seja bem--sucedido (artigo 15 da Lei Complementar nº 182/2021), excepciona, de certo modo, a regra prevista no artigo 14, incisos I e II, da Nova Lei de Licitações e Contratos, que impede o autor do projeto de participar da licitação destinada à sua execução.

Dessa maneira, a encomenda pode abranger dois estágios: um primeiro, obrigatório, correspondente à realização de atividade de PD&I para o desenvolvimento da solução, protótipo ou mínimo produto viável que equaciona o problema técnico que se procurou resolver; e um segundo, eventual, de fornecimento do objeto em escala, o qual depende do resultado atingido no estágio anterior e do disposto no próprio contrato. Se o desenvolvimento dos protótipos for bem-sucedido, o Poder Público pode exercer uma opção de compra, já abrangida pela dispensa de licitação original, sem a necessidade de deflagração de um procedimento competitivo específico para essa etapa. Na prática, a opção de compra permite o desdobramento da relação jurídica original pela celebração de um segundo contrato entre as mesmas partes, pois a previsão de quantidades e a estipulação de valores unitários e totais da solução só será viável após a superação do risco tecnológico.[477]

Diferentemente do que ocorre na União Europeia, onde as etapas pré-comercial e comercial do processo inovativo são regidas por normativos diferentes e que exigem, igualmente, procedimentos distintos, é possível afirmar que, no cenário brasileiro, as PPI e as PCP se entrelaçam na disciplina da encomenda tecnológica, que integra esses dois estágios em uma mesma modalidade de contratação pública e, assim, fornece um incentivo poderoso ao contratado para o desenvolvimento da tecnologia.

5.3.6.4 Alocação negocial dos direitos relativos à propriedade intelectual

Outro importante incentivo para o atingimento do resultado buscado na encomenda tecnológica diz respeito à liberdade para negociar a alocação dos direitos de propriedade intelectual resultantes da contratação realizada. O artigo 30 do Decreto nº 9.283/2018 estabelece que as partes devem definir no contrato a quem caberá a titularidade ou o exercício dos direitos de propriedade intelectual resultantes da encomenda, podendo inclusive dispor sobre a cessão da totalidade desses direitos ao contratado. A cessão, contudo, exige a prestação de justificativa à luz do interesse público e, também, a previsão de compensação financeira ou não financeira em benefício da Administração,

---

[477] A respeito, confira-se a cláusula de opção de compra prevista no contrato de encomenda tecnológica celebrado pela Fiocruz com a AstraZeneca para a produção da vacina contra a Covid-19: "CLÁUSULA 17ª – OPÇÃO DE COMPRA DO INSUMO FARMACÊUTICO ATIVO (IFA). 17.1. As Partes poderão acordar a aquisição de quantitativo adicional do IFA em caso de sucesso na execução do Objeto deste Contrato, de acordo com a demanda, disponibilidade e necessidade do PNI, a ser viabilizado mediante assinatura de contrato específico entre as Partes e de acordo com a disponibilidade de produção global do IFA e respectivo cronograma de entrega, a ser definido no momento do pedido". Disponível em: https://portal.fiocruz.br/documento/termo-de-contrato-de-encomenda-tecnologica-01/20. Acesso em: 23 mar. 2024.

podendo ser revertida caso o contratado não explore a tecnologia de acordo com o prazo e as condições definidas no contrato. O decreto também permite a transferência de tecnologia do contratado ao contratante, permitindo-lhe adquirir o *know-how* necessário à operação e à manutenção da solução desenvolvida, difundindo esse conhecimento à sua equipe.

Esse dispositivo do regulamento federal foi importante porque criou, com base na interpretação combinada dos artigos 6º, §1º-A, e 20 da Lei de Inovação,[478] uma exceção à regra geral prevista, à época, no artigo 111 da Lei nº 8.666/1993 sobre a propriedade intelectual de soluções contratadas pelo Poder Público. Esse dispositivo legal impunha a cessão de todos os direitos patrimoniais relativos à solução desenvolvida, incluindo todos os dados, documentos e elementos de informação pertinentes, à Administração.[479] Esse ponto era considerado bastante negativo, pois impossibilitava que o contratado pudesse manter os direitos relativos à propriedade intelectual sobre o produto, serviço ou processo inovador desenvolvido em parceria com o setor público em contratações pré-comerciais – à diferença, por exemplo, do que ocorre na União Europeia, que caminha no sentido diametralmente oposto.[480]

Com a edição do decreto federal, a encomenda tecnológica passou a contar com uma exceção específica para negociação de propriedade intelectual aplicável a órgãos e entidades ligados à União. Outros entes federados, como o Estado de São Paulo, por exemplo, apenas reproduziram a regra do artigo 111 em sua regulamentação da encomenda tecnológica, impondo a titularidade ao Poder Público em

---

[478] Artigo 6º, §1º-A, da Lei nº 10.973/2004: "§1º-A. Nos casos de desenvolvimento conjunto com empresa, essa poderá ser contratada com cláusula de exclusividade, dispensada a oferta pública, devendo ser estabelecida em convênio ou contrato a forma de remuneração".

[479] Artigo 111 da Lei nº 8.666/1993. "Art. 111. A Administração só poderá contratar, pagar, premiar ou receber projeto ou serviço técnico especializado desde que o autor ceda os direitos patrimoniais a ele relativos e a Administração possa utilizá-lo de acordo com o previsto no regulamento de concurso ou no ajuste para sua elaboração. Parágrafo único. Quando o projeto referir-se a obra imaterial de caráter tecnológico, insuscetível de privilégio, a cessão dos direitos incluirá o fornecimento de todos os dados, documentos e elementos de informação pertinentes à tecnologia de concepção, desenvolvimento, fixação em suporte físico de qualquer natureza e aplicação da obra".

[480] Disponível em: https://research-and-innovation.ec.europa.eu/strategy/support-policy-making/shaping-eu-research-and-innovation-policy/new-european-innovation-agenda/innovation-procurement/pre-commercial-procurement_en. Confira-se também a recomendação do *Action Plan on Intellectual Property*, disponível em: https://digital-strategy.ec.europa.eu/en/news/eu-recommends-member-states-leave-ipr-ownership-public-procurements-contractors. Acesso em: 20 abr. 2024.

todos os casos.[481] Dessa maneira, o contratado precisa sempre ceder a propriedade intelectual da criação desenvolvida à Administração, o que limita o interesse dos fornecedores em participar da encomenda (MAIA *et al.*, 2018, p. 99-103). Esse debate não é apenas teórico: afinal, o Estado de São Paulo é o que mais dispende esforços em CT&I no país, concentrando o maior número de empresas que investem em PD&I e universidades públicas de renome internacional. É possível, portanto, que a inflexibilidade relativa aos direitos de propriedade intelectual seja uma das causas que explique o reduzido emprego da encomenda tecnológica no cenário paulista.[482]

Em síntese, o artigo 30 do Decreto nº 9.283/2018 permitiu que a alocação legal, bastante rígida, do artigo 111 da Lei nº 8.666/1993 fosse substituída por uma alocação negocial, mais flexível, que confere às partes a faculdade de decidir a quem caberá a titularidade e os resultados decorrentes da exploração econômica da tecnologia desenvolvida. O regulamento federal inaugura uma tendência legislativa rumo a um tratamento mais flexível da propriedade intelectual, a qual foi seguida pela Nova Lei de Licitações e Contratos e, também, pelo Marco Legal das Startups e do Empreendedorismo Inovador. As duas leis permitem expressamente a negociação sobre esses direitos. O artigo 93 da Lei nº 14.133/2021 ainda exige que a propriedade intelectual seja em regra cedida à Administração, mas o §2º flexibiliza essa exigência "(...) *quando*

---

[481] Artigo 52, §10, incisos 1 e 2, do Decreto Estadual nº 62.817/2017: "§10 – O contrato deverá prever expressamente: 1. que os resultados do projeto, a respectiva documentação e os direitos de propriedade intelectual pertencerão ao contratante, bem como que se considerará desenvolvida na vigência do contrato a criação intelectual pertinente ao seu objeto cuja proteção seja requerida pela empresa contratada até 2 (dois) anos após o término do ajuste; 2. que os direitos a que se refere o item 1 deste parágrafo incluem o fornecimento de todos os dados e informações, ainda que os resultados se limitem a tecnologia ou a conhecimento insuscetíveis de proteção pela propriedade intelectual".

[482] "Exigir a concentração das criações intelectuais sob a titularidade do Poder Público é uma escolha arriscada, que, se não for acompanhada do esforço de construção dos canais de acesso a esse conhecimento, representará a sabotagem do próprio instrumento da encomenda tecnológica, privando-o de gerar benefícios tão importantes que estão ao seu alcance. Ao perceber que seria possível atender ao interesse público sem que a Administração Pública necessariamente mantivesse a propriedade intelectual resultante, o Decreto Federal de Inovação criou condições ainda mais favoráveis para o seu atendimento, pois tornou possível cumular a utilização pública da solução com os incrementos de competitividade e emprego que a existência de inovações gera no setor privado, favorecendo, inclusive, pelo acúmulo de conhecimento que permanece com esses agentes privados, o surgimento de outras inovações no longo prazo. Tudo isso porque concebeu soluções mais arrojadas de direitos de PI, potencializando os impactos da encomenda tecnológica orientada por uma estratégia geral de fomento à inovação." (MAIA *et al.*, 2018, p. 102)

o objeto da contratação envolver atividade de pesquisa e desenvolvimento de caráter científico, tecnológico ou de inovação". A seu turno, o artigo 14, §1º, inciso IV, da Lei Complementar nº 182/2021 afirma que o CPSI deve dispor sobre "(...) *definição da titularidade dos direitos de propriedade intelectual das criações resultantes do CPSI"*. Retomo esse ponto ao tratar dos concursos de inovação e da modalidade especial de licitação do Marco Legal das Startups, respectivamente, nos itens 6.3 e 6.4 desta obra.

5.3.7 O escasso emprego da encomenda tecnológica no Brasil

A regulação flexível dada à encomenda tecnológica pela Lei de Inovação e pelo Decreto nº 9.283/2018 poderia justificar um emprego muito mais intenso das contratações públicas pré-comerciais no Brasil. Mas esse, contudo, não tem sido o caso. André Rauen (2023) realizou um extenso levantamento para identificar, nos extratos publicados no Diário Oficial da União, quantas vezes a dispensa de licitação do artigo 20 da Lei de Inovação foi aplicada. Segundo o autor, o governo federal "(....) *foi demandante ou ofertante de 93 Etecs no período 2010-2022, a maioria de baixo vulto financeiro, principalmente diante do total de recursos anualmente despendido em compras públicas no Brasil"* (RAUEN, 2023, p. 14), o que representa quase R$ 700 bilhões em 2019 (THORSTENSEN; GIESTEIRA, 2021, p. 39).

É importante ressaltar que esse mapeamento não inclui as empresas públicas e as sociedades de economia mista que, em virtude da regra prevista no artigo 48 da Lei nº 13.303/2016, não precisam publicar as suas contratações na imprensa oficial. A pesquisa no Diário Oficial da União não abrange a Petrobras, por exemplo, deixando de fora iniciativas importantes do seu Centro de Pesquisa, Desenvolvimento e Inovação (CENPES) para o emprego de encomendas voltadas especificamente ao setor de petróleo e gás natural.[483] Não obstante, os dados colhidos por Rauen (2023, p. 14-15) permitem tecer três considerações importantes sobre o estado da arte do uso desse instrumento no contexto brasileiro.

O primeiro achado diz respeito à excessiva pulverização das encomendas tecnológicas que, além do valor relativamente baixo, vêm sendo realizadas de maneira desarticulada de um grande projeto de

---

[483] Disponível em: https://conexoes-inovacao.petrobras.com.br/pt/modulo-encomendas-tec nologicas. Acesso em: 20 abr. 2024.

desenvolvimento tecnológico nacional. Cabe destacar, contudo, o grande número de iniciativas a cargo de órgãos ligados às Forças Armadas e, até 2016, de órgãos e entidades do setor elétrico.[484] O Programa "Nova Indústria Brasil", ao qual se fez referência no item 1.5.2, pode modificar esse cenário ao indicar expressamente a encomenda tecnológica como um dos instrumentos a serviço da nova política industrial.[485] Ressalvada a encomenda da Fiocruz com a AstraZeneca para a vacina do Covid-19, que, com valor de cerca de R$ 1,35 bilhão, é a contratação mais vultosa do mapeamento, a maior parte das encomendas realizadas pelo governo federal tem valor inexpressivo quando comparado ao montante que as contratações públicas em geral mobilizam anualmente no país.

Em segundo lugar, merece destaque a presença de órgãos e entidades federais que, ao invés de contratantes, figuram como fornecedores de encomendas contratadas por outros entes federados. O autor destaca os exemplos da Universidade Federal Fluminense (UFF), que foi contratada pela Prefeitura de Niterói para desenvolver solução voltada à redução da camada de lodo na Lagoa de Piratininga, naquele município; o Instituto Federal de Santa Catarina (IFSC), que foi contratado pela Secretaria da Fazenda do Estado de Santa Catarina para criar dispositivo autorizador fiscal para notas fiscais eletrônicas; e a Universidade Federal de Minas Gerais (UFMG), que foi contratada pela Companhia de Desenvolvimento de Minas Gerais (Codemge) para desenvolver solução voltada ao aproveitamento de resíduos de minério na mina de fosfato de Araxá. Esses três casos ilustram como as ICTs também podem ser contratadas por órgãos e entidades do setor público nos termos do artigo 20 da Lei nº 10.973/2004, podendo ter atuação relevante quando não houver necessidade imediata de fornecer em escala a solução desenvolvida na encomenda.

Por fim, um terceiro ponto consiste no crescente aprendizado institucional sobre o instrumento. Longe de ser uma alternativa fácil ou rápida para "fugir" do rigor das contratações públicas em geral, a experiência envolvendo a estruturação de encomendas tecnológicas

---

[484] Até 2016, ano em que entrou em vigor o artigo 48 da Lei das Estatais, era frequente a presença de iniciativas de empresas do setor elétrico no mapeamento, tais como Furnas, Eletrobrás, Eletrosul, entre outras. É bastante provável que essas iniciativas tenham se mantido, com a publicação das dispensas de licitação realizadas não mais no Diário Oficial da União, mas nos sítios próprios dessas empresas estatais.

[485] Confiram-se, a respeito, as páginas 09-11. Disponível em: https://www.gov.br/mdic/pt-br/composicao/se/cndi/plano-de-acao/nova-industria-brasil-plano-de-acao.pdf. Acesso em: 20 abr. 2024.

de maior porte reafirma a importância de realizar um planejamento robusto para lidar com a estruturação de projetos complexos e de longo prazo, como costumam ser as contratações bem-sucedidas na experiência internacional. A respeito, Rauen (2023, p. 14) destaca a encomenda tecnológica da Agência Espacial Brasileira,[486] que foi acompanhada pelo Laboratório de Inovação do TCU e serviu de base para a elaboração de uma proposta de atuação do controle para fiscalizar o instrumento.[487] Já existem diversos materiais de apoio que fornecem orientação aos gestores interessados no emprego da encomenda tecnológica. O desafio maior é colocá-la em prática, vencendo a insegurança jurídica que, como discutido nos Capítulos 2 e 3, é ainda tão presente no cenário brasileiro.

5.4 Módulos convencionais de cooperação para atividades de pesquisa, desenvolvimento e inovação

O emprego de módulos convencionais de cooperação na área de CT&I entrelaça-se, como afirma Fábio Gomes dos Santos (2022), com a atividade administrativa de fomento. O fomento é geralmente definido como atividade estatal de incentivo positivo ou negativo, sem emprego de mecanismos de coação, para condicionar o comportamento de particulares (DI PIETRO, 2018, p. 81; MEDAUAR, 2020, p. 109; SOUZA, 2009, p. 43; MARQUES NETO, 2010, p. 65; MENDONÇA, 2010, p. 135). O fomento ilustra a função promocional do direito, na dicção de Marcos Juruena Vilela Souto (2003, p. 39-56), e corresponde à modalidade de intervenção "sobre" o domínio econômico "por indução", na terminologia consagrada por Eros Roberto Grau (2008, p. 146-149), em que o Estado atua por meio de normas dispositivas e sanções premiais que estimulam ou desestimulam o comportamento de agentes privados.

Eduardo Jordão e Marçal Justen Filho (2011), ao tratarem do regime jurídico aplicável aos chamados "contratos de fomento", defendem a adoção da técnica contratual para estimular comportamentos socialmente benéficos e induzir atividades privadas de interesse coletivo. Segundo os autores, ao regular a concessão de incentivos

---

[486] Os documentos públicos produzidos pela AEB estão disponíveis em: https://www.gov.br/aeb/pt-br/programa-espacial-brasileiro/encomenda-tecnologica-etec/documentos-1. Acesso em: 20 abr. 2024.

[487] Disponível em: https://portal.tcu.gov.br/encomenda-tecnologica-etec.htm. Acesso em: 20 abr. 2024.

fiscais e subsídios, os contratos de fomento regulam externalidades positivas geradas pela conduta a ser estimulada, contribuindo para a internalização de seus custos.

José Vicente Santos de Mendonça (2010) produziu uma reflexão interessante sobre a atividade administrativa de fomento no direito brasileiro. O autor, ao propor uma teoria do fomento público, realiza ampla revisão da literatura nacional e estrangeira – especialmente a espanhola, dada a influência da obra de Luis Jordana de Pozas (1949)[488] e, mais recentemente, da *Ley General de Subvenciones* (Lei nº 38/2003)[489] – sobre o tema para, após, apresentar uma proposta de operacionalização do fomento com menor risco de patrimonialismo (MENDONÇA, 2010, p. 117). Mendonça, assim como grande parte da doutrina,[490] restringe o fomento ao incentivo a atividades privadas – dessa forma, repasses destinados a outras entidades públicas (as chamadas "*ajudas públicas interadministrativas*") não estariam abrangidos pelo conceito.[491-492] Este

---

[488] "*La acción de fomento es una vía media entre la inhibición y el intervencionismo del Espado, que pretende conciliar la libertad con el bien común mediante lá influencia indirecta sobre la voluntad del individuo para que quiera lo que conviene para la satisfacción de la necesidad pública de que se trate. Podríamos definirla como la acción de la Administración encaminada a proteger o promover aquellas actividades, establecimientos o riquezas debidos a los particulares y que satisfacen necesidades públicas o se estiman de utilidad general, sin usar de la coaccíon ni crear servicios públicos.*" (JORDANA DE POZAS, 1949, p. 46)

[489] Ley 38/2003, de 17 de noviembre, General de Subvenciones. Disponível em: https://www.boe.es/buscar/act.php?id=BOE-A-2003-20977. Acesso em: 06 mar. 2024.

[490] Nessa linha, o fomento "(...) abrange a atividade administrativa de incentivo à iniciativa privada de utilidade pública" (DI PIETRO, 2018, p. 81) ou, em outras palavras, "(...) estímulo a condutas e atuações de particulares, sem uso de mecanismos de coação" (MEDAUAR, 2020, p. 109). Para Floriano de Azevedo Marques Neto, o fomento "(...) pode ser definido como atividade estatal de incentivo positivo ou negativo a outra atividade desenvolvida por um ou vários particulares, de forma a condicionar o comportamento privado" (MARQUES NETO, 2010, p. 65). Rodrigo Pagani de Souza, na mesma linha, afirma que a atividade administrativa de fomento abrange "(...) o conjunto de medidas de promoção ou proteção adotadas pelo Estado, sem o emprego imediato da coação, com vistas ao desenvolvimento de determinada atividade de interesse público por particulares" (SOUZA, 2009, p. 43).

[491] "(...) estes auxílios interadministrativos são bastante frequentes no dia a dia da Administração, operados por meio dos chamados 'convênios financeiros de repasse'. Chamá-los de fomento ou de outra coisa qualquer não vai mudar substancialmente sua recorrência ou a forma com que são disciplinados. E a verdade é que existem certos traços do regime jurídico do fomento em sua administração, em especial a união de esforços e a cooperação compartilhada em prol de um objetivo comum. (...) Indo ao ponto: neste caso, não há acordo entre uma vontade pública e uma vontade privada para a execução de uma tarefa privada. (...) Há mero repasse entre órgãos ou entidades." (MENDONÇA, 2010, p. 127)

[492] Registre-se a posição em sentido contrário de Fábio Gomes dos Santos (2022, p. 387-394), para quem seria admissível o fomento destinado a entidades públicas, como empresas estatais, para incentivo a atividades de CT&I.

é o caso das transferências voluntárias realizadas entre entes públicos para atividades de pesquisa, desenvolvimento e inovação – geralmente por meio de termos de outorga ou convênios para PD&I, como feito pelo CNPq e pela FINEP.

Segundo Mendonça, um dos aspectos mais relevantes sobre a natureza jurídica do fomento reside no seu caráter unilateral. Esse ponto não é pacífico – até porque o fomento geralmente é operacionalizado por instrumentos jurídicos que assumem estrutura negocial, como contratos ou convênios.[493] Todavia, mesmo nesses casos, Mendonça argumenta que o Estado não poderia exigir o cumprimento da finalidade para a qual a verba foi destinada, podendo apenas exigir a sua devolução. Assim, à diferença do que ocorre com o credor de uma obrigação, que pode solicitar ao Poder Judiciário a condenação do devedor ao cumprimento de um *fazer* específico, o descumprimento no fomento resultaria apenas na restituição do montante repassado.[494] Não haveria, portanto, a bilateralidade que caracteriza o vínculo obrigacional, mas apenas um ato administrativo que estabelece o dever jurídico de realizar integralmente o objeto fomentado.[495] Para o autor, o fomento mantém essa natureza jurídica de ato unilateral mesmo quando é contratualizado. Por isso, contratos e convênios apenas formalizam as condicionantes do fomento e a existência de editais, como ocorre nas

---

[493] "Classificar ou não a utilização de um módulo convencional como atividade de fomento por certo não alterará sua natureza convencional. Mas pode ser útil para definir-lhe certos aspectos de regime jurídico." (ALMEIDA, 2012, p. 259)

[494] "De tudo isso, vê-se que o fomento público possui, então, natureza unilateral. Há uma obrigação por parte da Administração – prover o dinheiro ou a ajuda –, e, por parte do administrado, um dever genérico de desenvolver a atividade fomentada dentro dos parâmetros estabelecidos no ato de fomento; mas o Poder Público não poderá exigir o cumprimento específico do ato fomentado dentro dos moldes então acordados, muito menos pedir indenização pelo 'deixar de fazer' (ou pelo fazer de modo contrário ao que foi combinado)." (MENDONÇA, 2010, p. 143)

[495] "Não se trata de obrigação jurídica porque não há beneficiário preciso e direto a quem favoreça o cumprimento das exigências impostas pela Administração Fomentadora – logo, não existe quem tenha direito de lhes exigir seu cumprimento específico. É importante que isto fique claro: no fomento público, a Administração Pública não pode exigir que o particular fomentado cumpra especificamente os deveres conformados a partir da relação de fomento; caso a atividade fomentada não venha a ser executada, ou não seja executada a contento, o Poder Público deve declarar cessado o fomento, restituir-se da quantia, e, havendo dolo ou culpa, sempre a depender dos termos da outorga, impor, inclusive, sanções. Nunca, no entanto, a Administração Pública estará legitimada a exigir o cumprimento específico das imposições: não há sujeito ativo de direitos na relação de fomento; não há uma obrigação jurídica, em sentido técnico; existe, sim, um gravame genérico e um dever geral de cumprimento das condições da outorga." (MENDONÇA, 2010, p. 142)

subvenções da FINEP e do BNDES, e tornam mais ou menos vinculada a sua concessão.[496] Independentemente das discussões relativas à sua natureza jurídica, as diferentes formas de organização jurídica do fomento em CT&I podem ter um efeito relevante para a criação e o suporte a mercados nascentes (*"market shaping"*), o que justifica, com argumentos diversos, o afastamento e a mitigação de cláusulas exorbitantes presentes nos contratos administrativos. Entendendo a pesquisa, o desenvolvimento e a inovação como atividades que geram externalidades positivas de relevo e, por isso, devem ser incentivadas pelo Estado brasileiro, nos termos do artigo 219-A da Constituição,[497] os módulos convencionais de cooperação têm sido usados como os veículos privilegiados do fomento nessa área.

Por esse motivo, e muito embora o foco desta obra seja a discussão específica de contratações públicas para inovação, dedico este item ao exame dos instrumentos jurídicos que, mesmo sem envolver o poder de compra do Estado, atuam como medidas de suporte ao formalizar o incentivo estatal à cooperação e à colaboração em atividades de pesquisa, desenvolvimento e inovação. Este é o caso, principalmente, de acordos de parceria e convênios para PD&I (item 5.4.1), de alianças estratégicas (item 5.4.2) e da permissão e compartilhamento de instalações de ICTs (item 5.4.3). Reconheço, contudo, que outros módulos convencionais de cooperação, como convênios e parcerias com o terceiro setor, podem ter aplicação residual importante na interface de órgãos e entidades de CT&I com empresas e entidades sem fins lucrativos. Feito esse recorte, analiso esses instrumentos jurídicos de forma mais aprofundada nos itens a seguir.

---

[496] "Em outras palavras: mesmo mais próximos dos atos discricionários do que dos atos vinculados, os atos administrativos que servem para operar, na prática, a função do fomento público, podem ir perdendo gradativamente essa característica conforme (a) leis específicas assim o determinem, (b) existam cláusulas concessivas de direitos no contrato ou no edital, (c) surjam, in concreto, condições que permitam o uso de argumentos relacionados ao princípio da segurança jurídica (proteção da confiança legítima, boa-fé objetiva, Teoria dos Atos Próprios etc.)." (MENDONÇA, 2010, p. 164)

[497] Artigo 219-A da Constituição de 1988: "Art. 219-A. A União, os Estados, o Distrito Federal e os Municípios poderão firmar instrumentos de cooperação com órgãos e entidades públicos e com entidades privadas, inclusive para o compartilhamento de recursos humanos especializados e capacidade instalada, para a execução de projetos de pesquisa, de desenvolvimento científico e tecnológico e de inovação, mediante contrapartida financeira ou não financeira assumida pelo ente beneficiário, na forma da lei".

5.4.1 Acordos de parceria e convênios para pesquisa, desenvolvimento e inovação

Os acordos de parceria e os convênios para pesquisa, desenvolvimento e inovação encontram-se previstos, respectivamente, nos artigos 9º e 9º-A da Lei nº 10.973/2004, para a realização de atividades conjuntas de pesquisa ou desenvolvimento de tecnologia, produto, serviço ou processo inovador, ao qual os parceiros agregam conhecimento, recursos humanos, financeiros e materiais, além de proverem capital intelectual, serviços, equipamentos, materiais, direitos de propriedade intelectual, laboratórios, infraestrutura e outros meios pertinentes à execução do objeto avençado. Em virtude do seu objeto, esses instrumentos voltam-se à participação de ICTs e podem ser caracterizados como módulos convencionais de cooperação destinados, pela lógica de especialidade, à realização de atividades conjuntas de PD&I com instituições públicas ou privadas, com ou sem fins lucrativos.

A diferença entre os dois instrumentos é estabelecida pelo Decreto nº 9.283/2018, que veda a transferência de recursos públicos nos acordos de parceria (artigos 35 a 37), mas autoriza tais repasses em convênios para PD&I, nos quais a realização de chamamento público é, em regra, obrigatória (artigos 38 a 45). Em ambos os casos é possível a participação de fundações de apoio para gerenciar os recursos recebidos pela ICT, sejam públicos (artigo 1º, §7º, da Lei nº 8.958/1994) ou privados (artigo 35, §6º, do Decreto nº 9.283/2018). A fundação de apoio pode participar do ajuste como interveniente, e a sua atuação, além do previsto na legislação própria de cada ente,[498] deve ser disciplinada em cláusulas próprias do acordo de parceria ou do convênio para PD&I, especialmente no que diz respeito à sistemática de prestação de contas e às regras para uso dos recursos repassados.

Em regra, o emprego de acordos de parceria e convênios para PD&I abrange soluções em estágios ainda iniciais de desenvolvimento, sem maturidade suficiente para aquisição por meio das contratações públicas. A presença de risco tecnológico, sob a forma de incerteza científica, torna esses instrumentos jurídicos adequados à realização de atividades de pesquisa voltadas à geração de conhecimentos ou ao desenvolvimento de objeto ainda não consolidado no estado da técnica ou inexistente no mercado, com TRL baixo. Assim como ocorre na

---

[498] No caso da União, as fundações de apoio devem atender ao modelo disposto na Lei nº 8.958/1994.

encomenda tecnológica, não há como garantir que a pesquisa corresponderá exatamente ao que se espera, tornando impossível a pactuação de obrigações de resultado. Dessa maneira, se restar demonstrado na prestação de contas que os parceiros envidaram esforços e empregaram a diligência necessária para cumprir o pactuado no plano de trabalho, não há que se falar em inadimplemento, nem em restituição de valores, caso o insucesso da pesquisa decorra da incerteza que permeia a atividade científica.

Esse ponto pode causar alguma confusão entre convênios e acordos de parceria para PD&I, de um lado, e contratos de encomenda tecnológica, de outro. Em ambos os casos o risco tecnológico está presente, mas o objeto da encomenda relaciona-se diretamente à "(...) *solução de problema técnico específico ou obtenção de produto, serviço ou processo inovador*" (artigo 20 da Lei nº 10.973/2004), o que confirma a vocação do instrumento para o enfrentamento de missões e problemas concretos da sociedade. Não é esta a preocupação principal em acordos de parceria e convênios para PD&I, cujo objeto mais amplo pode acomodar com facilidade investigações guiadas pela curiosidade ou pelo interesse acadêmico. Por esse motivo, a remuneração dos pesquisadores é feita, em regra, pela concessão de bolsas de estímulo à inovação, respeitados as condições, os valores, os prazos e as responsabilidades estabelecidos pelas normas internas de cada órgão ou entidade concedente.

Quanto à propriedade intelectual, o artigo 9º, §2º, da Lei de Inovação afirma que a titularidade e a participação nos resultados da exploração das criações resultantes do acordo de parceria para PD&I deve ser prevista em "*instrumento jurídico específico*", assegurando aos signatários o direito à exploração, ao licenciamento e à transferência de tecnologia.[499] Vale lembrar que, em regra, a outorga de licenças exclusivas deve ser precedida da publicação de extrato da oferta tecnológica – o que, na prática, equivale à realização de uma licitação para selecionar quem paga mais *royalties* pelo direito de explorar com exclusividade a tecnologia. Contudo, o artigo 6º, §1º-A, da Lei nº 10.973/2004 prevê uma exceção importante para os casos em que houver desenvolvimento conjunto com empresa, autorizando a outorga de licença exclusiva para o uso e a exploração da criação desenvolvida em parceria. A ICT pode

---

[499] Artigo 9, §2º da Lei nº 10.973/2004. "§2º As partes deverão prever, em instrumento jurídico específico, a titularidade da propriedade intelectual e a participação nos resultados da exploração das criações resultantes da parceria, assegurando aos signatários o direito à exploração, ao licenciamento e à transferência de tecnologia, observado o disposto nos §§4º a 7º do art. 6º."

ceder a totalidade dos direitos de propriedade intelectual ao parceiro privado, mediante compensação financeira ou não financeira, desde que economicamente mensurável, e apresentação de justificativa à luz da sua política de inovação.

Vale ressaltar que a *"realização de atividades conjuntas"*, prevista no artigo 9º da Lei de Inovação, não exige que o parceiro privado se envolva diretamente em atividades de pesquisa, disponibilizando recursos humanos, materiais ou infraestrutura, mas alcança também a possibilidade de que o parceiro aporte apenas recursos financeiros ao projeto, dele participando como financiador.[500] A realização de atividades de PD&I custeadas por empresas é bastante comum em diversas ICTs públicas, o que torna o emprego de acordos de parceria bastante frequente na prática administrativa.

Às vezes, o emprego de acordos de parceria para PD&I é confundido com um outro instrumento jurídico: a contratação da ICT para a prestação de *"(...) serviços técnicos especializados compatíveis com os objetivos desta Lei, nas atividades voltadas à inovação e à pesquisa científica e tecnológica no ambiente produtivo"*, prevista no artigo 8º da Lei nº 10.973/2004.[501] Nesses casos, a ICT pode ser contratada por outras instituições públicas, atraindo a aplicação da dispensa de licitação prevista no artigo 75, inciso IX, da Lei nº 14.133/2021,[502] ou por instituições privadas, hipótese em que a posição do ente público como contratado afasta a aplicação do regime de prerrogativas e situa a contratação predominantemente no campo do direito privado.[503] Como

---

[500] A respeito, confira-se o entendimento da Advocacia-Geral da União, manifestado pela Câmara Permanente de Ciência, Tecnologia e Inovação da Procuradoria Geral Federal, no Parecer nº 00002/2023/CP-CT&I/SUBCONSU/PGF/AGU, disponível em: https://www.gov.br/agu/pt-br/composicao/procuradoria-geral-federal-1/subprocuradoria-federal-de-consultoria-juridica/camara-permanente-da-ciencia-tecnologia-e-inovacao-1/instrumentos-do-marco-legal-de-ct-i/acordo-de-parceria-para-pesquisa-desenvolvimento-e-inovacao-2013-appd-i. Acesso em: 08 abr. 2024.

[501] Artigo 8º, *caput*, da Lei nº 10.973/2004: "Art. 8º É facultado à ICT prestar a instituições públicas ou privadas serviços técnicos especializados compatíveis com os objetivos desta Lei, nas atividades voltadas à inovação e à pesquisa científica e tecnológica no ambiente produtivo, visando, entre outros objetivos, à maior competitividade das empresas".

[502] Artigo 75, inciso IX, da Lei nº 14.133/2021: "IX – para a aquisição, por pessoa jurídica de direito público interno, de bens produzidos ou serviços prestados por órgão ou entidade que integrem a Administração Pública e que tenham sido criados para esse fim específico, desde que o preço contratado seja compatível com o praticado no mercado".

[503] Confira-se, a respeito, o entendimento da Procuradoria Geral do Estado de São Paulo, na Nota Técnica SubG Cons nº 11/2020 (disponível em: https://central.fundepag.br/uploads/anexos/2020/08/nota-tecnica-subg-cons-11-2020-lei-de-inovacao-200817120938.pdf), e da Advocacia Geral da União, no Parecer nº 00001/2022/CP-CT&I/DEPCONSU/PGF/AGU (disponível em: https://www.gov.br/agu/pt-br/composicao/procuradoria-

a ICT pode ser contratada por particulares, cria-se uma situação fática muito semelhante com o que ocorre em acordos de parceria para PD&I onde haja também o recebimento de recursos privados. A modelagem mais adequada dependerá do objeto de cada relação jurídica, em conformidade com a manifestação técnica do Núcleo de Inovação Tecnológica da ICT no caso concreto. O Fórum Nacional de Gestores de Inovação e Transferência de Tecnologia (FORTEC) elaborou uma Nota Técnica,[504] em 2021, pontuando as diferenças entre os instrumentos jurídicos previstos nos artigos 8º e 9º da Lei de Inovação e discutindo os seus principais critérios distintivos, os quais apresento de forma resumida na tabela abaixo.

Tabela 26 – Diferenças entre Acordos de Parceria para PD&I e contratos de prestação de serviços técnicos especializados firmados entre ICTs públicas e instituições privadas

(continua)

	Acordos de Parceria para PD&I	Contrato de Prestação de Serviços Técnicos especializados por ICTs
Previsão normativa	Artigo 9º da Lei nº 10.973/2004	Artigo 8º da Lei nº 10.973/2004
Objetivo	Atividades conjuntas de pesquisa científica e tecnológica, que visam ao desenvolvimento de tecnologia, produto, serviço ou processo. Espera-se a geração de novos conhecimentos ou criação de inovações ainda não dominadas pelo estado da técnica.	A prestação de serviços não visa obter inovação nem gerar novos conhecimentos. Em regra, trata-se de oferta reiterada, frequentemente padronizada, que pressupõe o emprego de conhecimentos disponíveis no estado da técnica, e por isso não se espera a obtenção de nova propriedade intelectual.
Regime jurídico	Módulo convencional de cooperação, de caráter colaborativo, destinado pela lógica da especialidade à conjugação de esforços para execução de atividades de PD&I	Regime contratual, regido predominantemente pelo direito privado, mas derrogado parcialmente por disposições de direito público. É o caso do dever de publicidade (art. 8º, §1º c/c art. 22 da Lei de Acesso à Informação) e impessoalidade, sem criar distinções de preço a potenciais contratantes.
Participação de Fundações de Apoio	É possível, figurando como interveniente no instrumento jurídico (art. 18).	

geral-federal-1/subprocuradoria-federal-de-consultoria-juridica/camara-permanente-da-ciencia-tecnologia-e-inovacao-1/PARECERn.000012022CPCTIDEPCONSUPGFAGU.pdf). Acesso em: 09 abr. 2024.

[504] Disponível em: https://fortec.org.br/wp-content/uploads/2023/01/NOTA-Tecnica-Servicos-Tecnicos-e-Parcerias-para-Pesquisa.pdf. Acesso em: 09 abr. 2024.

(conclusão)

	Acordos de Parceria para PD&I	Contrato de Prestação de Serviços Técnicos especializados por ICTs
Formas de retribuição pecuniária à equipe da ICT	Bolsas de estímulo à inovação, com natureza de doação, isentas de tributos (art. 9º, §§1º e 4º).	Adicional variável, custeado apenas com recursos arrecadados no âmbito da atividade contratada, e sujeito à incidência de tributos (art. 8º, §§2º e 3º).
Membros da ICT que podem receber retribuição pecuniária	Servidor, militar, empregado público e aluno (art. 9º, §2º).	Servidor, militar e empregado público (art. 8º, §2º). Não há previsão para a remuneração de alunos.
Tratamento de propriedade intelectual	Exigida a formulação prévia da divisão dos direitos de PI (§2º). Possibilidade de licenciamento com exclusividade ou a Cessão total ao parceiro privado, ambos com compensação econômica.	Em regra, a propriedade intelectual pertence ao contratante; caso surja alguma inovação no processo, deve ser firmado novo instrumento jurídico para regular os direitos decorrentes.

Fonte: Elaborada pelo autor a partir da Nota Técnica do FORTEC e do Parecer nº 00001/2022/CP-CT&I/DEPCONSU/PGF/AGU.

A confusão entre regimes jurídicos não fica restrita aos artigos 8º e 9º da Lei de Inovação, uma vez que acordos de parceria e convênios para PD&I também sofrem a influência de normas aplicáveis a outros módulos convencionais de cooperação, como parcerias com o terceiro setor, além das diferenças estabelecidas na doutrina entre contratos e convênios.

Este ponto merece aprofundamento. Tradicionalmente, o direito administrativo brasileiro distingue contratos e convênios ao afirmar que os primeiros são caracterizados por interesses diversos e contrapostos entre as partes, ao passo que os segundos manifestam a presença de interesses comuns e convergentes entre os partícipes. Como *"(...) no convênio não se cogita preço ou remuneração"* (DI PIETRO, 2012a, p. 236), e nele *"(...) o elemento fundamental é a cooperação, e não o lucro, que é o almejado pelas partes no contrato"*, motivo pelo qual *"(...) as vontades não se contrapõem, mas se adicionam"* (CARVALHO FILHO, 2010. p. 243), diz-se que os convênios teriam resultado financeiro neutro, de modo que eventuais transferências de recursos entre os partícipes não caracterizariam preço nem contraprestação, mas seriam destinadas exclusivamente ao custeio das atividades previstas no respectivo plano de trabalho.

Segundo Gustavo Justino de Oliveira (2017), a presença de interesses comuns ou contrapostos como critério para diferenciar convênios e contratos administrativos surgiu com a obra de Hely Lopes Meirelles, na 2ª edição do seu *"Direito Administrativo Brasileiro"*, publicada em 1966. Ao afirmar que *"Convênio é acordo, mas não é contrato"* em edições posteriores de sua obra, Meirelles criou as bases para consagrar a separação entre essas duas categorias na doutrina e também, por um breve período, no próprio direito positivo: o Decreto nº 93.872/1986, que regulamentou a celebração de convênios na esfera federal até 2007, adotou expressamente a distinção entre interesses comuns e contrapostos para diferenciar contratos e convênios (artigo 48),[505] reconhecendo para estes a faculdade de denúncia a qualquer tempo pelos partícipes (artigo 57).[506]

Mas essa distinção entre contratos e convênios vem sendo contestada por parte da doutrina, que reconhece em ambos uma mesma natureza jurídica contratual. É o que defendem Odete Medauar,[507] Fernando Dias Menezes de Almeida[508] e Floriano Azevedo Marques Neto,[509] por exemplo, ao mencionar várias situações de interesses convergentes que são objeto de contrato, bem como os muitos casos

---

[505] Artigo 48, *caput* e §1º, do Decreto nº 93.872/1986: "Art. 48. Os serviços de interesse recíproco dos órgãos e entidades de administração federal e de outras entidades públicas ou organizações particulares, poderão ser executados sob regime de mútua cooperação, mediante convênio, acordo ou ajuste.
§1º Quando os participantes tenham interesses diversos e opostos, isto é, quando se desejar, de um lado, o objeto do acordo ou ajuste, e de outro lado a contraprestação correspondente, ou seja, o preço, o acordo ou ajuste constitui contrato".

[506] Artigo 57 do Decreto nº 93.872/1986: "Art. 57. O convênio poderá ser denunciado a qualquer tempo, ficando os convenentes responsáveis somente pelas obrigações e auferindo as vantagens do tempo em que participaram voluntariamente do acordo, ou ajuste, não sendo admissível cláusula obrigatória de permanência ou sancionadora dos denunciantes".

[507] "A dificuldade de fixar diferenças entre contrato e convênio administrativo parece levar a concluir que se trata de figuras da mesma natureza. À semelhança do tratamento categorial que o Direito Internacional Público deu ao tratado, como foi exposto acima, pode-se aventar, no âmbito do Direito Administrativo, uma visão genérica do módulo contratual. Aí estariam incluídos tanto os contratos de obras, de prestação de serviços, de fornecimento de materiais, as concessões, corno os convênios, consórcios, pactos." (MEDAUAR, 1996, p. 79)

[508] "(...) a distinção entre convênios e contratos não apenas não possui um fundamento relevante em termos de consequências jurídicas, como pode levar a conclusões indesejáveis, sendo a principal delas a de que por se tratar de convênio não se aplicam as regras gerais em matéria de licitação." (ALMEIDA, 2012, p. 245)

[509] "(...) esse afastamento do caráter contratual para os ajustes de vontade em que não estejam presentes a bilateralidade e o antagonismo de vontades tampouco se sustenta nos dias de hoje, sobretudo quando se multiplicam ajustes que, sem essas duas especificidades, são tratados como contratos." (MARQUES NETO, 2005, p. 14)

na prática administrativa em que o repasse de verbas em convênios, ainda que não se fale em preço, assume caráter remuneratório. Algumas das características dos convênios celebrados entre órgãos públicos – como a possibilidade de denúncia a qualquer tempo, grau maior de mutabilidade do objeto e restrições à exorbitância que é própria do regime dos contratos administrativos, por exemplo – parecem ser mais bem explicadas não pela alegada "comunhão de esforços" ou pelos "interesses convergentes" entre os partícipes, mas sim pelo fato de que União, Estados e Municípios são autônomos entre si. Nesse contexto, se todos os partícipes possuem prerrogativas e sujeições em seu favor, torna-se insubsistente reconhecer a verticalidade de um sobre outro.

Além de acordos de parceria e convênios para PD&I, é importante ressaltar que outros módulos convencionais de cooperação, como convênios "genéricos" e parcerias com o terceiro setor, podem ter uma aplicação residual importante para formalizar relações entre **órgãos** e entidades que integram o ecossistema de CT&I, como ilustra a tabela a seguir.

Tabela 27 – Uso de instrumentos jurídicos classificados como módulos convencionais de cooperação para a execução de atividades relacionadas a ciência, tecnologia e inovação

(continua)

	Acordo de Parceria para PD&I	Convênio para PD&I	Convênios	Acordos de Cooperação Técnica	Termo de colaboração ou de fomento	Acordo de cooperação
Objeto	Atividades conjuntas de pesquisa científica e tecnológica e de desenvolvimento de tecnologia, produto, serviço ou processo.	Conceder recursos para a execução de projetos de PD&I à ICT ou pesquisadores.	Realização de projeto, atividade, serviço, aquisição de bens ou evento de interesse recíproco, em regime de mútua cooperação, com ou sem transferências de recursos da União.		Execução de atividades ou de projetos previamente estabelecidos em planos de trabalho, em regime de mútua cooperação, para a consecução de finalidades de interesse público e recíproco (arts. 1º e 2º, III, da Lei nº 13.019/2014).	
Aplicação na área de CT&I	Realização de atividades de pesquisa, em regime de colaboração mútua, com ou sem repasse de recursos públicos. Podem ser complementados por termo de outorga para pagamento de bolsas e auxílios.		Cooperação genérica entre órgãos públicos do ecossistema de CT&I para atividades não relacionadas à PD&I.		Uso para gestão de ambientes promotores de inovação, desde *hubs* até parques tecnológicos, e até para formalizar a relação jurídica entre ICT e Fundação de Apoio, embora não ideal.	
Repasse de recursos	Não	Sim	Sim	Não	Sim	Não
Previsão normativa	Art. 9º da Lei nº 10.973/2004 e arts. 35 a 37 do Decreto nº 9.283/2018.	Art. 9º-A da Lei nº 10.973/2004 o arts. 38 a 45 do Decreto nº 9.283/2018.	Art. 184, Lei nº 14.133/2021 e arts. 3º a 23 do Decreto nº 11.531/2023.	Art. 184, Lei nº 14.133/2021 e arts. 24 e 25 do Decreto nº 11.531/2023.	Art. 2º, VII e VIII, da Lei nº 13.019/2014.	Art. 2º, VIII-A, da Lei nº 13.019/2014.

(conclusão)

	Acordo de Parceria para PD&I	Convênio para PD&I	Convênios	Acordos de Cooperação Técnica	Termo de colaboração ou de fomento	Acordo de cooperação
Quem celebra?	ICTs	Órgãos e entidades da União, dos Estados, do Distrito Federal e dos Municípios.	"entes federados ou pessoas jurídicas a eles vinculadas" (art. 84 da Lei nº 13.019/2014) e serviços sociais autônomos (art. 5º, V, do Decreto nº 11.531/2023).		União, Estados, Distrito Federal, Municípios e respectivas autarquias, fundações, empresas públicas e sociedades de economia mista prestadoras de serviço público, (art. 2º, da Lei nº 13.019/2014).	
Com quem celebrar?	Instituições públicas e privadas.	ICTs e pesquisadores a elas vinculados.			Organização da Sociedade Civil (art. 2º, I, Lei nº 13.019/2014).	
Processo seletivo?	Não	Sim, mas dispensável ou inexigível em alguns casos.	Não		Sim, mas dispensável ou inexigível em alguns casos.	Não

Fonte: Elaboração própria.

Ao abordar os vários tipos de relações jurídicas que podem ser estabelecidas entre órgãos e entidades públicas, Eurico Bittencourt Neto (2017) diferencia a *"concertação administrativa interorgânica"* da *"concertação interadministrativa"* pelo fato de que esta envolve apenas entes personalizados enquanto aquela diz respeito à *"(...) relação entre dois ou mais órgãos administrativos despersonalizados que, no exercício de suas competências, no âmbito da função administrativa do Estado, visam a uma atuação pactuada"* (BITTENCOURT NETO, 2017, p. 207). Regidas pelo artigo 184 da Lei nº 14.133/2021,[510] ambas as modalidades são muito frequentes na prática administrativa para formalizar a colaboração entre **órgãos** e entidades do ecossistema de CT&I brasileiro em atividades genéricas, envolvendo ou não o repasse de recursos públicos, em projetos não diretamente relacionados a PD&I.

---

[510] Artigo 184 da Lei nº 14.133/2021: "Art. 184. Aplicam-se as disposições desta Lei, no que couber e na ausência de norma específica, aos convênios, acordos, ajustes e outros instrumentos congêneres celebrados por órgãos e entidades da Administração Pública, na forma estabelecida em regulamento do Poder Executivo federal".

5.4.2 Alianças estratégicas

A aliança estratégica também pode ser uma alternativa quando o objeto da cooperação envolver atividades de pesquisa e desenvolvimento, que objetivem a geração de produtos, processos e serviços inovadores e a transferência e a difusão de tecnologia. Prevista no artigo 3º da Lei nº 10.973/2004, as alianças estratégicas podem envolver empresas, ICTs e entidades privadas sem fins lucrativos em redes e projetos internacionais de pesquisa tecnológica, ações de empreendedorismo tecnológico e de criação de ambientes promotores de inovação, inclusive incubadoras e parques tecnológicos, e a formação e capacitação de recursos humanos. Não há limitação quanto ao número de parceiros, podendo haver uma ou mais instituições, públicas ou privadas, envolvidas na aliança.

O amplo objeto da aliança estratégica contrasta com o limitado emprego do instrumento, que ainda é pouco explorado pela doutrina e pela prática administrativa. Por exemplo, a consulta à jurisprudência do TCU[511] revela, além de referências marginais ao tema no exame de convênios[512] e em auditorias operacionais,[513] apenas um caso concreto em que um ajuste firmado com base no artigo 3º da Lei de Inovação foi analisado pelo Tribunal.

No Acórdão nº 1.867/2018, o Plenário do TCU examinou representação formulada contra "acordo de cooperação técnico-científica" celebrado em 2 de maio de 2016 entre o Instituto de Tecnologia em Fármacos (Farmanguinhos), unidade técnica da Fiocruz, e o consórcio BMK, integrado por Blanver Farmoquímica Ltda., Microbiológica Química e Farmacêutica Ltda. e Karin Bruning & Cia. Ltda., tendo por objeto o desenvolvimento e posterior registro de medicamento para tratamento de hepatite C. Embora celebrado no contexto das Parcerias para o Desenvolvimento Produtivo (PDP) na área da saúde, o acordo teria sido fundamentado no artigo 3º da Lei 10.973/2004.[514]

---

[511] Busca dos termos "aliança estratégica" ou "alianças estratégicas" realizada em 11 de abril de 2024, disponível em: https://pesquisa.apps.tcu.gov.br/resultado/todas-bases/%2 522alian%25C3%25A7a%2520estrat%25C3 %25A9gica%2522%2520OU%2520%2522alia n%25C3%25A7as%2520estrat%25C3%25A9gicas%2522?ts=1712838141526&pb=acordao-completo. Acesso em: 11 abr. 2024.

[512] Acórdão TCU nº 9.548/2011, Primeira Câmara, Rel. Min. Valmir Campelo, sessão de 01.11.2011.

[513] Como as realizadas no Acórdão TCU nº 1.303/2023, Plenário, Rel. Min. Walton Alencar Rodrigues, sessão de 28.06.2023, para analisar a aderência da Política Nacional de Inovação à legislação e às políticas públicas de ciência, tecnologia e inovação; e no Acórdão TCU nº 2.369/2023, Plenário, Rel. Min. Marcos Bemquerer, sessão de 22.11.2023, versando sobre a atuação da EMBRAPA nos projetos de inovação aberta com o setor produtivo.

[514] Segundo informação constante do item 66 do voto proferido no Acórdão TCU nº 1.171/2020, Plenário, Rel. Min. Benjamin Zymler, sessão de 13.05.2020.

A empresa farmacêutica que ingressou com a representação contra o acordo alegou, com base em parecer proferido por Maria Sylvia Zanella Di Pietro, que o instrumento firmado pela FIOCRUZ teria natureza jurídica de contrato administrativo e, por isso, deveria ser considerado ilegal pelo Tribunal, porque não teriam sido respeitadas as formalidades exigidas, à época, pela Lei nº 8.666/1993. O relator do caso, o Ministro Bruno Dantas, discordou dessa tese ao considerar que o acordo de cooperação visava à execução de um projeto de interesse recíproco, afastando assim a natureza de contrato administrativo.[515] Não obstante, o Tribunal criticou a falta de transparência na escolha dos parceiros e recomendou que a Fiocruz, em respeito aos princípios da publicidade, da isonomia e da busca da proposta mais vantajosa para a Administração, passasse a realizar um procedimento seletivo ou de pré-qualificação para selecionar parceiros privados em projetos de PDP.[516] Embora a aliança estratégica não tenha sido o tema principal do julgado, o caso ilustra a amplitude das suas hipóteses de cabimento e revela o entendimento do TCU no sentido da sua natureza jurídica colaborativa, o que corrobora a sua inclusão, nesta obra, entre os módulos convencionais de cooperação.

O estudo de Marcelo Minghelli *et al.* (2021), realizado para a ENAP, cita o Acórdão TCU nº 2.952/2013[517] em que o Tribunal

---

[515] "Acompanho a análise promovida pela unidade instrutora no sentido de afastar a tese defendida pela representante, sustentada por parecer da doutrinadora Maria Sylvia Zanella de Pietro, de que o presente acordo teria natureza de contrato administrativo. A um, porque não houve qualquer repasse/transferência de recursos financeiros entre as partes. Os gastos previstos no ajuste corresponderam à própria participação de cada agente no processo de desenvolvimento. No caso da Fiocruz, o aporte de recursos foi na disponibilização de seus profissionais e recursos financeiros para que fosse feita a bioequivalência, na etapa clínica, uma vez que a Fiocruz só teria condição de fazer a etapa analítica internamente. Ao Ministério da Saúde coube fornecer, por meio de doação, o medicamento necessário para a etapa da bioequivalência. A dois, porque se trata de acordo de mútua cooperação técnica visando à execução de um projeto de interesse recíproco, qual seja, o desenvolvimento do conhecimento para produção do medicamento para hepatite C." (Acórdão TCU nº 1.867/2018, Plenário, Rel. Min. Bruno Dantas, sessão de 15.08.2018).

[516] Esses critérios foram estabelecidos pelo Acórdão TCU nº 1.730/2017 (Plenário, Rel. Min. Benjamin Zymler, sessão de 09.08.2017), o qual recomendou ao Ministério da Saúde que, em futuros projetos de PDPs, (i) estabeleça critérios de escolha da entidade particular pelo laboratório público que permitam a observância aos "princípios constitucionais do art. 37 da Constituição Federal de 1988, em particular os da publicidade, legalidade e moralidade, como também os princípios e as normas insculpidos nos art. 3º, 4º, 26 e 41 da Lei 8.666/1993", e (ii) que oriente os laboratórios públicos sobre a necessidade de realizar um processo seletivo ou de pré-qualificação do parceiro privado, justificando adequadamente quando a sua realização for inviável.

[517] Acórdão TCU nº 2.952/2013, Plenário, Rel. Min. Raimundo Carreiro, sessão de 30.10.2013.

examinou, em sede de auditoria operacional, a execução do Programa H-XBR, voltado à aquisição de helicópteros militares para o Comando da Aeronáutica, e do Programa de Submarinos (Prosub), a cargo da Marinha do Brasil. Embora o julgado não se refira propriamente à aliança estratégica, os autores enfatizam a importância das recomen- dações tecidas pelo TCU para a constituição de modelos jurídicos que permitem integrar, em uma mesma arquitetura contratual, os atores da cadeia produtiva envolvidos em transferência de tecnologia na área de defesa. Em especial, os autores destacam o exame de quatro dimensões importantes para a constituição de alianças – pessoal, infraestrutura, capacidade de fomento e capital intelectual – e propõem critérios para a seleção de ICTs e de empresas em grandes projetos transversais de pesquisa e desenvolvimento.[518]

Mas qual seria, então, a diferença entre a aliança estratégica e outros módulos convencionais usados na área de ciência, tecnologia e inovação? A resposta não é clara. A Advocacia Geral da União, no Parecer nº 0003/2019/CNDPI/CGU/AGU[519] firmou o entendimento de que "(...) *a 'aliança estratégica' não é instrumento jurídico novo e/ou espe- cífico"*, sendo o artigo 3º da Lei nº 10.973/2004 "(...) *verdadeira norma de cunho programático, que condiciona a atuação dos poderes públicos e incentiva a pesquisa e o desenvolvimento tecnológico brasileiro"*. Para a AGU, a con- cretização de alianças estratégicas requer algum outro ajuste previsto pela legislação, como acordos de parceria, transferência de tecnologia e até encomendas tecnológicas, devendo, para cada caso concreto, ser celebrado o instrumento jurídico correspondente. Essa leitura é criticada por Carolina Mota Mourão e Maria Carolina Foss (2021). Ao lembrarem que as alianças estratégicas constituem hipótese de dispensa de licitação prevista no artigo 24, inciso XXXI, da Lei nº 8.666/1993 (e mantida pelo artigo 75, inciso V, da Lei nº 14.133/2021), as autoras afirmam que o reconhecimento desse caráter acessório transforma o artigo 3º da Lei de Inovação em uma disposição programática, o que limita o alcance do instrumento e compromete a sua aplicação.

---

[518] "(...) as alianças estratégicas bem estruturadas são uma forma de fazer a gestão da execução de grandes empreendimentos, com eficiência, eficácia, transparência e alto grau de flexibilidade, contemplando ainda uma recorrente troca de experiências dentro da parceria, condição propícia para a inovação e à melhoria contínua." (MINGHELLI *et al.*, 2021, p. 30).

[519] Disponível em: https://sapiens.agu.gov.br/valida_publico?id=313077111. Acesso em: 11 abr. 2024.

Na literatura, uma das principais referências sobre o tema é a tese de doutorado de Juliana Corrêa Crepalde Medeiros (2022), que narra, a partir de dois estudos de caso envolvendo a Universidade Federal de Minas Gerais (UFMG), o emprego de alianças estratégicas em arranjo jurídico denominado "Ambiente Temático Catalisador de Inovação" (ACTI).[520] Segundo a autora, o ACTI combina os artigos 3º, 3º-B e 4º da Lei nº 10.973/2004 para criar um ambiente promotor de inovação que segue "(...) *um modelo diferente dos usualmente adotados, tais como os acordos de parceria ou os contratos para prestação de serviços, que exigem um objeto específico, com entrega clara e precisa*" (MEDEIROS, 2022, p. 96). Isso porque o ACTI estrutura uma governança que serve de suporte a diversos projetos e parcerias, criando um vínculo duradouro entre ICTs e outras instituições públicas e privadas, com ou sem fins lucrativos, para cooperação em uma área tecnológica específica. Dessa forma, o modelo híbrido do ACTI estabelece uma plataforma de múltiplas interações ICTs-empresas que, com ou sem personalidade jurídica própria, supera modelos pontuais e fragmentados de parceria, em sentido amplo, na área de CT&I.

Como exemplos, a autora cita as iniciativas de criação do ACTI LEC-Codemge, envolvendo o Laboratório de Ensaios de Combustíveis (LEC) da UFMG e a Companhia de Desenvolvimento de Minas Gerais (Codemge), com o objetivo de fortalecer o setor de combustíveis para aviação;[521] bem como o ACTI MIDAS, estruturado em parceria com o Centro de Inovação e Tecnologia do Senai, para estimular a geração e a transferência de tecnologias na área ambiental. Ambos os casos foram objeto de um "Acordo de Parceria para Aliança Estratégica", fundamentado no artigo 3º da Lei nº 10.973/2004, e resultaram em ACTIs sem personalidade jurídica própria.

---

[520] "Ambiente híbrido que contemple a participação de ICT(s) em parceria com empresa(s) e demais instituições que formam o Sistema Nacional de Inovação – SNI, com aporte contínuo de competências como capital intelectual, tecnologias (materializadas na forma de propriedade intelectual) e infraestrutura de pesquisa, com foco em catalisar resultados em Pesquisa, Desenvolvimento e/ou Inovação em determinada área tecnológica, de forma sinérgica e integrada." (MEDEIROS, 2022, p. 90)

[521] "De forma diferenciada de um acordo de PD&I, o instrumento celebrado entre UFMG e Codemge estabelece uma atuação ampla e estruturantes das partícipes, sem entregas predefinidas e delimitadas, mas a realização de diversas ações, como: prestação de serviços de análises físico-químicas; consultorias técnicas, uso de reatores; treinamentos; cursos e implementação de novas metodologias; geração de pesquisa e desenvolvimento de novas metodologias, entre outras atividades. Portanto, o objetivo foi de criar um ambiente híbrido e comum entre LEC e Codemge, com vistas a fortalecer o setor de combustíveis de aviação." (MEDEIROS, 2022, p. 163)

A meu ver, em linha com os casos concretos narrados por Medeiros (2022), parece-me que a melhor interpretação para o artigo 3º da Lei de Inovação é aquela que aproxima a aliança estratégica do consórcio – instituto previsto no artigo 278 da Lei das Sociedades Anônimas[522] para permitir que empresas executem conjuntamente determinado empreendimento sem constituir uma nova pessoa jurídica específica para essa finalidade. Sob essa ótica, a aliança estratégica seria um modelo jurídico-institucional, de natureza associativa, que permite a união despersonalizada entre ICTs, empresas e entidades sem fins lucrativos para, assim como ocorre em consórcios e *joint ventures* no setor privado, permitir a implementação conjunta das finalidades previstas no artigo 3º da Lei nº 10.973/2004.

Essa leitura permite conciliar o cabimento amplíssimo que o direito positivo conferiu à aliança estratégica com a possibilidade de sua constituição de forma autônoma, sem depender da celebração de outros instrumentos jurídicos da Lei de Inovação, de forma coerente com o seu enquadramento como uma hipótese independente de dispensa de licitação, nos termos do artigo 75, inciso V, da Lei nº 14.133/2021.[523] Sob essa ótica, o contrato de aliança estratégica teria como finalidade principal estruturar um modelo de governança – podendo prever estrutura decisória, comitês, quóruns, além de obrigações e responsa-bilidades – para uma relação jurídica associativa despersonalizada, tal como ocorre, grosso modo, na constituição de um consórcio privado.

Em analogia com o direito empresarial, o consórcio pode even-tualmente evoluir para a constituição de uma sociedade de propósito específico, com separação patrimonial e personalidade jurídica própria, o que lhe permite adquirir bens e realizar contratações para explorar, em nome próprio, um objeto específico e determinado. Da mesma forma, a aliança estratégica também pode preceder a formação de uma

---

[522] Artigo 278, *caput* e §1º, da Lei nº 6.404/1976: "Art. 278. As companhias e quaisquer outras sociedades, sob o mesmo controle ou não, podem constituir consórcio para executar determinado empreendimento, observado o disposto neste Capítulo. §1º O consórcio não tem personalidade jurídica e as consorciadas somente se obrigam nas condições previstas no respectivo contrato, respondendo cada uma por suas obrigações, sem presunção de solidariedade".

[523] Não se está, aqui, a negar que a aliança estratégica possa também servir como um fundamento jurídico adicional em relações jurídicas estruturadas como acordo de parceria para PD&I, ou mesmo como proposto na literatura (MINGHELLI *et al.*, 2021), sob a forma de encomenda tecnológica. O ponto a que se dirige a minha crítica é a afirmação, a meu ver incorreta, que nega a possibilidade de estruturação independente de um contrato de aliança estratégica fundado no artigo 3º da Lei nº 10.973/2004, haja vista o reconhecimento, pelo direito positivo, desse mesmo dispositivo como hipótese de dispensa de licitação.

nova pessoa jurídica para a geração de produtos, processos e serviços inovadores, transferência ou difusão de tecnologia, contemplando também a criação de ambientes promotores da inovação, formação e capacitação de recursos humanos qualificados, formação de redes e projetos de pesquisa tecnológica nacionais e internacionais. Nesse caso, a governança originalmente criada pelo contrato de aliança estratégica passaria a ser substituída por aquela constante do estatuto da associação, sociedade ou fundação criada, por exemplo.

5.4.3 Compartilhamento ou permissão de laboratórios, equipamentos, instrumentos, materiais e demais instalações das ICTs

Introduzido pela Emenda Constitucional nº 85/2015, o artigo 219-A autorizou expressamente a União, os Estados, o Distrito Federal e os Municípios a firmarem "*instrumentos de cooperação*", com outros entes públicos ou com particulares "(...) *para o compartilhamento de recursos humanos especializados e capacidade instalada*", visando à execução conjunta de projetos de pesquisa, desenvolvimento científico e tecnológico e de inovação, sempre mediante contrapartida financeira ou não financeira assumida pelo ente beneficiário.[524]

Uma primeira leitura poderia sugerir que a cooperação nesses moldes anteriormente era vedada pela legislação brasileira. Mas não era: a redação original do artigo 4º da Lei nº 10.973/2004 já previa a possibilidade de que as ICTs compartilhassem ou permitissem o uso de seus "*laboratórios, equipamentos, instrumentos, materiais e demais instalações*" em determinados casos.[525] Com efeito, o artigo 219-A da Constituição

---

[524] Artigo 219-A da Constituição de 1988: "Art. 219-A. A União, os Estados, o Distrito Federal e os Municípios poderão firmar instrumentos de cooperação com órgãos e entidades públicos e com entidades privadas, inclusive para o compartilhamento de recursos humanos especializados e capacidade instalada, para a execução de projetos de pesquisa, de desenvolvimento científico e tecnológico e de inovação, mediante contrapartida financeira ou não financeira assumida pelo ente beneficiário, na forma da lei".

[525] Redação original do artigo 4º da Lei nº 10.973/2004: "Art. 4º As ICT poderão, mediante remuneração e por prazo determinado, nos termos de contrato ou convênio:
I – compartilhar seus laboratórios, equipamentos, instrumentos, materiais e demais instalações com microempresas e empresas de pequeno porte em atividades voltadas à inovação tecnológica, para a consecução de atividades de incubação, sem prejuízo de sua atividade finalística;
II – permitir a utilização de seus laboratórios, equipamentos, instrumentos, materiais e demais instalações existentes em suas próprias dependências por empresas nacionais e organizações de direito privado sem fins lucrativos voltadas para atividades de pesquisa,

é mais um exemplo da proliferação de disposições legais autorizativas no direito administrativo brasileiro, onde o apego à legalidade estrita, como mencionado no item 3.3.5.1, estimula o surgimento de normas que reforcem possibilidades já admitidas pela legislação anterior.

Assim como aconteceu com boa parte da Lei de Inovação, a redação do artigo 4º também foi alterada pela Lei nº 13.243/2016. As possibilidades de cooperação foram significativamente aumentadas na redação vigente. Entre as mudanças, destaca-se a substituição de *"remuneração"* por *"contrapartida financeira ou não financeira"*, a ampliação do rol de empresas que podem ser beneficiadas pela medida, que não mais fica restrita a *"microempresas e empresas de pequeno porte"*, no inciso I, nem a *"empresas nacionais"*, no inciso II, passando a referir-se amplamente a *"empresas"*; bem como a introdução do inciso III, que se refere especificamente à permissão do uso de capital intelectual da ICT em projetos conjuntos de PD&I. Vale destacar, também, a criação de uma hipótese específica para autorizar a cessão de imóveis públicos para a instalação e consolidação de ambientes promotores da inovação, nos termos do artigo 3º-B, §2º, inciso I, da mesma lei.[526]

Ao tratar do *"compartilhamento de recursos humanos especializados e capacidade instalada"* das ICTs, o artigo 219-A da Constituição criou uma hipótese normativa específica para a área de CT&I, marcada pela lógica da especialidade, em que a atividade contratual do Estado se entrelaça com a atividade administrativa de fomento. A reforma operada pela Lei nº 13.243/2016 manteve a opção legislativa por atribuir caráter negocial aos *"instrumentos de cooperação"* a que se refere o texto constitucional, motivo pelo qual incluímos o artigo 4º da Lei de Inovação entre os módulos convencionais de cooperação. O dispositivo faz referência à celebração de *"contrato ou convênio"*, a depender do objeto e da natureza jurídica do destinatário da permissão ou do compartilhamento. Caso se opte pela via contratual, o artigo 75, inciso V, da Lei nº 14.133/2021 autoriza a dispensa para a escolha do parceiro.

---

desde que tal permissão não interfira diretamente na sua atividade-fim, nem com ela conflite.

Parágrafo único. A permissão e o compartilhamento de que tratam os incisos I e II do caput deste artigo obedecerão às prioridades, critérios e requisitos aprovados e divulgados pelo órgão máximo da ICT, observadas as respectivas disponibilidades e assegurada a igualdade de oportunidades às empresas e organizações interessadas".

[526] "Art. 3º-B. A União, os Estados, o Distrito Federal, os Municípios, as respectivas agências de fomento e as ICTs poderão apoiar a criação, a implantação e a consolidação de ambientes promotores da inovação, incluídos parques e polos tecnológicos e incubadoras de empresas, como forma de incentivar o desenvolvimento tecnológico, o aumento da competitividade e a interação entre as empresas e as ICTs."

Quanto ao objeto, o artigo 4º da Lei nº 10.9783/2004 desdobra a autorização dada pelo artigo 219-A da Constituição em três hipóteses: os incisos I e II voltam-se principalmente à *"capacidade instalada"* das ICTs, abrangendo o uso conjunto dos seus *"laboratórios, equipamentos, instrumentos, materiais e demais instalações*; o inciso III, dirige-se especificamente ao emprego do seu capital intelectual e de recursos humanos em projetos de PD&I.[527] A redação dos incisos I e II é muito semelhante. Além de se voltarem aos mesmos tipos e categorias de bens públicos especiais, ambos deixam clara a necessidade de se preservar as atividades-fim da ICT. A meu ver, a diferença entre as duas hipóteses não reside no emprego dos verbos *"compartilhar"* e *"permitir"* no início de cada inciso, mas sim no objeto do negócio jurídico a ser celebrado em cada caso.

O inciso I destina-se à realização de *"atividades de incubação"* de empresas, favorecendo o surgimento de *startups* e *spin-offs* derivadas da própria ICT e de seus pesquisadores. Por incubação deve-se entender, de forma ampla, o conjunto de ações de apoio logístico, gerencial e tecnológico ao empreendedorismo inovador e intensivo em conhecimento, com o objetivo de facilitar a criação e o desenvolvimento de empresas que tenham como diferencial a realização de atividades inovadoras.[528] O uso do verbo *"compartilhar"* por este inciso revela uma opção legislativa pela convivência público-privada em um mesmo ambiente promotor de inovação, sem prejuízo da atividade-fim da ICT, estimulando a sua inserção no ecossistema. Por sua vez, o inciso II fala em *"permitir"* a utilização de laboratórios, equipamentos, instrumentos, materiais e demais instalações da ICT para a realização de atividades conjuntas de pesquisa, desenvolvimento e inovação. Aqui, o rol de beneficiários é mais amplo, podendo abranger também pessoas físicas, além de outras ICTs e empresas. Em todo o caso, cabe ao Núcleo de Inovação Tecnológica analisar a compatibilidade das atividades a serem realizadas com a política de inovação da ICT,[529] de modo a assegurar que a permissão não interfira na sua atividade-fim.

---

[527] O compartilhamento de recursos humanos das ICTs públicas, por envolver aspectos do regime jurídico e funcional dos pesquisadores, não será examinado nesta obra.

[528] Artigo 2º, inciso III-A, da Lei nº 10.973/2004 "III-A – incubadora de empresas: organização ou estrutura que objetiva estimular ou prestar apoio logístico, gerencial e tecnológico ao empreendedorismo inovador e intensivo em conhecimento, com o objetivo de facilitar a criação e o desenvolvimento de empresas que tenham como diferencial a realização de atividades voltadas à inovação".

[529] Artigo 15-A, *caput* e parágrafo único, inciso IV, da Lei nº 10.973/2004: "Art. 15-A. A ICT de direito público deverá instituir sua política de inovação, dispondo sobre a organização e

Há, aqui, certo grau de semelhança com a concessão, a permissão e a autorização de uso de bem público – modalidades já tradicionais do direito administrativo brasileiro para formalizar a outorga do uso de bens públicos a particulares. Essa, por exemplo, foi a linha adotada pela Advocacia Geral da União ao analisar, no Parecer nº 01/2020/CPCTI/PGF/AGU, o teor do artigo 4º da Lei nº 10.973/2004.[530] De fato, nada obsta que atos administrativos unilaterais de autorização e permissão, dotados de caráter precário e discricionário, sejam emitidos em casos de menor complexidade, como no uso pontual de equipamentos e laboratórios por pesquisadores. Contudo, para situações mais complexas e duradouras, especialmente aquelas envolvendo a realização de investimentos e a destinação de receitas à ICT, é recomendável a celebração de contrato entre as partes, o qual, como dito, poderá ser celebrado diretamente, sem licitação, nos termos do artigo 75, inciso V, da Lei nº 14.133/2021.

Embora não seja obrigatória, a realização de um chamamento público é recomendável para que a ICT possa assegurar a igualdade de condições e de oportunidades a todos os interessados, como exigido pelo artigo 4º, parágrafo único, da Lei de Inovação. O edital também pode estabelecer prioridades e definir critérios para a realização de investimentos no imóvel. Foi esse o caso, por exemplo, do Programa IPT Open, em que o Instituto de Pesquisas Tecnológicas publicou um edital indicando os espaços disponíveis para instalação de Centros de Inovação em suas dependências.[531] O procedimento, lastreado no artigo 4º da Lei nº 10.973/2004, teve início com a apresentação de manifestações de interesse por outras ICTs e empresas interessadas na ocupação dos espaços, as quais são analisadas tecnicamente pelo NIT e negociadas com o IPT até a celebração do contrato por dispensa de licitação.

---

a gestão dos processos que orientam a transferência de tecnologia e a geração de inovação no ambiente produtivo, em consonância com as prioridades da política nacional de ciência, tecnologia e inovação e com a política industrial e tecnológica nacional.

Parágrafo único. A política a que se refere o *caput* deverá estabelecer diretrizes e objetivos: (...) IV – para compartilhamento e permissão de uso por terceiros de seus laboratórios, equipamentos, recursos humanos e capital intelectual".

[530] Disponível em: https://www.gov.br/agu/pt-br/composicao/procuradoria-geral-federal-1/subprocuradoria-federal-de-consultoria-juridica/camara-permanente-da-ciencia-tecno logia-e-inovacao-1/instrumentos-do-marco-legal-de-ct-i/outorgas-de-uso-de-labora torios-equipamentos-instrumentos-e-materiais-de-demais-instalacoes-existentes-nas-dependencias-da-ict-publica. Acesso em: 13 abr. 2024.

[531] Disponível em: https://iptopen.ipt.br/chamamentos/. Acesso em: 13 abr. 2024.

O projeto já atraiu empresas de porte como Lenovo, Siemens, Klabin, Gerdau e Granbio e Google, que instalará um Centro de Engenharia no *campus* do IPT.[532]

Os investimentos realizados pelos particulares revertem em benefício da ICT, que permanece com a titularidade do imóvel, e os recursos recebidos sob a forma de contrapartida podem ter a sua gestão delegada a fundações de apoio, nos termos do artigo 18 da Lei nº 10.973/2004. A realização de benfeitorias úteis e necessárias pode ser indenizada com fundamento no artigo 1.219 do Código Civil[533] e, por isso, o contrato de permissão ou compartilhamento pode disciplinar a eventual compensação com o valor devido a título de contrapartida financeira, exigida pelo *caput* do artigo 4º da Lei de Inovação. Nesse caso, recomenda-se que o contrato preveja os procedimentos e a metodologia para apuração e atualização desses valores, bem como que se pactue vigência compatível para permitir a amortização, ao longo do tempo, dos investimentos realizados. Vale ressaltar que a realização de investimentos deve ser sempre justificada com base nas finalidades previstas no artigo 4º, inciso I e II, da Lei de Inovação, à luz das características de cada caso concreto.

---

[532] Disponível em: https://g1.globo.com/tecnologia/noticia/2024/02/21/google-anuncia-cria cao-de-centro-de-engenharia-em-sp.ghtml. Acesso em: 13 abr. 2024.

[533] Artigo 1.219 do Código Civil: "Art. 1.219. O possuidor de boa-fé tem direito à indenização das benfeitorias necessárias e úteis, bem como, quanto às voluptuárias, se não lhe forem pagas, a levantá-las, quando o puder sem detrimento da coisa, e poderá exercer o direito de retenção pelo valor das benfeitorias necessárias e úteis".

CAPÍTULO 6

INSTRUMENTOS JURÍDICOS DE INOVAÇÃO ABERTA E *PROBLEM-BASED ACQUISITIONS* NO DIREITO BRASILEIRO

Este capítulo discute duas categorias de instrumentos jurídicos utilizados em etapas diferentes do processo inovativo e que não se relacionam nem às contratações públicas pré-comerciais nem aos módulos convencionais de cooperação, que foram objeto dos itens 5.3 e 5.4.[534]

Inicialmente, no item 6.1, reúno três tipos de procedimentos na categoria que denominei como "instrumentos jurídicos de inovação aberta", com o objetivo de destacar a sua principal finalidade e, ao mesmo tempo, deixar claro que não se trata de modalidades de contratação pública. Nesse grupo, abordo os chamamentos públicos genéricos usados para a realização de *pitches, hackathons e demo days* (item 6.1.1), o procedimento de manifestação de interesse, previsto como procedimento auxiliar na Lei nº 14.133/2021 (item 6.1.2) e as consultas públicas preliminares ao mercado (item 6.1.3), conhecidas na prática internacional como *"request for information"*.

No segundo grupo, recupero a literatura estrangeira sobre *"functional procurement"*, *"problem-based acquisitions"* e *"challenge-based acquisitions"* para identificar algumas semelhanças no tratamento que o direito positivo brasileiro destina a três modalidades de licitação: o diálogo competitivo (item 6.2), o concurso (item 6.3) e a modalidade especial de licitação prevista no Marco Legal das Startups, em especial

---

[534] Partes deste capítulo foram publicadas, durante o curso do programa de doutorado, pelo Banco Interamericano de Desenvolvimento (FASSIO *et al.* 2022). Esta seção corresponde a uma versão expandida, atualizada e bem mais aprofundada do que o excerto publicado.

nos casos em que o objeto não apresenta risco tecnológico (item 6.4). Essas três modalidades situam-se fora do campo pré-comercial – ou seja, aproximam-se mais das PPI do que das PCP, na terminologia europeia – e compartilham de uma semelhança fundamental: a legislação não exige que o objeto contratual seja definido previamente pela Administração, com especificações técnicas descritas em detalhes pelo órgão ou entidade licitante, o que permite deslocar o foco do *objeto* para o *problema* subjacente à contratação. Essa característica singular também representa uma abertura importante rumo à inovação aberta, pois favorece a participação dos fornecedores na construção da solução mais adequada para atender às necessidades do Poder Público.

A tabela a seguir compara essas três modalidades com a encomenda tecnológica, apresentando as principais características de cada tipo de procedimento:

Tabela 28 – Comparação entre encomenda tecnológica, contrato público para solução inovadora (CPSI), concursos de inovação e diálogo competitivo a partir de características selecionadas

(continua)

	Encomenda tecnológica	CPSI	Concursos de inovação	Diálogo competitivo
Objeto	Realização de atividades de pesquisa, desenvolvimento e inovação que envolvam risco tecnológico, para solução de problema técnico específico ou obtenção de produto, serviço ou processo inovador.	Teste de soluções inovadoras já desenvolvidas ou a serem desenvolvidas, com ou sem risco tecnológico, dispensada a descrição de eventual solução técnica previamente mapeada e suas especificações técnicas, cabendo aos licitantes propor soluções para resolver o problema.	Apresentação de projeto, trabalho técnico, científico ou artístico, mediante a concessão de prêmio ou remuneração ao vencedor. Pode ser usado para inovação em soluções de maior maturidade e TRL mais elevado, pois aloca os riscos integralmente no contratado.	Obras, serviços e compras de alta complexidade, quando não seja possível definir as especificações técnicas com precisão suficiente (art. 32, I); ou ainda, quando a Administração precise identificar alternativas para satisfazer as suas necessidades (art. 32, II).
Previsão normativa	Art. 20 da Lei nº 10.973/2004 e arts. 27 a 31 do Decreto 9.283/2018	Arts. 12 a 15 da Lei Complementar nº 182/2021	Arts. 30, 35 e 93 da Lei nº 14.133/2021	Art. 6º, XLII, e art. 32 da Lei nº 14.133/2021
Limite de valor	Não há	1,6 milhão, até 8 milhões na etapa de fornecimento	Não há	
Duração	10 anos (art. 108 da Lei nº 14.133/2021)	24 (12 +12) meses, sendo 48 (24 +24) meses na etapa de fornecimento	Variável, depende do objeto (arts. 105 a 108 da Lei nº 14.133/2021)	

(continua)

	Encomenda tecnológica	CPSI	Concursos de inovação	Diálogo competitivo
Contratante	"Órgãos e entidades da administração pública" (art. 20 da Lei nº 10.973/2004), mas a dispensa de licitação também é prevista para empresas estatais (art. 29, XIV, Lei nº 13.303/2016).	"Administração pública direta, autárquica e fundacional de quaisquer dos Poderes da União, dos Estados, do Distrito Federal e dos Municípios", bem como empresas estatais, que podem adaptar os seus regulamentos internos (art. 12, §§1º e 2º, LC nº 182/2021).		"Administrações Públicas diretas, autárquicas e fundacionais da União, dos Estados, do Distrito Federal e dos Municípios" (art. 1º da Lei nº 14.133/2021). Não há previsão legal que autorize expressamente a introdução dessas modalidades nos regulamentos internos de licitações e contratos das empresas estatais (art. 40 da Lei nº 13.303/2016), embora haja entendimento doutrinário favorável amparando essa possibilidade
Contratado	"ICT, entidades de direito privado sem fins lucrativos ou empresas, isoladamente ou em consórcios, voltadas para atividades de pesquisa e de reconhecida capacitação tecnológica no setor" (art. 20 da Lei nº 10.973/2004).	"pessoas físicas ou jurídicas, isoladamente ou em consórcio" (art. 13 da LC nº 182/2021).		"pessoa física ou jurídica, ou consórcio de pessoas jurídicas, signatária de contrato com a Administração" (art. 6º, VIII, Lei nº 14.133/2021).
Procedimento	Embora seja uma hipótese de contratação direta, a encomenda tem início com a consulta a potenciais contratados para obter informações necessárias à definição do seu objeto, o que se faz normalmente por um chamamento público. Esse processo pode envolver negociação com fornecedores – transparente e impessoal – e a criação de um comitê técnico de especialistas para auxiliar a Administração. Caso a encomenda alcance o resultado esperado, é permitida a contratação do mesmo desenvolvedor para o fornecimento em escala (*scale up*) do objeto.	A modalidade especial do Marco Legal de *Startups* divide-se em três etapas: (i) Edital de licitação especial, em que se avalia o maior potencial para resolução do problema; (ii) celebração de um ou mais Contratos Públicos de Solução Inovadora (CPSI), em que se realiza o teste em ambiente real ou simulado; e (iii) celebração do contrato de fornecimento, caso as metas tenham sido alcançadas.	O Edital do concurso especifica as diretrizes e forma de apresentação do trabalho, que será julgado com base na melhor técnica ou conteúdo artístico e seguido do pagamento do prêmio ou remuneração ao vencedor. Quando relacionado a PD&I, a Administração não precisa exigir a cessão da propriedade intelectual (art. 93, §2º), que pode permanecer com o contratado.	A Administração realiza diálogos com licitantes previamente selecionados, mediante critérios objetivos, com o intuito de desenvolver uma ou mais alternativas capazes de atender às suas necessidades, devendo os licitantes apresentar proposta final após o encerramento dos diálogos. A etapa competitiva, grosso modo, segue o procedimento de julgamento e habilitação das licitações em geral.

(conclusão)

	Encomenda tecnológica	CPSI	Concursos de inovação	Diálogo competitivo
Grau de maturidade indicado da solução	Pode variar desde o desenvolvimento mais inicial até a etapa de introdução no mercado (TRLs baixos até altos), inclusive para o fornecimento em escala.	A realização de testes e os limites de duração e valor tornam o CPSI mais adequado às etapas finais do processo inovativo, como desenvolvimento final, introdução e difusão no mercado (TRLs altos).	A realização do concurso normalmente destina-se a soluções de maturidade elevada (TRLs altos), sem necessidade de aplicação de escala.	O diálogo geralmente envolve soluções de maturidade mais elevada (TRLs altos), que possam ser avaliadas na etapa competitiva por critérios de preço e/ou técnica.

Fonte: Elaboração própria, expandido a partir de Fassio *et al.* (2022, p. 66).

A definição *ex ante* de todas as especificações técnicas do objeto a ser contratado é um ponto que merece aprofundamento. Nas licitações destinadas à contratação de bens, serviços e obras, os artigos 6º, inciso IX; 7º e 15, §7º, da Lei de Licitações, bem como o artigo 3º, inciso II, da Lei do Pregão, estabelecem o dever de descrever previamente "(...) *todos os elementos necessários e suficientes, com nível de precisão adequado, para caracterizar a obra ou serviço, ou complexo de obras ou serviços*", exigindo a "(...) *especificação completa do bem a ser adquirido*", de modo que a definição do objeto seja "(...) *precisa, suficiente e clara*". A descrição "insuficiente" ou "imprecisa" dos aspectos técnicos é, inclusive, causa frequente de apontamentos dos Tribunais de Contas em licitações, nos termos da Súmula nº 177 do TCU.[535]

Parece consenso que a prévia definição do bem, produto ou serviço que se quer contratar é imprescindível para as compras públicas em geral, sobretudo em bens e serviços padronizados e homogêneos, onde a diferenciação do objeto é menor, e a concorrência, mais intensa. Contudo, quando transposto para o contexto diverso das compras públicas para inovação,[536] esse aspecto pode representar um obstáculo

---

[535] Enunciado nº 177 da Súmula de Jurisprudência do TCU: "A definição precisa e suficiente do objeto licitado constitui regra indispensável da competição, até mesmo como pressuposto do postulado de igualdade entre os licitantes, do qual é subsidiário o princípio da publicidade, que envolve o conhecimento, pelos concorrentes potenciais das condições básicas da licitação, constituindo, na hipótese particular da licitação para compra, a quantidade demandada uma das especificações mínimas e essenciais à definição do objeto do pregão".

[536] "(...) *if the objective of public procurement is to foster innovation as a means to target social and/or agency needs, the public buyer must avoid the translation of desired functionalities into technical specifications. This translation must be done by the potential supplier. Regardless, such practice*

de relevo, pois limita a possibilidade de que fornecedores apresentem soluções inovadoras, indo além das especificações técnicas preestabelecidas pelo Poder Público. Esse ponto é bastante ressaltado pela literatura estrangeira. Os trabalhos de Cabral *et al.* (2006, p. 517), Edler e Georghiou (2007, p. 960), Edquist e Zabala-Iturriagagoitia (2012, p. 1766) e Edquist *et al.* (2015, p. 13) sustentam que, ao usar o poder de compra do Estado em sua política de inovação, os entes públicos devem descrever apenas funcionalidades esperadas das soluções licitadas, em vez de definir previamente as características técnicas do objeto pretendido. Em outras palavras, "(...) *the function to be achieved should be defined, instead of defining the product to achieve it. This is a way to develop the creativity and innovativeness of the potential supplier*" (EDQUIST *et al.*, 2015, p. 13), no que se tem chamado de *"functional procurement"* ou *"innovation-friendly procurement"*. Na mesma linha, Luis Cabral, Guido Cozzi, Vincenzo Denicolò, Giancarlo Spagnolo e Matteo Zanza (2006), em estudo que comparava a contratação de inovações pelo setor público e por empresas privadas, concluíram que o envolvimento dos fornecedores no procedimento de contratação é fundamental para que objetos complexos encontrem especificação adequada, contribuindo também para sua precificação e viabilidade técnica (CABRAL *et al.*, 2006, p. 516).

Deslocar o foco do *objeto* para o *problema* subjacente à contratação permite explorar o potencial do setor privado para apresentar soluções inovadoras a desafios de relevância pública. Afinal, mesmo quando situadas no campo das PPI, as licitações envolvendo produtos, serviços ou processos inovadores são também marcadas por certo grau de incerteza[537] e, por isso, apresentam um desafio a mais em relação às contratações diretas por dispensa ou inexigibilidade: conciliar a realização de um procedimento competitivo, público, objetivo e impessoal com a necessidade de estabelecer uma interação mais próxima entre contratante e contratado (EDQUIST; ZABALA-ITURRIAGAGOITIA, 2012, p. 1769). Esse contexto faz com que a literatura inclusive recomende que sejam editadas legislações distintas para disciplinar o *"regular procurement"* e o *"public procurement for innovation"*,[538] sendo este mais

---

is antithetical to the incentives of public purchasing managers who are inclined to minimize risk exposure. Risk reduction can be achieved either by procuring off-the-shelf products or by determining technical specifications in detail." (EDQUIST *et al.*, 2015, p. 15).

[537] "(...) *R&D-intensive procurement needs more intensive interaction and cannot be judged on the basis of written specifications and proposals.*" (EDLER; GEORGHIOU, 2007, p. 954)

[538] "*We have argued that regular procurement has nothing to do with innovation; that is, it is not an innovation policy instrument.*" (EDQUIST; ZABALA-ITURRIAGAGOITIA, 2012, p. 1767)

concentrado em características *funcionais* daquilo que se precisa do que, propriamente, na descrição técnica do objeto em si.

6.1 Instrumentos jurídicos de inovação aberta

Dentro desta categoria, destaco três abordagens que podem estimular a criação de um ambiente mais dinâmico e aberto à inovação no setor público. Primeiramente, trato dos chamamentos públicos genéricos que têm sido usados no Brasil e no exterior para a realização de *pitches, hackathons* e *demo days* (item 6.1.1), conectando as necessidades da Administração com potenciais soluções inovadoras. Em seguida, abordo o procedimento de manifestação de interesse (item 6.1.2), que permite à iniciativa privada propor projetos, levantamentos e estudos para o governo, gerando subsídios técnicos para licitações futuras. Por fim, discuto o importante papel das consultas públicas preliminares ao mercado (item 6.1.3), conhecidas internacionalmente como *"request for information"*, que permitem colher dados e informações antes de formalizar processos licitatórios. Esses procedimentos não são instrumentos de compra pública, mas possuem um nítido caráter preparatório que pode ser combinado com licitações ou contratações diretas no futuro. A sua maior contribuição, portanto, está em auxiliar a Administração a identificar possíveis alternativas para solucionar o problema identificado em cada caso concreto.

6.1.1 *Pitches, hackathons* e *demo days*

Os últimos anos têm revelado a proliferação de *pitches, hackathons* e *demo days* em diversos órgãos e entidades no setor público. Inspirados em práticas comuns no setor privado, esses procedimentos geralmente são realizados por meio de chamamentos públicos genéricos, sem previsão específica na legislação, o que resulta em uma enorme variedade de estruturas, formatos e modelos jurídicos. *Pitches, hackathons* e *demo days* ilustram uma tendência recente de abertura à inovação aberta, na acepção dada por Henry Chesbrough (2003a, 2003b), ao reconhecer que as melhores soluções para os problemas estatais podem vir de fora do setor público. Esses chamamentos públicos aumentam a permeabilidade institucional da Administração, criando fluxos de conhecimento de dentro para fora (*"inside-out"*), de fora para dentro (*"outside-in"*), ou combinados de forma híbrida (*"coupled"*).

O *pitch* diz respeito à apresentação curta e direta de uma ideia a potenciais clientes ou investidores. Os *hackathons* – originalmente ligados a maratonas de programação – são competições em que equipes de participantes buscam solucionar um desafio ou desenvolver aplicativos ou soluções de TI a partir de dados disponibilizados pelo próprio setor público.[539] Por fim, o *demo day* consiste em um evento de demonstração de produtos, serviços ou processos inovadores, estimulando a interação com outros participantes e a atração de investimentos. Vale notar, contudo, que não há diferença rígida entre esses três procedimentos, os quais podem ser combinados de diferentes formas em programas de inovação aberta.

No setor público, *pitches, hackathons* e *demo days* geralmente são organizados sob a forma de chamamentos públicos que conferem ampla publicidade a problemas enfrentados pela Administração. Veiculados sob a forma de desafios, esses editais possibilitam aos participantes apresentar propostas de soluções inovadoras a uma comissão julgadora, que as analisa sob o ponto de vista técnico e escolhe a mais adequada ao desafio proposto. É comum que os participantes – geralmente, pessoas físicas ou *startups* com atuação no ecossistema *GovTech* – sejam auxiliados por um grupo de mentores, formado por especialistas na área, e que o chamamento seja realizado em parceria com outras entidades, oferecendo publicidade ou patrocínio para a realização do evento.

Carolina Mota Mourão e Vitor Monteiro (2021, p. 40-41) afirmam que *hackathons, pitches* e *demo days* baseiam-se em uma lógica que conjuga os vetores da competição e da cooperação, assumindo formatos que ora se aproximam da contratação pública, ora se caracterizam como fomento estatal. Essa conclusão é corroborada pelo levantamento realizado em Fassio *et al.* (2022, p. 41-43), onde analisamos a estruturação de *pitches* e *hackathons* promovidos por entes públicos brasileiros entre 2015 e 2020.

---

[539] *"The civic hackathon is a time-limited (typically hours or days) event, launched at a specific venue, where enthusiasts, government workers, interested citizens, and the private sector meet in a collaborative environment to access government open data."* (JOHNSON, ROBINSON, 2014, p. 350)

Tabela 29 – Pluralidade de modelos jurídicos em *pitches* e *hackathons* promovidos por órgãos e entes públicos no Brasil a partir de experiências selecionadas (2015-2020)

Nome	Realizadores	Ano	Estrutura jurídica	Premiação
PitchGovSP	Governo do Estado de São Paulo, PRODESP e ABStartups	2015 e 2017	Chamamento público genérico + convênio	Celebração de convênio, sem repasse de recursos, para teste das soluções em ambiente público
PitchGovSP-FAPESP	FAPESP e Governo do Estado de São Paulo	2017	Chamamento público + convênio para testes + termo de outorga	Recursos não reembolsáveis (PIPE) conforme o projeto
Hackathon EMBRAPA Nacional	EMPRAPA	2017	Chamamento público genérico	Prêmio não monetário (certificado de participação)
Pitch MPSP 1.0	Ministério Público do Estado de São Paulo e SEBRAE	2018	Chamamento público genérico + convênio para testes	Prêmio não monetário – viagem paga pelo SEBRAE ao evento SXSW, em Austin, EUA
PitchSABESP	SABESP	2018	Chamamento público genérico + "Termo de Cooperação" para testes	Celebração de "Termo de Cooperação" para teste das soluções, com possibilidade de reembolso de até R$ 150 mil por despesas incorridas na fase de teste.
PitchSampa	Município de São Paulo	2019	Concurso	R$ 6 mil aos 3 primeiros colocados, para realização de testes, e R$ 74 mil para o selecionado para celebrar o contrato
PitchGov S.A.	Município de Santo André	2019	Concurso	Prêmios de R$ 30 mil, R$ 20 mil e R$ 10 mil e celebração de "Termo de Cooperação" para testes
1º Hackathon – Inovações para UFG	Universidade Federal de Goiás	2019	Concurso	Prêmios de R$ 5 mil, R$ 3 mil e R$ 2 mil para pessoas físicas
HackSerpro	ENAP, SERPRO e Instituto Serzedello Corrêa (TCU)	2019	Concurso	Prêmios de R$ 12 mil, R$ 8 mil e R$ 6 mil para pessoas físicas

Nome	Realizadores	Ano	Estrutura jurídica	Premiação
Desafios ENAP – Covid 19	ENAP	2020	Concurso	Prêmios de R$ 40 mil, R$ 20 mil e R$ 10 mil para pessoas físicas e de R$ 100 mil, R$ 50 mil e R$ 20 mil para pessoas jurídicas
PitchGov ES	FAPES, Governo do Estado do Espírito Santo e ABStartups	2020	Chamamento público + "termo de compromisso" para testes + termo de outorga	Recursos não reembolsáveis (subvenção econômica) conforme o projeto
PitchParaná	Governo do Estado do Paraná, Celepar, SEBRAE/PR e FIEP	2020	Chamamento público genérico	Prêmio não monetário (certificado de participação e *feedbacks* de profissionais de mercado)

Fonte: Adaptado de Fassio *et al.* (2022, p. 42).

Essa variedade de formas e estruturas jurídicas confere grande flexibilidade ao procedimento, mas gera certa confusão ao tornar ambígua a modelagem jurídica adotada em cada caso concreto. Por esse motivo, no estudo referido acima, tomei a previsão de prêmios monetários como critério distintivo para separar esses chamamentos públicos genéricos de casos em que o procedimento, ainda que implicitamente, segue a lógica da modalidade concurso. Na prática, verificamos que muitos programas de inovação aberta foram organizados sob essa modalidade licitatória, contendo fases de inscrição, seleção e premiação, embora sequer façam referência à legislação que rege essa modalidade.

A contratação pública pode ser um atrativo importante, mas nem sempre é o incentivo principal para estimular a participação do setor privado em *pitches, hackathons* e *demo days*. Pense-se, por exemplo, em modelos de negócio em que o governo não seja o principal cliente (B2G), onde a empresa busque no Estado apenas uma oportunidade para testar ou validar a sua solução em escalas que somente o setor público é capaz de proporcionar, como ocorre em áreas como educação e saúde. A visibilidade que a participação pode gerar é um aspecto essencial para a atratividade desses programas de inovação aberta, funcionando como verdadeira vitrine para investidores em todo o ecossistema.

Esse ponto também é relevante nos concursos de inovação e, por isso, será aprofundado no item 6.3.

Por isso, é importante que *pitches*, *hackathons* e *demo days* sejam aplicados pela Administração à luz de suas reais limitações e possibilidades. Peter Johnson e Pamela Robinson (2014) examinam a tendência crescente de uso de *hackathons* nos Estados Unidos para estimular o desenvolvimento de aplicativos a partir de dados públicos disponibilizados pelo governo. Embora apresentem potencial para impulsionar a inovação nesse setor, os autores salientam que os *hackathons* não substituem a contratação de serviços de TI, haja vista a pouca atratividade dos prêmios e a incerteza quanto à manutenção das soluções no longo prazo. Como dito, *pitches*, *hackathons* e *demo days* não são modalidades de contratação pública, mas procedimentos para apresentação ao Poder Público de alternativas que possam solucionar o desafio proposto no edital, tendo a publicidade, a realização do teste em ambiente real, a outorga de prêmios não monetários e a validação da solução como seus atrativos principais. A realização desses chamamentos genéricos pode ser uma via importante para a inovação aberta, reduzindo assimetrias de informação ao permitir que o setor privado contribua com a formulação de soluções que não surgiriam espontaneamente no âmbito do Estado.[540]

6.1.2 Procedimento de Manifestação de Interesse

O Procedimento de Manifestação de Interesse (PMI) também pode ser uma alternativa para incentivar a inovação aberta no cenário brasileiro. Após um uso bastante destacado em projetos de infraestrutura, o PMI foi incorporado à Lei nº 14.133/2021 como procedimento auxiliar das licitações brasileiras, sendo aplicável à fase preparatória de qualquer contratação pública regida por essa legislação. Não se trata, portanto, de um instrumento novo, mas da generalização de um procedimento cujo uso, até então, era restrito a hipóteses bastante específicas do direito administrativo, tais como concessões e parcerias

---

[540] Para Karla Bertocco Trindade e Vera Monteiro, o caso "Poupinha" "(...) revelou, a partir de uma experiência concreta, que a parceria governo e *startup* gera ganho de produtividade e de qualidade por vias que o setor público não conhecia. Ainda que o estado não tenha achado uma rápida saída no modelo burocrático para viabilizar a contratação da startup que desenvolveu a solução (a experiência culminou em um pregão eletrônico causador de grande confusão), ela capitalizou a visibilidade que o caso alcançou". Disponível em: https://www.jota.info/coberturas-especiais/inova-e-acao/contratacao-de-inovacao-por-governo-12112019. Acesso em: 26 mar. 2024.

público-privadas,[541-542] parcerias com o terceiro setor[543] e as contratações realizadas por empresas estatais.[544]

Em síntese, a disciplina do PMI seguiu um modelo já consolidado pelos regulamentos federais e locais:[545] o procedimento inicia com a publicação de um chamamento público, pelo qual se faculta a todos os interessados a possibilidade de propor estudos, investigações, levantamentos e projetos de soluções inovadoras que, se aprovados pelo órgão ou entidade demandante, servirão de subsídio técnico para realizar licitação futura. O edital deve prever a forma e os prazos para apresentação das contribuições, bem como eventuais requisitos de participação e critérios de avaliação. Após, a Administração deve fazer a sua própria análise sobre os documentos apresentados,[546] emitindo parecer fundamentado antes de decidir se o projeto será ou não submetido à concorrência no futuro.

O Poder Público não é obrigado a realizar licitação e, caso aberta, o participante do PMI não terá nenhum direito de preferência. Os incentivos à participação decorrem basicamente de dois fatores: (i) a previsão de ressarcimento, pelo vencedor da licitação, dos custos incorridos pelo proponente; e (ii) o reconhecimento expresso da possibilidade de participar do certame licitatório, afastando a regra que proíbe a participação direta ou indireta do autor do projeto em licitações

---

[541] Artigo 21 da Lei nº 8.987/1995: "Art. 21. Os estudos, investigações, levantamentos, projetos, obras e despesas ou investimentos já efetuados, vinculados à concessão, de utilidade para a licitação, realizados pelo poder concedente ou com a sua autorização, estarão à disposição dos interessados, devendo o vencedor da licitação ressarcir os dispêndios correspondentes, especificados no edital".

[542] Artigo 31 da Lei nº 9.074/1995: "Art. 31. Nas licitações para concessão e permissão de serviços públicos ou uso de bem público, os autores ou responsáveis economicamente pelos projetos básico ou executivo podem participar, direta ou indiretamente, da licitação ou da execução de obras ou serviços".

[543] Artigo 18 da Lei nº 13.019/2014: "Art. 18. É instituído o Procedimento de Manifestação de Interesse Social como instrumento por meio do qual as organizações da sociedade civil, movimentos sociais e cidadãos poderão apresentar propostas ao poder público para que este avalie a possibilidade de realização de um chamamento público objetivando a celebração de parceria".

[544] Artigo 31, §4º, da Lei nº 13.303/2016: "§4º A empresa pública e a sociedade de economia mista poderão adotar procedimento de manifestação de interesse privado para o recebimento de propostas e projetos de empreendimentos com vistas a atender necessidades previamente identificadas, cabendo a regulamento a definição de suas regras específicas".

[545] A respeito, confiram-se o Decreto Federal nº 8.428/2015, da União; o Decreto nº 61.371, de 21 de julho de 2015, do Estado de São Paulo; e o Decreto nº 57.678, de 4 de maio de 2017, do Município de São Paulo.

[546] Veja os requisitos do artigo 10 do Decreto nº 8.428/2015 para avaliação e seleção dos projetos, levantamentos, investigações e estudos apresentados pelo PMI na esfera federal.

futuras.[547] Embora a Nova Lei de Licitações não estabeleça limites para o reembolso, é provável que o valor de ressarcimento fique restrito aos custos previamente aprovados pelo órgão ou entidade demandante, tal como previsto no artigo 31, §5º, da Lei das Estatais.[548] Todavia, como não há garantia de que os estudos serão efetivamente aproveitados pela Administração, o próprio ressarcimento é incerto, e o seu valor, em consequência, imprevisível.

Segundo Gustavo Schiefler (2014a), o PMI pretende reduzir a assimetria informacional que distancia o Poder Público de seus fornecedores, criando um procedimento voluntário, colaborativo e não vinculante para permitir que a Administração interaja de forma isonômica e impessoal com os particulares, durante a fase preparatória da licitação, para formatar o objeto a ser contratado.[549] Na mesma linha, um estudo realizado pelo Banco Mundial (2014) sobre o uso de *unsolicited proposals* pelo setor público revela uma tendência de maior formalização desses procedimentos, sobretudo em países de baixa e média renda, como forma de garantir a transparência e melhorar a governança de grandes projetos de infraestrutura.[550]

---

[547] Artigo 14, incisos I e II, da Lei nº 14.133/2021: "Art. 14. Não poderão disputar licitação ou participar da execução de contrato, direta ou indiretamente: I – autor do anteprojeto, do projeto básico ou do projeto executivo, pessoa física ou jurídica, quando a licitação versar sobre obra, serviços ou fornecimento de bens a ele relacionados;
II – empresa, isoladamente ou em consórcio, responsável pela elaboração do projeto básico ou do projeto executivo, ou empresa da qual o autor do projeto seja dirigente, gerente, controlador, acionista ou detentor de mais de 5% (cinco por cento) do capital com direito a voto, responsável técnico ou subcontratado, quando a licitação versar sobre obra, serviços ou fornecimento de bens a ela necessários".

[548] Artigo 31, §5º, da Lei nº 13.303/2016: "§5º Na hipótese a que se refere o §4º, o autor ou financiador do projeto poderá participar da licitação para a execução do empreendimento, podendo ser ressarcido pelos custos aprovados pela empresa pública ou sociedade de economia mista caso não vença o certame, desde que seja promovida a cessão de direitos de que trata o art. 80".

[549] Enunciado nº 1 da I Jornada de Direito Administrativo: "A autorização para apresentação de projetos, levantamentos, investigações ou estudos no âmbito do Procedimento de Manifestação de Interesse, quando concedida mediante restrição ao número de participantes, deve se dar por meio de seleção imparcial dos interessados, com ampla publicidade e critérios objetivos".

[550] *"An increasing number of countries are developing formal mechanisms to regulate USPs [unsolicited proposals] and overcome the challenges associated with them. Overall there has been a clear global trend of adopting new legal frameworks for PPP projects in general since the 2007 study on USPs conducted by PPIAF, especially in the past five years. Nearly all of these frameworks incorporate provisions for dealing with USPs in a more transparent and competitive manner. The development of clear and fair USP frameworks fits well within a global tendency to improve governance and transparency in dealing with the procurement of large infrastructure projects."* (WORLD BANK, 2014, p. 10)

O artigo 81 da Lei nº 14.133/2021 fez referência expressa à apresentação de *"projetos de soluções inovadoras que contribuam com questões de relevância pública"*, chamando a atenção para o uso do PMI para promover a inovação aberta, reconhecendo que a Administração nem sempre conseguirá enxergar todas as soluções para os problemas que busca resolver. O §4º do mesmo artigo permitiu que o procedimento possa ser restrito à participação de *startups*.[551] Embora a abertura do PMI a soluções inovadoras seja positiva, a utilidade desse dispositivo parece bastante questionável. Como ressaltei em Fassio *et al.* (2022, p. 48-50), não há evidências que demonstrem que essas empresas estejam dispostas a dedicar tempo e recursos à apresentação de estudos e projetos ao setor público em um cenário em que o ressarcimento, na teoria e na prática, é incerto e eventual.

Além dessa falha de incentivo, é curioso que a Nova Lei de Licitações e Contratos tenha adotado um conceito de *startup* diferente daquele previsto no Marco Legal das Startups e do Empreendedorismo Inovador. A descoordenação normativa, explicada pelo fato de que as leis tramitaram em paralelo no Congresso Nacional, gerou ainda um segundo paradoxo: a modalidade especial de licitação do artigo 13 da Lei Complementar nº 182/2021 destina-se à contratação de quaisquer *"pessoas físicas ou jurídicas, isoladamente ou em consórcio"*, não ficando restrita a *startups*. Logo, a nova "lei geral" autorizou a participação restrita no PMI, ao passo que a "lei específica" previu uma modalidade licitatória nova, em que essa restrição não acontece, ampliando o universo de participantes para além da "lei geral".

A Lei nº 14.133/2021 não enfrenta temas polêmicos sobre o PMI, como a possibilidade de conferir autorização exclusiva para a realização dos estudos (REIS; JORDÃO, 2015, p. 220-223) ou a restrição de participação no procedimento a outras categorias de proponentes, além de *startups* (JUSTEN FILHO, 2021, p. 1156). Por fim, tal como ocorre em *pitches*, *hackathons* e *demo days*, é importante deixar claro que o PMI não é um instrumento de contratação pública, mas um procedimento

---

[551] Artigo 81, §4º, da Lei nº 14.133/2021: "§4º O procedimento previsto no *caput* deste artigo poderá ser restrito a startups, assim considerados os microempreendedores individuais, as microempresas e as empresas de pequeno porte, de natureza emergente e com grande potencial, que se dediquem à pesquisa, ao desenvolvimento e à implementação de novos produtos ou serviços baseados em soluções tecnológicas inovadoras que possam causar alto impacto, exigida, na seleção definitiva da inovação, validação prévia fundamentada em métricas objetivas, de modo a demonstrar o atendimento das necessidades da Administração".

preparatório, de caráter consultivo, que pode ajudar a Administração a entender quais alternativas deve priorizar para melhor atender às suas necessidades. O PMI cria uma importante exceção à proibição prevista no artigo 14, I e II, da Lei nº 14.133/2021, abrindo um canal de diálogo público-privado que antes era restrito a nichos específicos do direito administrativo e, agora, pode anteceder qualquer contratação regida pela Nova Lei de Licitações.

6.1.3 Consultas públicas para mapeamento de mercado (*"request for information"*)

A realização de procedimentos de consulta pública para definir o objeto a ser contratado, mapear potenciais fornecedores ou entender as características específicas do mercado é uma boa prática adotada em diversos ordenamentos jurídicos. Nos países de língua inglesa, essa etapa geralmente é realizada por meio de um documento denominado *"Request for Information"* (RFI) – instrumento de sondagem de mercado (*"market sounding"*) e troca de informações com potenciais interessados (*"early market engagement"*) já bastante consolidado em contratações públicas e privadas. Como parte integrante da etapa de planejamento, a RFI reduz a assimetria de informações e contribui para o aprimoramento da contratação posterior, prospectando fornecedores e aprimorando a definição técnica de objetos de elevada complexidade, como costuma ser o caso em contratações com objetos ligados à inovação.

O papel da RFI é variado na experiência internacional. No Reino Unido, por exemplo, a RFI pode ser o primeiro passo de um procedimento de contratação pública semelhante ao que ocorria na antiga modalidade "convite", em que negociação e competição eram combinadas em um cenário de concorrência restrita. Após, como em um funil de seleção, os participantes da RFI podem ser chamados a responder uma *"Request for Quotations"* (RFQ), com foco na obtenção de orçamentos para formação de valores de referência, e, posteriormente, para a fase final de *"Request for Proposals"* (RFP), em que os licitantes apresentam suas propostas à entidade contratante. Essa sequência não é rígida, e a escolha entre RFI, RFQ e RFP depende do nível de detalhamento desejado em cada etapa do processo de contratação, como ilustra a seguinte tabela.

Tabela 30 – *Request for Information* (RFI), *Request for Quotations* (RFQ) e *Request for Proposals* (RFP): finalidade e emprego na experiência comparada

	Request for Information (RFI)	Request for Quotations (RFQ)	Request for Proposals (RFP)
Objetivo	Coletar informações gerais sobre produtos, serviços ou soluções junto ao mercado.	Obter orçamentos e cotações de fornecedores para comparar preços de objeto já definido.	Subsidiar a seleção de fornecedores mediante o recebimento de propostas detalhadas para atender às necessidades do contratante.
Nível de detalhamento	Baixo. Busca informações gerais sobre o mercado e potenciais soluções disponíveis para resolver o problema subjacente à contratação.	Médio. É necessário que haja algum detalhamento sobre as especificações técnicas, para que possam obter preços e informações como prazos e condições de pagamento.	Alto. Além de detalhes sobre os requisitos técnicos, funcionais e operacionais do projeto, a RFP geralmente apresenta critérios para avaliação das propostas e modelo de contrato para o projeto.
Formato	Perguntas abertas, questionários ou entrevistas.	Tabela com especificações técnicas e requisitos mínimos.	Documento contendo a descrição completa do projeto, incluindo critérios de avaliação e seleção.
Utilização	Fase inicial do processo de contratação para mapeamento de mercado e definição de requisitos da solução.	Fase intermediária, para comparação de preços e obtenção de orçamentos e cotações detalhadas de fornecedores.	Fase final, para recebimento de propostas detalhadas e escolha do fornecedor.

Fonte: Elaboração própria.

Em outros países, a *Request for Information* é um procedimento facultativo e que integra a fase de planejamento de uma contratação pública subsequente. É este, por exemplo, o enquadramento dado na União Europeia, onde a Diretiva 2014/24/UE dedica o artigo 40 à *"consulta preliminar ao mercado"*.[552] O direito comunitário deixa claro o

---

[552] Artigo 40 da Diretiva 2014/24/UE: "Artigo 40. Consulta preliminar ao mercado. Antes da abertura de um procedimento de contratação, as autoridades adjudicantes podem realizar consultas ao mercado, a fim de preparar esse procedimento e de informar os operadores económicos dos seus planos de contratação e respetivos requisitos. Para este efeito, as autoridades adjudicantes podem, por exemplo, solicitar ou aceitar pareceres de peritos

caráter preparatório do procedimento, destinado a conhecer o estado da tecnologia e as características do mercado, de modo a melhor definir e delimitar o objeto do futuro contrato. O dispositivo também manifesta a preocupação de que a realização da consulta pública não prejudique as garantias de igualdade de tratamento, não discriminação e preservação da concorrência.

A RFI não é regulada no Brasil e, por isso, a sua realização constitui apenas providência adicional de planejamento, não obrigatória, em meio à fase preparatória de uma contratação pública. Há casos em que a consulta é integrada ao próprio procedimento, tal como ocorre no artigo 27, §4º, do Decreto nº 9.283/2018 ao exigir que se faça uma consulta aos potenciais contratados na encomenda tecnológica, por exemplo. Optei neste livro pela expressão "consulta pública" para diferenciar esse procedimento de outros casos no direito administrativo em que o termo "chamamento público" possui sentido técnico e, portanto, assume conotação diversa, como ocorre no PMI e no Marco Regulatório das Organizações da Sociedade Civil (Lei nº 13.019/2014), entre outros. Não obstante, a despeito da ausência de previsão normativa sobre o tema, a jurisprudência do Tribunal de Contas da União já testemunha um uso ainda incipiente dessas consultas públicas por diversos órgãos e entidades da Administração brasileira, com destaque para a Petrobras[553] e para instituições financeiras, como o Banco do Brasil,[554] o BNDES[555] e o Banco do Nordeste.[556]

Uma consulta à pesquisa integrada de jurisprudência do TCU resultou em 22 Acórdãos, sendo que 17 foram proferidos entre 2019 e 2024.[557] Mas a RFI não constitui objeto principal de nenhum desses

---

ou autoridades independentes ou de participantes no mercado que possam ser utilizados no planeamento e na condução do procedimento de contratação, na condição de que esses pareceres não tenham por efeito distorcer a concorrência nem resultem em qualquer violação dos princípios da não discriminação e da transparência". Disponível em: https://eur-lex.europa.eu/legal-content/PT/TXT/?uri=celex%3A32014L0024. Acesso em: 26 mar. 2024.

[553] Disponível em: https://www.petronect.com.br/irj/go/km/docs/pccshrcontent/Site%20Content%20(Legacy)/Portal2018/pt/Compras_Tipos.html. Acesso em: 26 mar. 2024.

[554] Disponível em: https://www.bb.com.br/docs/portal/disec/CHAMPUBLBuiltToSuit.pdf. Acesso em: 26 mar. 2024.

[555] Disponível em: https://www.bndes.gov.br/wps/portal/site/home/transparencia/desestatizacao/cadastro-de-consultores/cadastro-de-consultores-no-bndes. Acesso em: 26 mar. 2024.

[556] Disponível em: https://www.bnb.gov.br/acesso-a-informacao/licitacoes-e-contratos/consultas-e-audiencias. Acesso em: 26 mar. 2024.

[557] Busca dos termos *Request for Information* ou RFI realizada em 26 de março de 2024, disponível neste link: https://pesquisa.apps.tcu.gov.br/resultado/acordao-completo/%25

julgados. Em sua maior parte, os termos *"Request for Information"* e *"RFI"* aparecem como *obter dicta – i.e.*, referências feitas no relatório ou no voto dos Ministros a procedimentos semelhantes realizados por entidades e órgãos fiscalizados pelo TCU no passado. Em geral, os comentários convergem em três pontos: (i) a menção de que o emprego de RFI é prática corrente no setor privado; (ii) o caráter prospectivo da consulta pública, voltada ao detalhamento do objeto ou ao mapeamento de potenciais fornecedores; e (iii) a recomendação do Tribunal do seu emprego, em caráter adicional e preliminar, como medida que reforça a impessoalidade, a publicidade e a eficiência de contratações públicas com objetos complexos.

Por exemplo, no Acórdão nº 2.488/2018 o TCU examinou possíveis irregularidades em um acordo de parceria celebrado pela Telebrás, com fundamento em oportunidade de negócio (artigo 28, §§3º e 4º, da Lei das Estatais), com uma empresa norte-americana, a Viasat Inc, tendo por objeto o compartilhamento de receitas decorrentes do uso do Satélite Geoestacionário de Defesa e de Comunicações Estratégicas (SGDC). Considerando a complexidade do objeto e a relevância do projeto para a estatal, o voto do Min. Benjamin Zymler destacou que *"(...) seria imprescindível a realização de consultas aos possíveis parceiros, geralmente concretizadas no âmbito privado por meio de instrumentos denominados RFI (Request for Information) e RFP (Request for Proposal)"* para obter subsídios à definição do modelo de parceria mais adequado, criticando a não realização desses procedimentos pela Telebrás no caso analisado.[558]

O Acórdão nº 1.966/2023, em que o Tribunal examinou o processo de privatização da Empresa Brasileira de Correios e Telégrafos (ECT), constitui um dos precedentes mais importantes sobre o emprego da RFI. Em seu voto, o Min. Aroldo Cedraz criticou a ausência de divulgação ao público externo das principais informações de interesse público e não sigilosas obtidas pelo BNDES durante a etapa de RFI realizada pelo Banco para a contratação de consultorias, o que, em sua visão, violaria o artigo 39 da Lei das Estatais e o artigo 8º, inciso IV, da Lei

---

22request%2520for%2520information%2522% 2520OU%2520RFI/%2520/%2520. Acesso em: 26 mar. 2024.

[558] "19) dada a relevância estratégica e financeira do projeto em tela para a estatal, seria imprescindível a realização de consultas aos possíveis parceiros, geralmente concretizadas no âmbito privado por meio de instrumentos denominados RFI (*Request for Information*) e RFP (*Request for Proposal*), visando obter subsídios para a definição do modelo de parceria mais adequado e viabilizar a escolha do melhor parceiro para empresa. Contudo, isso não ocorreu neste caso". Acórdão TCU nº 2.488/2018, Plenário, Min. Relator Benjamin Zymler, sessão de 31.10.2018.

de Acesso à Informação.[559] A publicação da RFI, portanto, seria uma medida de transparência que não teria sido observada pelo Banco no caso analisado pelo TCU. O julgado testemunha o uso de RFI e de RFP nas etapas preliminares do processo realizado pelo BNDES para selecionar consultorias especializadas em projetos de desestatização.[560] Além disso, mostra como a ausência de previsão normativa não tem impedido que essas consultas informais se incorporem a contratações públicas com objetos de elevada complexidade.

A experiência nacional e internacional sobre RFI permite indicar algumas boas práticas sobre o seu emprego em contratações públicas. Destacam-se, em especial: (i) a necessidade de divulgação adequada da consulta ao público-alvo (*"road show"*); (ii) a publicação dos estudos internos realizados pelo órgão ou entidade demandante, preferencialmente em página dedicada ao projeto na internet; (iii) a solicitação de informações específicas pela RFI, o que aumenta a probabilidade de que os fornecedores respondam à consulta com elementos úteis para definir o objeto ou mapear o mercado; (iv) a garantia de confidencialidade aos participantes, especialmente no que diz respeito a informações protegidas por segredo industrial, nos termos do artigo 22 da Lei de Acesso à Informação;[561] e, por fim, (v) a publicação de relatório fundamentado ao final do processo de consulta, o qual fará parte integrante do processo de contratação, detalhando as atividades realizadas, os fornecedores que participaram, as respostas dadas e o seu eventual encaminhamento.[562]

---

[559] "(...) ACORDAM os ministros do Tribunal de Contas da União, reunidos em sessão Plenária, ante as razões expostas pelo relator, em: 9.1. dar ciência ao Banco Nacional de Desenvolvimento Econômico e Social (BNDES), com fundamento no art. 9º, inciso II, da Resolução-TCU 315/2020, que a não divulgação ao público externo por meio de seu portal na internet de extrato contendo as principais informações de interesse público e não sigilosas atinentes à etapa de *Request for Information* (RFI) do processo seletivo de contratação do Serviço "C" (lançamento, processamento e resultado) e do processo seletivo de contratação dos Serviços "A" e "B" (processamento e resultado), após a homologação dos procedimentos competitivos, afronta o caput do art. 39 da Lei 13.303/2016 e o direito fundamental de acesso à informação a que alude o art. 8º, inciso IV, da Lei 12.527/2011 (LAI)." Acórdão TCU nº 1.966/2023, Plenário, Rel. Min. Aroldo Cedraz, sessão de 20.09.2023.

[560] Confira-se, a respeito, a Resolução DIR nº 3685/2020 do BNDES, disponível em: https://www.bndes.gov.br/wps/wcm/connect/site/f21c8291-b686-47c3-8961-b0ad220646d5/Regulamento+-++art+28-site.pdf?MOD=AJPERES&CVID=n4HXHAx. Acesso em: 30 mar. 2024.

[561] Artigo 22 da Lei nº 12.527/2011: "Art. 22. O disposto nesta Lei não exclui as demais hipóteses legais de sigilo e de segredo de justiça nem as hipóteses de segredo industrial decorrentes da exploração direta de atividade econômica pelo Estado ou por pessoa física ou entidade privada que tenha qualquer vínculo com o poder público".

[562] Enunciado nº 29 da I Jornada de Direito Administrativo: "A Administração Pública pode promover comunicações formais com potenciais interessados durante a fase

Por fim, vale ressaltar que a consulta pública ao mercado não se confunde com o PMI, como visto acima. Com efeito, há certa fungibilidade entre a RFI e o PMI – dois procedimentos de caráter consultivo que, em linha com a inovação aberta, podem ajudar a Administração a melhor compreender suas necessidades e eleger quais alternativas deve priorizar. Entretanto, as finalidades são bastante distintas. A RFI busca mapear o mercado em busca de informações específicas sobre um projeto, ao passo que o PMI regula a obtenção de estudos, investigações, levantamentos que, ao final, autorizam a participação do proponente em licitação posterior, onde um eventual ressarcimento dos custos incorridos nessa etapa pode ser obtido. Nada impede que ambos os instrumentos sejam usados em um mesmo projeto, e a escolha de um ou de outro depende da análise das circunstâncias de cada caso concreto.

6.2 Diálogo competitivo

Previsto no artigo 30 da Diretiva 2014/24/UE como "diálogo concorrencial" no âmbito da União Europeia, o diálogo competitivo foi introduzido no direito brasileiro pelo artigo 32 da Lei nº 14.133/2021, como uma nova modalidade de licitação em que a Administração negocia com fornecedores pré-selecionados para definir os aspectos técnicos da solução buscada e as características da contratação futura. Originalmente, o procedimento negociado era reservado pela Diretiva 2004/18/CE aos casos "particularmente complexos", envolvendo ou não inovação, com particular emprego em concessões e parcerias público--privadas (BOGOSSIAN, 2010). Contudo, os bons resultados obtidos no direito comunitário motivaram uma ampliação considerável no uso de procedimentos negociados pela Diretiva de 2014, tal como ocorre com o "procedimento concorrencial com negociação" (artigo 29) e as "parcerias para inovação" (artigo 31).

Para Thiago Marrara (2017), a ampliação dos procedimentos de contratação pública baseados no diálogo na União Europeia baseia-se na percepção de que o *modelo de contratação pública por adesão* nem sempre

---

de planejamento das contratações públicas para a obtenção de informações técnicas e comerciais relevantes à definição do objeto e elaboração do projeto básico ou termo de referência, sendo que este diálogo público-privado deve ser registrado no processo administrativo e não impede o particular colaborador de participar em eventual licitação pública, ou mesmo de celebrar o respectivo contrato, tampouco lhe confere a autoria do projeto básico ou termo de referência".

permite a definição precisa das necessidades a serem atendidas pelo contratado, especialmente em objetos complexos. Isso ocorre, segundo Guilherme Reisdorfer (2022, p. 46-47), porque o diálogo competitivo reduz assimetrias de informação, permitindo que o Poder Público conheça de forma mais aprofundada as soluções e alternativas técnicas que o mercado oferece para atender às suas necessidades. Segundo Buccino *et al.* (2020, p. 166), a negociação entre as partes favorece o ajuste fino das características do objeto, mitigando os riscos e as incertezas decorrentes da contratação.

No Brasil, o diálogo competitivo é uma modalidade de licitação estruturada em três grandes fases – a *pré-seleção*, o *diálogo propriamente dito* e a *fase competitiva* –, em que a Administração negocia com fornecedores pré-selecionados para definir os contornos da solução buscada.[563] Uma das principais vantagens dessa modalidade de licitação, para Reisdorfer (2022, p. 50-51), consiste em combinar a redução de assimetrias informacionais decorrente do diálogo com a pressão exercida pela competição, aumentando assim a eficiência da contratação futura.

Inicialmente, a etapa de *pré-seleção* tem início com a publicação de um edital narrando as necessidades e as exigências já definidas pela Administração, bem como os critérios para selecionar os licitantes aptos a participar das fases subsequentes. Marçal Justen Filho (2021, p. 463) destaca que os critérios de pré-seleção não se confundem com os requisitos de habilitação, cabendo ao edital prever, com algum grau de liberdade, os requisitos objetivos para selecionar os participantes, restringindo o diálogo aos licitantes que tenham efetivas condições de contribuir com a resolução do problema enfrentado. À diferença do direito comunitário, a Lei nº 14.133/2021 não contém previsão expressa sobre a possibilidade de limitar o número de participantes que podem ser pré-selecionados. Essa restrição seria justificável porque "(...) *um elevado número de participantes poderá exaurir a capacidade do ente público de processar informações, a ponto de prolongar de forma excessiva o tempo necessário de diálogo*" (REISDOFER, 2022, p. 110), mas não foi acolhida expressamente pela legislação brasileira.

---

[563] Artigo 6º, inciso XLII, da Lei nº 14.133/2021: "XLII – diálogo competitivo: modalidade de licitação para contratação de obras, serviços e compras cm que a Administração Pública realiza diálogos com licitantes previamente selecionados mediante critérios objetivos, com o intuito de desenvolver uma ou mais alternativas capazes de atender às suas necessidades, devendo os licitantes apresentar proposta final após o encerramento dos diálogos".

Após, no *diálogo propriamente dito*, o artigo 32 atribuiu ao edital grande margem de liberdade para estruturar a interação entre os participantes, que se mantém até que a Administração identifique a solução mais adequada. O diálogo competitivo é um dos poucos trechos da Nova Lei de Licitações e Contratos em que o modelo de regulação adotado parece estar mais alinhado ao minimalismo do que ao maximalismo. Há poucas regras no texto legal sobre o procedimento. Tal como previsto na Diretiva 2014/24/UE, o inciso VII do artigo 32 autoriza que o diálogo seja realizado em fases sucessivas, podendo o edital prever a redução gradual do número de soluções ou propostas a serem discutidas em cada etapa. Vale lembrar que "(...) *o diálogo das soluções para as necessidades da administração não se faz, em regra, entre os licitantes, mas entre esses e a administração*" (FOSS; MONTEIRO, 2022, p. 241), motivo pelo qual as reuniões devem ser registadas em ata ou em gravações de áudio e vídeo, assegurando o sigilo das informações confidenciais e a igualdade de tratamento aos licitantes.

Por fim, encerradas as etapas de pré-seleção e de diálogo, inicia--se uma terceira *fase competitiva* em que a Administração, em novo edital, publica a especificação técnica da solução que melhor atende às suas necessidades e seleciona as propostas enviadas pelos licitantes pré-selecionados para contratar a execução do objeto com o vencedor. Note como, após o encerramento da etapa de diálogo, o procedimento da fase competitiva se assemelha muito a uma licitação nos moldes tradicionais, em que a melhor proposta será escolhida por critérios de julgamento combinando aspectos de técnica e/ou de preço. Não há como reconhecer certa semelhança, e até mesmo algum grau de fungibilidade, entre o diálogo competitivo de um lado e a combinação do PMI ou de uma consulta pública com a licitação na modalidade "concorrência" de outro. A opção por manter a etapa de diálogo e a fase competitiva separadas ou integradas em um mesmo procedimento traz aspectos positivos e negativos, inserindo-se na discricionariedade do órgão ou entidade contratante.

Semelhantemente ao que ocorre em outras modalidades de *functional procurement*, o diálogo competitivo prescinde da prévia definição das especificações técnicas do objeto licitado.[564] Justamente por essa

---

[564] "Mais que romper com o dogma da contratação por adesão, o diálogo concorrencial afasta por definitivo a presunção de que o Estado é infalível, capaz de avaliar os incontáveis segmentos de mercado em todos os contextos, capaz de elaborar isoladamente as soluções de que necessita dentro dos mais diferentes e complexos ramos de atividade em que atua e, muitas vezes, sem os recursos humanos necessários para tanto. A modalidade

característica é que essa modalidade também figura como alternativa de inovação aberta, para que o gestor possa "(...) *definir e identificar os meios e as alternativas que possam satisfazer suas necessidades*" (artigo 32, inciso II, da Lei nº 14.133/2021). Contudo, à diferença do que ocorre no concurso e na modalidade especial de licitação do Marco Legal das Startups, perceba que *a incerteza relativa à definição do objeto é reduzida no curso do próprio procedimento de diálogo*, permitindo que a Administração identifique a solução desejada e a especifique tecnicamente, instaurando a concorrência na etapa final do certame licitatório.

Quanto ao cabimento do diálogo competitivo, o artigo 32 autoriza o emprego da nova modalidade nas seguintes situações: (i) objetos que envolvam "*inovação tecnológica ou técnica*", nos quais o Poder Público não possa ter sua necessidade satisfeita sem a adaptação de soluções disponíveis no mercado e não seja possível definir as especificações técnicas com precisão suficiente; ou (ii) quando for necessário definir e identificar os meios e as alternativas que possam satisfazer as necessidades da Administração, tais como a escolha da solução técnica mais adequada, os requisitos técnicos aptos a concretizar uma solução já definida, ou a melhor estrutura jurídica ou financeira para o contrato. Note que as hipóteses (i) e (ii) são alternativas e não cumulativas, cabendo a demonstração em conjunto apenas das condições previstas no inciso I do dispositivo legal, já que os aspectos relacionados no inciso II são exemplificativos (JUSTEN FILHO, 2021, p. 459-460; FOSS; MONTEIRO, 2022, p. 254-255).

Trata-se, em síntese, de situações de incerteza em que se reconhece a insuficiência da atuação isolada da Administração para definir o objeto da futura contratação. Vale ressaltar que a menção à "*inovação tecnológica ou técnica*" (artigo 32, inciso I, alínea "a") é bastante ampla, evocando o conceito de inovação previsto no artigo 2º, inciso IV, da Lei nº 10.973/2004. Não basta, portanto, que o objeto seja caracterizado como um bem ou serviço de caráter especial – ou seja, aquele que, por sua alta heterogeneidade ou complexidade, não possa ser descrito de forma objetiva pelo edital[565] – para o cabimento do diálogo nesse caso,

---

em questão, em última instância, atribui à licitação muito mais que uma mera função de seleção do agente econômico que será contratado. Nela, a licitação assume uma função de aprendizado, de desenvolvimento e de inovação." (MARRARA, 2017, s. l.)

[565] Artigo 6º, incisos XIII e XIV, da Lei nº 14.133/2021: "Art. 6º (...) XIII – bens e serviços comuns: aqueles cujos padrões de desempenho e qualidade podem ser objetivamente definidos pelo edital, por meio de especificações usuais de mercado; XIV – bens e serviços especiais: aqueles que, por sua alta heterogeneidade ou complexidade, não podem ser descritos na forma do inciso XIII do *caput* deste artigo, exigida justificativa prévia do contratante".

sendo importante a demonstração nos autos do processo das alíneas "b" e "c" do mesmo dispositivo legal. O ônus de justificativa do contratante, portanto, é maior no diálogo competitivo em comparação ao que seria exigido para motivar a realização de uma concorrência, que é a modalidade que se destina, em regra, à contratação de bens especiais. O cabimento do diálogo competitivo exige, em caráter adicional, a demonstração das circunstâncias previstas no artigo 32 da Nova Lei de Licitações e Contratos, justificando porque o emprego da modalidade "concorrência" não seria capaz de atender de maneira satisfatória às necessidades do Poder Público neste caso.

Embora mais flexível, o diálogo competitivo não deve ser visto como uma alternativa rápida para viabilizar a contratação de tecnologia, mas como um procedimento que implica em um investimento nada trivial de tempo e de recursos humanos em um projeto que, em virtude de suas características, não se amolde bem às modalidades tradicionais de licitação. A respeito, Guilherme Reisdorfer (2022, p. 53-54) lembra que o tempo médio do diálogo competitivo varia entre 12 e 18 meses, sendo que na França foi registrado um período maior, com cerca de quatro a 12 meses apenas para a etapa de diálogo, com duração de até 28 meses para a conclusão do certame. A morosidade do diálogo, segundo o levantamento realizado por Buccino *et al.* (2020) entre 2010 e 2017, é um dos fatores que explica o seu uso limitado no contexto europeu, relativamente concentrado na França e no Reino Unido,[566] em relação a outras modalidades de contratação pública previstas em âmbito comunitário.

Quanto ao planejamento, vale ressaltar que o "(...) *o diálogo competitivo não constitui uma forma de delegação ou renúncia do planejamento contratual, muito menos uma solução suficiente, abrangente ou definitiva para a ampla e complexa problemática em torno do planejamento dos contratos administrativos*" (REISDORFER, 2022, p. 21-22). Justamente pelo seu caráter excepcional, é possível inferir que a etapa de planejamento prévio deve ser mais cautelosa no diálogo competitivo do que em outras modalidades de licitação, como o pregão e a concorrência, em virtude do seu cabimento mais restrito. Contudo, a disponibilidade de pessoal capacitado e em quantidade suficiente para conduzir um

---

[566] *"The use of competitive dialogue is at a steady but very low level compared to other procurement procedures. United Kingdom and France are the European member states applying competitive dialogue most frequently with among others the Netherlands as a frequent user. Countries like Denmark uses competitive dialogue quite seldom."* (HAUGBØLLE; PIHL; GOTTLIEB, 2015, p. 561)

procedimento novo, complexo e bastante distante do quotidiano dos gestores certamente constitui um entrave de relevo para o seu emprego pelo setor público brasileiro.[567]

Outra crítica, seguindo uma tendência verificada no Reino Unido, diz respeito à relativa concentração de empresas de grande porte entre os participantes do diálogo,[568] haja vista que os custos inerentes à participação no procedimento podem servir como desincentivo aos fornecedores. A intensa interação público-privada na fase de diálogo também suscita uma preocupação importante com a corrupção e o risco de captura da Administração pelos fornecedores, motivo pelo qual se justificam as preocupações com a transparência e a garantia de tratamento isonômico entre os licitantes.

No que diz respeito especificamente às contratações públicas para inovação, é importante ressaltar que o diálogo competitivo não é adequado para a contratação de serviços de P&D nem ao *desenvolvimento* de produtos, serviços e processos em estágios iniciais de maturidade, de TRL baixo, onde o risco tecnológico é mais elevado. Não obstante a previsão de um procedimento bastante flexível, o modelo de regulação adotado pelo artigo 32 da Lei nº 14.133/2021 não dispõe dos mesmos incentivos que a encomenda tecnológica possui, por exemplo, para lidar com a possibilidade de insucesso decorrente da incerteza científica,[569] como se discutiu no item 5.3. Embora o potencial do diálogo competitivo para o desenvolvimento de inovações seja limitado, a modalidade parece relevante para viabilizar a *difusão* e a *adoção* de produtos, serviços e processos inovadores já introduzidos no mercado. Situa-se, portanto,

---

[567] O Banco Mundial editou publicações sobre a condução de diálogos competitivos segundo as suas regras próprias de contratação, como a disponível em: https://thedocs.worldbank.org/en/doc/412401507743078456-0290022017/original/CompetitiveDialogueGuidance2017.pdf. Acesso em: 01 abr. 2024.

[568] "(...) ainda no Reino Unido, constatou-se a tendência de os diálogos competitivos serem concentrados em grandes empresas, capazes de suportar os maiores riscos e custos envolvidos nesse tipo de licitação. Ou seja: em última análise, o diálogo constituiria um tipo de processo licitatório com perfil tendencialmente mais restritivo." (REISDORFER, 2022, p. 56)

[569] "Nesse campo de políticas públicas de inovação pelo lado da demanda, o diálogo competitivo parece se enquadrar entre as espécies de compras públicas para inovação destinadas a introduzir ou difundir inovações – tanto do tipo incremental quanto radical – em estágio mais avançado de maturidade (protótipo ou produto, processo ou serviço próximo à introdução mercado) para resolver problemas da administração pública. Não se trata, portanto, de um instrumento adequado para financiar a P&D de soluções e projetos em estágios iniciais de desenvolvimento, mas, sim, para viabilizar a compra e o potencial difusão de inovações com aptidão para chegar ao mercado." (FOSS; MONTEIRO, 2022, p. 258-259)

no campo do PPI, e não nas PCP. Esse uso é consistente com o uso do procedimento na Europa, com destaque principalmente para as áreas de infraestrutura, transporte e tecnologia da informação, como reconhece a própria Diretiva 2014/24/eu,[570] especialmente em parcerias público-privadas.[571]

Maria Carolina Foss e Vitor Monteiro (2022, p. 263-264) chamam a atenção para o fato de que, em processos iniciados sob a modalidade diálogo competitivo, a Administração perceba no curso do procedimento que há risco tecnológico – o que tornaria possível o emprego da encomenda tecnológica – ou, em outro extremo, que a solução mais adequada para resolver o problema não é inovadora e poderia, por isso, ser contratada mediante pregão. Caso se deflagre um diálogo competitivo e se perceba, no curso do procedimento, que existe risco tecnológico, a Administração poderia eventualmente aproveitar parte dos elementos de instrução para realizar a contratação direta da encomenda, com fundamento no artigo 20 da Lei de Inovação e no artigo 75, inciso V, da Nova Lei de Licitações e Contratos. Essas mudanças de rota precisam ser vistas com maior naturalidade no ordenamento jurídico brasileiro, especialmente nas situações em que a escolha do procedimento encontra algum grau de fungibilidade.

Mesmo com uso bastante restrito no que se refere à inovação, a introdução do diálogo competitivo na legislação brasileira é positiva, pois relativiza a premissa de definição prévia do objeto da contratação e introduz um procedimento negociado em seu lugar, regrando o vasto espaço que existe entre uma licitação, de um lado, e o rol cada vez mais extenso de hipóteses de contratação direta, de outro. O diálogo amplia as opções de procedimento disponíveis para o gestor público e alia a maior flexibilidade procedimental a um grau mais intenso de negociação com fornecedores pré-selecionados, indo ao encontro das melhores práticas recomendadas pela literatura (CABRAL *et al.*, 2006; EDLER;

---

[570] Considerando nº 42 da Diretiva 2014/24/UE: "(...) o recurso ao diálogo concorrencial aumentou significativamente, em termos de valores dos contratos, nos últimos anos. Revelou-se útil nos casos em que as autoridades adjudicantes não conseguem definir as formas de satisfazer as suas necessidades ou avaliar o que o mercado pode oferecer em termos de soluções técnicas, financeiras ou jurídicas. Tal pode, nomeadamente, verificar-se quando se trata de projetos inovadores, da execução de projetos de infraestruturas de transportes integrados em larga escala, de grandes redes informáticas ou de projetos que obriguem a financiamentos complexos e estruturados".

[571] Confira-se, a respeito, a publicação do European PPP Expertise Centre indicando o diálogo competitivo como a principal modalidade usada na União Europeia para licitar projetos de PPP. Disponível em: https://www.eib.org/attachments/epec/epec_procurement_ppp_competitive_dialogue_en.pdf. Acesso em: 01 abr. 2024.

GEORGHIOU, 2007; EDQUIST; ZABALA-ITURRIAGAGOITIA, 2012; EDQUIST *et al.*, 2015). Ainda é cedo para saber como será a aplicação dessa nova modalidade no país, mas as características do procedimento e as evidências disponíveis até o momento convergem para a leitura de que o diálogo competitivo terá uma contribuição bastante modesta para as contratações públicas para inovação no contexto brasileiro.

6.3 Concursos de inovação

A história é rica em exemplos em que concursos foram usados para estimular o desenvolvimento de produtos, serviços e processos inovadores. Esse foi o caso, por exemplo, do *Longitude Prize*, concedido pelo governo britânico no século XVIII a quem conseguisse determinar a posição de uma embarcação em alto-mar, ou do *Orteig Prize*, que premiou em 1927 o primeiro voo sem escalas entre Nova Iorque e Paris (KAY, 2011, p. 8; HAMEDUDDIN; FERNANDEZ; DEMIRCIOGLU, 2020, p. 112). O advento da internet renovou o interesse pelo emprego de concursos no setor privado, como ilustram o *Netflix Prize*,[572] que buscou aprimorar o algoritmo para recomendação de filmes e outros conteúdos oferecidos em sua plataforma, e o *Ansari X Prize*,[573] que ofereceu US$10 milhões à primeira organização privada capaz de construir e lançar uma espaçonave que pudesse entrar em órbita ao menos duas vezes no período de duas semanas (DESOUZA, 2012, p. 9-10; LIOTARD; REVEST, 2018, p. 62).

O ressurgimento dos concursos de inovação na iniciativa privada incentivou a sua adoção pelo governo federal dos EUA. Em 2005 e 2006, diversas leis foram aprovadas permitindo a realização de concursos pela *National Science Foundation*, pela NASA e pela Secretaria de Energia,[574] com prêmios significativos para estimular a pesquisa aplicada e a criação de protótipos. Posteriormente, em 2010, o governo Obama publicou a *"Guidance on the Use of Challenges and Prizes to Promote Open Government"*[575] e lançou o *Challenge.gov*[576] para concentrar o lançamento

---

[572] Disponível em: https://web.archive.org/web/20200510213032/https://www.netflixprize.com/assets/rules.pdf. Acesso em: 02 abr. 2024.

[573] Disponível em: https://www.xprize.org/prizes/ansari. Acesso em: 02 abr. 2024.

[574] NASA Authorization Act (2005), Medical Innovation Fund Prize Act (2005) e Energy Policy Act (2006).

[575] Disponível em: https://digital.gov/resources/guidance-on-the-use-of-challenges-and-prizes-to-promote-open-government/. Acesso em: 02 abr. 2024.

[576] Disponível em: https://www.challenge.gov/. Acesso em: 02 abr. 2024.

de desafios sociais, científicos e tecnológicos por órgãos e entidades federais em uma única plataforma (MERGEL; DESOUZA, 2013, p. 883). O modelo norte-americano foi posteriormente replicado pelo *Challenge Works*, ligado à NESTA,[577] no Reino Unido, e pelo *Horizon Prizes*,[578] na União Europeia, o que demonstra o interesse crescente pelos concursos nos últimos anos.

Os concursos de inovação estão diretamente ligados à inovação aberta, pois empregam "(...) *technology to solicit input from a large number of distributed people to solve problems that an organization cannot solve on its own*" (MERGEL *et al.*, 2014, p. 2073). Mergel e Desouza (2013, p. 883-884), todavia, lembram que a incorporação de ideias externas à organização – uma das premissas da inovação aberta[579] – é bastante dificultada no setor público, porque, frequentemente, a definição dos problemas e dos desafios a serem enfrentados é feita em um cenário de informação incompleta e assimétrica. Há também desafios no plano organizacional, como a "NIH", ou "*not invented here syndrome*", que reforça o paradigma de inovação fechada na Administração (MERGEL, 2018, p. 742).

O sistema de premiação possui importância central entre os incentivos para a participação dos competidores e, por isso, constitui tópico essencial para a organização de concursos de inovação no setor público. Aqui, é importante diferenciar os "*recognition prizes*", que são concedidos posteriormente para reconhecer esforços de pesquisa realizados ao longo de dado período (como, p.e., no prêmio Nobel), dos "*inducement prizes*", definidos *ex ante* justamente para estimular a solução do desafio veiculado no edital, direcionando esforços para problemas que o mercado, por si só, não gera incentivos suficientes para resolver.[580]

Geralmente os concursos assumem o segundo formato.[581] E, como tal, a opção pelos "*inducement prizes*" faz com que os concursos sejam simultaneamente instrumentos de inovação do lado da demanda

---

[577] Disponível em: https://challengeworks.org/. Acesso em: 02 abr. 2024.

[578] Disponível em: https://eic.ec.europa.eu/eic-prizes_en. Acesso em: 02 abr. 2024.

[579] "*Open innovation encourages organizations to search for solutions outside their organizational boundaries to address core management problems.*" (MERGEL; DESOUZA, 2013, p. 882)

[580] "*Prizes must be constructed either to address market failures within under-financed but critical aspects of relevant sectors or to motivate the world's brightest minds to work harder, faster, or in entirely new ways.*" (MORGAN, 2008, p. 110-111)

[581] "*Innovation prizes are typically organized as competitions in which participants are asked to solve prespecified technological challenges or meet targets before a deadline.*" (KAY, 2011, p. 10)

(*"demand-side innovation policy"*) e orientados à missão (*"mission-oriented"*),[582] agregando esforços para solucionar o desafio previsto no edital (MORGAN, 2008, p. 107-108; LIOTARD; REVEST, 2018, p. 59 e 66). Uma diferença fundamental dos concursos de inovação em relação a outros instrumentos do lado da demanda, como as compras pré-comerciais, diz respeito ao fato de que "(...) *contests mechanisms reward the result, and not the research conducted before obtaining it*" (LIOTARD; REVEST, 2018, p. 66). Diferentemente do que ocorre nas encomendas tecnológicas, onde o risco é partilhado e pode ser assumido integralmente pela Administração, o concurso pressupõe a obtenção do resultado e só premia os vencedores,[583] alocando o risco tecnológico totalmente nos participantes (RAUEN, 2022, p. 462).

Na economia, os concursos de inovação têm sido objeto de um extenso debate teórico que compara as vantagens e as desvantagens de prêmios (*"prizes"*) e direitos de propriedade intelectual (*"patents"*) como mecanismos de estímulo à inovação. Contudo, os modelos teóricos abordados pela literatura diferem bastante dos concursos que vêm sendo realizados no setor público, que geralmente são organizados sob a forma de *"inducement prizes"*.[584] Esse descompasso entre a teoria e a prática esvazia a discussão sobre qual dos instrumentos é o mais eficiente e reforça o argumento que defende a complementaridade[585] entre concursos de inovação e o sistema de proteção à propriedade intelectual (WILLIAMS, 2012; BRENNAN; MACAULEY; WHITEFOOT, 2012; RAUEN, 2022).

---

[582] "Em uma visão mais mecanicista da política pública, CIs [concursos de inovação] são intervenções públicas que procuram resolver falhas de mercado associadas à ausência de interesse privado autônomo no desenvolvimento e/ou na introdução de soluções inovadoras para satisfazer demandas socialmente relevantes. Em abordagem mais crítica, os CIs são estratégias de inovação orientadas à missão, que mobilizam a sociedade em torno da busca da solução por problema comum." (RAUEN, 2022, p. 439)

[583] "*If an agency uses a vendor or provides a grant to a third party, the agency is obligated to pay for all results; however, if the agency uses a prize, it pays only for the winning entry.*" (TONG; LAKHANI, 2012, p. 4)

[584] "*Prizes in theory are offered after invention as compensation to inventors, who must place their inventions in the public domain. Prizes in practice are competitions in which the amount of the prize is set before any investments are made and inventors compete to be the first or best to implement a particular goal.*" Ainda: "(...) *the economics literature focuses on a very different kind of 'prize' – an economic model of compensation for inventors after their inventions are placed in the public domain.*" (BURSTEIN; MURRAY, 2016, p. 402 e 405, respectivamente)

[585] "*Rather than being focused on the idea of replacing the patent system with a system of innovation prizes, current policy discussions are essentially exclusive in their focus on the question of how to most effectively use innovation inducement prizes as a supplement to existing institutions like the patent system.*" (WILLIAMS, 2012, p. 6)

Sob o ponto de vista microeconômico, haveria um *trade-off* na fixação do valor ótimo do prêmio[586] em que cada participante avalia se os custos da sua solução são cobertos pelo montante definido pelo edital para decidir se irá participar, considerando o risco de não receber montante algum, caso não seja selecionado. Vale lembrar que o prêmio ou a remuneração do concurso é decidido *ex ante* e, por isso, não depende de uma avaliação específica dos custos de cada solução. Como não é possível realizar pesquisa de preços – pois não há como saber, de antemão, qual projeto irá prevalecer – a Administração estipula livremente o valor, o que permite uma acomodação mais simples do concurso à lógica orçamentária. Sob essa ótica, o prêmio corresponde no todo ou em parte aos recursos financeiros disponibilizados no orçamento do órgão ou da entidade para aquela ação.

Frequentemente os investimentos globais em PD&I realizados pelos participantes do concurso podem vir a superar o valor do prêmio atribuído ao vencedor, gerando externalidades positivas e incentivando investimentos futuros em inovações correlatas ao desafio originalmente proposto.[587] Por exemplo, os participantes do *Ansari X Prize* investiram coletivamente mais de 100 milhões de dólares, o que supera – e muito – o prêmio de US$ 10 milhões outorgado pelos organizadores (DESOUZA, 2012, p. 10; LIOTARD; REVEST, 2018, p. 62). Na mesma linha, o concurso *Apps for Democracy* gerou 47 aplicativos no valor de 2,3 milhões de dólares a partir de um prêmio de apenas US$ 50 mil conferido pela cidade de Washington aos vencedores (JOHNSON; ROBINSON, 2014, p. 351).

Vale ressaltar que os prêmios não monetários, assim como ressaltado para *pitches, hackathons* e *demo days*, também são um incentivo importante para a participação em concursos de inovação. A visibilidade dada ao vencedor funciona como vitrine que desperta o interesse do mercado na solução escolhida.[588] Esse foi o caso, por exemplo, do *FTC Robocall Challenge*, um concurso promovido pela *Federal Trade*

---

[586] *"If the size of the prize is set too low, it may fail to spur research. If the size of the prize is set too high, sponsors may overpay relative to what was needed in order to spur the development of the technology."* (WILLIAMS, 2012, p. 9)

[587] *"Prizes imply more uncertainty in terms of program outputs and outcomes than traditional instruments, yet their expected payoffs are likely to be higher when they are properly designed and implemented. In general, though competitions may involve the potential duplication of R&D efforts, they can also lead to new approaches and fresh ideas, and bring new individuals and organizations to engage with science and technology innovation."* (KAY, 2001, p. 27)

[588] *"Winning teams in prize competitions are often magnets for private sector interest"* (TONG; LAKHANI, 2012, p. 4)

Commission que ofereceu um prêmio de 50.000 mil dólares para a melhor solução de bloqueio a telefonemas realizados automaticamente por máquinas e robôs nos EUA.[589] Além do pagamento do prêmio, a FTC expressamente ressaltou que "(...) *the winner will also receive opportunities for promotion, exposure, and recognition by the FTC*" (LIOTARD; REVEST, 2018, p. 62), com inegável valor publicitário. É também por isso que se deve divulgar amplamente o concurso, dando publicidade dos desafios e favorecendo o *matchmaking* com o público-alvo.

A tabela a seguir resume os principais aspectos práticos na organização de concursos de inovação a partir da experiência americana, oferecendo diretrizes e boas práticas que podem ser úteis à estruturação de procedimentos semelhantes em outras jurisdições. Vale ressaltar que as recomendações listadas abaixo não se aplicam exclusivamente aos concursos, mas também são relevantes para *pitches*, *hackathons*, *demo days* e, também, para a modalidade especial de licitação do Marco Legal das *Startups*. A oferta de guias, *toolkits* e outros materiais de apoio[590] e a formação de comunidades de prática minimizam bastante a insegurança jurídica e geram incentivos favoráveis ao emprego desses instrumentos jurídicos.

---

[589] As regras do concurso da FTC estão disponíveis em: https://www.ftc.gov/news-events/contests/robocalls-humanity-strikes-back/rules. Acesso em: 02 abr. 2024.

[590] Disponível em: https://www.challenge.gov/toolkit/resources/. Acesso em: 02 abr. 2024.

Tabela 31 – Principais recomendações e melhores práticas sobre a modelagem de concursos de inovação conforme a experiência dos EUA na plataforma Challenge.gov

(continua)

		Observações, recomendações e melhores práticas
Antes do concurso: desenhando o procedimento	**Participantes**	• Definição do público-alvo (academia, empresas, terceiro setor, outros entes públicos) e da projeção esperada para o concurso (participantes locais, nacionais ou internacionais) afeta os critérios de participação e elegibilidade. • Definir se há um número mínimo de participantes para que o concurso seja válido. • Concursos com maior número de participantes são mais competitivos e oferecem maior concorrência nas soluções avaliadas. Por isso, pode ser necessário realizar campanhas de divulgação e publicidade, para que o concurso obtenha a participação esperada.
	Objetivos e grau de definição do problema	• Objetivos: obter novas ideias, construir protótipos, lançar pilotos, chamar a atenção para causas de relevo (*"awareness challenges"*), estimular o desenvolvimento de novos produtos, serviços e processos no mercado. • Para a correta definição do problema e do desafio que o acompanha, pode ser necessário consultar fornecedores e especialistas, públicos e privados. A constituição de um grupo de trabalho, o lançamento de consultas de mercado (*"requests for information"*) ou mesmo a realização de reuniões abertas, como audiências públicas, podem ser alternativas para reduzir assimetrias de informação nessa etapa. • A existência de fóruns de gestores e de comunidades de práticas voltadas à realização de concursos de inovação pode contribuir para a melhor definição dos problemas e desafios, além de propiciar o *matchmaking* entre órgãos e entes públicos que tenham necessidades semelhantes e possam realizar concursos conjuntamente, em parceria.
	Regras e procedimento	• Concurso em fase única ou dividido em etapas (*"single or multi round competition"*). • Duração prevista para a conclusão do procedimento (anos, meses, semanas). • Possibilidade de participação e regras para a constituição de consórcios, inclusive mediante normas para favorecer a formação de *"non-conventional teams"* com tipos diferentes de parceiros. • As regras do concurso devem ser simples, claras e transparentes, a fim de estimular a participação dos interessados.
	Sistema de premiação	• Prêmios monetários, não monetários ou combinação de ambos. • Financiamento do prêmio por um órgão ou entidade pública ou em associação com empresas, terceiro setor e/ou outros entes públicos. • Outorga dos prêmios apenas ao final do concurso ou previsão de prêmios intermediários, conferidos ao longo do procedimento. • Definição do valor do prêmio deve ser partilhada com a sociedade, para minimizar o risco de estabelecimento de valores irreais, muito elevados ou insuficientes para estimular o desenvolvimento da tecnologia buscada.
	Propriedade intelectual	• Definição dos direitos de propriedade intelectual sobre a solução – se haverá ou não cessão ao organizador, colocação da tecnologia em domínio público ou licenciamento (gratuito ou oneroso, exclusivo ou não exclusivo). • Em geral, permitir que os participantes mantenham a propriedade intelectual da solução funciona como incentivo adicional à participação de empresas no concurso.
	Critérios de seleção do vencedor	• Comitê de especialistas formados, preferencialmente, por representantes dos setores público e privado, internos e externos à organização. O emprego de avaliadores externos e independentes é recomendado e aumenta aspectos reputacionais da seleção. • Definir os critérios para avaliação das propostas e para a seleção do vencedor à luz do objeto do concurso e dos objetivos que a sua realização pretendeu estimular. • Decidir se o prêmio só pode ser outorgado mediante o atendimento cumulativo de critérios obrigatórios ou se será possível a premiação da solução com melhor desempenho relativo, que atenda de forma proporcional a fatores (tempo, custo de implantação, custos de manutenção, preço para o consumidor final, replicabilidade, potencial para difusão e comercialização no mercado).

(conclusão)

		Observações, recomendações e melhores práticas
Durante o concurso	**Funcionamento e operação**	• Decidir se o concurso de inovação será conduzido pela própria entidade pública ou se o procedimento será realizado em parceria com entidade do terceiro setor ou outro órgão ou ente público. • Verificar a necessidade de adaptação das regras do procedimento durante o concurso, garantidas a transparência e a isonomia de tratamento a todos os participantes. • É importante o monitoramento e a avaliação do concurso em caráter continuado. O contato com os participantes pode ser feito mediante a criação de canais próprios para receber *feedbacks*, tais como reuniões públicas periódicas, formulários *online* de avaliação ou comunicação direta com a equipe de organização pela plataforma.
Após o concurso	**Avaliação**	• Definir como será feita a avaliação do concurso realizado, com critérios que reflitam a tecnologia buscada (funcionamento da tecnologia, efetiva comercialização, formação de empresas para participar do concurso ou em decorrência do procedimento etc.) • Estimular o aproveitamento e a difusão das lições aprendidas no concurso em outros procedimentos, mediante a publicação de relatórios de avaliação e a discussão das experiências positivas e negativas em fóruns de gestores e comunidades de prática.

Fonte: Adaptado de Fassio *et al.* (2022, p. 70) e elaborado originalmente a partir de Liotard e Revest (2018, p. 61); expandido com informações de Kay (2011), Desousa (2012), Tong e Lakhani (2012), Mergel e Desouza (2013).

No Brasil, o concurso é uma modalidade de licitação voltada à escolha de trabalho técnico, científico ou artístico, mediante a instituição de prêmios ou remuneração aos vencedores (artigo 6º, inciso XXXIX,[591] e artigo 30[592] da Lei nº 14.133/2021). O concurso certamente não foi pensado para contratar inovação – na praxe administrativa, essa modalidade é geralmente empregada para a contratação de projetos de engenharia e arquitetura, os quais embasam uma licitação futura para a execução da obra.[593] Entretanto, a releitura dessa modalidade pode

---

[591] Artigo 6º, inciso XXXIX, da Lei nº 14.133/2021: "XXXIX – concurso: modalidade de licitação para escolha de trabalho técnico, científico ou artístico, cujo critério de julgamento será o de melhor técnica ou conteúdo artístico, e para concessão de prêmio ou remuneração ao vencedor".

[592] Artigo 30 da Lei nº 14.133/2021. "Art. 30. O concurso observará as regras e condições previstas em edital, que indicará:
I – a qualificação exigida dos participantes;
II – as diretrizes e formas de apresentação do trabalho;
III – as condições de realização e o prêmio ou remuneração a ser concedida ao vencedor.
Parágrafo único. Nos concursos destinados à elaboração de projeto, o vencedor deverá ceder à Administração Pública, nos termos do art. 93 desta Lei, todos os direitos patrimoniais relativos ao projeto e autorizar sua execução conforme juízo de conveniência e oportunidade das autoridades competentes".

[593] Contrata-se o melhor projeto, sob o ponto de vista técnico, e licita-se a sua realização pelo menor preço. Essa é a lógica por trás da Lei de Licitações, que buscou privilegiar os tipos "melhor técnica" e "técnica e preço" na contratação de projetos, deixando que a execução da obra ou do serviço de engenharia seja realizada pelo menor valor possível.

ser uma alternativa útil para a inovação aberta, premiando soluções inovadoras que contribuam com a resolução de problemas concretos. O uso do concurso para incentivar a inovação ganhou força com a nova regra prevista no artigo 93, §2º da Lei nº 14.133/2021, a qual passou a permitir que os direitos patrimoniais relativos às soluções apresentadas possam ser objeto de livre negociação com os participantes. Antigamente, o artigo 111 da Lei nº 8.666/1993 era taxativo ao exigir que o autor cedesse à Administração os direitos patrimoniais relativos à solução desenvolvida, incluindo todos os dados, documentos e elementos de informação pertinentes à tecnologia.[594] Como já se disse acima, a obrigatoriedade de cessão era um ponto negativo, pois desestimulava a participação de empresas que pretendessem manter a propriedade intelectual sobre suas soluções (RAUEN, 2022, p. 431-432). Essa ainda é a regra geral, mas agora o §2º do artigo 93 flexibiliza essa exigência quando o objeto da contratação envolver atividades de pesquisa e desenvolvimento de caráter científico, tecnológico ou de inovação,[595] permitindo que a propriedade intelectual funcione como incentivo adicional ao contratado nesses casos.[596]

Com a possibilidade de negociação dos direitos de propriedade intelectual sobre as soluções desenvolvidas, a modelagem de concursos de inovação pode abranger um espectro de opções que variam desde (i) a cessão da titularidade da tecnologia resultante ao organizador do concurso, para que este a coloque em domínio público (*"patent*

---

[594] Art. 111 da Lei nº 8.666/1993: "Art. 111. A Administração só poderá contratar, pagar, premiar ou receber projeto ou serviço técnico especializado desde que o autor ceda os direitos patrimoniais a ele relativos e a Administração possa utilizá-lo de acordo com o previsto no regulamento de concurso ou no ajuste para sua elaboração. Parágrafo único. Quando o projeto referir-se a obra imaterial de caráter tecnológico, insuscetível de privilégio, a cessão dos direitos incluirá o fornecimento de todos os dados, documentos e elementos de informação pertinentes à tecnologia de concepção, desenvolvimento, fixação em suporte físico de qualquer natureza e aplicação da obra".

[595] Artigo 93, §2º, da Lei nº 14.133/2021: "§2º É facultado à Administração Pública deixar de exigir a cessão de direitos a que se refere o caput deste artigo quando o objeto da contratação envolver atividade de pesquisa e desenvolvimento de caráter científico, tecnológico ou de inovação, considerados os princípios e mecanismos instituídos pela Lei nº 10.973, de 2 de dezembro de 2004".

[596] "A Lei 10.973/2004 dispõe sobre incentivos à inovação e ao desenvolvimento. Existe uma pluralidade de mecanismos jurídicos para o fomento a tais atividades. Em alguns casos, pode-se configurar situação em que o atingimento dos fins buscados conduz a solução distinta daquela prevista no art. 93. Cabe à Administração evidenciar que a disciplina especial da Lei 10.973/2004 acarreta a inaplicabilidade da disposição legal geral contemplada no referido art. 93." (JUSTEN FILHO, 2021, p. 1246)

buyout");[597] (ii) o reconhecimento da titularidade do inventor, que atribui ao organizador licenças exclusivas ou não exclusivas, gratuitas ou onerosas, para autorizar o emprego da tecnologia; ou, por fim, (iii) a manutenção da integralidade dos direitos de propriedade intelectual aos próprios inventores, sem a estipulação prévia de qualquer licença (WILLIAMS, 2012). Essa última opção é a que prevalece na experiência americana pois favorece, no geral, a participação de maior número de interessados. Cabe, contudo, o sopesamento das alternativas e a apresentação de justificativa para embasar a melhor alocação dos direitos de propriedade intelectual em cada caso concreto.

O concurso aproxima-se do *"functional procurement"*, pois a Administração pode limitar-se a descrever a solução técnica, científica ou artística que procura, com foco nas funcionalidades esperadas, sem a necessidade de definir previamente todas as suas especificações técnicas (CABRAL *et al.*, 2006, p. 516; EDQUIST *et al.*, 2015, p. 13). Havendo múltiplas alternativas para obter um mesmo resultado, o concurso pode ser o meio para identificar a mais adequada. Segundo Rauen (2022, p. 463), o concurso é especialmente relevante para (i) resolver um problema explorando rotas tecnológicas completamente distintas, promovendo achados inesperados (*"serendipity"*); (ii) gerar mobilização social em torno de um desafio; (iii) endereçar casos em que a Administração não deseja assumir o risco tecnológico, alocando-o aos agentes privados; (iv) identificar uma solução inovadora sem a pretensão de adquiri-la em escala, ao menos no curto prazo; e (v) promover ampla participação, com menor grau de restrições ou sem pré-seleção dos concorrentes.

O emprego de concursos de inovação ainda é muito incipiente no Brasil, embora já conte com alguns casos concretos no setor público. Esse foi o caso, por exemplo, do PitchSampa,[598] com desafios relacionados à melhoria do atendimento ao cidadão, e a "Radartona MOBILIZA+SP",[599] para premiar soluções inovadoras de mobilidade urbana e segurança viária desenvolvidas a partir de dados públicos gerados pelos equipamentos de fiscalização eletrônica no Município de São Paulo, como narrado por Daniela Swiatek (2019). Como mencionado no

---

[597] *"Patent buyouts also would be difficult to implement because the government is unlikely to have adequate information to come up with appropriate compensation that would stimulate optimal investment."* (BRENNAN; MACAULEY; WHITEFOOT, 2012, p. 27)

[598] Disponível em: https://www.prefeitura.sp.gov.br/cidade/secretarias/upload/Pitch%20Sampa-%20Edital.pdf. Acesso em: 02 abr. 2024.

[599] Disponível em: https://www.prefeitura.sp.gov.br/cidade/secretarias/mobilidade/noticias/?p=287505. Acesso em: 02 abr. 2024.

item 6.1.1, muitos *pitches* e *hackathons* são implicitamente estruturados como concursos ao prever uma sistemática de premiação monetária combinada à validação das soluções testadas. Mas a modalidade ainda é pouco usada no Brasil, com apenas 79 casos divulgados no Painel de Compras do governo federal entre 2019 e 2023.[600]

O procedimento do concurso tem início com a publicação de um edital, com pelo menos 35 dias úteis de antecedência, indicando a qualificação exigida dos participantes, as diretrizes e formas para apresentação do trabalho, as condições de realização e o prêmio ou remuneração a ser concedido ao vencedor (artigos 30 e 55, inciso IV, da Lei nº 14.133/2021). A legislação confere uma margem de liberdade bastante ampla ao edital, que pode estabelecer o procedimento à luz das características de cada caso concreto. De todo modo, é essencial que o certame seja divulgado ao público-alvo apropriado, em conformidade com o grau de complexidade do desafio e a maturidade da solução inovadora buscada.

Sob a perspectiva dos participantes, o edital pode catalisar o processo colaborativo ao exigir equipes heterogêneas, formadas por representantes de setores distintos, como a academia e o setor produtivo, estimulando até mesmo a criação de empresas que sobrevivem ao concurso (KAY, 2011, p. 27-28; MORGAN, 2008, p. 112). Edmir Netto de Araújo (2010, p. 602) ressalta que o concurso pode ter mais de um vencedor, o que pode ser feito mediante categorias de premiação, como nos concursos da Prefeitura de São Paulo,[601] ou mesmo por meio da previsão de etapas, com prêmios parciais, para viabilizar a realização de testes ou provas de conceito com as soluções mais bem classificadas em cada fase.

Os trabalhos serão avaliados pelo critério de *"melhor técnica ou conteúdo artístico"* (artigo 35 da Lei nº 14.133/2021), adotado quando o objeto possui natureza predominantemente intelectual. Vale ressaltar que a avaliação de critérios técnicos envolve um grau maior de abertura em relação ao julgamento realizado exclusivamente por preço. Por isso, a previsão de critérios objetivos de pontuação, avaliados de forma colegiada, impessoal e independente, é uma medida importante para

---

[600] Disponível em: http://paineldecompras.economia.gov.br/processos-compra. Acesso em: 02 abr. 2023.

[601] No "Concurso de Projetos MOBILIZA+SP: Dados de Radares", a Prefeitura de São Paulo promoveu desafios distintos votados a PMEs (microempreendedores individuais, microempresas ou empresas de pequeno porte) e a pessoas físicas, individualmente ou em equipes de 2 a 5 participantes.

objetivar esse processo de escolha, evitando o fenômeno conhecido na literatura como *"beauty contests"*, que abre espaço para julgamentos subjetivos, comportamentos oportunistas e captura (FIUZA, 2009, p. 246).

A referência feita a *"trabalho técnico, científico ou artístico"* demonstra um componente intelectual que situa o concurso em plano oposto ao pregão, que é obrigatório para contratar bens e serviços de caráter comum. Aplicado especificamente a soluções inovadoras, o objeto do concurso pode assumir uma ampla variedade de entregáveis, como a apresentação de projeto, protótipo ou produto mínimo viável, por exemplo.

Mas a possibilidade de contratação da vencedora para atividades posteriores à realização do concurso é controvertida no direito administrativo. Por exemplo, Marçal Justen Filho (2021, p. 448) entende que o participante dessa modalidade entrega um trabalho já *"pronto e acabado"*, não cabendo ao vencedor desenvolver, após o concurso, nenhuma atividade de execução.[602] Contrapondo-se a essa posição, Adilson Abreu Dallari (2006, p. 94-95) e Jorge Ulisses Jacoby Fernandes (2012, p. 105-107) defendem a possibilidade de que o edital preveja uma fase de execução após o julgamento do concurso.[603]

Em Fassio (2022), estudando o concurso como alternativa para a estruturação jurídica de programas de inovação aberta, discuti alguns casos concretos extraídos da jurisprudência do TCU[604] em que

---

[602] "No concurso, o interessado deve apresentar (como regra) o trabalho artístico ou técnico já pronto e acabado. Não há seleção entre 'propostas para futura execução'. Os interessados apresentam o resultado de seu esforço e o submetem à análise da Administração. Por isso, não cabe ao vencedor desenvolver, após o julgamento, alguma atividade de execução." (JUSTEN FILHO, 2021, p. 448).

[603] "O concurso era anteriormente (no Decreto-Lei nº 200/67) apenas equiparado à licitação. Atualmente é uma modalidade de licitação exatamente destinada a casos em que não cabe uma comparação de preços. (...). Tais condições podem estar refletidas tanto no próprio objeto do contrato quanto num projeto que permita avaliar a qualidade do objeto a ser apresentado posteriormente. Dizendo melhor, o concurso tanto pode referir-se à realização imediata de um dado objeto quanto do esboço de algo cuja elaboração caberá ao vencedor do certame" (DALLARI, 2006, p. 94-95) E, também: "Em consonância com o exposto e, à luz do art. 13, §1º, é possível admitir que a Administração promova a escolha de um serviço técnico profissional especializado mediante concurso em que a seleção ocorreria sob essa modalidade, mas a execução poderia ser posterior. Exemplo ocorreria para a contratação de uma perícia para avaliar os riscos de vazamento em uma usina nuclear ou fiscalização de uma obra, hipóteses em que, preliminarmente, se obtém o candidato ou empresa mais apto e aparelhado para a execução do pretendido contrato" (JACOBY FERNANDES, 2012, p. 108-109).

[604] No Acórdão TCU nº 2.230/2014 (Segunda Câmara, Rel. Min. Aroldo Cedraz, sessão de 20/05/2014), o TCU reconsiderou decisão anterior (Acórdão TCU nº 3.361/2011, Segunda

se admitiu a contratação do vencedor para a execução de atividades posteriores ao seu julgamento, tal como previsto nos editais do concurso do Mobilab+.[605] Isso também é comum em concursos no setor cultural, envolvendo a produção de filmes e peças de teatro, realização de cursos e oficinas, desenvolvimento de games e publicação de obras de ficção, em que se selecionam os melhores projetos, e o pagamento do prêmio fica condicionado à execução posterior da atividade.[606] Em síntese, caso se pretenda incluir uma etapa de contratação no concurso, é importante que o edital deixe claro que a celebração de contrato para o desenvolvimento da solução vencedora constitui uma etapa subsequente do mesmo procedimento, condicionando o pagamento integral ou parcial do prêmio à execução da atividade futura, se for o caso.[607] De todo modo, vale destacar que o concurso não é propício ao fornecimento da solução vencedora em escala, o que pode tornar necessária a realização de outros procedimentos de contratação pública, em separado, para replicá-la.[608]

Por fim, é preciso reconhecer que a criação da modalidade especial de licitação do Marco Legal de *Startups* esvaziou, de certo modo, a utilidade dessa discussão sobre a inclusão explícita de uma etapa de contratação no concurso. Como o teste de soluções inovadoras é expresso no artigo 13 da Lei Complementar nº 182/2021, a formalização do CPSI confere maior segurança jurídica à realização de atividades

---

Câmara, Rel. Min. Raimundo Carneiro), para considerar regular o concurso realizado pelo Ministério da Educação para selecionar o melhor anteprojeto arquitetônico para o *campus* da UFABC, com posterior contratação do vencedor para desenvolvimento do projeto arquitetônico básico e projetos complementares, mediante o pagamento de valor pré-fixado no regulamento.

[605] Veja o edital aqui: https://drive.google.com/file/d/1H2ZlXdoGSKwqxXbqdLIM_bGaihq xwscQ/view. Acesso em: 04 abr. 2024.

[606] No Estado de São Paulo, por exemplo, isso ocorre nos editais de fomento lançados no Programa de Ação Cultural (PROAC). Disponíveis em: https://proac.sp.gov.br/editais-e-resultado-proac-editais/. Acesso em: 04 abr. 2024.

[607] "Com as vênias por dissentir da Serur, acompanho o raciocínio desenvolvido pelo Parquet, especialmente porque se trata de uma situação peculiar, onde, no mínimo, é precipitado falar-se em impossibilidade legal de se contratar a vencedora do concurso. O fato é que tal contratação já estava previamente prevista como consequência da primeira colocação no certame, podendo ser entendida, inclusive, como parte integrante da premiação." (voto do relator no Acórdão TCU nº 2.230/2014, Segunda Câmara, Rel. Min. Aroldo Cedraz, sessão de 20.05.2014).

[608] "Esses concursos são relativamente baratos e de grande impacto. Não são adequados para saciar diretamente uma demanda pública, mas sim estimular o surgimento, a introdução e a difusão inicial de soluções socialmente relevantes, que em um momento posterior (a partir de outros instrumentos de compra pública) podem ser fornecidos ao Estado." (RAUEN, 2022, p. 462).

posteriormente ao julgamento, oferecendo mais alternativas de remuneração (artigo 14, §3º), bem como a possibilidade expressa de conferir escalabilidade à solução testada por meio do contrato de fornecimento (artigo 15), com o mesmo fornecedor, como se verá a seguir. Portanto, após a introdução dessa nova modalidade no ordenamento jurídico brasileiro, parece que o campo de aplicação dos concursos de inovação no país será mais próximo ao papel do instrumento na experiência internacional: atuar como um indutor para exploração de rotas tecnológicas não convencionais, gerando mobilização social e agregando incentivos para que o setor privado desenvolva soluções inovadoras para atender demandas socialmente relevantes (RAUEN, 2022, p. 439).

6.4 Modalidade especial de licitação prevista no Marco Legal das Startups e do Empreendedorismo inovador[609]

Paulo Modesto (2021), comentando a abertura recente da gestão pública a temas ligados à digitalização e à tecnologia, faz alusão a um novo "direito administrativo da experimentação". Segundo o autor, a experimentação administrativa opera em pequena escala ao favorecer o aprendizado fático e incremental, que se manifesta frequentemente por meio de *microssistemas* normativos especiais. Para Charles Sabel e Jonathan Zeitlin (2012), o experimentalismo assume a premissa de que a estruturação de processos de aprendizado caracterizados pela provisoriedade e pelo monitoramento mútuo (*"learning by monitoring"*) é a melhor forma para lidar com a complexidade e a incerteza.[610]

---

[609] Este item atualiza e amplia a discussão sobre a modalidade especial de licitação do Marco Legal das Startups elaborada pelo autor em Fassio *et al.* (2022, p. 65-68) e no artigo "A hora e a vez das contratações de inovação", publicado no Jota em 16.07.2021 e disponível em: https://www.jota.info/coberturas-especiais/inova-e-acao/a-hora-e-a-vez-das-contrata coes-de-inovacao-16072021. Acesso em: 05 abr. 2024.

[610] *"(...) experimentalist governance is a recursive process of provisional goal-setting and revision based on learning from the comparison of alternative approaches to advancing them in different contexts. (...) Experimentalist governance in its most developed form involves a multi-level architecture, whose four elements are linked in an iterative cycle. First, broad framework goals and metrics for gauging their achievement are provisionally established by some combination of "central" and "local" units, in consultation with the relevant civil society stakeholders. (...) Second, local units are given broad discretion to pursue these goals in their own way. (...) But, third, as a condition of this autonomy, these units must report regularly on their performance and participate in a peer review in which their results are compared with those of others employing different means to the same ends. Where they are not making good progress against the agreed indicators, the local units are expected to show that they are taking appropriate corrective measures, informed by the experience of their peers. Fourth and finally, the goals, metrics, and decision-making procedures*

Na Administração, o sucesso desse modelo de governança exige a definição de objetivos provisórios, mecanismos de avaliação periódica e recíproca e a estruturação de processos controlados em resposta à tradicional aversão a riscos manifestada pelos gestores públicos.

O Marco Legal das Startups e do Empreendedorismo Inovador é um dos diplomas legais que ilustram essa abertura recente do direito administrativo a uma abordagem experimentalista. Fruto de uma consulta pública bastante ampla e abrangente,[611] a Lei Complementar nº 182/2021 buscou realizar diversas intervenções para melhorar o ambiente de negócios e contribuir para a evolução do ecossistema de *startups* no Brasil. Entre as várias medidas previstas para estimular a inovação, o diploma previu dois instrumentos importantes para a experimentação de soluções inovadoras e de novos modelos de negócio.

O primeiro é o ambiente regulatório experimental, previsto no artigo 11 do Marco Legal das Startups. Como afirmei em estudo recente, elaborado para o Tribunal de Contas da União, o *sandbox* regulatório é um instrumento de regulação para testar produtos, serviços e processos inovadores mediante o afastamento temporário de normas aplicáveis a determinado setor, com observância de condições pré-determinadas pelo regulador (FASSIO, 2023, p. 10). Com experiência destacada no setor financeiro, como no Banco Central do Brasil, na Comissão de Valores Mobiliários e na Superintendência de Seguros Privados, o *sandbox* foi previsto de forma bastante vaga pelo artigo 3º, inciso VI, da Lei nº 13.874/2019 (Lei de Liberdade Econômica), tendo sido posteriormente detalhado pelo artigo 11 da Lei Complementar nº 182/2021, que previu normas procedimentais para a operação do *sandbox* regulatório no país.

O segundo instrumento afeto a esse "direito administrativo da experimentação" consiste na criação de modalidade especial de licitação para permitir o teste remunerado de soluções inovadoras pelo Poder Público, nos termos dos artigos 12 a 15 da Lei Complementar nº 182/2021. O procedimento é estruturado em três etapas: (i) a publicação de um edital, descrevendo um problema a ser resolvido; (ii) a celebração de Contrato Público para Solução Inovadora (CPSI), que formaliza o teste remunerado; e, por fim, (iii) a celebração do contrato de fornecimento, como ilustra o seguinte fluxograma.

---

themselves are periodically revised by a widening circle of actors in response to the problems and possibilities revealed by the review process, and the cycle repeats." (SABEL; ZEITLIN, 2012, p. 3)

[611] Disponível em: https://www.gov.br/gestao/pt-br/acesso-a-informacao/participacao-so cial/audiencias-e-consultas-publicas/consultas-publicas/2019/marco-legal-de-startups-e-empreendedorismo-inovador. Acesso em: 05 abr. 2024.

Figura 11 – Procedimento da modalidade especial de licitação do Marco Legal das Startups

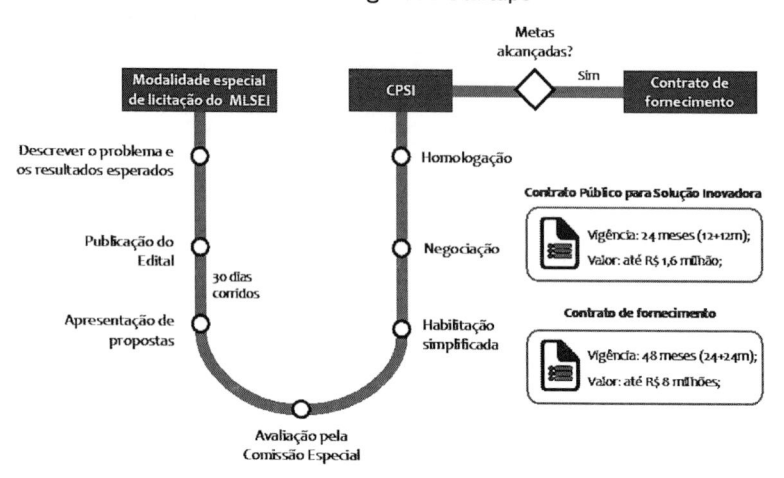

Fonte: Adaptado a partir de Fassio *et al.* (2022, p. 65).

Passo a abordar esses três momentos nos subitens a seguir, em que discuto: as características dessa modalidade especial de licitação (item 6.4.1); os limites para a celebração do CPSI e do contrato de fornecimento (item 6.4.2); a convivência entre as disposições especiais previstas na Lei Complementar nº 182/2021 e as normas gerais da Lei nº 14.133/2021 (item 6.4.3); e, por fim, as suas primeiras experiências no contexto brasileiro (item 6.4.4).

6.4.1 Uma modalidade licitatória "especial"

Claramente inspirada no procedimento prévio à encomenda tecnológica, a modalidade prevista no artigo 13 da Lei Complementar nº 182/2021 inova ao dispensar a descrição de especificações técnicas pela Administração, avaliando as soluções propostas pelos licitantes não com base em critérios de preço, mas sim em razão do seu potencial para a resolução do problema apresentado no edital.[612] As propostas

---

[612] Artigo 13, §1º da Lei Complementar nº 182/2021: "§1º A delimitação do escopo da licitação poderá restringir-se à indicação do problema a ser resolvido e dos resultados esperados pela administração pública, incluídos os desafios tecnológicos a serem superados, dispensada a

são julgadas por uma comissão especial formada por pelo menos três integrantes de reputação ilibada e reconhecido conhecimento no assunto, dos quais um será necessariamente servidor público do órgão ou entidade contratante e outro deve ser professor de instituição pública de educação superior na área relacionada ao tema da contratação.

O Marco Legal das Startups reduz barreiras à entrada no mercado público ao permitir que se dispense a exigência de garantia de execução contratual, bem como a apresentação de documentos de habilitação jurídica, técnica, econômico-financeira e regularidade fiscal, salvo no tocante à seguridade social. Note que o procedimento não é restrito a empresas enquadradas como *startups*, à luz do conceito estabelecido pelo artigo 4º da Lei Complementar nº 182/2021, pois o artigo 13 do mesmo diploma legal é claro ao permitir a contratação de *"pessoas físicas ou jurídicas, isoladamente ou em consórcio"*, abrindo espaço também para a participação de empresas em fase inicial, antes mesmo da formalização da sua abertura (MENDONÇA; PORTELA; MACIEL NETO, 2022, p. 471).

O procedimento da modalidade especial de licitação é bastante flexível e admite a combinação de várias etapas para o julgamento, inclusive apresentações sob o formato de *pitches* e a realização de *demo days*. Os desafios lançados pela Petrobras, por exemplo, são divididos nas categorias *"fast track"*, com seleção simplificada e em fase única, e *"inception"*, com duas etapas de seleção e uma etapa intermediária para detalhamento do plano de trabalho com especialistas na área de cada desafio.[613] A Lei Complementar nº 182/2021 seguiu a lógica de "inversão de fases" consagrada pelo pregão em relação ao procedimento da Lei nº 8.666/1993: a análise dos documentos de habilitação é posterior à etapa de julgamento e, portanto, será realizada apenas em relação aos proponentes selecionados.

No que diz respeito aos critérios de julgamento, é importante observar que o preço não constitui elemento central no CPSI, sendo considerado apenas de forma indireta nos incisos IV e V do §5º do artigo 13. Inicialmente, no inciso IV, a viabilidade econômica da proposta é avaliada à luz dos recursos financeiros disponíveis para a celebração dos contratos, ou seja, verifica-se se o montante necessário ao teste da solução se amolda aos limites do orçamento previsto no edital para

---

descrição de eventual solução técnica previamente mapeada e suas especificações técnicas, e caberá aos licitantes propor diferentes meios para a resolução do problema".

[613] Disponível em: https://conexoes-inovacao.petrobras.com.br/modulo-aquisicao-de-solu coes. Acesso em: 06 abr. 2024.

cada CPSI. Por sua vez, o inciso V alude à demonstração comparativa de curso e benefício da proposta em relação a *opções funcionalmente equivalentes*". Não se trata, portanto, de comparar as propostas recebidas entre si, mas de avaliar o custo e benefício da solução à luz de outras opções de mercado que apresentem funcionalidades semelhantes.

Esse ponto alude a uma das considerações mais importantes que tem se extraído da prática, ainda bastante incipiente, sobre a aplicação da Lei Complementar nº 182/2021 no Brasil: como não se sabe quais soluções podem ser apresentadas ao problema proposto antes do início do procedimento, na fase preparatória, a realização de pesquisa de mercado não será prévia à licitação, mas concomitante ao procedimento, sendo realizada pelo órgão ou entidade contratante em meio à fase de julgamento das propostas. A realização dessa pesquisa de mercado *a posteriori*, a fim de realizar a comparação exigida com *"opções funcionalmente equivalentes"*, pode tornar necessária a suspensão do procedimento para a conclusão dessa diligência, que é necessária à conclusão da etapa de julgamento.

A nova modalidade também autoriza que a Administração aceite preço superior às estimativas realizadas pelo próprio Poder Público durante a fase preparatória, desde que o benefício da proposta seja relevante em termos de inovação, redução nos prazos de execução ou maior facilidade para manutenção ou operação (§§9º e 10). Esses dispositivos legais ilustram a capacidade de adaptação da modalidade especial de licitação prevista no Marco Legal das Startups, reconhecendo que a estimativa prévia do custo de soluções inovadoras potencialmente distintas, com rotas tecnológicas independentes, seria praticamente impossível. Não obstante, devem ser respeitados os limites legais máximos para o CPSI, que prevê duração de 24 meses para o teste e o valor de R$ 1,6 milhão por contrato. Por fim, e após uma etapa de negociação com fornecedores, um ou mais licitantes podem ser selecionados para a etapa de testes, celebrando o CPSI com a Administração.

6.4.2 A jornada do CPSI ao contrato de fornecimento

O principal objetivo do CPSI é testar soluções desenvolvidas ou ainda em desenvolvimento, com ou sem risco tecnológico, capazes de solucionar um problema enfrentado pelo Poder Público.[614] A rigor,

---

[614] "(...) o objeto da contratação é um teste de uma tecnologia. Logo, faz-se necessário que sejam estabelecidos um marco e uma metodologia para que seja aferido se o experimento

a autorização legal para contratar o teste de uma solução tecnológica assemelha-se à contratação de um serviço de qualificação tecnológica (*"technology qualification"*), motivo pelo qual o Marco Legal das Startups permite a contratação simultânea de fornecedores distintos para o mesmo desafio (MENDONÇA; PORTELA; MACIEL NETO, 2022, p. 475).

Deve-se reconhecer o avanço em relação ao texto originalmente posto em consulta pública – que falava em "chamamento público" em vez de modalidade de licitação e prescrevia um "Termo de Colaboração para Teste de Inovação" (TCTI) no lugar do CPSI – e que deixou clara a opção legislativa por um regime jurídico *contratual* já na etapa de testes, diferente daquele aplicável a módulos convencionais de cooperação. O CPSI pode envolver a antecipação de pagamentos (art. 14, §7º) e permite a adoção de vários critérios de remuneração, combinando preço fixo, reembolso de custos e adicionais fixos e variáveis para dar incentivos adequados ao grau de risco tecnológico envolvido, assim como o prevê o artigo 29 do Decreto nº 9.283/2018 para a encomenda.[615]

O Marco Legal das Startups também acerta ao conferir liberdade às partes para prever, no próprio contrato, como será a titularidade dos direitos de propriedade intelectual sobre a criação e a participação nos resultados de sua exploração, caso bem-sucedida. A liberdade para negociação desse tema segue a lógica já prevista para a encomenda tecnológica no artigo 30 do Decreto nº 9.283/2018 e, mais recentemente, no artigo 93, §2º, da Lei nº 14.133/2021 para as demais modalidades de licitação. Esse ponto é um incentivo importante para estimular a participação privada também na modalidade especial de licitação da Lei Complementar nº 182/2021, pois permite que o contratado permaneça com os direitos relativos à propriedade intelectual das soluções que testar por meio do CPSI.

Caso o teste seja bem-sucedido, a Administração pode celebrar com o mesmo fornecedor um novo contrato para o fornecimento do produto, processo ou solução resultante do teste realizado (artigo 15). À diferença do CPSI, o contrato de fornecimento só pode ser celebrado com uma contratada, ou seja, aquela cuja solução tenha atendido

---

foi exitoso, isto é, se a solução efetivamente resolve o problema identificado. Nesse ponto, cumpre recordar que a remuneração devida ao contratado é uma contraprestação pelo serviço de teste (qualificação tecnológica) ou desenvolvimento e teste, não pelo êxito." (MENDONÇA; PORTELA; MACIEL NETO, 2022, p. 480)

[615] Como já se disse acima, a Lei Complementar nº 182/2021 deixa claro que os critérios de remuneração do §3º precisam ser lidos à luz do §4º, autorizando a realização de pagamentos proporcionais aos trabalhos executados apenas nas hipóteses em que houver risco tecnológico.

às demandas da Administração e tenha a melhor relação de custo e benefício nas dimensões de qualidade e preço. Vale ressaltar que o contrato de fornecimento não é uma etapa necessária, mas facultativa,[616] e que a eventual contratação subsequente "(...) *não possui os mesmos elementos dedicados à natureza do processo inovativo e à presença de risco tecnológico*" (MENDONÇA; PORTELA; MACIEL NETO, 2022, p. 472).

Assim como o CPSI, o contrato de fornecimento também possui vigência e valores máximos limitados, que podem chegar até 48 meses e R$ 8 milhões.[617] É como se houvesse uma presunção absoluta de que esses limites de prazo e valor seriam suficientes para a difusão no mercado das soluções testadas, encerrando a faceta pré-comercial do Marco Legal das Startups e marcando a linha divisória que separa o procedimento especial das licitações e contratações do regime geral. Ainda que os limites de tempo e valor restrinjam o uso do instrumento, o vetor adotado pela Lei Complementar nº 182/2021 aponta para a direção correta ao criar uma alternativa para que a solução já testada possa ser fornecida em escala, resolvendo assim um dos grandes dilemas envolvendo o teste de soluções inovadoras em *pitches* em *hackathons*,[618] tal como discutido no item 6.1.1 desta obra.

Mendonça, Portela e Maciel Neto (2022, p. 481-484) afirmam que a celebração do contrato de fornecimento seria uma hipótese específica de dispensa de licitação. Muito embora eu discorde desse entendimento – afinal, o procedimento do Marco Legal das Startups é uma modalidade especial de *licitação*, e o fornecimento em escala é uma faculdade que decorre desse mesmo procedimento – é incontroverso que o reconhecimento expresso da possibilidade de celebrar o contrato de fornecimento com o mesmo fornecedor do CPSI é bem-vinda pois evita o paradoxo de ter que realizar um novo procedimento licitatório para contratar solução já testada e validada tecnicamente pela

---

[616] "(...) mesmo que o CPSI tenha sido celebrado para solucionar um problema específico e real, não há a obrigação para a administração pública de contratar o fornecimento dos bens ou serviços. Cabe ao gestor público decidir, com base nas informações obtidas nos testes, se os resultados e os impactos das tecnologias testadas são adequados ou não para uma futura aquisição comercial." (MENDONÇA; PORTELA; MACIEL NETO, 2022, p. 468)

[617] O valor máximo do contrato de fornecimento poderá ser ultrapassado em caso de reajuste e acréscimos contratuais (art. 15, §3º, da Lei Complementar nº 182/2021).

[618] "Inserir as compras governamentais nesse contexto de testes e MVPs era bastante complexo e muitas vezes inviável antes do MLSEI. Com a instituição do CPSI, abre-se uma nova perspectiva para os gestores públicos que desejam testar inovações muitas vezes disponíveis para o setor privado, mas que demandam alterações para serem inseridas no ambiente público." (MENDONÇA; PORTELA; MACIEL NETO, 2022, p. 469)

Administração, fechando o elo, até então ausente no direito positivo, que autoriza a contratação em situações desse tipo.

6.4.3 Convivência entre as normas especiais da Lei Complementar nº 182/2021 e as normas gerais de licitações e contratos da Lei nº 14.133/2021

A tramitação da Lei Complementar nº 182/2021 paralelamente à Nova Lei de Licitações e Contratos gerou dificuldades de harmonização entre os dois textos. Por exemplo, é curioso perceber como a modalidade especial do Marco Legal das Startups ganhou abrangência mais ampla do que a nova lei geral, pois se estende à Administração Pública de todas as esferas e também às empresas estatais, regidas pela Lei nº 13.303/2016 (artigo 12, §2º). Como já se disse, o novo procedimento licitatório não é restrito à participação de *startups* e, por isso, pode abranger quaisquer pessoas físicas ou jurídicas, isoladamente ou em consórcio, capazes de contribuir com a resolução do desafio veiculado no edital. Essa opção legislativa novamente destoa daquela adotada na Nova Lei de Licitações, que não só estabeleceu um conceito próprio de *startup* e diferente daquele previsto no Marco Legal das Startups, como também autorizou que a participação no PMI fosse restrita a essa categoria (artigo 81, §4º, Lei nº 14.133/2021),[619] como dito no item 6.1.2, acima.

A Lei Complementar nº 182/2021 faz duas remissões pontuais à Lei nº 8.666/1993, que devem ser compatibilizadas com a Lei nº 14.133/2021. Esse é o caso do artigo 13, §8º, que se refere ao rol de documentos de habilitação, e do artigo 15, §3º, que remete ao limite de 25% para acréscimos unilaterais (artigos 27, incisos I a IV, e 65, §1º, Lei nº 8.666/1993). Com a revogação da Lei nº 8.666/1993,[620] esses

---

[619] Artigo 81, §4º, da Lei nº 14.133/2021: "O procedimento previsto no caput deste artigo poderá ser restrito a startups, assim considerados os microempreendedores individuais, as microempresas e as empresas de pequeno porte, de natureza emergente e com grande potencial, que se dediquem à pesquisa, ao desenvolvimento e à implementação de novos produtos ou serviços baseados em soluções tecnológicas inovadoras que possam causar alto impacto, exigida, na seleção definitiva da inovação, validação prévia fundamentada em métricas objetivas, de modo a demonstrar o atendimento das necessidades da Administração".

[620] Artigo 191, §4º, da Lei nº 14.133/2021: "Art. 193. Revogam-se: (...) II – a Lei nº 8.666, de 21 de junho de 1993, a Lei nº 10.520, de 17 de julho de 2002, e os arts. 1º a 47-A da Lei nº 12.462, de 4 de agosto de 2011, após decorridos 2 (dois) anos da publicação oficial desta Lei".

dispositivos devem ser compreendidos como referências aos artigos 66 a 69 da Nova Lei de Licitações, no primeiro caso, e aos artigos 124, I, "b", e 125 do mesmo diploma, no segundo. Apesar dessas remissões, há controvérsia sobre a regência supletiva ou a aplicação subsidiária da Lei nº 14.133/2021 em relação à modalidade especial do Marco Legal das Startups.[621] Ainda é cedo para saber qual será a interpretação dos órgãos de controle sobre o tema, mas as pistas deixadas pela legislação sugerem que o direito positivo tem sido sempre expresso nesse sentido, como ocorreu, por exemplo, na Lei de Concessões (artigos 14 e 18, Lei nº 8.987/1995), na Lei do Pregão (artigo 9º, Lei nº 10.520/2002), na Lei de PPPs (artigos 3º, §3º; 5º, VIII; 11, I, Lei nº 11.079/2004) e mesmo no RDC, que afastou a Lei nº 8.666/1993 em tudo, exceto as suas remissões expressas (artigo 1º, §2º, Lei nº 12.462/2011).

Por fim, cabe um comentário final sobre a necessidade ou não de regulamentação do Marco Legal das Startups. Ainda que se reconheça alguma utilidade na edição de decreto para esclarecer alguns pontos da Lei Complementar nº 182/2021 em outros temas, tal como defendido por Mariana Carnaes e Rafael Hage Tonetti (2022), há que se reconhecer que o capítulo relativo à contratação de soluções inovadoras pelo Poder Público já é dotado de aplicabilidade direta e imediata aos órgãos e entidades da *"administração pública direta, autárquica e fundacional de quaisquer dos Poderes da União, dos Estados, do Distrito Federal e dos Municípios"* (artigo 12, §1º), cabendo às empresas estatais adequar o seu regulamento interno de licitações e contratações, à luz da Lei nº 13.303/2016, para poder aplicar o CPSI em suas atividades. Por isso, a regulamentação dos artigos 12 a 15 do Marco Legal das Startups parece desnecessária. Embora o decreto possa ser útil para delimitar competências das autoridades administrativas ou detalhar alguns procedimentos internos, o risco de que a edição de atos infralegais reduza a ampla margem de discricionariedade que a Lei Complementar nº 182/2021 confere ao edital justifica, a meu ver, que se prossiga aplicando o instrumento sem a necessidade de regulamento.[622]

---

[621] Note que alguns editais regidos pela Lei Complementar nº 182/2021 atraíram expressamente a regência subsidiária da Lei nº 14.133/2021, como é o caso do lançado pelo Tribunal de Contas da União. Disponível em: https://portal.tcu.gov.br/licitacoes-e-contratos-do-tcu/cpsi/. Acesso em: 06 abr. 2024.

[622] "A amplitude da discricionariedade conferida pelo legislador é um dos seus maiores acertos, não se recomendando reduzir tal margem por meio de regulação infralegal." (MENDONÇA; PORTELA; MACIEL NETO, 2022, p. 489)

6.4.4 Primeiras experiências: o estado da arte do CPSI no cenário brasileiro

Embora ainda incipiente, a modalidade especial de licitação do Marco Legal das Startups já conta com muitos casos de aplicação no Brasil. A tabela abaixo, expandida a partir do mapeamento do ecossistema *GovTech* realizado pelo BrazilLab (2024), apresenta uma relação não exaustiva de 89 desafios, lançados por 18 órgãos e entidades, adotando expressamente a modalidade especial de licitação prevista na Lei Complementar nº 182/2021. Embora o estudo detalhado desses casos concretos não faça parte do escopo desta obra, o exame das informações reunidas na tabela permite tecer algumas considerações preliminares sobre o uso que esse novo instrumento tem experimentado no cenário brasileiro.

Tabela 32 – Casos de aplicação da modalidade especial de licitação do Marco Legal das Startups e do Empreendedorismo Inovador (2021-2024)

(continua)

Órgão ou entidade	Programa	Desafio	Ano
Prefeitura Municipal de Araguaína (TO)	N/A	Otimização de receitas e despesas municipais.	2021
Petrobras	Programa Conexões para a inovação – módulo "Teste de Soluções"	Desafio 1 – Veículo autônomo.	2021
		Desafio 2 – Drone para inspeção submarina.	
		Desafio 3 – Utilização de *wearables* para geolocalização de trabalhadores em ambientes internos e externos para aumento da segurança.	
		Desafio 4 – Utilização de *wearables* para monitoramento de parâmetros afetos a segurança e saúde.	
		Desafio 5 – Gamificação para cultura de SMS (Saúde, Meio ambiente e Segurança).	
		Desafio 6 – Integração de mobilidade corporativa (viagens e transportes).	
		Desafio 7 – Gestão da inovação aberta com *startups* e outras empresas inovadoras.	
		Desafio 8 – Aplicação de Inteligência Artificial em processos de recrutamento e seleção internos.	
		Desafio 9 – Inteligência em relacionamento institucional.	
		Desafio 10 – Predição do risco de bloqueio por hidrato em poços produtores de óleo *offshore*.	
		Desafio 11 – Saúde na palma da mão.	
		Desafio 12 – Revestimento autorregenerante.	

(continua)

Órgão ou entidade	Programa	Desafio	Ano
Empresa Municipal de Informática (Emprel) – Recife (PE)	1º Ciclo de Inovação Aberta do Recife (E.I.T.A! Recife)	Desafio 1 – Aprimorar a qualidade dos encaminhamentos realizados pelos profissionais de saúde.	2021
		Desafio 2 – Reduzir o índice de absenteísmo dos pacientes no comparecimento aos exames e consultas reguladas.	
		Desafio 3 – Monitorar e identificar os defeitos no pavimento das vias.	
		Desafio 4 – Aumentar o número de praticantes de exercício físico.	
		Desafio 5 – Estimular a colaboração dos cidadãos para solucionar diferentes tipos de poluições ambientais.	
		Desafio 6 – Diminuir a fome de forma escalável e sustentável	
Prefeitura Municipal de Guaramiranga (CE)	Programa Impulsionar (BID Lab, Fundação Lemann, Imaginable Futures e Quintessa)	Recurso educacional digital para que os estudantes consolidem seus aprendizados e desenvolvam habilidades de matemática	2022
Prefeitura Municipal de Domingos Mourão (PI)		Recurso educacional digital para que os estudantes desenvolvam habilidades de leitura, escrita, interpretação e compreensão textual.	
Prefeitura Municipal de Igarassu (PE)		Recurso educacional digital para que os estudantes desenvolvam habilidades de matemática e/ou de leitura, escrita, interpretação e compreensão textual.	
Companhia Pernambucana de Saneamento – Compesa (PE)	Programa Águas Digitais (Compesa e Porto Digital)	Desafio 1 – Aumento da eficiência global dos equipamentos das unidades operacionais da Compesa	2022
		Desafio 2 – Melhoria no cadastro e análise das informações do cliente.	
		Desafio 3 – Gestão de equipes, produtividade e qualidade dos serviços no campo.	
		Desafio 4 – Melhoria na análise da qualidade da água e eficiência na dosagem de produtos químicos.	
		Desafio 5 – Otimização do abastecimento de água.	
Serviço de Apoio às Micro e Pequenas Empresas do Estado do Paraná (Sebrae/PR)	Programa On Sebrae: Inovação Aberta (Sebrae/PR)	Desafio 1 – Processos de contratações e relacionamento	2022
		Desafio 2 – Dados para aumento de competitividade	
		Desafio 3 – Experiência do usuário	
		Desafio 4 – Jornada de talentos	

(continua)

Órgão ou entidade	Programa	Desafio	Ano
Petrobras	Programa Conexões para a inovação – módulo "Aquisição de Soluções"	Inspeção robotizada de tubulações de difícil acesso e/ou com camada de isolamento	2022 e 2023
		Automação de Atividades de Sondas	
		Corte interno de trecho riser de dutos flexíveis	
		Detecção de trincas em dutos flexíveis sem isolamento térmico	
		Digital *twin* de tanque de UEPs	
		Mini ROV para a inspeção de tanque de lastro	
		Detecção de arame rompido em dutos flexíveis	
		Detecção precoce de falhas internas em transformadores	
		Ferramenta digital para concepção de projetos	
		Identificar depósitos orgânicos em linhas de produção	
		Inspeção remota em áreas abertas de tanques e estruturas	
		Inspeção remota interna de tanques e caldeiras	
		Inspeção robotizada de parede tubular de caldeiras de refinarias	
		Modelagem geológica de carbonatos representando assimetria de fácies	
		Otimizar o transporte de pequenas cargas entre plataformas	
		Painel sinótico da saúde de equipamentos e sistemas elétricos *offshore*	
		Pintura de casco de FPSO com robôs	
		Predição de falhas utilizando IA	
		Sistemas mecânicos de armazenamento de energia para demandas auxiliares de sondas de perfuração	
		Software para concepção antecipada e acelerada de projetos de desenvolvimento da produção, com tecnologias inovadoras	
		Solução robótica para pintura de tanques do refino	
		Tecnologia alternativa para gabaritagem de colunas de perfuração	
		Tecnologias para recuperação de lítio de salmouras da indústria de óleo e gás	
Prefeitura Municipal de Salvador (BA)	N/A	Saneamento de cadastro imobiliário, estimado em 120 mil inscrições, para correção ou complementação de dados de inscrições imobiliárias com dados inconsistentes e a habilitação para cobrança e/ou execução fiscal, aumentando a confiabilidade e utilidade do Cadastro Imobiliário do Município de Salvador	2022

(continua)

Órgão ou entidade	Programa	Desafio	Ano
Banco Regional de Desenvolvimento do Extremo Sul (BRDE)	BRDE Labs	Desafio 1 – Levantamento de dados e análise automatizada de imóveis rurais	2022
		Desafio 2 – Cálculo e compensação da emissão de gases de efeito estufa	
		Desafio 3 – Monitoramento do risco climático de projetos financiados	
		Desafio 4 – Mapeamento e avaliação regulares de práticas ESG	
Empresa Municipal de Informática (Emprel) – Recife (PE)	2º Ciclo de Inovação Aberta do Recife (E.I.T.A! Recife)	Desafio 1 – Melhoria da mobilidade na cidade do Recife	2023
		Desafio 2 – Redução do abandono de cães e gatos	
		Desafio 3 – Transformação do centro de Recife em um lugar atrativo para habitações, atividades de comércio, turismo, cultura e lazer	
		Desafio 4 – Criação e incentivo a um ecossistema que utilize o resíduo sólido como insumo para uma nova indústria baseada na reutilização criativa (*upcycling*)	
		Desafio 5 – Redução dos riscos de incidentes com tubarão na orla do Recife	
Companhia de Tecnologia da Informação do Estado de Minas Gerais (Prodemge)	TREM Movimento para Inovação Aberta	Desafio 1 – Como ser mais eficiente em compras públicas?	2023
		Desafio 2 – Como fornecer serviços de forma dinâmica, eficiente e segura evitando deslocamentos e geração e armazenamento de documentos físicos?	
Ministério Público do Estado do Rio de Janeiro	Inova_MPRJ	Desafio 1 – Identificação de transações patrimoniais irregulares e operações financeiras suspeitas	2023
		Desafio 2 – Integração de dados para atividade investigativa	
		Desafio 3 – Automatização da identificação de questões jurídicas para adoção mais eficiente de instrumentos do sistema de precedentes	
		Desafio 4 – Gestão de projetos para garantir conformidade com o planejamento estratégico	
Prefeitura Municipal de Porto Alegre (RS)	Programa PoaProspecta	Desafio 1 – Implantar uma solução tecnológica via web e de monitoramento com GPS que possibilite o rastreamento em tempo real das equipes que trabalham no âmbito da limpeza urbana	2023
		Desafio 2 – Implantar uma aplicação tecnológica para o planejamento, a gestão e a governança de dados, para a área do Serviço de Limpeza Urbana (SLU) do Departamento de Limpeza Urbana de Porto Alegre/RS	

(conclusão)

Órgão ou entidade	Programa	Desafio	Ano
Conselho Regional de Engenharia e Agronomia de São Paulo (Crea-SP)	CREA Inova (CREA Lab São Paulo)	Desafio 1 – Otimização do relacionamento com profissionais e empresas registradas no CREA/SP	2023
		Desafio 2 – Automatização e robotização de processos internos do CREA/SP	
		Desafio 3 – Fiscalização 4.0	
Prefeitura Municipal de Maceió (AL)	InovAberta – 1º Ciclo de Inovação Aberta da Prefeitura de Maceió	Desafio 1 – Como melhorar os índices de disponibilidade de medicamentos ofertados pela prefeitura?	2023
		Desafio 2 – Como podemos utilizar dados abertos para inserir pessoas no mercado de trabalho em Maceió?	
		Desafio 3 – Como a prefeitura pode fiscalizar áreas no Município de maneira remota?	
		Desafio 4 – Como realizar o ordenamento territorial para a inserção de ambulantes em Maceió?	
Prefeitura Municipal de Toledo (PR)	N/A	Informatizar e integrar toda a gestão dos atestados de saúde dos servidores públicos municipais.	2023
Hospital das Clínicas da Faculdade de Medicina da Universidade de São Paulo	Programa InovaHC	Desafio 1 – Como podemos promover a captura, o tratamento e a análise de dados de forma unificada e segura, para que pesquisadores do HCFMUSP consigam gerar conhecimento aplicável sobre Covid Longa?	2023
		Desafio 2 – Como podemos aplicar um protocolo eficaz para diagnóstico da Covid Longa para que os profissionais de saúde do HCFMUSP consigam oferecer tratamentos mais assertivos aos pacientes?	
		Desafio 3 – Como podemos oferecer um tratamento de reabilitação para que o HCFMUSP consiga proporcionar a recuperação dos pacientes afetados pela Covid Longa?	
		Desafio 4 – Como podemos oferecer um tratamento e acompanhamento individualizado para que o HCFMUSP consiga assistir pacientes com sintomas cognitivos e psiquiátricos causados pela Covid Longa?	
Tribunal de Contas da União	N/A	Como o TCU pode fiscalizar de forma remota, periódica, tempestiva e em larga escala as obras urbanas de pavimentação?	2024

Fonte: Adaptado a partir de BrazilLab (2024, p. 66-68) e expandido pelo autor até 06.04.2024.

É nítido o protagonismo assumido pelas empresas estatais no emprego da modalidade especial do Marco Legal das Startups, com destaque para a Petrobras, que responde pela maior quantidade de desafios publicados até o momento. Além da Companhia Pernambucana de Saneamento (Compesa) e do Banco Regional de Desenvolvimento do Extremo Sul (BRDE), é curioso perceber como as empresas da área de

TI – como a Emprel, no Município do Recife, e a Prodemge, no Estado de Minas Gerais – têm se associado ao Poder Executivo local[623] para buscar soluções inovadoras em desafios mais relacionados à Administração direta do que à própria estatal. Com efeito, caberia uma investigação mais profunda para averiguar as causas do uso mais intenso do CPSI por empresas públicas e sociedades de economia mista no futuro. Como hipóteses, pode-se inferir que a necessidade de adaptação dos regulamentos internos de licitações e contratações tenha proporcionado maior segurança jurídica para aplicar a Lei Complementar nº 182/2021 nas estatais do que na Administração direta ou, ainda, que a flexibilidade para estabelecer limites de valor mais elevados para o CPSI (R$ 1,6 milhão) e para o contrato de fornecimento (R$ 8 milhões) tenha sido um diferencial importante nesse sentido.

Os Municípios são outro ator de destaque na experimentação dessa nova modalidade. Seguindo o pioneirismo da Prefeitura de Araguaína (TO), o Programa Impulsionar promoveu o teste de soluções educacionais em Guaramiranga (CE), Domingos Mourão (PI) e Igarassu (PE), sendo o valor do CPSI custeado pela Fundação Lemann, pelo *Imaginable Futures* e pelo BID *Lab*. A importância do apoio de parceiros externos é comprovada mesmo em grandes capitais, como ilustram os desafios lançados por Salvador, Maceió e Porto Alegre, e pode ser importante para combinar os incentivos financeiros decorrentes da contratação pública com a outorga de prêmios não monetários, como publicidade, visibilidade e validação perante investidores externos, em linha com as lições da experiência comparada para a estruturação de concursos de inovação expostas no item 6.3 deste estudo.

Outra observação relativa ao uso do CPSI no Brasil diz respeito ao grau de amplitude dos desafios. A tabela acima revela uma heterogeneidade extrema nesse quesito, que varia desde a enunciação de problemas de caráter amplo e abrangente (*"Diminuir a fome de forma escalável e sustentável"*, *"Como ser mais eficiente em compras públicas"* ou *"Cálculo e compensação da emissão de gases de efeito estufa"*, por exemplo) até desafios de caráter mais técnico, com nicho bem delimitado, a exemplo do módulo de aquisição de soluções da Petrobras (*"Detecção de trincas em dutos flexíveis sem isolamento térmico"* e *"Tecnologias para

---

[623] No caso da Emprel, com a Secretaria Executiva de Transformação Digital e a Secretaria de Desenvolvimento Econômico, Ciência, Tecnologia e Inovação do Recife. No caso da Prodemge, com a Secretaria de Estado de Planejamento e Gestão de Minas Gerais.

recuperação de lítio de salmouras da indústria de óleo e gás", *e.g.*). Em geral, as boas práticas apontam que desafios mais bem definidos propiciam maior identificação com o público-alvo, apresentando índice de sucesso mais elevado. Como o julgamento no CPSI é, em geral, mais subjetivo do que em outras licitações, especialmente quando a proposta é avaliada unicamente com base em critérios de preço, a enunciação de um desafio excessivamente amplo pode até mesmo dificultar a seleção, tornando impossível a comparação entre as propostas.

Por fim, cabe um comentário final sobre o grau de maturidade esperado para as soluções testadas sob a modalidade especial do Marco Legal das Startups, o que contribui para diferenciá-la em relação aos casos de uso da encomenda tecnológica. Como já se disse no item 5.3, ambos os instrumentos são cabíveis, em tese, para a contratação de soluções que apresentem risco tecnológico. Mas a vocação expressa da Lei Complementar nº 182/2021 para a realização de testes remunerados e em ambiente real torna o CPSI mais adequado para soluções em nível de protótipo ou superior, com TRL mais elevado, em estágios mais próximos da sua introdução no mercado.[624] Por outro lado, a encomenda tecnológica, pela estrutura de incentivos dada pelo seu regime jurídico, permite a contratação de serviços de pesquisa e desenvolvimento que se amolda tanto a estágios mais iniciais de desenvolvimento, com TRLs mais baixos, quanto a soluções de maior grau de maturidade, com a vantagem de não estar sujeita aos limites de valor aplicáveis ao CPSI e ao contrato de fornecimento.

Muito embora a sua aplicação seja ainda incipiente no país, a modalidade especial de licitação do Marco Legal de Startups caminha na mesma trilha do concurso e do diálogo competitivo ao permitir que a Administração se concentre em descrever problemas, sem a necessidade de eleger previamente uma solução e, ainda, ter que descrever com precisão as suas especificações técnicas. Mudar o foco do *objeto* para o *problema* constitui um passo importante para construir um *functional procurement* no Brasil, o qual reconhece o papel criativo dos fornecedores

---

[624] "A leitura dos incisos I a V do §4º do art. 13 revela uma clara preferência por soluções inovadoras em estágio de desenvolvimento mais avançado, pois há muito foco em viabilidade, maturidade e efetividade na resolução do problema apresentado. Esse conjunto de restrições colocadas pela legislação indica que o CPSI é um instrumento mais adequado para a contratação de soluções plenamente desenvolvidas ou em estágio bem avançado. Em termos de escala de desenvolvimento tecnológico, estaria se falando de uma solução tecnológica, muito provavelmente, no nível de protótipo ou superior (TRL-7)." (MENDONÇA; PORTELA; MACIEL NETO, 2022, p. 485)

para converter as funcionalidades desejadas pela Administração nas especificações técnicas da solução proposta (EDQUIST; ZABALA-ITURRIAGAGOITIA, 2012, p. 1766; EDQUIST *et al.*, 2015, p. 13). Nessa trilha, o procedimento especial de contratação pública da Lei Complementar nº 182/2021 parece especialmente interessante para os casos em que se pretende usar o poder de compra do Estado para testar soluções inovadoras,[625] favorecendo a inovação aberta ao abrir mais um caminho para que os problemas do setor público possam ser resolvidos por soluções gestadas e concebidas pelo setor privado.

---

[625] "Isso significa que, se o produto ainda estiver muito longe de chegar ao mercado – for muito complexo e, ainda, tiver maturidade mensurada com *technology readiness level* (TRL) muito baixo, por exemplo –, o CPSI não poderá ser utilizado, e o gestor deverá utilizar as Etecs ou outros instrumentos, como acordos de parceria para realização de atividades conjuntas de pesquisa científica e tecnológica e de desenvolvimento de tecnologia, produto, serviço ou processo (PD&I). O mesmo acontece no caso oposto. Se o produto já tiver sido amplamente testado, em regra, ele não poderá ser objeto de um CPSI, e o gestor deverá escolher outra modalidade de compra pública para inovação." (MENDONÇA; PORTELA; MACIEL NETO, 2022, p. 471-472)

CONCLUSÕES

Em 1968, Gunnar Myrdal publicou a obra *"Asian Drama: an inquiry into the poverty of nations"* apresentando uma perspectiva bastante pessimista sobre o desenvolvimento do leste asiático. Segundo o autor, a Ásia estaria fadada à pobreza e ao subdesenvolvimento. Contudo, o renomado economista sueco não poderia prever que países como a Coreia do Sul, por exemplo, rejeitariam a alegação de que a sua principal vantagem comparativa seria o cultivo de arroz e, nos cinquenta anos seguintes, lançariam mão de uma estratégia de industrialização que resultou não somente em um crescimento econômico acelerado, mas também em transformações estruturais que modificaram profundamente aquelas sociedades. Tendo chegado ao final deste estudo, o exemplo deixado pela obra de Myrdal[626] é um lembrete importante de que previsões e prognósticos precisam ser feitos com cautela. Por esse motivo, esta seção final tem por objetivo consolidar as recomendações apresentadas ao longo desta obra, revisitando os capítulos anteriores para apresentar, de forma resumida, as suas principais conclusões.

Vale lembrar que essa investigação partiu de um *problema*: por que a legislação que disciplina as contratações públicas para inovação é tão pouco aplicada no Brasil? Quais motivos explicam por que, a despeito de avanços recentes no direito positivo, ainda há tanta insegurança jurídica na implementação dos instrumentos que permitem o uso do poder de compra do Estado para estimular o desenvolvimento, a adoção e a difusão de produtos, serviços e processos inovadores? A resposta a essas indagações exigiu um percurso que, inicialmente,

---

[626] Disponível em: https://indepthnews.net/gunnar-myrdal-went-wrong-with-his-asian-drama/. Acesso em: 02 jun. 2024.

mostrou como o poder de compra do Estado pode ser uma ferramenta importante para reposicionar a política de inovação brasileira (Capítulo 1) e, posteriormente, pretendeu explicar, com base no direito positivo (Capítulo 2), na doutrina do direito administrativo (Capítulo 3) e no controle da atividade de CT&I (Capítulo 4), os motivos pelos quais a sua aplicação não acontece como esperado no Brasil. Por fim, o livro buscou aprofundar características dos contratos, acordos e outros ajustes que internalizam a incerteza científica inerente ao processo inovativo (Capítulo 5), bem como identificar semelhanças entre os instrumentos jurídicos que promovem, de diferentes formas, a abertura do setor público à inovação aberta (Capítulo 6).

O primeiro capítulo mostrou como o Brasil construiu um Sistema Nacional de Inovação complexo e estratificado, mas que ainda enfrenta dificuldades para uma atuação coerente e coordenada. O ecossistema brasileiro é composto por diversas instituições públicas e privadas dedicadas a CT&I e, alternando entre etapas de construção jurídico-institucional mais lenta e mais acelerada, está em contínua evolução desde meados do século XX. Esse percurso revela uma opção legislativa que cada vez mais tem escolhido modelos externos à Administração, com menor incidência do direito público. Essa tendência de desestatização, que também é percebida na legislação de licitações e contratações públicas, reflete a busca por maior flexibilidade em controles típicos do direito administrativo, especialmente nas políticas de compras e de admissão de pessoal, e demonstra a insatisfação da comunidade científica com a burocracia, o formalismo e o controle excessivo exercido sobre políticas de inovação no país. A adoção de modelos jurídico-institucionais diferenciados para a área de CT&I é uma tendência crescente e que deve tornar ainda mais complexa, pela diversificação da natureza jurídica dos seus atores, a pactuação de instrumentos de cooperação público-privada no contexto brasileiro.

Além disso, assim como outros países da América Latina, o Brasil também sofre os efeitos da ausência de um planejamento estratégico e de uma agenda de longo prazo que integre os atores dos setores científico e produtivo. As dificuldades de coordenação tornam necessária a articulação de políticas de coesão, em uma estratégia deliberada de construção de sinergias intencionais (LEON *et al.*, 2018, p. 43-44). Para tanto, a experiência internacional é pródiga em demonstrar a importância de uma condução política de alto nível para favorecer a continuidade de políticas e a coordenação entre os atores do ecossistema de CT&I, evitando o desperdício de tempo e a pulverização de recursos em ações pontuais pela Administração. Em muitos países, a ligação direta com o Chefe do Poder Executivo decorre da percepção de que a coordenação do tema é muito importante para ser deixada ao sabor de negociações intragovernamentais e transversal o suficiente para merecer tratamento unificado.

O Brasil também conta com um repertório amplo de fontes de financiamento e instrumentos de política voltados a estimular a oferta e a demanda por produtos, serviços e processos inovadores no mercado. Mas esse *mix* é bastante desbalanceado no país, o que prejudica o desempenho do sistema e compromete os resultados dos seus principais indicadores. O foco excessivo em instrumentos do lado da oferta, a influência negativa do ambiente de negócios, as dificuldades relacionadas à gestão da propriedade intelectual e a manutenção de políticas de pouca importância relativa no sistema – deixando em segundo plano instrumentos bem avaliados pela literatura, como o modelo da EMBRAPII e, também, as contratações públicas de inovação – agravam uma falha de *seletividade* que, como visto, peca justamente ao priorizar medidas de menor impacto em detrimento de ações mais efetivas e importantes. Por esse motivo é que o incentivo a políticas orientadas a missões e à resolução de problemas concretos da sociedade (*"mission oriented"*) pode ser uma alternativa pragmática para reduzir esse descompasso, empregando as contratações públicas como ferramenta para estimular o investimento privado em PD&I e promover o realinhamento das políticas de fomento à inovação no país.

Na experiência internacional, especialmente na União Europeia, o poder de compra do Estado tem se revelado um instrumento importante para aumentar a demanda por inovação. Como as contratações públicas correspondem em média a 12% do PIB dos países membros da OCDE, o seu emprego pode servir para incentivar não só o *desenvolvimento*, mas também a *adoção* e a *difusão* de produtos, serviços e processos inovadores. A despeito da crítica ao emprego dos "objetivos horizontais" e da chamada "função derivada" no país, esses números demonstram o potencial da demanda gerada pelo setor público não apenas sob a perspectiva limitada da correção de falhas de mercado, mas também para efetivar políticas públicas de relevo mediante a criação de novos mercados (*"market shaping"*) ou por meio da geração de externalidades, positivas ou negativas (*"spillover effects"*), desejadas pelo ordenamento.

Entretanto, como visto no segundo capítulo, a regulação das contratações públicas no Brasil compromete, na prática, o aproveitamento desse potencial. O exame das cinco fases da trajetória da legislação brasileira de licitações e contratos revelou uma transição lenta e gradual de uma regulação minimalista, dada pelo Código de Contabilidade de 1922, para um modelo de regulação maximalista, que atinge o seu ápice com a Lei nº 8.666/1993 e segue presente até hoje na Lei nº 14.133/2021. O resultado é um direito positivo bastante rígido, detalhado e formalista que, a pretexto de buscar impedir a corrupção nos contratos públicos, causa um engessamento significativo sob o ponto de vista da gestão pública. A rigidez excessiva, de certo modo, favoreceu a proliferação de exceções ao dever de licitar e o surgimento de novos procedimentos para contratações específicas, bem como a gradativa ampliação de regimes excepcionais, como ocorreu com o pregão e o RDC. Esse contexto torna ainda mais complexa a legislação de licitações e contratos públicos no país, que segue profundamente influenciada pela preponderância do pregão e do menor preço como critério de julgamento.

Por esse motivo, acredito que a Nova Lei de Licitações e Contratos terá uma contribuição muito modesta para estimular o emprego de contratações públicas para inovação no Brasil. De fato, ao passar a ocupar o centro desse microssistema, a Lei nº 14.133/2021 pretendeu consolidar toda a legislação de compras públicas aplicável à Administração direta em uma só peça legislativa, incorporando normas infralegais ao seu texto e buscando promover uma unificação nacional a partir da extensão de práticas adotadas pela União a todos os entes federados. Embora maximalista, a Nova Lei de Licitações e Contratos também trouxe muitos avanços, como a flexibilização do critério do menor preço, a possibilidade de combinação de diferentes modos de disputa, a criação do diálogo competitivo e, por fim, a flexibilização da exigência de direitos de propriedade intelectual em casos envolvendo atividades de pesquisa e desenvolvimento de caráter científico, tecnológico ou de inovação. Contudo, e a despeito das oportunidades abertas pela nova legislação, é muito provável que gestores, advogados, fornecedores e membros de órgãos de controle continuem a seguir o *mindset* formatado ao longo da Lei nº 8.666/1993, cujo formalismo e rigidez são refratários à assunção de riscos e, por consequência, à contratação de produtos, serviços e processos inovadores no país.

No terceiro capítulo, busquei entender em que medida a doutrina do direito administrativo exerce influência negativa sobre o emprego do poder de compra do Estado como instrumento de política de inovação no Brasil. O exame da formação da teoria do contrato administrativo no país foi importante para compreender como a doutrina brasileira construiu um regime jurídico homogêneo e uniforme a todos os contratos públicos, independentemente do seu objeto, e que é fortemente marcado pela presença de prerrogativas de atuação unilateral do Poder Público sobre o particular. A ausência da jurisdição administrativa fez com que alguns pressupostos importantes da elaboração teórica francesa tivessem que ser adaptados às particularidades e ao contexto bastante diverso do Brasil republicano.

Alternando-se em dois grandes "momentos de inflexão" – em que as atenções da doutrina brasileira se voltaram, incialmente, da Europa aos Estados Unidos e, depois, dos Estados Unidos de volta para a Europa – esse percurso fez com que um referencial teórico desatualizado em quase meio século se transformasse no paradigma para reger a atuação da Administração no país. A adaptação da matriz europeia para um sistema de jurisdição una, sem a presença do Conselho de Estado, em um cenário onde a legislação sobre a matéria era escassa até meados da década de 1980, contribuíram para que a doutrina se transformasse na principal fonte do direito administrativo no Brasil.

A meu ver, existe uma ligação entre esse contexto e o avanço progressivo do maximalismo legal nas contratações públicas brasileiras. A doutrina do direito administrativo tornou-se fundamental para compreender a jurisprudência dos Tribunais, que a reproduzem em suas decisões, e passou a influenciar a elaboração do próprio direito positivo a partir do Decreto-Lei nº 2.300/1986, imprimindo nessa legislação uma *visão de mundo* marcada por características próprias. Ciente de que essas ideias não se referem a nenhum autor específico, busquei reuni-las em cinco grupos de argumentos: (i) a crença de que o direito administrativo é um sistema valorativo dotado de coesão interna muito forte, marcado por "princípios gerais" que buscam adequar o direito positivo à doutrina; (ii) o regime de prerrogativas e de cláusulas exorbitantes tornou-se o aspecto central da teoria brasileira do contrato administrativo e, tal como adotado na legislação, faz com que a mera presença da Administração como parte seja suficiente para que os contratos sigam um regime jurídico homogêneo e uniforme no país; (iii) a visão prevalecente da doutrina nacional parte da premissa de que haveria uma oposição entre público e privado, dificultando as negociações em áreas onde a colaboração entre esses atores é fundamental; (iv) os contratos administrativos complexos e de longo prazo também são, em sua maioria, incompletos e relacionais, o que reforça a necessidade de reelaboração da teoria; e, por fim, (v) o apego a uma concepção estrita da legalidade, que condiciona a atuação administrativa à existência de previsão legal expressa, estimula a proliferação de disposições legais que apenas reforçam possibilidades já admitidas pelo direito positivo, bem como favorece a tendência de criação de regimes paralelos ou excepcionais como forma de *by-pass institucional*.

O quarto capítulo buscou fazer o elo entre a trajetória da legislação brasileira de licitações e contratos (Capítulo 2) e o papel da doutrina do direito administrativo (Capítulo 3) para discutir, especificamente, o papel exercido pelos órgãos de controle. Como ainda são muito escassos na jurisprudência os casos concretos envolvendo contratações públicas para inovação, o estudo elegeu como foco o controle das atividades de CT&I no Brasil. Para investigar as causas do "controle excessivo", que é percebido como problema pela comunidade científica e por atores ligados às contratações públicas em geral, optei por realizar um recorte focado na atuação do Tribunal de Contas da União, reconstruindo o contexto histórico da sua criação ainda na República Velha até o período posterior à Constituição de 1988, de expansão das suas competências e atribuições. Esse movimento expansionista da Corte foi acompanhado pela limitação da discricionariedade administrativa na doutrina e no direito positivo, acompanhando um momento histórico marcado por casos de corrupção, como os que resultaram no *impeachment* do presidente Fernando Collor de Mello, e pela desconfiança em atores ligados ao ciclo político-eleitoral.

A Lei de Improbidade Administrativa (Lei nº 8.429, de 2 de junho de 1992) e a Lei Orgânica do TCU (Lei nº 8.443, de 16 de julho de 1992), assim como a revogada Lei de Licitações (Lei nº 8.666, de 21 de junho de 1993) são exemplos de uma *"legislação reativa"* que, ao expandir as atribuições dos órgãos de controle com termos amplos e vagos, geram impasses relevantes sob o ponto de vista da gestão pública. Resumi esses problemas em quatro sintomas principais: (i) a resistência dos gestores públicos a envolver-se em atividades de parceria; (ii) o apego a posturas formais e legalistas como estratégia de defesa; (iii) o potencial aumento da rigidez decorrente da uniformização do uso de plataformas informatizadas; e (iv) o deslocamento de tempo e de recursos para atividades de menor risco por medo do controle.

Na sequência, após abordar questões mais gerais sobre a atuação da esfera controladora no Brasil, abordei os desafios específicos para o controle da atividade de CT&I. Tomando como exemplo a discussão travada no Acórdão TCU nº 2.731/2008 sobre a atuação de fundações de apoio, mostrei como a insatisfação da comunidade científica nesse tema contribuiu para o estabelecimento de dois parâmetros normativos na

Lei nº 13.243/2016 – a "simplificação de procedimentos" e o "controle de resultados" – para pautar o controle das atividades de pesquisa, desenvolvimento e inovação. Entretanto, é preciso reconhecer que a aplicação efetiva desses critérios permanece, em grande parte, uma promessa irrealizada nas cláusulas dos instrumentos jurídicos e nos atos normativos internos das ICTs e das agências de fomento, que ainda tendem a reproduzir o regime aplicável à prestação de contas em convênios e parcerias em geral.

Em especial, destaquei que o controle de resultados já foi objeto de extensa jurisprudência do TCU nas parcerias regidas pela Lei nº 13.019/2014, onde se concluiu pela impossibilidade de priorizar a avaliação técnica sobre o exame formal da regularidade da execução financeira. Esses precedentes influenciam de forma negativa a construção de um regime de controle de resultados em outros campos do direito administrativo, como ocorre na área de CT&I. Entretanto, como exemplo positivo para o ecossistema, o novo procedimento de prestação de contas do CNPq é um precedente importante e que possui potencial para ser replicado por outros órgãos e entidades que financiam atividades de PD&I no país.

Ademais, formulei uma proposta para o controle de contratações públicas de inovação elaborada a partir das lições extraídas de casos concretos e das boas práticas difundidas pelo TCU e outros órgãos de controle. Em síntese, defendi que essas modalidades e procedimentos de contratação priorizem caminhos que contem com a familiaridade de gestores e da esfera controladora, com atenção especial para quatro aspectos: (i) a motivação adequada das decisões tomadas pelos gestores; (ii) a adoção de práticas de gerenciamento de riscos; (iii) a transparência, com publicação das decisões e peças principais dos processos de contratação; e (iv) a atenção especial ao planejamento da contratação, ainda que de forma adaptada às peculiaridades das atividades de PD&I. Essa preocupação reforçada com a processualidade justifica-se, porque a opção por procedimentos especiais ao invés do "regime geral" previsto na Lei nº 14.133/2021 impõe ao gestor público, em regra, o ônus de demonstrar por que as soluções já disponíveis no mercado não atendem às necessidades da Administração no caso concreto. Como os argumentos processuais tendem a ser importantes no exame realizado pelos Tribunais de Contas e por outros órgãos de controle, sustento que a motivação, o gerenciamento de riscos, a transparência e o planejamento devem ser reforçados em contratações públicas para inovação, exigindo cautelas e preocupações adicionais em relação às compras públicas em geral.

No quinto capítulo, procurei aprofundar a discussão sobre os instrumentos jurídicos de cooperação público-privada previstos no Marco Legal de CT&I e no Marco Legal de *Startups*, sistematizando algumas das características que marcam o seu regime jurídico. Para tanto, recuperei o debate introduzido no início deste livro sobre a "função derivada" das contratações públicas para discutir o fomento à inovação como um dos objetivos4 "horizontais" ou "mediatos" a serem concretizados pelo poder de compra do Estado. Com base na literatura estrangeira, apresentei alguns exemplos que confirmam a hipótese de que as contratações públicas podem ser mais eficazes para estimular a demanda por inovação no mercado do que outros instrumentos, como subsídios diretos a atividades de P&D (GEROSKI, 1990; ASCHHOFF; SOFKA, 2009; GUERZONI; RAITERI, 2015). Isso, obviamente, não invalida a crítica feita ao emprego da função derivada no Brasil (ZAGO, 2017), sobretudo no que se refere à ausência de avaliações consistentes sobre os seus efeitos – como ocorreu, por exemplo, no caso das margens de preferência criadas pela Lei nº 12.329/2010. Contudo, defendo ser legítimo o uso das contratações públicas como instrumento de regulação ou de fomento para obter externalidades, positivas ou negativas, nas hipóteses admitidas pelo ordenamento jurídico brasileiro. É o que ocorre na encomenda tecnológica, em que a lei autoriza expressamente o sacrifício de parte do retorno do contratante, em termos de qualidade ou de preço, em prol dos benefícios que podem surgir nos casos concretos.

Ao longo desta obra, defendi que os contratos voltados ao desenvolvimento de produtos, serviços e processos inovadores devem ser interpretados de forma diversa em relação às contratações públicas em geral. O fundamento para essa linha hermenêutica decorre do próprio direito positivo. Contudo, passados alguns anos desde a reforma operada pela Emenda Constitucional nº 85/2015 e pela Lei nº 13.243/2016, o amplo desconhecimento desses instrumentos ainda impede que essa leitura se consolide em definitivo no meio jurídico brasileiro. Trata-se de uma legislação ainda pouco conhecida e, por isso, distante do quotidiano da gestão pública. É por esse motivo que a harmonização de entendimentos entre a Advocacia Pública, os Tribunais de Contas e outros órgãos de controle é uma discussão importante para conferir previsibilidade aos parâmetros que serão exigidos pela esfera controladora ao examinar a aplicação do Marco Legal de CT&I no país.

Há que se ter cuidado com propostas de sistematização de contratos, convênios, acordos e outros ajustes que, em linha com a crítica formulada no capítulo terceiro deste estudo, usem categorias gerais para uniformizar ou homogeneizar aspectos do seu regime jurídico sem amparo no direito positivo. Deve-se evitar incorrer no risco, tão comum no direito administrativo, de tentar "encaixar" a legislação nas classificações elaboradas pela doutrina. A legislação, como visto, é variada ao extremo, e essa diversidade é positiva, pois oferece um conjunto amplo de instrumentos e ferramentas para lidar com os riscos e as incertezas que fazem parte do processo inovativo. Por isso, ao examinar o tratamento jurídico da incerteza científica, optei por uma estratégia que parte do próprio direito positivo para nele reconhecer dois grupos distintos: de um lado, as contratações públicas pré-comerciais, que correspondem, no Brasil, principalmente à encomenda tecnológica; e, de outro, os módulos convencionais de cooperação para pesquisa, desenvolvimento e inovação, que se manifestam principalmente por acordos de parceria e convênios para PD&I, alianças estratégicas e permissão ou compartilhamento de instalações de ICTs.

Ao tratar do regime jurídico das contratações pré-comerciais, foi possível concluir que a disciplina prevista para a encomenda tecnológica no artigo 20 da Lei de Inovação e nos artigos 27 a 33 do Decreto nº 9.283/2018 oferece alternativas bastante flexíveis para que a Administração internalize parte dos riscos envolvidos na contratação de atividades de PD&I. Vale destacar, em especial, a possibilidade de celebração de contratos de reembolso de custos, com ou sem remunerações adicionais, bem como a flexibilidade para a alocação dos direitos de propriedade intelectual. Além disso, a semelhança com os contratos de aliança joga luz sobre a importância da formação de vínculos de cooperação e confiança entre as partes que são especialmente importantes para lidar com a incerteza científica que é inerente às contratações públicas pré-comerciais.

O desafio maior, portanto, é colocá-las em prática, como ilustra o levantamento de encomendas tecnológicas realizado por Rauen (2023, p. 14), entre 2010 e 2022, na esfera federal. Como dito, a aplicação das normas que regem as licitações e contratações públicas em geral exerce uma influência significativa sobre o comportamento dos gestores. Os casos concretos de contratação pública para inovação ainda são escassos no Brasil e, por isso, a insegurança jurídica não decorre propriamente de uma penalização excessiva dos gestores por Tribunais de Contas, Controladorias e outros órgãos de controle ao firmar contratos dessa natureza, mas sim do receio de adotar práticas de contratação que, por fugirem da Administração, possam atrair questionamentos.

Por fim, o sexto capítulo tomou como ponto de partida as limitações observadas na realização de *pitches, hackathons* e *demo days* por entes públicos brasileiros para enfatizar a importância da inovação aberta no setor público. Além desses chamamentos públicos genéricos, o procedimento de manifestação de interesse e a realização de consultas preliminares ao mercado (*"request for information"*) compartilham um caráter preparatório, instrumental a uma eventual contratação pública realizada em momento posterior, que podem ser úteis na prospecção de soluções inovadoras para problemas complexos ou como instrumento de sondagem e mapeamento de mercado. Não se trata, propriamente de modalidades de compra pública, motivo pelo qual é importante que o emprego desses instrumentos jurídicos pela Administração seja feito à luz das suas limitações e potencialidades.

Na sequência, recuperei a literatura estrangeira sobre *"functional procurement"* e *"problem-based acquisitions"* para identificar semelhanças em três modalidades de licitação previstas no ordenamento brasileiro: o concurso, o diálogo competitivo e a modalidade especial prevista no Marco Legal das Startups. Embora sejam distintos à luz do direito positivo, esses procedimentos compartilham de uma semelhança fundamental: a legislação não exige que as especificações técnicas do objeto a ser contratado sejam descritas em detalhes pelo órgão ou entidade licitante, o que permite deslocar o foco do objeto para o problema subjacente à contratação (CABRAL *et al.*, 2006, p. 517; EDLER; GEORGHIOU, 2007, p. 960; EDQUIST; ZABALA-ITURRIAGAGOITIA, 2012, p. 1766; e EDQUIST *et al.*, 2015, p. 13). Essa característica favorece a participação dos fornecedores na construção da solução mais adequada às necessidades da Administração e representa uma abertura importante à inovação aberta ao permitir que problemas do setor público possam ser resolvidos por soluções concebidas pelo setor privado.

Nessas três modalidades, especialmente quando a competição não for pautada por critérios ligados ao preço, é preciso dedicar mais tempo e atenção ao problema enfrentado pela Administração. Quando as especificações técnicas do objeto a ser contratado não são definidas previamente pelo Poder Público, o foco da competição entre os licitantes passa a depender, em larga medida, da forma com que o *problema* – especialmente a sua delimitação, o levantamento de eventuais alternativas e a escolha da necessidade – for descrito pelo edital.

Por fim, não há dúvidas de que a modalidade especial de licitação prevista no Marco Legal das Startups aponta para o vetor correto ao permitir o teste remunerado de soluções inovadoras, em ambiente real, para resolver problemas de relevância pública. Mas é preciso reconhecer que essa forma de licitar ainda é muito pouco conhecida no Brasil e, por isso, exigirá uma longa curva de aprendizado por parte de gestores, advogados, fornecedores e membros dos órgãos de controle. Ainda assim, e não obstante os limites de prazo e de valor aplicáveis ao CPSI e ao contrato de fornecimento, já são vários os casos concretos que ilustram a aplicação dessa modalidade no país. As experiências em andamento certamente serão de grande valia para consolidar recomendações e boas práticas que podem preencher as lacunas deixadas pela Lei Complementar nº 182/2021, superando as dúvidas atualmente existentes sobre o instrumento.

Essas são as principais conclusões a que cheguei ao longo de minha pesquisa. Estou convicto, na medida em que encerro esse percurso, de que a contribuição deixada nessas linhas será útil para organizar o debate sobre o tema no Brasil, dando mais clareza aos desafios jurídicos e institucionais que precisam ser enfrentados para construir uma agenda em que o poder de compra do Estado seja usado como instrumento para estimular o desenvolvimento, a adoção e a difusão de produtos, serviços e processos inovadores no país. Nas discussões sobre esse tema, fala-se sempre em insegurança jurídica. Espero que esta obra traga clareza sobre as suas causas e motivos, permitindo que os atores interessados no tema no Brasil possam fazer uso das contratações públicas para inovação e aproveitar o seu potencial.

Há muitas investigações futuras, não compreendidas no escopo deste livro, que também podem contribuir para essa finalidade. Por exemplo, a realização de estudos empíricos sobre o comportamento de agentes públicos e privados em contratos administrativos, na linha explorada por Macaulay (1963), seria interessante para compreender em que medida as prerrogativas unilaterais do Poder Público são efetivamente usadas pela Administração, e também para entender como esses poderes afetam a construção e manutenção de vínculos de confiança entre as partes. Igualmente, a ausência de dados quantitativos sobre a aplicação de contratações públicas para inovação no Brasil é uma limitação que poderá ser superada, no futuro, com a divulgação unificada dos procedimentos de contratação de todos os entes federados no Portal Nacional de Contratações Públicas. Por fim, aprofundando o estudo de casos concretos, caberia uma investigação mais profunda para averiguar as causas do uso mais intenso do CPSI por empresas públicas e sociedades de economia mista no país.

Fora do campo acadêmico, também existem muitas medidas que podem contribuir pragmaticamente para o aumento da segurança jurídica no emprego de contratações públicas para inovação no Brasil. É o caso, por exemplo: (i) da implementação de pilotos de contratação pública de inovação em pequena escala, com valores inferiores aos limites legais para dispensas de licitação, por exemplo, para propiciar aprendizado prático e criar casos replicáveis em outros contextos; (ii) da oferta de capacitação específica para contratações públicas para inovação, preferencialmente integrada às principais plataformas de contratações eletrônicas; (iii) da formação de comunidades de prática, agregada à oferta de materiais de apoio, como *toolkits* e guias de boas práticas, para aproximar gestores e fornecedores interessados no tema;[627] e (iv) da previsão de certificação obrigatória para a atuação de servidores públicos na área de compras, especialmente se atrelada a incentivos que remunerem a atuação em contratações mais complexas.

Como já disse algumas vezes ao longo desta obra, o principal desafio do cenário brasileiro não passa propriamente pela construção de leis favoráveis à contratação pública para inovação, mas sim pela efetiva implementação dos instrumentos que já estão em vigor. Embora o direito positivo possa sempre receber inúmeras melhorias e aprimoramentos, estou certo de que o problema mais relevante a ser enfrentado neste momento é a escassa aplicação das modalidades que já existem na legislação brasileira. Foi esse descompasso que me instigou a investigar mais a fundo esse *problema* há alguns anos e que serviu de fio condutor de um estudo que nos conduziu, passo a passo, pelas características do Sistema Nacional de Inovação brasileiro, pela trajetória da legislação de licitações e contratos, pelo papel da doutrina do direito administrativo e pela atuação dos órgãos de controle em atividades de CT&I, permitindo também o exame dos instrumentos jurídicos que internalizam a incerteza científica e que favorecem a abertura da Administração à inovação aberta. São esses, a meu ver, os desafios e as oportunidades que se colocam para as contratações públicas para inovação no Brasil.

---

[627] Como, por exemplo, o *Toolkit* do Marco legal de CT&I (http://www.toolkitcti.org), da Procuradoria Geral do Estado de São Paulo, com apoio do Banco Interamericano de Desenvolvimento e do BrazilLab, que oferece modelos de editais, contratos e acordos e outros instrumentos jurídicos previstos na Lei de Inovação e no Marco Legal das Startups.

REFERÊNCIAS

AHO, E., CORNU, J., GEORGHIOU, L., SUBIRA, A. *Creating an Innovative Europe* – Report of the Independent Expert Group on R&D and Innovation appointed following the Hampton Court Summit and chaired by Mr. Esko Aho. Luxembourg: Office for Official Publications of the European Community, 2006. Disponível em: https://op.europa.eu/en/publication-detail/-/publication/23ce5709-5edf-4da0-a415-3cd3e7b2ac39/language-en/format -PDF/source-142046342. Acesso em: 11 maio 2024.

ALBANO, G.L.; CALZOLARI, G.; DINI, F.; IOSSA, E.; SPAGNOLO, G.; Procurement contracting strategies. *In*: DIMITRI, N.; PIGA, G.; SPAGNOLO, G. (Ed.). *Handbook of procurement*. Cambridge (UK): Cambridge University Press, 2006a, p. 82-120.

ALBANO, G.L.; DIMITIRI, N.; PERRIGNE, I.; PIGA, G. Fostering Participation. *In*: DIMITRI, N.; PIGA, G.; SPAGNOLO, G. (Ed.). *Handbook of procurement*. Cambridge (UK): Cambridge University Press, 2006b, p. 267-292.

ALESSIO, N. L. N. *A Política Pública de Licitações no Município de São Paulo entre 1991 e 1994*: mecanismo de facilitação ou de restrição da competição entre potenciais fornecedores do poder público municipal? Dissertação (Mestrado). São Paulo: EAESP/FGV, 1998.

ALMEIDA, F. D. M. *Contrato administrativo*. São Paulo: Quartier Latin, 2012.

ALMEIDA, F. D. M. *Formação da teoria do direito administrativo no Brasil*. São Paulo: Quartier Latin, 2015.

ALMEIDA, F. D. M.; JURKSAITIS, G. J.; MOTA, C. Parcerias empresariais do Estado para a inovação tecnológica. *In*: JUSTEN FILHO, M; SCHWIND, R. W. *Parcerias público-privadas*: reflexões sobre os 10 anos da Lei 11.079/2004. São Paulo: Revista dos Tribunais, 2015.

ALMEIDA, F. D. M. A legislação federal sobre ciência, tecnologia e inovação no contexto da organização federativa brasileira. *In*: FREITAS, R. V; RIBEIRO, L. C.; FEIGELSON, B. (coord.). *Regulação e novas tecnologias*. Belo Horizonte: Fórum, 2017, p. 99-110.

ALMEIDA, G. S. O impacto da hipernormatividade da Lei 8.666/93 em pequenos Municípios paulistas. *Revista Digital de Direito Administrativo (RDDA)*, vol. 11, n. 1, 2024, p. 231-265.

ALMEIDA, H. S. Um estudo do vínculo tecnológico entre pesquisa e desenvolvimento, fabricação e consumo. *In*: MARCOVITCH, J. *et al*. *Política e gestão em ciência e tecnologia*: estudos multidisciplinares. São Paulo: Pioneira, 1986.

ANDREONI, A., CHANG, H.J., LABRUNIE, M. Natura Non Facit Saltus: Challenges and Opportunities for Digital Industrialization Across Developing Countries. *The European Journal of Development Research*, v. 33, 2021 p. 330-370.

ARAGÃO, A. S. *Empresas estatais*. O regime jurídico das empresas públicas e sociedades de economia mista. Rio de Janeiro: Forense, 2017.

ARAÚJO, E. N. *Do negócio jurídico administrativo*. São Paulo: Revista dos Tribunais, 1992.

ARAÚJO, E. N. *Curso de direito administrativo*. 5. ed. São Paulo: Saraiva, 2010.

ARAÚJO, F. *Teoria económica do contrato*. Coimbra: Almedina, 2007.

ARAÚJO, B. C. *Políticas de apoio à Inovação no Brasil*: uma análise de sua evolução recente. Brasília: Ipea, 2012. (Texto para Discussão, n. 1759). Disponível em: http://repositorio.ipea.gov.br/bitstream/ 11058/1090/1/TD_1759.pdf. Acesso em: 07 nov. 2023.

ARBIX, G. Diretrizes para desenvolvimento de políticas de inovação no Brasil. *Perspectivas*, nº 9, 2017. Fundação Friedrich Ebert-Brasil. Disponível em: https://library.fes.de/pdf-files/bueros/brasilien/13240.pdf. Acesso em: 07 nov. 2023.

ARBIX, G.; MIRANDA, Z. Inovar para sair da crise. *In:* COUTINHO, D.; FOSS, M. C.; e MOUALLEM, P. S. (Org.) *Inovação no Brasil* – avanços e desafios jurídicos e institucionais. São Paulo: Blucher, 2017, p. 57-78.

ARCURI, M.; GONÇALVES, J. E. Margens de preferência adicionais: recomendações para sua efetiva aplicação no Brasil. *In:* RAUEN, A. T. (org.) *Compras públicas para inovação no Brasil:* novas possibilidades legais. Brasília: Ipea, 2022, p. 269-306.

ARIENTE, E. *Curso de direito da inovação*. Belo Horizonte/São Paulo: D'Plácido, 2023.

ARROW, K. J. Economic Welfare and the Allocation of Resources for Invention. *In:* NATIONAL BUREAU OF ECONOMIC RESEARCH – NBER (org.) *The Rate and Direction of Inventive Activity:* Economic and Social Factors. Princeton: Princeton University Press, 1962, p. 609-626.

ARROWSMITH, S.; KUNZLIK, P. Public procurement and horizontal policies in EC law: general principles. *In*: ARROWSMITH, S.; KUNZLIK, P. *Social and environmental policies in EC procurement law:* new directives and new directions. Cambridge: Cambridge University Press, 2009.

ARROWSMITH, S. A taxonomy of horizontal policies in public procurement. *In*: ARROWSMITH, S.; KUNZLIK, P. *Social and environmental policies in EC procurement law*: new directives and new directions. Cambridge: Cambridge University Press, 2009.

ARROWSMITH, S. Horizontal policies in public procurement: a taxonomy. *Journal of Public Procurement*, vol. 10, issue 2, 2010, p. 149-186.

ASCHHOFF, B.; SOFKA, W. Innovation on demand – can public procurement drive market success of innovations? *Research Policy*, 38, issue 8, 2009, p. 1235-1247.

BAJARI, P.; TADELIS, S. Incentives Versus Transaction Costs: a Theory of Procurement Contracts. *RAND Journal of Economics*, n. 32, 2001, p. 387-407.

BAJARI, P.; MCMILLAN, J.; TADELIS, S. Auctions versus negotiations in procurement: an empirical analysis. *Journal of Law, Economics and Organization*, v. 25, n. 2, 2008, p. 372-399.

BANCO INTERAMERICANO DE DESENVOLVIMENTO (BID). *Efficiency and transparency in the public sector:* advances in public procurement in Latin America and the Caribbean 2002–2012. IDB-BR-129, 2014. Disponível em: https://publications.iadb. org/publications/english/document/Efficiency-and-Transparency-in-the-Public-Sector-Advances-in-Public-Procurement-in-Latin-America-and-the-Caribbean-(2002-2012).pdf. Acesso em: 19 out. 2023.

BANDIERA, O. PRAT, A.; VALETTI, T. Active and Passive Waste in Government Spending: Evidence from a Policy Experiment. *American Economic Review*, 99 (4), 2009, p. 1278-1308.

BAPTISTA, P. *Transformações do direito administrativo*. Rio de Janeiro: Renovar, 2003.

BARBOSA, C. M. M. Parceria para Inovação na União Europeia e a Lei Federal de Inovação Brasileira. *Publicações da Escola da AGU*, vol. 39, n. 1. Belo Horizonte: Fórum, 2015.

BARBOSA, R. *Teoria política*. v. XXXVI. Rio de Janeiro: W. M. Jackson Editores, 1950.

BARBOSA, D. B. (org.) *Direito da Inovação:* comentários à lei federal de inovação, incentivos fiscais à inovação, legislação estadual e local, poder de compra dos estados (modificações à lei de licitações). 2. ed. rev. e aumentada. Rio de Janeiro: Lumen Juris, 2011.

BARROSO, L. R. A constitucionalização do direito e suas repercussões no âmbito administrativo. *In:* ARAGÃO, A. S.; MARQUES NETO, F. A. (Coord.). *Direito administrativo e seus novos paradigmas*. Belo Horizonte: Fórum, 2008

BEIRÃO, P. S. L. Arcabouço Legal ou Entraves Legais. *Parcerias Estratégicas – Edição especial CNCTI*, Centro de Gestão e Estudos Estratégicos (CGEE), v. 15, n. 31, parte 1, dezembro/2010.

BENKLER, Y. *The Wealth of Networks How Social Production Transforms Markets and Freedom.* New Haven: Yale University Press, 2006.

BERCOVICI, G. O direito constitucional passa, o direito administrativo permanece: a persistência da estrutura administrativa de 1967. *In:* TELES, E. SAFATLE, V. *O que resta da ditadura:* a exceção brasileira. São Paulo: Boitempo, 2010.

BINENBOJM, G. *Uma teoria do direito administrativo*. Direitos fundamentais, democracia e constitucionalização. 2. ed. Rio de Janeiro: Renovar, 2008.

BINENBOJM, G. O sentido da vinculação administrativa à juridicidade no direito brasileiro. *In:* ARAGÃO, A. S.; MARQUES NETO, F. A. (Coord.). *Direito Administrativo e seus novos paradigmas*. Belo Horizonte: Fórum, 2012.

BITENCOURT NETO, E. *Concertação administrativa interorgânica*. São Paulo: Almedina, 2017.

BITTENCOURT, P. F.; RAUEN, A. T. Políticas de Inovação: racionalidade, instrumentos e coordenação. *In:* RAPINI, M. S.; RUFFONI, J.; SILVA, L. A.; ALBUQUERQUE, E. M.; *Economia da Ciência, Tecnologia e Inovação: Fundamentos Teóricos e a Economia Global*, Belo Horizonte: Cedeplar/UFMG, 2021. Cap. 20, p. 520-546.

BOBBIO, N. *O positivismo jurídico:* lições de filosofia do direito. São Paulo: Ícone, 1995.

BOGOSSIAN, A. M. O diálogo concorrencial. *Boletim de Direito Administrativo – BDA*, São Paulo, v. 26, n. 4, abr. 2010, p. 432-448.

BONVILLIAN, W. B. The new model innovation agencies: An overview. *Science and Public Policy*, 41, 2014, p. 425-437.

BOURCIER, D. Modéliser la decision administrative. Réflexions sur quelques paradigmes. *In:* CHEVALLIER, J.; GUGLIELMI, G. J.; LOCHAK, D. *Le droit administratif en mutation.* Paris: PUF, 1993.

BRAGA, O. Serviços públicos concedidos. *Revista de Direito Administrativo*, Rio de Janeiro, v. 7, 1947, p. 33-51.

BRASIL. MINISTÉRIO DA CIÊNCIA, TECNOLOGIA E INOVAÇÃO (MCTI). *Estratégia Nacional de Ciência, Tecnologia e Inovação.* Brasília: Ministério da Ciência, Tecnologia e Inovação, 2016.

BRASIL. SECRETARIA DE ASSUNTOS ESTRATÉGICOS (SAE). *Positivismo includente:* empreendedorismo vanguardista. Subsecretaria de Ações Estratégicas: Secretaria de Assuntos Estratégicos da Presidência da República: 2015. Disponível em: http://www.sae.gov.br/wp-content/uploads/EMPREENDEDORISMO-VANGUARDISTA-FINAL-FUNDO- CLARO.pdf. Acesso em: 16 dez. 2023.

BRAZILLAB. *Mapa GovTech Brasil 2024.* São Paulo: BrazilLab/Oracle, 2024. Disponível em: https://brazillab.org.br/mapa-govtech. Acesso em: 06 abr. 2024.

BRENNAN, T. J.; MACAULEY, M. K.; WHITEFOOT, K. S. *Prizes or patentes for technology procurement: an assessment and analytical framework.* Washington: RFF, 2012. (Discussion Paper, n. 11-21).

BRIGANTE, P. C. *Efetividade dos instrumentos de políticas públicos nos gastos em P&D no Brasil.* Tese (Doutorado). Escola de Engenharia, Universidade de São Paulo, São Carlos, 2016. Disponível em: https://teses.usp.br/teses/disponiveis/18/18157/tde-11052016-165908/pt-br.php Acesso em: 10 maio 2024.

BRITO CRUZ, C. H. A Universidade, a Empresa e a Pesquisa que o país precisa. *In: Parcerias estratégicas*, Brasília, vol. 5, n. 8, 2000.

BUAINAIN, M.; LIMA JÚNIOR, I. S.; e CORDER, S. Desafios no financiamento à inovação no Brasil. *In:* COUTINHO, D.; FOSS, M. C.; e MOUALLEM, P. S. (Org.) *Inovação no Brasil* – avanços e desafios jurídicos e institucionais. São Paulo: Blucher, 2017, p. 97-123.

BUAINAIN, A. M; CORDER, S.; e PACHECO, C. A. Brasil: experiencias de transformación de la institucionalidad pública de apoyo a la innovación y el desarrollo tecnológico. *In:* RIVAS, G; ROVIRA, S (ed.). *Nuevas instituciones para la innovación:* prácticas y experiencias en América Latina. Santiago de Chile: CEPAL, 2014.

BUCCI, M. P. D Processo administrativo: perspectives modernizantes decorrentes da nova legislação. *In:* CARDOZO, J. E. M. QUEIROZ, J. E. L.; SANTOS, M. W. B. (org.). *Curso de direito administrativo econômico.* Vol. III. São Paulo: Malheiros, 2006.

BUCCI, M. P. D.; COUTINHO, D. R. Arranjos jurídico-institucionais da política de inovação tecnológica: uma análise baseada na abordagem de direito e políticas públicas. *In:* COUTINHO, D.; FOSS, M. C.; e MOUALLEM, P. S. (Org.) *Inovação no Brasil* – avanços e desafios jurídicos e institucionais. São Paulo: Blucher, 2017, p. 313-339.

BUCCINO, G.; IOSSA, E., RAGANELLI, B.; VINCZE, M. Competitive dialogue: an economic and legal assessment. *Journal of Public Procurement*, v. 20, n. 2, 2020, p. 163-185.

BULOW, J.; KLEMPERER, P. Auctions versus Negotiations. *The American Economic Review*, Vol. 86, nº 1, mar/1996, p. 180-194. Disponível em: https://ora.ox.ac.uk/objects/uuid:a924ad0e-92f7-4590-8c0d-1fd01b3b39c0/download_file?file_format=pdf&safe_filename=negotiations.pdf&type_of_work=Working+paper Acesso em: 10 maio 2024.

BURSTEIN, M.J.; MURRAY, F. E. Innovation prizes in practice and theory. *Harvard Journal of Law & Technology*. Volume 29, number 2, spring 2016. Disponível em: http://jolt.law.harvard.edu/articles/pdf/v29/29HarvJLTech401.pdf Acesso em: 10 maio 2024.

CABRAL, F. G. O ativismo de contas do Tribunal de Contas da União. *Revista de Direito Administrativo, Infraestrutura, Regulação e Compliance (RDAI)*, São Paulo, v. 5, n. 16, 2021, p. 215-257.

CABRAL, L; COZZI, G.; DENICOLO', V.; SPAGNOLO, G.; ZANZA, M. Procuring Innovations. *In:* DIMITRI, N.; PIGA, G.; SPAGNOLO, G. (ed.). *Handbook of procurement.* Cambridge (UK): Cambridge University Press, 2006, p. 483-529.

CÂMARA, J. A. Autorizações administrativas vinculadas: o exemplo do setor de telecomunicações. *In:* ARAGÃO, A. S.; MARQUES NETO, F. A. (coord.) *Direito administrativo e seus novos paradigmas.* Belo Horizonte: Fórum, 2008.

CÂMARA, J. A. Nova Lei de Licitações: maximalista, porém flexível. *Jota.* 25 maio 2022. Disponível em: https://www.jota.info/opiniao-e-analise/colunas/publicistas/nova-lei-de-licitacoes-maximalista-porem-flexivel-25102022. Acesso em: 10 maio 2024.

CAMPAGNOLO, J.M.; DUBEUX, R. R.; KNORR VELHO, S. R. O regulamento do novo marco legal da inovação. *Parcerias Estratégicas*. Brasília, v. 24, n. 48, jan-jun, 2019, p. 83-102.

CARNAES, M.; TONETTI, R. R. H. A regulamentação da Lei Complementar nº 182/2021: um passo necessário. *Revista Eletrônica Consultor Jurídico*, São Paulo, abr. 2022. Disponível em: https://www.conjur.com.br/2022-abr-24/publico-pragmatico-regulamentacao-lei-complementar-1822021-passo-necessario/. Acesso em: 05 abr. 2024.

CARPINETI, L.; PIGA, G.; ZANZA, M. The variety of procurement practice: evidence from public procurement. *In:* DIMITRI, N.; PIGA, G.; SPAGNOLO, G. (Ed.). *Handbook of procurement.* Cambridge (UK): Cambridge University Press, 2006, p. 14-44.

CARVALHO FILHO, J. S. *Manual de direito administrativo.* 23. ed. Rio de Janeiro: Lumen Juris, 2010.

CASTRO, A. C. *Políticas de inovação e capacidades estatais comparadas*: Brasil, China e Argentina. Brasília: Ipea, 2015. (Texto para Discussão, n. 2106). Disponível em: https://www.ipea.gov.br/portal/images/stories/PDFs/TDs/td_2106.pdf. Acesso em: 23 maio 2024.

CASSESE, S (org.). *Trattato di Diritto Amministrativo* – Diritto Amministrativo Generale, Tomo II, Milano, Dott. A. Giuffrè, 2000.

CASSESE, S. New paths for adminsitrative law: A manifesto. *International Journal of. Constitutional Law*. Vol. 10, issue 3. Oxford: Oxford University Press, jul./2012, p. 603-613.

CAVALCANTI, T. B. *Instituições de direito administrativo brasileiro.* 2. ed. Vol. 1. Rio de Janeiro: Freitas Bastos, 1938. Disponível em: https://bibliotecadigital.stf.jus.br/xmlui/handle/123456789/632. Acesso em: 10 maio 2024.

CHANG, H. J. *Kicking Away the Ladder:* Development Strategy in Historical Perspective. London: Anthem Press, 2002.

CHESBROUGH, H.W. *Open innovation:* the new imperative for creating and profiting from technology. Boston: Harvard Business Press, 2003a.

CHESBROUGH, H. W. The Era of Open Innovation. *MIT Sloan Management Review*, vol. 44, n. 3, 2003b.

CHIOATO, T L. P.; LINS, M. P. E. Compras públicas para inovação na perspectiva do controle. *In:* RAUEN, A.T. (org.), *Compras públicas para inovação no Brasil:* novas possibilidades legais. Brasília: Ipea, 2022.

CONFEDERAÇÃO NACIONAL DA INDÚSTRIA (CNI). *O marco legal de ciência, tecnologia e inovação dos estados e do Distrito Federal situação atual e recomendações.* Confederação Nacional da Indústria. Brasília: CNI, 2020.

CONFEDERAÇÃO NACIONAL DA INDÚSTRIA (CNI); FUNDAÇÃO GETULIO VARGAS (FGV). *Aplicação dos novos dispositivos da Lei de Introdução às Normas do Direito Brasileiro (LINDB) pelo Tribunal de Contas da União.* Relatório de Pesquisa. São Paulo: FGV, 2021. Disponível em: https://direitosp.fgv.br/sites/default/files/2022-03/sumario-executivo_observatorio-do-tcu_aplicacao-dos-novos-dispositivos-da-lindb-pelo-tcu.pdf. Acesso em: 10 fev. 2024.

CORDEIRO, A. M. *Contratos públicos:* subsídios para a dogmática administrativa, com exemplo no princípio do equilíbrio financeiro. Coimbra: Almedina, 2007.

CORONA, R. F. Insegurança jurídica no ambiente regulatório para inovação. *Parcerias Estratégicas – Edição especial CNCTI*, Centro de Gestão e Estudos Estratégicos (CGEE), v.15, n.31, parte 1, dezembro/2010.

COSTA, L. M. *O controle externo das contratações diretas realizado pelos Tribunais de Contas da União:* uma análise de sua atuação a partir de casos concretos. Dissertação (Mestrado em Direito). Faculdade de Direito da Universidade de São Paulo, 2017.

COUTINHO, D. R. O direito nas políticas públicas. *In:* MARQUES, E.; FARIA, M. A. P. (Org.). *A política pública como campo multidisciplinar.* São Paulo: Unesp; Ed. Fiocruz, 2013, p. 181-198.

COUTINHO, D. R.; MOUALLEM, P. S. B. O Direito Contra a Inovação? A persistência dos gargalos jurídicos à inovação no Brasil. *In:* LASTRES, M. M.; CASSIOLATO, J. E.; LAPLANE, G.; SARTI, F. *O futuro do desenvolvimento:* ensaios em homenagem a Luciano Coutinho. Campinas: UNICAMP, 2016, p. 181-214.

CRETELLA JÚNIOR, J. *Direito administrativo comparado*. Rio de Janeiro, Forense, 1990.

DALLARI, A. A. Licitação – competências para classificar propostas, adjudicar, homologar e anular. *Boletim de Licitações e Contratos*. jun/1994, p. 243-247.

DALLARI, A. A. *Aspectos jurídicos da licitação*. 7. ed. atual. São Paulo: Saraiva, 2006

DE NEGRI, F. RAUEN, A. SQUEFF, F. Ciência, inovação e produtividade: por uma nova geração de políticas públicas. *In:* DE NEGRI, J. ARAÚJO, B. BACELETTE, R. (Orgs.). *Desafios da nação- artigos de apoio*. V. 1. Brasília – Ipea, 2018, p. 533-560.

DE NEGRI, F.; RAUEN, A. T. *Innovation Policies in Brazil during the 2000's*: the need for new paths, IPEA Discussion Paper nº 235. Brasília: Ipea, 2018.

DE NEGRI, F. *Novos caminhos para a inovação no Brasil*. Washington, DC: Wilson Center, 2018.

DE NEGRI, F.; ZUCOLOTO, G.; MIRANDA, P.; KOELLER, P.; RAUEN, A. T.; SZIGETHY, L. *Redução drástica na inovação e no investimento em P&D no Brasil*: o que dizem os indicadores da Pesquisa de Inovação 2017. Nota técnica nº 60, Diset – Diretoria de Estudos e Políticas Setoriais de Inovação e Infraestrutura. Brasília: Ipea, 2020.

DEZOUZA, K. *Challenge.gov: Using Competitions and Awards to Spur Innovation*. Washington, DC: IBM Center for the Business of Government, 2012. Disponível em: http://www.businessofgovernment.org/ sites/default/files/Challenge.gov.pdf. Acesso em: 10 maio 2024.

DI PIETRO, M. S. Z. *Parcerias na administração pública*. 9. ed. São Paulo: Atlas, 2012a.

DI PIETRO, M. S. Z. *Discricionariedade administrativa na Constituição de 1988*. 3. ed. São Paulo: Atlas, 2012b.

DI PIETRO, M. S. Z. O que sobrou da discricionariedade administrativa? Reflexões sobre o controle da Administração e a judicialização das políticas públicas. *In:* MARRARA, T. e GONZÁLEZ, J. A. *Controles da administração e judicialização de políticas públicas*. São Paulo: Almedina, 2016, p. 167-190.

DI PIETRO, M. S. Z. *Direito administrativo*. 31. ed. Rio de Janeiro: Forense, 2018.

DRUCKER, P. F. *Inovação e espírito empreendedor (entrepreneurship):* práticas e princípios. 3. ed. São Paulo: Pioneira, 1991

DUGUIT, L. *Les Transformations du Droit Public*. Paris: Librairie Armand Colin, 1913.

DUGUIT, L. *Traité de Droit Constitutionnel*, 3. ed. Tomo III. Paris: Ancienne Librarie Fontemoing & Cie., 1930. Disponível em: https://gallica.bnf.fr/ark:/12148/bpt6k5747875f/f411.item. Acesso em: 14 dez. 2023.

EDLER, J.; GEORGHIOU, L.; BLIND, K.; UYARRA, E. Evaluating the demand side: new challenges for evaluation. *Research Evaluation*, v. 21, n. 1, jan. 2012, p. 33-47.

EDLER, J.; GEORGHIOU, L. Public procurement and innovation – resurrecting the demand side. *Research Policy*. n. 36, 2007.

EDLER, J. Review of policy measures to stimulate private demand for innovation: concepts and effects. *In:* MIOIR – MANCHESTER INSTITUTE OF INNOVATION RESEARCH (org.). *Compendium of evidence on the effectiveness of innovation policy intervention.* Manchester: MIoIR/Nesta, 2013. Disponível em: https://media.nesta.org.uk/documents/review_of_policy_measures_to_stimulate_private_demand_for_innovation._concepts_and_effects.pdf. Acesso em: 10 maio 2024.

EDLER, J.; GEORGHIOU, L.; UYARA, E.; YEOW, J. The meaning and limitations of public procurement for innovation: a supplier's experience. *In:* EDQUIST, C.; VONORTAS, N. S.; ZABALA-ITURRIAGAGOTIA, J. M. e EDLER, J. (ed.) *Public procurement of innovation.* Cheltenham (UK)/ Northampton (MA): Edward Elgar, 2015, p. 35-64.

EDLER, J.; FAGERBERG, J. Innovation policy: what, why, and how. *Oxford Review of Economic Policy*, v. 33, n. 1, 2017, p. 2-23.

EDQUIST, C.; HOMMEN, L. Public technology procurement and innovation theory. *In:* EDQUIST, C.; HOMMEN, L.; TSIPOURI, L. (Ed.). *Public technology procurement and innovation.* Boston: Kluwer Academic Publishers, 2000, p. 5-60.

EDQUIST, C. Systems of innovation: perspectives and challenges. *The Oxford Handbook of Innovation*, Chapter 7. Oxford University Press: Oxford, 2005, p. 181–208.

EDQUIST, C. Design of innovation policy through diagnostic analysis: identification of systemic problems (or failures). *Industrial and Corporate Change*, 20, (6), 2011, p. 1-29.

EDQUIST, C.; ZABALA-ITURRIAGAGOITIA, J. M. Public Procurement for Innovation as mission-oriented innovation policy. *Research Policy*. n. 41, 2012, p. 1757-1769.

EDQUIST, C.; ZABALA-ITURRIAGAGOITIA, J. M. Pre-commercial procurement: a demand or supply policy instrument in relation to innovation? *R&D Management*, v. 45, n. 2, mar. 2015, p. 147-160.

EDQUIST, C.; VONORTAS, N. S.; ZABALA-ITURRIAGAGOTIA, J. M. e EDLER, J. (ed.) *Public procurement of innovation.* Cheltenham (UK)/ Northampton (MA): Edward Elgar, 2015.

ESTORNINHO, M. J. *Requiem pelo contrato administrativo.* Coimbra: Almedina, 2003.

ETZKOWITZ, H. e ZHOU, C. Hélice tríplice: inovação e empreendedorismo universidade-indústria-governo. Tradução de Carlos Malferrari, revisão de Guilherme Ary Plonski. *Estudos avançados* – IEA/USP, v. 31, n. 90, 2017, p. 23-48.

EUROSTAT. *Smarter, greener, more inclusive?* Indicators to support the Europe 2020 strategy. Luxembourg: Publications Office of the European Union, 2019. Disponível em: https://ec.europa.eu/eurostat/en/web/products-statistical-books/-/KS-04-19-559. Acesso em: 10 maio 2024.

FAGUNDES, M. S. O conceito de mérito administrativo. *Revista de Direito Administrativo*, Rio de Janeiro, v. 23, jan./mar. 1951.

FAGUNDES, M. S. *O controle dos atos administrativos pelo Poder Judiciário.* 4. ed. Rio de Janeiro: Forense, 1967.

FASSIO, R. C. *Novos parâmetros para o poder de compra do Estado*. Dissertação (Mestrado). Faculdade de Direito da Universidade de São Paulo. São Paulo, 2017.

FASSIO, R. C.; RADAELLI, V.; AZEVEDO, E.; DIAZ, K. *Revisitando as compras públicas de inovação no Brasil*: oportunidades jurídicas e institucionais. Washington: Banco Interamericano de Desenvolvimento (BID), 2021. Disponível em: https://publications.iadb.org/pt/revisitando-compras-publicas-de-inovacao-no-brasil-oportunidades-juridicas-e-institucionais. Acesso em: 09 jun. 2024.

FASSIO, R. C.; RADAELLI, V.; AZEVEDO, E.; DIAZ, K. *Guia de alternativas jurídicas e boas práticas para contratações de inovação no Brasil*. Washington: Banco Interamericano de Desenvolvimento (BID), 2022. Disponível em: https://publications.iadb.org/pt/contratacoes-de-inovacao-guia-de-alternativas-juridicas-e-de-boas-praticas-para-contratacoes-de. Acesso em: 09 jun. 2024.

FASSIO, R. C. A licitação na modalidade concurso como alternativa para contratações públicas de inovação: lições para o caso PitchGov-SP. *In:* MONTEIRO, V.; RAUEN, A. T, MOURAO, C. M. (org) *Soluções jurídicas para a inovação*. Série Cadernos de Direito e Inovação. Vol 3. São Paulo: Instituto de Estudos Avançados, Universidade de São Paulo, 2022.

FASSIO, R. C.; LANGEVIN, C. *Guia de contratações públicas de inteligência artificial*. São Paulo: Centro da Quarta Revolução Industrial do Brasil (C4IR Brasil), 2022a. Disponível em: https://c4ir.org.br/wp-content/uploads/2022/11/1648128585465GUIA-DE-CONTRATACOES-PUBLICAS-DE-AI_C4IR_v4.pdf. Acesso em: 09 jun. 2024.

FASSIO, R. C.; LANGEVIN, C. *Unpacking AI Procurement in a Box*: insights from implementation. White Paper. Genebra: World Economic Forum, May 2022b. Disponível em: https://www3.weforum.org/docs/WEF_Unpacking_AI_Procurement_in_a_Box_2022.pdf. Acesso em: 09 jun. 2024.

FASSIO, R. C.; ROMITELLI, G. É possível promover a inovação por meio do pregão? *In:* RAUEN, A. T. (org.) *Compras públicas para inovação no Brasil*: novas possibilidades legais. Brasília: Ipea, 2022, p. 123-163.

FASSIO, R. C.; NOBREGA, M. Procedimentos auxiliares na Nova Lei de Licitações: o rating de fornecedores no registro cadastral e o procedimento de manifestação de interesse. *In:* AGRA, W. M.; NOBREGA., M. (org.) *Deambulações sobre a lei de licitações e contratos administrativos*. Recife: Juris Dictio editora, 2023.

FASSIO, R. C. *Sandbox regulatório no Marco Legal das Startups*. Brasília: Tribunal de Contas da União, 2023.

FERNANDES, C. C. C. *Política de compras e contratações*: trajetória e mudanças na administração pública federal brasileira. Tese (Doutorado). Escola Brasileira de Administração Pública e de Empresas/FGV, Rio de Janeiro, 2010.

FERNANDES, C. C. C. A organização da área de compras e contratações na Administração Pública brasileira: o elo frágil. *In: VII Congresso CONSAD de Gestão Pública*. Brasília, 25-27mar./2014a.

FERNANDES, C. C. C. A trajetória da construção do arcabouço legal das compras e contratações na administração pública federal brasileira: processo decisório e oportunidade política. *In: XIX Congreso Internacional del CLAD sobre la Reforma del Estado y de la Administración Pública.* Quito, 11-14 nov./2014b.

FERRAZ, S. Dos contratos das empresas estatais. *In:* FERRAZ, S. (org.) *Comentários sobre a lei das estatais.* São Paulo: Malheiros, 2019, p. 218-235.

FIORENTINO, L. (org.). *Lo stato compratore. L'acquisto di beni e servizi nelle publiche amministrazioni.* Bologna: Il Mulino, 2007.

FIUZA, E. P. S. Licitações e governança de contratos no Brasil: a visão dos economistas. *In:* SALGADO, L. H.; FIUZA, E. P. S. (Ed.). *Marcos regulatórios no Brasil:* é tempo de rever regras? Rio de Janeiro: Ipea, 2009, p. 239-274.

FIUZA, E. P. S; MEDEIROS, B. A. *A agenda perdida das compras públicas:* rumo a uma reforma abrangente da lei de licitações e do arcabouço institucional. Texto para discussão nº 1990. Brasília: Ipea, 2014.

FLANAGAN, K., UYARRA, E., LARANJA, M. R. Reconceptualising the 'policy mix' for innovation. *Research Policy,* n. 40 (5), 2011, p. 702–713.

FORGIONI, P.A. *Os fundamentos do antitruste.* 7. ed. São Paulo: RT, 2014.

FONSECA, T. N. *Tribunal de Contas da União*: regras institucionais e fatores políticos na explicação de seu desempenho. Tese (Doutorado). Faculdade de Filosofia, Letras e Ciências Humanas da Universidade de São Paulo (FFLCH-USP), São Paulo, 2015.

FOSS, M. C. *Compras públicas como instrumento de política de inovação orientada à demanda:* experiências no Brasil, nos Estados Unidos e na União Europeia. Tese (Doutorado). Instituto de Geociências da Universidade Estadual de Campinas (UNICAMP), Campinas, 2019.

FOSS, M. C.; MONTEIRO, V. Diálogos competitivos motivados pela inovação. *In:* RAUEN, A. T. (org.) *Compras públicas para inovação no Brasil:* novas possibilidades legais. Brasília: Ipea, 2022, p. 237-267.

FRAGALE FILHO, R.; VERONESE, A. A pesquisa em direito: diagnóstico e perspectivas. *Revista Brasileira de Pós-Graduação,* v. 1, n. 2, nov/2004. Disponível em: https://rbpg.capes. gov.br/index.php/rbpg/article/view/40 Acesso em: 19 dez. 2023.

FREEMAN, C. *Technology Policy and Economic Performance:* lessons from Japan. London: Pinter Pub, 1989.

FREEMAN, C. The 'National Innovation System' in historical perspective. *Cambridge Journal of Economics,* n. 19, 1995, p. 5-24.

FREEMAN, C. *The economics of industrial innovation.* 3. ed. Cambridge: MIT Press, 1997.

FREITAS, M. B. F. *Tribunais de Contas:* parceiros ou obstantes no processo brasileiro de desenvolvimento científico, tecnológico e de inovação? Tese (doutorado). Instituto de Geociências da Universidade Estadual de Campinas (UNICAMP). Campinas, 2013.

Disponível em: http://repositorio.unicamp.br/jspui/ handle/REPOSIP/287705 Acesso em: 19 dez. 2023.

GARCÍA DE ENTERRÍA, E.; FERNÁNDEZ, T. R. *Curso de derecho administrativo*. 8. ed. Madrid: Civitas, 1998.

GAUDIN, J. P. *Gouverner par contrat*. 2. ed. Paris: Presses de Science Po, 2007.

GEROSKI, P.A. Procurement policy as a tool of industrial policy. *International Review of Applied Economics*, 4(2), p. 182–198, 1990.

GIACOMUZZI, J. G. *Estado e contrato*: supremacia do interesse público versus igualdade: um estudo comparado sobre a exorbitância no contrato administrativo. São Paulo: Malheiros, 2011.

GILSON, R. J.; SABEL, C. F.; SCOTT, R. E., Contracting for innovation: vertical disintegration and interfirm collaboration. *Columbia Law Review*, vol. 109, n. 3, 2009. Disponível em: https://scholarship.law.columbia.edu/cgi/viewcontent.cgi?article=1401 &context=faculty_scholarship Acesso em: 19 abr. 2024.

GILSON, R. J.; SABEL, C. F.; SCOTT, R. E. Braiding: the interaction of formal and informal contracting in theory, practice and doctrine. *Columbia Law Review*, vol. 110, 2010. Disponível em: https://scholarship.law.columbia.edu/cgi/viewcontent.cgi?article =1058&context=faculty_scholarship Acesso em: 19 abr. 2024.

GODIN, B. *Innovation contested: the idea of innovation over the centuries*. New York: Routledge, 2015.

GOMES, O. *Contratos*. 26. ed. atualizada por Antonio Junqueira de Azevedo e Francisco Paulo De Crescenzo Marino. Rio de Janeiro: Forense, 2009.

GONÇALVES, P. C. *O contrato administrativo*: uma instituição do direito administrativo do nosso tempo. 1. reimp. Coimbra: Almedina, 2004.

GONÇALVES, P. C. *Reflexões sobre o Estado Regulador e o Estado Contratante*. Coimbra: Coimbra Editora, 2013.

GRAU, E. R. *A ordem econômica na Constituição de 1988*. 13. ed. São Paulo: Malheiros, 2008.

GRAU, E. R. Licitação – Dispensa – Notória especialização. *Revista de Direito Administrativo*, Rio de Janeiro, v. 150, p. 216-226, jan. 2015.

GROTTI, D. A. M. A teoria dos conceitos indeterminados e a discricionariedade técnica. *Revista Direito UFMS*, Campo Grande/MS, edição especial, jan./jun. 2015.

GUASCH, J. L. *Granting and Renegotiating Infrastructure Concessions*: Doing it Right. WBI Development Studies: Washington: World Bank, 2004.

GUERZONI, M., RAITERI, E. Demand-side vs. supply-side technology policies: hidden treatment and new empirical evidence on the technology policy mix. *Research Policy*, 44, p. 726–747, 2015.

GUERRA, S. Discricionariedade técnica e agências reguladoras. *Revista da Agência Estadual de Regulação dos Serviços Públicos Delegados do Rio Grande do Sul (AGERGS)*. Porto Alegre, nº 8, março/2005.

GUIMARÃES, F. V. Direito administrativo do medo: a crise da ineficiência pelo controle. *Revista de Direito do Estado*, n. 71, 2016. Disponível em: http://www.direitodoestado.com. br/colunistas/fernando-vernalha-guimaraes/o-direito-administrativo-do-medo-a-crise-da-ineficiencia-pelo-controle. Acesso em: 20 dez. 2023.

HACKETT, J. M.G. Roger Bacon: His Life, Career, and Works. *In:* HACKETT, J. M. G. (ed.) *Roger Bacon and the Sciences: Commemorative Essays.* Leiden/New York/Koln: Brill, 1997, p. 9–24. Disponível em: https://books.google.com.br/books?id=Gy3Vp7TurVUC& pg=PA9&redir_esc=y#v=onepage&q&f=false. Acesso em: 01 fev. 2024.

HADFIELD, G. K.; BOZOVIC, I. Scaffolding: Using Formal Contracts to Build Informal Relations to Support Innovation. *Wisconsin Law Review*, n. 981, 2016, p. 981-1032.

HAMEDUDDIN, T.; FERNANDEZ, S.; DEMIRCIOGLU, M. A. Conditions for open innovation in public organizations: evidence from Challenge.gov. *Asia Pacific Journal of Public Administration*, Vol. 42, nº 2, 2020, p. 111-131. Disponível em: https://doi.org/10.1 080/23276665.2020.1754867. Acesso em: 02 jun. 2024.

HAUGBØLLE, K.; PIHL, D.; GOTTLIEB, S. C. Competitive Dialogue: Driving Innovation Through Procurement? *Procedia Economics and Finance*, 21, 2015, p. 555-562.

HOMMEN, L.; ROLFSTAM, M. Public procurement and innovation: towards a taxonomy. *Journal of Public Procurement.* v. 9, n. 1, p. 17-56, Jan. 2009. Disponível em: https://www. ippa.org/IPPC3/JoPP%209(1)/Art2_TowardsaTaxonomy.pdf. Acesso em: 20 fev. 2024.

HORBACH, C. B. Contratos administrativos: conceito e critérios distintivos. *Revista Brasileira de Políticas Públicas.* Brasília: UniCEUB, vol. 6, nº 1, jan/jul 2016.

JACOBY FERNANDES, J. U. *Contratação direta sem licitação*: dispensa de licitação: inexigibilidade de licitação: comentários às modalidades de licitação, inclusive o pregão: procedimentos exigidos para a regularidade da contratação direta. 9. ed. rev. atual. e ampl. Belo Horizonte: Fórum, 2012.

JOHNSON, P. A.; ROBINSON, P. J.; Civic hackathons: innovation, procurement, or civic engagement? *Review of Policy Research*, Policy Studies Organization, vol. 31(4), julho/2014, pp 349-357.

JORDANA DE POZAS, Luis. Ensayo de una Teoria del Fomento en el Derecho Administrativo. *Revista de Estudios Políticos*, n. 48, 1949, p. 41-54.

JORDÃO, E. F. A intervenção do TCU sobre editais de licitação não publicados – controlador ou administrador? *Revista Brasileira de Direito Público – RBDP*, Belo Horizonte, ano 12, n. 47, out./dez. 2014

JORDÃO, E. F. *Controle judicial de uma Administração Pública complexa.* São Paulo: Malheiros, 2016.

JORDÃO, E. F. Por mais realismo no controle da administração pública. *Revista de Direito do Estado*, n. 183, 2016b. Disponível em: http://www.direitodoestado.com.br/colunistas/

eduardo-ferreira-jordao/por-mais-realismo-no-controle-da-administracao-publica. Acesso em: 05 abr. 2024.

JUSTEN FILHO, M; JORDÃO, E. F. A Contratação administrativa destinada ao fomento de atividades privadas de interesse coletivo. *Revista Brasileira de Direito Público*, v. 34, p. 47-72, 2011.

JUSTEN FILHO, M. *Curso de direito administrativo*. 10. ed. São Paulo: Revista dos Tribunais, 2014.

JUSTEN FILHO, M. *Comentários à lei de licitações e contratos administrativos*. 18. ed. São Paulo: Revista dos Tribunais, 2019.

JUSTEN FILHO, M. *Comentários à lei de licitações e contratações administrativas*. São Paulo: Ed. RT, 2021.

JUSTEN FILHO, M. A contratação sem licitação nas empresas estatais. *In*: JUSTEN FILHO, M. (org.) *Estatuto jurídico das Empresas Estatais – Lei 13.303/2016 – Lei das Estatais*. São Paulo: RT, 2016, p. 283-326.

KANNEBLEY JUNIOR, S.; PORTO, G. *Incentivos fiscais à pesquisa, desenvolvimento e inovação no Brasil*: uma avaliação das políticas recentes. Washington, D.C.: Inter-American Development Bank, 2012. Disponível em: https://edisciplinas.usp.br/pluginfile. php/3512888/mod_resource/content/2/BID%20incentivos%20fiscais %20no%20Brasil. pdf. Acesso em: 25 maio 2024.

KAY, L. *Managing Innovation Prizes in Government*. Washington, DC: IBM Center for the Business of Government, 2011. Disponível em: http://www.businessofgovernment.org/ sites/default/files/Managing %20Innovation%20Prizes%20in%20Government.pdf. Acesso em: 02 maio 2024.

KATTEL, R.; LEMBER, V. Public procurement as an industrial policy tool: an option for developing countries? *Journal of Public Procurement*, v. 10, n. 3, mar/2010, p. 368-404.

KELMAN, S. *Procurement and Public Management*: The Fear of Discretion and the Quality of Government Performance. Washington: The AEI Press, 1990.

KLEIN, V. *A economia dos contratos*. Curitiba: Editora CRV, 2015.

KLEMPERER, P. *Auctions*: theory and practice. Princeton: Princeton University Press, 2004.

KNIGHT, F. H. *Risk, uncertainty and profit*. V. 31. Boston: Houghton Mifflin, 1921.

KOELLER, P. *Política Nacional de Inovação no Brasil*: releitura das estratégias do período 1995-2006. Tese (Doutorado). Instituto de Economia da Universidade Federal do Rio de Janeiro (UFRJ), Rio de Janeiro, 2009. Disponível em http://www.redesist.ie.ufrj.br/nt/ nt.php?projeto=ts1. Acesso em: 02 mar. 2024.

KOELLER, P.; ZUCOLOTO, G. F.; SCHMIDT, F. H. Estatais federais com atuação transversal na política de ciência, tecnologia e inovação brasileira: agências federais de fomento à inovação – FINEP E BNDES. *In*: SILVA, M. S.; SCHMIDT, F. H.; KLIASS, P. (eds.). *Empresas estatais*: políticas públicas, governança e desempenho. Brasília: Ipea, 2019.

KOK, W. (org.) *Facing the Challenge*. The Lisbon Strategy for Growth and Employment. Report from a High Level Group. Luxembourg: Office for Official Publications of the European Community, 2004. Disponível em: https://op.europa.eu/en/publication-detail/-/publication/88b6bc81-e3ad-4156-960f-f549369aa9d4. Acesso em: 11 mar. 2024.

KRELL, A. Discricionariedade administrativa, conceitos jurídicos indeterminados e controle judicial. *Revista da Escola de Magistratura Federal da 5ª Região (ESMAFE)*, Recife, n. 8, dez. 2004.

KRELL, A. *Discricionariedade administrativa e conceitos legais indeterminados*. Porto Alegre: Livraria do Advogado, 2013.

KRISHNA, V. *Auction Theory*. 2. ed. Oxford: Academic Press/Elsevier, 2010.

LAUBADÈRE, A.; VENEZIA, J. C.; GAUDEMET, Y. *Traité de Droit Administratif*, Tome 1, 15. ed. Paris: L.G.D.J., 1999.

LEAL, J. C.; ÁVILA, M.L. Desestruturação do modelo de gestão compartilhada do FNDCT e a crise do apoio público à pesquisa científica e ao desenvolvimento tecnológico no Brasil. *Parcerias Estratégicas*. Brasília, v. 23, n. 47, jul-dez, 2018, p. 63-80.

LEON, G. (org.), GUY, K.; ACHESON, H.; NAUWELAERS, C.; TSIPOURI, L. *Mutual Learning Exercise* – Widening Participation and Strengthening Synergies: Summary Report. Luxembourg: Publications Office of the European Union, 2018. Disponível em: https://rio.jrc.ec.europa.eu/sites/default/files/report/MLE%20Widenning_Summary%20 Report.pdf Acesso em: 31 mar. 2024.

LIMBERGER, T.; TEIXEIRA, A. V; ABREU, M. B. G. Contratos administrativos e gestão pública – Proposições a partir de estudos de casos na Administração Pública federal indireta. *Revista de Direito Administrativo & Constitucional*. Belo Horizonte: Fórum, ano 14, n. 58, out./dez. 2014, p. 155-176.

LIMOEIRO, D.; SCHNEIDER, B. R. *State-led Innovation*: SOEs, Institutional Fragmentation, and Policy Making in Brazil. MIT Industrial Performance Center. Working Paper n. 17-004, 2017.

LIOTARD, I.; REVEST, V. Contests as innovation policy instruments: Lessons from the US federal agencies' experience. *Technological Forecasting and Social Change*, vol. 127, 2018, p. 57–69.

LIRA, B.; NÓBREGA, M. O Estatuto do RDC é contrário aos cartéis em licitação? Uma breve análise baseada na teoria dos leilões. *Revista Brasileira de Direito Público – RBDP*. Belo Horizonte, ano 9, n. 35, out./dez. 2011.

LOPES, J. R. L. *O oráculo de Delfos:* o Conselho de Estado no Brasil-Império. São Paulo: Saraiva, 2010.

LUNDVALL, B.-Å. (ed.). *National Systems of Innovation*: toward a theory of innovation and interactive learning. New York/London: Anthem Press, 2010.

MACEDO JUNIOR, R. P. *Contratos relacionais e defesa do consumidor*. 2. ed. São Paulo: Editora Revista do Tribunais, 2007.

MACNEIL, I. Contracts: Adjustment of long-term economic relation under classical, neoclassical, and relational contract law. *Northwestern University Law Review*, 72, Rev 854, p. 854-905, 1978.

MAIA, G.; FOSS, M. C.; COUTINHO, R.; BONACELLI, M. Encomendas tecnológicas no Decreto Paulista de Inovação: oportunidades e desafios para a efetividade da política de CT&I. *In:* MONTEIRO, V. (Org.) *Cadernos de Direito e Inovação. Decreto Paulista de Inovação.* Núcleo Jurídico do Observatório da Inovação e Competitividade do Instituto de Estudos Avançados da Universidade de São Paulo, 2018.

MARQUES NETO, F. A. Os consórcios públicos. *Revista Eletrônica de Direito do Estado.* Salvador: Instituto de Direito Público da Bahia, n. 3, jul./set., 2005.

MARQUES NETO, F. A. Do contrato administrativo à administração contratual. *Revista do Advogado.* São Paulo: AASP. Ano XXIX, nº 107, dez./2009.

MARQUES NETO, F. A. Os grandes desafios do controle da Administração Pública. *In:* MODESTO, P. (coord.). *Nova Organização Administrativa Brasileira,* Belo Horizonte: Fórum, 2009.

MARQUES NETO, F. A. O fomento como instrumento de intervenção estatal na ordem econômica. *Revista de Direito Público da Economia,* Belo Horizonte, vol. 8, nº 32, out.-dez. 2010.

MARQUES NETO, F. A. Contratos de construção do poder público. *In:* BAPTISTA, L. O., PRADO, M. A. (orgs). *Construção civil e direito.* São Paulo: Lex Magister, 2011.

MARQUES NETO, F. A. Parte III – Fomento. *In:* DI PIETRO, M. S. Z. (coord.). *Tratado de direito administrativo:* funções administrativas do Estado, vol. 4. São Paulo: Revista dos Tribunais, 2014.

MARQUES NETO, F. A.; PALMA, J. B. Os sete impasses do controle da administração pública no Brasil. *In:* PEREZ, M. A. e SOUZA, R. P. (coord.). *Controle da administração pública.* Belo Horizonte: Fórum, 2017.

MARQUES NETO, F. A.; FREITAS, R. V. *Comentários à Lei nº 13.655/2018 (Lei da Segurança para a Inovação Pública).* Belo Horizonte: Fórum, 2019.

MARRARA, T. *O diálogo competitivo como modalidade licitatória e seus impactos.* Disponível em: https://www.conjur.com.br/2017-jan-06/thiago-marrara-dialogo-competitivo-modalidade-licitatoria. Acesso em: 01 abr. 2024.

MASLOW, A. H. *The psychology of science: a reconnaissance.* New York: Harper and Row, 1966.

MATTOS, P. T. L. O sistema jurídico-institucional de investimentos público-privados em inovação no Brasil. *Revista de Direito Público da Economia - RDPE,* Belo Horizonte: Fórum, ano 7, n. 28, out./dez. 2009. Disponível em: http://www.bidforum.com.br/bid/PDI0006. aspx?pdiCntd=64266. Acesso em: 18 abr. 2024.

MAZZUCATO, M. *The entrepreneurial state: debunking public vs private sector myths.* New York: Public Affairs, 2018.

MAZZUCATO, M.; PENNA, C. *The Brazilian Innovation System:* A Mission-Oriented Policy Proposal. Avaliação de Programas em CT&I e apoio ao Programa Nacional de Ciência (Plataformas de conhecimento). Brasília, DF: Centro de Gestão e Estudos Estratégicos (CGEE), 2016.

MAZZUCATO, M.; SEMIENIUK, G. Public financing of innovation: new questions. *Oxford Review of Economic Policy,* Vol. 33, n. 1, jan/2017, p. 24-48.

MACAULAY, S. Non-contractual relations in business: a preliminary study. *American Sociological Review,* vol. 28, nº 1, Feb., 1963, p. 55-67.

MCCRUDDEN, C. Using public procurement to achieve social outcomes. *Natural Resources Forum,* nº 28, 2004, p. 257-267.

MCCRUDDEN, C. *Buying Social Justice:* Equality, Government Procurement, & Legal Change. New York: Oxford University Press, 2007.

MEDAUAR, O. Convênios e consórcios administrativos. *Revista Jurídica da Procuradoria Geral do Município de São Paulo.* São Paulo, CEJUR – Centro de Estudos Jurídicos, jun./1996, p. 69-89.

MEDAUAR, O. O florescimento de novas figuras contratuais. *Revista do Advogado.* São Paulo: AASP. Ano XXIX, nº 107, dez./2009, p. 150-154.

MEDAUAR, O. *O controle da Administração Pública.* São Paulo: Revista dos Tribunais, 2014.

MEDAUAR, O. *O direito administrativo em evolução.* 3. ed. Brasília: Gazeta Jurídica, 2017.

MEDAUAR, O. *Direito administrativo moderno.* 22. ed. Belo Horizonte: Fórum, 2020.

MEDEIROS, J. C. C. *Alianças estratégicas e os ambientes temáticos catalisadores de inovação:* o caso da UFMG. Curitiba: Appris, 2022.

MEIRELLES, H. L. *Direito administrativo brasileiro.* 40. ed. Atualizada por Délcio Balestero Aleixo, José Emmanuel Burle Filho. São Paulo: Malheiros, 2014.

MELLO, C. A. B. O conteúdo do regime jurídico-administrativo e seu valor metodológico. *Revista de Direito Administrativo,* Rio de Janeiro, v. 89, 1967.

MELLO, C. A. B. *Discricionariedade e controle jurisdicional.* 2. ed. São Paulo: Malheiros, 2006.

MELLO, C. A. B. *Curso de direito administrativo.* 31. ed. São Paulo: Malheiros, 2014.

MELLO, O. A. B. *Princípios gerais de direito administrativo.* 3. ed. São Paulo: Malheiros, 2010.

MENDONÇA, H.; PORTELA, B. M.; MACIEL NETO, A. R. Contrato público de soluções inovadoras: racionalidade fundamental e posicionamento no mix de políticas de inovação que atuam pelo lado da demanda. In: RAUEN, A. T. (org.) *Compras públicas para inovação no Brasil: novas possibilidades legais.* Brasília: Ipea, 2022, p. 467-492.

MENDONÇA, J. V. S. Uma teoria do fomento público: critérios em prol de um fomento público democrático, eficiente e não-paternalista. *Revista de Direito da Procuradoria Geral do Rio de Janeiro,* Rio de Janeiro, n. 65, 2010, p. 115-176.

MENDONÇA, J. V. S. A verdadeira mudança de paradigmas do direito administrativo brasileiro: do estilo tradicional ao novo estilo. *Revista de Direito Administrativo*, Rio de Janeiro, v. 265, jan/abr 2014, p. 179-198.

MENDONÇA, J. V. S. O fetiche do jurista e por que ele deve acabar. *Revista de Direito do Estado*. Colunistas, n. 92, 2016. Disponível em: http://www.direitodoestado.com.br/colunistas/jose-vicente-santos-mendonca/o-fetiche-do-jurista-e-por-que-ele-deve-acabar. Acesso em: 19 dez. 2023.

MENDONÇA, J. V. S. Direito administrativo e inovação: limites e possibilidades. *A&C – Revista de Direito Administrativo & Constitucional*, Belo Horizonte, ano 17, n. 69, jul./set. 2017, p. 169-189.

MERGEL, I.; DESOUZA, K. Implementing open innovation in the public sector: the case of Challenge.gov. *Public Administration Review*. Volume 73, Issue 6, 2013, p. 882-890. Disponível em: https://pdfs.semanticscholar.org/4525/ b3b40a874036107cb13a1d7aa893 5bd24f42.pdf. Acesso em: 02 mar. 2024.

MERGEL, I. Open innovation in the public sector: drivers and barriers for the adoption of Challenge.gov. *Public Management Review*, Volume 20, issue, 5, 2018, p. 726-745. Disponível em: https://kops.uni-konstanz.de/bitstream/handle/123456789/38990/Mergel_2-1k75n6d2zarbr5.pdf?sequence=1&isAllowed=y. Acesso em: 02 mar. 2024.

MERGEL, I., BRETSCHNEIDER, S. I.; LOUIS, C.; SMITH, J. 2014. The Challenges of Challenge.Gov: Adopting Private Sector Business Innovations in the Federal Government. *Proceedings of the 2014 47th Hawaii International Conference on System Sciences (HICSS)*, Washington, DC: IEEE, 2014, p. 2073–2082. Disponível em: https://ieeexplore.ieee.org/stamp/stamp.jsp?tp=&arnumber=6758860. Acesso em: 02 mar. 2024.

MILGROM, P. Putting auction theory to work: the simultaneous ascending auction. *Journal of Political Economy*, vol. 108, nº 2, 2000

MINGHELLI, M.; ROSA, B.B.; RIGHETTO, G. G.; CARVALHO, R.A.; TRAMONTIM, I.; ALMEIDA, J. A.; ASSUMPÇAO, L. C.; FIGUEIRAS JÚNIOR, S. L. *A aliança estratégica no novo marco legal da ciência, tecnologia e inovação*: novos arranjos institucionais para uma ICT pública. Cadernos Enap nº 74: Sistema Nacional de Ciência, Tecnologia e Inovação. Brasília: Enap, 2021.

MIRANDA, A. G. *Desenho institucional do Tribunal de Contas no Brasil (1890 a 2013):* da legislação simbólica ao gerencialismo público do ajuste fiscal. 2013. Tese (Doutorado em Políticas Públicas, Estratégias e Desenvolvimento). Instituto de Economia da Universidade Federal do Rio de Janeiro (UFRJ), Rio de Janeiro, 2013.

MODESTO, P. Direito administrativo da experimentação: uma introdução. *Revista Eletrônica Consultor Jurídico*, São Paulo, out. 2021. Disponível em: https://www.conjur.com.br/2021-out-14/interesse-publico-direito-administrativo-experimentacao-introducao. Acesso em: 05 abr. 2024.

MONTEIRO, V. C. C. *Licitação na modalidade de pregão*. São Paulo: Malheiros, 2003.

MONTEIRO, V. *Características do sistema jurídico brasileiro de fomento estatal à inovação:* a formação da institucionalidade estatal de ciência, tecnologia e inovação e a sua convergência atual sob o tema da inovação. Tese (Doutorado). Faculdade de Direito da Universidade de São Paulo, São Paulo, 2021.

MONTEIRO, V.; RAUEN, A. T.; MOURÃO, C. M. (org.) Soluções jurídicas para inovação. *Cadernos de Direito e Inovação*, vol. 3, São Paulo: Instituto de Estudos Avançados, Universidade de São Paulo, 2022.

MOÑUX, D.; UYARRA, E. *Spurring Innovation-Led Growth in LAC through Public Procurement*. Inter-American Development Bank – IDB; Science and Innovation Link Office – Silo; Discussion paper nº IDB-DP-488, 2016. Disponível em: https://publications.iadb. org/publications/english/viewer/Spurring-Innovation-led-Growth-in-Latin-America-and-the-Caribbean-through-Public-Procurement.pdf. Acesso em: 28 dez. 2023.

MORAND-DEVILLER, J. *Cours de Droit administrative*. 9. ed. Paris: Montchrestien, 2005.

MOREIRA, E. B.; GUIMARÃES, F. V. *Licitação pública*. A Lei Geral de Licitação – LGL e o Regime Diferenciado de Contratação – RDC. São Paulo: Malheiros, 2012.

MOREIRA, E. B. A futura Lei de Licitações: o desafio de sua interpretação autônoma. *Jota*. 23 jan. 2021. Disponível em: https://www.jota.info/opiniao-e-analise/colunas/publicistas/lei-de-licitacoes-publicistas-23022021 Acesso em: 29 dez. 2023.

MOREIRA, N. R. *Atividade estatal de fomento à inovação tecnológica em empresas*. Dissertação (Mestrado). Faculdade de Direito da Universidade de São Paulo. São Paulo, 2018.

MOREIRA FILHO, A. *Direito da inovação:* tributação, tecnologia e desenvolvimento. São Paulo: Quartier Latin, 2023.

MOREIRA NETO, D. F. O futuro das cláusulas exorbitantes no contrato administrativo. *In:* ARAGÃO, A. S.; MARQUES NETO, F. A. (Coord.). *Direito administrativo e seus novos paradigmas*. Belo Horizonte: Fórum, 2008.

MOREIRA NETO, D. F. *Curso de direito administrativo*.15. ed. Rio de Janeiro: Forense, 2009.

MORGAN, J. Inducing Innovation Through Prizes. Innovations: technology, governance, globalization. *MIT Press*, vol. 3, 4, 2008, p. 105-117. Disponível em: https://www. mitpressjournals.org/doi/abs/10.1162/itgg.2008.3.4. 105. Acesso em: 02 maio 2024

MOTTA, A. R. *O combate ao desperdício no gasto público*: uma reflexão baseada na comparação entre os sistemas de compra privado, público federal norte-americano e brasileiro. 2010. Dissertação (Mestrado) – Instituto de Economia (IE), Universidade Estadual de Campinas, Campinas, 2010. Disponível em: https://repositorio.unicamp.br/acervo/detalhe/771507. Acesso em: 02 fev. 2024.

MOURÃO, C. M. *Gov.br/desafios*: instrumentos jurídicos para inovação aberta. Brasília: Enap, Laboratório de Inovação em Governo, 2021. Disponível em https://repositorio.enap.gov.br/handle/1/7054. Acesso em: 26 mar. 2024.

MOURÃO, C. M.; FOSS, M. C. Decodificando as alianças estratégicas da Lei de Inovação. *Jota*. 20/07/2021. Disponível em: https://www.jota.info/coberturas-especiais/inova-e-acao/aliancas-estrategicas-lei-de-inovacao-20072021. Acesso em: 11 abr. 2024.

MOURÃO, C. M.; MONTEIRO, V. Modelagens jurídicas para inovação aberta na Administração Pública: reflexões e perspectivas de futuro. *In:* SANTOS, B. (org.) *Caminhos da inovação no setor público.* Brasília: Enap, 2022, p. 243-294.

MOWERY, D. C.; ROSENBERG, N. The influence of market demand upon innovation: a critical review of some recent empirical studies. *Research Policy,* v. 8, n. 2, 1979, p. 102-153.

MOWERY, D.C. What Does Economic Theory Tell Us about Mission-Oriented R&D? *In:* FORAY, D. (ed.). *The New Economics of Technology Policy,* Cheltenham: Edward Elgar, 2009, cap. 12.

MULLIGAN, D. K.; BAMBERGER, K. A. Procurement as Policy: Administrative Process for Machine Learning. *Berkeley Technology Law Journal.* v. 34, University of California Berkeley, 2019. Disponível em: https://doi.org/10.15779/Z38RN30793. Acesso em: 14 fev. 2024.

NARAYANAMURTI, V.; ODUMOSU, T.; VINSEL, L. The Discovery-Invention Cycle: Bridging the Basic-Applied Dichotomy. *Harvard Kennedy School Discussion Paper* #2013-02, Science, Technology, and Public Policy Program Discussion Paper Series, Feb. 2013.

NOBRE, M. Apontamentos sobre a pesquisa em direito no Brasil. *Novos Estudos CEBRAP,* São Paulo, v. 66, n. 1, 2003, p. 145-154.

NÓBREGA, M. Contratos incompletos e infraestrutura: contratos administrativos, concessões de serviço público e PPPs. *Revista Eletrônica de Direito Administrativo Econômico – REDAE.* Salvador: Instituto Brasileiro de Direito Público, nº 18, mai./jul. 2009. Disponível em: http://www.direitodoestado.com.br/codrevista.asp?cod=380. Acesso em: 24 dez. 2023.

NOBREGA, M.; OLIVEIRA NETTO, P. D. Incompletude contratual e reequilíbrio no âmbito do Direito Administrativo: por que os contratos não se comportam como o Direito imagina? *Revista brasileira de Direito Público – RBDP,* Belo Horizonte, ano 20, n. 77, abr./jun. 2022, p. 157-171.

NOGUEIRA, M. O.; KUBOTA, L. C.; MILANI, D. N. CTInfo: uma visão de fundo. *Revista Brasileira de Inovação,* Campinas, n. 10 (2), jul./dez. 2011, p. 407-444.

NORTH, D. *Institutions, institutional change and economic performance.* Cambridge, England: Cambridge University Press, 1990.

OBWEGESER, N.; MÜLLER, S. D. Innovation and public procurement: Terminology, concepts, and applications. *Technovation,* volumes 74–75, 2018, p. 1-17.

OLIVEIRA, G. J. *Contrato de gestão.* São Paulo: Ed. Revista dos Tribunais, 2008.

OLIVEIRA, G. J. "Convênio é acordo, mas não é contrato": contributo de Hely Lopes Meirelles para a evolução dos acordos administrativos no Brasil. *In:* WALD, A.; JUSTEN FILHO, M.; PEREIRA, C. A. G. *O direito administrativo na atualidade*: estudos em homenagem ao centenário de Hely Lopes Meirelles (1917-2017), Defensor do Estado de Direito. São Paulo: Malheiros, 2017, p. 516-527.

ORGANIZAÇÃO PARA A COOPERAÇÃO E DESENVOLVIMENTO ECONÔMICO (OCDE). *National Innovation Systems.* OCDE: 1997. Disponível em: https://www.oecd.org/science/inno/2101733.pdf Acesso em: 06 abr. 2024.

ORGANIZAÇÃO PARA A COOPERAÇÃO E DESENVOLVIMENTO ECONÔMICO (OCDE). *Manual de Oslo*. Diretrizes para coleta e interpretação de dados sobre inovação. 3. ed. Traduzido pela FINEP. OCDE/FINEP, 2005. Disponível em: http://www.inovacao.usp.br/wp-content/uploads/sites/300/2017/08/OCDE-1997-Manual-de-Oslo-3-ed-.pdf Acesso em: 06 abr. 2024.

ORGANIZAÇÃO PARA A COOPERAÇÃO E DESENVOLVIMENTO ECONÔMICO (OCDE). *Reforming Public Procurement:* Progress in Implementing the 2015 OECD Recommendation. OECD Public Policy Reviews, OECD Publishing: Paris, 2019. Disponível em: https://doi.org/10.1787/1de41738-en. Acesso em: 06 abr. 2024.

ORGANIZAÇÃO PARA A COOPERAÇÃO E DESENVOLVIMENTO ECONÔMICO (OCDE). *Government at a Glance 2021*, Paris: OECD Publishing, 2021. Disponível em: https://doi.org/10.1787/1c258f55-en. Acesso em: 06 abr. 2024.

OTERO, P. *Legalidade e administração pública*: o sentido da vinculação administrativa à juridicidade. Coimbra: Almedina, 2003.

PACHECO, C. A.; BONACELLI, M. B. M.; FOSS, M. C. Políticas de estímulo à demanda por inovação e o Marco Legal de CT&I. COUTINHO, D.; FOSS, M. C.; e MOUALLEM, P. S. (Org.). *Inovação no Brasil* – avanços e desafios jurídicos e institucionais. São Paulo: Blucher, 2017, p. 213-239.

PACHECO, C. A. Estratégia para fundos setoriais. *Revista Brasileira de Inovação*, Campinas/SP, v. 6, n. 1, 2007, p. 191-223.

PACHECO, C. A. O Sistema de C&T e Inovação no Brasil: marcos institucionais, mecanismos de gestão e tomada de decisão. *In:* INSTITUTO FERNANDO HENRIQUE CARDOSO (iFHC); CORPORACIÓN DE ESTUDIOS PARA LATINOAMÉRICA (CIEPLAN). *Uma nova agenda econômica e social para a América Latina*. São Paulo/Santiago: iFHC/CIEPLAN, 2008. Disponível em https://fundacaofhc.org.br/files/papers/435.pdf. Acesso em: 21 fev. 2024.

PAIVA. E. S. J.; ROMITELLI, G. Quais são as oportunidades abertas pelo Decreto Paulista de Inovação em matérias de encomendas tecnológicas para inovação em serviços públicos? – Uma análise a partir do estudo de caso do PitchGov-SP/Poupatempo. *In:* MONTEIRO, V. (org.) *Caderno nº 1. Decreto Paulista de Inovação* – Cadernos do Núcleo Jurídico do Observatório da Inovação e Competitividade do Instituto de Estudos Avançados da Universidade de São Paulo. IEA/USP: São Paulo, 2018. Disponível em: http://oic.nap.usp.br/wp-content/uploads/2019/02/LO3_WEB_cadernos-de-direito-e-inova%C3%A7%C3%A3o.pdf.pdf Acesso em: 29 fev. 2024.

PALMA, J. B. *Sanção e acordo na Administração Pública*. Malheiros: São Paulo, 2015.

PELLEGRINI, F.; CAMPOS, A. S.; CHAGAS JUNIOR, M. F.; FURTADO; A. "De alfinete a foguete": a Lei nº 8.666 como arcabouço jurídico no programa China-Brazil Earth Resources Satellite (CBERS) – um estudo de caso do fornecimento da câmera multiespectral regular (MUX) pela Opto eletrônica (OPTO). *In:* RAUEN, A. T. (Org.). *Políticas de inovação pelo lado da demanda no Brasil*. Brasília: Ipea, 2017, p. 289-328.

PEREIRA, C. A. G. Discricionariedade e apreciações técnicas da administração. *Revista de Direito Administrativo*, Rio de Janeiro, v. 231, jan./mar. 2003.

PERELMAN, C. *Ética e direito*. São Paulo: Martins Fontes, 2002.

PEREZ, M. A. Organizações sociais para a gestão de parques tecnológicos. *In:* MARQUES NETO, F. A.; ALMEIDA, F. D. M.; NOHARA, I. P.; MARRARA, T. (org.). *Direito e administração pública*: estudos em homenagem a Maria Sylvia Zanella Di Pietro. São Paulo: Atlas, 2013, p. 511-525.

PEREZ, M. A. *O controle jurisdicional da discricionariedade administrativa*: métodos para uma jurisdição ampla das decisões administrativas. Tese (livre-docência). Faculdade de Direito da Universidade de São Paulo, São Paulo, 2018.

PINTO, H. M. *Empresa estatal:* modelo jurídico em crise? Dissertação (Mestrado). São Paulo: Pontifícia Universidade Católica de São Paulo (PUC/SP), 2010. Disponível em: https://tede2.pucsp.br/handle/handle/8969. Acesso em: 06 abr. 2024.

POLT, W.; WEBER, M.; BIEGELBAUER, P.; UNGER, M. Matching type of mission and governance in mission-oriented R&I policy: conceptual improvement and guidance for policy. *Eu-SPRI Conference*. Rome, 06/06/2019. Disponível em: https://www.researchgate. net/publication/334277744_Matching_type_of_mission_and_governance_in_mission-oriented_RI_policy/link/5d20c5a7a6fdcc2462c74114/download?tp=eyJjb250ZXh0Ijp7I mZpcnN0U GFn ZSI6Il9kaXJlY3QiLCJwYWdlIjoicHVibGljYXRpb24ifX0. Acesso em: 14 mar. 2024.

POMBO, R. G. F. Controle de resultados da atividade de fomento pelo Tribunal de Contas da União. *Fórum Administrativo – FA*, Belo Horizonte, ano 18, n. 203, jan./2018, p. 49-59.

POMBO, R. G. F. *Contratos públicos na Lei de Inovação*. Dissertação (Mestrado). Faculdade de Direito da Universidade de São Paulo, São Paulo, 2020.

PLONSKI, G. A. Inovação em transformação. *Estudos Avançados*, 31 (90), 2017.

PORTELA, B. M; BARBOSA, C. M. M; MURARO, L. G; DUBEUX, R. *Marco legal de ciência, tecnologia e inovação no Brasil*. Salvador: JusPodivm, 2020.

PRADO, M. M, Institutional bypass: an alternative for development reform. *SSRN Electronic Journal*, april 19, 2011. Disponível em http://dx.doi.org/10.2139/ssrn.1815442. Acesso em: 06 abr. 2024.

PROCHNIK, V.; LABRUNIE, M.; SILVEIRA, M.; RIBEIRO, E. A política da política industrial: o caso da Lei de Informática. *Revista Brasileira de Inovação*, v. 14, n. especial, 2015, p. 133-152.

RAMOS, J. S. *O código da vida*. 2. ed. São Paulo: Planeta, 2013.

RAUEN, A. T. Compras Públicas de P&D no Brasil: o uso do artigo 20 da Lei de Inovação. *Radar: Tecnologia, Inovação e Comércio Exterior*. nº 40, ago./2015. Brasília: Ipea, 2015, p. 8-17.

RAUEN, A. T. Racionalidade e primeiros resultados das políticas de inovação que atuam pelo lado da demanda no Brasil. *In:* RAUEN, A. T. (Org.). *Políticas de inovação pelo lado da demanda no Brasil*. Brasília: Ipea, 2017a, p. 19-45.

RAUEN, A. T. Mapeamento das Compras Federais de P&D Segundo Uso da Lei de Inovação no Período 2010-2015. *In:* RAUEN, A. T. (Org.). *Políticas de inovação pelo lado da demanda no Brasil.* Brasília: Ipea, 2017b, p. 87-120.

RAUEN, A. T. Risco e incerteza na aquisição pública de P&D: a experiência norte-americana. *In:* RAUEN, A. T. (Org). *Políticas de inovação pelo lado da demanda no Brasil.* Brasília: Ipea, 2017c, p. 375-412

RAUEN, A. T. Avaliação de políticas federais de inovação: desconexão e ausência. COUTINHO, D.; FOSS, M. C.; e MOUALLEM, P. S. (Org.) *Inovação no Brasil* – avanços e desafios jurídicos e institucionais. São Paulo: Blucher, 2017c, p. 125-152.

RAUEN, A. T. *Atualização do mapeamento das encomendas tecnológicas no Brasil.* Nota técnica nº 53, Diset – Diretoria de Estudos e Políticas Setoriais de Inovação e Infraestrutura. Brasília: Ipea, 2019.

RAUEN, A. T. *Panorama dos recursos federais mobilizados à inovação empresarial no Brasil.* Nota técnica nº 58, Diset – Diretoria de Estudos e Políticas Setoriais de Inovação e Infraestrutura. Brasília: Ipea, 2020.

RAUEN, A. T. Concursos para inovação: como a licitação na modalidade concurso pode estimular o desenvolvimento e a introdução de soluções no mercado brasileiro. *In:* RAUEN, A. T. (org.) *Compras públicas para inovação no Brasil:* novas possibilidades legais. Brasília: Ipea, 2022, p. 431-466.

RAUEN, A. T. *Mapeamento das encomendas tecnológicas no período 2019-2022.* Nota técnica nº 103, Diset – Diretoria de Estudos e Políticas Setoriais de Inovação e Infraestrutura. Brasília: Ipea, 2023.

RAUEN, A. T.; BARBOSA, C. M. M. *Encomendas tecnológicas no Brasil:* guia geral de boas práticas. Brasília, Ipea, 2019.

RAUEN, C. V. O novo marco legal da inovação no Brasil: o que muda na relação ICT-empresa? *Radar:* tecnologia, inovação e comércio exterior. nº 43, fev./2016. Brasília: Ipea, 2016. Disponível em: https://www.ipea.gov.br/agencia/images/stories/PDFs/radar/160309_radar43_cap_3.pdf Acesso em: 06 abr. 2024.

RAUPP, M. A. Marco legal adequado as atividades de CT&I. *Parcerias estratégicas* – Edição especial CNCTI, Centro de Gestão e Estudos Estratégicos (CGEE), v.16, n. 32, parte 1, jan./jul. 2011.

REIS, T.; JORDÃO, E. A experiência brasileira de MIPs e PMIs: três dilemas da aproximação público-privada na concepção de projetos *In:* JUSTEN FILHO, M. e SCHWIND, R. W. (Coord.). *Parcerias público-privadas:* reflexões sobre os 10 anos da Lei 11.079/2004. São Paulo: Ed. RT, 2015, p. 207-232.

REISDORFER, G. F. D. *Diálogo competitivo:* o regime da Lei nº 14.133/21 e sua aplicação às licitações de contratos de concessão e parcerias público-privadas. Belo Horizonte: Fórum, 2022.

RIBEIRO, C. G. Desenvolvimento tecnológico nacional: o caso KC-390. *In:* RAUEN, A. T. (Org.). *Políticas de inovação pelo lado da demanda no Brasil.* Brasília: Ipea, 2017, p. 235-288.

RIBEIRO, C. G.; INÁCIO JÚNIOR, E. *O mercado de compras governamentais brasileiro (2006-2017)*: mensuração e análise. Brasília: Ipea, 2019. (Texto para Discussão, n. 2476). Disponível em: https://www.ipea.gov.br/portal/index.php?option=com_content&view=article&id=34850. Acesso em: 27 dez. 2023.

RIGBY, J. Review of pre-commercial procurement approaches and effects on innovation. *In:* MANCHESTER INSTITUTE OF INNOVATION RESEARCH (ed.). *Compendium of evidence on the effectiveness of innovation policy intervention.* Manchester: MIOIR/Nesta, 2013. Disponível em: https://bit.ly/2USyBBD. Acesso em: 06 abr. 2024.

RIVERO, J. *Curso de direito administrativo comparado.* 2. ed. São Paulo: Revista dos Tribunais, 2004.

ROCHA, G; RAUEN, A. T. *Mais desoneração, mais inovação?* Uma avaliação da recente estratégia brasileira de intensificação dos incentivos fiscais a pesquisa e desenvolvimento. Brasília: Ipea, 2018. (Texto para Discussão, n. 2393). Disponível em: https://www.ipea. gov.br/portal/images/stories/PDFs/TDs/td_2393c.pdf. Acesso em: 06 abr. 2024

RODRIGUES, N. C. *A contratação pública como instrumento de política económica.* Coimbra: Almedina, 2013.

ROLFSTAM, M. *Public technology procurement as a demand-side innovation policy instrument*: an overview of recent literature and events. Lund University Institute of Technology, 2005.

ROLFSTAM, M. Understanding public procurement of innovation: definitions, innovation types and interaction modes. *Social Science Research Network*, New York, fev/2012. Disponível em: https://papers.ssrn.com/sol3/papers.cfm?abstract_id=2011488 Acesso em: 16 fev. 2024.

ROPPO, E. *O contrato.* Trad. portuguesa de Ana Coimbra e Manuel Januário Costa Gomes. Coimbra: Almedina, 1988.

ROSILHO, A. J. *Licitação no Brasil.* São Paulo: Malheiros, 2013.

ROSILHO, A. J. *Controle da Administração Pública pelo Tribunal de Contas da União.* Tese (doutorado). Faculdade de Direito da Universidade de São Paulo, São Paulo, 2016.

SABEL, C. F.; ZEITLIN, J. Experimentalist governance. *In:* LEVI-FAUR, D. (org.). *The Oxford Handbook of Governance.* Oxford: Oxford University, 2012.

SALLES-FILHO, S.; BONACELLI, M. B.; CARNEIRO, A. M.; CASTRO, P. D. C.; SANTOS, F. O. Evaluation of ST&I programs: a methodological approach to the Brazilian Small Business Program and some comparison with the SBIR program. *Research Evaluation,* v. 20, n. 2, jun. 2011, p. 159-171.

SALOMÃO FILHO, C. Breves acenos para uma análise estruturalista do contrato. *Revista de Direito Mercantil, Industrial, Econômico e Financeiro,* v. 141, janeiro/março, 2006.

SALON. G. Gaston Jèze et la theorie generale des contrats administratifs. *Revue d'Histoire des Facultés de Droit et de la Science Juridique,* n. 13, 1991, p. 71-86.

SANTOS, F. G. *Financiamento público à inovação empresarial.* Tese (Doutorado). Faculdade de Direito da Universidade de São Paulo, São Paulo, 2022.

SANTOS, F. G.; TONETTI, R. R. H.; MONTEIRO, V. Desafios jurídicos para o fomento financeiro da inovação para as empresas. *In:* COUTINHO, D. R.; FOSS, M. C.; MOUALLEM, P. S. (orgs.). *Inovação no Brasil:* avanços e desafios jurídicos e institucionais. São Paulo: Blucher, 2017

SAUSSIER, S.; TIROLE, J. Strengthening the Efficiency of Public Procurement. *Les notes du Conseil d'Analyse Économique.* Paris: Conseil d'Analyse Économique, nº 22, issue 3, abril/2015. Disponível em: https://www.researchgate.net/publication/275973839_Strengthening_the_Efficiency_of_Public_Procurement. Acesso em: 06 abr. 2024.

SCHIEFLER, G. H. C. *Procedimento de Manifestação de Interesse (PMI).* Rio de Janeiro, Lumen Juris, 2014a.

SCHIEFLER, G. H. C. Comentários sobre a convivência do controle de resultados e de meios nas parcerias voluntárias: uma análise a partir da Lei Federal nº 13.019/2014. *Revista de Direito do Terceiro Setor – RDTS*, Belo Horizonte, ano 8, n. 16, p. 123-135, jul. /dez. 2014b.

SCHIRATO, V. *Livre iniciativa nos serviços públicos.* Belo Horizonte: Fórum, 2012.

SCHMIDT-ASSMANN, E. *La teoría general del derecho administrativo como sistema.* Madrid: Marcial Pons, 2003.

SCHMIDT, F. H.; ASSIS, L R. S O Estado como cliente: características das firmas industriais fornecedoras do governo. *Radar: tecnologia, produção e comércio exterior.* Vol. 1, n. 17, abr/2009, Brasília: Ipea, 2009, p. 9-20. Disponível em: https://repositorio.ipea.gov.br/handle/11058/5355. Acesso em: 20 dez. 2023.

SCHOONER, S. L. Desiderata: Objectives for a System of Government Contract Law. *Public Procurement Law Review*, nº 103, 2002. Disponível em: https://papers.ssrn.com/sol3/papers.cfm?abstract_id=304620. Acesso em: 08 mar. 2024.

SCHUMPETER, J. A. *Capitalism, socialism and democracy.* New York: Harper Perennial, 1976.

SILVA, L. T. *Contratos de aliança:* direito empresarial e ambiente cooperativo. Tese (Doutorado). Faculdade de Direito da Universidade de São Paulo, São Paulo, 2014.

SOUTO, M. J. V. *Direito administrativo da economia.* 3. ed. Rio de Janeiro: Lumen Juris, 2003.

SOUTO, M. J. V. *Direito administrativo contratual.* Rio de Janeiro: Lumen Juris, 2004.

SOUTO, M. J. V. Licitações e controle de eficiência: repensando o princípio do procedimento formal à luz do "placar eletrônico"! *Revista de Direito da Procuradoria Geral do Estado do Rio de Janeiro.* n. especial, 2012. Rio de Janeiro: PGE-RJ, 2012, p. 323-337. Disponível em: https://pge.rj.gov.br/comum/code/MostrarArquivo.php?C=MzU4Nw%2C%2C Acesso em: 06 abr. 2024.

SOUZA, R. P. de. *Controle estatal das transferências de recursos públicos para o terceiro setor.* Tese (Doutorado). Faculdade de Direito da Universidade de São Paulo, São Paulo, 2009.

SOUZA, R. P. de. Em busca de uma administração pública de resultados. *In:* PEREZ, M. A.; SOUZA, R. P. de (Orgs.). *Controle da administração pública.* Belo Horizonte: Fórum, 2017.

SPAGNOLO, G. Reputation, Competition and Entry in Procurement, *International Journal of Industrial Organization*, vol. 30, nº 3, 2012, p. 291-296.

SPECK, B. W. *Inovação e rotina no Tribunal de Contas da União* – o papel da instituição superior de controle financeiro no sistema político-administrativo do Brasil. São Paulo: Fundação Konrad Adenauer, 2000.

SPILLER, P. T. An institutional theory of public contracts: regulatory implications. *NBER Working Paper, nº 14.152*. Cambridge: National Bureau of Economic Research (NBER), 2008.

SQUEFF, F. H. S. *O poder de compras governamental como instrumento de desenvolvimento tecnológico: análise do caso brasileiro*. Texto para Discussão, n. 1922. Rio de Janeiro: Ipea, jan. 2014. Disponível em: https://repositorio.ipea.gov.br/bitstream/11058/2421/1/TD_1922. pdf. Acesso em: 14 jan. 2024.

STIGLITZ, J. E. Markets, market failures and development. *American Economic Review*, v. 79, n. 2, maio/1999, p. 197-203.

STOKES, D. E. *Pasteur's Quadrant: Basic Science and Technological Innovation*. Washington (DC): Brookings Institution Press, 1997.

SUNDFELD, C. A. Como reformar licitações? *Interesse Público – Revista Bimestral de Direito Público*, Belo Horizonte: Fórum, v. 11, n. 54, mar./abr. 2009, p. 19-28 Disponível em: http://www.bidforum.com.br/bid/ PDI0006.aspx ?pdiCntd=62589. Acesso em: 06 abr. 2024.

SUNDFELD, C. A. Guia jurídico das parcerias público-privadas. *In:* SUNDFELD, C. A. (coord.). *Parcerias público-privadas*. 2. ed. São Paulo: Malheiros, 2011.

SUNDFELD, C. A.; CAMPOS, R. P. Incentivo à inovação tecnológica nas contratações governamentais: um panorama realista quanto à segurança jurídica. *Fórum de Contratação e Gestão Pública – FCGP*, Belo Horizonte, ano 5, n. 60, dez. 2006. Disponível em: http://www.bidforum.com.br/bid/PDI0006.aspx?pdiCntd=38554. Acesso em: 06 abr. 2024.

SUNDFELD, C. A.; CÂMARA, J. A. Uma Crítica à Tendência de Uniformizar com Princípios o Regime dos Contratos Públicos. *Revista de Direito Público da Economia – RDPE*, Belo Horizonte: Fórum. vol. 41, ano 11, jan/mar., 2013, p. 57-72.

SUNDFELD, C. A.; SOUZA, R.P. Licitação nas estatais: levando a natureza empresarial a sério. *In:* SUNDFELD, C. A. (org.). *Contratações públicas e seu controle*. São Paulo: Malheiros, 2013, p. 79-101.

SUNDFELD, C. A. *Direito administrativo para céticos*. São Paulo: Malheiros, 2014.

SUNDFELD, C. A.; JURKSAITIS, G. J. (coord.) *Contratos Públicos e Direito Administrativo*. São Paulo: Malheiros, 2015.

SUNDFELD, C. A.; CÂMARA, J. A.; MONTEIRO, V.; ROSILHO, A. J. O valor das decisões do Tribunal de Contas da União sobre irregularidades em contratos. *Revista Direito GV*, vol. 13, n. 3, set./dez. 2017. Disponível em: https://periodicos.fgv.br/revdireitogv/article/view/73331/70470 Acesso em: 19 dez. 2023.

SUNDFELD, C. A. *Direito administrativo*: o novo olhar da LINDB. Belo Horizonte: Fórum, 2022.

SWIATEK, D. C. Inovando na relação da administração pública com tecnologia: o MobiLab e a contratação de startups pela Prefeitura de São Paulo. *In:* CAVALCANTE, P. (Org.). *Inovação e políticas públicas:* superando o mito da ideia. Brasília: Ipea, 2019, p. 295-312.

TACITO, C. Contratos Administrativos – revisão de preço – teoria da imprevisão. *Revista de Direito Administrativo,* Rio de Janeiro, v. 50, out/dez, 1957. Disponível em: https://periodicos.fgv.br/rda/article/view/17722 Acesso em: 19 dez. 2023.

TACITO, C. O abuso do poder administrativo no Brasil – conceito e remédios. *Revista De Direito Administrativo,* Rio de Janeiro, v. 56, 1959. Disponível em:https://periodicos. fgv.br/rda/article/view/19392. Acesso em: 19 dez. 2023.

TEIXEIRA JÚNIOR, F. G. de S; NÓBREGA, M.; CABRAL, R. T. P. Matriz de riscos e a ilusão da perenidade do passado: precisamos ressignificar o conceito de tempo nas contratações públicas. *Revista Brasileira de Direito Público.* Belo Horizonte, ano 19, n. 74, jul./set. 2021.

THAI, K. V. Public Procurement re-examined. *Journal of Public Procurement,* volume 1, issue 1, 2001, p. 09-50.

TONG, R.; LAKHANI, K. R. *Public-Private Partnerships for Organizing and Executing Prize-Based Competitions.* Berkman Center Research Publication No. 2012-13, (June 2012). Disponível em: https://ssrn.com/abstract=2083755. Acesso em: 06 abr. 2024.

TRIBUNAL DE CONTAS DA UNIÃO. *Contratação de soluções inovadoras pela administração pública.* Relatório de Pesquisa. Brasília: TCU, ago.-set. 2019. Disponível em: https://bit. ly/3zEFT2z. Acesso em: 30 jan. 2024.

TRIBUNAL DE CONTAS DA UNIÃO. *Manual de auditoria operacional.* 4.ed. Brasília: TCU, Secretaria-Geral de Controle Externo (Segecex), 2020. Disponível em: https:// portal.tcu.gov.br/data/files/F2/73/02/68/7335671023455957E18818A8/Manual_auditoria_ operacional_4_edicao.pdf. Acesso em: 12 fev. 2024.

TRIBUNAL DE CONTAS DA UNIÃO. *Proposta de atuação do controle em contratações de encomendas tecnológicas (ETEC).* Brasília: TCU, abr. 2021. Disponível em: https://bit. ly/3PL9VY6. Acesso em: 30 jan. 2024.

THORSTENSEN, V.; GIESTEIRA, L.F. (coord.). *Brasil na OCDE:* Compras Públicas. Brasília: Ipea, 2021. Disponível em: https://repositorio.cepal.org/bitstream/handle/11362/47061/1/ S2100424_pt.pdf. Acesso em: 17 fev. 2024.

UTTERBACK, J. *Technological innovation for a dynamic economy.* Nova York: Pergamon Press, 1983.

VALLE, K. M. *O controle de resultados exercido pelo TCU no fomento às Organizações da Sociedade Civil.* Dissertação (Mestrado). Faculdade de Direito da Universidade de São Paulo, São Paulo, 2020.

VARRICHO, P. C. As parcerias para o desenvolvimento produtivo da saúde. *In:* RAUEN, A. T. (Org.). *Políticas de inovação pelo lado da demanda no Brasil.* Brasília: Ipea, 2017, p. 179-234.

VECCHIATO, R., ROVEDA, C., Foresight for public procurement and regional innovation policy: the case of Lombardy. *Research Policy,* 43, 2014, p. 438-450.

VIEGAS, R.R.; ABRUCIO, F. L.; MONGELÓS, S. A.; LIMA, D. D. *A batalha entre controle e políticas públicas*: decifrando a paralisia decisória na administração pública brasileira. São Paulo: Amanuense, 2024.

VIVEIROS DE CASTRO, A. O. *Tratado de sciencia da administração e direito administrativo*. 3. ed. Rio de Janeiro, Jacintho Ribeiro dos Santos Livreiro-Editor, 1914.

VONORTAS, N. S.; BHATIA, P.; MAYER, D. P. *Public procurement and innovation in the United States*: final report. Washington: The George Washington University, 2011.

WALD, A. Algumas considerações sobre o novo projeto de lei de licitações (PL 59/92). *Revista Tributária e de Finanças Públicas*, vol. 4, jul/set/1993, p. 198-220.

WAHRLICH, B. M. de S. Reforma administrativa federal brasileira: passado e presente. *Revista de Administração Pública*, Rio de Janeiro, v. 8, nº 2, 1974, p. 27-75.

WEINBERG, A. M. *Reflections on big science*. Pergamon Press: Oxford, 1967.

WILLIAMS, H. Innovation Inducement Prizes: Connecting Research to Policy. *Journal of Policy Analysis and Management*, vol. 31, Issue 3, 2012, p. 752-776.

WIMMER, M. As relações de sujeição especial na Administração Pública. *Direito Público*, 4(18). nº 18, Out-Nov-Dez/2007.

WITTMANN, F.; HUFNAGL, M.; LINDNER, R.; ROTH, F.; EDLER, J. Governing varieties of mission-oriented innovation policies: a new typology. *Science and Public Policy*, vol. 48, Issue 5, October 2021, p. 727-738.

WORLD BANK. *Unsolicited Proposals* – An Exception to Public Initiation of Infrastructure PPPs. An Analysis of Global Trends and Lessons Learned. Public-Private Infrastructure Advisory Facility (PPIAF). August, 2014. Disponível em: https://documents1.worldbank.org/curated/en/713001468331863238/pdf/ 913040BR0SecM20 nsolicited0Proposals.pdf. Acesso em: 27 mar. 2024.

ZAGO, M. F. *Poder de compra estatal para a implementação de políticas públicas*: o uso derivado da contratação pública. Tese (Doutorado). Faculdade de Direito da Universidade de São Paulo, São Paulo, 2017.

ZUNIGA, P.; DE NEGRI, F.; DUTZ, M.A.; PILAT, D.; RAUEN, A. T. *Conditions for innovation in Brazil*: a review of key issues and policy challenges. Brasília: Ipea, 2016. (Discussion Paper, n. 218). Disponível em: http://www.ipea.gov.br/portal/images/stories/PDFs/TDs/ingles/dp_218.pdf Acesso em: 06 abr. 2024.

ZUNIGA, P.; RUBALCABA, L. FASSIO, R. C. *Catapulting innovation*: linking open innovation with innovation procurement. Washington: Banco Interamericano de Desenvolvimento (BID), 2021. Disponível em: https://publications.iadb.org/en/catapulting-innovation-linking-open-innovation-innovation-procurement. Acesso em: 09 jun. 2024.

Esta obra foi composta em fonte Palatino Linotype, corpo 10
e impressa em papel Offset 75g (miolo) e Supremo 250g (capa)
pela Gráfica Star7.